JN409988

東洋古典譯註叢書 111

譯註 唐陸宣公奏議 1

撰 陸贄(唐)
책임번역 沈慶昊 공동번역 金愚政

전통문화연구회

國譯委員

責任飜譯 沈慶昊
共同飜譯 金愚政
諮問委員 吳圭根
潤　　文 朴勝珠 南賢熙
校　　訂 李孝宰
出　　版 金主賢 金曉東
管　　理 咸明淑
普　　及 徐源英

東洋古典譯註叢書를 발간하면서

우리의 古典國譯事業은 민족문화 진흥의 기초사업으로 1960년대부터 政府 支援으로 古文獻 現代化 작업을 추진하여 많은 成果를 거두었다. 당시 이 사업 추진의 先行課題로 東洋古典이라 일컬어지는 중국의 基本古典을 먼저 飜譯하여야 한다는 學界의 주장이 있었음에도 불구하고 우리 고전이 아니라는 일부의 偏狹한 視角과 財政 事情 등으로 인하여 배제되어 왔다.

전통적으로 중국의 기본고전은 우리 歷史와 함께 숨쉬며 각종 교육기관의 教科書로 활용됨은 물론이고 지식인들의 必讀書가 되어 왔으며, 우리 文化의 基底에 자리잡고 거의 모든 방면의 體系와 根幹을 형성하여 왔다. 그래서 학문연구의 기본서 역할을 해 왔을 뿐만 아니라 오늘날에도 우리의 國學徒 및 東洋學 硏究者들에게 같은 역할을 하고 있음은 주지의 사실이다. 그럼에도 불구하고 中國古典은 우리 것이 아니라 하여 專門機關의 飜譯對象에 포함하지 않음으로써, 대부분 原典에서의 직접 번역이 아닌 重譯이나 拔萃譯의 방식이 주를 이루면서 教養水準으로 出版되어 왔다.

오늘날 東洋 三國 중에서 우리의 東洋學 연구가 가장 부진한 이유는, 東洋基本古典에 대한 폭넓은 이해의 부족과 漢文古典 讀解力의 저하에 기인함을 우리는 솔직히 인정하여야 한다. 따라서 이들 중국고전에 대한 신뢰할 만한 國譯이 이루어지는 것이 한국학 연구를 촉진시키는 시급한 先行課題라 할 수 있다.

이에 韓國學 및 東洋學의 연구와 古典現代化의 基盤構築을 위해서는, 전문기관으로 하여금 동양고전을 단기간에 각 분야의 專門 硏究者와 漢學者가 상호 협동하여 연구번역하여 飜譯의 傳統性과 效率性, 研究의 專門性을 높일 수 있도록 政策的 配慮가 있어야 한다.

이에 本會에서는 元老 및 中堅 漢學者와 斯界의 專攻者로 하여금 協同研究飜譯하여 공부하는 사람들이 믿고 引用하거나 깊이 있는 註釋 등을 활용할 수 있게 하고, 知識人들의 教養을 증진시켜 줄 수 있는 東洋古典의 國譯書 간행을 지속적으로 추진해 왔다. 근래에 다행히 이 사업에 대하여 각계 지도층의 폭넓은 이해와 지원에 힘입어 2001년도부터 國庫補助를 받아 東洋古典譯註叢書를 간행하게 되었다. 이를 계기로 우리 先學의 註釋과 見解를 반영하는 등 국역사업의 內實을 기하게 되었음을 이 자리를 빌어 衷心으로 감사드리며, 아울러 國譯에 參與하신 관계자 여러분의 勞苦에 깊은 謝意를 표한다.

끝으로 우리의 이러한 작업은 오랜 역사 위에 축적된 先賢들의 業績과 現代學問을 이어주는 튼튼한 架橋와 礎石이 되어 진정한 韓國學과 東洋學 발전에 기여할 것을 굳게 믿으며, 21세기를 우리 文化의 世紀로 열어 가는 밑거름이 되도록 우리의 力量을 本 事業에 경주하고자 한다. 江湖諸賢의 부단한 관심과 지원을 기대해 마지않는다.

社團法人 傳統文化研究會 會長 李啓晃

解 題

沈慶浩[1)]

1. 저자 陸贄와 ≪唐陸宣公奏議≫

≪唐陸宣公奏議≫는 唐나라 陸贄(754~805)가 諫한 글을 모은 책으로, ≪貞觀政要≫와 함께 정치가의 必讀書로 꼽혀왔다. 저자 육지는 字가 敬輿이다. 謚號가 '宣'이어서 후세 사람들이 '陸宣公'이라 불렀다. 蘇州 嘉興(현재 浙江省 嘉興市) 출신이다. 육지는 ≪舊唐書≫ 권139와 ≪新唐書≫ 권157에 立傳되어 있다.

陸贄

육지는 당나라 역사상 安祿山·史思明의 亂 이후 가장 혼란스러운 시기를 살았던 양심적인 관료이자 정책 입안과 실행의 달인이었다. 당나라 사회 모순이 격화하여 德宗(779~805) 즉위 후 반란이 일어나 국가질서가 붕괴된 때에 육지는 亂政 수습의 방안을 제시하여 실행하게 하였다. 덕종 시기는 중국문학사에서 中唐으로 분류되는 시기이다. 역사에서는 穆宗 長慶 원년(821)부터

---

1) 고려대학교 한문학과 교수.

僖宗 乾符 2년(875)까지를 중당으로 본다.

당시 당나라 조정은 안녹산・사사명의 난을 진압하기 위해 파견했던 절도사들이 병권을 장악하여 중앙집권 체제가 약화되어 있었고, 土豪와 商人들이 藩鎭과 결탁하여 황권을 위협하였다. 建中 2년(781) 成德節度使 李寶臣이 죽은 후 부친의 지위를 세습해줄 것을 요구한 李惟岳의 요청을 거절하자 이유악이 魏博節度使 田悅, 淄青節度使 李正己, 山南東道節度使 梁崇義 등과 연합하여 반란을 일으켰다. 또한 李納・朱滔・王武俊과 淮西藩鎭의 李希烈이 차례로 반란하자 당나라 조정은 정벌군을 파견하였다. 이로 인해 關中이 오히려 텅 비고 말았다. 건중 4년(783), 淮西節度使 李希烈이 襄城을 공격하자 덕종은 哥舒曜를 보내 토벌케 하였으나 오히려 위기에 빠졌으므로 涇原의 군대를 파견하여 구원하도록 하였다. 그해 涇原의 군졸들이 淮西로 반란군을 토벌하러 가다가 長安을 경유할 때 돌연히 소요를 일으켰다. 당시 장안에는 朱滔의 형 太尉 朱泚(주자)가 감금되어 있었는데, 주도의 모략으로 반군들이 주자를 옹립하였다. 이에 덕종은 奉天(지금의 陝西省 乾縣)으로 피신하였다. 이것을 '涇原兵變'이라고 한다. 또 당시 주도・왕무준・전열・이납 네 사람이 왕을 참칭하고 주자와 이희열이 각각 秦帝와 楚帝를 참칭하였으므로 이것을 아울러 '二帝四王之亂'이라고 일컫기도 한다.

이때 朔方節度使 李懷光이 주자를 격파하고 奉天의 포위를 풀었으나, 奸臣 盧杞의 모함으로 입지가 불안해져 興元 원년(784) 2월 반기를 들었다. 덕종은 다시 봉천에서 山南으로 망명하였다가, 그해 7월에 형세가 조금 호전되어 장안으로 돌아갈 수 있었다. 이 動亂의 시기에 덕종을 대신하여 계책을 마련하고 국가를 안정시킨 인물이 육지이다.

육지는 18세에 進士科에 급제한 후, 華州 鄭縣尉를 제수 받고 渭南縣 主簿[2]를 거쳐 監察御使로 옮겼다. 덕종은 동궁에 있을 때부터 그가 吏治에 정통하다는 사실을 알고 있어서, 779년에 즉위하자마자 그를 翰林學士로 불렀다. 건중 4년(783) 주자의 난으로 덕종이 봉천으로 몽진하게 되자, 조정에서 大事를 결정해야 할 때 육지가 안에서 그 可否를 결정하였으므로 덕종은 육지를 '陸九'[3]라고 호칭하고 사람들은 그를 '內相'이라 일컬었

2) ≪新唐書≫ 권157 〈陸贄傳〉에는 '渭南尉'로 되어 있다.

3) '陸九'는 陸贄가 陸侃의 아홉 번째 아들임을 이르는 것으로, 德宗이 육지를 친근히 부른 말이다.

다. 육지는 翰林學士의 직무를 맡아 대부분의 制誥와 詔諭를 起草하였다.

≪新唐書≫ 〈陸贄傳〉에 따르면, 흥원 원년(784) 7월에 동란이 수습되어 덕종이 장안으로 돌아간 이후, 대신 李抱는 덕종에게 "폐하가 奉天과 山南에 계실 때 赦令이 山東에 이르면 사졸들이 그 내용을 듣고 모두 感泣하여 분발할 마음을 먹었으므로, 저는 賊이 애써 평정하려 하지 않아도 되리란 것을 알았습니다."라고 하였다고 한다. 하지만 덕종은 시기심과 의심이 많아서 육지에게 中書舍人을 겸하게 하는 데 그쳤다. 貞元 3년(787) 겨울, 육지는 모친상을 당하여 洛陽으로 가서 장례를 치르고 守孝하였으며, 정원 6년(790) 정월, 다시 장안으로 돌아왔다. 육지는 중망을 입고 있었으나, 덕종은 참언을 믿어 육지에게 兵部侍郎의 직책을 맡겼다. 정원 7년(791) 禮部의 貢擧를 맡아, 韓愈·王涯·元結·崔群·李絳·馮宿·庾承宣·歐陽詹 등 20여 명의 준재를 선발하였다. 당시 이를 '龍虎榜'이라 일컬었다. 정원 8년(792) 4월, 부패한 재상 竇參이 得罪하자, 육지는 中書侍郎 門下同平章事로 국정을 총괄하게 되었다. 하지만 정원 10년(794) 12월, 倖臣 裴延齡의 모함으로 太子賓客으로 밀려났다. 다음 해 4월, 덕종은 또 배연령의 말을 들어 육지를 죽이려 하였으나 여러 신하들의 청으로 사면되어, 忠州(지금의 四川省 忠縣)의 別駕로 貶謫되었다. 永貞 원년(805) 順宗이 즉위하고 조칙으로 불렀으나, 詔書가 이르기 전에 육지는 사망하고 말았다. 향년 52세였다.

육지는 폄적된 이후에 비방을 피해 저술을 하지 않았다. 문헌 기록에 의하면, 육지의 저술로는 ≪遣使錄≫ 1권, ≪玄宗編遺錄≫ 2권, ≪備擧文言≫ 20권, ≪別集≫ 15권, ≪陸氏集驗方≫ 50권 등 다섯 가지가 있었다고 하지만 대부분 散逸하였다. 이후 육지의 저술 가운데 奏議·奏草·制誥는 '治亂의 龜鑑'으로 존중되어, 北宋 때부터 황제가 乙覽하였다. 이 때문에 육지는 淸나라 때 文廟에 從祀되기에 이른다.

육지의 奏議와 奏草를 한데 모은 것을 ≪唐陸宣公奏議≫·≪中興奏議≫라 부르고, 制誥만을 單行한 것을 ≪翰苑集≫이라 부르며, 制誥와 奏議, 奏草를 합한 것을 ≪唐陸宣公集≫·≪陸宣公翰苑集≫·≪陸宣公全集≫·≪陸贄集≫이라 부른다.

奏議·奏草와 制誥는 원래 각기 單行되었다. 육지의 奏草와 奏議만 모은 ≪唐陸宣公奏議≫는 12권으로 이루어졌는데, 15권, 18권, 20권으로 엮은 것도 있다. ≪당육선공주의≫의 판본으로는 ≪四部叢刊≫에 영인된 宋本이 가장 오래되었다. 南宋 晁公武의 ≪郡

齋讀書志≫에 '陸宣公奏議 20권'이라고 著錄된 것이 이 계통으로 추정되는데, 조공무는 그것을 일명 '牓子集'이라고 하였다.

≪中國古籍善本書目≫에는 元 至正 14년(1354) 翠岩精舍刊 15권본, 明 弘治 7년(1494) 刊 15권본, 正德 3년(1508)刊 16권본, 嘉靖 汪氏刊 15권본, 明刊 謝枋得批點 15권본, 淸 乾隆 聯腋書院 4권 활자본 등을 저록하였다. 또한 南宋 郎曄의 註를 단 것이 ≪續修四庫全書≫ 권474 史部 詔令奏議類에 수록되어 있다. 낭엽은 육지의 奏議・奏草와 制誥를 合刻한 20권본을 저본으로 주석을 하였는데, 奏議・奏草만을 모은 ≪당육선공주의≫에 낭엽의 註를 첨부한 판본도 유행하였다.

조선에서는 奏議・奏草만을 모은 ≪당육선공주의≫를 복간하여, 이것이 널리 유통되었다. 陸贄의 制誥만을 엮은 10권본은 대개 韋處厚가 편집한 ≪翰苑集≫에서 시작된 것으로 추정된다.

한편, 북송 때 蘇軾(1037~1101)의 건의로 奏議・奏草와 制誥를 合刻하게 되었다. 구성은 貞元 중엽 이전에 작성한 制誥 10권 83편, 재상에 임명되기 전에 작성한 奏草 6권 32편, 재상 재임 때 작성한 中書奏議 6권 12편으로 모두 22권 127편이다. 이것을 24권으로 편집한 것도 있다. 明나라 金寔이 1416년 중간한 ≪唐陸宣公集≫은 권1~10의 制誥(83편), 권11~16의 奏草(32편), 권17~22의 奏議(29편)로 구성되어 전체 144편(그중 주의류 61편)을 수록하였다. 청나라 四庫全書에 수록된 것은 22권본 계통이다. 또한 남송의 낭엽이 奏議・奏草와 制誥를 合刻한 20권본을 저본으로 주석한 이후 여러 주석본이 나왔다. 善本으로는 淸나라 張佩芳의 ≪陸宣公翰苑集注≫ 24권본을 손꼽는다. 일본에서도 에도시대에 石川香山의 ≪陸宣公全集釋義≫가 나왔다.

歐陽脩 등은 ≪新唐書≫에 육지를 立傳하면서 육지의 奏議 십여 편을 함께 수록하였고, 司馬光도 ≪資治通鑑≫에 육지의 奏議 39편을 채록했다. 蘇軾은 宋나라 哲宗이 즉위한 직후 箚子를 올려, 육지의 奏議를 읽어서 치국의 방책을 배우라고 권했다.

蘇軾은 〈乞校正陸贄奏議進禦箚子〉에서 "무릇 六經・三史・諸子百家는 볼만하지 않은 것이 없어서 모두 충분히 이것을 가지고 나라를 다스릴 수 있습니다. 다만 성인의 말씀은 아득히 멀고 末學은 보잘것없어서, 비유하면 산과 바다가 높고 깊어서 하나하나 미루어 가리기 어려운 것과 같습니다. 그런데 육지의 의논과 같은 것은 책을 펴놓으면 내용이 분명해서 古今의 精英을 모아놓았으며 治亂의 귀감이 될 만한 내용이 가득합니다."4) 라고 했다.

明나라 方正學은 蜀漢 諸葛武侯, 唐나라 陸宣公, 宋나라 范文正公・韓魏公・司馬溫公을 평가하여 "재주는 세상을 경영할 만하고, 덕은 사람들의 사업을 이룰 만하며, 공업은 사람을 격동시킬 만하다.〔才足以經世 德足以成物 功業又足以動人〕"라고 하면서, 그들을 尙友의 벗으로 꼽았다.

≪당육선공주의≫는 중국과 한국의 奏議體 문장의 모범이었을 뿐 아니라, 육지가 奏議에서 다룬 정치・경제・군사・제도 관련 안건들은 근대 이전 정치사회에서 가장 중요한 문제로 거듭 환기되었고, 육지의 해결방안도 재차 인증되었다. 따라서 한국의 근대 이전 政論과 經濟論을 이해하려면 ≪당육선공주의≫의 철저한 이해가 필요하다.

2. 奏議의 문체로서의 騈文

육지의 奏議는 현실 정치를 명확하게 분석하여 논리가 뛰어난 동시에 대구가 정제되고 음운이 조화로우며, 언어가 유창하고 기세가 왕성하다. 張維도 ≪谿谷漫筆≫에 '陸宣公은 말로는 잘 표현해내지 못할 것을 그냥 글로 써냈다.〔陸宣公 口說不出 只是寫得出〕'라는 조항을 두었다.

> ≪周易≫ 〈繫辭傳〉에 이르기를 "글로는 말하고 싶은 생각을 다 기록하지 못하고, 말로는 가슴속의 뜻을 다 표현해내지 못한다."고 하였다. 마음속의 精微한 뜻으로 말하면, 말로도 제대로 표현해낼 수가 없는 것인데, 더군다나 그것을 筆札로 형용해보려 한다면, 너무나 어려운 일이 아니겠는가. 옛사람이 일컫기를, "陸宣公

4) 蘇軾, ≪東坡集≫ 권64 〈乞校正陸贄奏議進御箚子〉. "夫六經三史諸子百家, 非無可觀, 皆足爲治. 但聖言幽遠, 末學支離, 譬如山海之崇深, 難以一二而推擇. 如贄之論, 開卷了然, 聚古今之精英, 實治亂之龜鑑."

> 은 말로는 잘 표현해내지 못할 것을 그냥 글로 써냈다."고 하였는데, 그렇다면 陸公은 말로도 표현이 불가능한 것을 글을 통해 곡진하게 기록해내었다는 말이 된다. 이것이야말로 붓끝에 혀가 달려 있다는 것이 아니겠는가.[5)]

≪당육선공주의≫는 騈文으로 작성되어 있다. 육지는 奏議를 작성할 때 변문에 散文의 文氣를 도입하여 '議論騈文'의 문체를 창안했다. 北宋 때 蘇軾이 지은 奏議는 육지의 주의를 본받은 것이라고 알려져 있다. 변문은 字數는 물론, 聲律・對偶 등 형식적 요소의 제약을 받기 때문에 일반적으로 논변과 설득을 목적으로 하는 奏疏文에는 적합지 않은 것으로 여겨져 왔다.

이는 淸나라의 孫梅(?~1790)가 ≪四六叢話≫에서 "대개 奏疏類는 아래로는 백성들의 고통과 관계되고 위로는 정치의 근본과 연관되니, 반드시 반복하여 견해를 펼치고 끊임없이 연찬하여 그 단서를 궁구해야 한다. 의론은 그것을 보고 따르기를 바라는 것이니 浮靡함이 많으면 實情을 놓칠 수 있고, 이치는 누구나 분명히 이해해야 하는 것이니 聲律에 구애되면 분명하기 어렵다. 이 점이 바로 任昉과 沈約이 붓을 멈추고 徐陵과 庾信이 자리를 피한 이유이다."[6)]라고 한 데에서 짐작할 수 있다.

그런데 그는 또한 육지의 주의에 대해서는 "文辭는 어려움과 평이함을 가릴 것 없이 붓을 대기만 하면 공교로우며, 문장은 정밀함과 거칢을 따질 것 없이 말을 펼치기만 하면 짝을 이루었으니, 오직 육선공만이 집대성하였다.……그 글에 이르러서는 論斷에 뛰어났으며 敷陳하기를 잘하였다. 이치가 우세하면서도 誠을 갖추었으며 말이 곧으면서도 완곡함에서 나왔다. 충성스럽고 간절하기는 賈誼의 탄식을 듣는 듯하며, 曲折은 자못 事情을 다하였다."[7)]라고 하여 변문의 형식적 한계를 돌파한 육지의 주의문을 높이 평가한

---

5) 張維, ≪谿谷漫筆≫ 권1. "易曰 '書不盡言, 言不盡意.' 心之精微, 口不能宣. 況以筆札形容, 不已難乎. 古人稱 '陸宣公口說不出, 只是寫得出.' 然則陸公口所不宣, 乃能以書盡也. 豈非所謂筆端有舌者乎."

6) 孫梅, ≪四六叢話≫ 권13 〈章疏〉. "蓋奏疏一類, 下係民瘼, 上關政本, 必反覆以伸其說, 切磋以究其端. 論冀見從, 多浮靡而失實. 理惟共曉, 拘聲律而難明. 此任・沈所以棲毫, 徐・庾因之避席者也."

7) 孫梅, ≪四六叢話≫ 권13 〈章疏〉. "辭無險易, 灑翰卽工, 文無精麤, 敷言輒儷, 惟陸宣公爲集大成也.……至其筆則長於論斷, 善於敷陳. 理勝而將以誠, 詞直而出於婉. 忠懇如聞於太息, 曲折殆盡於

바 있다.

이는 蘇軾이 ≪당육선공주의≫를 교정해 올린 글에서 "의론은 事情에 매우 절실하고 언사는 도덕에서 떠나지 않으니, 지혜는 張良과 비슷하나 문사는 더 뛰어나고 변론은 賈誼와 유사하나 방법은 허술하지 않았다."[8]고 평한 것과 맥을 같이 한다. 장량은 楚漢 전쟁 때 劉邦을 위해 장막 안에서 만리 밖의 형세를 파악하고 계책을 내었지만 저술을 남기지 않았다. 가의는 자신을 長沙王 太傅로 내쫓았다가 다시 불러들인 漢 文帝를 宣室에서 접견하면서 귀신의 근본에 대해 논하였다.[9] 그리고 비통한 심정으로 문제에게 治安策을 올렸지만 그 내용은 구체적인 사안을 치밀하게 논한 것은 아니었다.[10] 소식이 육지를 그들과 비교한 것은 육지가 주소문을 남겼고, 그 내용이 현실의 구체적인 문제를 하나하나 거론하고 정치 이념에 입각하여 나름대로의 개선책을 제시했기 때문일 것이다.

육지의 奏章은 意匠의 운용이 주밀하고 분명하며 排偶의 흔적을 드러내지 않음으로써 변문의 형식적 제약을 극복하였을 뿐만 아니라, 음풍농월식 抒情에 치우쳤던 변문의 범위를 敍事와 議論으로까지 확장시켰다. 조선 중기의 李睟光(1563~1628)이 "陸贄의 글은 雙關의 文法을 전적으로 채용하면서도 원만하고 조화로워 스스로 일가의 문장을 이루어 인위적으로 조탁한 흔적이 전혀 없으니 또한 절로 기이하다."[11]고 평한 것도 이와 같은 특징을 높이 평가한 것이라 하겠다.

≪당육선공주의≫의 첫 번째 글 〈論兩河及淮西利害狀〉은 朱泚가 일으킨 '涇原兵變'으로 인해 奉天으로 피신하게 된 '奉天之難'을 배경으로 하고 있다. 哥舒曜의 진압작전이 무위로 돌아가고 襄城을 잃을 위기에 처한 建中 4년(783)에 작성된 奏狀이다. 明末淸初의 陳

事情."

8) 蘇軾, ≪東坡集≫ 권64 〈乞校正陸贄奏議進御箚子〉. "論深切於事情, 言不離於道德, 智如子房而文則過, 辯如賈誼而術不疎."

9) 이에 대하여 唐나라 때의 시인 李商隱은 〈賈生〉이라는 시에서 임금이 백성의 일을 먼저 생각하지 않고 귀신의 일만 알려고 하였다고 비판하였다.

10) 가의는 "삼가 일의 형세를 살펴보건대, 통곡할 만한 것이 한 가지요, 눈물을 흘릴 만한 것이 두 가지요, 장탄식할 만한 것이 여섯 가지입니다.〔竊惟事勢 可爲痛哭者一 可爲流涕者二 可爲長太息者六〕"라고 전제한 뒤에 하나하나 설명해나갔다.

11) 李睟光, ≪芝峯類說≫ 권8 〈文章部1 文體〉. "如陸宣公全用雙關文法, 而混成圓轉, 自成一家之文, 少無穿鑿湊合之跡, 亦自奇矣."

維崧(1625~1682)이 ≪四六金鍼≫에서 제시한 변문의 편장구성에 따른다면, 〈論兩河及淮西利害狀〉은 起·承·中·過·結의 5단으로 이루어져 있다. 破題에 해당하는 起에서는 奏狀을 짓게 된 동기와 주제를 제시하고, 承에서는 신하된 직분을 다하지 못한 데 대한 사죄와 함께 犯顔하면서까지 忠諫을 하겠다는 의지를 드러내었다. 그러면서 納諫하려는 德宗의 덕을 찬양하였다. 起와 承은 表箋에서 冒頭·聲罪·頌聖으로 이어지는 구조와 일치한다. 핵심 부분은 본론에 해당하는 中과 過이다. 그 내용은 적합한 장수를 구하고 병권을 장악할 것, 사태의 경중을 살펴 대처할 것으로 요약되며, 이 두 가지 주장을 위해 반군의 형세와 전장의 상황 등을 적재적소에 거론하였다. 특히 적합한 장수를 구할 것과 병권을 장악하여야 한다는 뜻에서 언급한 다음 단락은 후대의 많은 호평을 얻었다.

> 삼가 아룁니다. 적을 이기는 요체는 장수가 적임자인가에 달려 있고, 장수를 다루는 방도는 병권을 장악하는 데 달려 있습니다. 장수가 적임자가 아니라면 병졸이 아무리 많더라도 믿을 것이 못 되고, 병권을 장악하지 못한다면 장수가 아무리 인재라 하더라도 쓸모가 없습니다. 병졸이 믿을 만하지 못하다면 병졸이 없는 것과 같고, 장수가 쓸모가 없으면 장수가 없는 것과 같습니다. 장수가 병졸을 지휘하지 못하고 나라가 장수를 다루지 못한다면 물자를 허비하고 역적을 방치하는 폐단에 그칠 뿐만 아니라 또한 軍務를 제대로 단속하지 못하여 자멸하는 재앙을 초래하게 될 것이니, 예로부터 禍亂의 불씨가 어찌 일찍이 여기에서 연유하지 않았겠습니까?

또한 육지는 "사람은 나라의 근본이고 재물은 사람의 마음이며 군사는 재물을 좀먹는 벌레이다.〔人者 邦之本也 財者 人之心也 兵者 財之蠹也〕"라고 하여, 재정과 군병을 튼실하게 하는 것이 중요하지만 결국 민심을 돈후하게 하는 것을 기초로 해야 한다는 점을 강조하였다.

南宋의 조정이 金나라의 회유책에 기만당하고 있으면서 '足食足兵'의 계책을 구하였을 때 汪應辰(1118~1176)은 육지의 이 글을 들어 남송의 폐단은 군사가 부족한 데 있는 게 아니라 軍政이 올바로 서지 못한 데 있다고 통박하였다.[12) 또한 명대 중기의 학자 邱濬

(1421~1495)은 그의 저서 ≪大學衍義補≫에서 이 구절을 인용한 후 霸主가 신하들을 부리는 방법〔馭臣之術〕을 모색할 것이 아니라, 庶政을 총괄하면 재상이요 軍旅를 통솔하면 장수이므로 仁君으로서 純臣을 대하는 방법으로 장수를 대하여야 한다고 주장하였다.13)

조선 후기의 成海應(1769~1839)은 ≪硏經齋全集≫ 권12에 수록된 〈讀陸宣公奏議〉에서 육지의 여러 奏議에 대해 논평을 가했는데, "적을 이기는 요체는 장수가 적임자인가에 달려 있고, 장수를 다루는 방도는 병권을 장악하는 데 달려 있습니다.〔剋敵之要 在乎將得其人 馭將之方 在乎操得其柄〕"라 한 부분을 인용한 후, 이것이 제왕의 대법이기는 하지만 時宜를 제대로 헤아리지 못하면 그저 칼자루만 쥔 것에 지나지 않는다고 비판하였다. 그리고 조정의 군대와 반군이 서로 관망하고 있을 때 토벌 대신 은전을 베풀었다면 반란 자체가 없었을 것이며, 淮蔡의 반란이 발발했을 때 전력을 다해 격파했다면 토벌은 물론 반란의 싹 자체를 영원히 종식시킬 수 있었을 것이라고 논하였다. 성해응은 唐 憲宗 때 李絳과 裴度가 세운 공을 육지의 계책과 비교함으로써 '權時'의 중요성을 거듭 강조하였다.14)

한국 한문은 문언어법을 따른 문체와 한국식·이두식 한문이 있으며, 문언어법의 문체는 古文과 騈文이 병용되었다. 심지어 고문에서도 변문의 투를 이용해서, 連句로 이루어진 排句를 통해 文氣를 提振하고 措辭를 激揚시키기도 했다. 따라서 실제 정치의 장에서 활용한 한문 문체의 주제 제시 방식이나 논리 전개 방식을 분석하면, 그 최고의 전범이었던 ≪당육선공주의≫의 행문 관습을 학습한 사례를 발견할 수 있다.

조선 세종 때 崔恒(1409~1474)은 騈儷文에 정교했는데, 육지의 문법을 깊이 얻었기 때문이라고 한다. 徐居正이 최항의 문집 ≪太虛亭集≫에 쓴 서문에서 그 점을 언급했다.15)

丁若鏞도 ≪牧民心書≫ 〈奉公〉의 제4조 文報에 '만약 邊門의 열쇠를 맡아 곧장 狀啓를 보낼 때는, 더욱 격식과 관례를 분명히 익혀 두려운 태도로 조심하도록 해야 한다.'라는 조항을 두어, 장계의 문체는 ≪당육선공주의≫를 읽어서 그 간절함을 본받고 겸하여 王陽明의 疏議를 가져다가 명료함을 본받으라고 하였다. 그리고 두 글은 모두 雙對를 사용

12) ≪宋史≫ 권387 〈汪應辰傳〉.
13) 邱濬, ≪大學衍義補≫ 권130 〈嚴武備 將帥之任 中〉.
14) 成海應, ≪硏經齋全集≫ 권12 〈讀陸宣公奏議〉.
15) 徐居正, ≪四佳文集≫ 補遺 권2 〈太虛亭集序〉.

하여 騈儷文과 같다고 언급하였다.16)

육지의 奏議는 比喩와 對偶가 뛰어나다. 이를테면 〈論兩河及淮西利害狀〉에서는 고전에서 다음과 같은 비유어를 절묘하게 끌어왔다.

> 무릇 아교를 던져 탁한 황하를 맑게 하는 것〔投膠以變濁〕은 발원한 곳을 맑게 하여 탁한 것이 변하도록 하느니만 못하고, 끓는 물을 퍼올려서 끓는 것을 멈추고자 하는 것〔揚湯以止沸〕은 땔감을 끊어 끓는 물이 신속히 멈추도록 하는 것만 못합니다.

'投膠以變濁'은 ≪抱朴子≫ 〈嘉遯篇〉의 "얼마 안 되는 아교로는 황하의 흐린 물을 맑게 만들 수가 없다.〔寸膠 不能治黃河之濁〕"고 한 데서 가져오고, '揚湯以止沸'는 ≪文子≫의 "끓는 물을 퍼내어 끓는 것을 멈춰본들 더 심하게 끓을 뿐이니, 근본을 아는 자는 불을 제거한다.〔故揚湯止沸 沸乃益甚 知其本者 去火而已〕"라고 한 데서 가져왔다. 또 ≪漢書≫ 〈枚乘傳〉에서 "끓는 물을 식히려고 할 적에 한 사람이 불을 때면 백 사람이 저어도 무익하니, 땔감을 끊어 불길을 멈추는 것만 못하다.〔欲湯之滄 一人炊之 百人揚之 無益也 不如絶薪止火而已〕"라고 한 표현도 참고로 하였다.

구체적인 예들은 본서의 역주를 통해 살필 수 있을 것이다.

3. 한국과 ≪唐陸宣公奏議≫

고려와 조선에서도 經國文章으로 陸贄의 奏議를 중시했다. ≪高麗史≫ 권98 〈列傳〉 11에 보면 鄭克永(1067~1127)은 고려 睿宗 14년(1119)에 國子祭酒 左諫議大夫를 지내고, 예종 15년(1120)에 中書舍人으로 있으면서 예종에게 신하를 영접하고 방문할 것을 청하는 상소를 올렸는데, 이때 임금이 자신의 상소를 대수롭게 여기지 않을까 우려하여 '陸奏'

16) 丁若鏞, ≪牧民心書≫ 〈奉公〉 제4조 文報.

즉 육지의 奏議를 손수 베껴 자신의 상소문과 함께 덧붙였다고 기록되어 있다.

고려 말 학자이자 관료였던 李穀은 〈鄕試策〉의 "재용의 盈虛와 호구의 증감은 바로 왕정의 득실의 단초가 되고 國體의 안위의 근본이 되니, 국가를 다스리는 자로서는 깊이 생각해야 마땅한 일이다."라는 주제의 물음에 대해, 對策을 작성하여 다음과 같이 말하였다.

> 저의 생각으로는 재물이 있는 곳에 백성이 있게 되는 것이라고 여겨집니다. 대저 飢寒이 몸에 절박하면 비록 慈父라도 자기 자식을 교화시킬 수 없는 법인데, 하물며 임금과 백성의 관계야 더 말해 무엇하겠습니까. 그렇기 때문에 기한이 몸에 절박하면 약자는 남의 머슴살이를 하고 강자는 도적이 되는 등, 어떻게 해서든 살아갈 길을 강구하면서 오직 이익이 있는 곳으로 나아가게 마련입니다.
>
> 그래서 傳에도 "백성이 있으면 이에 토지가 있게 되고, 토지가 있으면 이에 재물이 있게 된다."라고 하였고, 陸宣公도 "백성은 나라의 근본이요, 재물은 백성의 마음이다. 그 마음이 상하면 그 근본이 상하게 된다."라고 한 것입니다. 그렇다면 재물이 있는데 백성이 없는 경우도 없다고 할 것이요, 재물이 없는데 백성이 있는 경우도 없다고 해야 할 것입니다. ≪周易≫에서 "어떻게 백성을 모으는 것인가. 그것은 재물을 통해서이다."라고 말한 것도 바로 이것을 두고 이른 것입니다. 그래서 제가 재물이 있는 곳에 백성이 있게 된다고 말한 것인데, 이를 말미암는다면 재물을 꺼내 활용할 수도 있을 것이요, 이를 말미암는다면 백성을 모을 수도 있을 것이니, 상하 모두 풍족하게 하고 호구를 다시 온전하게 만드는 것을 의심할 것이 또 뭐가 있겠습니까.[17]

---

17) 李穀, ≪稼亭集≫ 권13 〈鄕試策〉. "愚以爲財之所在, 民之所在也. 夫飢寒切於身, 雖慈父不能敎其子, 況其民乎. 故飢寒所迫, 弱者爲傭役, 强者爲盜賊, 苟活是圖, 惟利是就. 傳曰 '有人此有土, 有土此有財.' 陸宣公曰 '民者邦之本, 財者民之心. 其心傷則其本傷.' 然則未有有其財而無其民者也. 亦未有無其財而有其民者也. 易曰 '何以聚民, 曰財.' 此之謂也. 愚故曰 財之所在, 民之所在也. 由是則財斯發矣, 由是則民斯聚矣. 上下俱足而戶口復全者, 復何疑乎."

이곡이 인용한 육지의 글은 〈論兩河及淮西利害狀〉을 말한다. 육지가 兩河 지역의 문제를 해결하기 위해 올린 상소문이다. ≪資治通鑑≫ 권228 〈唐紀〉 德宗 建中 4년(783) 조에도 "사람은 나라의 근본이고, 재물은 사람의 마음이다. 그러므로 그 마음이 상하면 그 근본이 상하게 되고, 그 근본이 상하게 되면 가지와 줄기가 시들게 된다.〔人者 邦之本也 財者 人之心也 其心傷則其本傷 其本傷則枝幹顚瘁矣〕"라고 되어 있다.

世祖 2년(1456), 사간원에서 직무의 考閱을 위해 亂臣에게서 적몰한 서책을 달라고 청하는 내용이 ≪세조실록≫에 있다.[18] 다만 이 이전에 고려나 조선에서 ≪당육선공주의≫를 간행했다는 기록은 찾아볼 수 없다.

成宗 6년(1475) 2월 10일, 경상도 관찰사 金永濡가 새로 ≪당육선공주의≫를 간행하여 올리자, 성종이 諭示하기를 "이제 ≪당육선공주의≫를 보니, 임금이 다스리는 데에 도움이 되는 말이 많이 있다. 경이 능히 銘心하고 올려서 나의 부족함을 도우려는 정성이 지극하므로, 내가 매우 가상하게 여기고 기뻐한다. 경에게 段衣 한 벌을 하사하니, 이르거든 領受하라."라고 하였다. 魚叔權의 ≪攷事撮要≫에 기재된 〈八道冊板目錄〉을 보면 경상도 합천에서 이 책이 간행된 사실이 있다.[19] 경상도 관찰사 김영유가 간행한 ≪육선공주의≫가 이 판본을 가리킬 가능성이 있다.

성종 10년(1479) 7월 8일에는 經筵에서 ≪大學衍義≫를 講하다가, '예부터 危亂한 세상에서도 일찍이 충성스러운 말이 없지 않았다.'[20]는 데에 이르러, 侍講官 李祐甫가 "이 章의 뜻은 人君에게 直諫을 즐겨 듣게 하려는 것입니다. 衰亂한 세상에도 일찍이 忠臣이 없었던 것은 아니지만, 다만 말을 해도 쓰지 아니하였으므로 망하는 데에 이르렀습니다.……육지는 말을 다하고 극진히 諫하니, 德宗이 비록 다 쓰지는 않았으나 혹 때로는 그 말을 억지로 따랐으므로 唐나라가 망하는 데에 이르지 않았습니다."라고 하였다. 이를 이어 領經筵事 盧思愼(1427~1498)은 "예로부터 人臣으로 奏議의 정성스럽고 간절함

18) ≪世祖實錄≫ 권5, 세조 2년(1456) 11월 4일. "司諫院啓 '本院職掌諫諍兼察庶務, 緣無圖籍, 凡諸奏事, 無從考閱, 請賜亂臣家籍沒四書五經·左傳·少微通鑑·宋元節要·通鑑綱目·通鑑續編·大學衍義·源流至論·陸宣公奏議·禮部韻略·玉篇·高麗史·三國史·東國史略·大明律·元續六典謄錄等書.' 從之."

19) 金斗鍾, ≪韓國古印刷技術史≫, 探求堂, 1974, 231~237쪽.

20) ≪大學衍義≫ 권12 〈格物致知之要 明道術 吾道源流之正〉에 보인다.

이 육지만 한 이가 없었습니다. 덕종이 奉天에서 포위되었을 때 그의 말을 능히 써서 그 나라를 회복하고 돌아와서는 즉시 소원하게 하였습니다. 지금도 그 책이 있어 ≪육선공주의≫라고 이름하며, 옛날에 蘇軾이 經筵에 進講하기를 청하였으니, 만약 燕閑할 때에 혹 관람하시면 반드시 裨益됨이 있을 것입니다."라고 하였다.

中宗 33년(1538) 1월 21일의 朝講에서는 ≪大學衍義補≫를 講할 때 侍講官 李彦迪(1491~1553)이 육지의 '忠言讜論'을 언급하였다. 己卯士禍가 일어난 지 19년 후 己卯士林의 敍用 문제를 논의하면서 趙光祖를 육지에 견준 것이다. 이언적은 육지가 덕종의 몽진 중에 충심으로 보필했지만 난이 평정된 후 덕종이 그의 盡言을 기피한 사실을 들어, 군주는 진정한 인물을 얻으면 시종여일하게 신임해야 한다고 말하였다.

한편 柳希春(1513~1577)은 오랜 유배에서 풀려나 宣祖 초에 재등용된 이후, 제왕학의 교재로 ≪小學≫·≪近思錄≫·四書에 보이는 諸家의 학설과 자신의 생각을 첨부하여 '六書附註'를 엮었으며, 다시 君道에 가장 긴요하다고 판단되는 歷代의 奏議를 선별하여 ≪獻芹錄≫을 엮었다.[21] ≪헌근록≫은 선조 3년(1570) 11월에 이루어졌는데, 그 속에는 육지의 주의가 諸葛亮·司馬光·朱熹의 주의와 함께 선록되어 있다.

柳成龍(1542~1607)은 선조 28년(1595) 朝講에 입시해서 ≪당육선공주의≫를 강할 것을 청했다. 하지만 당시 선조는 講讀官으로 하여금 ≪周易≫을 강하게 했다. 유성룡은 〈書陸宣公奏議後〉를 적어, 육지는 王道를 지향하여 군주를 보필한 伊尹과 傅說에 견줄 만한 인물이어서, 霸道를 주창한 管仲과 蕭何는 논할 것이 못 된다고 하였다.

> 만일 하늘이 천하가 화평하게 다스려지기를 원하지 않는다면, 필시 이와 같은 재주를 내지 않았을 것이다. 만일 하늘이 천하가 화평하게 다스려지기를 원한다면, 필시 이러한 재주를 세상에서 쓰이게 했을 것이다. 이미 이런 재주를 태어나게 하고서 다시 쓰이게 하지를 못하였으니, 이 이치는 알 수가 없다. 아아! 육선공의 학문은 위로는 伊尹과 傅說에 접하였으니, 管仲과 蕭何 이하는 논할 것이 못 된다. 지금 그 遺編이 여전히 남아 있어서, 밝고 환하게 정치를 행하는 먹줄이자 수

21) 崔益鉉, ≪勉菴先生文集≫ 권25 〈眉巖先生柳公神道碑銘〉.

준기이며 백성을 흥기하고 교화시키는 蓍草와 거북 껍데기가 되고 있다. 이 세상을 경영하는 데 뜻을 둔 사람이라면 특별히 거용하여 조처해야 할 것인데, 천고에 한바탕 개탄하게 된다.22)

柳成龍의 門人 李埈(1560~1635)은 ≪당육선공주의≫를 '治道之資'로서 건의했는데 繕寫의 명을 받았으며, 그 이후 경연에서 진강할 것을 권하는 〈弘文館進陸宣公奏議箋〉을 올렸다.23)

李植(1584~1647)은 〈作文模範〉에서 辭令을 짓기 위한 모범으로 역시 ≪당육선공주의≫를 朱熹의 글과 함께 들었다. 李玄錫(1647~1703)은 游齋六家를 들어, 六家 가운데 하나인 經綸家의 필독서로 ≪육선공집≫을 꼽았다.

鄭斗卿(1597~1673)은 仁祖 말년 벼슬에서 물러나 은거하며 저술에 몰두할 때 ≪詩經≫의 시편을 해설하면서 국정에 대해 논한 ≪詩諷≫을 엮어 두었다가, 인조가 승하한 뒤 왕위에 오른 孝宗에게 바쳤다.24) 그 가운데 〈懲篇〉 제5에서 당나라 덕종이 장안 수복 이후에 中使를 시켜 흩어진 궁녀들을 방문하게 하고 물자를 준 失政을 예로 들어, 여색을 경계하였다. 이 때 육지의 奏狀 〈興元論賜渾瑊詔書爲取散失內人等議狀(興元 연간에 渾瑊에게 조서를 내려 난리 통에 흩어진 내인을 찾아내는 일을 의론하게 한 것을 논하는 奏狀)〉을 간접 활용하였다.

洪汝河(1621~1678)는 租庸調에 관한 논문에서, 唐 德宗의 재상 楊炎이 조용조를 파하고 兩稅法을 행하자 육지가 강력하게 반대한 사실을 거론하고 조용조와 양세법 중 어느 것이 옳은지는 논란이 있다고 말했다.

朴趾源(1737~1805)은 평소 육지의 글을 몹시 즐겨 읽었다. 박지원의 〈答丹城縣監李侯論賑政書〉 뒤에 評語가 있어, "선생이 평소에 陸宣公의 글을 몹시 즐기셨는데, 지금 이

22) 柳成龍, ≪西厓集≫ 권18 〈書陸宣公奏議後〉. "使天而未欲平治天下也, 必不生如此才. 使天而欲平治天下也, 必使見用於世. 旣生而又不得用, 此理之不可知者也. 嗚呼, 宣公之學, 上接伊傅, 管蕭以下不論也. 今其遺編尙在, 炳炳然致理之繩準, 興化之蓍蔡也. 有意於斯世者, 特擧而措之耳. 千古一慨."

23) 李埈, ≪蒼石先生文集≫ 권14 〈弘文館進陸宣公奏議箋〉.

24) 鄭斗卿, ≪東溟集≫ 권26 〈德宗〉.

글을 읽어보니 특히 紫陽(朱熹)의 글과도 닮았다. 紫陽夫子도 역시 宣公의 글을 좋아하셨던가?"라고 했다.

英祖는 재위 7년(1731) 5월 14일의 召對에서 ≪聖學輯要≫의 뒤를 이어 講할 자료로 ≪당육선공주의≫를 꼽고 芸閣으로 하여금 간행해 바치도록 명하였다. 이때의 ≪육선공주의≫는 육지의 奏議 가운데 44편을 선별한 ≪陸宣公奏議抄≫인 듯하며, 肅宗 초 주조되어 있었던 韓構字를 사용한 활자본인 듯하다.

또한 영조 9년(1733) 12월, 召對하여 ≪육선공주의≫를 강할 때 영조가 수심에 잠겨 말하기를 "예전에 故 左相 李㙉이 나에게 이 글을 강독하기를 권하고 故 相臣 洪致中·趙文命도 말하였는데, 그 뜻은 대개 내 도량이 좁기 때문에 이 글을 빌려서 받아들이는 도량을 開發하려 한 것이다. 대저 呂祖謙은 한낱 학문하는 선비인데, 능히 ≪논어≫로 말미암아 그 기질을 변화하였다. 내가 이 글을 강독하고 도량을 넓히지 못한다면, 어찌 이 글을 저버리는 것일 뿐이겠는가? 또한 세 정승을 저버리는 것이다." 하였다. 그러고서 친히 30여 줄의 綸音을 지어 政府에 명하여 求言하여 임금의 闕失을 보완하고 遺漏를 수습하게 하였다고 한다.[25]

영조 22년(1746) 4월, 영조는 ≪육선공주의≫ 가운데에서 육지가 언급한 六蔽를 써서 座右에 붙여 스스로 경계하였는데, 육폐는 남에게 이기기를 좋아하는 것〔好勝人〕과 잘못을 가르쳐 줌에 듣기를 부끄러워하는 것〔恥聞過〕과 변설에 능란한 것〔騁辯給〕과 총명을 자랑하는 것〔衒聰明〕과 위엄을 돋우는 것〔厲威嚴〕과 강퍅을 함부로 부리는 것〔恣剛愎〕 등이다. 영조는 신하들에게 자신이 이 육폐에 관련된 것이 있으면 간하라고 하였다.[26] 재위 45년(1769) 5월 14일에는 夕講에서 유신과 승지·사관에게 명하여 ≪육선공주의≫를 강하게 하였다는 기록이 ≪영조실록≫에 보인다.

영조의 뒤를 이어 正祖도 육지의 주의문을 높이 평가하였다. 재위 원년(1777) 2월 8일 夜對에서 ≪육선공주의≫를 강하다가 中의 의미에 대해서 신하들과 논란을 했다. 재위 2년(1778) 12월 12일에는 좨주 宋德相과 연석에서 담소하면서, 경연의 책자는 ≪논어≫로

---

25) ≪英祖實錄≫ 부록 〈英祖大王行狀〉.

26) ≪英祖實錄≫ 부록 〈英祖大王行狀〉.

하고, 소대에서는 ≪史記評林≫으로 하고, 야대에서는 ≪육선공주의≫로 하도록 하라고 했다. 또한 정조는 〈科擧引〉에서 抄啓文臣 제도의 의의를 개괄하면서 ≪육선공주의≫를 강독 자료의 하나로서 언급했다.

즉 宋나라에서 講讀官이 강독을 안 하는 날에는 漢나라의 故寔을 진강하던 것을 모방하여 經·史·子·集 그리고 國朝文獻의 순으로 익히도록 했는데, 經으로는 ≪中庸≫·≪大學≫·≪論語≫·≪孟子≫·≪詩經≫·≪書經≫·≪周易≫·≪儀禮≫·≪周禮≫·≪禮記≫·≪春秋≫ 등이고, 史로는 ≪史記≫·≪前漢書≫·≪後漢書≫·≪唐鑑≫·≪宋名臣錄≫ 등이며, 子는 ≪五子≫(北宋五子), 集은 ≪陸宣公奏議≫이며, 국조문헌으로는 ≪國朝寶鑑≫·≪國朝五禮儀≫·≪文獻備考≫·≪經國大典≫·≪大典通編≫ 등이었다.

정조는 육지의 奏議가 분명하고도 적절하여 政事와 教化에 도움이 된다고 생각해서 즉위 이전부터 육지의 奏議文에 심취하였으며, 즉위 후 바로 ≪당육선공주의≫를 간행하였다. 또한 정조는 재위 4년(1780)에 奎章閣 閣臣들에게 명하여 ≪歷代名臣奏議≫와 우리나라의 ≪東賢奏議≫를 刪節해서 ≪奏議纂要≫ 8권을 편찬·간행하게 하였다.[27] 이 책은 宋나라 三賢(程顥·程頤·朱熹)과 조선 九賢(趙光祖·李滉·成渾·李珥·趙憲·金長生·金集·宋浚吉·宋時烈)의 奏議 가운데 가장 절실하고 특히 감계가 될 만한 것을 뽑아서 ≪朱書節要≫의 방식에 따라 지루한 말과 쓸데없는 내용은 삭제하거나 간략하게 하고, 疏箚 이외에도 임금에게 아뢴 글 가운데 볼만한 것 역시 刪節해서 수록한 것이다. 이 해에 金鍾秀(1728~1799)가 ≪奏議要略≫을 엮어서 올리자, 정조는 다시 ≪名臣奏議要略≫ 16권을 엮었다.[28]

마침내 정조는 ≪당육선공주의≫의 節約本을 친히 편집하여 간행하기에 이른다. 재위 18년(1794)에 精粹 29편을 친히 가려 뽑고, 이황의 ≪주자서절요≫의 의례를 본떠서 誦讀에 편리하도록 字句를 刪節했다. 다시 釐校하여 2권으로 엮었는데, 徐有榘(1764~1845) 등이 명을 받아 교정하였던 듯하다. 그 결과 재위 21년(1797) 윤6월 12일 주자소에서 丁酉字本 ≪御定陸奏約選≫ 2권을 인쇄하여 올렸다. 정조는 ≪御定陸奏約選≫의 印本을 호남

---

27) 正祖, ≪弘齋全書≫ 권183 〈群書標記5 命撰1 奏議纂要八卷〉.

28) 正祖, ≪弘齋全書≫ 권183 〈群書標記5 命撰1 名臣奏議要略十六卷〉.

監營에 내려 보내어 그것을 번각하여 판목을 보관하도록 했다. 이것을 줄여서 ≪陸奏約選≫이라 부른다.

≪日得錄≫의 기록에 따르면, 정조는 육지의 주의를 두고 "성실하고 간절하여 唐家의 화려한 습속을 씻고 宋朝의 의리의 문풍을 열었으니, 世運에 관계될 만하고 世敎를 도울 만하였다."[29]라고 평가했다. 정조는 세손 시절부터 육지의 주의를 독실하게 좋아하여 召對와 進講에서도 여러 차례 다루었다. 하지만 정조는 육지의 주의가 "문장이 너무 지루하고 필요 이상으로 많은 것"을 한스럽게 여겼다. 이 때문에 정조는 즉위 후 여가 시간에 틈틈이 작업하여 대략 추리기를 ≪朱子書節要≫의 예와 같이 하고, 이를 ≪육주약선≫이라고 명명하여 인쇄하도록 하였다고 한다.

정조는 宋나라 曾鞏(1019~1083)과 陳師道(1053~1101)의 일화를 예로 들어, 저술에서 '約'의 중요성을 말하고, 육지의 〈均節賦稅恤百姓六條〉를 요약한 경위를 스스로 밝혔다.

> ≪朱子語類≫에 "曾南豐이 陳后山에게 글 한 편을 부탁한 적이 있었다. 진후산이 하루 종일 걸려 겨우 완성하여 남풍에게 보이자, 남풍이 '대체적으로 괜찮으나 다만 쓸데없는 글자가 좀 많다.'라고 하면서 붓을 들어 몇 군데를 지웠는데, 지우는 곳마다 한두 줄씩을 쓱쓱 지워버렸다. 진후산이 읽어보니 그 뜻이 한결 완전해졌다."라는 일화가 있다. 작문만이 아니라 글을 선별하는 것도 깎아낼수록 더욱 좋다. 내가 ≪육선공주의≫를 선별할 적에, 그 〈均節賦稅六條〉는 본래 20板 남짓 되었는데, 篇에서는 節을 삭제하고 節에서는 行을 삭제하자, 책이 정밀하면서도 도리어 간략해져 거의 8, 9판 정도가 되었다. 그랬더니 글이 전보다 간결해지면서도 뜻은 애당초 갖추어지지 않은 것이 없게 되었다.[30]

---

29) 正祖, ≪弘齋全書≫ 권164 〈日得錄4 文學4〉. "勤懇切實, 洗唐家浮靡之習, 啓宋朝義理之文, 有足以關世運裨世敎."

30) 正祖, ≪弘齋全書≫ 권165 〈日得錄5 文學5〉. "朱子語類載, '曾南豐嘗託陳后山作一文字. 后山窮日乃成, 以示南豐, 南豐云「大略也好, 只是冗字多.」 取筆抹數處, 每抹處連一兩行. 后山讀之, 其意尤完.' 不徒作文爲然, 選文亦愈刪愈好. 予選陸宣公奏議, 其均節賦稅六條本二十餘板, 篇刪其節, 節刪其行, 卷密反約, 僅爲八九板. 文簡於前, 而意未始不備."

정유자본 ≪육주약선≫은 일본 오사카부립 나카노시마 도서관 소장본(韓 10-35)과 일본 동양문고 소장본(Ⅶ-2-243)이 있다. 또한 정유자본 번각본은 정조 21년(1797) 完營本(버클리대학 동아시아도서관 淺見文庫 소장본) 이외에 같은 해 嶺營本이 나왔다. 서울대 一蓑文庫에 '丁巳七月嶺營新刊'의 간기가 있는 목판본이 있다. ≪육주약선≫의 구성은 上・下 2권으로, 육지의 奏草・奏議 29편(〈均節賦稅恤百姓六條〉 6편을 1편으로 산정할 경우)만을 선택하고 구절을 절록하였으며, 그 가운데 두 편은 ≪육선공주의≫의 순서와 다르게 편차를 매겼다. 같은 사안에 대해 재차 논의하여 중복이 되는 글, 조선의 실정이나 제도와 맞지 않거나 적용할 수 없다고 판단한 글, 그리고 관리의 任免에 대한 글들은 대부분 제외했다고 할 수 있다.[31)]

정조는 ≪陸奏約選≫에 이어 재위 22년(1798) 육지의 全稿에 손수 批圈을 쳐서 중요한 구절을 적취하여 ≪陸稿手圈≫을 편찬했다. ≪육고수권≫은 주의문에 制誥를 첨가한 것이다. 이 ≪육고수권≫은 정조가 학문의 집대성을 기도한 ≪四部手圈≫의 集部에 속한다. 정조는 經史子集 4부 1,690편 가운데서 4,670여 단락을 뽑아서 ≪四部手圈≫을 엮었다. ≪사부수권≫은 정조 21년(1797) 10월부터 시작하여 이듬해 11월까지 규장각의 교정을 거쳐 완성되었다. 이 가운데 ≪육고수권≫은 1798년 4월 12일부터 21일까지 열흘간 교정이 이루어져 완성되었다. ≪사부수권≫의 간행은 정조의 사후에 이루어졌다. 즉, 순조 원년(1801) 7월 內閣藏版 25권 12책이 나왔다. 현재 규장각에 필사본 25권 13책본이 있다.

≪사부수권≫의 集部는 당송팔대가 문장을 초록한 ≪八家手圈≫과 ≪陸稿手圈≫이 전부이다. 정조가 당송 고문을 대단히 중시하고 육지의 주의문을 존중했음을 알 수 있다. ≪사부수권≫은 經史子集으로 나눠 1,690여 편의 글에서 4,670여 단락을 節錄했다. 초록본 ≪육고수권≫은 ≪육주약선≫에 선정되지 않은 약간의 주의문을 포함하며 制誥 같은 황제를 대신해 쓴 詔令文 등도 대상으로 하였다. 모두 98편(92제)의 문장에서 초록하였는데 앞의 48편이 詔令類이다. 사면, 구휼, 감세, 책봉, 책문, 임명에 쓰이는 공문 성

31) 沈慶希, 〈正祖의 ≪御定陸奏約選≫ 편찬 의도와 그 배경〉, ≪東洋漢文學硏究≫ 第38輯, 東洋漢文學會, 2014, 112쪽.

격의 글이다.

≪육주약선≫은 주의문의 원문을 단락별로 상당 부분을 절록한 데 비해 ≪육고수권≫은 각 편에서 한두 구절에서부터 많게는 마흔서너 구절까지 짧은 단위로 나눠 초록했다. 정조의 시각에 따라 경구를 취하여 모은 것이라고 볼 수 있다. 각 문장의 편명 역시 초록본은 ≪육선공주의≫보다 간략한 형태인데, ≪육고수권≫은 ≪육주약선≫보다 더욱 간략하다. 예를 들면 ≪육선공주의≫ 권2의 〈奉天論奏當今所切務狀〉을 ≪육주약선≫과 ≪육고수권≫에서는 '奏'자와 '所'자를 생략하여 〈奉天論當今切務狀〉이라고 하였다. 또 ≪육선공주의≫ 권3의 〈奉天請數對群臣兼許令論事狀〉를 ≪육주약선≫에서는 '兼'자를 생략하여 제목으로 삼았고, ≪육고수권≫에서는 다시 '奉天'을 생략하여 제목으로 삼았다. 또한 본문의 경우, 구체적 사례를 예증한 부분을 ≪육주약선≫ 및 ≪육고수권≫에서는 생략하였다.

4. ≪唐陸宣公奏議≫의 가치

≪당육선공주의≫는 政論의 내용이나 진술 방식의 두 측면에서 동아시아 한자문화권에 깊은 영향을 끼쳤다. 동아시아 지식인들은 육지의 諫言을 신하가 제왕에게 정책을 건의하는 모델로 간주하였고, 제왕들은 忠諫을 신하들에게 요구하는 논거로 거론하였다. 곧, 육지의 奏議는 군주의 '含弘聽納'을 촉구한 내용이자, 신하의 '納約自牖'를 실천한 것이라고 할 수 있다. ≪周易≫ 坤卦 〈彖傳〉에, "곤의 두터움이 만물을 실음은 건의 끝없는 덕에 합하며, 포용하고 너그러우며 빛나고 광대하여 만물이 모두 형통한다.〔坤厚載物 德合无疆 含弘光大 品物咸亨〕"라고 하였다.

근대 이전 한자문화권의 지식인들은 忠諫의 理想을 ≪주역≫ 習坎卦 六四爻辭에 나오는 '納約自牖'에서 찾았다. 習坎卦는 坎上坎下, 坎爲水로, 上卦도 坎, 下卦도 坎이다. 지독하게 어려운 상황을 상징하지만, 習坎卦의 卦辭는 "習坎은 믿음이 있으면 오직 마음으로 형통할 것이다. 행하면 높임을 받으리라.〔習坎 有孚 維心亨 行有尙〕"이다. 습감괘에는 음효가 네 개 있지만 六四만 바른 자리에 있으며, 이 六四는 재능은 부족하지만 바른 자리에 있는데다가 九五의 군주와 이웃하여 진심으로 봉사한다. 이 六四爻의 爻辭는 "한 동이 술과 두 대그릇의 음식을 질그릇에 받쳐 간략한 음식을 들여보내되 창문으로부터 하면 끝내 허물이 없으리라.〔樽酒簋貳 用缶 納約自牖 終無咎〕"이다. 습감괘의 六四爻辭는 대신과 천자가 서로 친해서 험난한 시국을 구하려고 노력하는 형상을 나타낸 것이라고 풀이된다. 이때 '納約'의 '約'은 '簡約'이란 설과 '約束'이란 설이 있다. '牖'는 들창으로, 벽에 구멍을 뚫어 빛이 들어오도록 한 창문이다. 自牖는 빛이 창에서 비쳐가듯이 임금의 마음에서 이치가 밝은 곳부터 설득하고 다음에 본론을 말하는 것을 뜻한다. 또 간략하고 명확한 요점을 밝은 군주에게 보고한다는 충간의 방법론을 중시한 것이라고도 말할 수 있다.

육지는 여러 奏章에서 '中外意乖 君臣道隔', '君臣意乖 上下情隔'의 폐단을 지적하고 '含弘聽納'을 촉구했다. 〈奉天請數對群臣兼許令論事狀〉에서는 "천자의 도는 하늘과 더불어 방도를 같이하니, 하늘은 땅에 좋지 않은 나무가 있다 하여 자라나는 것을 없애지 아니하며 천자는 때로 소인이 있다 하여 간언을 받아들이는 일을 없애지 않습니다.〔天子之道與天同方 天不以地有惡木而廢發生 天子不以時有小人而廢聽納〕"라고 하였는데, 이 말은 ≪資治通鑑≫ 권229 〈唐紀〉에도 전재되어 있다. ≪육선공주의≫ 권3의 〈請數對群臣許令論事狀〉에서는 忠諫이 행해지지 않는 세 가지 병폐(諂諛·顧望·畏愞)와 納言이 이루어지지 않는 여섯 가지 병폐(好勝人·恥聞過·騁辯給·衒聰明·厲威嚴·恣彊愎)를 나누어 열거하였다. 〈請數對群臣許令論事狀〉에서 위의 九弊를 아울러 지적한 것에 이어서, 군주가 含弘納諫하지 못하는 六弊를 조목조목 열거하여 군주가 納言을 하는 태도를 지녀야 忠諫이 있을 수 있다는 점을 苦言하였다. 정조는 ≪육주약선≫과 ≪육고수권≫에 육지의 이 주장을 抄錄해두었다.

한편으로 육지는 군주의 誠信을 주장하였다. 〈請數對群臣許令論事狀〉에서 육지는 "필부가 誠하지 못하더라도 이룰 수 있는 일이 없는데 하물며 왕 노릇 하는 자는 남의 誠에 힘입어서야 스스로를 견고하게 할 수 있으니, 남에게 誠하지 않을 수 있겠습니까.〔匹夫不誠 無復有事 況王者 賴人之誠 以自固 而可不誠於人乎〕라 하며 황제에게 誠信을 주문하였으며, 納諫의 방도로 奏狀嘉納 이외에 延接面陳과 引對를 병행할 것을 주장하였다. 정조 또한 ≪육주약선≫과 ≪육고수권≫에 육지의 이 주장을 초록해두었다.

≪육선공주의≫ 권12에 수록되어 있는 〈均節賦稅恤百姓〉은 당나라의 실제 조세 제도에 채용되지 않았다는 이유에서 후대인들에 의해 평가절하되기도 하였다. 주지하다시피 당나라의 재무 운영은 開元 24년(736) 이후부터 45년 동안 租庸調制·長行旨條·定額制에 의거하였으나, 建中 원년(780)에 이르러 兩稅·專賣制와 旨符編成으로 바뀌었다. 즉, 單年度 별로 正月에 중앙정부가 發布하는 旨符(재정지침)와 매년 12월에 塩鐵轉運·度支·戶部의 三司가 宰相府에 제출하는 회계보고, 諸道節度使·觀察使가 戶部尙書比部司에 제출하는 句帳(재무감사조서)을 토대로 삼은 것이다. 또 장기적으로 定額을 설정함으로써 收支基準額을 고정하여, 그 위에 재원 부족이나 수입 초과를 조절함으로써 수지의 균형을 꾀하였다. 이 定額制에 근거한 재무 운영은 兩稅·職役收取體系를 전제로 하였다. 하지만 육지는 兩稅를 비판하였다. 더구나 육지는 〈論宣令除裴延齡度支使狀〉과 〈論裴延齡奸蠹書〉를 올려 배연령의 7대 죄상을 열거하고, 그 뒤로도 여러 차례 上書하여 배연령의 죄상을 上奏하였으나, 그 直諫 때문에 좌천되어 忠州別駕가 되었다. 이때 근 1만 글자의 〈均節賦稅恤百姓六條〉를 저술하여 덕종에게 백성을 애호하고 徭賦를 경감할 것을 청하였으나, 실행되지 않았다. 앞서 말했듯이 정조는 ≪육선공주의≫ 가운데 편과 장을 선록하여 ≪육주약선≫을 편찬하였는데, 이때 〈均節賦稅恤百姓六條〉의 수록과 관련하여 신하의 반대 의견이 있었다. ≪日省錄≫의 정조 21년 정사(1797) 6월 12일 기사를 보면, 정조는 誠正閣에서 승지 趙鎭寬에게 "〈請許臺省長官擧薦屬吏狀〉, 〈請减京東水運收脚價於緣邊州鎭儲蓄軍糧事宜狀〉, 〈均節賦稅恤百姓六條〉 등과 같은 여러 편은 사람들이 없애도 된다고 하지만 내 생각은 그렇지 않다. 취사선택한 예가 議論에 상세하지만 사실에 소략한데 이 세 편은 그 사정에 딱 들어맞을 뿐만이 아니고 내가 經綸하는 데 있어 또한 현재에 미루어 시행할 수 있는 부분이 많은 것을 족히 볼 수 있으니 채택하여 넣지 않을 수 없다."[32]라고 평하였다.

육지는 〈均節賦稅恤百姓六條〉 중 제2조 〈請兩稅以布帛爲額不計錢數〉에서 經費의 큰 것이 셋 있는데, 軍食이 그 하나, 軍衣가 그 둘, 內外官月俸及諸色資課가 그 셋이라고 하였

32) ≪日省錄≫, 〈正祖〉 21년 6월 12일. "如臺省長官薦擧·京東水利·均稅六條等諸篇, 人或謂之可刪, 而予意則不然. 蓋其去就之例, 雖詳於議論, 略於事實, 而此三篇則不獨切中事情, 足見自家經綸亦多可以推行於當今者, 不可不採入矣."

다. 당나라 당시의 경비로 중요한 것이 養兵費, 官俸, 雜費 등 세 가지라는 사실을 명확히 지적한 것이다. 명나라 丘濬이 ≪大學衍義補≫ 권21 〈總論理財之道〉에서 "桀은 천하를 써도 부족했고 湯은 칠십 리 안을 썼으나 여유가 있었으니, 이는 바로 재용이 차고 비는 것이 절약하느냐 하지 않느냐에 달려 있을 뿐이다. 절약하지 않으면 비록 차있더라도 반드시 비게 되고, 잘 절약하면 비록 비었더라도 반드시 차게 된다."33)라고 말한 것은 육지의 논조를 인용한 것이다. 육지의 〈均節賦稅恤百姓六條〉는 조선의 지식인들 사이에 널리 읽히고 조선의 상주문에 구절구절 인용되었다. ≪승정원일기≫를 보면, 純祖 33년(1833) 10월 15일, 左議政 沈象奎가 入侍하였을 때 순조가 財用을 절약하는 문제에 대해 논하였는데, 그 주지는 육지의 〈均節賦稅恤百姓〉 제2조에서 빌려왔다. 조선의 지식인들은 육지가 兩稅를 폐지하고 租庸調를 다시 시행할 것을 주장한 논리에는 찬성하지 않았으나, 육지가 '재용을 절약하여 백성을 사랑한다.'는 ≪논어≫의 가르침을 부연한 사실에는 크게 공감하여, 절용에 관한 상소에서 그의 글을 빈번하게 인용하였다.

육지는 〈均節賦稅恤百姓〉 제4조 〈論稅期限迫促〉에서 '紓人'이 '혜택을 베풀되 낭비하지 않는' 정책이라고 강조하였다. 조선시대의 지식인 가운데 '紓人'의 문제를 직접 언급한 인물은 드물다. 하지만 丁若鏞은 ≪與猶堂全書≫ 〈農策〉에서 이 문제를 다루었다. 즉, 정약용은 杜佑의 ≪通典≫ 〈食貨 田制〉에서 "곡식은 사람의 생명을 좌우하고 농사는 그 곡식을 생산하는 원천이다.〔穀者 人之司命 農者 穀之所出〕"라고 하였던 것에 크게 동조하여 농가를 면려하는 방법을 논하여, 구체적인 내용으로 紓人力, 廣地利, 備天災 등 세 가지를 거론하였다.

정조는 당시의 科文이나 對策文 등이 실용성을 상실했다고 여겨 그 개혁을 시도하였다. 정조는 功令文字를 중심으로 문체의 순정화를 꾀하여, 육지의 주의문을 그 표본 가운데 하나로 제시하였다. ≪日得錄≫에서 정조는 "당나라 때에 陸宣公이라는 한 사람이 출현하였으니 그의 글은 상소문의 표준이 될 만하다.〔於唐得一陸宣公 而可以爲法於公車〕"라 하였다. 또 육지의 奏議文이 "이해와 득실을 지적하여 나열한 대목은 골수를 찌르며 파고

---

33) 丘濬, ≪大學衍義補≫ 권21 〈總論理財之道〉. "桀用天下而不足, 湯用七十裏而有餘. 是乃用之盈虛在於節與不節耳. 不節則雖盈必竭, 能節則雖虛必盈."

든다.〔其指陳利害得失處 刺骨洞髓〕"고 하였으며, "'陸宣公의 奏議는 천고 章疏의 柯則이되, '學識忠懇'이 있어야 방불한 글을 지을 수 있다.〔陸宣公奏議 爲千古章疏之柯則 然亦有其學識忠懇而後方可髣髴其議論耳〕"라 하였다. 이처럼 거듭해서 언급할 만큼 정조는 육지의 주의문을 章疏의 모범으로 간주하였던 것이다.

이상의 논의를 통해 육지의 奏議가 작게는 군정의 문제로부터 크게는 왕도와 패도의 문제에 이르기까지 다양한 주제의 논거로 활용되었으며 후대의 논평과 저술에도 큰 영향을 끼쳤음을 알 수 있다.

參考文獻

◇ 자 료

- ≪陸宣公奏議≫, 陸贄(唐) 撰, 규장각 소장본.(奎中 1459, 奎中 2039)
- ≪翰苑集≫, 陸贄(唐) 撰, 文淵閣四庫全書 제1072책 集部148, 臺灣商務印書館, 1983~1986.
- ≪註陸宣公奏議≫, 郎曄(南宋) 撰, 十萬卷樓叢書, 淸 光緖 4年(1878) 影印本.
- ≪陸贄集≫, 王素(淸) 點校, 中華書局, 2006.
- ≪陸贄集≫, 劉澤民 點校, 浙江古籍出版社, 2013.
- ≪御定陸奏約選≫, 正祖(朝鮮) 御定, 미국 버클리대학 아사미문고 소장본.(18.37)
- ≪御定四部手圈≫, 正祖(朝鮮) 御定, 일본 오사카부립도서관 소장본.(韓 6-10)

◇ 논 저

- 강혜선, ≪정조의 시문집 편찬≫, 문헌과해석사, 2000.
- 金斗鍾, ≪韓國古印刷技術史≫, 探求堂, 1974.
- 김민현, 〈조선시대 陸宣公奏議의 수용과 간행에 대한 연구〉, 한국학중앙연구원 석사학위논문, 2015.
- 당윤희, ≪중국 당송팔대가 시문집의 조선에서의 수용과 유통≫, 한국연구재단 연구성과물, 2009.
- _____, 〈飜譯 : 陸贄의 〈변방의 수비를 논하는 奏狀〉-≪陸奏約選≫ 중의 〈論緣邊守備事

宜狀〉 譯註〉, ≪중국산문연구집간≫ 5, 2015.

- 류성준, 〈唐代 陸贄와 그 詩의 駢體的 表現 考〉, ≪中國硏究≫ 27, 2001.
- 沈慶昊, ≪韓國漢文基礎學史≫ 1~3, 태학사, 2012.
- 沈祉希, 〈正祖의 ≪御定陸奏約選≫ 편찬 의도와 그 배경〉, ≪동양한문학연구≫ 38, 2014.
- 오수형, 〈正祖의 陸贄 奏議文 수용 양상과 그 의의〉, ≪중국산문연구집간≫ 6, 2016.
- 尹炳泰, ≪韓國古書綜合目錄≫, 국회도서관, 1968.
- ______, ≪韓國書誌年表≫, 한국도서관협회, 1972.
- 조동영, 〈正祖의 四部手圈 小考〉, ≪한국한문학연구≫ 45, 2010.
- 최식, 〈奏議類 산문의 특징과 전개양상〉, ≪東方漢文學≫ 31, 2006.
- 高潔, 〈陸贄公文硏究〉, 南京師範大學 碩士學位論文, 2006.
- 南京圖書館 編纂. ≪中國古籍善本書目索引≫ 上・下, 上海古籍出版社, 2009.
- 冷琳, 〈論隋至中唐駢體公文改革及陸贄的傑出成就〉, 長春理工大 碩士學位論文, 2008.
- 莫山洪, 〈論陸贄的"駢中求散"與中唐文章的變化〉, ≪柳州師專學報≫ 27, 2012.
- 劉京, 〈陸宣公集硏究〉, 首都師範大學 碩士學位論文, 2004.
- 中國古籍善本書目編輯委員會編. ≪中國古籍善本書目≫ 1~43, 上海古籍出版社, 1986~1989.
- 許媛婷, 〈元刊本≪註陸宣公奏議≫版本探究-兼論阮元宛委別藏影鈔本〉, ≪書目季刊≫ 49, 2016.
- 谷口明夫, 〈潘仁≪唐丞相陸宣公奏議纂注≫刊行考〉, ≪中國中世文學硏究≫ 32, 1997.
- ________, 〈潘仁≪唐丞相陸宣公奏議纂註≫略論〉, ≪東亞漢學論文集≫, 1998.
- 山城喜憲, 〈陸宣公奏議諸本略解〉, ≪斯道文庫論集≫ 17, 1980.
- 田中秀樹, 〈石川香山≪陸宣公全集釋義≫と十八世紀後半における名古屋の古代學〉, ≪日本思想史學≫ 44, 2012.
- _________, 〈石川香山≪陸宣公全集釋義≫と尾張藩天明改革の時代 -十八世紀後半における江戸期日本と清朝の政治文化(上)-〉, ≪書物・出版と社會変容≫ 13, 2012.
- _________, ≪朱子學の時代 : 治者の'主体'形成の思想≫, 京都大學出版部, 2015.

凡 例

1. 본서는 唐나라 陸贄(754~805)의 奏議를 모은 ≪唐陸宣公奏議≫를 번역한 것으로 ≪譯註 唐陸宣公奏議≫ 제1책이다.
2. 본서의 底本은 ≪唐陸宣公奏議≫ 朝鮮時代 壬辰字本(奎中 1459·2039)이며, 校勘을 위해 ≪唐陸宣公奏議≫ 朝鮮時代 戊申字本과 연세대학교 학술정보원 소장 ≪唐陸宣公集≫ 10行 17字 朝鮮時代 木板本(고서귀 847 0), 王素 點校 ≪陸贄集≫(中華書局, 2006), 劉澤民 點校 ≪陸贄集≫(浙江古籍出版社, 2013), 文淵閣四庫全書本 ≪翰苑集≫ 등을 참고하였다.
3. 본서는 원전의 傳統性과 번역의 現代性을 구현하기 위해 노력하였다.
4. ≪唐陸宣公奏議≫의 原文에는 우리나라 전통방식의 懸吐를 하였는데, 서울대학교 규장각 소장 壬辰字本 懸吐本(奎中 1459·2039)의 懸吐를 주로 따랐다. 또한 규장각 소장 戊申字本 懸吐本(奎中 1461·2012)과 국립중앙도서관 소장 戊申字本 懸吐本(일산古6022-39)의 懸吐를 참조하였으며, 이들 懸吐가 서로 상이한 경우 譯者가 이를 선택하였다.
5. ≪唐陸宣公奏議≫의 原文은 의미 단락별로 分節하였으며, 각 단락마다 일련번호를 부여하였다.
6. 본서에서는 ≪唐陸宣公奏議≫의 대표적 註釋인 郎曄(南宋)의 註(≪註陸宣公奏議≫, 淸나라 光緖 4년(1878) 十萬卷樓叢書)를 싣고, 그 原文에 標點하고 번역하였다.
7. ≪唐陸宣公奏議≫ 본문은 번역문과 원문의 순서로 제시하였으며, 그 밑에 郎曄의 註를 번역문과 원문의 순서로 배치하였다. 본문의 원문 중에 ①, ②, ③ 등을 표기하여 郎曄 註의 위치를 밝혔다.

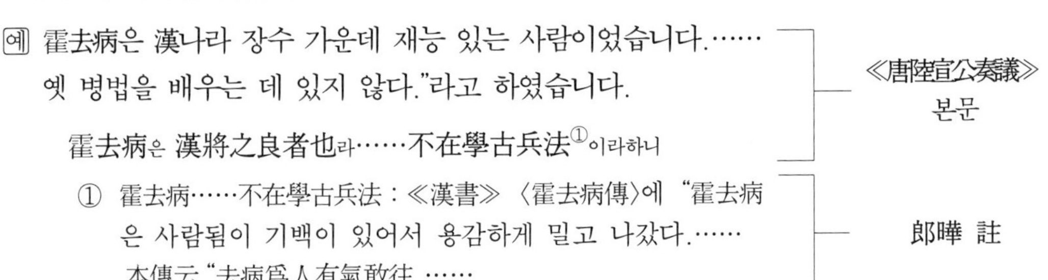

예 霍去病은 漢나라 장수 가운데 재능 있는 사람이었습니다.……
옛 병법을 배우는 데 있지 않다."라고 하였습니다.

霍去病은 漢將之良者也라……不在學古兵法①이라하니

≪唐陸宣公奏議≫ 본문

① 霍去病……不在學古兵法 : ≪漢書≫ 〈霍去病傳〉에 "霍去病은 사람됨이 기백이 있어서 용감하게 밀고 나갔다.……
本傳云"去病爲人有氣敢往.……

郎曄 註

8. 번역문은 한글과 한자를 혼용하였으며, 맞춤법과 띄어쓰기는 한글 맞춤법과 표준어 규정을 따랐다.
9. 원문이나 번역문의 한자 중에 僻字나 讀音이 특수한 글자는 한글로 音을 달아주었다.
10. 譯註는 校勘, 人物, 制度, 官職, 역사적 사건, 인용문의 出典, 異說, 故事, 전문용어, 難解語 등에 관한 사항을 밝혔다.
11. 校勘은 원문의 誤字, 脫字, 衍文, 倒文 등을 대상으로 하였다.
12. 본서의 校勘에 사용된 符號는 다음과 같다.
    ( )〔 〕: (저본의 誤字)〔교감한 正字〕
    〔 〕: 저본의 脫字 보충
    ( ): 저본의 衍字 표시
    □ : 저본의 缺字 표시
13. 본서에 사용한 주요 부호는 다음과 같다.
    “ ”: 인용
    ‘ ’: “ ” 안의 재인용
    「 」: ‘ ’ 안의 재인용
    『 』: 「 」 안의 재인용
    ( ): 원문의 讀音 및 번역문의 間註
    〔 〕: 번역문에서 뜻은 같으나 音이 다른 漢字, 원문의 漢字나 句節 표기
譯註에서 인용한 원문표기
    ≪ ≫: 書名
    〈 〉: 篇章名, 作品名, 補充譯
14. 본서 郎曄의 註 원문에 사용한 標點은 다음과 같다.
    . : 문장의 종결
    , : 한 문장 안에서 句나 節의 구분이 필요한 곳
    · : 대등한 명사나 구절의 병렬
    “ ”: 인용
    ‘ ’: “ ” 안의 재인용
    「 」: ‘ ’ 안의 재인용

參考書目

◇ 底本

- ≪唐陸宣公奏議≫, 陸贄(唐) 撰, 朝鮮 壬辰字本 규장각 소장.(奎中 1459·2039)

◇ 底本 관련자료

- ≪唐陸宣公奏議≫, 陸贄(唐) 撰, 朝鮮 戊申字本 규장각 소장.(奎中 1461·2012)
- ≪唐陸宣公奏議≫, 陸贄(唐) 撰, 朝鮮 戊申字本 국립중앙도서관 소장.(일산古6022-39)
- ≪唐陸宣公集≫, 陸贄(唐) 撰, 朝鮮 木板本 연세대학교 학술정보원 소장.(고서귀 847 0)
- ≪翰苑集≫, 陸贄(唐) 撰, 文淵閣四庫全書 제1072책 集部148, 臺灣商務印書館, 1983~1986.
- ≪註陸宣公奏議≫, 郎曄(南宋) 撰, 十萬卷樓叢書, 淸나라 光緖 4년(1878) 影印本.
- ≪陸贄集≫, 王素 點校, 中華書局, 2006.
- ≪陸贄集≫, 劉澤民 點校, 浙江古籍出版社, 2013.

◇ 經 部

- ≪論語集註大全≫, 朱熹(宋) 集註, 胡廣(明) 等 編, 朝鮮 內閣本, 影印本, 學民文化社.
- ≪大學章句大全≫, 朱熹(宋) 集註, 胡廣(明) 等 編, 朝鮮 內閣本, 影印本, 學民文化社.
- ≪孟子集註大全≫, 朱熹(宋) 集註, 胡廣(明) 等 編, 朝鮮 內閣本, 影印本, 學民文化社.
- ≪書傳大全≫, 蔡沈(宋) 集傳, 胡廣(明) 等 編, 朝鮮 內閣本, 影印本, 學民文化社.
- ≪詩傳大全≫, 朱熹(宋) 集傳, 胡廣(明) 等 編, 朝鮮 內閣本, 影印本, 學民文化社.
- ≪禮記集說大全≫, 陳澔(元) 集說, 胡廣(明) 等 編, 朝鮮 內閣本, 影印本, 學民文化社.
- ≪周禮注疏≫, 鄭玄(後漢) 注, 賈公彦(唐) 疏, 阮元(淸) 校刻, 十三經注疏(淸 嘉慶刊本), 中華書局, 1980.
- ≪周易傳義大全≫, 程頤(宋) 傳, 朱熹(宋) 本義, 胡廣(明) 等 編, 朝鮮 內閣本, 影印本, 學民文化社.

- ≪中庸章句大全≫, 朱熹(宋) 集註, 胡廣(明) 等 編, 朝鮮 內閣本, 影印本, 學民文化社.
- ≪春秋經傳集解≫, 左丘明(周) 傳, 杜預(晉) 註, 林堯叟(宋)・朱申(宋・元) 附註, 朝鮮 金屬活字本(戊申字), 影印本, 保景文化社.
- ≪春秋穀梁傳注疏≫, 穀梁赤(春秋 魯) 撰, 范寧(東晋) 注, 楊士勳(唐) 疏, 阮元(淸) 校刻, 十三經注疏(淸 嘉慶刊本), 中華書局, 1980.
- ≪韓詩外傳≫, 韓嬰(漢) 撰, 文淵閣四庫全書 제89책, 臺灣商務印書館, 1983~1986.
- ≪孝經大義≫, 朱熹(宋) 刊誤, 董鼎(元) 註, 朝鮮 內閣本, 影印本, 學民文化社.

◇ 史 部

- ≪舊唐書≫, 劉昫(後晉) 等撰, 中華書局, 1996.
- ≪國語≫, 左丘明(周) 撰, 文淵閣四庫全書 제406책, 臺灣商務印書館, 1983~1986.
- ≪唐會要≫, 王溥(北宋) 撰, 上海古籍出版社, 1991.
- ≪東都事略≫, 王稱(南宋) 撰, 文淵閣四庫全書 제382책, 臺灣商務印書館, 1990.
- ≪明一統志≫, 李賢(明) 等撰, 文淵閣四庫全書 제472~473책, 臺灣商務印書館, 1990.
- ≪北齊書≫, 李百藥(唐) 撰, 中華書局, 1996.
- ≪史記≫, 司馬遷(漢) 撰, 中華書局, 1999.
- ≪史記索隱≫, 司馬貞(唐) 編, 文淵閣四庫全書 제246책, 臺灣商務印書館, 1983~1986.
- ≪史記正義≫, 張守節(唐) 編, 文淵閣四庫全書 제247~248책, 臺灣商務印書館, 1983~1986.
- ≪史記集解≫, 裴駰(南朝 宋) 編, 文淵閣四庫全書 제245~246책, 臺灣商務印書館, 1983~1986.
- ≪史通≫, 劉知幾(唐) 撰, 文淵閣四庫全書 제685책 史部443, 臺灣商務印書館, 1990.
- ≪三國志≫, 陳壽(晉) 撰, 裴松之(南朝 宋) 注, 中華書局, 1959.
- ≪三國志補注≫, 杭世駿(淸) 撰, 文淵閣四庫全書 제254책, 臺灣商務印書館, 1983~1986.
- ≪宋史≫ 脫脫(元)・阿魯圖(元) 撰, 中華書局, 1996.
- ≪宋書≫, 沈約(南朝 梁) 撰, 中華書局, 1997.
- ≪新唐書≫, 歐陽脩(北宋)・宋祁(北宋) 等撰, 中華書局, 1996.
- ≪歷代名臣奏議≫, 楊士奇(明) 等撰, 文淵閣四庫全書 제433~442책, 臺灣商務印書館, 1990.
- ≪資治通鑑≫, 司馬光(北宋) 撰, 胡三省(元) 音註, 中華書局, 1992.(제5판)
- ≪戰國策≫, 劉向(漢) 撰, 高誘(後漢) 注, 文淵閣四庫全書 제406책, 臺灣商務印書館, 1983~1986.
- ≪帝王世紀≫, 皇甫謐(晉) 撰, 續修四庫全書 제301책, 上海古籍出版社, 1995.

- ≪晉書≫, 房玄齡(唐) 等撰, 中華書局, 1997.
- ≪通鑑地理通釋≫, 王應麟(宋) 撰, 文淵閣四庫全書 제312책, 臺灣商務印書館, 1983~1986.
- ≪通典≫, 杜佑(唐) 撰, 文淵閣四庫全書 제603~605책, 臺灣商務印書館, 1983~1986.
- ≪漢書≫, 班固(後漢) 撰, 中華書局, 2002.
- ≪漢書補註≫, 王先謙(淸) 補注, 王雲五 主編, 臺灣商務印書館, 1968.
- ≪後漢書≫, 范曄(南朝 宋) 撰, 中華書局, 1996.
- ≪後漢書集解≫, 王先謙(淸) 集解, 臺灣商務印書館, 1968.

◇ 子 部

- ≪孔子家語≫, 王肅(三國 魏) 撰, 文淵閣四庫全書 제695책, 臺灣商務印書館, 1983~1986.
- ≪管子≫, 管仲(周) 撰, 文淵閣四庫全書 제729책, 臺灣商務印書館, 1983~1986.
- ≪近思錄≫, 朱熹・呂祖謙(宋) 編, 文淵閣四庫全書 제699책, 臺灣商務印書館, 1983~1986.
- ≪大學衍義補≫, 邱濬(明) 撰, 文淵閣四庫全書 제712~713책, 臺灣商務印書館, 1983~1986.
- ≪文子≫, 辛妍(周) 撰, 杜道堅(宋) 注, 文淵閣四庫全書 제1058책, 臺灣商務印書館, 1983~1986.
- ≪白虎通義≫, 班固(漢) 撰, 文淵閣四庫全書 제850책, 臺灣商務印書館, 1983~1986.
- ≪孫子≫, 孫武(周) 撰, 文淵閣四庫全書 제726책, 臺灣商務印書館, 1983~1986.
- ≪荀子≫, 荀況(周) 撰, 文淵閣四庫全書 제695책, 臺灣商務印書館, 1983~1986.
- ≪神仙傳≫, 葛洪(晉) 撰, 文淵閣四庫全書 제1058책, 臺灣商務印書館, 1983~1986.
- ≪顔氏家訓≫, 顔之推(北齊) 撰, 文淵閣四庫全書 제848책, 臺灣商務印書館, 1983~1986.
- ≪呂氏春秋≫, 呂不韋(戰國 秦) 撰, 高誘(漢) 注, 文淵閣四庫全書 제848책, 臺灣商務印書館, 1983~1986.
- ≪列子≫, 列御寇(戰國 鄭) 撰, 張湛(晉) 注, 文淵閣四庫全書 제1055책, 臺灣商務印書館, 1983~1986.
- ≪元祐黨人傳≫, 陸心源(淸) 撰, 潛園總集本, 1889.
- ≪六韜≫, 呂望(周) 撰, 文淵閣四庫全書 제726책, 臺灣商務印書館, 1983~1986.
- ≪潛夫論≫, 王符(漢) 撰, 文淵閣四庫全書 제696책, 臺灣商務印書館, 1983~1986.
- ≪莊子注≫, 莊周(戰國 宋) 撰, 郭象(晉) 注, 文淵閣四庫全書 제1056책, 臺灣商務印書館, 1983~1986.
- ≪中論≫, 徐幹(漢) 撰, 文淵閣四庫全書 제696책, 臺灣商務印書館, 1983~1986.
- ≪抱朴子≫, 葛洪(晉) 撰, 文淵閣四庫全書 제1059책, 臺灣商務印書館, 1983~1986.

- ≪韓非子≫, 韓非(周) 撰, 文淵閣四庫全書 제729책, 臺灣商務印書館, 1983~1986.
- ≪淮南鴻烈解≫, 劉安(漢) 撰, 文淵閣四庫全書 제848책, 臺灣商務印書館, 1983~1986.

◇ 集 部

- ≪群書治要≫, 魏徵(唐) · 虞世南(唐) · 褚遂良(唐) 撰, 續修四庫全書 제1187책, 上海古籍出版社, 1995.
- ≪東坡全集≫, 蘇軾(北宋) 撰, 文淵閣四庫全書 제1107~1108책, 臺灣商務印書館, 1990.
- ≪文選注≫ 蕭統(南朝 梁) 編, 李善(唐) 注, 文淵閣四庫全書 제1329책, 臺灣商務印書館, 1990.
- ≪文章辨體彙選≫, 賀復徵(明) 編, 文淵閣四庫全書 제1402~1410책, 臺灣商務印書館, 1990.
- ≪白氏長慶集≫, 白居易(唐) 撰, 文淵閣四庫全書 제1080책, 臺灣商務印書館, 1990.
- ≪四六叢話≫, 孫梅(淸) 撰, 人民文學出版社, 2010.
- ≪御選古文淵鑑≫, 徐乾學(淸) 等編, 吉林人民出版社, 1998.
- ≪王右丞集箋注≫, 王維(唐) 撰, 趙殿成(淸) 箋注, 文淵閣四庫全書 제1071책, 臺灣商務印書館, 1990.
- ≪柳河東集≫, 柳宗元(唐) 撰, 文淵閣四庫全書 제1076책, 臺灣商務印書館, 1990.
- ≪李太白集注≫, 李白(唐) 撰, 王琦(淸) 注, 文淵閣四庫全書 제1067책, 臺灣商務印書館, 1990.
- ≪增注唐策≫, 未詳, 文淵閣四庫全書 제1361책, 臺灣商務印書館, 1990.
- ≪稼亭集≫, 李穀(高麗) 撰, 韓國文集叢刊 제3책, 민족문화추진회, 1990.
- ≪谿谷集≫, 張維(朝鮮) 撰, 韓國文集叢刊 제92책, 민족문화추진회, 1992.
- ≪勉菴集≫, 崔益鉉(朝鮮) 撰, 韓國文集叢刊 제325~326책, 민족문화추진회, 2004.
- ≪四佳集≫, 徐居正(朝鮮) 撰, 韓國文集叢刊 제10책, 민족문화추진회, 1990.
- ≪西厓集≫, 柳成龍(朝鮮) 撰, 韓國文集叢刊 제52책, 민족문화추진회, 1990.
- ≪與猶堂全書≫, 丁若鏞(朝鮮) 撰, 韓國文集叢刊 제281~286책, 민족문화추진회, 2002.
- ≪研經齋全集≫, 成海應(朝鮮) 撰, 韓國文集叢刊 제273~278책, 민족문화추진회, 2001.
- ≪芝峯類說≫, 李睟光(朝鮮) 撰, 景仁文化社 影印本, 1970.
- ≪蒼石集≫, 李埈(朝鮮) 撰, 韓國文集叢刊 제64~65책, 민족문화추진회, 1990~1991.
- ≪弘齋全書≫, 正祖(朝鮮) 撰, 韓國文集叢刊 제262~267책, 민족문화추진회, 2001.

◇ 研究論著 및 飜譯書

- 權重達 譯, ≪資治通鑑≫ 1~32, 삼화, 2007~2010.
- 金斗鍾, ≪韓國古印刷技術史≫, 探求堂, 1974.
- 김유철 · 하원수, ≪後漢書 外國傳 譯註≫ 上 · 下, 동북아역사재단, 2009.
- ____________, ≪三國志 · 晉書 外國傳 譯註≫, 동북아역사재단, 2009.
- 동아대학교 고전연구실 譯, ≪譯註 高麗史≫, 태학사, 1982.
- 민족문화추진회 譯, ≪國譯 國朝寶鑑≫, 민족문화추진회, 1995~1997.
- 成百曉 譯註, ≪譯註 通鑑節要≫ 1~9, 傳統文化硏究會, 2005~2011.
- 沈祉希, 〈正祖의 ≪御定陸奏約選≫ 편찬의도와 그 배경〉, ≪東洋漢文學硏究≫ 38, 2014.
- 王素, ≪陸贄評傳≫, 中國思想家評傳叢書, 南京大學出版社, 2001.

◇ 사전 및 공구서

- 戴逸 主編, ≪二十六史大辭典≫, 吉林人民出版社, 1993.
- 山腰敏寬 編, ≪中國歷史公文書讀解辭典≫, 汲古書院, 2004.
- 呂宗力 主編, ≪中國歷代官制大辭典≫, 北京出版社, 1994.
- 이춘식 主編, ≪중국학자료해제≫, 신서원, 2003.
- 中國歷史大辭典編纂委員會 編, ≪中國歷史大辭典≫, 上海辭書出版社, 2000.
- 陳振江 主編, ≪二十六史典故辭典≫ 上 · 下, 天津人民出版社, 1994.
- 倉修良 主編, ≪史記辭典≫, 山東教育出版社, 1991.
- __________, ≪漢書辭典≫, 山東教育出版社, 1996.
- 貝塚茂樹 等 編, ≪アジア歷史事典≫, 平凡社, 1952~1962.

◇ 데이터베이스(DB) 자료

- 한국고전종합DB(http://db.itkc.or.kr)
- 동양고전종합DB(http://db.cyberseodang.or.kr)
- 상우천고(http://www.s-sangwoo.kr)
- 電子版 文淵閣四庫全書, 上海古籍出版社.

目次

奏草 제3권

奏草 제4권

奏草 제5권

奏草 제6권

〔附 錄〕

重刊한 ≪陸宣公奏議≫의 서문
重刊陸宣公奏議序

明나라 金寔[1] 撰

唐나라가 천하를 소유한 300년 동안 성대하게 재상의 업적을 낸 자로는 오직 貞觀 연간의 房玄齡과 杜如晦, 開元 연간의 姚崇과 宋璟을 일컫을 따름이니, 어찌 다른 재상들의 현능함이 모두 이 네 사람에 미치지 못하였겠는가. 군주와 신하가 서로의 마음을 얻음이 어렵기 때문이다.

저 네 사람은 군주에게 있어서 정견을 돈독히 펼치고 일을 전담하여 맡을 수 있었으므로, 참소하고 아첨하는 자들이 이간질할 수 없었고 충성스럽고 올곧은 자들이 자신의 뜻을 행할 수 있었다. 이런 까닭에 한마음으로 화합하여 모든 일이 안정되어 극진한 교화를 도와서 이루어 다른 사람이 미칠 수 없었던 것이니, 인재가 항상 있지 않아서가 아니라 時運이 항상 있지 않기 때문이다.

唐有天下三百年에 相業之盛은 惟貞觀稱房杜하고 開元稱姚宋하니 豈其他爲相者之賢이 皆不及四人哉리오 蓋君臣知遇之爲難也일새니라 夫四人者之於其君에 信之篤而任之專이라 故讒諛不能間하고 而忠讜得以行하니 所以一德協和하여 庶事用康하여 以弼成隆化하여 而他人莫能及하니 非賢才不常有也요 時不常有也라

1) 金寔 : 字는 用誠, 開化(지금의 浙江省 開化縣) 사람이다. 明나라 成祖에게 올린 對策으로 크게 인정을 받아 翰林院典籍에 임명되었다. 東宮講官, 春坊司直, 衛府左長史 등을 역임했으며, ≪永樂大典≫과 ≪太祖實錄≫ 편찬에 참여하였다. 성품이 원만하면서도 곧고 從容暢達한 문풍과 和平沖淡한 시풍을 지녔다고 평가받는다.(≪明一統志≫ 권43, ≪浙江通志≫ 권17)

나는 陸宣公의 출처에 관하여 일찍이 그를 위해 분통해하지 않은 적이 없었다. 공은 충심을 타고난 데다가 폭넓은 학문을 겸하였다. 德宗이 奉天으로 몽진하던 시기를 당하여 온갖 어려움 속에 호종하면서 詔書를 짓는 것을 도맡아 하였는데, 〈조서의 글에〉 충심이 절절하여 의로운 군사들을 감분시켜 역적을 소탕할 수 있어서 무너질 뻔한 唐나라의 종묘를 다시 세웠으니, 임금을 보좌한 공에 있어서 기여한 바가 컸다. 재상의 지위에 오른 지 얼마 지나지 않아, 얼토당토않은 비방에 걸려 한 번 쫓겨난 뒤로는 복권되지 못한 채 죽음에 이르고 말아, 천하의 사람들로 하여금 다시 貞觀과 開元의 성대함을 보지 못하게 하였으니, 과연 공의 충성과 현명함이 저 네 사람에 견주어보면 현격하다 할 수 있겠는가.

그러나 時運으로 보자면 또한 현격하게 달랐다. 공이 해낼 수 없었던 것은 운명이요, 공이 잊혀지지 않은 것은 또한 하늘의 뜻이다. 그러므로 忠言과 讜論이 日月과 더불어 빛을 다툴 만하고, 화상을 봉안해 제사를 받듦은 천지와 더불어 영원히 기릴 만하니, 또한 어찌 다른 사람이 미칠 수 있는 것이겠는가.

予於陸宣公之出處에 未嘗不爲之扼腕焉하니 公은 以天縱之忠으로 濟之以弘博之學하고 當德宗奉天之難하여는 間關扈從하여 掌制代言일새 忠誠剴切하여 足以感奮義師하여 消弭逆節하여 俾唐之宗祐로 幾墊而復植하니 翊戴贊襄之功이 所居多矣라 秉政未幾에 隨罹謗讟하여 一斥不復하여 以至于死하여 使天下之人으로 不復見貞觀開元之盛하니 果公之忠賢이 視四人者컨대 大相遠乎아 然以時視之컨대 則相遠矣니 蓋公之不能者는 命也요 公之不亡者는 天也라 是故 忠言讜論은 可與日月爭光하고 遺像廟食이 可與天地同久니 又豈他人之所能及哉리오

공은 본래 吳 지역 사람으로 檇李(취리)[2]에 예부터 사당이 있었는데, 세월이 흐르며 퇴락했다. 이에 大理卿인 廬陵 胡元節이 浙江의 東西 여러 고을을 관장하는 節鎭(巡撫總督)이 되어 사당을 새로 짓고, 문집 가운데 주의문의 印版이 오래되어 마멸되었으므로 다시 번각하여 후학들에게 물려주도록 명하였다.

公本吳人으로 檇李舊有祠堂이나 歲久就圮니 大理卿廬陵胡公元節이 方以節鎭淛(절)東西

---

2) 檇李(취리) : 지금의 浙江省 嘉興의 옛 이름이다.

諸郡하여 旣作新之하고 而文集奏議의 故版漫滅하니 復命翻刊하여 以惠後學이라

책이 완성되고 난 뒤에 내게 서문을 짓게 하였다. 大理公은 뛰어난 재주와 높은 명망으로 온 세상이 그의 훌륭한 행실을 우러러보고 있으니, 그 아름다움이 선철과 짝하기에 진실로 어려운 일이 아니다. 더군다나 대대로 현명한 임금이 나와 은택이 계속 이어져 내려오는 시기에 영명한 성군과 현철한 신하가 한마음이 되어 조금의 간극도 없으니, 공이 만났던 때와 견주어 본다면 처지가 매우 다른 일이다.[3] 장차 임금을 堯舜의 경지에 이르게 하고 스스로 伊尹[4]과 皐陶[5]이 되기를 기약하고 있으니, 貞觀·開元의 네 사람과 같은 경우는 법으로 삼기에 부족하리라. 대리공의 명을 받들어 공의 글에 서문을 쓰며 이와 같이 간절한 바람을 다한다.

大明 宣德 3년(1428) 무신년 9월 보름날 衛府左長史 奉議大夫 三衢 金寔이 쓰다.

書成에 俾予識(지)其端하니 夫以大理公之長材碩望으로 景行仰止하니 儷美先哲이 固不爲難이라 況重熙累洽之辰에 明良一心하여 無少間隙하니 則視公所遭之時로 異日語也라 行將致君堯舜而自期伊皐하니 若貞觀開元之四人者는 殆不足取法也라 因承命序公之文하여 致深願焉하노라 大明宣德三年龍集[6]戊申九月望日 衛府左長史 奉議大夫 三衢 金寔書

---

3) 처지가……일이다 : '同日語'는 '同日而論'과 같은 말로, '성질이 다른 것을 함께 논함'이라는 뜻이다. 이 글에서는 '異日語'로 변용하였다. ≪史記≫ 〈蘇秦列傳〉에 "다른 나라에 격파당하느냐, 다른 나라를 격파하느냐 하는 것이 다른 나라를 신하로 삼느냐, 다른 나라의 신하가 되느냐 하는 것과 어찌 같은 차원에서 논할 수 있겠는가.〔夫破人之與破於人也 臣人之與臣於人也 豈可同日而論哉〕"라고 하였다.

4) 伊尹 : 商나라 초기의 재상으로, 湯王에게 등용되어 夏나라를 멸망시키고 商을 건국하는 데 이바지하였다.

5) 皐陶 : 舜임금의 신하로, 형법을 관장하는 理官을 지냈다.

6) 龍集 : 歲次라는 뜻으로, 干支나 紀年의 첫머리에 써서 연차를 표시한 것이다.

≪唐陸宣公翰苑集≫ 서문
唐陸宣公翰苑集序[1)]

唐나라 權德輿[2)] 撰

일찍이 賈誼[3)]의 글을 읽어보았는데, 人文(禮樂制度)을 경영하여 통괄하고 帝業을 전개하여 진술한 것을 보니 그 방법이 역시 지극하였다. 漢 文帝는 그를 宣室에서 대함에 뒤늦게 만났음을 한스럽게 여겼으니,[4)] 황제의 지우를 입음이 또한 깊었다. 그

---

1) 唐陸宣公翰苑集序 : 본 서문은 저본에 수록된 것이 아니라, ≪唐陸宣公集≫ 10行17字本(朝鮮 成宗 5년(1474) 慶尙監司 金永濡 간행, 木版本, 연세대학교 소장)에 수록되어 있다. 權德輿는 陸贄와 동시대 인물로, 이를 통해 당시 이 책의 평가와 가치를 엿볼 수 있다. 또한 김영유가 간행한 판본은 조선 最古의 판본으로 ≪陸宣公奏議≫가 우리나라에 어떻게 보급되었는지를 볼 수 있는 중요한 자료이다. 이에 본 서문을 수록하였다.

2) 權德輿 : 759~818. 字는 載之로 天水 略陽(지금의 甘肅省 秦安) 사람이다. 조부 때에 潤州(지금의 鎭江) 丹徒로 이주하였다. 權皐의 아들이다. 4세 때 시를 지을 줄 알았으며, 7세 때 부친을 따라 陽羨(지금의 宜興)에 寓居하였다. 弱冠에 이미 문장으로 이름이 나서, 韓洄, 李兼, 杜佑, 裴胄 등이 다투어 초빙하고 글을 청하였다. 德宗이 徵召하여 太常博士를 삼았다가 左補闕로 바꾸어 임명하였다. 貞元 10년(794)에 起居舍人을 除授하고 知制誥를 맡겼다. 憲宗의 元和 연간 초에 兵部와 吏部의 侍郎을 거쳐, 관직이 同中書門下平章事에 이르렀다. 뒤에 李吉甫에게 거슬려, 山南西道節度使로 나갔다. 元和 연간에 '縉紳羽儀'로 칭송되었다. 韓愈가 〈權德輿墓碑序〉를 지었다. ≪新唐書≫와 ≪舊唐書≫에 立傳되었다. 저술로는 ≪權文公文集≫이 있으며, 四庫全書에 ≪權文公詩集≫ 10권이 수록되었다.

3) 賈誼 : 西漢 초의 정론가이자 문학가로 어려서부터 명성이 높았다. 文帝 때 博士·太中大夫에 임명되었으나 周勃과 灌嬰의 배척을 받아 長沙王 太傅로 좌천되었으므로, 賈長沙 또는 賈太傅로 불린다. 후에 長安으로 돌아와 梁懷王 太傅가 되었으나 양회왕이 낙마하여 죽자 우울증을 앓다 죽었는데 당시 나이가 33세였다. 奏議文과 辭賦에 뛰어났다. 〈過秦論〉·〈論積貯疏〉·〈陳政事疏〉 등의 주의문은 의론이 준엄하고 글이 유창하여 '西漢鴻文'으로 일컬어졌고, 〈弔屈原賦〉·〈鵩鳥賦〉 등의 辭賦는 騷體를 계승하면서도 산문화 경향을 보여 漢賦의 초기 모습을 보여준다. 文帝의 예우를 받아, 宣室에서 文帝가 그를 접견하였다는 고사로도 유명하다.(≪史記≫ 권84 〈賈生列傳〉)

러나 〈漢 文帝는〉 끝내 사방의 귀로 자신의 귀를 밝혀 가의의 善言을 모두 받아들이지 못하고,5) 무리들의 논의를 배척하고 가의의 모책을 시행하지 못하였으니, 도가 행해지기 어려운 것이 또한 이미 오래되었다.

賈誼

東陽侯, 絳侯, 灌嬰6) 같은 무리가 어느 시대인들 없었겠는가. 아, 薰草(향기 좋은 풀)와 蕕草(악취 나는 풀)는 제아무리 뛰어난 약사라 하더라도 한 그릇에 함께 담을 수 없으며, 둥근 자루를 모난 구멍에 끼우는 것은 누구보다 훌륭한 목공이라도 그 솜씨를 발휘할 수 없는 법이니, 이 때문에 치세는 적었던 반면에 혼란한 시기는 많아져서 大雅가 쇠하고 正音이 잦아들게 된 것이다. 漢나라의 도가 융성해지기 전에 가의를 잃었는데, 우리 唐나라 역시 불행히도 陸公을 저버렸도다.

嘗讀賈誼書호니 觀其經制人文하고 鋪陳帝業이 術亦至矣라 待之宣室할새 恨得後時하니 遇

4) 그를……여겼으니 : 宣室은 漢나라 未央宮의 正殿 이름이다. 文帝가 일찍이 선실에서 齋戒하던 중 賈誼를 불러 귀신에 대한 일을 묻고 가의의 말에 탄복하여 밤새도록 토론한 적이 있다.(≪史記≫ 권84 〈賈生列傳〉)

5) 사방의……못하고 : 원문의 '達四聰'은 ≪書經≫ 〈虞書 舜典〉에 "〈舜임금이〉 四岳에게 자문하며 사방의 문을 활짝 열어놓아 사방의 눈으로 자신의 눈을 밝게 하고 사방의 귀로 자신의 귀를 통하게 하였다.〔詢于四岳 闢四門 明四目 達四聰〕"라고 한 데서 온 말이다.

6) 東陽侯……灌嬰 : 東陽侯는 張相如의 封號이고 絳侯는 周勃의 봉호다. 장상여는 西漢의 開國功臣으로, 漢 高祖 劉邦을 도와 큰 공을 세웠다. 주발도 같은 시기의 공신으로, 秦나라 말에 옷감을 짜고 남의 장례에 퉁소를 불어주면서 생계를 꾸리다가 유방이 일어나자 그를 따라 진나라 군사를 격파하고 項羽를 공격하여 천하를 평정하는 데 일조하였다. 사람됨이 강직하고 돈후하여 한 고조 사후 呂太后 일족을 주살하고 한나라 왕실을 안정시켰다. 灌嬰도 같은 시기의 개국공신으로 潁陰侯에 봉해졌으며, 주발과 함께 여씨 일족을 제거하는 데 앞장섰다. 賈誼가 20세 때 文帝의 부름을 받고 조정에 들어와 1년도 안 된 사이에 太中大夫에 발탁되고 예악에 입각한 文治를 펼 것을 건의하자, 문예에 대한 조예가 없던 이들 세 사람이 이를 시기하여 "낙양에서 온 나이 어린 초학이 오로지 대권을 독점하려 하며 정사를 문란하게 하고 있다.〔洛陽之人 年少初學 專欲擅權 紛亂諸事〕"고 비방하여 쫓아냈다.(≪史記≫ 권84 〈賈生列傳〉)

亦深矣라 然竟不能達四聰而盡其善하고 排群議而試厥謀하니 道之難行이 亦已久矣라 東陽・絳・灌이 何代無之리오 噫라 一薰一蕕는 善齊不能同其器요 方鑿圓枘는 良工無以措巧心이니 所以理世少而亂日多하여 大雅衰而正聲寢이라 漢道未融하여 旣失之於賈傅요 吾唐不幸하여 復擯棄於陸公로다

공의 諱는 贄이고 字는 敬輿이니, 吳郡 蘇州 사람이다. 溧陽令 陸偘의 아들로, 18세에 進士試에 합격하였으며, 博學宏辭科[7]에 응시하여 鄭縣尉에 배수되었지만 그가 바라던 바가 아니었다.

어머니를 모시고자 壽春[8]으로 돌아갔는데, 당시에 명망이 있었던 刺史 張鎰[9]이 한번 만나 직접 대화를 나눠 보고는 크게 칭찬하며 인정해주었다. 작별함에 미치어 장일이 泉貨[10] 수만 전을 전별금으로 주며 말하기를 "이것으로 太夫人께서 하루 드실 음식값에 보태길 바란다."라고 하였지만, 공은 모두 사양하고 햇차 한 꿰미만을 받아갔다. 이해 書判拔萃科[11]에 합격하여 渭南主簿로 調用되었지만 御史府에서 監察御史로 교체하였다.

公諱贄요 字敬輿이니 吳郡蘇人이라 溧陽令偘之子로 年十八에 登進士第하고 應博學宏辭

---

7) 博學宏辭科 : 唐나라 開元 19년(731)에 吏部에서 주관한 制擧의 한 가지이다. 科擧와 銓選의 성격을 겸하였으며, 선발 인원의 제한은 없었다. 당시에는 禮部에서 주관하는 과거는 단지 관리가 될 수 있는 자격을 부여하는 것이었으며, 이부의 시험에 합격해야 비로소 관리로 임용될 수 있었다. 박학굉사과는 이부에서 주관하는 여러 銓選制度 중에서도 가장 권위 있는 시험이었다.(≪唐會要≫ 권76 〈制科擧〉)

8) 壽春 : 지금의 安徽省 淮南市 壽縣의 옛 이름이다.

9) 張鎰 : 字는 季權 또는 公度로, 吳郡 昆山 출신이다. 朔方節度使 張齊丘의 아들로, 음직으로 출사하여 宰相까지 올랐다. 모친의 상을 잘 치러 효성스럽다는 평판을 얻었으며, 代宗 大曆 초에 濠州刺史로 나갔을 때는 정사를 청렴하게 처리하고 經學에 뛰어난 인재를 모았으며, ≪三禮圖≫・≪五經微旨≫・≪孟子音義≫를 편찬하였다. 建中 2년(781), 鳳翔隴右節度使로 있을 때 李楚琳의 난에 희생되었다.(≪新唐書≫ 권152 〈張鎰列傳〉)

10) 泉貨 : 화폐를 가리키는데, 權德輿가 지은 이 글에 처음 보인다. 申叔舟는 '남용하면 고갈되기 때문에 그 이름을 천화라고 한 것〔其名謂之泉貨 以其濫用 則竭也〕'이라고 한 바 있다."(≪國朝寶鑑 권13 世祖 12년 조≫)

11) 書判拔萃科 : 唐나라 때 吏部에서 주관한 制擧의 한 가지로, 書法과 文理를 중심으로 선발하였다.(≪新唐書≫ 권35 〈選擧志 下〉)

科하여 授鄭縣尉나 非其好也라 省母歸壽春한대 刺史張鎰〔以〕[12)]有名於時어늘 一獲晤言하고 大加賞識이라 暨別에 鎰以泉貨數萬爲賮하여 曰 願以此奉太夫人一日之膳이라하나 公悉辭之하고 領新茶一串而已라 是歲에 以書判拔萃로 調渭南〔主〕[13)]簿①로되 御史府以監察換之라

唐 德宗

德宗 황제가 태자 시절에 公의 명성을 알아서 翰林院에서 召對하고 그날로 學士가 되었고, 祠部員外郎을 거쳐 考功郎中으로 轉任되었으며, 朱泚(주자)의 난[14)]이 일어나자 황제를 호종하여 奉天으로 갔다. 당시에 황제가 파천하여 詔書가 폭증하였는데, 공이 붓을 들기만 하면 곧바로 완성하여 다시 초안을 잡을 필요가 없었다. 처음에는 깊이 생각한 것 같지 않았지만 완성하여 상주함에 미쳐서 보면 사정을 곡진히 드러내고 기회에 들어맞지 않음이 없었다. 창졸간에 문서가 가득 쌓였는데, 같은 직분에 있는 자들은 손을 공손하게 모으고 탄복하지 않는 이가 없을 뿐이었고, 도무지 거들 수가 없었다.

일찍이 차분히 아뢰기를 "이러한 시기에 내리는 조서에는 폐하께서 통렬히 자신에게로 허물을 돌려 인심을 감동시키셔야 합니다. 옛날 禹王와 湯王은 자신을 죄책함으

12) 〔以〕: 저본에는 '以'가 없으나, ≪陸贄集≫(中華書局, 2006)에 의거하여 보충하였다.

13) 〔主〕: 저본에는 '主'가 없으나, ≪陸贄集≫(中華書局, 2006)에 의거하여 보충하였다.

14) 朱泚(주자)의 난 : 建中 4년(783), 淮西의 반란을 평정하기 위해 파견된 涇原의 군사들이 조정의 처우에 불만을 품고 수도 長安을 포위한 뒤 주자를 황제로 옹립한 사건으로, 涇原兵變이라고도 한다. 주자는 幽州 昌平 사람으로, 盧龍節度使 李懷仙의 部將이었는데, 代宗 大曆 3년(768) 朱希彩 등과 함께 이회선을 살해했으며, 주희채가 살해된 후 留后로 추대되었다. 그 후 절도사를 자처했으며, 9년(774) 스스로 入朝하여 동생 朱滔를 유후로 삼고, 얼마 뒤 절도사를 대신하게 했다. 德宗 建中 3년, 동생 주도가 당나라에 반기를 들어 파직된 후, 太尉銜으로 장안에 거주하다가 경원병변이 발발하자 황제로 옹립되었다. 처음에는 국호를 秦이라 하고 연호를 應天이라 했다가, 興元 원년(784) 漢으로 고치고 漢元天皇이 되었다. 이해에 李晟이 장안을 수복하자 彭原으로 달아났지만 부장에게 살해당했다.(≪舊唐書≫ 권128 〈段秀實列傳〉, ≪資治通鑑≫ 권231)

로써 나라가 크게 일어났고, 楚 昭王은 善言으로 나라를 회복하였습니다.[15] 폐하께서 진실로 허물을 고치시는 데에 인색하지 않으시고 솔직한 말로 천하에 사죄하여 신들로 하여금 거친 표현일망정 감추는 바가 없이 진언토록 해주신다면 도적 떼도 마음을 고쳐먹을 것입니다."[16]라 하니, 황제가 그 건의를 따랐다.

이 때문에 行在所에서 조서가 갓 내려오면 비록 武人이나 悍卒이라 할지라도 눈물을 흘리며 마음이 격발하지 않은 자가 없었다. 그래서 논자들은 德宗이 난리를 평정한 것은 황제가 神武한 공을 이루고 호위하는 무신들이 힘을 썼기 때문만이 아니라 대개 文德이 있는 腹心[17]의 도움에 힘입은 것이라고 여겼다. 〈그리하여〉 京師(長安)로 환도하고 난 뒤에 李抱眞[18]이 조회하여 상주하기를 "폐하께서 山南에 나가 계실 때 山東의 사졸들이 조서의 글을 듣고 감읍하지 않는 이가 없어 신하된 절개를 떨칠 것을 생각하였으니, 신은 역적들 따위는 평정할 것도 없음을 알았습니다."라고 하였다.

德宗皇帝가 春宮時知名하여 召對翰林하고 卽日爲學士요 由祠部員外轉考功郎中이러니 朱泚之亂에 從幸奉天이라 時車駕播遷하여 詔書旁午어늘 公灑翰卽成하여 不復起草하니 初若不經思慮나 及成而奏가 無不曲盡事情하고 中於機會라 倉卒塡委일새 同職者無不拱手歎伏이요 不能復有所助라 嘗從容奏曰 此時詔書는 陛下宜痛自引過하사 以感人心하소서 昔禹湯以罪己勃興하시고 楚昭以善言復國하니 陛下誠能不吝(린)改過하시고 以言謝天下하사 俾臣草辭無

---

15) 옛날……회복하였습니다 : ≪春秋左氏傳≫에 臧文仲이 말하기를 "禹王과 湯王은 자신에게 죄를 돌리니 나라가 크게 일어났다.〔禹湯罪己 其興也悖焉〕"라고 하였다. 춘추시대 楚 昭王은 吳王 闔閭에게 공격당하여 나라가 멸망하자 국외로 망명하였는데, 父老들이 전송할 적에 소왕이 말하기를 "부로들은 돌아가시오. 군주가 없음을 어찌 근심할 것이 있겠소?"라고 하니, 父老들이 말하기를 "군주가 어질기 때문입니다." 하고 끝까지 따랐다. 이에 秦나라에 이르러 구원을 청하여 吳나라를 패배시키고 다시 나라를 수복하였다.(≪資治通鑑≫ 권229 唐 德宗 建中 4년(723) 胡三省 注)

16) 이러한……것입니다 : ≪舊唐書≫ 권139 〈陸贄列傳〉에 보인다.

17) 腹心 : 충직한 신하로, 곧 육지를 가리킨다.

18) 李抱眞 : 本姓은 安, 字는 太玄으로 河西 사람이다. 名將 安修仁의 玄孫으로 침착하고 지략이 뛰어났다. 汾州別駕·殿中少監·懷州刺史 등을 역임하였으며 建中 원년(780) 昭義節度使에 올랐다. 이듬해 田悅을 대파하고 洺州를 탈환하였으며, 王武俊을 회유하여 朱滔를 물리친 공으로 檢校司空에 올랐다. 만년에는 향락에 빠지고 長生不老의 설을 믿었다가 貞元 10년(794) 단약을 복용하고 죽었다. 陸贄가 〈授王武俊李抱眞官封竝招諭朱滔詔〉와 〈平淮西後宴賞諸軍將士放歸本道詔〉 등의 글에서 높이 평가한 바 있다.(≪舊唐書≫ 권132 〈李抱眞傳〉)

諱하시면 庶幾群盜革心이리이다하니 上從之러라 故行在詔書始下에 雖武人悍卒이라도 無不揮涕激發하니 議者가 以德宗克平寇亂은 不惟神武之功과 爪牙宣力이요 蓋亦資文德腹心之助焉이라하다 及還京師할새 李抱眞來朝하여 奏曰 陛下在山南時에 山東士卒이 聞書詔之辭하고 無不感泣하여 思奮臣節하니 臣知賊不足平也이니이다

공은 행재소에 있을 때부터 본직을 유지한 채로 諫議大夫와 中書舍人에 배수되었다. 정밀하고 민첩하며 신중히 일에 임하여 일찍이 잘못이 있은 적이 없었다. 어려움 속에 힘써 호종하여 황제가 행재소에 이를 때마다 수행하였으며, 성심으로 보좌하고 큰 계책을 내었으므로 황제가 특별히 가까이 여겨 신임하였다. 때때로 사사로운 자리에서 대화를 나눌 때면 황제는 공을 公卿으로 부르지 않고 단지 '陸九'[19]라고 친근히 불렀을 따름이었다. 이전에 梁州와 洋州로 피신하였을 적에 棧道가 아슬아슬하고 너무 좁아서 따라오던 관리들이 전후로 서로 놓쳤다. 황제가 밤에 山館에 자리를 잡고 공을 불렀지만 이르지 않자 눈물을 흘리며 禁軍에 호령하기를 "陸贄를 찾는 자에게는 천금을 상으로 내리겠다." 하였는데, 얼마 있어 공이 이르자 태자와 친왕 모두가 경하드렸다.

公은 自行在帶本職하고 拜諫議大夫中書舍人한대 精敏小心하여 未嘗有過라 艱難扈從하여 行在輒隨하고 啓沃謀猷하여 特所親信하니 有時讌語할새 不以公卿指名하고 但呼陸九而已러라 初에 幸梁洋할새 棧道危狹하여 從官前後相失이라 上이 夜次山館하여 召公不至하니 (泫)〔泣〕[20]然號於禁旅하여 曰 得陸贄者엔 賞千金하리라 頃之公至하니 太子親王皆賀라

처음에 공이 內署(翰林院)에서 근무할 때 어머니 韋氏는 여전히 吳郡에 있었다. 이에 황제가 환관을 파견하여 京師로 맞아들였는데, 도로에 역참을 설치하였으므로[21]

---

19) 陸九 : 陸贄가 陸偘의 아홉 번째 아들이었으므로 이른 말이다.

20) (泫)〔泣〕: 저본에는 '泫'로 되어 있으나, ≪陸贄集≫(中華書局, 2006)에 의거하여 '泣'으로 바로잡았다.

21) 역참을 설치하였으므로 : 극진히 예우함을 이른 말이다. 漢나라 鄭當時가 太子舍人으로 재직할 때 長安의 교외에 驛馬를 마련해두고 손님을 맞이하여 대접한 고사가 있다.(≪漢書≫ 권50 〈鄭當

문사들이 이를 영화롭게 여겼다. 韋夫人의 喪을 당해 관직을 그만두고 洛陽으로 가서 복상하던 중에, 사람을 보내어 溧陽에서 장례 지낸 부친의 운구를 모셔와 河南에 합장토록 하였는데, 황제가 환관을 보내 그 일을 주관하게 하였다. 이때 사방에서 수백만 전을 보냈으나 공은 일절 취한 바가 없었다.[22] 또한 본디 蜀帥 韋南康[23]과 벼슬하기 전부터 친하였는데, 韋令(韋南康)이 매달 보내준 부의도 공은 상주하고 나서야 받았다.

상을 마치고 내직으로 복귀하여 兵部侍郎을 임시로 맡았는데, 배알하는 날에는 천자가 자리에서 일어나 용의를 고치고 조의를 표하였으니, 특별히 예우함이 이와 같았다. 안팎에서 촉망해서 아침저녁으로 그가 재상이 되기를 기다렸지만, 竇參[24]의 시기를 받았기 때문에 늦추어졌다. 兵部侍郎에 정식으로 배수되었으며 知貢擧가 되어 많은 인재를 얻자 이를 칭송하는 공론이 일었다.[25] 貞元 8년(792)에 中書侍郎平章事에 배수되었다.

初에 公旣職內署할새 母韋氏尙在吳中하니 上遣中使迎致京師한대 道路置驛하니 文士榮之라 丁韋夫人憂하여 去職하여 持喪於洛할새 遣人護溧陽之柩附葬河南이러니 上遣中使監護其事라 四方賻遺數百萬이나 公一無所取하며 素與蜀帥韋南康布衣友善러니 韋令每月置遺이나 公奏

時傳〉)

22) 韋夫人의……없었다 : 당시 嵩山의 豐樂寺에서 服喪하던 육지는 藩鎭에서 보내온 부의를 일절 받지 않았다. 또한 蘇州에 장례 지낸 부친을 모셔와 합장하려고 하자 德宗이 환관을 보내 운구의 이동을 도운 일이 있었다.(≪舊唐書≫ 권139 〈陸贄列傳〉)

23) 韋南康 : 韋皐를 가리킨다. 南康郡王에 봉해졌으므로 韋南康으로도 불렸다. 德宗 建中 4년(783)에 隴州節度使로 발탁되고 이듬해 左金吾衛大將軍이 되었으며 貞元 원년(785)에 劍南節度使로 나갔다가 中書令, 檢校太尉에 가자되었다. 蜀에 오랫동안 머물며 吐蕃을 방어하는 데 큰 공을 세웠으나 세금을 과중하게 걷어 덕종에게 바침으로써 비난을 사기도 했다.(≪舊唐書≫ 권140 韋皐列傳)

24) 竇參 : 工部尙書 竇誕의 현손으로 德宗 때 宰相에 올랐다. 사람됨이 교활하고 강퍅하며 탐욕스러워 柳州刺史로 폄직되었는데, 宣武軍節度使 劉士寧의 뇌물을 받았다가 李巽에 의해 탄핵당했다. 아무리 탐욕스러워도 재상을 죽이는 것은 바람직스럽지 않다는 육지의 설득에 힘입어 목숨을 건졌지만 얼마 지나지 않아 사사되었다.(≪舊唐書≫ 권136 〈竇參列傳〉)

25) 知貢擧가……일었다 : 貞元 8년(792) 禮部知貢擧로서 韓愈・歐陽詹・李觀・李絳・崔群・王涯・馮宿 등 22명의 인재를 선발한 일을 말한다. 세간에서는 이를 '龍虎榜'이라 일컬었다.(≪新唐書≫ 권230 〈歐陽詹列傳〉)

而受之라 服闋하고 復內職하여 權知兵部侍郎이라 覲見(현)之日에 天子爲之興하여 改容敍弔하니 優禮如此러라 內外屬望하여 旦夕俟其輔政이나 爲竇參忌嫉하니 故緩之라 (直)〔眞〕拜兵部侍郎하고 知貢擧하여 得人之盛을 公議稱之라 貞元八年에 拜中書侍郎平章事하다

공은 젊은 나이에 내전에서 황제를 모셔 특별히 知遇를 입었으니 무리들과 더불어 浮沈하면서 구차하게 자기 몸만 아낄 수 없다 하여 불가한 일이 있으면 반드시 간쟁하였다. 황제는 인물을 살핌이 지나치게 꼼꼼하여 갖은 정사를 몸소 챙겼으므로 大體를 잃어 결핏하면 공과 의견이 갈렸는데, 간사하게 아첨하는 자들이 이를 틈타 이간질하였으므로 여러 차례 불쾌해하였다.

벗이 간혹 이에 대해 충고하면 공은 말하기를 "나는 위로 천자를 등지지 않고 아래로는 내가 배운 바를 등지지 않을 따름이니, 그 밖의 것은 신경 쓰지 않는다."라고 하였다. 공은 직무에 정밀하여 사안을 헤아려 결단하는 데 있어서 조금도 어그러짐이 없었으니, 그가 경륜하고 통괄한 것은 ≪德宗實錄≫에 모두 갖추어져 있다.

竇參이 劉士寧[26]의 뇌물을 받았다가 李巽에게 發告되어 죄를 얻어 좌천되었는데, 제멋대로 의론하는 자들은 공이 두참과 평소 불협하였던 것을 빌미 삼아 재상을 파직한 의론을 공에게 돌렸다. 戶部侍郎 判度支 裴延齡[27]은 간사한 방법으로 황제의 총애를 받아 時政을 어지럽혔으나 物論에서는 감히 이를 지적해 말하지 못했는데, 공만이 홀로 몸소 맞서서 여러 차례 불가함을 진언하였다. 翰林學士 吳通玄[28]은 공이 자신보다 먼저 현달함을 시기하여 매번 혹독하게 중상모략하였고, 배연령과 암암리에 결탁

26) 劉士寧 : 劉玄佐의 아들로 사람됨이 잔인하고 음란하여 사람을 함부로 죽이고 부녀자를 겁탈하는 등 군부의 원성을 샀다.(≪舊唐書≫ 권145 〈劉玄佐列傳〉)

27) 裴延齡 : 唐나라 肅宗·德宗 때의 권신이다. 덕종 때 祠部郎中으로 재직하던 중 경솔한 행동으로 좌천되기도 하였다. 貞元 8년(792) 戶部侍郎判度支에 임명된 뒤 아랫사람을 가혹하게 수탈하여 위에 아부하였으므로, 당시 재상이던 육지가 국가의 재정을 맡겨서는 안 된다고 반대하였다. 그러나 덕종이 평소 육지의 직언을 불편하게 여기고 있음을 간파한 배연령이 육지를 무함하자 덕종은 육지를 忠州別駕로 좌천시켰다.(≪舊唐書≫ 권135 〈裴延齡列傳〉)

28) 吳通玄 : 아우 吳通微와 함께 문장으로 이름났다. 大曆 연간부터 禁中을 출입하며 德宗과 친분을 쌓았으며, 덕종 즉위 후 翰林學士, 知制誥 등을 역임했다. 竇參과 결탁하여 陸贄를 모함하다가 泉州司馬로 좌천되었으며 長城驛에서 사사되었다.(≪舊唐書≫ 권191 〈吳通玄列傳〉)

하여 교대로 공의 단점을 말하였으며, 재상인 趙憬[29]은 공이 발탁하여 동렬의 지위에 이른 자였지만, 공이 삿됨을 배척하고 正道를 지킴을 마음속으로 달리 여겼다.

여러 사악한 자들이 저지할 꾀를 내니 바른 도가 이겨낼 수 없게 되어, 貞元 10년(794)에 공을 太子賓客으로 물러나게 하고 정사에 관여하지 못하도록 했다. 이듬해 여름에 가뭄이 들어 사료와 식량이 지급되지 않자 軍校들이 황제에게 하소연하였다. 이에 배연령이 상주하기를 "이것은 모두 陸贄의 무리들이 원망하여 군인들을 선동한 것입니다."라고 하니, 공을 忠州別駕로 폄적하였다. 황제의 진노가 한 치 앞을 헤아릴 수 없었지만 陽城[30]과 張萬福[31]이 구원한 데 힘입어 목숨을 건질 수 있었다. 蜀帥 韋令(韋南康)은 表文을 올려 자신이 육지를 대신하겠다고 청하며 해마다 재물과 식량을 뇌물로 바쳤다.

공이 南賓[32]에 있을 때 문을 닫고 사람들을 물리쳤으므로 고을 사람들 가운데 공의 얼굴을 아는 이가 드물었으며, 또 비방을 피하고자 글을 짓지 않고 오직 醫方만을 살피고 교정하여 ≪集驗方≫ 50권을 지었으니, 세상에 전해진다. 江州와 峽州에서 십 년을 보낸 뒤 永貞 초에 鄭餘慶,[33] 陽城과 함께 徵還되었지만 공은 이미 세상을 떠났

---

29) 趙憬 : 德宗 연간의 재상으로 峻潔하고 謙遜한 성품으로 명망이 있었다. 竇參이 파직된 후 陸贄와 함께 同中書門下平章事가 되었으나 이후 국정을 결정하는 과정에서 열등감을 느끼면서 육지와 멀어졌고 병을 핑계로 참여하지 않는 일이 잦아졌다. 처음에는 육지와 함께 裴延齡을 축출하고자 하였으나 막상 육지가 배연령의 간악함을 극언할 때 방관하다가 육지가 파직된 후 그 자리를 물려받았다.(≪舊唐書≫ 권150 〈趙憬列傳〉)

30) 陽城 : 諫官으로 이름이 높았다. 中條山에 은거하다가 德行이 뛰어나다고 알려져 李泌에게 발탁되었으며 德宗 때 諫議大夫에 올랐다. 裴延齡의 이간질로 陸贄가 파직되자 상소를 올려 무죄를 주장하다 덕종의 노여움을 샀는데, 당시 동궁이던 順宗의 도움으로 간신히 모면하였다. 金吾將軍 張萬福이 이 소식을 듣고 延英門에 가서 "조정에 강직한 신하가 있으니 천하가 반드시 태평해질 것이다."라고 치하하였다.(≪舊唐書≫ 권152 〈張萬福列傳〉)

31) 張萬福 : 儒學者 집안 출신이었으나 무예로 출신했다. 李正己가 반란을 일으켰을 때 江淮의 航道를 지켰으며 뒤에 左金吾將軍이 되었다. 貞元 11년(795) 陸贄의 무고를 주장하다 위기에 처한 陽城을 치하하여 명성을 얻었으며 육지를 끝까지 변호하여 목숨을 보전할 수 있도록 해주었다.(≪舊唐書≫ 권152 〈張萬福列傳〉)

32) 南賓 : 지금의 重慶市 石柱縣의 옛 이름이다. 唐나라 武德 2년(619)에 설치되었다가 天寶 初年(742)에 南賓郡으로 고쳐졌고 淸나라 乾元 初年(758)에 다시 忠州로 개칭되었다.

33) 鄭餘慶 : 德宗에서 憲宗 연간의 名臣이다. 貞元 14년(798) 宰相에 올랐다가 좌천되었으며, 順宗 때 尙書左丞으로 복귀하였다가 헌종이 繼位한 후 다시 同平章事가 되었다. 滑渙 등의 간사함

으니, 이때가 52세였다.

公은 以少年으로 入侍內殿하여 特蒙知遇하니 不可與衆浮沈하고 苟且自愛라하여 事有不可어든 必諍之라 上이 察物太精하여 躬臨庶政이라 失其大體하여 動與公違러니 姦諛從而間之하여 屢至不悅이라 親友或規之하니 公曰 吾上不負天子하고 下不負吾所學하니 不恤其他라하다 公은 精於吏事하여 斟酌剖決에 不爽錙銖러니 其經綸制度는 具在德宗實錄이라 及竇參納劉士寧之賂라가 爲李巽所發하여 得罪左遷한대 橫議者以公與參素不協으로 歸罷相之議於公이라 戶部侍郎判度支裴延齡이 以姦回得幸하여 害時蠹政이나 物議莫敢指言이어늘 公獨以身當之하여 屢言不可라 翰林學士吳通玄이 忌公先達하여 每切中傷하고 陰結延齡하여 互言公短이요 宰相趙憬은 公之引拔하여 昇爲同列이로되 以公排邪守正을 心復異之라 群邪沮謀하여 直道不勝하니 十年에 退公爲賓客하고 罷政事하다 明年에 夏旱하여 芻糧不給하니 軍校訴於上한대 延齡이 奏曰 此皆陸贄輩怨望鼓扇軍人也라하니 貶公忠州別駕라 上怒不可測이나 賴陽城·張萬福救之獲免이요 蜀帥韋令抗表請以贄代己하여 歲賂貲糧이라 公在南賓할새 閉門卻掃하여 郡人稀識其面이요 復避謗不著書하고 惟考校醫方하여 撰集驗方五十卷하니 行於世라 江峽十稔이라가 永貞初에 與鄭餘慶陽城同徵還이나 公已薨歿하니 時年五十二러라

공이 內署에서 글을 지음에 있어서는 古今을 헤아려 밝혔으며 文思가 웅혼하고 아름다워서, 敷衍하면 바로 文誥가 되고 引伸하면 곧 典謨가 되어, 교활한 자로 하여금 風度를 사모하게 하고 나약한 자로 하여금 義氣를 북돋게 하였다.[34] 이에 ≪制誥集≫ 10권이 있게 되었으니, 공의 글을 보면 공의 文才를 알 수 있다.

詔書 등을 윤색하고 난 여가에 국사를 의논하고 의견을 올려서 군무와 국정의 이해를 크건 작건 반드시 진술하였는데, 이에 ≪奏草≫ 7권이 있게 되었으니, 공의 奏文

에 맞섬으로써 헌종의 신임을 크게 받아 尙書左僕射에 올랐다. 韓愈와 李程을 副使로 삼고 崔郾·陳佩·楊嗣復·庾敬休를 判官에 임명하여 朝廷의 儀制를 바로잡았으며 國子監을 개수하였다.(≪舊唐書≫ 권158 〈鄭餘慶列傳〉)

34) 교활한……하였다 : ≪孟子≫ 〈盡心 下〉의 "伯夷의 풍도를 들은 자는 완악한 지아비가 청렴해지고 나약한 지아비가 뜻을 세우게 된다.〔聞伯夷之風者 頑夫廉 懦夫有立志〕"라는 구절을 변용한 것이다.

을 보면 공의 신하됨을 알 수 있다.

공이 재상의 지위에 있을 때 현능한 자들을 추천해 국정에 참여시켰으며, 곧은 이들을 등용하고 굽은 이들을 버렸다.[35] 또 천자[36]를 도와 황권을 드높이고 寇亂을 물리쳐 조정을 안정시켰으니, 그의 道를 펼쳐보면 伊尹과 傅說[37]과 더불어 견줄 만하고 그의 문장을 살펴보면 典謨에 가까웠다고 이를 만하다. 이에 ≪中書奏議≫ 7권이 있게 되었으니, 공의 奏議를 살펴보면 공이 임금을 섬기는 법을 알 수 있다.

公之秉筆內署也에 推古揚今하고 雄文藻思하여 敷之爲文誥하고 伸之爲典謨라 俾獠(표)狡向風하고 懦夫增氣하니 則有制誥集一十卷이라 覽公之作하면 則知公之爲文也라 潤色之餘에 論思獻納하여 軍國利害를 巨細必陳하니 則有奏草七卷이라 覽公之奏면 則知公之爲臣也라 其在相位也할새 推賢與能하고 擧直措枉하며 將斡璿衡而揭日月하고 清氛沴而平泰階하니 敷其道也어든 與伊說(열)爭衡이요 考其文也어든 與典謨接軫하니 則有中書奏議七卷이라 覽公之奏議면 則知公之事君也라

옛사람들은 士가 뜻을 펼칠 기회를 얻는 데에는 요컨대 네 가지가 있다고 하였으니, 재능과 지위와 시기와 명운이다. 仲尼는 재능은 있었으나 지위가 없었으므로 그 도가 행해지지 못하였고, 賈誼는 시기는 들어맞았지만 명운이 없었으므로 통곡으로 생을 마감하였다. 생각건대 공은 재능이 뛰어나지 않다고 할 수 없고 지위가 현달하지 않았다고 할 수 없다. 하지만 때를 만나 그 도를 다하지 못했으니, 아마도 명운이 아니겠는가. 裴氏의 자식[38]이 어찌 공에게 임금을 만나지 못하게 할 수 있었겠는가.

---

35) 곧은……버렸다 : ≪論語≫ 〈顔淵〉에 나오는 말로 "정직한 사람을 들어 쓰고 모든 부정한 사람을 버리면 부정한 자를 정직하게 만들 수 있다.〔擧直錯諸枉 能使枉者直〕"라고 하였다.

36) 천자 : 원문의 '璿衡'는 '璇璣玉衡'의 준말로 '천체의 운행을 측정하는 기구', 즉 '渾天儀'를 가리키는 말이지만 '천자의 大權'의 뜻으로도 사용된다.

37) 伊尹과 傅說 : 모두 商나라의 賢臣이다. 이윤은 湯王을 도와 夏나라 桀王을 멸망시키고 난세를 평정하였으며 부열은 武丁에게 발탁되어 중흥을 이끌었다. ≪書經≫ 〈商書 說命 下〉에 高宗이 부열에게 이윤의 일을 거론하며 "이와 같았기 때문에 우리 成湯을 보좌하여 공이 황천에 이르렀으니, 너는 부디 밝게 나를 보필하여 이윤으로 하여금 우리 商나라에 아름다움을 독차지하게 하지 말라.〔佑我烈祖 格于皇天 爾尙明保予 罔俾阿衡 專美有商〕"라고 하였다.

38) 裴氏의 자식 : 裴延齡을 폄하하여 이른 표현이다.

의논하는 자들은 또한 房玄齡과 魏徵,[39] 姚崇과 宋璟[40]은 시기와 훌륭한 임금을 만나서 맑고 태평한 세상을 이룩한 데 비하여, 陸君(陸贄)도 다행히 당시 임금의 은총을 얻었음에도 방현령이나 위징과 자리를 다툴 수 없었으니, 공의 도가 미치지 못했기 때문이라고도 한다.

하지만 이런 주장에 응대하자면 "도가 비록 나에게 있다 하더라도 그것을 넓히는 것은 남에게 달려 있다. 메뚜기 떼가 하늘을 뒤덮으면 神農과 后稷이라 하더라도 농사를 잘 지을 수 없을 것이며 수레를 몰다가 뒤집어지면 孔丘와 孟軻 또한 올바로 다니지 못할 것이니, 가령 그 네 분과 공이 처한 시기를 맞바꾸어 재상의 역할을 했다면 과연 누가 잘하고 누가 못했을지 장담할 수 없을 것이다. 하지만 군주를 聖君으로 만듦에 있어서 貞觀과 開元에 미치지 못한 것은 대개 시대가 불행해서 그런 것이지, 어찌 공의 불행이라 하겠는가. 이러함에도 공의 도가 미치지 못한 것이라 여긴다면 또한 무혹한 것이 아니겠는가."라고 할 것이다.

古人以士之遇也는 其要有四焉이라하니 才位時命也라 仲尼는 有才而無位하니 其道不行하고

39) 房玄齡과 魏徵 : 모두 唐 太宗 때의 재상으로 '貞觀之治'를 이루는 데 크게 공헌하였다. 방현령은 隋나라에서 進士가 되었으나 唐나라에 귀의하여 태종 貞觀 원년(626)에 中書令이 되고, 후에 魏國公과 梁國公에 봉해졌다. 15년 동안 재상의 자리에 있으면서 杜如晦와 함께 賢相이라는 칭송을 받았으니, '방현령이 모의하고 두여회가 결단한다.〔房謀杜斷〕'는 말이 있을 정도였다. 황명으로 ≪晉書≫를 중찬하였으며, 태종의 昭陵에 陪葬되었다. 위징 또한 隋나라 말에 元寶藏의 휘하에서 관리생활을 시작했으나 당 태종에게 귀의하여 재상에 오르고 鄭國公에 봉해졌다. 주의문으로 널리 알려진 〈諫太宗十思疏〉 외에 ≪隋書≫의 〈序論〉과 ≪梁書≫·≪陳書≫·≪齊書≫의 〈總論〉 등을 지었다. 위징이 죽은 뒤에 태종이 "구리로 거울을 만들면 의관을 바르게 할 수 있고, 옛 역사로 거울을 만들면 홍망성쇠를 알 수가 있고, 현인으로 거울을 만들면 득실을 잘 알 수가 있다. 짐이 일찍이 세 개의 거울〔三鑑〕로 자신을 비춰 보며 허물을 짓지 않으려고 노력하였는데, 이제 위징이 세상을 떠났으니 거울 하나를 잃은 것이다.〔以銅爲鏡 可正衣冠 以古爲鏡 可知興替 以人爲鏡 可明得失 朕嘗保此三鏡 內防己過 今魏徵逝 一鏡亡矣〕"라고 탄식한 일화가 있다.(≪舊唐書≫ 권66 〈房玄齡列傳〉, ≪舊唐書≫ 권71 〈魏徵列傳〉)

40) 姚崇과 宋璟 : 모두 唐 玄宗 때의 재상으로 '開元之治'를 이루는 데 크게 공헌하였다. 요숭의 初名은 元崇, 시호는 文獻이며 梁國公에 봉해졌다. 현종에게 十事를 올려 기강을 바로잡고 제도를 정비하였다. 송경의 시호는 文貞으로 廣平郡公에 봉해졌다. 문장에 뛰어나 則天武后 때 누차 左台御使中丞에 임명되었으며, 강직함으로 신임을 받았다. 睿宗 복위 후에 폐단을 혁파하고 인재를 등용하는 과정에서 太平公主의 미움을 받아 楚州刺史로 좌천되었다가 현종 즉위 후에 다시 刑部尙書에 임명되었다.(≪舊唐書≫ 권96 〈姚崇宋璟列傳〉)

賈生은 有時而無命하니 終于一慟이라 惟公才不謂不長하고 位不謂不達이로되 逢時而不盡其道하니 非命歟아 裴氏之子가 焉能使公不遇哉리오 說者가 又以房魏姚宋逢時遇主하여 克致淸平이나 陸君亦獲幸時君이로되 而不能與房魏爭列하니 蓋道未至也라 應之曰 道雖在我나 弘之在人이니 蜚蝗竟天이어든 農・稷不能善稼요 奔車覆轍이어든 丘軻亦廢規行이라 若使四君與公易時而相이어든 則一否(비)一臧을 未可知也니 而致君不及貞觀開元者는 蓋時不幸也니 豈公不幸哉리오 以爲其道未至는 不亦誣乎아

공의 문집에는 詩와 文, 賦가 수록되어 있으며, 별도로 表狀을 모아 ≪別集≫ 15권을 만들었다. 당시의 時政과 관계된 내용으로 밝게 빛나서 金石과 더불어 영원히 전해질 것은 오직 制誥와 奏議가 아니겠는가. 이것이 비록 이미 세상에 유행하였지만 편차에 오류가 많으므로 이제 종류에 따라 엮어 編首에 올리고 아울러 官職과 景行(훌륭한 행실)을 대략 기술하여 序文으로 삼는다. 후세의 군자들로 하여금 공이 제작한 것을 보고 공의 文才와 신하됨을 본받는다면 임금을 섬기는 도가 실로 위대해지지 않겠는가.

公之文集有詩文賦요 集表狀爲別集十五卷이라 其關於時政이 昭昭然與金石不朽者는 惟制誥奏議乎인저 雖已流行이나 多謬編次니 (以今)〔今以〕[41]類相從하여 冠于編首하고 兼略書其官氏景行하여 以爲序引하노니 俾後之君子가 覽公制作하고 效之爲文爲臣이어든 事君之道가 不其偉歟아

---

41) (以今)〔今以〕: 저본에는 '以今'으로 되어 있으나, ≪陸贄集≫(中華書局, 2006)에 의거하여 '今以'로 바로잡았다.

宋朝의 名臣들이 陸贄의 奏議를 올리는 箚子
宋朝名臣進奏議箚子[1)]

宋나라 蘇軾 撰

元祐 8년(1093) 5월 7일, 蘇軾[2)]은 呂希哲[3)]・吳安詩[4)]・豐稷[5)]・趙彦若[6)]・范祖

---

1) 宋朝名臣進奏議箚子 : 원제는 〈乞校正陸贄奏議進御箚子〉이다. 朝鮮 壬辰字本과 戊申字本에는 위의 제목으로 수록되어 있으며, 朝鮮 成宗 5년(1474) 간행된 목판본에는 〈本朝名臣進奏議箚子〉란 제목으로 수록되어 있다.

2) 蘇軾 : 1037~1101. 宋나라 神宗에서 哲宗 때까지의 문신이자 시인이다. 唐宋八大家의 한 사람으로, 王安石의 新法에 반대하여 수차례 유배되었으며, 문장에 능하여 〈赤壁賦〉 등 명작을 남겼다.

3) 呂希哲 : 呂公著의 아들로, 字는 原明, 壽州(지금의 安徽省 鳳臺) 사람이며, 滎陽先生으로 일컬어지기도 한다. 焦千之・孫復・石介・胡瑗 등에게 배웠으며, 張載・程顥・程頤・王安石 등과 교유하며 견문을 넓혔다. 科擧에 종사하지 말라는 왕안석의 권유를 받아들였다가 음직으로 벼슬, 兵部員外郎에 올랐으며, 范祖禹의 추천으로 崇政殿說書가 되어 哲宗에게 修身을 근본으로 삼을 것을 권했다. 崇寧의 黨禍로 奪職된 뒤 강학 활동으로 여생을 보냈으며, 저서에 ≪呂氏雜志≫・≪滎陽公說≫ 등이 전한다.(≪宋史≫ 권346 〈呂希哲傳〉)

4) 吳安詩 : 字는 傳正이며, 建安 사람이다. 음직으로 朝散大夫가 된 후 禮部員外郎을 거쳐 右司諫에 이르렀으며, 蔡確・蔡京・章惇 등을 탄핵하는 데 크게 공헌하였다.(≪元祐黨人傳≫ 권4 〈吳安詩傳〉)

5) 豐稷 : 字는 相之, 시호는 淸敏, 明州 鄞縣(지금의 浙江省 寧波) 사람이다. 嘉祐 4년(1059) 進士로, 監察禦史・國子祭酒・吏部侍郎・禦史中丞이 되었으며, 蔡京을 탄핵한 이후 工部尙書兼侍讀에 임명되었으나 蔡京이 복귀한 뒤 道州別駕로 폄직되고 建州로 귀양 가서 죽었다. "맑기가 물 같고 공평하기가 저울 같다.〔淸如水 平如衡〕"는 칭송을 받았으며, 博學多聞하고 經學에 밝았다.(≪宋史≫ 권321 〈豐稷傳〉)

6) 趙彦若 : 宋나라 皇室 宗親인 趙師民의 아들로, 靑州 臨淄(지금의 山東省 淄博) 사람이다. 음직으로 벼슬에 올라 秘閣校勘・集賢校理・國史編修官・起居注・中書舍人 등을 거쳐 秘書監・兵部侍郎・刑部侍郎에 배수되었다. 翰林學士로서 范祖禹・黃庭堅 등과 ≪神宗實錄≫을 편수하였다. 哲宗 紹聖 원년(1094), 元祐黨人으로 지목되어 安遠軍節度副使로 폄직되었다가 澧州에 위리안치되어 그

禹[7]・顧臨[8]과 함께 箚子를 갖추어 아룁니다.

臣 등은 외람되이 공소한 재능으로 講讀의 자리를 차지하고 있으나, 삼가 생각건대 폐하의 聖明하심은 하늘이 내린 것이어서 학문이 날로 새로워지십니다. 臣 등의 재주는 한계가 있는데 도는 무궁하고, 마음에 드리고 싶은 말씀이 있어도 구변이 이에 미치지 못합니다. 이 때문에 스스로 부끄러워 어찌할 바를 모르겠습니다.

元祐八年五月七日에 蘇軾은 同呂希哲吳安詩豐稷趙彦若范祖禹顧臨箚子奏하나이다 臣等猥以空疎로 備員講讀이나 恭惟聖明天縱[9]하사 學問日新이니이다 臣等은 才有限而道無窮하고 心欲言而口不逮하니 以此自愧하여 莫知所爲이니이다

삼가 생각하건대, 人臣이 충성스러운 말씀을 올리는 것은 비유하면 의원이 약을 쓰는 것과 같아서, 약은 비록 의원의 손에 의해 올려지지만 그 처방은 대부분 옛사람에게서 전해진 것이므로 만일 이미 세간에서 효험이 입증된 것이라면 굳이 다 자기에게서 나올 필요가 없습니다.

삼가 보건대, 唐나라의 재상 陸贄는 재주가 본래 제왕을 보좌할 만하고 학문은 황제의 스승이 될 만하였습니다. 의논은 사정에 매우 간절하고 말은 도덕을 떠나지 아

곳에서 죽었다.(≪東都事略≫ 권60 〈趙師民傳〉)

7) 范祖禹 : 자는 純父・純甫・夢得, 호는 華陽先生, 시호는 正獻이다. 司馬光을 따라서 ≪資治通鑑≫을 편수하였으며, 편수를 마친 뒤에 秘書正字가 되었다. 宣仁太后가 죽은 뒤에는 그 틈을 타서 소인배들이 득세할까 염려하여 여러 차례 諫言을 올렸다. 그 뒤 章惇을 재상으로 삼아서는 안 된다는 내용으로 극언하였다가 외직으로 쫓겨나 죽었다. 평상시에는 다른 사람의 허물에 대해 말하지 않았으나, 일을 만나서 시비를 판별할 때에는 아주 엄격하게 하였으며, 邇英殿에서 講學할 적에는 바른 도리를 지키고 正論에 의거하여 진언한 것이 많았는데, 말은 간략하면서도 뜻은 아주 명백하였으므로 蘇軾이 講官 가운데 제일이라고 칭찬하기도 하였다. ≪唐鑑≫ 12권, ≪帝學≫ 8권, ≪仁宗政典≫ 6권을 지어 올렸는데, 특히 ≪당감≫에서 唐나라 3백 년의 치란을 궁구했다 하여, '唐鑑公'으로 일컬어지기도 하였다.(≪宋史≫ 권337 〈范鎭傳〉)

8) 顧臨 : 字는 子敦, 會稽(지금의 浙江省 紹興) 사람이다. 國子監直講・同知禮院에 임명되어 ≪武經要略≫을 지었다. 刑部・兵部・吏部 三部의 侍郎兼侍讀을 지냈으며, 龍圖閣學士를 거쳐 定州・應天・河南府使 등을 지냈다. 經學과 訓詁學에 뛰어났다.(≪宋史≫ 권344 〈顧臨傳〉)

9) 天縱 : 성현이 될 수 있는 천부적인 자질을 말한다. ≪論語≫ 〈子罕〉에 공자의 제자 子貢이 "우리 선생님은 실로 하늘이 이 세상에 내려 성인이 되게끔 하신 분이다.〔固天縱之將聖〕"라고 말한 것을 인용한 것이다.

니하며, 지혜는 子房[10]과 같지만 문장은 그보다 뛰어나고, 언변은 賈誼와 같지만 방법은 허술하지 않아서,[11] 위로는 군주 마음의 잘못을 바로잡고 아래로는 천하 사람들의 뜻에 통하였습니다.

竊謂人臣之納忠은 譬如醫者之用藥이라 藥雖進於醫手나 方多傳於古人이니 若已經效於世間이어든 不必皆從於己出이니이다 伏見唐宰相陸贄는 才本王佐하고 學爲帝師라 論深切於事情하고 言不離於道德이요 智如子房而文則過하고 辯如賈誼而術不疎하니 上以格君心之非하고 下以通天下之志라

다만 불행히도 벼슬한 것이 좋은 때를 만나지 못하였습니다. 德宗은 가혹하고 각박한 것을 능사로 삼았는데 陸贄는 忠厚함으로써 간하였고, 덕종은 남을 시기하고 의심하는 것을 방법으로 여겼는데 육지는 정성을 다하여 사람을 대할 것을 권하였으며, 덕종은 用兵을 좋아했는데 육지는 전쟁을 그치는 것을 우선하였고, 덕종은 재물 모으는 것을 좋아하였는데 육지는 재물을 흩어 백성을 구휼하는 것을 급하게 여겼습니다.

인재를 등용하고 남의 좋은 말을 경청하는 방법과 변경을 다스리고 장수를 통제하는 방법에 있어서는 자신을 책망하여 인심을 수습하고 잘못을 고쳐서 天道에 응하며 소인을 제거하여 백성들의 폐해를 제거하고 관직을 소중히 여겨서 공적이 있는 이를 대우하였으니, 이와 같은 일은 쉽게 다 헤아릴 수가 없습니다. 그는 "입에 쓴 藥石을 올리고 몸에 해로운 膏肓을 치료했다."[12]라고 이를 만하니, 만일 덕종이 그의 말을 다 따랐더라면 貞觀의 정치[13]를 다시 회복할 수 있었을 것입니다.

---

10) 子房 : 張良의 字이다. 秦나라 말기에 漢나라 高祖 劉邦을 도와 秦나라를 격파하고 楚나라 霸王인 項羽와 垓下의 싸움에서 승리하여 漢나라를 일으키고 蕭何, 韓信과 開國三傑에 올라 지혜가 높기로 유명하였으나 그가 남긴 문장은 전하지 않는다.

11) 언변은……않아서 : 賈誼는 漢나라 文帝 때의 학자이며 정치가로 문장과 변설이 뛰어났으나 너무 급진적이어서 훈구파들에게 배척당하고 울분으로 일찍 죽었다. 그러나 그가 주장한 내용들은 현실성이 떨어진다고 평가되고 있다.

12) 입에……치료했다 : 藥石은 약과 돌침으로 각종의 약과 치료법을 이르는데, 통칭 입에 쓴 약이 몸에 좋다고 한다. 膏는 명치 끝, 肓은 심장과 청경맥 사이로 膏肓은 약효가 미칠 수 없는 부분을 말한다.

13) 貞觀의 정치 : 貞觀은 唐나라 太宗의 年號(627~649)로, 이 기간은 나라가 안정되고 백성들이

但其不幸仕不遇時라 德宗以苛刻爲能이나 而贄諫之以忠厚요 德宗以猜疑爲術이나 而贄勸之以推誠하며 德宗好用兵이나 而贄以消兵爲先이요 德宗好聚財나 而贄以散財爲急이라 至於用人聽言之法과 治邊馭將之方하야 罪己以收人心하고 改過以應天道하며 去小人以除民患하고 惜名器以待有功하니 如此之流를 未易悉數라 可謂進苦口之藥石하고 鍼害身之膏肓이니 使德宗盡用其言이어든 則貞觀可得而復이니이다

臣 등은 매번 西閣[14]에서 물러나오면 곧바로 사사로이 말하기를 '폐하처럼 聖明하신 군주는 반드시 陸贄의 의논을 좋게 여기실 것이니, 오직 성스러운 군주와 어진 정승이 서로 의기가 투합하는 것을 곧바로 신하와 군주가 동시대에 만난 것처럼 하여야 한다.'라고 하곤 하였습니다. 옛날 馮唐이 廉頗와 李牧의 어짊을 논하자 漢나라 文帝는 크게 탄식하였고,[15] 魏相[16]이 鼂錯[17]과 董仲舒[18]의 對策文을 조목조목 아뢰자

부유하여 태평성대의 대명사로 알려져 있다.

14) 西閣 : 서쪽 끝에 있는 궁전으로 端明殿을 가리킨다. 당시에 蘇軾이 端明殿學士 兼翰林侍讀學士로 있었다.

15) 馮唐이……탄식하였고 : 馮唐은 漢나라 文帝 때의 郎官이었으며, 廉頗와 李牧으로 戰國時代 趙나라의 명장들이다. 文帝가 匈奴의 침략 때문에 명장을 얻고자 하면서 조나라 장수 李齊의 능력을 높이 평가하자 馮唐은 "이제도 전국시대의 명장인 염파와 이목만은 못합니다."라고 하니, 문제는 깊이 탄복하였다.

16) 魏相 : 前漢의 정치가로 丞相에 오르고 高平侯에 봉해졌다. 茂陵令・河南太守 등으로 재직할 때 權貴를 두려워하지 않고 치죄함으로써 명성을 얻어 諫議大夫에 임명되었다. 外戚을 억제하여 국정을 안정시키는 데 공헌했으며 宣帝에게 황권을 위협하는 霍禹・霍雲・霍山 등을 제거하도록 강력히 건의하였다. 현량한 인재를 선발하고 옥사를 공평히 처리하였으며, 지방의 재정을 절약하고 세금을 줄이고, 황무지를 개간하여 기근을 해결하였다. 병법에도 밝아 서역에 대한 영향력을 강화하는 데 이바지했다.

17) 鼂錯 : 前漢 초의 정치가이자 문학가다. 文帝 때 太常掌故・太子舍人・博士 등을 역임하고 景帝 때 內史・御史大夫를 지냈다. 重農抑商 정책을 주장하였으며, 匈奴의 침입을 막고자 변경으로 농민을 이주시키는 정책을 폈다. 제후들을 견제하고 중앙집권을 공고히 할 것을 進言하여 吳王 劉濞 등 7국의 제후왕들이 반란을 일으키는 빌미를 제공했으며, 이로 인해 東市에서 腰斬을 당하였다. 주의문에 뛰어나 〈言兵事疏〉・〈守邊勸農疏〉・〈論貴粟疏〉・〈賢良對策〉 등의 政論文을 남겼는데 높게 평해진다.

18) 董仲舒 : 前漢 때의 유학자로, 武帝가 인재를 구하고자 할 때 '賢良對策'을 올려 크게 인정받았다. 중국 전통의 음양사상과 유교사상을 통합하여 정치에 적용했는데, '사람은 하늘에 근본하여

孝宣帝가 이로써 중흥을 이룩하였습니다. 만일 폐하께서 스스로 스승을 얻으려 하신다면 가까이 육지에게서 취하는 것보다 더 좋은 것이 없을 것입니다.

臣等每退自西閤하면 卽私相告言하여 以陛下聖明은 必喜贄議論하시니 但使聖賢之相契를 卽如臣主之同時라하니이다 昔馮唐이 論頗牧之賢하니 則漢文爲之太息하고 魏相이 條晁董之對하니 則孝宣以致中興이니 若陛下能自得師어시든 莫若近取諸贄니이다

저 六經과 三史19)와 諸子百家는 볼만하지 않은 것이 없어서 모두 충분히 이것을 가지고 나라를 다스릴 수 있습니다. 다만 성인의 말씀은 아득히 멀고 末學은 보잘것없어서, 비유하면 산과 바다가 높고 깊어서 하나하나 미루어 가리기 어려운 것과 같습니다.

그런데 陸贄의 의논과 같은 것은 책을 펴놓으면 내용이 분명해서 古今의 精英을 모아놓았으며 治亂의 귀감이 될 만한 내용이 가득합니다. 臣 등은 이 奏議를 가져다가 약간 校正을 가하여 淨書해서 올리고자 하오니, 원컨대 폐하께서 거처하시는 자리 주변에 이것을 두시고 마치 육지의 얼굴을 보는 듯이 여기시며 반복하여 익숙히 읽어서 육지와 함께 말씀하시는 것처럼 여기신다면, 반드시 성상의 고명한 재주를 개발해서 머지않은 때에 나라를 제대로 다스리는 공적을 이룩하실 것입니다. 臣 등은 간절한 뜻을 이기지 못하겠습니다. 裁量하소서.

夫六經三史諸子百家는 非無可觀하니 皆足爲治라 但聖言幽遠하고 末學支離하여 譬如山海之崇深하여 難以一二而推擇이라 如贄之論은 開卷了然하여 聚古今之精英하고 實治亂之龜鑑이라 臣等欲取其奏議하여 稍加校正하여 繕寫進呈하노니 願陛下는 置之坐隅하사 如見贄面하고 反復熟讀하사 如與贄言하시면 必能發聖性之高明하사 成治功於歲月이리이다 臣等不勝區區之意하노이다 取進止하소서

만들어졌다'는 '天人感應說'을 주장하여, 天에 인격성을 부여함으로써 후대의 중국사상에 큰 영향을 끼쳤으며, 유가사상이 국가 경영의 핵심이 되도록 하는 데 크게 기여하였다. 저서로 ≪董子文集≫과 ≪春秋繁露≫가 있다.

19) 三史 : ≪史記≫, ≪漢書≫, ≪後漢書≫를 이른다.

淳熙[1] 연간 講筵에 관한 箚子
淳熙講筵箚子

宋나라 蕭燧 等 撰

칙서가 太中大夫 試[2]刑部尙書 兼侍讀 兼吏部尙書 蕭燧,[3] 中奉大夫 權[4]兵部尙書 兼侍讀 宇文价,[5] 通議大夫 給事中 兼侍讀 兼太子詹事 葛邲,[6] 朝議大夫 試右諫議大夫 兼侍講 蔣繼周,[7] 通奉大夫 充敷文閣待制 提擧佑神觀 兼侍講 同修國史 洪邁,[8] 朝散大夫 起居郞 兼國史院編修官 兼權直學士院 李巘(이헌), 朝散郞 守起居舍人 吳燠(오욱)에게 내려왔으니, 箚子를 갖추어 아룁니다.

勅送到太中大夫 試刑(曹)〔部〕[9]尙書 兼侍讀 兼吏部尙書蕭燧와 中奉大夫 權兵部尙書

1) 淳熙 : 宋 孝宗 때 연호로, 1174년에서 1189년까지이다.

2) 試 : 唐宋 때 관제의 하나이다. 唐나라 때는 정식으로 임명되지 않았을 때 관직 앞에 붙이는 말이었으나 宋나라 때는 관직이 품계보다 2급 이상 낮은 경우에 사용하였다.(≪宋史≫ 〈職官志 9〉)

3) 蕭燧 : 南宋 때의 大臣으로, 字는 照鄰, 諡號는 正肅이다. 秦檜의 유혹을 거절하여 좌천되었으며 左司諫으로서 직언하다가 파직되기도 하였다.

4) 權 : 唐나라 때 이후 임시로 대리한 관직 앞에 붙이는 호칭이다.

5) 宇文价 : 자는 子英, 四川省 成都 사람이다. 隆興 원년(1163) 進士이며 兵部尙書까지 올랐다. 寶文閣學士가 되었으므로 '宇文寶學价'로도 일컬어졌다.

6) 葛邲 : 南宋 때의 大臣으로, 字는 楚輔, 諡號는 文定이다. 博學多聞하며 강직한 성품이었다. 효종 때 刑部尙書에 오르고 光宗 때 丞相에 이르렀다. 昭勳閣 24功臣의 한 명이다.

7) 蔣繼周 : 南宋 때의 문신으로, 字는 世修, 諡號는 文恭이다. 시에 뛰어났으며 직언을 서슴지 않아 孝宗으로부터 陸贄와 흡사하다는 칭찬을 받았다.

8) 洪邁 : 南宋 때의 학자이자 문장가로, 字는 景盧, 號는 容齋 또는 野處, 諡號는 文敏이다. 翰林院學士를 거쳐 魏郡開國公에 봉해졌으며, ≪容齋隨筆≫ · ≪夷堅志≫ 등의 저서를 남겼다.

9) (曹)〔部〕: 저본에는 '曹'로 되어 있으나, ≪陸贄集≫(中華書局, 2006)에 의거하여 '部'로 바로잡았다.

兼侍讀宇文价와 通議大夫 給事中 兼侍讀 兼太子詹事葛邲과 朝議大夫 試右諫議大夫 兼侍講蔣繼周와 通奉大夫 充敷文閣待制 提擧佑神觀 兼侍講 同修國史洪邁와 朝散大夫 起居郎 兼國史院編修官 兼權直學士院李巘과 朝散郎 守起居舍人吳燠하니 箚子奏하노이다

신들이 삼가 살펴보건대, 淳熙 8년(1181) 여름 4월 갑술일에 經筵에서 眞宗 皇帝陛下의 ≪正說≫[10]의 종편을 進讀하였습니다. 6월 임신일에는 聖旨를 내려 宣諭하시기를 "陸贄의 奏議를 진독하는 것이 좋겠는가?"라고 하자, 侍讀官 王希呂[11] 등이 진언하기를 "육지가 論諫한 수십 백 편은 모두 仁義에 뿌리를 두고 있습니다. 元祐[12] 연간에 蘇軾 등이 정서하여 바치며 좌우에 두기를 청하였습니다. 앞으로 강연을 열 때 만일 진독하신다면 진실로 治道에 보탬이 될 것입니다."라고 하였습니다. 이에 7월 병자일에 명하기를 "좋다. 우선 날마다 다섯 장씩 진강하도록 하라."라고 하셨습니다.

臣等恭覩하니 淳熙八年夏四月甲戌에 經筵進讀眞宗皇帝陛下正說終篇이라 六月壬申에 有旨宣諭하여 陸贄奏議를 可與不可進讀고하니 侍讀臣希呂等言 贄論諫數十百篇은 皆本仁義라 元祐中에 蘇軾等乞繕寫進呈하여 置之座右하니 將來開講할새 如令進讀하시면 實有補於治道리이다하니 七月丙子에 制曰 可라 且令日講五版하라하시며

9년 4월 신해일에 조서를 내려 講讀官과 같은 반열에 있는 자들도 상주하도록 하였는데, 황제께서 이르시기를 "朕은 陸贄가 德宗에게 논한 일을 볼 때마다 두렵게 여기지 않은 적이 없었으니, 바로 덕종이 저지른 실수를 면하지 못할까 염려해서다. 경들은 각자 짐의 결함을 조목조목 갖추어 올리도록 하라."라고 하셨습니다.

이에 侍講인 芮煇가 진언하기를 "폐하께서는 정성을 미루어 아랫사람들을 대하시

---

10) 正說 : ≪正說≫은 宋 眞宗이 지은 글로 보인다. 송말원초에 지어진 ≪宋史全文≫ 권27에 孝宗의 명에 따라 이 책의 〈正心篇〉과 〈大中篇〉을 진독하였다는 기록이 전하며, 淸나라의 徐松이 지은 ≪宋會要輯稿≫에도 진종의 ≪正說≫이 秘閣에 소장되어 있다고 한 구절이 보인다.

11) 王希呂 : 南宋 때의 문신으로, 字는 仲行이다. 孝宗 때 右正言을 거쳐 吏部尙書 兼侍讀을 지냈다.

12) 元祐 : 宋나라 哲宗 때 연호 중 하나로, 1086년에서 1093년까지이다.

니, 지극함을 곡진히 다하셨다고 할 만합니다."라고 하였습니다.

또 侍講인 黃洽[13]이 진언하기를 "덕종은 시기하고 각박하게 굴었으니, ≪唐書≫에서 하나의 論贊으로 이를 남김없이 드러내었습니다."[14]라고 하였습니다. 이에 황제께서 이르시기를 "덕종은 독선적이고 영리해서 진심을 미루어 아랫사람들을 대하려 하지 않았으니, 비록 다시 奉天의 난리를 겪더라도 끝내 뉘우치지 않았을 것이다. 저 어려운 때를 당하여 육지와 밤낮으로 논의하더라도 오히려 일이 이루어지지 못할까 걱정해야 할 것인데, 사안이 있을 때마다 단지 환관을 보내어 聖旨를 전했을 뿐 일찍이 얼굴을 맞대고 말한 적이 드무니, 어찌 이해를 깊이 궁구할 수 있었겠는가. 이 점이 덕종이 환란에서 벗어나지 못한 까닭이다."라고 하셨습니다.

이에 侍講인 崔敦詩가 진언하기를 "덕종이 군영에 대해서도 환관들을 통해 성지를 전한 일이 많았으니, 實情이 어떻게 위로 전달될 수 있었겠습니까?"라고 하였습니다. 그러자 황제께서 이르시기를 "덕종이 이것으로 시기하고 각박하게 구는 것을 그대로 이루려 한 것이다."라고 하시자 예휘는 또 아뢰기를 "성군의 말씀이 이에 미치었으니, 社稷의 복입니다."라고 하였습니다. 이에 입을 모아 진언하기를 "臣 등이 감히 성스러운 가르침을 따르지 않겠습니까. 원하옵건대 어리석은 충정을 다하고자 합니다."라고

---

13) 黃洽 : 1122~1209. 字는 德潤이고 號는 東里고 晩號는 紹英으로 宋나라 孝宗에서 寧宗 때까지의 문신이다. 知樞密院事에 제수되었다가 관직이 宰相에 이르렀다.

14) 唐書에……드러내었습니다 : ≪新唐書≫ 권149 〈陸贄列傳〉의 論贊에 "德宗이 망하지 않은 것이 도리어 불행이라 할 것이다. 국가가 위태롭고 어려울 때에는 陸贄의 계책을 따르다가, 禍亂이 이미 평정된 뒤에는 直言을 다한 것을 원수로 여겨서 불끈 성을 내어 讒言을 올려 총애를 받는 자들의 말을 따라 土偶를 내버리듯 육지를 내쫓았으며, 裴延齡 등에 이르러서는 총애하여 중용하고 헐뜯어도 산처럼 끄떡하지 않아서 昏愚하고 아첨하는 자들이 서로 구제하였다. 세상에서는 '육지가 한림학사들을 파면토록 아뢴 것은 吳通玄 형제가 총애를 다퉜기 때문이고 竇參이 죄를 얻어 죽은 것은 육지가 그의 말을 누설했기 때문이다.'라고 하는데, 이는 그렇지 않다. 군자와 소인은 둘이 함께 나아갈 수가 없어 간사한 자와 아첨하는 자가 군주의 신임을 얻으면 바른 선비가 위태로우니, 어찌 일일이 꾸짖을 것이 있겠는가. 육지가 의논하고 간한 수십 백 편을 보면 당시의 병폐를 비판하고 아뢴 것은 모두 仁義에 근본을 두어 후세의 법이 될 만하여 丹靑처럼 환히 빛났는데, 황제가 사용한 것은 겨우 10분의 1이었다. 그리하여 唐나라 국운이 강성하지 못하였으니 애석하다.〔德宗之不亡 顧不幸哉 在危難時聽贄謀 及已平 追仇盡言 怫然以讒幸逐猶棄梗 至延齡輩 則寵任磐桓不移如山 昏佞之相濟也 世言贄白罷翰林 以爲與吳通玄兄弟爭寵 竇參之死 贄漏其言 非也 夫君子小人不兩進 邪諂得君則正士危 何可訾耶 觀贄論諫數十百篇 譏陳時病 皆本仁義 可爲後世法 炳炳如丹 帝所用才十一 唐祚不競 惜哉〕"라고 한 내용을 가리킨 것이다.

하였습니다.

九年四月辛亥에 詔講讀官同班奏事한대 聖語에 云 朕每見贄論德宗事할새 未嘗不寒心이니 正恐未免有德宗之失이라 卿等은 可各條具闕失來上하라시니 侍講臣煇가 奏言 陛下는 推誠待下시니 可謂曲盡其至라하고 侍講臣治은 言 德宗은 猜忌刻薄하니 唐書에 一贊盡之矣라하니 聖語에 云 德宗은 强明하여 不肯推誠待下하니 雖更奉天離亂이라도 終不悔悟리라 當彼艱難之時하여 所宜與贄朝夕論議라도 猶恐不濟어늘 而每事但遣左右宣旨하고 罕嘗面諭하니 豈能深究利害리오 此所以知德宗之不振也라하시며 侍講臣敦詩는 言 德宗은 於軍旅間에 亦多是中人傳旨하니 實情이 安得上達이리잇고하니 聖語에 云 德宗欲以此濟其猜忌刻薄이라하시고 煇又奏 聖言及此시니 社稷之福이라하니 於是에 合辭奏言 臣等敢不仰遵聖訓이리잇고 願竭愚衷이니이다

13년(1186) 3월 계묘일에 강연을 열었을 때, ≪奏議≫가 아직 3帙이 남아 있었으니 모두 2만 5천 자나 되었습니다. 성지를 내려 講讀官에게 선유하시기를 지금부터는 진독할 때마다 半帙씩을 기준으로 삼도록 하셨습니다.

그리하여 4월 경술일에 臣 蕭燧 등이 陸贄의 〈論度支令折稅市草事狀〉15)을 진독하였습니다. 그리고 신 소수 등이 진언하기를 "예로부터 苛斂誅求하는 신하들은 속이는 데 힘써서 자기의 재능을 자랑하였으니, 먼저 제도를 어지럽히고 변경하지 않은 이들이 없었습니다."라고 하니, 황제께서 이르시기를 "천하에는 본래 일이 없건만, 용렬한 자들이 어지럽게 할 뿐이다."16)라고 하셨습니다.

경신일에 신 소수 등은 육지가 裴延齡에 대해 논한 글을 진독하였습니다. 이에 황제께서 이르시기를 "육지가 배연령의 姦惡함에 대해 논한 것이 반복하고 곡절하기가 이와 같으니, 배연령은 지극히 소인이라 할 수 있다."라고 하셨습니다. 이에 신 소수 등은 진언하기를 "배연령의 姦惡함이 가장 심하니, 세상에 드물 정도입니다."라고 하니, 또 성지가 내려 18일과 22일에 특별히 강연에 납시었습니다. 그러자 신 소수가 또 육지가 배연령에 대해 논한 글을 진독하였습니다. 진독을 마친 뒤 신 소수 등은

15) 論度支令折稅市草事狀 : ≪陸宣公奏議≫ 권10에 수록된 〈論度支令京兆府折稅市草事狀〉을 가리킨다. 度支가 京兆府에 折稅와 市草를 명한 일에 대해 논한 글이다.

16) 천하에는……뿐이다 : 본래 唐나라 玄宗 때 陸象先이 한 말이다.(≪舊唐書≫ 〈陸象先傳〉)

아뢰기를 "군자는 소인을 제거하고자 하지 않은 적이 없지만, 늘 군자가 소인에게 좌절당했습니다. 이를테면 蕭望之는 弘恭과 石顯에게 좌절당했고, 張九齡은 李林甫에게 좌절당했고, 裴度는 皇甫鏄에게 좌절당했습니다."[17]라고 하자, 황제께서 이르시기를 "황보박 또한 배연령의 무리이다."라고 하셨습니다.

十三年三月癸卯開講時에 奏議猶有三帙 凡二萬五千餘字로되 有旨諭講讀官하사 令自後每讀以半帙爲率하시니 四月庚戌에 臣燧等讀贄論度(탁)支令折稅市草事狀하고 臣燧等言 自古聚斂之臣은 務爲欺誕하여 以衒己能하니 未有不先紛更制度者라하니 聖語에 云 天下本無事어늘 庸人擾之耳라하시니이다 庚申에 臣燧讀贄所論裴延齡書하니 聖語에 云 陸贄論延齡姦惡호되 反覆曲折如此니 延齡可謂至小人라하시니 臣燧言 延齡之姦最甚하니 世所罕有니이다하니 又有旨하시고 特以十八日二十二日御講筵하시니 臣燧又讀贄所論裴延齡書라 讀畢에 臣燧言 君子未嘗不欲去小人이나 然爲小人所勝하니 如蕭望之爲恭顯所勝하며 張九齡爲李林甫所勝하고 裴度爲皇甫鏄所勝이니이다하니 聖語에 云 皇甫鏄은 亦延齡之徒也라하시니이다

신들이 어리석고 하찮은 재주로 요행히 관원 수를 채우는 영광을 얻어 날마다 좌우에서 모시게 되었습니다. 우러러 생각건대, 폐하께서는 천부적 자질을 갖추신 데다가 항상 학문에 뜻을 두시어[18] 선대의 유업을 이어 더욱 빛나게 하시니,[19] 한 말씀 한 말씀이 모두 만세토록 전해질 만합니다. 堯舜 같은 성인도 이와 같은데 지나지 않으셨으니, 어찌 唐 德宗을 같은 반열에 두고 말할 수 있겠습니까. 그러함에도 폐하께서

---

17) 蕭望之는……좌절당했습니다 : 蕭望之는 前漢 宣帝 때의 문신이자 학자로 제도를 개혁하여 환관의 전횡을 막아보려고 했지만, 도리어 弘恭과 石顯의 모함에 걸려 죽었다. 張九齡은 唐 玄宗 때의 賢相으로 李林甫의 참소에 의해 좌천되었다가 얼마 후 병사하였다. 裴度는 唐 憲宗 때 재상이자 시인으로 현종이 皇甫鏄과 程异를 총애하여 관직을 높여주자, 상소를 올려 헌종의 잘못을 이야기하였는데 도리어 배척당하였다.

18) 항상……두시어 : 원문의 '典學'을 풀이한 것으로, ≪書經≫ 〈商書 說命〉에 "처음부터 끝까지 학문을 위주로 할 것을 생각한다.〔念終始典于學〕"는 말에서 온 것이다.

19) 선대의……하시니 : 원문의 '緝熙光明'을 풀이한 말이다. 緝熙는 제왕의 덕이 계속해서 빛나는 모양으로, ≪詩經≫ 〈周頌 敬之〉에 "나 소자가 총명하지 못하여 공경하지 못하나, 날로 나아가고 달로 진보하여, 배움을 이어 밝혀서 광명함에 이르고자 한다.〔維予小子 不聰敬止 日就月將 學有緝熙于光明〕"라고 한 것을 변용한 것이다.

는 마음속으로 경계하여 매번 혹여 덕종의 실수를 저지를까 염려하여 두렵게 여기셨습니다.

덕종은 陸贄의 말을 직접 들었는데도 土偶[20]처럼 내팽개쳤습니다. 하지만 폐하께서는 육지의 말을 외우고 읽으며 보배로 여기기를 元龜[21]처럼 하셨으며, 심지어 퇴청한 후에도 수천 마디를 귀 기울여 들으시며 게을리하거나 싫증 내지 않으셨고, 또 특별히 이틀이 멀다 하고[22] 몸소 邇英閣[23]에 납시었습니다. 이는 전례에도 없었던 일이니, 聖人과 愚人의 거리가 어찌 높은 하늘과 땅 사이일 뿐이겠습니까. 臣 등은 크나큰 바람을 이기지 못하여, 史館에 성지를 내려서 폐하께서 스스로를 자랑하지 않고 과시하지 않음과 옛것을 가지고 현재를 다스리고자 하신 뜻을 밝게 드러내도록 명하시길 청합니다. 죽음을 무릅쓰고 천명을 기다리는 지극한 심정을 차마 감당하지 못하겠나이다. 裁量하소서.

5월 1일 三省[24]과 樞密院이 함께 성지를 받들어 아룁니다.

惟臣等以庸瑣之才로 幸得備員華光하여 日侍左右라 仰惟陛下天縱典學하사 緝熙光明하시니 一話一言가 皆足以貽諸萬世라 堯舜之聖도 不過如此시니 豈唐德宗所當同日而語리잇고 然宸心惕惕하사 每慮或蹈其失하여 以爲寒心하시니 夫德宗親聞贄言而棄之如土梗이로되 陛下追誦贄語而寶之如元龜하시고 至以退朝之後에 傾聽數千言而不爲倦厭하시며 又特於雙日躬御邇英이라 蓋故事所未有니 聖愚相去 何止高天之與下地리잇가 臣等不勝大願하여 乞宣付史館하여 以彰著陛下不矜不伐과 執古御今之意하노이다 無任昧死俟命之至니이다 取進止하소서 五月一日에 三省樞密院同奉聖旨依奏하노이다

---

20) 土偶 : 흙으로 빚은 인형으로, 즉 비에 젖으면 부서진다 하여 하찮은 물건의 비유로 쓰인다.

21) 元龜 : 고대에 점을 칠 때 사용하는 큰 거북으로, 국가의 중대사를 결정할 때 결정적인 역할을 하는 원로를 지칭한다.

22) 이틀이……하고 : 원문의 '雙日'은 十干 중에서 乙, 丁, 己, 辛, 癸가 들어가는 날로서 柔日이라고도 하는데, 결국 隔日이라는 뜻으로 그만큼 마음을 쓰며 자주 거둥하였다는 말이다.

23) 邇英閣 : 중국 宋나라 禁苑의 전각 가운데 하나다. '邇英'은 영재를 가까이한다는 뜻으로, 宋나라 仁宗은 이곳에서 늘 아침부터 해가 중천에 뜰 때까지 강독하였다고 한다.

24) 三省 : 中書省, 門下省, 尙書省을 가리킨다.

발문
跋[1]

朝鮮 金宗直[2] 撰

일찍이 살펴보건대, 역대로 정사를 논한 신하들은 이루 다 헤아리기 어렵지만, 그 가운데 걸출한 이를 꼽자면 漢나라의 賈誼·晁錯·魏相과 唐나라의 馬周[3]·魏徵, 그리고 陸宣公이 그 사람이라 할 것이다. 하지만 저 다섯 사람은 치세를 만나 명철한 군주를 섬겼으니 꺼리거나 감추지 않고 모두 말하는 것이 당연하였다고 하겠지만, 우리 육선공은 그렇지 않았다. 建中·貞元의 시기에 藩鎭[4]이 연달아 반역하여 황제가 몽

---

1) 跋 : 본 跋文은 저본에 수록된 것이 아니라, ≪唐陸宣公集≫ 10行17字本(朝鮮 成宗 5년(1474) 慶尙監司 金永濡 간행, 木版本, 연세대학교 소장)에 수록된 것이다. ≪당육선공집≫이 우리나라에 수용될 때 학자들의 인식을 엿볼 수 있는 자료이기에 본서에 수록하였다.

2) 金宗直 : 본관은 善山, 자는 孝盥·季昷, 호는 佔畢齋, 시호는 文忠이다. 金叔滋의 아들로, 鄭夢周와 吉再의 학통을 계승하여 金宏弼, 趙光祖로 이어지게 하는 데 중추적인 역할을 하였다. 申從濩 등과 함께 ≪東國輿地勝覽≫을 編次하였으며, 戊午士禍의 원인이 된 〈弔義帝文〉에서는 중국의 고사를 인용하여 世祖의 왕위찬탈을 비난하였다. 金宏弼·鄭汝昌·金馹孫·俞好仁·南孝溫·曺偉 등의 제자를 배출, 당시 학자들의 정신적인 영수가 되었다. 위의 글은 1474년 함양군수로 재직할 때 작성된 것이다.

3) 馬周 : 唐 太宗 때의 재상이다. 어려운 환경에서 고아로 자란 탓에 젊은 시절에는 放浪不羈하여 존경을 받지 못했다. 太宗이 百官에게 朝政의 득실을 담론하는 상서를 짓도록 하였을 때 눈에 띄어 門下省에서 봉직하게 된 이래 여러 차례 간언을 올려 '貞觀之治'를 이루는 데 큰 역할을 하였다. 〈上太宗疏〉·〈陳時政疏〉·〈請勸賞疏〉·〈諫公主晝婚疏〉·〈請簡擇縣令疏〉 등의 주의문이 전한다.

4) 建中……藩鎭 : 建中과 貞元은 바로 唐 德宗의 연호로 덕종의 시기를 가리킨 것이다. 藩鎭은 唐나라 후기부터 宋나라 초기에 節度使를 중심으로 한 지방 지배체제를 말한다. 번진은 安史의 난 직전에 설치되기 시작되었다가 안사의 난 이후에 唐朝의 지방에 대한 통치권이 약화되면서 지방의 행정과 군사권, 경제권을 장악한 절도사가 반독립적 세력으로 성장하게 되었다.

진하였으니 천하의 형세가 몹시 위태로웠다고 할 만하며, 德宗 또한 한나라의 文帝나 宣帝, 당나라의 太宗과 같은 부류가 아니었다.

嘗觀歷代論事之臣이 未易悉數나 就其傑然者한대 若漢之賈誼晁錯魏相과 唐之馬周魏徵과 及陸宣公이 其人也라 然彼五人者는 遇治世而事明主하니 宜其盡言不諱也라 吾陸宣公則不然하니 建中貞元之際에 藩戎繼逆하여 乘輿播越하니 天下之勢가 可謂岌岌矣요 而德宗亦非文宣太宗之流也라

공은 단지 忠誠과 仁義로 그 사이에 외로이 서서 일에 맞닥뜨릴 때마다 간언하고 자문할 때마다 대책을 내놓았는데, 비록 창졸간일지라도 늘 차분하게 반복해 자구를 짝지어 배열하고 음률을 헤아려 맞춘 것이 千言萬言에 이르러도 다함이 없었다. 요컨대 한 마디 한 계책도 일의 기미에 들어맞고 인정을 감동시키지 않음이 없었다. 翰林學士로부터 宰相에 이르기까지 늘 하루같이 변함이 없었으므로, 비록 시기심 많고 각박한 황제로서도 때로는 그의 말을 들어 唐나라의 종묘와 사직이 위태로워졌다가 다시 안정되었다. 비록 하늘의 명이 아직 끊어지지 않아서 그런 것이라고 하지만 이 역시 공이 혼란을 수습하고 도와 바로잡은 데 힘입은 것이라 할 것이다. 이로 보건대 공의 도덕과 문장은 漢・唐 이래 으뜸이라고 할 것이다.

애석하게도 몹시 어려운 상황이 겨우 진정되자마자 뒤늦게 極言했던 일을 허물하였는데, 裴延齡의 무리가 이를 틈타 배척하여 마침내 南賓[5]으로 쫓겨나서, 큰 뜻을 품은 채 죽고 말았다. 저 晁錯・賈誼 등 몇몇 사람은 알맞은 때를 만나고 좋은 군주를 얻었으므로 천에 하나 정도나 있을 행운이라 하겠지만, 그러함에도 長沙로 좌천되거나 東市에서 죽임을 당하는 원통함이 있었으니, 陸宣公과 같은 분이 善終하지 못함은 의혹할 것이 없다 하겠다.

公徒以忠誠仁義로 孤立于其間하여 遇事而諫하고 隨問而對하니 雖在倉卒이나 每從容反覆하여 排比偶儷하며 揣合低昂이 累累然至千萬言而不窮하니 要之一言一策이 無不中

---

5) 南賓 : 지금의 重慶市 石柱縣의 옛 이름이다. 唐나라 武德 2년(619)에 설치되었다가 天寶 初年(742)에 南賓郡으로 고쳐졌고 당나라 乾元 初年(758)에 다시 忠州로 개칭되었다.

於事機하고 感於人情이라 自翰林至爲宰相히 常如一日하여 雖以帝之忌刻으로도 而往往聽用其言하여 唐之宗社가 既危而復安하니 雖云天命未絶이나 亦由公彌縫匡贊之力也라 由是觀之컨대 公之道德文章은 漢唐以來一人而已라 惜夫大難纔夷하여 而追咎盡言이러니 裴延齡之徒가 得以擠之하여 竟斥南賓하여 齎志以歿焉이라 彼晁賈數子는 遭時得君하니 千一之幸也로되 而猶有長沙東市之寃하니 無惑乎公之不終也로다

아득한 천 년 뒤에 어찌 그를 닮고자 하는[6] 이들이 없겠는가. 지금 河東府院君 鄭麟趾는 다섯 임금을 섬긴 元老로서 평소 국책을 진달하고 간언을 올릴 때마다 번번이 공을 법으로 삼았다. 일찍이 三宗[7]을 도와 몸소 태평한 시절을 일구었으며, 늘그막에 공의 制誥와 奏議 몇 권을 얻고 나서는 항상 손에서 내려놓은 적이 없었는데, 현 감사 金永濡[8]가 부임한 뒤 이 문집을 그에게 맡겨 上梓하여 널리 전해지도록 하였다. 이에 김 공이 품부하신 바를 삼가 받들어 여러 고을에 나누어 간행토록 하여 이제 마무리 지을 수 있게 되었다. 생각건대 성대한 조정의 文運이 한창 형통한 추세여서 공의 遺書를 구득함에 있어서도 오히려 구하지 못할까 염려하듯이 하고 있다. 그러하니 혹여라도 이 책을 임금께서 보실 수 있다면[9] 乙覽[10]하신 여가에 반드시 陸贄와 더불

---

6) 그를……하는 : 원문의 '思齊'는 ≪論語≫ 〈里仁〉의 "見賢思齊(어진 이의 행실을 보면 그와 같아지기를 생각한다.)"에서 온 말로, 이 글에서는 陸贄와 언행을 본받고자 한다는 뜻으로 쓰였다.

7) 三宗 : 太宗·世宗·文宗을 가리킨 것으로 보인다. 정인지는 1411년(태종 11) 생원시에 합격하고 1414년 식년문과에 장원으로 급제하여 禮賓寺主簿에 제수되었다. 이후 成宗까지 일곱 왕을 섬겼으나, 癸酉政變에 협조한 공으로 靖難功臣에 책록된 점과 그 이후의 행력을 감안하면 端宗 이후까지 지칭한 것으로 보기는 어렵다.

8) 金永濡 : 본관은 慶州, 자는 澤夫, 시호는 恭平이다. 金自粹의 손자로, 1447년(세종 29) 식년 문과에 정과로 급제했으며, 세조 즉위 후 原從功臣 2등에 책록되었다. 1474년(성종 5) 이듬해 동지중추부사 겸 경상도관찰사로 파견되어 왜적 토벌에 공을 세웠는데, 이때 鄭麟趾의 뜻에 따라 ≪陸宣公奏議≫를 간행하였다.

9) 임금께서……있다면 : 본문의 '得徹于淸讌'에서 '淸讌'은 한가함, 편안함을 뜻하는 말로 태평성세를 비유한 말이다. 여기서는 군신간에 밤늦도록 토론하고 대화하는 자리를 가리키는데, 즉 임금의 여가를 말한 것이다. 다만 뒤에 '乙覽之餘'의 번역과 중첩되는 부분이 있어 이렇게 번역하였다.

10) 乙覽 : '乙夜之覽'의 준말로 임금의 讀書를 이르는 말이다. 임금이 政務를 끝내고 취침하기 전인 10시경에 독서를 하는 데서 연유한 말이다.

어 마주 앉아 담론하듯 묵묵히 계합하시어 聖君의 자품을 개발하시고 治世의 공을 이루시는 데 이바지할 것이니, 우리나라의 사람들이 至治의 은택을 입게 될 것이다. 진실로 이와 같다면 육지의 행실을 닮기를 생각했던 河東公(정인지)의 뜻과 품부를 받들어 완수한 監司公(김영유)의 사업이야말로 그 이로움이 또한 넓다 하지 않겠는가.

成化 갑오년(1474, 成宗 5년) 10월 旣望에 中直大夫 行咸陽郡守 金宗直이 삼가 발문을 쓰다.

悠悠千載之下에 豈無思齊者乎리오 今河東府院君鄭公麟趾는 五朝之元老也니 平日陳謨進諫할새 動以公爲法이라 嘗相三宗하여 身致大平한대 晩年에 得公之制誥奏議若干卷하여 手之而不釋焉이라 今監司金公永濡之來也에 付以斯集하여 將欲繡諸梓而廣其傳이라 公承稟惟謹하여 分刊諸邑한대 今□[11]訖工이라 念惟盛朝는 文運이 方亨하여 購求遺書에 猶恐不及하니 倘此書幸而得徹于淸讌하면 則乙覽之餘에 必有所默契如與贄前席而談議하여 開發聖性하고 資助治功하리니 東方之人이 將蒙至治之澤矣리라 苟然則河東公思齊之志와 監司公承稟之事는 其利不亦博乎리오 成化甲午十月旣望 中直大夫 行咸陽郡守 金宗直謹跋하다

11) □ : 저본에는 글자가 빠졌는데, 문맥상 '今始訖工(지금 비로소 마무리 짓다.)'의 의미로 보인다.

唐陸宣公奏議 奏草 제1권

1. 兩河와 淮西의 이해를 논하는 奏狀
論兩河及淮西利害狀

1-1-1 內侍 朱冀寧이 聖旨를 받들어 알리기를 "兩河[1]의 도적을 아직 진압하지 못하였는데, 또 淮西의 흉악한 역적의 무리가 襄城을 공격해 들어오고 있다. 경은 古今의 일을 알고 있으므로 응당 좋은 책략이 있을 것이니, 이로움과 해로움에 대한 설명을 소상히 진술하여 봉하여 올리도록 하라." 하셨습니다.

內侍朱冀寧이 **奉宣聖旨**호되 **緣兩河寇賊**이 **未平殄**①하고 **又淮西兇黨**이 **攻逼襄城**②하니 **卿**은 **識古知今**이라 **合有良策**이니 **宜具陳利害封進者**하라

① 緣兩河寇賊 未平殄 : ≪舊唐書≫ 〈藩鎭傳〉에 "德宗 建中 3년(782) 盧龍節度使 朱滔,[2] 魏博節度使 田悅,[3] 鎭冀使 王武俊,[4] 淄青節度使 李納[5]이 합종하여 반란을 일으켰다. 주도는

---

1) 兩河 : 河南과 河北을 말한다.

2) 朱滔 : 唐나라 幽州 昌平 사람으로 朱泚(주자)의 동생이다. 주자와 더불어 幽州盧龍節度使 李懷仙의 部將이 되었다가 朱希彩 등과 이회선을 살해했다. 나중에 주희채가 부하에게 살해당하고 주자가 그 지역을 관할하자 주자를 설득해 入朝하게 하고, 자신이 절도사가 되었다. 建中 3년(782) 王武俊 등과 함께 반기를 들고 國名을 冀라 한 뒤 왕을 칭하였다. 주자가 전쟁에서 패하고 죽자 回紇의 병사를 이끌고 貝州를 공격했지만 왕무준과 李抱眞에게 패하고 幽州로 달아났다가 죽었다.(≪舊唐書≫ 〈朱滔傳〉, ≪新唐書≫ 〈藩鎭盧龍列傳〉)

3) 田悅 : 751~784. 平州 盧龍(지금의 河北省 盧龍) 사람이다. 唐나라 중기 군벌로, 魏博節度使 田承嗣의 조카이다. 魏博中軍兵馬使로 있다가 전승사의 사후에 절도사를 계승하였다. 建中 2년(781) 成德 李惟岳, 淄青 李納과 연합하여 반란을 일으켰다가 얼마 되지 않아 패하였으나 朱滔와 王武俊의 원조로 세력을 회복하고 스스로 魏王이 되었다. 德宗이 군사를 보내 진압하였으나, 戰禍가 오래 끌었다. 전열은 왕호를 삭제하고 조정에 귀순하였다. 興元 원년(784), 조정은 전열에

冀王이라 자칭하였고 전열은 魏王, 왕무준은 趙王, 이납은 齊王이라 칭하였다. 조정에서 비록 馬燧[6] 등에게 명하여 군사들을 이끌고 토벌하도록 하였지만 여전히 진압하지 못하였다."라고 하였다.

藩鎭傳 "德宗建中三年, 盧龍朱滔·魏博田悅·鎭冀王武俊·淄靑李納, 合從以叛. 滔自稱冀王, 悅稱魏王, 武俊稱趙王, 納稱齊王. 朝廷雖命馬燧等將兵討之, 猶未平殄."

② 淮西兇黨 攻逼襄城 : ≪舊唐書≫ 〈李希烈傳〉에 "덕종이 즉위한 후 李希烈[7]을 淮西節度使로

게 檢校尙書右僕射, 濟陽郡王을 내렸다. 조카 田緖가 발병하여 병란을 일으켜 전열을 살해하였다.(≪新唐書≫ 〈藩鎭魏博列傳〉)

4) 王武俊 : 자는 元英, 시호는 忠烈로, 契丹 怒皆部 사람이다. 騎射에 능해 李寶臣의 裨將으로 있었는데, 이보신을 설득해 五州를 이끌고 조정에 귀순하게 한 후 御史中丞이 되어 維川郡王에 봉해졌다. 檢校秘書監 兼御史大夫에 발탁되고, 이후 恒冀觀察使를 지냈는데, 분수를 지키지 못하고 모반을 꾀했다가 여러 번 官軍에 패하자 왕을 참칭하고 국명을 趙라 했다. 나중에 李抱眞이 사람을 보내 설득하자 僞號를 버리고 투항하여 절도사를 지냈으며, 瑯邪郡王에 봉해졌다.(≪舊唐書≫ 〈王武俊傳〉, ≪新唐書≫ 〈藩鎭鎭冀列傳〉)

5) 李納 : 唐나라에서 활동한 高句麗 유민 출신의 지방관이다. 부친 李正己는 765년 지금의 山東省 전역을 지배하는 平盧淄靑節度觀察使 兼海運押新羅渤海兩蕃使가 되었는데, 젊어서부터 부친을 도왔으며, 成德節度使 李寶臣의 딸과 혼인하여 절도사 간의 동맹체제를 굳히는 데 이바지하기도 하였다. 777년 부친이 治州를 靑州에서 鄆州로 옮김에 따라 靑州刺史로 임명되었고, 曹州刺史로 전임되었다가 부친 사망 후에 절도사의 자리를 계승하였다. 조정의 번진제압 정책에 대항하여 淮西節度使 李希烈과 손을 잡고 관군의 거점인 汴州를 공격하고 江淮의 조운선의 북상을 차단하는 등 통치기반을 확보하는 데 주력하였다. 특히 소금·철·주석·견직물의 생산을 꾀하는 한편, 신라·발해와의 활발한 교역을 통해서 꾸준히 경제력을 강화해갔다. 그 결과 그의 번진은 당시 여러 번진 중에서 최대의 강성을 자랑하였으며, 조정에 대해서는 거의 독립적인 태도를 취하여 마치 소왕국과 같은 존재로 군림하였다. 792년 사망 후 아들 李師古가 뒤를 이어 절도사가 되었다.(≪舊唐書≫ 〈李納傳〉)

6) 馬燧 : 자는 洵美, 시호는 莊武로, 汝州 郟城 사람이다. 병법에 능했으며 지략이 뛰어났다. 安祿山이 반란을 일으키자 范陽留守 賈循에게 唐나라에 귀순할 것을 권했는데, 가순이 머뭇거리다가 피살당하자 달아났다. 大曆 연간에 여러 차례 李靈耀와 田悅을 격파했고, 河東節度使가 되었으며, 同中書門下平章事가 된 뒤 北平郡公에 봉해졌다. 이후 李懷光을 평정한 공으로 光祿大夫로 옮겨 侍中을 겸했다. 德宗의 신임을 받았으나 吐蕃 공격에 실패한 후 파직되고 兵權을 박탈당한 뒤 司徒가 되어 시중을 겸했다. 당시 李晟, 渾瑊과 함께 '三大將'으로 일컬어졌다.(≪舊唐書≫ 〈馬燧傳〉, ≪新唐書≫ 〈馬燧傳〉)

7) 李希烈 : 燕州 遼西 사람이다. 李忠臣의 裨將으로 있다가 이충신이 파직된 후 代宗의 명으로 後事를 처리하였으며, 德宗 때 節度使에 임명되었다. 李納이 반란을 일으키자 天下都元帥라 자칭하며 진압하러 갔다가 오히려 결탁하여 자칭 建興王이 되었다. 興元 원년(784) 汴州에서 칭제하고 楚를 세웠다. 나중에 劉治에게 패해 달아났다. 소고기를 잘못 먹어 병에 걸렸는데, 부하 陳仙奇가

삼았다. 뒤에 이희열이 河北의 주도, 전열 등과 연합하여 흉한 기세가 맹렬하였다. 建中 4년(783) 상이 左龍武大將軍 哥舒曜[8]를 파견하여 토벌케 하였다. 가서요는 전세가 불리해지자 襄城에 주둔하였다. 이희열이 승기를 잡았음을 자신하여 병력 3만을 동원해 가서요를 포위하였다."라고 하였다.

李希烈傳 "德宗立, 以希烈爲淮西節度使. 後希烈與河北朱滔·田悅等連和, 凶焰熾然. 建中四年, 上遣左龍武大將軍哥舒曜討之. 曜戰不利, 屯襄城, 希烈怙其壯, 擧衆三萬圍曜."

1-1-2 신은 자질이 노둔하고 견문이 좁지만 요행히 조정에서 부릴 사람이 부족했던 덕에 관복을 입고 조정에 나아가서 거듭 과분한 은혜를 받들어 文學으로 입시하였으니,[9] 매번 스스로 분발하여 장려하고 대우해주심에 보답하기를 생각하였으며 감격스런 마음이 솟구쳐 또한 일신의 안위마저 잊을 수 있었습니다. 그러나 직책을 넘어 간여하는 것은 법전에서 금하는 일이고, 믿음을 얻지 못하였는데 발언하는 것은 성인께서 높이 여기지 않았습니다. 때문에 그저 따라다니면서 침묵만을 지키고 영광스러운 근신의 자리만 차지한 채 하는 일 없이 날마다 부끄럽게 세월만 보냈습니다. 마음속에 근심을 품고 있었지만 감히 말씀을 드리지 못하였으니, 이는 신의 잘못이자 신의 분수이기도 합니다.

臣이 質性凡鈍하고 聞見陋狹호되 幸因乏使하여 簪組昇朝하여 荐承過恩하여 文學入侍하니 每自奮勵하여 思酬奬遇하며 感激所至에 亦能忘身이로되 但以越職干議는 典制所禁이요 未信而言은 聖人不尙이라 是以循循默默하여 尸居榮近하여 日日以愧가 自春徂秋하니 心雖懷憂하나 言不敢發은 此臣之罪也요 亦臣之分也라

1-1-3 폐하는 하늘이 聖德을 내리시고 신령이 뛰어난 智謀를 부여하여, 밝으신 덕이

의원을 통해 준 독약을 먹고 죽었다.(≪舊唐書≫ 〈李希烈傳〉, ≪新唐書≫ 〈逆臣列傳 李希烈傳〉)

8) 哥舒曜 : 자는 子明, 돌궐 施哥舒部 사람으로, 哥舒翰의 아들이다. 李光弼이 하북을 토벌할 때 도왔으며, 太淸을 항복시키고 宋州를 구하는 데 공을 세워 東都鎭守兵馬使가 되었다. 德宗이 즉위 후 龍武大將軍에 올랐으며, 李希烈이 반란을 일으키자 東都와 汝州의 行營節度使로 발탁되었다. 군대의 통솔에는 서툴렀지만 사람을 죽이는 일에는 무자비해서 두려움의 대상이 되었다. 貞元 초에 鴻臚卿이 되었으며 光祿卿까지 올랐다.(≪舊唐書≫ 〈哥舒翰傳〉)

9) 文學으로 입시하였으니 : 德宗 즉위년(779) 翰林學士에 오른 일을 말한다.

팔방의 밖에까지 비추시고 생각이 萬機에 두루 미치었습니다. 그러함에도 부족할까 염려하여 꼴 베는 이들에게까지 물으시니,10) 이는 堯舜이 자신의 주장을 버리고 남의 의견을 따르며, 묻기를 좋아하고 비근한 말도 살피기를 좋아한 뜻입니다. 신이 늘 예전의 역사를 읽을 때마다 진언하여 忠諫을 바치는 선비 가운데, 피눈물을 흘리고 머리를 찧으며 옷자락을 잡아당기고 말의 가슴걸이를 끊는 경우를 보았습니다. 이것은 모두 의견을 올렸지만 거절을 당함으로 마음이 간절해지고 충의가 격발되어 결국 발분하여 禮制를 넘어서면서도 스스로 멈추지 못하였기 때문입니다.

陛下는 天縱聖德이시며 神授英謀라 明照八表하시며 思周萬務라 猶慮闕漏하사 下詢芻蕘하시니 此는 堯舜의 舍己從人하며 好問而好察邇言之意也시니 臣每讀前史라가 見開說納忠之士가 乃有泣血碎首하며 牽裾斷鞅者①가 皆以進議見拒로 懇誠激忠하여 遂至發憤踰禮而不能自止故也라

① 納忠之士……牽裾斷鞅者 : ≪三國志≫ 〈魏書〉에 "辛毗는 字가 佐治이다. 文帝(曹丕)가 冀州의 士家 십만 호를 河南으로 이주시키려고 하였다. 당시 풀무치 떼가 잇달아 일어나 백성들이 굶주렸으므로 群司에서 불가하다고 하였지만 문제의 의지가 매우 강했다. 신비가 말하였다. '폐하께서 사가를 이주시키고자 함은 어디서 나온 계책입니까?' 문제가 말하였다. '경은 내가 이주시키고자 함이 잘못되었다 여기는가?' 신비가 말하였다. '참으로 잘못되었다고 생각합니다.' 문제가 말하였다. '나는 경과 함께 의논하지 않겠다.' 신비가 말하였다. '폐하께서 신을 불초하다 여기지 않아 국사를 의논하는 관직에 두셨는데, 어찌 신과 함께 의논하지 않을 수 있습니까?' 문제가 대답하지 않고 일어나 안으로 들어가자 신비가 그 뒤를 따라가서 옷자락을 잡아당겼다. 문제가 끝내 옷자락을 뿌리치고 돌아오지 않다가 한참 지나서야 나와 말하였다. '佐治(신비)야, 경이 나를 어찌 이리도 급박하게 제지하는가?' 신비가 말하였다. '지금 백성을 옮긴다면 이미 민심을 잃게 되고 또 백성을 제대로 먹일 수 없습니다.' 문제가 결국 절반만을 이주시켰다."라고 하였다.

≪汝南先賢傳≫11)에 "郭憲은 字가 子横이다. 建武 연간에 光祿勳이 되었다. 車駕(황제)가 서쪽으로 隗囂를 親征하려 하자 곽헌이 간언하기를 '천하가 이제 막 안정되었으니 거

10) 꼴……물으시니 : ≪詩經≫ 〈大雅 板〉에 "옛날 성현 말씀에 나무꾼의 말이라도 들어보라 했다네.〔先民有言 詢于芻蕘〕"라고 하였다.

11) 汝南先賢傳 : 西晋의 周斐가 前漢부터 魏晉에 이르기까지 汝南 지역의 인물 39명의 행적을 뽑아 엮은 책이다.

가가 움직여서는 안 됩니다.'라고 하고 수레 앞을 막아서서 佩刀를 뽑아 말의 뱃대끈을 끊어버렸다. 光武帝가 따르지 않고 마침내 隴西(지금의 감숙성)에 갔는데 그 뒤 潁川에서 병란이 일어나자 결국 돌아왔다. 광무제가 한탄하며 '광록훈의 말을 쓰지 않은 것이 한스럽구나.'라 하였다."라고 하였다.

魏志 "辛毗字佐治. 文帝欲徙(士家丁萬民)〔冀州士家十萬戶〕[12]實河南, 時連蝗民飢, 群司以爲不可, 而帝〔意〕[13]甚盛. 毗曰 '陛下徙士家, 其計安出.' 帝曰 '卿謂我徙之非耶.' 毗曰 '誠以爲非也.' 帝曰 '吾不與卿共議.' 毗曰 '陛下不以臣不肖, 厠之謀議之官, 安得不與臣議耶.' 帝不答, 起入內, 毗隨而引其裾, 帝遂奮衣(而)〔不〕[14]還, 良久乃出, 曰 '佐治. 卿持我何太急耶.' 毗曰 '今徙, 旣失民心, 又無以食也.' 帝遂徙其半." 汝南先賢傳曰 "郭憲字子橫. 建武中爲光祿勳. 駕西征隗囂, 憲諫曰 '天下初定, 車駕未可動.' 乃當車, 拔佩刀以斷車鞅. 光武不從, 遂上隴. 其後潁川兵起, 乃還. 帝嘆曰 '恨不用光祿之言也.'"

1-1-4 하물며 지금 형세는 위급하고 절박하며 일은 時宜가 있는데, 聖主께서 마음을 열고 현자를 방문하여 그의 의견을 받아들이는 때를 만났으므로, 옛사람처럼 임금의 뜻을 정면으로 거역하여 노여워하게 만들어 신세를 망칠 염려는 없습니다. 혹시라도 또다시 위로는 성상의 은밀한 뜻을 살피면서 기꺼이 들어주지 아니할까 걱정하며 곁으로는 貴臣(환관)들이 의견을 막을까 무서워하여 시종토록 근심하고 두려워하며 눈치를 보며 관망하기만 한다면, 이야말로 구차하게 세상에 비위를 맞추는 무리일 뿐 나라의 위태롭고 어지러움을 바로잡고 구제할 뜻이 없는 것입니다. 이것이 어리석은 신이 지나간 옛날에 대해 切齒腐心한 이유이니, 이 때문에 차마 다시 당세에 직접 나서지 못한 것입니다.

그러나 마음에 충의와 격분이 쌓여 굳게 진심을 토로하고자 하며, 폐하 곁에서 모시는 직책을 맡고 있어서 성주의 질문에 대비함이 마땅하니, 질문에 대답하는 것은 신의 직분이고 성심을 다하여 숨김이 없는 것은 신의 충심입니다. 이에 삼가 다음과 같이 내용을 갖추어 진달하오니, 明主께서 살피시어 곰곰이 생각해보신다면, 어찌 미

---

12) (士家丁萬民)〔冀州士家十萬戶〕: 저본에는 '士家丁萬民'으로 되어 있으나, ≪三國志≫ 〈魏書 辛毗傳〉에 의거하여 '冀州士家十萬戶'로 바로잡았다.

13) 〔意〕: 저본에는 '意'가 없으나, ≪三國志≫ 〈魏書 辛毗傳〉에 의거하여 '意'자를 보충하였다.

14) (而)〔不〕: 저본에는 '而'로 되어 있으나, ≪三國志≫ 〈魏書 辛毗傳〉에 의거하여 '不'로 바로잡았다.

천한 신만이 간언을 받아주시는 은혜를 입을 따름이겠습니까. 실로 억조창생의 다행이요 종묘사직의 복일 것입니다.

況今勢有危迫하며 事有機宜어늘 當聖主開懷訪納之時하여 無昔人逆鱗顚沛之患하니 儻又上探微旨하여 慮匪悅聞하며 傍懼貴臣이 將爲沮議하여 首尾憂畏하며 前後顧瞻하면 是乃偸合苟容之徒요 非有扶危救亂之意니 此愚臣之所痛心切齒於旣往이라 是以不忍復躬行於當世也하노니 心蘊忠憤이라 固願披陳하며 職居禁闈라 當備顧問이니 承問而對는 臣之職也요 寫誠無隱은 臣之忠也라 謹具件如後하니 惟明主循省而備慮之하시면 豈惟微臣이 獨荷容納之恩이리오 實億兆之幸社稷之福也니이다

1-1-5 신은 본디 서생으로 군대의 일을 익히지 못하였습니다. 그러나 삼가 생각건대, 霍去病은 漢나라 장수 가운데 재능 있는 사람이었습니다. 그가 〈군대를 운용하는 방도에 대해〉 늘 말하기를 "책략이 어떠한가를 생각할 따름이니, 옛 병법을 배우는 데 있지 않다."라고 하였습니다. 병법을 안다는 것은 다른 것이 아니니, 戰況을 보고 그런 전황의 변화에 통달하면 득실을 분별할 수 있고 성패를 알 수 있는 것입니다. 옛사람이 술자리에 앉아 계책을 운용하여 천 리 밖의 적을 제압하여 승리한 것은 이 방도를 얻어서입니다. 신이 재주는 옛사람에 미치지 못하지만 자못 그 뜻만큼은 엿보았으니, 이에 감히 조칙을 받들고 묵묵히 있을 수 없어 바로 광망하고 어리석은 소견을 진달합니다.

臣本書生으로 不習戎事호되 竊惟霍去病은 漢將之良者也라 每言行軍用師之道가 顧方略何如耳요 不在學古兵法①이라하니 是知兵法者는 無他라 見其情而通其變則得失을 可辯이요 成敗를 可知니 古人所以坐籌樽俎之間하여 制勝千里之外者가 得此道也라 臣이 才不逮古人而頗窺其意라 是敢承詔不默하여 輒陳狂愚하노이다

① 霍去病……不在學古兵法 : ≪漢書≫ 〈霍去病傳〉에 "霍去病은 사람됨이 기백이 있어서 용감하게 밀고 나갔다. 武帝 때 전공을 세워 驃騎將軍이 되었다. 상이 일찍이 孫子와 吳起의 병법을 가르치고자 하였는데, 곽거병이 대답하여 말하였다. '책략이 어떠한가를 생각할 따름이니, 굳이 옛 병법을 배울 것이 없습니다.'"라고 하였다.

本傳云 "去病爲人有氣敢往. 武帝時, 以戰功爲驃騎將軍. 上嘗欲敎之孫・吳兵法. 對曰

'顧[15]方略何如耳, 不至學古兵法.'"

1-1-6 삼가 아룁니다. 적을 이기는 요체는 장수가 적임자인가에 달려 있고, 장수를 다루는 방도는 병권을 장악하는 데 달려 있습니다. 장수가 적임자가 아니라면 병졸이 아무리 많더라도 믿을 것이 못 되고, 병권을 장악하지 못한다면 장수가 아무리 인재라 하더라도 쓸모가 없습니다. 병졸이 믿을 만하지 못하다면 병졸이 없는 것과 같고, 장수가 쓸모가 없으면 장수가 없는 것과 같습니다. 장수가 병졸을 지휘하지 못하고 나라가 장수를 다루지 못한다면 물자를 허비하고 역적을 방치하는 폐단에 그칠 뿐만 아니라 또한 軍務를 제대로 단속하지 못하여 자멸하는 재앙을 초래하게 될 것이니, 예로부터 禍亂의 불씨가 어찌 일찍이 여기에서 연유하지 않았겠습니까.

伏以 剋敵之要는 在乎將得其人이요 馭將之方은 在乎操得其柄이니 將非其人者는 兵雖衆이나 不足恃요 操失其柄者는 將雖材나 不爲用이니 兵不足恃면 與無兵同하고 將不爲用이면 與無將同하니 將不能使兵하며 國不能馭將이면 非止費財翫寇之弊라 亦有不戢自焚之灾[16]니 自昔禍亂之興이 何嘗不由於此리오

1-1-7 지금 兩河와 淮西에서 반란의 수괴라 할 자는 네댓 명의 악인일 뿐이지만, 혹시라도 그 가운데는 주변에서 잘못 인도하는 일을 만나 마음속에 의심을 품고 있다가 어쩔 줄 모르는 사이에 당황하여 형세상 차마 멈추지 못한 자도 있을 것이니, 또한 반드시 그들 모두가 오래도록 마음속에 품어온 생각이 결단코 간악한 역적질을 하여 황제와 왕을 참칭하려던 것만은 아닐 것입니다. 게다가 그 나머지 무리는 대체로 모두 협박에 못 이겨 복종한 것이므로, 만일 생명을 보전해준다는 것을 안다면 어찌 악한 짓을 하려 하겠습니까.

귀의하지 않으려는 자들을 끌어들이기를 예법으로 하며 잘못을 뉘우치게 하기를 정성으로 하여 귀의한 자들을 반드시 편안하게 해주고 편안한 자들을 반드시 오래 있

15) 顧 : ≪漢書≫ 顔師古의 注에서는 '念(생각하다)'의 뜻으로 풀이하였다.

16) 不戢自焚之灾 : ≪春秋左氏傳≫ 隱公 4년에 "병력은 불과 같아서 억제하지 않으면 장차 자신을 태우게 될 것이다.〔夫兵 猶火也 不戢 將自焚也〕"이라 하였다.

을 수 있게 해준다면, 이 방도가 쌓여 드러나서는 누군들 귀순할 마음을 품지 않겠습니까. 가령 野心은 길들이기 어렵다 할지라도 신은 감화될 자들이 반드시 반은 넘을 것으로 확신하니, 舜임금이 文德으로 감화시켜 苗族이 귀순한 것이 어찌 허황된 말이겠습니까.

今兩河淮西爲叛亂之帥者가 獨四五凶人而已[①]로되 尙恐其中에 或有傍遭詿誤하며 內蓄危疑하여 蒼黃失圖하여 勢不得止니 亦未必皆是處心積慮가 果爲姦逆하여 以僭帝稱王者也어든 況其餘衆은 蓋竝脅從이니 苟知全生이면 豈願爲惡이리오 若招攜以法하며 悔禍以誠[17]하여 使來者로 必安하며 安者로 必久면 斯道積著에 人誰不懷리오 縱有野心難馴이나 臣知其從化者가 必過半矣리니 舞干苗格[18]이 豈獨虛言이리오

① 今兩……而已 : ≪新唐書≫ 〈李希烈傳〉에 "朱滔 등이 스스로 서로 왕이라 하고서 서로 간에 사신을 보낼 때 牋文을 받들었으며, 이희열 또한 스스로 建興王 天下都元帥라 이름하였으니, 다섯 역적에게 연루된 자가 천하에 절반이었다."라고 하였다.

李希烈傳云 "朱滔等自相王, 遣使者來奉(錢)〔牋〕,[19] 希烈亦自號建興王天下都元帥, 五賊株連半天下."

1-1-8 설령 네댓 명의 元兇이 모두 완악한 천성을 타고났고, 그 아래에 함께 악행을 저지르는 이들이 또 수많은 무리들이 있다 하더라도 모두 오합지졸들이요 수준 낮은 비루한 이들입니다. 따라서 그들의 취향은 聲色과 財貨를 즐기는 데에 불과하고 그들의 재주는 공차기나 뜀뛰기를 하는 능력에 불과합니다. 그들이 약속을 하고 친교를 맺음에는 번갈아 서로 업신여기고 속이는 것을 智謀로 여기고 그들이 무리를 통솔하고 사람을 부림에는 으레 처자식을 인질로 삼는 것을 術數로 여길 따름입니다. 이야말로 도둑질을 하여 안일을 꾀하는 무리이지, 奸雄의 특별하고 남다른 자질을 지닌

17) 招攜以法 悔禍以誠 : "딴마음을 지닌 자들은 예로써 끌어들이고 먼 곳 사람을 품을 때에는 덕으로써 한다.〔招攜以禮 懷遠以德〕"는 말을 변용한 것이다.(≪春秋左氏傳≫ 僖公 7년)

18) 舞干苗格 : 舜임금이 文德을 크게 떨치고 '방패와 새 깃을 들고 두 섬돌 사이에서 춤을 추었더니〔舞干羽于兩階〕' 70일 만에 苗族들이 감복하였다는 고사가 있다.(≪書經≫ 〈虞書 大禹謨〉)

19) (錢)〔牋〕 : 저본에는 '錢'으로 되어 있으나, ≪新唐書≫ 〈李希烈傳〉에 의거하여 '牋'으로 바로잡았다.

것은 아닙니다.

假使四五兇渠로 俱稟梟鴟之性하고 其下同惡이 復有十百相從이라도 是皆卒伍庸流요 闒(탑)茸下品이라 其志好가 不過聲色財貨之樂이요 其材用이 不過蹴踘距踴之能①이요 其約從締交則迭相侮詐하여 以爲智謀하고 其御衆使人則例質妻孥하여 以爲術數하니 斯乃盜竊偸安之伍요 非有奸雄特異之資어늘

① 蹴踘距踴之能 : ≪史記≫ 〈蘇秦傳〉에 "臨淄의 백성들은 피리를 불고 비파를 타며 노름을 하고 공차기를 하지 않는 자가 없다."라고 하였고, 劉向의 ≪別錄≫20)에 "공차기는, 전에 오는 말에 따르면 黃帝가 만들었다 하기도 하고, 혹은 전국시대에 시작되었는데, 武士들에게 연습시켜서 그들의 재능을 알아보기 위함이었다고도 한다. 지금도 군영에서 일이 없을 때에는 공차기를 시킨다."라고 하였으며, 郭璞의 ≪三蒼解詁≫21)에 "鞠은 털을 둥글게 뭉친 것으로, 차면서 놀 수 있다."라고 하였고, ≪春秋左氏傳≫ 僖公 28년에 "晉나라 文公이 魏犨를 죽이고자 하였지만, 그의 재주를 아껴 사람을 시켜서 그의 負傷 정도를 살펴보게 하였다. 위주가 사자를 보고서 높이뛰기를 3백 번, 멀리뛰기를 3백 번 하자 죽이려는 대상에서 제외시켰다."고 하였다. '距躍'은 뛰어넘는 것이고, '曲踊'은 멀리 뛰는 것이다. 踊은 踴과 字義가 통한다.

史蘇秦傳 "臨淄民無不吹竽鼓瑟, 六博蹴鞠." 劉向別錄 "蹴鞠者, 傳言黃帝所作, 或云起戰國時, 所以練武士, 知有材也. 今軍中無事, 但使蹴鞠." 郭璞三蒼解詁曰 "鞠, 毛團, 可蹋戲." 左僖二十八年 "晉文公欲殺魏犨, 而愛其材, 使視之. 犨見使者, 距躍三百, 曲踊三百, 乃舍之." 距躍, 超越也. 曲踊, 跳踊也. 踊與踴通.

1-1-9 폐하께서 英明하고 神武함으로 평정하고 통일하기를 기약하시니, 君臣의 형세가 같지 않으며, 逆順의 이치가 같지 않으며, 形勢의 크고 작음이 같지 않으며, 사졸의 많고 적음이 같지 않습니다. 그러나 오히려 오랫동안 대치하여 군대는 노쇠해지고 재용은 소모되어 세금을 거두는 것이 배와 수레에 그치지 않고 병졸을 징발함이 자못

---

20) 別錄 : 중국 최초의 目錄學 서적이다. 前漢 건국 이후 圖書의 수장에 힘써 成帝 河平 3년(B.C. 26) 劉向이 서적의 분류・교정・편집을 책임지고 책마다 편목으로 나누고 대강의 뜻을 기록하여 上奏하였던 것을 그 아들 劉歆이 모아 책으로 만들었다. 원서는 오래전에 없어졌고 현재 전하는 책은 淸代 洪頤煊 등이 다시 모아 편찬한 것이다.

21) 三蒼解詁 : 晉나라의 郭璞이 ≪蒼頡篇≫ 계열의 서적들에 훈고를 붙인 字書의 이름이다.

閩과 濮 지역에까지 미치었습니다. 매질과 채찍질에 민간에서는 신음하고, 아비와 남편을 배웅하느라 길가에서는 울부짖고 있습니다. 〈부역에 동원되어〉 베틀은 주인을 잃었고 징발할 물자도 고갈되었는데도 장수들은 여전히 "재용은 부족하고 병졸이 많지 않다."라고 합니다.

이는 미천한 신이 백 번 천 번을 생각해보아도 그 이유를 깨닫지 못하는 점입니다. 모르겠습니다만, 폐하께서는 그들의 주장을 검증하여 그 까닭을 살펴보신 적이 있으십니까. 폐하께서 가장 의지하는 중신들이 날로 달로 충언을 올릴 적에 다시 폐하를 위해 그 일을 살핀 적이 있습니까.

以陛下英神으로 **志期平壹**하시니 **君臣之勢**가 **不類**하며 **逆順之理**가 **不侔**하며 **形勢之大小**가 **不倫**하며 **師徒之衆寡**가 **不敵**이나 **然尙曠歲持久**하여 **師老費財**하여 **加算**이 **不止於舟車**①하며 **徵卒**이 **殆窮於閩濮**②하여 **笞肉捶骨**에 **呻吟里閭**하며 **送父別夫**에 **號呼道路**하여 **杼軸已空**하고 **興發已殫**이로되 **而將帥者**가 **尙曰 財不足**하고 **兵不多**라하니 **此**가 **微臣所以千慮百思而不悟其理也**라 **未審陛下**가 **嘗徵其說察其由乎**아 **股肱之臣**이 **日月獻納**에 **復爲陛下察其事乎**아

① 加算 不止於舟車 : ≪史記≫ 〈平準書〉에 "漢 武帝 때에 관리 가운데 上等의 지위에 있는 자, 三老, 북쪽 변병의 騎士를 제외하고는 軺車 1輛당 1算(20錢)을 내야 하고, 상인들은 軺車 1輛당 2算을 내야 하고, 배가 5丈 이상이면 1算을 내야 한다."[22]라고 하였는데, 덕종이 세를 부과하는 것이 집의 칸수까지 미쳤으니, 한 무제보다 심하였다.

史平準書 "漢武帝時, 非吏比者・三老・北邊騎士, 軺車一算, 商賈軺車二算, 船五丈以上一算." 德宗稅及間架, 又甚於此.

② 徵卒 殆窮於閩濮 : 당시 여러 장수들이 대부분 병력 증강을 요청하였기 때문에, 멀리 변방 지역인 閩과 濮의 장병들도 모두 從軍하여 出征하였다.

時諸將多(諸)〔請〕[23]益兵, 故遠如閩・濮, 亦皆征行.

22) 漢……한다 : 漢나라 武帝 元狩 4년(B.C. 119)에 상인에게 2천 錢에 1算 즉 20전, 수공자에게 4천 전에 1산을 거두었는데, 이를 算緡令이라고 한다. 또한 같은 시기에 수레와 배에 세금을 부과한 算車令과 算船令을 시행하였다.

23) (諸)〔請〕: 저본에는 '諸'로 되어 있으나, ≪陸贄集≫(中華書局, 2006)에 의거하여 '請'으로 바로잡았다.

1-1-10 어리석고 무지한 신은 실로 매우 의아스러웠습니다. 그래서 마침내 지나치게 억측하여 멋대로 토론하기를 "적을 이기는 요체는 장수가 적임자인가에 달려 있고, 장수를 다루는 방도는 병권을 장악하는 데 달려 있기에, 장수가 적임자가 아니라면 병졸이 아무리 많더라도 믿을 것이 못 되고, 병권을 장악하지 못한다면 장수가 아무리 인재라 하더라도 쓸모가 없다."고 하였던 것입니다.

지금 폐하께서 명철하고 성스러움을 드러내시며 여러 장수들이 위엄을 두려워하니, 이런 걱정은 결코 없겠지만 또한 한번 살펴보지 않아서는 안 될 것입니다. 폐하께서 만약 신의 이런 주장이 대체로 실체가 없는 것이라서 증험하기에 부족하다고 여기신다면, 신이 다시 폐하를 위해 명백한 증거를 밝혀서 앞서 주장한 바를 실증해보도록 하겠습니다.

臣愚無知는 實所深惑라 遂乃過爲臆度하여 輒肆討論하노니 以爲剋敵之要는 在乎將得其人하고 馭將之方은 在乎操得其柄이니 將非其人者는 兵雖衆이나 不足恃요 操失其柄者는 將雖材나 不爲用이라 今以陛下가 效其明聖하시며 群帥畏威하니 雖萬無此虞나 然亦不可不試省察也라 陛下가 若謂臣此說이 蓋虛體耳라 不足徵焉인댄 臣請復爲陛下效其明徵하여 以實前說하리이다

1-1-11 田悅이 난을 일으킨 초기에 기세가 왕성하고 병력이 온전하였으며, 恒州, 趙州, 靑州, 齊州가 서로 협력하며 의지하고 있었지만, 폐하께서 특별히 馬燧에게 조서를 내려 정벌의 모든 권한을 위임하시고, 李抱眞과 李芃[24]으로 하여금 서로 호응하여 돕게 하셨습니다. 이때에 士吏는 법을 두려워하고 장수는 성은에 감복하여 모두들 잔인하고 포학한 적들을 남김없이 무찌르려는 마음을 품었으며, 공을 다투거나 사사로운 이익을 챙기려는 불화는 없었습니다. 때문에 적들의 견고한 진영을 여러 차례

---

24) 李芃 : 字는 茂初, 趙郡 사람이다. 李勉의 휘하에서 李靈曜의 반란을 막는 데 공을 세웠으며, 德宗 즉위 후 檢校太常少卿兼禦史中丞에 임명되었다. 懷州節度觀察使가 되었을 때 魏博節度使 田悅이 謀叛하자 이봉으로 하여금 토벌하게 하였다. 이에 이봉이 新鄕과 共城을 함락하고 衛州를 포위하였으며, 河東節度使 馬燧 등과 함께 洹水에서 전열을 대파하였다. 그 공으로 檢校兵部尙書에 오르고 開陽郡王에 봉해졌다. 貞元 원년(785) 사망 후 太子太保에 추증되었다.(≪舊唐書≫ 〈李芃傳〉)

쳐부수고 소굴까지 깊숙이 다다를 수 있었으니, 首魁는 운 좋게도 포로가 되는 상황에서 벗어났지만 흉도들은 칼날에 거의 쓰러졌습니다. 신은 그러기에 적을 이기는 요체는 장수가 적임자인가에 달려 있고, 장수를 다루는 방도는 병권을 장악하는 데 달려 있다고 하였던 것이니, 이것이 명백한 증거입니다.

田悅唱亂之始에 氣盛力全하고 恒趙靑齊가 迭爲脣齒①로되 陛下가 特詔馬燧하사 委之專征하시고 抱眞李芃으로 聲勢相援하시니 于時에 士吏畏法하고 將帥感恩하여 俱蘊勝殘盡敵之誠하고 未有爭功邀利之釁이라 故能累摧堅陣하고 深抵窮巢하여 元惡이 幸脫於俘囚하고 兇徒幾盡於鋒刃②하니 臣이 故曰 剋敵之要는 在乎將得其人이요 馭將之方은 在乎操得其柄이라하노니 此其明效也라

① 田悅唱亂之始……迭爲脣齒 : ≪新唐書≫ 〈田悅傳〉에 "建中 2년(781)에 鎭州 李惟岳과 淄靑 李納이 節度使의 세습을 요구하였으나 조정에서 이를 허락하지 않았고, 田悅의 요청에 대해서도 답을 주지 않자, 결국 이들은 다 같이 모의하여 함께 모반하였다. 이납이 병력을 나누어 전열을 도왔다. 마침 조정에서 幽州의 병력으로 이유악을 토벌하자 전열이 이에 병사 5천으로 이유악을 돕게 하였다. 그런 다음 전열이 직접 병사 수만을 이끌고 뒤따라 갔으며, 또 楊朝光으로 하여금 臨洺의 守將 張伾를 공격하게 하였는데, 장비가 굳게 지키었다."고 하였다.

≪春秋左氏傳≫ 僖公 5년에 "晉侯가 다시 虞나라에 길을 빌려 虢나라를 치려고 하였다. 宮之奇가 다음과 같이 諫하였다. '속담에 「덧방나무와 바퀴는 서로 떨어질 수 없듯, 입술이 없어지면 이가 시리다.」는 말은 우나라와 괵나라를 두고 한 말입니다.'"라고 하였다. 이제 恒州, 趙州, 靑州, 齊州가 번갈아 서로 한 편이 되어 도와주고 있으므로 또한 입술과 이로 비유한 것이다.

田悅傳 "建中二年, 鎭州李惟岳·淄靑李納求襲節度, 不許, 悅爲請, 不答, 遂合謀同叛. 納分兵佐悅. 會幽州兵討惟岳, 悅乃以兵五千助惟岳. 自將兵數萬繼進, 又使楊朝光攻臨洺將張伾. 伾固守." 左傳僖五年 "晉侯復假道於虞以伐虢. 宮之奇諫曰 '諺所謂輔車相依, 脣亡齒寒者, 其虞·虢之謂也.'" 今恒·趙·靑·齊更相黨援, 故亦以脣齒爲喩.

② 故能累摧堅陣……兇徒幾盡於鋒刃 : 德宗이 河東의 馬燧, 河陽의 李芃과 昭義의 李抱眞에게 조서를 내려 張伾를 구원하게 하였다. 마수가 이에 壺關에서 북을 치며 동쪽으로 진격하여 雙岡에서 전투를 벌여 적의 대장 盧子昌을 사로잡고, 楊朝光을 베었다. 田悅은 洹水로 달아나 버티자 李納과 李惟岳이 3만 병력을 합해 전열을 구원하여, 淄靑은 좌측에 진을 치고, 常冀는 우측에 진을 쳤다. 마수가 神策軍의 장수 李晟25)을 데리고 전열을 협공하자

전열이 대패하였는데, 죽고 다친 이들이 2만을 헤아렸으며, 용맹한 기병 수십 명만 이끌고 야밤중에 魏州로 달아났다.

德宗詔河東馬燧・河陽李芃與昭義李抱眞救張伾. 燧乃自壺關鼓而東, 戰雙岡, 擒賊大將盧子昌, 而(救)〔斬〕26)楊朝光. 悅遁保(亘)〔洹〕27)水, 李納・李惟岳合三萬救悅, 淄青軍其左, 常冀軍其右. 燧引神策將李晟夾攻悅, 悅大敗, 死傷二萬計, 引壯騎數十, 夜奔魏州.

1-1-12 田悅이 이미 패하고 난 뒤 힘이 움츠러들고 형세는 곤궁한데다 모두 딴마음을 먹어서 아무도 굳은 의지가 있지 않았으므로 우리 군사들이 싸움에서 이긴 기세를 타고서 손상당하고 도망가는 오랑캐들의 잔당을 뒤쫓았으니, 이전의 공에 견준다면 그 어렵고 쉬움이 차이가 있다고 할 것입니다. 그런데 이윽고 대군이 결국 주둔하고 나아가지 않자 잔당들이 다시 안정을 찾았으며, 그 뒤에 운반되는 보급품은 날로 늘고 사졸은 날로 더하여져, 2년을 넘기도록 끝내 교전하지 않았습니다.

병력을 헤아려보면 전에는 적었으나 지금은 많고, 군수품을 논해보면 전에는 부족했으나 지금은 충분하고, 기세를 따져보면 전에는 신병들이 모인 것이었으나 지금은 勝機를 타고 있으며, 攻城用 병기를 요량해보면 전에는 어설프게 만들었으나 지금은 정비를 마쳤고, 흉당을 가늠해보면 전에는 왕성했으나 지금은 얼마 남지 않았고, 적의 정황을 헤아려보면 전에는 날카로웠으나 지금은 꺾이었습니다. 그러나 형세는 때에 따라 변하고 일은 사리와 어긋나기도 하며, 쉽게 풀려야 함에도 도리어 어려워지기도 하며, 진전해야 마땅함에도 중도에 멈추기도 하여, 본말의 취지가 달라지고 전후의 방향이 바뀌기도 하니, 순리의 항상됨이 반드시 이와 같이 유지될 수 없을 것입니다. 신이 그리하여 "장수가 적임자가 아니라면 병졸이 아무리 많더라도 믿을 것이

---

25) 李晟 : 字는 良器, 洮州 臨潭(지금의 甘肅省 臨潭縣) 사람이다. 西平郡王에 봉해졌으므로 李西平으로 일컬어지기도 한다. 원래 邊鎭의 裨將이었으나 여러 차례 戰功을 세워 右金吾大將軍・北庭都知兵馬使에 올랐고, 入朝 후에는 右神策軍都將에 임명되었다. 建中 2년(781) 神策軍의 선봉에서 河朔三鎭의 반군을 토벌하였으며, 建中 4년(783), 涇原兵變이 발발하자 奉天으로 가서 勤王하여, 尙書左僕射・同中書門下平章事에 올랐다. 興元 원년(784), 長安을 수복하고 朱泚의 난을 평정한 후 鳳翔・隴右・涇原三鎭의 節度使를 겸임하였다. 貞元 9년(793), 사망 후 太師에 추증되었으며 諡號는 忠武다.(≪舊唐書≫ 〈李晟傳〉)

26) (救)〔斬〕: 저본에는 '救'로 되어 있으나, ≪新唐書≫ 〈藩鎭魏博傳〉에 의거하여 바로잡았다.

27) (亘)〔洹〕: 저본에는 '亘'으로 되어 있으나, ≪新唐書≫ 〈藩鎭魏博傳〉에 의거하여 바로잡았다.

못 되고, 병권을 장악하지 못한다면 장수가 아무리 인재라 하더라도 쓸모가 없다."고 하였던 것이니, 이는 예부터 틀림없는 사실입니다.

다만 잘은 모르겠지만 지금 이런 실정이 이에 가깝지 않겠습니까. 폐하께서 자세히 살피시어 서둘러 바로잡는 데 달려 있는 것이지, 참으로 병사를 보태어 일을 만들며 세금을 더 거두어 인민을 해치는 데 달려 있지 않습니다. 그렇게 한다고 해서 눈앞의 근심을 풀 수도 없을 뿐더러 생각지도 못한 환란이 일어나기도 합니다.

田悅既敗에 力屈勢窮하고 且皆離心하여 莫有固志라 乘我師勝捷之氣하여 躡亡虜傷夷之餘하니 比於前功이면 難易百倍로되 既而大軍이 逡駐에 遺孽復安①하여 其後餽運이 日增하고 師徒가 日益하여 于玆再稔에 竟不交鋒하니 量兵力則前者寡而今者多요 議軍資則前者薄而今者厚요 論氣勢則前者新集而今者乘勝이요 度(탁)攻具則前者草創而今者繕完이요 計兇黨則前者盛而今者殘이요 揣敵情則前者銳而今者挫나 然而勢因時變하며 事與理乖하여 當易而反難하며 當進而中止하여 本末이 殊趣하고 前後가 易方하니 順理之常이 必不如此라 臣故曰 將非其人者는 兵雖衆이나 不足恃요 操失其柄者는 將雖材나 不爲用이라하니 此는 自昔必然之效라 但未審今玆事實이 得無近於此乎아 在陛下熟察而亟救之耳요 固不在益兵以生事하며 加賦以殄人하여 無紓目前之虞요 或興意外之患②이니

① 大軍逡駐 遺孽復安 : 田悅이 야밤중에 魏州로 달아났는데, 그곳의 장수인 李長春이 關門을 닫고 들이지 않으며 관군을 기다렸으나, 세 장수가 군대를 주둔시키고 나아가지 않았다. 이튿날 전열이 들어와 이장춘을 죽이고 佩刀를 잡고 軍門에 서서 눈물을 흘리며 자결하려 하였는데, 무리들이 끌어안고 만류하자 이에 斷髮을 하고 맹세하였다. 전열은 스스로 살피건대 병장기의 손실이 막심하여 두려운 마음에 어찌할 바를 몰라 田承嗣[28] 때의 舊將인 邢曹俊을 다시 불러 그와 대책을 논의하였다. 형조준이 군을 정비하고 성채를 튼튼히

---

28) 田承嗣 : 平州 盧龍(지금의 河北省 盧龍縣) 사람이다. 원래 安祿山의 部將으로 누차 공을 세워 武衛將軍에 올랐으며, 반란에 가담하여 洛陽을 함락하였다. 安史의 亂이 실패한 후 항복하여 魏博節度使에 봉해졌다. 조정의 명령을 따르지 않고 독자적으로 행동하면서도 조정을 농락하여 同中書門下平章事에 봉해지고 雁門郡王이 되었으므로 더욱 교만해졌다. 大曆 10년(775), 相州와 衛州를 점거한 후 관군에 핍박당하자 李寶臣과 朱滔를 이간하고 자신의 죄를 뉘우치는 표문을 올림으로써 사면받았다. 하지만 이듬해 李靈曜의 반란을 지원하였으며, 魏州·博州 등 七州를 점거하고 5만의 군사를 거느렸으므로 조정에서 쉽게 통제하지 못했다. 大曆 14년(779), 병사한 후 조카 田悅이 節度使의 지위를 이어받음으로써 藩鎭世襲의 선례가 되었다.(≪舊唐書≫ 〈田承嗣傳〉)

하자 群心이 다시 기대를 품었다.

悅夜奔魏州, 其將李長春拒不納, 以須官軍, 而三帥頓兵不進. 明日, 悅得入, 殺長春, 持佩刀立軍門, 流涕欲自剄, 衆抱持之, 乃斷髮爲誓. 悅自視兵械單耗, 懼不知所出, 復召田承嗣時舊將邢曹俊與之謀. 曹俊爲整軍固壘, 群心復望.

1-1-13 사람은 나라의 근본이고 재물은 사람의 마음이며 군사는 재물을 좀먹는 벌레입니다. 그 마음이 손상되면 그 근본도 손상되고 그 근본이 손상되면 가지와 줄기는 기울고 시들며 뿌리는 뽑히게 마련입니다. 부디 폐하께서는 신중하게 대하고 애석하게 여기소서.

人者는 邦之本也요 財者는 人之心也요 兵者는 財之蠹也니 其心이 傷則其本이 傷하고 其本이 傷則枝幹이 顚瘁하고 而根柢가 蹶拔矣라 惟陛下는 重愼之하고 愍惜之하소서

1-1-14 지금 군사를 일으킨 지 3년이니 오래되었다 이를 만하고, 세금이 온갖 물건에 부과되니 번다하다고 이를 만하고, 폐하께서 그 때문에 날이 새기 전에 옷을 입으시고 밤이 깊어진 뒤에 저녁을 드시니〔宵衣旰食〕 나랏일 걱정에 몹시 근심하신다 할 만하고, 천하가 그 때문에 징발되어 가는 자는 짐을 꾸리고 남는 자는 전송하니 지치고 피폐하였다 할 만합니다. 그런데 난리는 더해져서 잠잠해질 기약은 없고, 인민들은 동요하여 편치 않아 사태의 변화를 예측하기 어렵습니다. 이 때문에 군대에서는 서툴더라도 신속한 것을 제일로 치고, 치밀하지만 더딘 것을 높게 여기지 않습니다. 신속하면 승기를 타게 되고 더디면 탈이 나는 법이니, 이것은 兵法에서 엄격하게 경계하는 바이고 지난 일을 통해서도 명백하게 징험된 것입니다.

今師興三年이니 可謂久矣요 稅及百物이니 可謂繁矣요 陛下가 爲之宵衣旰食하시니 可謂憂勤矣요 海內가 爲之行齎居送하니 可謂勞弊矣로되 而寇亂有益하여 翦滅無期하고 人搖不寧하여 事變難測일새 是以兵貴拙速이요 不尙巧遲니 速則乘機요 遲則生變이니 此가 兵法深切之誡요 往事明著之驗也라

1-1-15 무릇 아교를 던져 탁한 황하를 맑게 하는 것은 발원한 곳을 맑게 하여 탁한

것이 변하도록 하느니만 못하고, 끓는 물을 퍼올려서 끓는 것을 멈추고자 하는 것은 땔감을 끊어 끓는 물이 신속히 멈추도록 하는 것만 못합니다.

이 때문에 멀리 있는 이를 복종시키는 데 마음을 쓰는 것으로는 가까운 곳에 있는 이를 잘 다스려서 멀리 있는 이가 저절로 오게 하는 것만 한 것이 없고, 다방면으로 잘못을 바로잡으려는 것으로는 행동을 개선하여 실수가 저절로 줄어들게 하는 것만 한 것이 없습니다. 만약 근본을 진정시키지 못한 상황에서 말단을 바로잡는 데 치중한다면 바로잡고자 한 일이 곧 화의 근원이 됩니다. 가까운 곳에 있는 이를 다스리는 방도와 행동을 개선하는 방법은 터럭을 드는 것보다 쉬우니, 단지 폐하께서 그렇게 하시느냐 마시느냐에 달려 있을 뿐입니다.

혹시라도 쉽게 제어할 수 있는 것을 매우 어렵게 여겨 잠시 위급한 상황을 타개하는 데 힘쓰고자 한다면, 禍患의 경중을 따지고 攻守의 완급을 가려야 합니다.

夫投膠以變濁이 不如澄其源而濁變之愈也요 揚湯以止沸이 不如絶其薪而沸止之速也[29)]라 是以勞心於服遠者는 莫若修近而其遠自來요 多方以救失者는 莫若改行而其失自去니 若不靖於本而務救於末이면 則救之所爲가 乃禍之所起也라 修近之道와 改行之方이 易於擧毛하니 但在陛下然之與否耳라 儻或重難易制하여 姑務持危인댄 則當校禍患之重輕하며 辨攻守之緩急이니

1-1-16 신이 생각하기에 幽州, 燕州, 恒州, 魏州의 도적은[30)] 기세가 느려서 끼치는 화가 가볍고, 汝州, 洛陽, 滎陽, 汴州의 근심은 기세가 급하여 끼치는 화가 무겁습니다. 느린 것은 대책을 생각해야 하는데 지금 屯兵이 너무 많은 데서 실책을 범하였고,

---

29) 投膠以變濁……而沸止之速也 : 임시방편으로 눈앞의 급한 일만 모면하려고 함을 이르는 말이다. '投膠以變濁'은 ≪抱朴子≫ 〈嘉遯篇〉의 "얼마 안 되는 아교로는 황하의 흐린 물을 맑게 만들 수가 없다.〔寸膠 不能治黃河之濁〕"고 한 데서 유래하였으며, '揚湯以止沸'는 ≪文子≫의 "끓는 물을 퍼올려 끓는 것을 멈춰본들 더 심하게 끓을 뿐이니, 근본을 아는 자는 불을 제거한다.〔故揚湯止沸 沸乃益甚 知其本者 去火而已〕"라고 한 데서 유래하였다. 또 ≪漢書≫ 〈枚乘傳〉에서는 "끓는 물을 식히려 할 적에 한 사람이 불을 때면 백 사람이 식히려고 물을 저어도 소용없으니, 땔감을 끊어 불길을 멈추는 것만 못하다.〔欲湯之滄 一人炊之 百人揚之 無益也 不如絶薪止火而已〕"라고도 하였다.

30) 幽州……도적 : ≪陸贄集≫(中華書局, 2006)에 인용한 張佩芳의 註에 幽州와 燕州는 朱滔, 恒州는 王武俊, 魏州는 田悅을 가리킨다 하였다.

급한 것은 엄중하게 방비해야 하는데 지금 수비 병력이 부족한 데서 실수를 범하였으니, 어째서 그러하다고 말할 수 있겠습니까.

胡羯이 난(安史의 난)을 일으켜 맨 처음 薊門(薊州)에서 시작한 뒤로, 국가가 중흥한 이래 섬멸할 겨를이 없어서 항복한 장수를 통해 나아가 달래었습니다. 조정에서 河朔을 도외시한 지가 거의 30년이니, 하루아침에 급히 여긴 것이 아닙니다.

田悅은 여러 번 패배를 맛본 뒤에 기세가 꺾이고 세력이 약해져 구차하게 남은 목숨을 보전하느라 더는 심원한 모략이 없습니다. 王武俊은 오랑캐의 종자라서 용맹하지만 지략은 없고, 朱滔는 병졸이나 할 만한 자질이라서 의심이 많고 우유부단한 자로, 모두 전열에게 유혹당하여 결국 미치광이(전열)를 위하여 출병하였습니다.

그렇지만 명분 없이 일을 벌인지라 사람들의 지지를 얻지 못하였으니, 나아가고 물러나는 데에 두렵고 당혹해하며 안팎으로 근심을 막기 바쁩니다. 때문에 겨우 魏州의 교외에 이르렀지만 갑자기 다시 소굴로 물러나서 스스로 보존하는 데 뜻을 두고 있으니, 형세상 다른 것을 꾀할 수가 없습니다. 게다가 黃河와 太行山이 그 길목을 막고, 幷州, 汾州, 洺州, 潞州가 앞을 누르고 있으니, 아무리 활개를 치고자 하더라도 어찌할 수 있겠습니까. 또 이 고을의 흉도는 서로 간에 무력으로 유지되어 급하면 힘을 합치다가도 물러나면 뒤에서 미워하니, 이들은 모두 구차한 무리들로서, 이곳을 벗어날 염려는 절대로 없습니다. 이것이 신이 언급한 "유주, 연주, 항주, 위주의 도적은 기세가 느려서 끼치는 화가 가볍다."는 것입니다.

李希烈은 잔인하게 해치고 과감하게 집어삼켜서 蔡州와 許州의 부유하고 온전한 땅에 근거하고 鄧州와 襄州에서 노획한 물자를 더하여 뜻은 전혀 만족을 모르고 군병들은 또 기세가 꺾이지 않았습니다. 동쪽을 침범하면 수송이 막히게 되고, 북쪽을 엿보면 도성이 놀라는 상황이 발생할 수도 있습니다. 이것이 신이 언급한 "여주, 낙주, 형양, 변주의 근심은 기세가 급하여 끼치는 화가 무겁다."는 것입니다.

臣은 謂幽燕恒魏之寇는 勢緩而禍輕①하고 汝洛滎汴之虞는 勢急而禍重②하니 緩者는 宜圖之以計어늘 今失於屯戍太多하고 急者는 宜備之以嚴이어늘 今失於守禦不足하니 何以言其然也오 自胡羯[31]稱亂하여 首起薊門③으로 中興已來에 未暇芟蕩하여 因其降將하여 卽而撫之하니

31) 胡羯 : 唐나라 玄宗 때 胡人 출신의 安祿山이 반란을 일으켰다. 羯은 중국 서방 민족인 羯族으

朝廷이 置河朔於度外가 殆三十年④이니 非一朝一夕之所急也요 田悅은 累經覆敗에 氣沮勢羸하여 偸全餘生하여 無復遠略⑤하고 武俊은 蕃種이라 有勇無謀⑥하고 朱滔는 卒材라 多疑少決⑦하여 皆受田悅誘陷하여 遂爲猖狂出師⑧하나 事起無名에 衆情不附라 進退惶惑하며 內外防虞할새 所以纔至魏郊에 遽又退歸巢穴하여 意在自保요 勢無他圖하고 加以洪河太行이 禦其衝하며 幷汾洺潞가 壓其腹하니 雖欲放肆나 亦何能爲리오 又此郡兇徒가 互相劫制하여 急則合力하고 退則背憎하니 是皆苟且之徒라 必無越軼之患이니 此臣所謂幽燕恒魏之寇는 勢緩而禍輕이요 希烈은 忍於傷殘하며 果於呑噬하여 據蔡許富全之地하고 益鄧襄鹵獲之資⑨하여 意殊無厭하고 兵且未衄이라 東寇則轉輸將阻요 北窺則都城或驚이니 此臣所謂汝洛滎汴之虞는 勢急而禍重이니이다

① 幽燕恒魏之寇 勢緩而禍輕 : 이는 田悅 등을 말한다.
此謂田悅等.

② 汝洛滎汴之虞 勢急而禍重 : 이는 李希烈을 말한다.
此謂李希烈.

③ 胡羯稱亂 首起薊門 : ≪新唐書≫ 〈逆臣傳〉에 "安祿山은 營州의 柳城의 胡人이다. 玄宗 天寶 14년(755) 겨울 11월에 范陽에서 모반하였다."라고 하였다.
逆(目)〔臣〕32)傳 "安祿山, 營州柳城胡也, 明皇天寶十(三)〔四〕33)載冬十一月, 反范陽."

④ 置河朔於度外 殆三十年矣 : ≪新唐書≫ 〈藩鎭傳〉에 "安祿山과 史思明이 천하를 어지럽혔는데, 肅宗 때 이르러 큰 난리를 그럭저럭 평정하여 군신이 모두 安存하게 되었다. 때문에 하북의 땅을 분할하여 叛將인 田承嗣 등에게 주었는데, 재앙의 싹을 길러서 화근을 이룬 것이다. 亂人들이 이에 편승하여 결국엔 멋대로 관리를 두어 사사로이 세금을 거두고 조

로, 원래 匈奴族에 속하였다. 胡羯이라고 하면, 匈奴의 별종인 五胡 중 羯族을 일컫되, 보통 북쪽 오랑캐란 말로 쓰인다. 胡狢·胡虜·胡貊·胡貉이라고도 한다. 安祿山(705~757)은 突厥族 출신으로, 본래의 성이 康이고 초명이 阿犖山이었는데, 어려서 아버지가 죽고 어머니가 개가하여 성이 安이 되었다. 30대에 幽州節度使 張守珪의 부장이 되어 공을 세우고 얼마 후 平盧節度使로 발탁되었다. 이후 동북방의 여러 종족들을 진압한 공으로, 현종과 楊貴妃의 신임을 얻어 范陽과 河東의 절도사를 겸하였다. 天寶 14년(755) 간신 楊國忠을 제거한다는 명분으로 漁陽 지역을 기반으로 반란을 일으켰다가 아들 安慶緖에게 암살당하였다.

32) (目)〔臣〕: 저본에는 '目'으로 되어 있으나, ≪新唐書≫ 〈逆臣傳〉에 의거하여 '臣'으로 바로잡았다.

33) (三)〔四〕: 저본에는 '三'으로 되어 있으나, ≪新唐書≫ 〈逆臣傳〉에 의거하여 '四'로 바로잡았다.

정에는 바치지 않았다. 戰國時代의 제후들이 팔뚝과 넓적다리처럼 서로 도와서 토지를 자손에게 전한 것을 흉내내었다."라고 하였다. 그래서 조정에서 〈어쩌지 못하여〉 그들을 도외시하였는데, 그 기간이 肅宗 至德부터 寶應까지 도합 7년, 代宗 廣德부터 大曆까지 도합 17년, 德宗 建中 4년에 이르기까지 모두 26년이기 때문에 '거의 30년'이라 말한 것이다.

藩鎭傳 "安・史亂天下, 至肅宗大難略平, 君臣皆幸安, 故瓜分河北地, 付授叛將田承嗣等, 護養孽萌, 以成禍根. 亂人乘之, 遂擅署吏, 以賦稅自私, 不朝獻于廷. 效戰國肱髀相依, 以土地傳子孫." 故朝廷置之度外. 自肅宗至德迄寶應凡七年, 自代宗廣德迄大曆凡十七年, 至德宗建中四年共二十六年, 故云殆三十年.

⑤ 田悅……無復遠略 : 田悅은 雙岡에서 패하고 나서 다시 洹水에서 패하고 나자 겸손한 언사와 두터운 예물을 써서 朱滔, 王武俊과 우호관계를 맺었다. 전열이 그들이 구하러 올 것이라는 것을 믿고 康愔으로 하여금 병사를 거느리고 조정의 군대와 御河 가에서 전투를 벌였으나 크게 패하여 갑주를 버리고 성으로 달아나다 서로 짓밟고 垓子에 떨어져 죽은 이들이 매우 많았다.

悅旣敗于雙岡, 復敗于(亘)〔洹〕[34]水, 乃卑辭厚禮, 結好于朱滔・王武俊. 悅恃救至, 使康愔督兵與王師戰御河上, 大敗, 棄甲走城, 蹈藉死塹中者甚衆.

⑥ 武俊蕃種 有勇無謀 : ≪新唐書≫ 〈藩鎭鎭冀傳〉에 "王武俊은 본디 契丹(거란) 출신으로 말을 타고 달리면서 활을 쏘는 것을 잘하여 張孝忠[35]과 함께 이름을 나란히 하였다."라고 하였다.

本傳 "武俊本出契丹, 善騎射, 與張孝忠齊名."

⑦ 朱滔卒材 多疑少決 : ≪新唐書≫ 〈藩鎭盧龍傳〉에 "朱滔는 속임수를 잘 썼고 눈치가 빨라 예측을 잘하였다."라고 하였다.

本傳 "滔性變詐, 多端倪."

⑧ 皆受田悅誘陷 遂爲猖狂出師 : ≪新唐書≫ 〈田悅傳〉에 "田悅이 패하고 난 뒤 얼마 지나지 않아 王武俊이 李惟岳을 죽였는데, 深州가 朱滔에게 항복하자 주도가 병력을 나누어 심주를

---

34) (亘)〔洹〕: 저본에는 '亘'으로 되어 있으나, ≪新唐書≫ 〈藩鎭魏博〉에 의거하여 '洹'으로 바로잡았다.

35) 張孝忠 : 原名은 阿勞, 鮮卑族 계열인 奚族 출신이다. 원래 安祿山의 部將으로, 安史의 亂 이후 귀순하여 李寶臣을 따라 易州를 지켰으며, 易州刺史를 거쳐 太子賓客 兼禦史中丞 範陽郡王이 되었다. 李惟岳의 난에 조정을 도와 成德節度使에 임명되었으며, 이유악이 죽은 뒤 成德이 삼분되면서 易定節度使가 되었다. 이후 조정에 충성하여 朱滔와 王武俊의 반란에 가담하지 않고 奉天의 難에 군사를 파견하여 勤王하였다. 貞元 7년(791), 사망 후 魏州大都督에 증직되고 上穀郡王에 追封되었다. 諡號는 貞武이다.(≪舊唐書≫ 〈張孝忠傳〉)

지켰다. 德宗이 왕무준에게 恒州刺史를 제수하고, 康日知를 深州와 趙州의 관찰사로 삼았다. 왕무준은 상이 박한 것을 한스럽게 여겼고, 주도는 심주를 차지하지 못한 것에 원한을 품었다. 전열은 두 장수를 조정과 사이를 벌릴 수 있다는 것을 감지하고 이에 지름길로 王侑와 許士則(허사칙)을 보내어 주도에게 연합하자고 유세하였다. 주도가 크게 기뻐하여 왕유로 하여금 먼저 돌아가 출병한 날짜를 알리도록 하였다. 그런 다음 주도가 王郅로 하여금 왕무준을 설득하게 하였는데, 왕무준도 크게 기뻐하여 그날로 사자를 보내 주도에게 알렸다. 이리하여 주도는 병사 2만을 거느리고 寧晉에 주둔하였고, 왕무준은 병사 1만 5천으로 그와 만났다."라고 하였다.

田悅傳 "悅旣敗, 未幾, 王武俊殺李惟岳, 而深州降朱滔, 滔分兵守之. 德宗授武俊(常)〔恒〕[36]州刺史, 以康日知爲深・趙二州觀察使. 武俊恨賞薄, 滔怨不得深州, 悅知二將可間, 乃儳路使王侑・許(王)〔士〕[37]則說滔合從, 滔大喜, 使侑先還告師期. 滔因使王郅說武俊, 武俊亦喜, 卽日使使報滔. 於是滔率兵二萬屯寧晉, 武俊以兵萬五千會之."

⑨ 希烈……益鄧襄鹵獲之資 : ≪新唐書≫ 〈逆臣傳〉에 "李希烈은 품성이 慘酷하고 잔인하여 軍中에서 사람을 죽여 눈앞에서 피가 흐르는데도 태연하게 먹고 마셨다. 建中 4년(783)에 汝州를 취한 뒤 李元平을 사로잡고서 곧장 북쪽으로 汴州를 침범하였으며 남쪽으로 鄂州를 공략한 다음 그의 장수인 姚憺을 남겨두어 鄧州를 지키도록 하고, 다시 병사를 거느리고 襄城을 포위하였다."라고 하였다.

本傳 "希烈資慘害, 臨戰陣殺人, 血流於前, 而飮食自若也. 建中四年, 旣取汝州, 執李元平, 卽北侵汴州, 南略鄂州, 留其將姚憺戍鄧州, 復以兵圍襄城."

1-1-17 代州, 朔州, 邠州, 靈州의 기병은 예부터 정예 기병이고, 上黨과 盟津의 보병은 오늘날 잘 훈련된 군졸들인데, 이렇게 강하고 굳센 병사들을 모조리 동원하여 山東에 맡겼습니다. 그리하여 장수가 많다 보니 세가 분산되고 병사가 많다 보니 재용이 고갈되어, 공격에는 시일만 끌며 나아가지 않고 수비에는 몇 배나 남아돎이 있습니다. 그런데 저마다 눈치만 보려는 마음을 품고서 번갈아 서로에게 미루고 맡기려 합니다. 이것이 신이 언급한 "느린 것은 대책을 생각해야 하는데 지금 屯兵이 너무 많은 데서 실책을 범하였다."라는 것입니다.

---

36) (常)〔恒〕: 저본에는 '常'으로 되어 있으나, ≪新唐書≫ 〈藩鎭魏博傳〉에 의거하여 '恒'으로 바로잡았다.

37) (王)〔士〕: 저본에는 '王'으로 되어 있으나, ≪新唐書≫ 〈藩鎭魏博傳〉에 의거하여 '士'로 바로잡았다.

李勉[38]은 文官의 자질로 浚 지역의 교외에서 멧돼지처럼 돌진해오는 무리들을 상대하였고, 哥舒曜는 오합지졸로 襄州의 들판에서 이리 떼처럼 사나운 무리들을 막아내었습니다. 폐하께서 비록 禁軍을 연달아 調發하여 지원을 이어나가며, 자주 여러 鎭에 조칙을 내려 마음과 힘을 하나로 합치도록 독려하시어 말씀한 뜻이 간절하고 근심스러우시니 너도나도 목숨을 바칠 것을 생각하였습니다.

하지만 본디 평소에 익힌 것이 아니어서 명령대로 따르지 못하여, 날뛰는 고래 같은 무리들이 그물에 걸려도 당황하여 제압하지 못하고, 쥐처럼 머리를 내밀고 적에게 대응하여 머뭇거리며 나아가지 못하였습니다. 이것이 신이 언급한 “급한 것은 엄중하게 방비해야 하는데 지금 수비 병력이 부족한 데서 실수를 범하였다.”라는 것입니다.

代朔邠靈之騎士는 自昔之精騎也요 上黨盟津之步卒은 當今之練卒也어늘 悉此彊勁하여 委之山東이라 勢分於將多하며 財屈於兵廣하여 以攻則曠歲不進하고 以守則數倍有餘하여 各懷顧瞻하여 (遽)〔遞〕[39]欲推倚하니 此臣所謂緩者는 宜圖之以計어늘 今失於屯戍太多요 李勉은 以文吏之材로 當浚郊奔突之會①하고 哥舒曜는 以烏合之衆으로 扞襄野豺狼之群②하니 陛下가 雖連發禁軍하여 以爲繼援③하며 累勑諸鎭하여 務使協同하사 睿旨殷憂에 人思自效호되 但恐本非素習이라 令不適從하여 奔鯨觸羅에 倉卒難制하고 首鼠應敵에 因循莫前하니 此臣所謂急者는 宜備之以嚴이어늘 今失於守禦不足이라하오니

① 李勉……當浚郊奔突之會 : ≪新唐書≫ 〈宗室宰相傳〉에 “李勉은 처음에 汴宋의 節度使였다. 德宗이 즉위한 다음 그를 汴宋, 滑亳, 河陽 등 道都統使로 삼았다. 建中 4년(783) 李希烈이 襄城을 포위하자, 이면에게 조서를 내려 出兵하여 양성을 구하게 하였다.”라고 하였다.
本傳 “勉初節度汴宋. 德宗立, 以爲汴宋·滑亳·河陽等道都統. 建中四年李希烈圍襄城, 詔勉出兵救之.”

② 哥舒曜……扞襄野豺狼之群 : ≪新唐書≫ 〈哥舒高封傳〉에 “李希烈이 汝州를 함락시키자 德

---

38) 李勉 : 字는 玄卿, 唐나라 宗室로서 鄭王 李元懿의 曾孫, 岐州刺史 李擇言의 아들이다. 大曆 10년(775), 工部尙書에 임명되고 汧國公에 봉해졌다가 永平軍節度使로서 汴宋節度使를 겸임하였으며, 同平章事·檢校左僕射가 되었다. 建中 4년(783), 李希烈에게 패하여 汴州를 잃고 소환된 뒤 太子太師로 좌천되었다. 貞元 4년(788), 병사한 후 太傅에 冊贈되었으며 諡號는 貞簡이다.(≪舊唐書≫ 〈李勉傳〉)

39) (遽)〔遞〕: 저본에는 ‘遽’로 되어 있으나, ≪翰苑集≫과 ≪歷代名臣奏議≫에 따라 ‘遞’로 바로잡았다.

宗이 조서를 내려 哥舒曜를 東都와 汝州의 行營節度使에 제수한 다음, 鳳翔, 邠寧, 涇原, 奉天, 好畤의 병사 1만 명을 거느리고 이희열을 치게 하였다. 가서요가 襄城으로 돌아가 주둔하자 이희열이 무리 만 명을 보내 불을 놓아 城柵을 공격하였는데, 가서요가 악전고투 끝에 격파하였다. 몇 달을 버티자 이희열이 스스로 병사 3만을 이끌고 가서요를 포위하였다."라고 하였다.

本傳 "李希烈陷汝州, 德宗拜曜東都·汝州行營節度使, 將鳳翔·邠寧·涇原·奉天·好畤兵萬人討希烈. 曜還屯襄城, 希烈遣衆萬人, 縱火攻柵, 曜苦戰破之. 居數月, 希烈自率兵三萬圍曜."

③ 陛下……以爲繼援 : 황제가 다시 神策軍의 장수 劉德信을 보내어 병사 3천으로 가서요를 돕게 하였다.

帝復遣神策將劉德信以兵三千, 援曜.

1-1-18 폐하께서 만약 그 완급을 살피시고 그 경중을 가늠하시어 李懷光[40)]으로 하여금 군사를 이끌고 포위된 襄城을 구원하게 하고, 李芃으로 하여금 鎭으로 돌아가 東都(洛陽)를 구원하게 한다면, 汝州와 洛陽이 견고해짐에 梁州과 宋州도 안정될 것이니, 이야말로 남는 것을 취하여 부족한 것을 도와주는 것입니다. 그리하면 潼關 서쪽에서는 車馬를 징발하는 소란을 그치게 하고, 山東에서는 馬草와 군량을 빨리 실어 날라야 하는 괴로움을 줄일 수 있을 것입니다.

소란이 없으면 화란이 생기지 않고, 괴로움이 사라지면 물력이 회복될 것이니, 위난을 재변이 갓 일어났을 때 제거할 뿐만 아니라 또한 환난을 미연에 방지할 수 있을 것입니다. 징발이 멈추고 난 다음에 수비도 견고해지면 충분히 느긋하게 사태를 관망하면서 다시 좋은 계책을 고를 수 있을 것이니, 이는 분란을 해소함에 있어 또한 그 다음 계책입니다.

陛下가 **若察其緩急**하며 **審其重輕**하여 **使懷光**으로 **帥**(솔)**師**하여 **救襄城之圍**①하고 **李芃**으로 **還**

---

40) 李懷光 : 本姓은 茹, 渤海 靺鞨 사람으로, 선대가 세운 공으로 李姓을 하사받았다. 德宗 때 邠寧·朔方節度使로서 吐蕃을 막았으며, 建中 3년(782) 魏博의 번진 田悅을 토벌하였다. 이듬해 涇原兵變이 일어나 朱泚가 奉天을 공격하자 덕종을 구원하여 주자를 물리쳤으며, 이 공으로 副元帥·中書令에 올랐다. 이회광은 덕종이 盧杞 등의 사주에 넘어가 入朝할 수 없게 되자 주자의 반란에 가담하였으며, 貞元 원년(785) 패배 후 피살되었다.(≪舊唐書≫ 〈李懷光傳〉)

鎭하여 爲東都之援②하면 汝洛旣固에 梁宋亦安이니 是乃取有餘하여 救不足이라 罷關右賦車籍馬之擾하며 減山東飛芻輓粟之勞니 無擾則禍亂不生이요 息勞則物力可濟니 非止排難於變初[41]이라 亦將防患於未然이요 徵發旣停에 守備且固면 足得徐觀事勢하여 更選良圖니 此於紓亂解紛에 抑亦計之次也라

① 使懷光……救襄城之圍 : 당시 李懷光이 朔方軍의 군사를 거느리고 魏州에 주둔하며 朱滔 등과 서로 견제하면서 오랫동안 싸우지 않았다.
時懷光將朔方兵屯魏, 與朱滔等相持, 久不戰.

② 李艽……爲東都之援 : 德宗이 李艽을 河陽 3城의 절도사로 삼아서 馬燧 등과 洹水 가에서 田悅을 격파하고, 다시 진군하여 전열을 포위하였다. 모두 本傳에 보인다.
德宗以艽爲河陽三城節度, 與馬燧等, 破田悅(亘)〔洹〕[42]水上, 復進圍悅, 竝見本傳.

1-1-19 논하는 자가 만약에 '河朔의 도적 떼가 아직 섬멸되지 않았으니, 만일 병력을 줄이면 반드시 재차 환란이 일어날 것이다.'라고 말한다면, 이는 괴이한 것을 좋아하여 깊이 생각해보지 않는 데에서 나온 주장에 불과합니다. 신이 청컨대 그 점에 대해 반박해보도록 하겠습니다.

전년에 반란을 토벌하던 초기에는 馬燧, 李抱眞, 李艽 세 장수만 있었지만 공격하면 반드시 이겼고 교전을 벌이면 반드시 힘껏 싸웠으니, 이는 곧 힘이 부족한 것이 아님이 분명합니다. 머뭇거리고 나아가지 않고서 이에 군사를 보태어 달라고 요청함에 따라 神策軍의 정병을 뽑아 지원하게 하여 李晟이 갔습니다. 그런데 여전히 부족하다고 하며 다시 군사를 보태어 달라고 요청하기에 朔方軍의 全軍을 징발해서 나아가게 하여 李懷光이 갔습니다. 여러 번 절반이나 되는 병력을 보내었지만 결국 아무런 공도 세우지 못하였으니, 이는 곧 군사는 숫자가 많은 것에 달려 있지 않음이 또한 분명합니다.

議者가 若曰 河朔群盜가 尙未殲夷하니 儻又減兵하면 必更生患이라하나니 此蓋好異不思之

41) 初 : ≪翰苑集≫과 ≪歷代名臣奏議≫는 '切'로 되어 있다. 하지만 대우를 이루고 있음을 고려할 때 이 구절은 저본에 따라 풀이하는 것이 더 자연스러워 보인다.

42) (亘)〔洹〕: 저본에는 '亘'으로 되어 있으나, ≪新唐書≫ 〈藩鎭魏博傳〉에 의거하여 '洹'으로 바로잡았다.

說耳라 臣請有以詰之호리니 前歲伐叛之初에 唯馬燧抱眞李芃三帥而已로되 以攻必剋하고 以戰必彊하니 是則力非不足이 明矣라 泊遲留不進하여 乃請益師어늘 於是에 選神策銳卒하여 以繼之하여 而李晟이 往矣①요 猶曰未足이라하여 復請益師어늘 於是에 徵朔方全軍하여 以赴之하여 而懷光이 往矣②니 幾遣加半之戍호되 竟無分寸之功하니 是則師不在衆이 又明矣라

① 選神策銳卒 以繼之而李晟往矣 : ≪新唐書≫ 〈李晟傳〉에 "建中 2년(781)에 魏博의 田悅이 모반하자 李晟을 神策軍의 先鋒으로 삼아서 〈馬燧, 李抱眞의〉 병력과 합쳐 전열을 공격하니, 전열이 대패하였다."라고 하였다.

本傳云 "建中二年, 魏博・田悅反, 以晟爲神策先鋒, 合兵攻悅, 悅大敗."

② 徵朔方全軍 以赴之而懷光往矣 : ≪新唐書≫ 〈李懷光傳〉에 "당시 馬燧와 李抱眞이 田悅을 토벌하였으나 이기지 못하자, 李懷光에게 조서를 내려 朔方軍의 병력 1만 5천으로 힘을 합쳐 전열을 토벌케 하였다."라고 하였다.

本傳云 "時馬燧・李抱眞討田悅, 未克, 詔李懷光以朔方兵萬五千幷力討悅."

1-1-20 그러나 〈병사가 많은 것에〉 의탁하여 해결할 수 있다고 여기는 자들은 반드시 "조정의 군대가 비록 늘어났으나 賊黨도 늘어났고, 전에는 田悅과 李寶臣뿐이었는데 지금은 朱滔와 王武俊까지 합세하였다."라고 둘러댑니다. 신은 재차 반박하여 그 변명을 막아보겠습니다.

예전에 전열과 이보신은 精兵과 謀士를 양성하여 사나운 도적 가운데 한창 강한 축에 속한 자들이었지만 얼마 지나지 않아 전열은 패배하고 이보신은 섬멸되었습니다. 비록 다시 주도와 왕무준이 앞에서 적들에게 가담하였지만 張孝忠과 康日知[43]가 그 뒤에 승세를 타고 있으니, 이는 적의 기세가 예전보다 늘지 않았으며 조정의 군대가

---

43) 康日知 : 선조는 西域 康國(지금의 사마르칸트(Samarqand)) 사람이다. 靈州로 이주하여 籍貫을 삼았다. 祖父 康植은 開元 9년(721)에 朔方大總管 王晙을 따라 突厥 토벌에 참가한 공으로 玄宗에게서 左武衛大將軍에 임명되었다. 康日知는 李寶臣 휘하의 軍官이었는데, 建中 2년(781) 李惟岳이 이보신의 뒤를 이어 成德節度使를 세습해달라고 요청하다가 거절당한 후 李正己・田悅 등과 연합해 반란을 일으키자 이에 가담하지 않고 趙州를 수비하였다. 이유악의 명에 따라 조주를 공격한 王武俊을 달래어 오히려 이유악을 죽이게 만들었다. 또한 왕무준이 조정과 반군 사이에서 오락가락하고 朱滔・田悅 등과 반기를 들어 스스로 왕으로 참칭하며, 강일지를 공격하였으나 이를 막아냈다. 興元 원년(784) 檢校尙書左僕射와 會稽郡王에 봉해졌고, 사후 太子太師에 추증되었다.(≪新唐書≫ 〈康日知傳〉)

전보다 늘었다는 또 하나의 명백한 증거입니다.

예전에는 太原, 澤潞, 河陽 지역의 세 장수의 군대로 전열, 주도, 왕무준 세 도적의 병졸을 상대하였지만, 이제 주도는 달아났고 왕무준은 위축되었으며, 오직 전열만이 위태로운 성에서 겨우 연명하고 있습니다. 설령 우리 군대가 모조리 돌아가더라도 저들은 또한 겨우 스스로를 지키는 수준이니, 이포진과 마수만을 남겨두더라도 빈틈을 관찰하여 토벌해서 제거하기에 충분합니다. 이것이 병력을 줄여 동쪽을 친다고 해도 형세상 반드시 근심할 것이 없음이 또한 분명합니다. 불필요한 병력을 남겨두면 저들은 하는 일 없이 밥이나 축내겠지만 병력을 옮기면 이들은 長城이 될 것입니다. 위기를 안정으로 바꾸고 지출을 줄여 절약함으로써 하나를 시행하면 여러 가지 이익을 아우를 수 있으니, 부디 폐하께서는 이를 헤아리소서. 삼가 아룁니다.

然而可託以爲解者가 必曰 王師雖益이나 賊黨亦增하니 曩獨田悅寶臣①이러니 今兼朱滔武俊이라하리니 臣請再詰하여 以塞其辭하리이다 曩之田悅寶臣은 皆蓄銳養謀하여 劇賊之方彊者也러니 尋而田悅이 喪敗하고 寶臣이 殲夷②하니 雖復朱滔武俊이 加於前이나 亦有孝忠日知乘其後③하니 是則賊勢가 不滋於曩日이며 王師가 有溢於昔時가 又明矣라 曩以太原澤潞河陽三將之衆④으로 當田悅朱滔武俊三寇之兵이러니 今朱滔가 遁歸하고 武俊이 退縮하고 唯此田悅이 假息危城하니 設使我師로 悉歸라도 彼亦纔能自守어든 況留抱眞馬燧에 足得觀釁討除니 是則減兵東征이 勢必無患이 又明矣라 留之則彼爲冗食이요 徙之則此得長城하여 化危爲安하며 息費從省(생)하여 擧一而兼數利를 惟陛下圖之하소서 謹奏라

① 寶臣 : ≪新唐書≫ 〈藩鎭鎭冀傳〉에 "李寶臣은 본디 范陽에 內屬된 奚族인데, 후에 조정으로 귀순하여 成德節度使가 되어 결국 常州, 定州, 易州, 趙州, 深州, 冀州 여섯 개 州의 땅을 차지하였으며, 말이 5천 필, 보병이 5만으로, 재용이 풍부한데다가 더욱 망명객들을 불러 모아 山東에서 세력이 제일 강하였다. 薛嵩,[44] 田承嗣, 李正己,[45] 梁崇義[46]와 서로

44) 薛嵩 : 右威衛大將軍 薛仁貴의 손자로 安史의 叛軍에 가담하여 鄴郡節度使에 임명되었으나, 패배 후에는 조정에 투항하여 昭義節度使에 봉해졌다. 반란으로 피폐해진 민심을 수습하는 데 많은 공헌을 하였다.(≪舊唐書≫ 〈薛嵩傳〉)

45) 李正己 : 본명은 懷玉으로 고구려 출신의 藩鎭 首將이다. 營州(지금의 遼寧省 朝陽)에서 태어나 平盧軍의 裨將이 되었다. 節度使 王玄志가 죽은 뒤 고모의 아들인 侯希逸을 절도사로 추대하였으며, 군인들의 신뢰를 잃은 후희일이 축출되자 그를 대신하여 절도사로 추대되었다. 조정에서도

혼인을 맺어 급속도로 가까워졌다."라고 하였다. 李惟岳은 바로 그의 아들이다.

本傳云 "李寶臣本范陽內屬(羌)〔奚〕,47) 後歸朝, 爲成德節度使, 遂有常・定・易・趙・深・冀六州地, 馬五千, 步卒五萬, 財用豐衍, 益招來亡命, 雄冠山東. 與薛嵩・田承嗣・李正己・梁崇義相姻嫁, 急熱爲表裏." 惟岳乃其子也.

② 寶臣殲夷 : 李寶臣이 딴마음을 먹고 난 뒤, 妖人을 불러다 讖兆를 만들도록 하였다. 妖人이 금주전자와 옥잔을 놓고 외람되이 "안에서 甘露와 神酒가 만들어지고 있습니다."라고 하니, 이보신이 크게 기뻐하였다. 그런데 얼마 뒤에 일이 탄로나 처벌을 받게 될까 두려워지자 거짓으로 "공께서 甘露液을 드시면, 天神과 交接할 수 있습니다."라고 하고는 액체에 몰래 烏頭를 넣었다. 이보신이 마시고 나자 곧바로 벙어리가 되어 사흘 만에 죽었다. 그때가 建中 2년(781)이었다.

寶臣旣蓄異志, 引妖人作讖(非)〔兆〕.48) 置金匜・玉斝(가), 猥曰 "內產甘露神酒." 寶臣大悅. 旣而畏事露且誅, 詐曰 "公飮甘露液, 可與天神接." 密寘堇于液. 寶臣已飮卽瘖, 三日死. 時建中(三)〔二〕49)年也.

③ 孝忠日知乘其後 : 張孝忠은 본디 李寶臣의 휘하였는데, 이보신이 죽고 아들 李惟岳이 모반

이를 승인하여 平盧淄青節度觀察使로 임명하고 正己라는 이름을 하사하였다. 산동 지역을 중심으로 세력을 넓혀 가장 강성할 때는 淄・青・齊・海・登・萊・沂・密・德・棣・曹・濮・徐・兗・鄆 등 15州를 장악한 최대 번진으로 성장했다. 781년 자신의 아들 李納에게 지위를 물려주려고 했던 계획이 무산될까 우려하여 반란을 일으켰지만 갑자기 등창이 나 죽었다. 이납은 당나라 조정의 거부에도 부친의 지위를 세습한 후 국호를 齊라 하였다가, 세습을 인정받은 후 귀순함에 따라 이정기도 太尉에 추증되었다.(≪舊唐書≫ 〈李正己傳〉)

46) 梁崇義 : 長安 사람으로 힘이 장사였다. 羽林軍의 射生으로 來瑱을 따라 襄陽에 진주하고 여러 번 승진하여 右兵馬使가 되었다. 내진이 살해당한 후 장수로 추대되었는데, 조정에서 토벌하지 못하고 마침내 襄州刺史로 임명하였다. 田承嗣・李正己・薛嵩・李寶臣 등과 연합하여 襄州・鄧州・均州・房州・復州・郢州의 여섯 州를 점거하고 병력 2만 명을 보유하였다. 建中 원년(781), 淮西節度使 李希烈이 토벌할 것을 누차 주청하자 두려움을 품고 請罪하였다. 조정에서는 同平章事에 임명하여 신임의 뜻을 보였으나 의심하여 조정의 뜻에 따르지 않다가 이희열의 군대에 대패하였으며, 휘하의 장수 翟暉과 杜少誠이 항복한 후에도 襄陽에서 항전하다가 우물에 뛰어들어 자살하였다.(≪舊唐書≫ 〈梁崇義傳〉)

47) (羌)〔奚〕: 저본에는 '羌'으로 되어 있으나, ≪新唐書≫ 〈藩鎭鎭冀傳〉에 의거하여 '奚'로 바로잡았다. 羌族은 四川 지역의 소수민족이고, 奚族은 鮮卑族 계열의 북방 소수민족으로, 唐 太宗이 高句麗를 공략할 때 공을 세워 크게 번성하였으며, 李氏 姓을 하사받았다.

48) (非)〔兆〕: 저본에는 '非'로 되어 있으나, ≪新唐書≫ 〈藩鎭鎭冀傳〉에 의거하여 '兆'로 바로잡았다.

49) (三)〔二〕: 저본에는 '三'으로 되어 있으나, ≪新唐書≫ 〈藩鎭鎭冀傳〉에 의거하여 '二'로 바로잡았다.

하자 조정으로 귀순하여 成德節度使가 되었다. 당시 成德의 땅을 셋으로 나누어 조서를 내려 定州에 군대를 두고, '義武'라 명명하여 장효충을 節度使로 삼았으며, 易州, 定州, 滄州 등의 觀察使로 임명하였다. 후에 朱滔와 王武俊이 蔡雄을 보내어 그를 설득하고, 다시 금과 비단으로 꾀였으나 모두 받지 않았다. 易州와 定州가 두 藩鎭 사이에 끼어 있었지만 성을 지키기를 굳건히 하여 끝까지 그 군대를 온전히 하였다.

康日知는 젊었을 때 이유악을 섬겼는데, 이유악이 모반하자 강일지는 別駕 李濯 및 部將 백 명과 함께 맹세하고 조정으로 귀순하였다. 이유악이 왕무준을 보내어 그를 공격하였는데, 강일지가 거짓으로 조정의 公文을 작성해 보여주며 "使者가 中丞(왕무준)을 曉喩하는 조서를 가지고 왔는데, 중승은 어떻게 천자를 배반하고 小兒를 따라다니며 멋대로 구는가."라고 말하였다. 이 말을 듣고 왕무준이 각성하여 병사를 이끌고 돌아가 이유악을 베어 바쳤다. 덕종이 강일지의 계략을 가상히 여겨 深州와 趙州의 관찰사로 삼았다. 마침 왕무준이 抗命하고, 장수를 보내어 조주를 공격하였는데, 강일지가 다시 그 군대를 격파하였다.

張孝忠本李寶臣麾下, 寶臣死, 子惟岳反, 乃歸朝, 爲成德節度使. 時三分成德地, 詔定州置軍, 名義武, 以孝忠爲節度, 易・定・滄等州觀察使. 後滔與武俊遣蔡雄說之, 復啖以金帛, 皆不受. 易・定介二鎭間, 乘城固守, 卒全其軍. 康日知少事李惟岳, 惟岳反, 日知與別駕李濯及部將百人共盟歸朝. 惟岳遣王武俊攻之, 日知紿爲臺檢示曰"使者齎詔喩中丞, 中丞柰何負天子, 從小兒跳梁哉." 武俊悟, 引兵還, 斬惟岳以獻. 德宗美其謀, 擢爲深・趙觀察使. 會武俊拒命, 遣將攻趙州, 日知復破其軍.

④ 太原澤潞河陽三將之衆 : 太原은 馬燧, 澤潞는 李抱眞, 河陽은 李芃을 말한다.

太原謂馬燧, 澤潞謂李抱眞, 河陽謂李(危)〔芃〕.50)

【評說】

이 글은 朱滔・田悅・李希烈 등의 藩鎭이 반란을 일으킴으로 인해 이들을 진압하기 위해 동원된 涇原의 군대가 병란을 일으켜 奉天(현 陝西省 乾縣)으로 唐 德宗이 피신하게 된 '奉天之難'을 배경으로 하고 있다. 덕종 재위 기간(779~805)은 중국문학사에서 中唐으로 분류되는 시기다. 당시 唐나라는 安史의 亂을 진압하기 위해 파견했던 節度使들이 병권을 장악하며 종래의 중앙집권체제가 약화된 상황이었다. 土豪와 商人들이 藩鎭과 결탁하여 황권을 위협하였으며, 특히 화북 지방은 오랫동안 반독립적 상황이 계속되었다.

---

50) (危)〔芃〕: 저본에는 '危'로 되어 있으나, ≪陸贄集≫(中華書局, 2006)에 의거하여 '芃'으로 바로잡았다.

덕종은 즉위 이후 번진의 세력을 약화시키기 위해 노력하였다. 그러나 建中 2년(781) 成德節度使 李寶臣이 죽은 후 부친의 지위를 세습해줄 것을 요구한 李惟岳의 요청을 거절하자 이유악이 魏博節度使 田悅, 淄靑節度使 李正己, 山南東道節度使 梁崇義 등과 연합하여 반란을 일으킴으로써 더욱 혼란스러운 상황 속으로 빠져들게 된다. 建中 4년(783), 淮西節度使 李希烈이 襄城을 공격하자 덕종이 哥舒曜를 보내 토벌케 하였으나 오히려 위기에 빠지자 재차 涇原의 군대를 파견하여 구원하도록 하였다. 그러나 오랜 전쟁과 푸대접에 지친 경원의 병사들이 명령에 따르지 않고 長安을 약탈하였으며, 반군들은 朱泚(주자) 아우 朱滔의 모략으로 京城에 연금되어 있던 주자를 떠받들어 우두머리로 삼았다. 이에 덕종이 봉천으로 피신하게 되니, 이것이 바로 涇原의 병란이다. 이 당시 朱滔, 王武俊, 田悅, 李納 네 사람이 왕으로 참칭하고 朱泚와 李希烈이 각각 秦帝와 楚帝로 참칭하였으므로 '二帝四王의 亂'이라고 일컫기도 한다.

〈論兩河及淮西利害狀〉은 바로 가서요의 진압작전이 무위로 돌아가고 襄城을 잃을 위기에 처한 建中 4년(783)에 작성된 奏狀으로, 적합한 장수를 구하고 병권을 장악할 것, 사태의 경중을 살펴 대처할 것으로 요약되며, 이 두 가지 주장을 위해 반군의 형세와 전장의 상황 등을 적재적소에 거론하였다. 특히 올바른 장수를 구할 것과 병권을 장악하여야 한다는 뜻에서 언급한 "삼가 생각건대, 적을 이기는 요체는 장수가 적임자인가에 달려 있고, 장수를 다루는 방도는 병권을 장악하는 데 달려 있습니다. 장수가 적임자가 아니라면 병졸이 아무리 많더라도 믿을 것이 못 되고, 병권을 장악하지 못한다면 장수가 아무리 인재라 하더라도 쓸모가 없습니다. 병졸이 믿을 만하지 못하다면 병졸이 없는 것과 같고, 장수가 쓸모가 없으면 장수가 없는 것과 같습니다. 장수가 병졸을 지휘하지 못하며 나라가 장수를 다루지 못한다면 물자를 허비하고 적을 우습게 여기는 폐단에 그칠 뿐만 아니라 또한 軍務를 제대로 단속하지 못하여 자멸하는 재앙을 초래하게 될 것이니, 예로부터 禍亂의 불씨가 어찌 일찍이 여기에서 연유하지 않았겠습니까."와 "사람이 나라의 근본이고 재물은 사람의 마음이며 군사는 재물을 좀먹는 벌레이다.〔人者 邦之本也 財者 人之心也 兵者 財之蠹也〕"라고 한 구절은 후인들에도 깊은 인상을 끼쳤다.

예를 들어 南宋의 汪應辰(1118~1176)은 金나라의 회유책에 기만당한 조정에서 '足食足兵'의 계책을 구하자 陸贄의 이 글을 들어 남송의 폐단은 군사가 부족한 데 있는 게 아니라 軍政이 올바로 서지 못한 데 있다고 통박하기도 하였으며,[51] 명대 중기의 학자 邱濬

51) 汪應辰(1118~1176)은……하였으며 : ≪宋史≫ 〈汪應辰傳〉에 보인다.

(1421~1495)도 그의 저서 ≪大學衍義補≫에서 이 구절을 인용한 후 '장수를 다루는 방도〔馭將之方〕'의 필요성을 인정하면서도 이는 霸主가 신하들을 부리는 방법〔馭臣之術〕일 뿐 仁君이 純臣을 대하는 방법은 아니라고 못 박은 바 있다. 정사를 총괄하면 재상이요 군대를 통솔하면 장수라 하니 그들에 대하는 방법이 서로 달라서는 안 된다는 것이 구준의 입장이었던 것이다.52)

또한 成海應(1769~1839)처럼 아예 〈論兩河及淮西利害狀〉에 대한 논평을 통해 일종의 史論을 제시한 사례도 찾아볼 수 있다. 그는 "적을 이기는 요체는 장수가 적임자인가에 달려 있고, 장수를 다루는 방도는 병권을 장악하는 데 달려 있다."라 한 부분을 인용한 후, 이것이 제왕의 대법이기는 하지만 時宜를 제대로 헤아리지 못하면 그저 칼자루만 쥔 것에 지나지 않다고 하며 당시 정황을 따져가며 자신의 견해를 개진하였다. 즉, 조정의 군대와 반군이 서로 관망하고 있을 때 토벌 대신 은전을 베풀었다면 반란 자체가 없었을 것이며, 淮蔡의 반란이 발발했을 때 전력을 다해 격파했다면 토벌은 물론 반란의 싹 자체를 영원히 종식시킬 수 있었을 것이라고 진단하였다. 아울러 憲宗 때 李絳과 裴度가 세운 공을 육지의 계책과 비교함으로써 '權時'의 중요성을 재차 강조하기도 하였다.53)

이처럼 육지의 〈論兩河及淮西利害狀〉는 작게는 군정의 문제로부터 크게는 왕도와 패도의 문제에 이르기까지 다양한 주제의 논거로 활용되며 후대의 논평과 저술에 큰 영향을 끼쳤다.

52) 邱濬(1421~1495)도……것이다 : ≪大學衍義補≫ 권130에 보인다.

53) 成海應(1769~1839)처럼……하다 : ≪研經齋全集≫ 권12 〈讀陸宣公奏議〉에 보인다.

2. 關中의 대처 방안에 관해 논하는 奏狀

論關中事宜狀

≪新唐書≫ 〈陸贄傳〉에 "陸贄의 字는 敬輿이니, 蘇州 嘉興 사람이다. 그의 아버지 陸侃은 溧陽縣의 縣令을 지냈다. 육지는 어렸을 때 아버지를 여의었는데, 무리 가운데 매우 뛰어났다. 18세에 進士試에 급제하였으며 博學弘辭科에 합격하였다. 鄭縣[1]의 縣尉로 임명되었고, 書判拔萃科로 渭南縣의 主簿로 제수되었다가 監察御使로 옮겨졌다. 德宗은 동궁 시절부터 육지의 이름을 알고 있었다. 이에 그를 불러서 翰林學士에 임명하여 정사의 득실에 관해 자주 질문하였다. 마침 馬燧 등이 河北에서 반란군들을 토벌하였지만 오래도록 해결되지 않자 군사 지원을 요청하였는데, 이 와중에 李希烈이 襄城을 공격하였다. 황제가 조서를 내려 安撫할 것을 하문하였는데, 육지는 군사들은 지치고 백성들은 곤궁해져서 별도로 내란이 생길까 염려되어 이 奏狀과 〈論兩河及淮西利害狀〉을 올렸으나 황제가 채납하지 못했다. 이후 涇原 군사들의 내란이 있게 되었으니, 육지의 말이 모두 증명되었다." 하였다.

唐本傳 "陸贄, 字敬輿, 蘇州嘉興人. 父侃, 溧陽令. 贄少孤, 特立不群. 十八第進士, 中博學弘辭. (謁)〔調〕鄭(安)〔尉〕,[2] 又以書判拔萃, 授渭南〔主〕[3]簿, 遷監察御史. 德宗在東宮時, 素知贄名, 乃召爲翰林學士, 數問以得失. 會馬燧等討賊河北, 久不決, 請濟師, 李希烈寇襄城. 詔問策安出, 贄以兵窮民困, 恐別生內變, 乃上此奏及論兩河及淮西利害狀, 帝不能用. 後有涇原士卒之變, 贄言皆效."

1-2-1 臣은 요사이 서적을 열람하면서 治亂廢興하는 부분을 접하게 될 때마다 꼭 반복해 참고하여 그 이유를 따져보았습니다.

---

1) 鄭縣 : 戰國時代 鄭國이 있던 곳으로, 지금의 陝西省 渭南市 華州區이다. 20세기 초에 華州로 개칭하였다.

2) (謁)〔調〕鄭(安)〔尉〕 : 저본에는 '謁鄭安'으로 되어 있으나, ≪新唐書≫ 〈陸贄傳〉에 의거하여 '調鄭尉'로 바로잡았다.

3) 〔主〕 : 저본에는 '主'가 없으나, ≪新唐書≫ 〈陸贄傳〉에 의거하여 '主'를 보충하였다.

나라를 잘 다스리는 사람과 도를 같이하면 흥하지 않음이 없고, 나라를 어지럽게 하는 사람과 도를 같이하면 망하지 않음이 없다는 것은 불변의 이치입니다. 간혹 조치함이 같은데도 나라의 안위가 다르게 되었던 것은 시대가 변했기 때문입니다. 군주가 되는 데에는 큰 권한〔柄〕이 있고 나라를 세우는 데에는 큰 권세〔權〕가 있으니 그것을 얻으면 반드시 강해지고 잃으면 반드시 약해지는 데 이르는 것은 어느 시대에나 변하지 않고 어느 왕이고 똑같은 것입니다.

右[4)]臣이 頃覽載籍하여 每至理[5)]亂廢興之際에 必反覆參考하여 究其端由하니 與理同道면 罔不興하고 與亂同趣면 罔不廢[6)]는 此가 理之常也요 其或措置不異호되 安危則殊는 此가 時之變也요 至於君人이 有大柄하며 立國이 有大權하니 得之必彊하며 失之必弱은 是則歷代不易하고 百王所同이니이다

1-2-2 무릇 군주가 되는 권한은 덕과 위엄을 밝히는 데에 달려 있고 나라를 세우는 권세는 경중을 잘 살피는 데에 달려 있으니, 덕과 위엄은 어느 하나라도 버려서는 안 되고 권한의 경중은 거꾸로 쥐어서는 안 됩니다. 위엄을 쌓아 덕을 밝혀야 하니 덕과 위엄 중 하나라도 버리게 되면 나라가 위태로워지게 됩니다. 중요한 것을 장악하여 가벼운 것을 통제하여야 하니, 경중을 거꾸로 쥐면 어그러지게 되는 법입니다. 위엄만을 믿으면 덕이 나에게서 떠나가므로 실패하는 결과를 초래하는 길이 되고, 중요함을 잃으면 가벼움이 군주 자신에게 옮겨오게 되므로 재앙을 여는 문이 됩니다.

夫君人之柄은 在明其德威요 立國之權은 在審其輕重하니 德與威를 不可偏廢也요 輕與重을 不可倒持也라 蓄威以昭德이니 偏廢則危하고 居重以馭輕이니 倒持則悖하나니 恃威則德喪於身이라 取敗之道也요 失重則輕移諸己라 啓禍之門也니이다

---

4) 右 : 옛날에 글을 쓸 때 우측으로부터 써 내려가므로 官爵과 姓氏 등을 맨 오른쪽에 쓰게 된다. 따라서 右는 써야 할 관작과 성씨 등을 대신하는 것이다.

5) 理 : 唐 高宗의 휘 '治'를 피휘하여 '理'로 쓴 것이다.

6) 與理同道……罔不廢 : "나라를 잘 다스리는 사람과 도를 같이하면 흥하지 않음이 없고, 나라를 어지럽게 하는 사람과 일을 같이하면 망하지 않음이 없다.〔與治同道 罔不興 與亂同事 罔不亡〕"는 말을 변용한 것이다.(≪書經≫ 〈商書 太甲 下〉)

1-2-3 폐하께서는 하늘이 내린 용맹함과 지혜를 갖추고 계시는데, 藩鎭을 평정하는 데 뜻을 두시어 이 혼미한 자들에게 성내시어 군대를 정돈하여 떨쳐 일어나 토벌하셨습니다. 그리하여 海內가 두려움에 떨어 감히 느긋하게 거처하는 자가 없으니, 이는 참으로 영명한 군주가 난리를 다스리고 세상을 구제하고자 할 때 어쩔 수 없이 사용하는 방법입니다. 그러나 위엄을 사방에 쓰는 것이니, 쌓는다고 할 수 없습니다.

조심스럽게 보존하고 아껴서 신중하게 지키고 잃지 않아야 하는 것은 오로지 중요한 것을 장악하여 가벼운 것을 통제하는 권세일 뿐입니다. 그런데 폐하께서는 사업을 이루는 것에 과감하시며, 임기응변에 급급해서 국력을 고갈시켜 군대에 제공하며, 중앙의 자원을 기울여 외지를 지원하시니, '칼자루(경중)를 거꾸로 쥔 형세'라는 것은 지금 또 그와 유사합니다.

신이 이 때문에 미친 듯이 근심하여 저도 모르게 함부로 말해서 번번이 자문에 응하는 취지를 뛰어넘어 근심스럽고 위태로울 만한 일을 깊이 헤아린 것입니다. 이는 신의 직분상 자신을 헤아리는 일에는 우둔하게 하여 군주를 섬기는 데 충성을 다하는 것입니다. 옛사람이 "어리석은 사람은 말하고 현명한 군주가 이것을 택한다."[7]고 하니 폐하께서는 부디 유의하여 들어주십시오.

陛下가 天錫勇智에 志期削平하사 忿玆昏迷하사 整旅奮伐하시니 海內震疊하여 莫敢寧居하니 此誠英主撥亂拯物하사 不得已而用之나 然威武四加하니 非謂蓄矣라 所可兢兢保惜하여 愼守而不失者는 唯居重馭輕之權耳어늘 陛下가 又果於成務하시며 急於應機하사 竭國以奉軍하며 傾中以資外하여 倒持之勢가 今又似焉하니 臣이 是以疚心如狂에 不覺妄發하여 輒踰顧問之旨하여 深測憂危之端하나니 此臣之愚於自量而忠於事主之分也라 古人所謂愚夫言之하고 而明主擇之①니 惟陛下는 幸留聽焉하소서

① 愚夫言之 而明主擇之 : ≪漢書≫ 〈晁錯傳〉에 보인다.
見晁錯傳.

---

7) 어리석은……택한다. : 원문 "愚夫言之而明主擇之"는 ≪淮南子≫ 〈說林訓〉의 "어리석은 사람이 말하고 지혜로운 자가 이것을 채택한다.〔愚者言而智者擇〕"를 변용한 것이다. 郎曄의 註에서는 ≪漢書≫ 〈晁錯傳〉의 문장으로 보았는데, 〈조조전〉에는 "미친 사람의 말도 밝은 군주가 채택한다.〔狂夫之言 而明主擇焉〕"라 하였다.

1-2-4 臣이 듣건대 "국가를 세움에 근본은 크게 하되 곁가지는 작게 해야 견고할 수 있다."[8]라고 하고, 또 듣건대 "천하를 다스리는 것은 몸이 팔뚝을 부리고 팔뚝이 손가락을 부리는 것과 같다."[9]고 하니, 그렇다면 크고 작은 것이 서로 걸맞아야 어그러지지 않습니다.

몸이 팔뚝을 부릴 수 있는 까닭은 몸이 팔뚝보다 크기 때문이고, 팔뚝이 손가락을 부릴 수 있는 까닭은 팔뚝이 손가락보다 크기 때문입니다. 王畿는 사방의 근본이고 京邑은 왕기의 근본이니, 그 형세에 있어 경읍을 몸처럼 부리고 왕기를 팔뚝처럼 부리고 사방을 손가락처럼 부려야 합니다. 그러므로 운용할 때에는 어긋나지 않고, 가만히 있을 때에도 위태롭지 않게 되니, 중요한 것을 장악하여 가벼운 것을 통제하는 것은 천자의 큰 권세입니다. 이는 諸夏를 제어하기 위한 것일 뿐만이 아니라 戎狄을 진무하는 방법이기도 합니다.

臣은 聞國家之立也에 本大而末小라 是以能固라하고 又聞理天下者는 若身之使臂하며 臂之使指이라하니 則小大適稱而不悖焉이라 身所以能使臂者는 身大於臂故也요 臂所以能使指者는 臂大於指故也라 王畿者는 四方之本也요 京邑者는 又王畿之本也니 其勢가 當令京邑如身하고 王畿如臂하고 四方如指라 故用則不悖하고 處則不危하나니 斯乃居重馭輕이 天子之大權也니 非獨爲御諸夏而已라 抑又有鎭撫戎狄之術焉일새

1-2-5 이 때문에 前代의 제도에는 천하의 세금을 옮겨서 경사에 쌓아두게 하고, 군현의 호걸들을 이주시켜 陵邑에 거처하게 하며, 사방의 장졸을 선발하여 변방을 채우게 했습니다. 그 부세와 요역은 가까운 곳은 가볍게 하고 먼 곳은 무겁게 하였으며, 은혜와 교화는 가까운 곳에 있는 사람들이 기쁘게 하여 먼 곳에 있는 사람들이 사모하여 찾아오게 하였습니다.

---

8) 국가를……있다 : "국가의 건립에 근본은 크게 하되 곁가지는 작게 해야 견고할 수 있다.〔國家之立也 本大而末小 是以能固〕"는 말을 인용한 것이다.(≪春秋左氏傳≫ 桓公 2년)

9) 천하를……같다 : "지금 海內의 형세로 하여금 몸이 팔뚝을 부리는 것과 같고 팔뚝이 손가락을 부리는 것과 같이 해서 제재하여 따르지 않음이 없게 한다.〔令海內之勢 如身之使臂 臂之使指 莫不制從〕"는 말을 변용한 것이다.(≪漢書≫ 〈賈誼傳〉)

太宗文皇帝(李世民)께서 대업을 안정시켜서 온 세상이 잘 다스려졌는데도 武備에 힘쓰시고 늘 위태로운 상황을 염려하셔서 여러 군데에 府兵을 설치하여 禁衛(12衛)에 나누어 예속시키셨으니, 대략 800여 곳의 折衝府가 있었는데 關中에 있는 것이 거의 500곳이었습니다.[10] 천하의 물력을 전부 동원하여도 관중에는 맞설 수 없으니, 중요한 것을 장악하여 가벼운 것을 통제하였던 뜻이 분명합니다.

唐太宗眞像

是以前代之制가 轉天下租稅하여 委之京師①하며 徙郡縣豪傑하여 處之陵邑②하며 選四方壯勇하여 實之邊城③하고 其賦役則輕近而重遠也요 其惠化則悅近以來遠也라 太宗文皇帝旣定大業하사 萬方底乂호되 猶務戎備하사 不忘慮危하사 列置府兵하여 分隷禁衛하시니 大凡諸府가 八百餘所而在關中者가 殆五百焉④이라 擧天下하여 不敵關中則居重馭輕之意明矣어늘

① 天下租稅 委之京師：≪史記≫〈平準書〉에 "孝惠帝와 高后 때에, 관리의 봉록을 헤아리고 관청의 비용을 산출하여 백성들에게 세금을 부과했다. 그리고 산림, 하천, 동산, 연못, 시정의 조세 수입은 천자의 사적인 봉양으로 삼고, 나라의 경비로 영수하지 않았다. 조운으로 산동의 곡식을 운반하여 경사의 관청에 공급했다."라고 하였다.

史平準書"孝惠·高后時, 量吏祿, 度官用, 以賦於民, 而山川園池市井租稅之入, 天子以爲私奉養焉,[11] 不領於天下之經費. 轉漕山東粟, 以給中都官."

---

10) 府兵을……500곳이었습니다：府兵制는 兵農合一을 특징으로 하는 兵制의 일종으로, 西魏 大統 연간(535~551)에 시작되어 唐나라 太宗 때 정점에 다다랐다가 玄宗 天寶 연간(742~755)에 폐지되었다. 平時에는 농사를 짓다가 戰時에 전쟁에 동원되었으며, 무기와 馬匹은 스스로 갖추어야 했고, 수도를 방비하는 임무까지 수행하였다. 당나라의 경우, 각지에 折衝府를 두어 府兵을 선발하고 훈련시키는 임무를 맡겼으며, 長安에 파견되어 宿衛할 때는 중앙군인 12衛에 분산 예속되었다. 장안을 숙위하는 기간은 거리에 따라 달리 적용되었는데, 장안을 둘러싼 관중 지역에 설치된 절충부가 가장 많았다.

11) 天子以爲私奉養焉："천자로부터 封君(封邑을 받은 공주나 列侯)의 湯沐邑(천자가 재계하는 비용에 쓰라는 명목으로 내리는 私邑)에서 나오는 수입은 각기 사적인 비용으로 여겼다.〔自天子以至于封君湯

② 徙郡縣豪傑 處之陵邑 : ≪漢書≫ 〈地理志〉에 "漢나라가 홍기하여 長安에 도읍을 세우고 齊나라의 여러 田氏들과 楚나라의 昭氏와 屈氏와 景氏 및 여러 공신 가문을 長陵으로 이주시켰다. 그 이후 대대로 二千石의 관리와 재물이 많은 부자와 호걸이면서 다른 땅까지 겸병한 집안을 陵邑에 이주시켰으니, 대개 근본을 강하게 하고 말단을 약화시키려는 까닭이지 山園을 받들기 위한 것만은 아니다."라고 하였다.

前地理志 "漢興, 立都長安, 徙齊諸田・楚昭・屈・景及諸功臣家於長陵. 後世世徙吏二千石・高訾富人及豪傑幷兼之家於諸陵, 蓋亦以强幹弱枝, 非獨爲奉山園也."

③ 選四方壯勇 實之邊城 : 漢 武帝 元狩 5년(B.C. 118)에 천하의 간사하고 교활한 관리와 백성들을 변방으로 이주시켰다. 元鼎 6년(B.C. 111)에 張掖郡과 燉煌郡을 설치하여 다시 백성들을 이주시켜 채웠다. 燉의 음은 屯이다.

漢武元狩五年, 徙天下姦猾吏民於邊. 元鼎六年, 置張掖・燉煌郡, 復徙民以實之. 燉音屯.

④ 列置府兵……殆五百焉 : ≪新唐書≫ 〈兵志〉에 "府兵의 제도는 西魏에서 시작해서 隋나라 때 갖춰졌고 唐나라가 일어난 이후에도 따랐다. 천하의 10道[12]에 부병 634곳을 두었는데 모두 이름이 있었고, 關內 지역에는 부병 261곳을 두었는데 모두 諸衛(12衛)에 예속시켰다." 하였으니, 공이 말한 것과는 약간 다른 점이 있다.

唐兵志 "府兵之制, 起自西魏, 而備於隋, 唐興因之. 凡天下十道, 置府兵六百三十四, 皆有名號, 而關內二百六十有一, 皆以隷諸衛." 與公所言頗有異同.

1-2-6 태평성대가 점차 오래 이어지자 武備가 차츰 미약해져 비록 府衛는 남아 있지만 군대가 연습을 드문드문했기 때문에 安祿山[13]이 거꾸로 쥔 칼자루[14]를 훔치고 藩

沐邑 皆各爲私奉養焉]"는 말을 변용한 것이다.(≪史記≫ 〈平準書〉)

12) 천하의 10道 : 唐나라 貞觀 원년(627)에 갖추어진 행정구역으로, 전국을 關內・河南・河東・河北・山南・隴右・淮南・江南・劍南・嶺南의 10道로 나눈 것을 말한다. 開元 연간(713~741)에는 山南과 江南을 각각 東西로 나누고 京畿・都畿・黔中을 두어 모두 15道가 되었다.

13) 安祿山 : 唐나라 중기의 무장(?~757)이다. 本姓은 康이라는 설이 있다. 突厥 사람으로, 주변 종족의 말에 능통하여 당나라 벼슬을 얻었으며, 玄宗의 신임을 얻어 平盧・范陽・河東의 三節度使가 되어 병권을 장악하였다. 天寶 14년(755)에 범양에서 반란을 일으켜 洛陽을 점령하고 이듬해에는 스스로 雄武皇帝라 하였으며, 국호를 燕이라 하여 수도인 長安을 위협하였으나, 그의 아들 安慶緖에게 제위를 빼앗기고 살해되었다.

14) 거꾸로……칼자루 : 權柄을 신하에게 빼앗겨 도리어 그 폐해를 받음을 이른다. 거꾸로 쥔 칼자루란 ≪漢書≫ 〈梅福傳〉에 "太阿劍을 거꾸로 쥐고 그 자루는 楚나라에게 주었다.〔倒持太阿 授楚其柄〕"라고 보인다.

鎭의 세력이 중한 것을 이용하여 단번에 천하에 횡행하자 兩京(長安과 洛陽)을 지키지 못했습니다. 그래도 제도에 자못 전형이 남아 있음에 힘입어, 근본을 굳게 하고자 하는 전대의 취지는 잊었어도 변경의 防備는 여전히 남아 있었으며, 게다가 諸監牧官에게 말이 있고 州마다 군량이 있었습니다. 그러므로 肅宗께서 이에 힘입어 다시 중흥의 시기를 만나셨습니다.15)

承平漸久에 武備浸微하여 雖府衛具存이나 而卒乘罕習이라 故로 祿山이 竊倒持之柄하며 乘外重之資하여 一擧滔天에 兩京不守①호되 尙賴經制가 頗存典刑하여 彊本之意則忘하나 緣邊之備猶在하며 加以諸牧有馬하고 每州有糧②이라 故肅宗이 得以爲資하사 中復興運이러시니

① 一擧滔天 兩京不守 : ≪新唐書≫ 〈安祿山傳〉에 "安祿山은 唐 玄宗 天寶 연간에 이미 3道를 아울러 다스리게 되자 뜻이 더욱 교만해졌으면 또한 閑廏使와 隴右群牧等使16)에 임명해 줄 것을 청하였다. 天寶 14년(755) 겨울 11월 范陽에서 반란을 일으켜서 12월 정유일에 안녹산이 東都(洛陽)를 함락하고 15년(756) 6월 기해일에 안녹산이 경사를 함락하였다." 하였다.

安祿山傳 "祿山當明皇天寶間, 旣兼制三道, 意益侈, 又請爲閑廐·隴右群牧等使. 天寶十四載冬十一月, 反范陽. 十二月丁酉, 祿山陷東都. 十五載六月己亥, 祿山陷京師."

② 加以諸牧有馬 每州有糧 : 이전에 肅宗이 平涼에 이르러 방목하고 있는 마필을 가리어 수만 필을 얻었다. 烏氏(오지)에 이르러서는 彭原 태수 李遵이 나가 숙종을 영접하여 옷과 말린 양식을 바쳤다. 그 말이 있고 양식이 있다는 것은 모두 이러한 종류이다.

---

15) 肅宗께서……만나셨습니다 : 肅宗이 玄宗을 대신해 황제에 즉위한 후 반란을 진압하는 데 총력을 기울였던 일을 말한다. 開元 26년(738) 태자에 오른 숙종은 안녹산의 난을 피해 蜀으로 달아나던 玄宗을 압박해 楊國忠을 살해하고 楊貴妃가 목매 자살하도록 하였으며, 황제에 오른 후 현종을 太上皇으로 받들었다. 이후 7년의 재위 기간 동안 兩京을 수복하는 성과를 이루기도 했지만 반란을 완전히 진압하지 못했으며, 환관 李國輔·魚朝恩 등을 총애하여 兵禍가 끊이지 않았다. 또한 寶應 원년(762) 이국보 등이 張皇后를 살해하고 태자를 옹립하자 두려워하다가 죽었다. 따라서 '다시 중흥의 시기를 만났다'고 한 陸贄의 평가는 긍정적인 면에 국한하여 조심스럽게 표현한 것으로 볼 수 있다.

16) 閑廏使와 隴右群牧等使 : 閑廏使는 唐나라 則天武后 聖曆 연간에 설치되었다. 궁중의 수레, 가마, 마소의 관리를 맡아보던 관직이다. 隴右群牧等使에서 牧은 監牧으로 당나라 때는 말의 목축을 위해 8坊과 48監을 두고 使를 두어 관리하게 하였다. 隴右群牧等使는 ≪舊唐書≫ 〈安祿山傳〉에는 隴右群牧等都使로 되어 있는데, 都使는 監牧使들을 총괄하는 지위이다. 隴右群牧等都使는 바로 隴右道의 監牧使를 관리하는 都使를 뜻하는 것으로 보인다. 안녹산은 이러한 監牧使의 지위를 얻어 기병을 기르고자 하였다.

初, 肅宗至平涼閱監牧馬, 得數萬匹. 至烏氏, 彭原太守李遵出迎, 獻衣及糗糧. 其有馬有糧皆此類也.

1-2-7 乾元[17]의 후에 역적을 처음 평정하였지만 계속 변경의 우환이 이어져 모든 군사를 동원하여 동쪽을 쳤습니다. 변방의 방비가 이미 느슨해졌고 禁軍 또한 텅 비게 되었기 때문에 吐蕃[18]이 빈 곳을 타고 깊이 침입하였는데, 옛 선황제께서는 아무도 함께 막을 사람이 없어서 토번을 피하여 동쪽으로 몽진하셨습니다.

이는 모두 중요한 것을 장악하여 가벼운 것을 통제하는 권세를 잃은 것이고, 뿌리를 깊고 견고하게 하는 생각을 잊어서이니, 그 결과 안으로 내란이 일어나자 험요지인 崤山과 函谷을 잃고 외침이 일어나자 汧水와 渭水가 전쟁터가 되었습니다. 이때에 조정과 시장이 四分五裂되어 우려스러운 사변들이 잠깐 사이에 수도 없이 일어났습니다. 비록 사방의 군사가 있더라도 어찌 하루아침의 근심을 구할 수 있었겠습니까. 폐하께서 미루어 상상해보신다면 어찌 이 때문에 한심해하지 않겠습니까.

乾元之後에 大憝初夷①나 繼有外虞②하여 悉師東討라 邊備既弛하고 禁(戎)〔戍〕[19]亦空일새 吐蕃乘虛하여 深入爲寇하니 故先皇帝가 莫與爲禦하여 避之東遊③하시니 是皆失居重馭輕之權하며 忘深根固柢之慮하여 內寇則崤函失險하고 外侵則汧渭爲戎하니 于斯之時에 朝市離析하여 事變可虞가 須臾萬端이라 雖有四方之師나 寧救一朝之患이리오 陛下가 追想及此하시면 豈不爲之寒心哉아

① 大憝初夷 : 이것은 安祿山과 史思明[20]을 이른다.

---

17) 乾元 : 唐 肅宗의 연호로 758년에서 759년까지 사용하였다.

18) 吐蕃 : 티베트왕국 및 티베트인에 대한 唐·宋나라 때의 호칭이다. 漢나라 이래의 史籍에서는 西羌이라 일컬었다. 棄宗弄贊이 재위할 때 인도와 교통하고 唐 太宗과 和好하는 등 크게 번창하였다. 이후 차츰 당나라와 충돌이 잦아져 高祖 武德 6년(623)부터 唐나라가 망할 때까지 河西·隴右·關中(지금의 甘肅·青海·陝西 일대)과 西域 등지에서 크고 작은 전쟁을 끊임없이 벌였다.

19) (戎)〔戍〕: 저본에는 '戎'으로 되어 있으나, ≪翰苑集≫, ≪歷代名臣奏議≫에 의거하여 '戍'로 바로잡았다.

20) 史思明 : 돌궐족으로 唐나라 寧夷 사람이다. 처음 이름은 窣干이며, '思明'은 玄宗이 내린 이름이다. 安祿山과 동향으로, 6가지 언어를 이해했다. 天寶 연간에 세운 전공으로 平虜兵馬使가 되었으며, 안녹산이 반란을 일으키자 이에 가담해 河北을 평정하고 饒陽을 공략했다. 至德 2년(757)

此指安祿山・史思明.

② 繼有外虞 : 安祿山이 죽자 安慶緖[21]가 이었고, 史思明이 죽자 史朝義[22]가 이었다.

祿山死, 慶緖繼之. 思明死, 朝義繼之.

③ 避之東遊 : ≪新唐書≫ 〈代宗紀〉에 "寶應 원년(762) 7월 吐蕃이 隴右의 여러 州를 함락하였으며, 10월 奉天과 武功을 침범하였고 盩厔(주질)에서 교전을 벌여서 천자의 군대가 대패하였다. 병자일에 陝州로 임금이 거둥하였고, 무인일에 토번이 경사를 함락하였다." 하였다.

代宗紀 "寶應元年七月, 吐蕃陷隴右諸州. 十月, 寇奉天・武功, 戰于盩厔, 王師敗績. 丙子, 駕如陝州. 戊寅, 吐蕃陷京師."

1-2-8 그런데 오히려 종묘사직의 威靈과 선황제들의 仁聖에 힘입어 추악한 무리를 물리치고 다시 궁성을 편안케 하여 성읍이 온전해지고 궁묘가 무사하였습니다. 이는 또한 예로부터 들어보지 못했던 특별한 행운이라고 하겠습니다. 하늘의 뜻이 황제의 집안을 보우하심이 깊음을 알 수 있습니다. 그러므로 크게 경계를 보이어 장구한 계책을 넓히고자 한 것이니, 폐하께서는 진실로 마땅히 위로는 하늘의 뜻에 부응하며 아래로는 때의 변화를 살피시어 멀리로는 전대의 성패를 고찰하시고 가까이로는 국조의 성쇠를 살피셔서 무궁한 아름다움을 드리우고 결코 뽑히지 않을 皇業을 세우셔야

安慶緖가 부친 안녹산을 죽이고 稱帝하자 당나라로 귀순해서 范陽長史와 河北節度使를 지냈다. 변심할까 두려워한 肅宗이 살해하려 한다는 사실을 알아채고 다시 반기를 들었으며, 乾元 2년(759) 魏州에서 大聖燕王이라 일컫고 연호를 順天이라 했다. 그 뒤 안경서 등을 죽이고 그 무리를 병합한 후 범양으로 돌아와 大燕皇帝라 칭했으며, 洛陽을 함락했다. 761년에 아들 史朝義와 그 부하들에게 살해당했다.

21) 安慶緖 : 安祿山의 둘째 아들로, 초명은 仁執이다. 약관 전에 鴻臚卿에 올라 廣陽太守를 겸했으며, 안녹산이 난을 일으켜 大燕皇帝라 칭하자 晉王에 봉해졌다. 肅宗 至德 2년(757), 부친 안녹산이 동생 安慶恩을 편애하는 데 불안을 느껴 부친을 살해하고 반란군을 통솔하면서 載初로 연호를 바꾸었다. 唐나라 군대가 洛陽과 長安을 수복하자 湖南의 鄴으로 달아나 안녹산의 부장 史思明에게 구원을 요청했는데 오히려 살해당했다.

22) 史朝義 : 史思明의 맏아들이다. 사사명이 安祿山을 따라 거병했을 때 冀州와 相州를 지켰으며, 乾元 2년(759) 사사명이 安慶緖를 살해하고 칭제하자 懷王에 봉해졌다. 上元 2년(761), 부친 사사명을 살해하고 大燕의 황제로 즉위하여, 연호를 顯聖이라고 하였다. 이듬해 조정에서 回紇(위구르)의 지원을 받아 반격하였으며, 사조의의 거점인 낙양을 함락하자, 북방의 莫州(지금의 河北省 任丘 일원)으로 피했다. 田承嗣와 李懷仙이 배신한 후 자살함으로써 마침내 안사의 난이 마무리되었다.

합니다.

尙賴宗社威靈과 先皇仁聖하여 攘却醜類하고 再安宸居①하여 城邑具全하며 宮廟無霣(운)하니 此又非常之幸 振古所未聞焉이라 足以見天意之於皇家에 保祐深矣라 故示大儆하여 將弘永圖하시니 陛下가 誠宜上副玄心하며 下察時變하사 遠考前代成敗하며 近鑑國朝盛衰하사 垂無疆之休하며 建不拔之業이니이다

① 攘却醜類 再安宸居：10월 계사일에 吐蕃이 궤멸하였고 郭子儀[23]가 京師를 수복했다. 12월 갑오일에 어가가 陝州로부터 이르렀다.

十月癸巳, 吐蕃潰, 郭子儀復京師. 十二月甲午, 車駕至自陝州.

1-2-9 지금은 형세가 위태롭고 우려스러움이 또한 전보다 심합니다. 삼가 생각건대 성군께서는 이미 대책을 세워 두셨겠지만 어리석은 신은 아직 깨닫지 못하여 감히 우려하는 바를 아룁니다.

선황제께서는 陝州의 성으로부터 돌아와 지나간 일을 경계로 삼으시어 점점 금위를 더하고 변방도 정비하였습니다. 이때 關中에 朔方, 涇原, 隴右의 병력을 거느린 세 장수가 있어서 西戎을 막았으며 河東에는 太原 군대가 온전하여 北虜를 막았으니,[24] 이 네 지역의 군대는 모두 명성과 기세가 아주 성대하였고 사졸과 말이 정예롭고 강건하였습니다. 거기에다 여러 道의 戍兵을 징발하여 매해 가을에 변방을 방비하였는데도, 오히려 封疆을 제대로 지키지 못하며 쳐들어오는 적들을 막지 못하여 京師의 계엄이 연달아 있게 되었습니다.

今則勢可危慮가 又甚於前하니 伏惟聖謀가 已有成算이로되 愚臣未達하여 敢獻所憂하노니

---

23) 郭子儀：華州 鄭縣(지금의 陝西省 渭南市) 사람이다. 天寶 연간(742~756)에 北邊 수비를 맡아 朔方節度使 휘하에 있었는데, 安祿山의 난이 일어나자 河東節度使 李光弼과 함께 中原의 반군을 토벌하였다. 756년에 肅宗이 서북의 靈武에서 즉위한 후에는 황태자 廣平王(뒤의 代宗) 밑에서 副元帥가 되어 관군의 총지휘를 맡았으며, 回紇(위구르)의 도움으로 長安과 洛陽을 수복하였다. 宦官 魚朝恩의 배척으로 한때 실각하였다가 廣德·永泰 연간에 吐蕃이 장안을 치려고 하자 다시 기용되어, 회흘을 회유하고 토번을 물리쳤다. 이 공으로 尙父의 칭호를 받고 汾陽王에 봉해졌다.

24) 關中에……막았으니：≪陸贄集≫(中華書局, 2006) 張佩芳의 註에 "세 장수는 路嗣恭, 馬璘, 李抱玉이다. 西戎은 吐蕃이다. 또 이때 郭子儀가 河東副元帥를 겸하였다. 北虜는 回紇이다."라고 하였다.

先皇帝가 還自陝郛에 懲艾往事하사 稍益禁衛하며 漸修邊防하시니 是時關中에 有朔方涇原隴右三帥하여 以扞西戎하고 河東에 有太原全軍하여 以控北虜하니 此四軍者가 皆聲勢雄盛하고 士馬精彊하며 又徵諸道戍兵하여 每歲乘秋備塞①호되 尙不能保固封守하며 遏其奔衝하여 京師戒嚴이 比比而有②러니

① 每歲乘秋備塞 : 防秋(가을철에 오랑캐의 침입을 방비함)를 이른다.
謂之防秋.

② 京師戒嚴 比比而有 : 代宗 寶應 원년(762) 10월 신미일에 吐蕃이 奉天과 武功을 침입하니 京師의 경계가 삼엄해졌다. 2년 10월 정묘일에 토번이 봉천을 침입하니 경사의 경계가 삼엄해졌다. 永泰 원년(765) 9월에 토번이 醴泉을 침입하니 경사의 경계가 삼엄해졌다. 大曆 3년(768) 8월 정묘일에 토번이 邠州를 침입하니 경사의 경계가 삼엄해졌다. 3년 9월 임오일에 토번이 靈州를 침입하니 경사의 경계가 삼엄해졌다.
代宗寶應元年十月辛未, 吐蕃寇奉天·武功, 京師戒嚴. 二年十月丁卯, 吐蕃寇(醴泉)〔奉天〕25), 京師戒嚴. 永泰元年九月, 吐蕃寇醴泉, 京師戒嚴. 大曆三年(九)〔八〕月(乙)〔丁〕卯, 吐蕃寇邠州, 京師戒嚴. 三年(八)〔九〕月(丁卯)〔壬午〕, 吐蕃寇(邠)〔靈〕州, 京師戒嚴.

1-2-10 폐하께서 보위를 이어받으시어 오랑캐들을 두려움에 떨게 하였습니다. 그러함에도 준동하던 昆夷(吐蕃)가 오히려 독을 쏘듯 해악을 부려 온 나라 사람이 침입하여 岷과 梁을 집어삼키고자 하였다가 탐욕이 이미 심해져서 거의 패망하게 되자 마침내 화친을 맺기를 요구하여 침략이 잠시 잠잠해졌습니다. 그러나 대개 말은 잃고 병사들은 지친 것에 연유하여 위급한 상황을 늦출 계책에 힘썼던 것이지 진실로 위험을 두려워하고 은덕을 그리워하여 반드시 신의를 지켜서 화친을 맺고자 했던 것은 아니었습니다. 그렇기 때문에 여러 해 동안 관대하게 대해주었음에도 끝내 약속을 굳건히 지키지 않았습니다.

싸움을 멈춘 지 조금 지나고 기르는 말들이 점차 불어나기만 하면 반드시 작은 일을 빌미삼아 분쟁을 일으키고 이를 기회로 다시금 함부로 침략을 하였으니, 張光晟이 또한 振武에서 오랑캐들을 유인하여 죽인 적도 있습니다. 그 이후로 오랑캐의 사신이

25) (醴泉)〔奉天〕: 저본에는 '醴泉'으로 되어 있으나, ≪陸贄集≫(中華書局, 2006)에 의거하여 '奉天'으로 바로잡았다. 이 아래도 이를 바탕으로 교감하였다.

전혀 없었으니 그들이 미워하고 원망함을 분명히 증험할 수 있습니다.

陛下가 嗣膺寶位하사 威懾殊隣호되 蠢玆昆夷가 猶肆毒蓋(학)①하여 擧國來寇하여 志呑岷梁러니 貪冒既深에 覆亡幾盡이라 遂求通好하여 少息交侵하나 蓋緣馬喪兵疲하여 務以計謀相緩이요 固非畏威懷德하여 必欲守信結和라 所以歷年優柔호되 竟未堅定要約②하니 息兵稍久에 育馬漸蕃하면 必假小事忿爭하여 因復大肆侵掠이요 張光晟이 又於振武에 誘殺群胡③라 自爾已來로 絶無虜使하니 其爲嫌怨을 足可明徵이라

① 蓋 : ≪漢書≫ 〈田儋傳〉에 이르기를 "살무사가 손을 물면 손을 잘라야 하고 발을 물면 발을 잘라야 한다." 하였는데 註에 이르기를 "蓋은 독을 쏜다는 뜻이니, 火와 各의 반절이다."라고 하였다.

漢田儋傳云 "蝮蓋手則斬手, 蓋足則斬足." 註云 "蓋, 螫也, 火各切."

② 竟未堅定要約 : 吐蕃이 매번 침입해 들어왔다. 어떤 때는 군사 십만을 거느리고 온 뒤 南詔[26]의 군사까지 합친 이십만의 병력으로 茂州를 공격하기도 하였는데, 누차 郭子儀, 崔寧, 常謙光 등에게 패배를 당하였다. 그러므로 오랑캐의 사신이 여러 차례 이르렀지만 번번이 잡아둔 채 보내지 않았다. 德宗이 즉위하자 太常少卿 韋倫을 두 차례 파견하여 사로잡았던 사신들을 돌려보내자 토번이 곧장 사신을 파견하여 위륜을 따라 입조하였다. 이듬해에 殿中少監 崔漢衡이 사신으로 가서 마침내 화친을 논의하였다. 덕종이 재상과 상서에게 명하여 오랑캐의 사신과 장안에서 맹약을 하게 하였으나 이전 淸水에서 맹약하였던 강역이 정해지지 않았으므로 다시 최한형에게 명하여 贊普[27]와 결판하게 하였다.

吐蕃每入寇, 或擁兵十萬, 後合南詔共二十萬, 攻茂州, 屢爲郭子儀・崔寧・常謙光等所摧敗, 故虜使數至, 輒留不遣. 德宗卽位, 兩遣太常少卿韋(論)〔倫〕[28]歸其俘, 吐蕃卽遣使者隨(論)〔倫〕入朝. 明年, 殿中少監崔漢衡往使, 遂議和好. 德宗命宰相・尙書與虜使盟長安,

---

26) 南詔 : 남조국(738~937)은 지금의 雲南 전역과 貴州, 四川, 西藏, 베트남, 미얀마 일부 지역을 통치하였던 국가로 6개 부락으로 구성되어 六詔라고 하였다. 당시에는 중국 남부에 위치하여 南詔라고 불렀다. 唐 高宗 시기 토번의 확대로 토번의 영향력 아래 놓이게 되었다. 이후 六詔의 일부는 당나라에 귀부하고 나머지는 여전히 토번의 영향력 아래 있었다.(≪구당서 외국전 역주≫, 동북아역사재단 편, 2011)

27) 贊普 : ≪新唐書≫ 〈吐蕃傳〉에 "彊雄한 자를 贊이라 하고 丈夫를 普라고 한다. 그러므로 君長을 贊普라고 한다." 하였다. 이는 젠뽀(btsan po)를 음차한 말로 강한 자라는 뜻이다.(≪구당서 외국전 역주≫ 동북아역사재단 편, 2011)

28) (論)〔倫〕 : 저본에는 '論'으로 되어 있으나, ≪新唐書≫ 〈吐蕃傳〉에 의거하여 '倫'으로 바로잡았다. 아래도 같다.

而淸水之約, 疆埸不定, 復令崔漢衡往決於贊普.

③ 張光晟……誘殺群胡 : ≪資治通鑑≫에 "建中 원년(780) 8월 갑오일에 振武留後 張光晟이 回紇의 사신 突董 등 900여 명을 죽였다. 이전에 代宗 때에 九姓胡[29]가 늘 회흘의 이름을 빌려 써서 京師에 섞여 살며 장사하여 재물을 불리고 방종하며 횡포를 부리니, 회흘과 함께 공적으로나 사적으로나 골칫거리가 되었다. 德宗이 즉위하여 돌동에게 그 무리를 모두 거느리고 나라로 돌아갈 것을 명했는데, 振武에 이르러 몇 달을 머물며 자급을 지나치게 요구했다. 장광성이 그를 죽이고자 했지만 감히 실행에 옮길 수 없었다. 九姓胡들이 그들의 종족이 회흘의 새로운 可汗[30]에게 죽임을 당했다는 소식을 듣고 곧 몰래 장광성에게 계책을 올려 회흘을 죽이기를 요청했다. 장광성이 모두 세 번을 상주하였으나 덕종이 윤허하지 않았다. 이에 副將으로 하여금 그들이 지내는 관사의 문 앞을 지나가게 하며 일부러 예의를 갖추지 않도록 하자 돌동이 노하여 붙잡아 수십 번을 채찍질하였다. 장광성이 군대를 이끌고 습격하여 여러 오랑캐 무리들을 아울러 모두 죽이고 시체를 모아서 京觀[31]으로 삼았다. 회흘이 제멋대로 살해한 자에게 원수를 갚기를 요청하니, 덕종이 장광성을 睦王傅로 폄직하여 그 마음을 달래주었다." 하였다.

(回紇傳)〔通鑑〕[32] "建中元年八月甲午, 振武留後張光晟殺回紇使者(董突)〔突董〕[33]等九百餘人. 先是代宗之世, 九姓胡常冒回紇之名, 雜居京師, 殖貨縱暴, 與回紇共爲公私之患. 德宗卽位, 命(董突)〔突董〕盡帥其徒歸國. 至振武, 留數月, 厚求資給. 光晟欲誅之, 未敢發. 九姓胡聞其種族爲新可汗所誅, 乃密獻策於光晟, 請殺回紇. 光晟凡三奏, 德宗不許. 乃使副將過其館門, 故不爲禮, (董突)〔突董〕怒, 執而鞭之數十. 光晟勒兵掩擊, 竝群胡盡殺之, 聚爲京觀. 回紇請得專殺者以復讐, 德宗貶光晟爲睦王傅, 以慰其意."

---

29) 九姓胡 : 九姓은 곧 昭武九姓을 말한다. 이는 중국의 남북조시대부터 수・당대에 이르기까지 중앙아시아의 소그디아나(Sogdiana) 지방에 존재했던 9개의 오아시스 도시국가를 칭한다. 9개의 국왕은 모두 昭武를 國姓으로 했음으로 昭武國姓이라 부른다. 사학계에서는 이들을 보통 소그로인이라 부른다.

30) 可汗 : 고대 투르크어인 카간(qaghan)을 音譯한 말이다. 이는 匈奴의 君長의 칭호였던 單于의 권위가 약화되면서 최고 군주의 권위를 갖는 명칭으로 사용하지 못하게 되었다. 가한은 새롭게 흥기하던 柔然과 鮮卑 등에서 등장한 개념이다. 北魏에서 사용되었으며, 柔然, 突厥 등에서도 사용하게 되면서 그 이후 유목 군주의 최고 칭호가 되었다.(≪구당서 외국전 역주≫, 동북아역사재단 편, 2011)

31) 京觀 : 전사한 적의 시신을 쌓고 그 위에 흙을 봉분하여 적을 이긴 공을 드러내는 것을 말한다.

32) (回紇傳)〔通鑑〕: 저본에는 '回紇傳'으로 되어 있으나, ≪陸贄集≫(中華書局, 2006)에 의거하여 '通鑑'으로 바로잡았다.

33) (董突)〔突董〕: 저본에는 '董突'로 되어 있으나, ≪新唐書≫ 〈回鶻傳〉에 의거하여 '突董'으로 바로잡았다. 아래도 같다.

1-2-11 가령 吐蕃이 진실로 화친하고 回紇이 원한이 없다 하더라도 오랑캐의 탐욕스럽고 거짓됨은 곧 항상 품고 있는 마음이니 진실로 이익을 취할 틈만 엿보이면 어찌 가만히 앉아서 스스로를 지키고자 하겠습니까.

지금 朔方과 太原의 군사는 멀리 山東에 있고 神策과 六軍[34]의 병력은 關外로 계속 나가고 있으니, 혹시라도 賊臣이 침입할 마음을 먹을 때에 교활한 오랑캐가 변경을 엿보다가 빈틈을 파고들어 변경을 몰래 침범한다면 이는 어리석은 신이 더욱이 근심하는 것입니다. 폐하께서는 어떻게 방비하실 생각이신지 잘 모르겠습니다.

借如吐蕃實和하고 回紇無憾이라도 戎狄貪詐는 乃其常情이니 苟有便利可窺면 豈肯端然自守리오 今朔方太原之衆이 遠在山東하고 神策六軍之兵이 繼出關外하니 儻有賊臣啗寇에 黠虜窺邊하여 伺隙乘虛하여 微犯亭障이면 此愚臣所竊爲憂者也라 未審陛下가 其何禦之리잇고

1-2-12 풍문에 듣자니, 반란군을 진압하던 초기에 논의하는 자들은 대부분 전쟁을 벌이는 일을 쉽게 여겨, 모두들 "정벌은 있을지언정 싸움은 없을 것이니, 전쟁을 벌이는 일은 적기를 넘겨서는 안 된다. 병력을 헤아려보면 그다지 많이 필요치 않고, 비용을 헤아려보면 그렇게 많지 소요되지 않을 것이니, 일에 있어서 소란스러울 것이 없고, 사람들에게 있어서도 수고롭지 않을 것이다."라고 하였습니다.

그런데 일찍이 뜻밖의 병란과 재화가 연달아 일어나자 헤아리기 어려운 변고가 시간이 갈수록 불어나서 점차 애초의 계획과 어긋나게 되었습니다. 그러므로 예전의 기록에 "병기는 흉기이고 전쟁은 위태로운 일이다."라고 하여 지극히 경계하고 삼가서 감히 가벼이 사용하지 못한 것은 대개 이 때문입니다.

側聞伐叛之初에 議者가 多易其事하여 僉謂有征無戰이니 役不逾時라 計兵未甚多하며 度費未甚廣하니 於事에 爲無擾하며 於人에 爲不勞라하더니 曾不料兵連禍拏에 變故難測하여 日引月長에 漸乖始圖라 故前志에 以兵爲凶器하며 戰爲危事①라하여 至戒至愼하여 不敢輕用之

34) 神策과 六軍 : ≪陸贄集≫(中華書局, 2006) 張佩芳의 註에 "≪資治通鑑≫의 註에 '左右羽林軍, 左右龍武軍, 左右神策軍이 六軍이 된다.'고 하였고, ≪자치통감≫의 주에 또 '좌우우림군, 좌우용무군, 左右神武軍이 六軍이 된다. 神策軍이 가장 강성하므로 六軍의 위에 있다.'고 하였다." 하였다.

者가 蓋爲此也라

① 故前志……戰爲危事 : ≪漢書≫ 〈晁錯傳〉에 "병기는 흉기이고 전쟁은 위태로운 일이다." 하였다.

晁錯傳 "兵, 凶器. 戰, 危事也."

1-2-13 승리하여야 마땅하나 도리어 패하고 편안하여야 마땅하나 거꾸로 위태로워지며, 망할 상황을 변화시켜 보존하며 작았던 것을 변화시켜 큰 것을 이루는 것은 손바닥을 뒤집는 사이에 있을 뿐이니, 어찌 두려워하고 신중하지 않을 수 있겠습니까.

근래의 일이 매우 자명하여 귀감으로 삼기에 충분하니 과거에 천하의 근심이 되어 모두들 그 무리들을 제거하면 태평함을 이룰 수 있다고 여겼던 자들로는 李正己, 李寶臣・梁崇義・田悅이 이들이었으며, 지난날 국가의 신임을 받아 모두들 그들에게 맡기면 禍亂을 없앨 수 있을 것이라고 생각했던 자들로는 朱滔, 李希烈이 이들이었습니다.

當勝而反敗하고 當安而倒危하며 變亡而爲存하고 化小而成大가 在覆掌之間耳라 何可不畏而重之乎아 近事甚明이라 足以爲鑑이니 往歲爲天下所患하여 咸謂除之則可致昇平者는 李正巳李寶臣梁崇義田悅이 是也①요 往歲爲國家所信하여 咸謂任之則可除禍亂者가 朱滔李希烈이 是也②러니

① 李正己……田悅是也 : ≪新唐書≫ 〈藩鎭傳〉에 "李正己는 高句麗 사람이니 본명은 懷玉이다. 侯希逸35)을 대신하여 節度使가 되어 비로소 지금의 이름을 하사받았다. 마침내 淄, 靑, 齊, 海, 登, 萊, 沂, 密, 德, 棣 10개 州를 소유하였으며 田承嗣, 薛嵩, 李寶臣, 梁崇義와 더불어 서로 의지하는 관계가 되었다. 뒤에 또 曹, 濮, 徐, 兗, 鄆 등 모두 15개 州를 취하여 가장 강대하다고 일컬어졌다. 建中 초에 汴州에 축성한다는 소식을 듣고36) 곧 田悅,

35) 侯希逸 : 平盧(지금의 遼寧省 朝陽市) 출신이다. 平盧軍의 裨將으로 있을 때 安祿山의 반란에 가담한 徐歸道가 平盧節度使로 임명되자 安東都護 王玄志와 함께 그를 죽였다. 그 뒤 왕현지가 병사하자 병사들에 의해 추대되어 절도사가 되었으며, 반군의 공격을 여러 차례 막아냈다. 史朝義를 토벌한 공으로 檢校工部尙書에 임명되고 淮陽郡王에 봉해졌으나 점차 교만하고 방종하여 정사를 게을리 하고 불교에 빠졌다. 이에 불만을 품은 군민들에 의해 축출되자 조정으로 달아나 檢校右僕射 등의 관직을 지냈으며, 太保에 추증되었다.(≪舊唐書≫ 〈侯希逸傳〉)

36) 汴州에……듣고 : 李正己가 長安과 가까운 鄆州로 근거지를 옮기자 조정에서 이에 대비하기 위

梁崇義, 李惟岳과 함께 모반하기로 약속했지만 등창이 나서 죽었다.

李寶臣은 본래 范陽에 內屬된 奚族으로, 옛 이름은 忠志이며, 成德節度使에 배수되어 성과 이름을 하사받았다. 이에 마침내 常, 定, 易, 趙, 深, 冀 6개 州의 땅을 소유하고 山東에서 으뜸이 되었으며, 설숭, 전승사, 이정기, 양숭의와 더불어 서로 혼인하여 급속하게 가까운 사이가 되었다. 德宗이 즉위함에 司空에 배수되었다. 뒤에 妖人의 약을 마시고는 곧장 벙어리가 되었다가 3일 만에 죽었다.

梁崇義는 京兆 長安 사람이다. 본래 來瑱[37]을 섬기다가 내진이 죽임을 당하자 무리들이 우두머리로 옹립하니, 代宗이 襄陽節度使에 배수하였다. 7개 州를 차지하고 병사 2만을 거느렸으며 전승사 등과 더불어 결탁하였다. 덕종이 의심하지 않는다는 뜻을 보이고자 平章事를 가자하였다. 뒤에 李希烈에게 패하자 우물에 뛰어들어 죽었다.

田悅은 일찍 아버지를 여의었는데, 전승사가 죽을 때 전열에게 節度使의 일을 맡게 하였다. 檢校工部尙書로 잠시 있다가 절도사가 되었다. 덕종이 즉위하자 전열이 양숭의 등과 병력을 믿고 연합했다가 다시 朱滔, 王武俊, 李納과 더불어 스스로를 서서 왕이 되었는데, 뒤에 從姪인 田緒에게 살해되었다."라고 하였다.

藩鎭傳 "李正己, 高麗人, 本名懷玉, 代侯希逸爲節度使, 始賜今名. 遂有淄・青・齊・海・登・萊・沂・密・德・(隸)〔棣〕[38]十州, 與田承嗣・薛嵩・李寶臣・梁崇義輔牙相倚. 後又取曹・濮・徐・兗・鄆(九)〔凡〕[39]十有五州, 號最强大. 建中初, 聞城汴州, 乃約田悅・梁崇義・李惟岳偕叛, 會發疽死. 李寶臣, 本范陽內屬奚, 舊名忠志, 拜成德節度使, 賜姓及名. 於是遂有常・定・易・趙・深・冀六州地, 雄冠山東, 與薛嵩・田承嗣・李正己・梁崇義相姻嫁, 急熱爲表裏. 德宗立, 拜司空. 後服妖人藥, 卽瘖, 三日死. 梁崇義, 京兆長安

해 開封에 성을 쌓은 일을 가리킨다. 번진의 세력을 두려워한 조정에서 번진을 억압하는 정책을 본격화하였다. 成德節度使 李寶臣이 죽은 뒤 그의 아들 李惟岳의 세습을 인정하지 않은 것이 그 신호탄이었다. 이보신은 이정기의 아들 李納의 장인이었으며, 이정기 자신도 아들에게 물려주고자 했기 때문에, 동맹관계를 맺고 있던 李惟岳・田悅・梁崇義 등과 합세해 唐나라 조정에 압박을 가했다.

37) 來瑱 : 邠州 永壽 사람이다. 四鎭節度使 來曜의 아들로 左贊善大夫・殿中侍御史・潁川太守 등을 지냈다. 安史의 亂 때 여러 차례 반군을 격퇴해 반군에게 '來嚼鐵'이라고 불렸다. 上元 3년(762), 裴䚮 등의 참소로 고초를 겪다가 代宗 즉위 이후 자신을 공격해온 배비를 도리어 붙잡아 대종에게 바치고 請罪함으로 인해 다시 관직을 회복하고 兵部尙書・同中書門下平章事 등을 지냈다. 그러나 程元振과 王仲昇의 참소로 인해 관직을 삭탈당하고 賜死되었다.(≪舊唐書≫ 〈來瑱傳〉)

38) (隸)〔棣〕: 저본에는 '隸'로 되어 있으나, ≪新唐書≫ 〈藩鎭淄青橫海傳〉에 의거하여 '棣'로 바로잡았다.

39) (九)〔凡〕: 저본에는 '九'로 되어 있으나, ≪新唐書≫ 〈藩鎭淄青橫海傳〉에 의거하여 '凡'으로 바로잡았다.

人. 本事來瑱, 瑱誅, 衆立爲長, 代宗因拜襄陽節度使. 擧七州, 兵(三)〔二〕[40]萬, 與田承嗣等相結. 德宗示以不疑, 加平章事. 後爲李希烈所敗, 乃赴井死. 田悅蚤孤, 田承嗣將死, 命悅知節度事, 俄檢校(正)〔工〕[41]部尙書, 爲節度使. 德宗立, 悅因與梁崇義等阻兵連和, 復與朱滔・王武俊・李納自立爲王, 後爲從(緖)〔姪〕[42]緖所刺."

② 朱滔李希烈是也 : 朱滔는 幽州 사람으로, 朱泚의 동생이다. 주자가 入朝하게 되자 주도를 임시 留後로 삼았다. 李惟岳이 항명하자, 주도가 成德節度使 張孝忠과 이유악을 束鹿에서 재차 격파하고 深州를 차지하였다. 주도는 檢校司徒가 되고 마침내 절도사가 되어 德州와 棣州 두 州를 하사받았다.

李希烈은 燕州 遼西 사람이다. 代宗이 淮西留後로 임명하였다. 德宗이 즉위하고 곧바로 節度使에 제수되었다. 梁崇義가 모반하자 이희열을 諸軍都統使로 임명하였는데, 양숭의를 평정할 때 많은 공을 세웠다.

朱滔, 幽州人, 乃泚之弟. 泚入朝, 以滔權知留後. 李惟岳拒命, 滔與成德張孝忠再破之束鹿, 取深州. 進檢校司徒, 遂領節度, 賜德・棣二州. 李希烈, 燕州遼西人. 代宗命爲淮西留後. 德宗立, 卽拜節度使. 梁崇義之反, 拜希烈爲諸軍都統, 平崇義功爲多.

1-2-14 그런데 얼마 뒤 李正己가 죽자 李納이 이어받았고, 李寶臣이 죽자 李惟岳이 이어받았으며 梁崇義가 죽자 李希烈이 모반을 일으키고, 이유악이 주륙당하자 朱滔가 이반하였습니다. 그러하니 예전에 근심이 된 자들 넷 가운데 셋이 제거되었지만 근심은 끝내 사라지지 않았고, 예전에 신임을 받은 자들이 지금은 스스로 모반을 하였지만 또한 나머지 사람들도 어떻게 될지 보장하기 어렵습니다.[43] 이로써 나라를 세우는 安危는 권세에 달려 있고 맡긴 일의 성패는 사람에게 달려 있음을 알 수 있으니, 권세가 진실로 평안하면 다른 무리라도 마음을 함께할 것이며 권세가 진실로 위태로우면 한 배를 탄 사람도 적국이 되는 법[44]입니다.

---

40) (三)〔二〕 : 저본에는 '三'으로 되어 있으나, ≪新唐書≫ 〈叛臣傳〉에 의거하여 '二'로 바로잡았다.

41) (正)〔工〕 : 저본에는 '正'으로 되어 있으나, ≪新唐書≫ 〈藩鎭魏博傳〉에 의거하여 '工'으로 바로잡았다.

42) (緖)〔姪〕 : 저본에는 '緖'로 되어 있으나, ≪新唐書≫ 〈藩鎭魏博傳〉에 의거하여 '姪'로 바로잡았다.

43) 또한……어렵습니다 : 원문의 '又難保'는 ≪資治通鑑≫에 '餘又難保'로 되어 있다.

44) 한 배를……법 : 吳起가 魏 武侯에게 "만약 덕을 쌓지 않는다면 이 배 안의 사람들이 모두 적국으로 변할 수 있다.〔若君不修德 舟中之人盡爲敵國也〕"고 하였다.(≪史記≫ 〈孫子吳起列傳〉)

폐하께서는 어찌 옛일을 거울삼아 정치를 새롭게 하고 훌륭한 계책을 세워서 덕과 위엄 중 어느 하나라도 버려서는 안 되는 권한을 지켜 백성을 편안케 하시며 칼자루(경중)를 거꾸로 쥐었던 권세를 회복하여 나라를 견고히 하지 않으시고 도리어 급급하게 온 정신을 쏟아 끝없는 요구에 응하여 기필하기 어려운 효과를 바라십니까. 남을 위하여 해로운 것을 없애는 뜻에 있어서는 지극하다 하겠지만 종묘사직을 위하여 자중하는 계책에는 아직 지극하지 못한 듯합니다.

既而正己가 死에 李納이 繼之①하고 寶臣이 死에 惟岳이 繼之②하고 崇義가 卒에 希烈이 叛③하고 惟岳이 戮에 朱滔가 携④하니 然則往歲之所患者가 四去其三矣⑤로되 而患竟不衰하고 往歲之所信者가 今則自叛矣而又難保하니 是知立國之安危는 在勢하고 任事之濟否는 在人하니 勢苟安則異類同心也요 勢苟危則舟中敵國也라 陛下가 豈可不追鑑往事하사 惟新令圖하사 循偏廢之柄하여 以靖人하며 復倒持之權하여 以固國하시고 而乃孜孜汲汲하여 極思勞神하여 徇無已之求하여 望難必之效하시니잇고 其於爲人除害之意는 則已至矣어니와 其爲宗社自重之計는 恐未至焉이라

① 既而正己死 李納繼之 : 李正己가 죽은 뒤에, 그의 아들인 李納이 죽은 사실을 숨기며 장례를 치루지 않고 군사를 이끌고 濮陽에서 田悅과 회동하였으며, 전열, 李希烈, 朱滔, 王武俊과 화친을 맺은 다음 스스로 齊王이라 칭하고 百官을 두었다.

 正己既死, 其子納秘不發喪. 以兵會田悅于濮陽, 與悅・李希烈・朱滔・王武俊連和, 自稱齊王, 置百官.

② 寶臣死 惟岳繼之 : 李寶臣이 죽자 군중에서 그의 아들 李惟岳을 추대하여 留後로 삼고, 아버지의 지위를 세습해주기를 요구하였으나, 德宗이 허락하지 않았으며 田悅이 요청한 것도 듣지 않았다. 마침내 이유악이 전열, 李正己와 더불어 항명하기로 모의하였다. 덕종이 朱滔와 張孝忠에게 조령을 내려 군사를 합쳐 이유악을 치도록 하였다.

 李寶臣死, 軍中推其子惟岳爲留後, 求襲父位, 德宗不許. 田悅爲請, 不聽. 遂與悅・李正己謀拒命. 德宗詔朱滔與張孝忠合兵討惟岳.

③ 崇義卒 希烈叛 : 梁崇義가 죽자 李希烈이 군사를 모아 그 땅을 차지하고자 하였는데, 마침 山南節度使 李承이 이르자 이기지 못하고 크게 약탈만 하고 물러났다. 이후 李納이 반란을 일으키자, 이희열에게 그를 토벌하도록 명하였다. 이희열이 몰래 이납과 밀접한 사이가 되어 汴州를 차지하고자 도모하였고, 또한 河北의 朱滔, 田悅 등과 연합하기로 약속하였으며 스스로 建興王이라 칭하였다.

梁崇義死, 李希烈擁兵欲有其地, 會山南節度使李承至, 不克, 猶大掠而去. 後李納叛, 命希烈討之. 希烈潛與納爲脣齒, 謀取汴州, 又約河北朱滔・田悅等連和, 自號建興王.

④ 惟岳戮 朱滔携 : 李惟岳이 항명하자 朱滔가 격파하고 深州를 취하였다. 德宗은 康日知를 深州, 趙州의 團練使[45]로 삼아, 주도에게 조령을 내려 鎭으로 돌아가도록 하였다. 주도가 크게 못 마땅히 여겨, 마침내 王武俊 등과 함께 반란을 일으켰다.

李惟岳拒命, 朱滔破之, 取深州. 德宗以康日知爲深・趙二州團練使, 詔滔還鎭. 滔大不平, 遂與王武俊等同叛.

⑤ 四去其三矣 : 당시 李正己, 李寶臣, 梁崇義가 모두 죽었지만 오직 田悅만은 살아 있었다.

時李正己・李寶臣・梁崇義皆已亡, 惟田悅尙在.

1-2-15 근래 장수들이 토벌하러 가서 오래도록 적을 섬멸하지 못하고 구차하게 이를 빌미삼아 증원을 요청하였기 때문에 폐하께서 이를 위해 변방 군대를 철수시키고 궁성의 호위군을 부족하게 하였으며, 內廐의 말까지 비게 하고 武庫의 병기까지 동나게 하였으며, 장수 집안의 자제들을 뽑아 군병에 보태고 私家에서 기른 가축까지 징발하여 기병을 늘리셨습니다. 그런데도 오히려 싸우지 않고 財用이 부족하다고 하자, 폐하께서 또한 이를 위하여 가옥의 크기에 따라 세금을 매기고(間架稅) 상인에게 돈을 빌리며, 司府의 재물까지 남김없이 동원하고 榷酤(각고)[46]까지 만들어 시행하셨으니, 近畿 지역에 징발이 이미 몹시 심하였고, 궁성의 경비도 온전하지 않게 되었습니다.

自頃으로 將帥徂征하여 久未盡敵하고 苟以藉口하여 則請濟師일새 陛下가 乃爲之輟邊軍缺環衛하며 虛內廏之馬하며 竭武庫之兵하며 占將家之子하여 以益師하고 賦私養之畜하여 以增騎①호되 猶且未戰하여 則曰乏財일새 陛下가 又爲之算室廬②貸商賈③하며 傾司府之幣하며 設請榷之科④하여 關輔之間에 徵發已甚하고 宮苑之內에 備衛不全하니

① 賦私養之畜以增騎 : ≪新唐書≫ 〈兵志〉에 이르기를 "德宗이 즉위하고 白志貞이 王駕鶴을

---

45) 團練使 : 團練守捉使의 준말로, 唐나라 때 한 지역의 자위대(團練)를 책임지는 관직이다. 초기에는 都團練使와 州團練使 두 가지가 있었는데, 대개 도단련사는 觀察使가 겸임하고 주단련사는 刺史가 겸임하였다.

46) 榷酤(각고) : 漢나라 이후로 중앙정부가 술을 독점 판매하는 법을 말한다.

대신하여 神策軍使가 되었다. 李希烈이 반란을 일으키자 河北의 도적도 봉기하였다. 그래서 여러 차례 금군을 내어 정벌하느라 신책군 가운데에서도 싸우다 죽은 이가 많았다. 建中 4년(783)에 조서를 내려 군대를 모으려고 백지정을 使로 삼아서 가혹하게 징발하였다.

郭子儀의 사위 吳仲孺는 장사를 하여 막대한 부를 이루었는데 그 아들이 노비와 말을 인솔하여 從軍하기를 청하자 덕종이 매우 기뻐하여 그의 아들에게 5품의 벼슬을 내렸다. 백지정이 이리하여 節度使, 都團練과 觀察使 집안에서도 모두 자제, 말, 노비, 장비, 갑옷을 내어 정벌을 도우면, 오중유의 아들처럼 관직을 제수해달라는 요청을 올렸다. 이리하여 부호들은 관직을 얻을 기회로 여겼으나, 가난한 이들은 고통스러워하였다."라고 하였다.

唐兵志云 "德宗卽位, 以白志(正)〔貞〕[47]代王駕鶴爲神策軍使. 及李希烈反, 河北盜且起, 數出禁軍征伐, 神策之士多鬪死者. 建中四年, 下詔募兵, 以志(正)〔貞〕爲使, 蒐捕峻切. 郭子儀之壻吳仲孺殖貲累巨萬, 請以子率奴馬從軍. 德宗喜甚, 爲官其子五品. 志(正)〔貞〕乃請節度·都團練·觀察使家皆出子弟馬(女)〔奴〕[48]裝鎧助征, 授官如仲孺子. 於是豪富者緣爲幸, 而貧者苦之."

② 又爲之算室廬 : ≪新唐書≫ 〈食貨志〉에 이르기를 "判度支 趙贊이 다시 間架稅를 청하였다. 그 법은 집의 두 기둥 사이의 너비를 間으로 삼아 〈집의 귀천에 따라〉 上間은 2천 錢, 中間은 1천 錢, 下間은 5백 錢을 내게 하는 것인데, 1間을 숨기면 곤장 60대를 때렸고, 고발한 자는 5만 錢의 상을 내렸다."라고 하였다.

食貨志云 "判度(탁)支趙贊復請稅間架. 其法, 屋二架爲間, 上間錢二千, 中間一千, 下間五白, 匿一間, 杖六十, 告者賞錢五萬."

③ 貸商賈 : 兩稅法[49]이 시행되어 民力이 아직 넉넉하지 못하였는데, 朱滔, 王武俊, 田悅이 연합하여 반란을 일으키니 재용이 더욱 부족하여 상인에게 돈을 빌리는 법이 나오게 되었다. 이전에 太常博士인 韋都賓, 陳京이 부유한 상인의 돈을 빌리는 것을 청하자 덕종이 度支部 杜佑[50]에게 자문하니, 군비를 절제하면 몇 달은 버틸 것이라는 의견을 내놓았다.

---

47) (正)〔貞〕 : 저본에는 '正'으로 되어 있으나, ≪新唐書≫ 〈陸贄傳〉에 의거하여 '貞'으로 바로잡았다. 이하 아래도 같다.

48) (女)〔奴〕 : 저본에는 '女'로 되어 있으나, ≪新唐書≫ 〈兵志〉에 의거하여 '奴'로 바로잡았다.

49) 兩稅法 : 唐나라 德宗 建中 원년(780) 宰相 楊炎의 건의로 시행된 세법이다. 地稅와 戶稅를 통합하여 여름과 가을에 나누어 징수하였으므로 양세법이라 하였다.

50) 杜佑 : 字는 君卿, 京兆 萬年(지금의 陝西省 西安市) 사람. 撫州刺史·容管經略使·江淮水陸轉運使·戶部侍郎·饒州刺史·嶺南節度使·淮南節度使 등을 역임한 후 貞元 19년(803)에 司空·同平章事가 되었으며, 司徒·度支鹽鐵使에 오르고 岐國公에 봉해졌다. 元和 7년(812), 太保에 있

다행히 상인들의 돈 5백만 緡을 얻어 반년간 지탱할 수 있었다. 이에 戶部侍郞 趙贊을 判度支로 삼아 두우를 대신하여 돈을 빌리는 법을 시행하였으니, 전쟁이 끝나고 나면 갚기로 약속하였다. 京兆少尹 韋楨, 長安丞 薛苹가 수색하고 독촉하기를 매우 엄하게 하여 백성 가운데 원통함을 견디지 못하고 스스로 목을 매어 죽은 자들도 있었으며, 家戶들이 마치 도둑을 맞은 듯하였다. 그리하여 경사의 호족들의 田宅, 노비를 판 돈을 모아 80만 緡을 마련하였다.

兩稅法旣行, 民力未及寬, 而朱滔·王武俊·田悅合從而叛, 用益不給, 而借商之令出. 初, 太常博士韋都賓·陳京請借富商錢, 德宗以問度支杜佑, 以爲軍費裁支數月, 幸得商錢五白萬緡, 可支半歲. 乃以戶部侍郞趙贊判度支, 代佑行借錢令, 約罷兵乃償之. 京兆少尹韋(正)〔楨〕51)·長安丞薛苹, 搜督甚峻, 民有不勝其冤自經者, 家若被盜. 然總京師豪人田宅·奴婢之估, 裁得八十萬緡.

④ 傾司府之幣設請榷之科 : ≪新唐書≫ 〈代宗紀〉에 "大曆 14년(779) 7월에 榷酤를 폐지하였다." 하였는데, 德宗 建中 3년(782) 정월에 榷酤를 다시 실시하였다.

代宗紀云"大曆十四年七月, 罷榷酤." 建中三年正月, 復榷酤.

1-2-16 그러하니 만에 하나 장수들 가운데 또 朱滔, 李希烈 같은 자가 혹시라도 변경의 요새가 견고한 것을 믿고서 승냥이와 이리 같은 자들을 데리고 오거나 몰래 교외에서 군사를 동원하여 궁궐을 침범하여 놀라게 한다면 이것 역시 어리석은 신이 속으로 걱정하는 바입니다. 폐하께서는 다시 어떻게 대비하실 생각이신지 모르겠습니다.

폐하께서는 聖德으로 다스리시어 온 나라 백성들이 기쁜 마음으로 떠받들고 있으니 긴급한 사태에 대한 우려를 진언하는 것이 어찌 타당하겠습니까. 그러나 편안한 곳에 머무르며 위험을 대비하는 것은 현명한 임금이 힘썼던 것이요, 진언을 꺼리는 것은 평범한 임금도 행하지 않았던 것입니다. 만약 대비함이 이미 엄정하다면 무슨 말인들 해가 되겠으며, 소홀히 하여 미비하다면 또 어찌 말을 못하게 해서야 되겠습니까. 신이 이 때문에 어리석은 생각을 모두 진달하여 꺼리어 피하는 바가 없는 것이니, 감히 평범한 임금도 행하지 않던 일을 가지고 聖朝에서 우려함이 없겠지만, 부디 폐하께서

을 때 致仕하였으며 太傅에 추증되었다. 시호는 安簡이며, 새로운 편찬 방식을 적용한 ≪通典≫의 저자이기도 하다.(≪舊唐書≫ 〈杜佑傳〉, ≪資治通鑑≫ 〈唐紀〉 42)

51) (正)〔楨〕: 저본에는 '正'으로 되어 있으나, ≪新唐書≫ 〈食貨傳〉에 의거하여 '楨'으로 바로잡았다.

는 상세히 살피시어 엄하게 방비하십시오.

萬一將帥之中에 又如朱滔希烈이 或負固邊壘하여 誘致豺狼하며 或竊發郊畿하여 驚犯城闕이면 此亦愚臣所竊爲憂者也라 未審陛下가 復何以備之오 以陛下聖德君臨하사 率土欣戴로 非常之慮를 豈所宜言이리오마는 然居安備危는 哲王이 是務요 以言爲諱는 中主도 不行이라 若備之已嚴이면 則言亦何害며 儻忽而未備면 又安可勿言이리오 臣이 是以로 罄陳狂愚하여 無所諱避하나니 罔敢以中主不行之事로 有虞於聖朝也라 惟陛下는 熟察之過防之하소서

1-2-17 또한 지금의 關中은 곧 옛날 邦畿 천 리의 땅이니[52] 王業의 근본이 여기에 달려 있습니다. 秦나라는 일찍이 이곳을 이용하여 제후를 진압하였고 漢나라는 일찍이 이곳을 이용하여 四海를 평정하였습니다. 대개 형세가 뛰어난 山河를 의지하고 토지가 가장 비옥한 田里에 자리 잡았으므로, 국력이 약할 때는 안으로 한 방면을 지켜서 천하의 반을 상대하여 힘을 길러가며 때를 기다릴 수 있고, 강할 때에는 바깥으로 동쪽 중원을 제압해서 천하의 큰 곳을 차지하여 威嚴을 쌓고 德을 밝힐 수 있습니다.

且今之關中은 卽古者邦畿千里之地也라 王業根本이 於是在焉할새 秦嘗用之하여 以傾諸侯하고 漢嘗因之하여 以定四海하니 蓋由憑山河之形勝하며 宅田里之上腴하여 弱則內保一方에 當天下之半하여 可以養力俟時也로다 彊則外制東夏에 據域中之大하여 可以蓄威昭德也라

1-2-18 관중에 있는 호방하고 용맹한 자들은 營衛에 이름을 올린 것과 다를 바 없고, 관중에 있는 車乘은 廏牧에 줄지어 있는 것과 다를 바 없으며, 관중에 있는 財用은 國庫에 쌓아둔 것과 다를 바 없어서, 급하게 필요할 경우 하루아침에도 모을 수 있지만

---

52) 關中은……땅이니 : 關中은 四關 곧, 동으로는 潼關(函谷關), 서로는 散關(大震關), 남으로는 武關(藍關), 북으로는 蕭關(金鎖關) 안쪽을 일컫는 말로, 오늘날 西安・寶雞・咸陽・渭南・銅川을 포함하는 陝西省 중부 지역이 이에 해당된다. '邦畿 천 리〔邦畿千里〕'는 ≪詩經≫ 〈商頌 玄鳥〉에 나오는 말로, 천자의 도읍을 중심으로 사방 천 리의 땅을 가리킨다. 關中은 西周 이래 여러 왕조의 수도가 있었던 지역이며, 唐나라의 수도 長安도 여기에 포함되었으므로 이와 같이 말한 것이다.

지금 執政者들은 먼저 근본을 뿌리 뽑아 중요한 것은 버리고 가벼운 것을 취하니, 이른바 太阿劍을 거꾸로 쥐어 다른 사람에게 칼자루를 준 격이라 할 수 있습니다. 대처 방안이라고 의논하는 것들이 줄기를 강하게 하고 가지를 약하게 하는 계책과 반대되고, 위무책이라고 말하는 것들이 가까운 곳의 사람들을 기쁘게 하고 먼 곳의 사람들이 찾아오도록 하는 방도와 어긋나서 두루 변통할 수 있는 방책을 구함에 어떤 경우라도 옳은 것이 없습니다. 어리석고 무능한 신은 폐하를 위해 이 점을 애석히 여깁니다.

豪勇之在關中者이 與籍於營衛로 不殊하며 車乘之在關中者이 與列於廏牧으로 不殊하고 財用之在關中者이 與貯於帑藏으로 不殊하여 有急而須에 一朝可聚어늘 今執事者가 先拔其本하여 棄重取輕하니 所謂倒持太阿하여 授人以柄이라 議制置則彊幹弱枝之術이 反하고 語綏懷則悅近來遠之道이 乖하여 求諸通方에 無適而可하니 顧臣庸懦는 竊爲陛下惜之하나니

1-2-19 지나간 것은 쫓을 수 없으나 앞으로 올 것은 그래도 고칠 수 있습니다. 신은 지극히 나라를 걱정하는 간절한 마음을 견딜 수 없어 번번이 감히 어리석고 비루한 마음을 드러내어 일부분을 뽑아 갖추어 올립니다. 폐하께서는 혹시라도 보잘것없는 정성을 굽어살피시어 어리석은 계책을 들어주시어 李芃으로 하여금 東洛(洛陽)을 구원하게 하고, 李懷光으로 하여금 襄城을 구원하게 하신다면 李希烈과 같은 흉악한 무리는 형세상 반드시 물러나게 될 것이니 파견하여 동쪽으로 구원을 가게 한 신책군과 육군의 兵馬 및 點召[53]된 節將(장수와 지방관)의 자제들을 모두 돌아오게 할 수 있을 것입니다. 河北에 이미 馬燧와 李抱眞이 있다면 진실로 또한 李晟에게 기댈 것도 없으니, 또한 〈이성의 신책군을〉 회군하여 禁軍을 완전히 회복해야 합니다.

往者는 不可追어니와 來者는 猶可補라 臣不勝懇懇憂國之至하여 輒敢效其狂鄙하여 以備採擇之一端하나니 陛下가 儻俯照微誠하여 過聽愚計하사 使李芃으로 援東洛하고 懷光으로 救襄城이면 希烈兇徒가 勢必退衂이니 則所遣神策六軍士馬及點召節將子弟東行應援者를 悉可追還이요 河北에 既有馬燧抱眞이면 固亦無藉李晟이라 亦令旋旆하여 完復禁軍하고

53) 點召 : 名簿를 점검하여 강제로 服役하게 하는 것을 말한다.

1-2-20 涇州, 隴州, 邠州, 寧州에 분명하게 칙령을 내려 단지 封疆을 엄히 방비하게만 하고 "다시 徵發하지 않는다."고 하여 그들로 하여금 각기 자기 지역을 지키면서 편안하게 거주할 줄 알게 하소서.

또한 德音을 내려서 畿內를 위로하면서 "서울은 온갖 노역이 많고 또한 萬方의 사람들이 모두 모이며 여러 지역에서 朝見하러 오는 곳이므로 힘쓰는 자를 돌보고 멀리서 오는 자를 보살피는 것을 이치상 응당 관대하게 해야 하니, 京城 및 畿內의 고을에서 거두는 間架와 榷酒, 抽貫, 貸商, 點召[54] 등 이와 같은 세금들을 일체 정지시키고 혁파한다."고 말씀하소서. 이렇게 한다면 이미 낸 자들은 원망을 누그러뜨리고 현재 세금을 내야 할 자들은 편안함을 얻게 되어 인심은 흔들리지 않고 나라의 근본은 저절로 견고해져서 禍亂이 이에 따라 일어날 곳이 없게 될 것이며 조정은 이로 말미암아 더욱 존경받게 될 것입니다. 이러한 연후에 時宜를 헤아려 敎令을 내리므로 적절하게 늦추거나 당기는 방도가 나로부터 비롯하게 될 것이니, 어찌 따르지 않음이 있겠습니까. 근본을 바르게 하고 어지러움을 정리하는 일은 이것보다 쉬운 것이 없습니다. 삼가 아룁니다.

明勅涇隴邠寧하여 但令嚴備封守하고 仍云 更不徵發하여 使知各保安居하고 又降德音하여 勞徠畿甸하여 具言京輦之下는 百役殷繁하고 且又萬方會同하며 諸道朝奏라 邺勤懷遠이 理合優容이니 其京城及畿縣所稅間架榷酒抽貫貸商點召等諸如此類를 一切停罷라하면 則冀已輸者가 弭怨하며 見(현)處者이 獲寧하여 人心不搖하고 邦本自固하여 禍亂이 無從而作하며 朝廷이 由是益尊이니 然後에 可以度時宜하며 施敎令이라 弛張自我니 何有不從이리오 端本整棼이 無易於此니이다 謹奏라

【評 說】

建中 4년(783)에 지어진 이 글은 같은 해에 지어진 〈論兩河及淮西利害狀〉과 비견되곤

---

54) 間架와……點召 : 間架는 본서 118쪽 郎曄의 註에 보이는 間架稅이다. 榷酒는 술의 전매를 말한다. 抽貫은 建中 4년(783) 趙贊이 실시한 세금으로 公私의 給與와 매매에 1緡마다 50文을 남기는 것으로, 즉 除陌錢을 말한다.(≪資治通鑑≫ 권228) 貸商은 본서 118쪽에 郎曄의 註에 보인다. 點召는 名簿를 점검하여 강제로 服役하게 하는 것을 말한다.

한다. 즉, 〈論兩河及淮西利害狀〉이 德宗의 요구에 따라 작성한 글이고 이미 발생한 변란에 대한 처방을 밝힌 글이어서 즉각적으로 이해하기 용이한 반면, 이 글은 수도 長安이 있는 關中 지역의 문제를 陸贄 자신이 주동적으로 밝힌 글이고 아직 현실화되지 않은 사안을 다루고 있다는 점이다. 자신에 대한 믿음이 강했던 덕종도 육지의 충고를 채납하지 않았는데, 이 때문에 ≪資治通鑑≫에서도 이 두 편의 글 가운데 〈論關中事宜狀〉을 더 자세히 인용하였고, 胡三省의 注에서도 "姚令言과 朱泚의 변란이 결국 육지가 헤아렸던 바와 같이 되었다.〔姚令言朱泚之變 卒如陸贄所料〕"(≪자치통감≫ 권228)고 하였다.

2,300자에 달하는 이 글은 주문을 작성하게 된 동기〔狀由〕 없이 곧장 의론에 돌입하는 소위 '劈空立論'으로 시작되는데, 그 내용은 크게 네 부분으로 나뉜다. 가장 먼저 제기한 '중요한 것을 장악하여 가벼운 것을 통제하고〔居重馭輕〕', '諸夏를 제어하고 戎狄을 진무하는〔御夏鎭戎〕' 방법은 첫째 부분의 주요 내용이기도 하지만 글 전체를 관통하는 핵심이기도 하다. 이어 둘째 부분에서는 唐 太宗이 관중에 府衛를 설치하여 居重馭輕하였던 사실과 玄宗·肅宗·代宗 3朝에 걸쳐 居重馭輕에 실패했던 과거의 역사를 차례로 서술하고 있다. 이후 셋째 부분에서 융적과 번진의 형세를 날카롭게 분석하고, 넷째 부분에서 관중의 불안한 상황을 적시하며 이에 대한 해결책을 제시하는 것으로 마무리되고 있다.

육지가 강조한 '居重馭輕'의 방법은 이후 軍政의 폐단과 처방을 논하는 글에 빈번히 인용되었다. 南宋의 兪文豹는 ≪吹劍錄外集≫에서 "三代와 秦·漢부터 我朝에 이르기까지 모두 무력으로 천하를 얻었으므로 군주들이 누구나 軍事를 경험하여 잘 알았고 居重馭輕의 형세를 깨우치고 있었으나 평안한 시절이 길어지다 보면 文에 익숙해지고 武를 잊게 된다.〔故自三代秦漢 迄我朝 皆以兵得天下 人主皆親歷行陣 習知武事 知居重馭輕之勢 承平旣久 則習文忘武〕"고 하였으며, 明나라의 陳子龍도 〈議京兵〉에서 "예로부터 제왕이 나라를 세움에 있어 居重馭輕하여 장구하게 유지하는 계책으로 삼지 않은 경우가 없었다.〔自古帝王之立國也 莫不欲居重馭輕 以爲長遠之計〕"고 하였다.

조선에서도 趙顯命이 〈均役或問〉에서 禁軍의 규모를 효율적으로 관리할 것을 주장하며 이것이 바로 "居重馭輕의 도를 깊이 얻는 것〔深得居重馭輕之道〕"이라고 한 바 있으며, 洪良浩와 姜瑋도 각각 〈論長淵海防事啓〉와 〈擬三政捄弊策〉 등의 글을 통해 居重馭輕의 책략을 강조하였다.

居重馭輕의 논리가 무엇인지는 李玄逸의 〈政說〉을 통해 구체적으로 파악할 수 있다. 즉 "차라리 그 鄕土의 풍속에 따라 각각 本軍에 예속시키는 것이 편리하지 않겠는가. 지금 畿

內 列邑의 군병이 2, 3만을 밑돌지 않으니, 번을 나누어 번갈아 교대하게 하고 多少에 절도가 있게 하여 갖가지 調用에 대비하게 한다면 무엇이 불가하기에 굳이 먼 지방 下邑의 주리고 떠는 초췌한 군졸을 데려다 그 役을 지게 한단 말인가. 御營廳과 訓鍊都監의 군졸도 먼 지방의 군병을 징발할 것 없이 기내의 여러 장수 휘하에 있는 군병 중에서 특히 용력과 재주가 뛰어난 자를 뽑아서 숫자를 채워 上番과 下番으로 나누어 숙위의 임무를 주고 각각 奉足 2인을 차출하여 양식을 自備하게 한다면 점차 군대에 공급하는 적지 않은 비용을 줄이고 은연중에 人主가 병권을 장악하고서 국정을 제어하는 형세가 있게 될 것이다."(≪葛庵先生文集≫ 〈別集〉 권3)고 한 것은 육지가 "涇州, 隴州, 邠州, 寧州에 분명하게 칙령을 내려 단지 封疆을 엄히 방비하게만 하고 '다시 徵發하지 않는다.'고 하여 그들로 하여금 각기 자기 지역을 지키면서 편안하게 거주할 줄 알게 하라."고 한 내용과 다를 바 없다.

또 "각 浦와 각 鎭의 군대들이 불러들여 검열하고 훈련하며 무마해서 급할 때 쓰는 것을 대비하는 데에는 힘쓰지 않고 오직 防軍의 戍役 값만을 독촉하여 權貴들에게 바치고 자기의 사욕을 채우는 재물로 삼고 있다. 또 그중에 3분의 1을 덜어내서 잠시 客使를 고용하여 應點하는 것 외에는 장교 한 명 병졸 한 명도 배를 다루어 변란에 대비하는 자가 없으니, 아, 군정의 파탄과 엉성함이 이 지경에 이르렀단 말인가."(≪葛庵先生文集≫ 〈別集〉 권3)라고 통탄하였는데, 이는 육지가 "근래 장수들이 토벌하러 가서 오래도록 적을 섬멸하지 못하고 진실로 이를 빌미삼아 증원을 요청하였기 때문에 폐하께서 이를 위해 변방 군대를 철수시키고 궁성의 호위군을 부족하게 하였으며, 內廐의 말까지 비게 하고 武庫의 병기까지 동나게 하였으며, 장수 집안의 자제들을 뽑아 군병에 보태고 私家에서 기른 가축까지 징발하여 기병을 늘리셨습니다. 그런데도 오히려 싸우지 않고 財用이 부족하다고 하자, 폐하께서 또한 이를 위하여 가옥의 크기에 따라 세금을 매기고 상인에게 돈을 빌리며, 司府의 재물까지 남김없이 동원하고 榷酤까지 만들어 시행하셨으니, 近畿에도 징발이 이미 몹시 심하고, 궁성의 경비도 온전하지 않게 되었습니다."라고 한 대목과 그 맥락이 통한다.

앞서 〈論兩河及淮西利害狀〉의 평설에서 소개한 바 있듯이 成海應은 〈論關中事宜狀〉에 대해서도 일단의 논평을 가했다. 그는 육지가 관중의 형세에 관해 논한 글이 매우 간절하고 그림으로 표현한 듯 분명하지만 兩河 문제가 해결되지 않고 賦稅가 繁重해 人心이 요동치던 시기에 국가가 혼란한 상황에 빠지리란 것은 필연의 이치였다고 하여 외환이 아니라 내란에서 원인을 찾는 한편, 用人에 어둡고 군사를 통제하는 데 우매한 반면 세금 거두어들이는 일에는 탐욕스러웠던 덕종의 과실을 지적하였다.(≪研經齋全集≫ 〈讀陸宣公奏議〉)

唐陸宣公奏議 奏草 제2권

1. 遷幸의 연유를 논하는 奏狀
論敍遷幸之由狀

≪舊唐書≫ 〈陸贄傳〉에 "처음에 德宗 황제는 변고를 당하여 번번이 스스로를 극도로 책망하였다. 이에 陸贄는 말하기를 '폐하께서 허물을 자기 쪽으로 끌어와 자책하시는 것은 堯임금과 舜임금의 뜻입니다. 하지만 寇賊을 오게 한 것은 바로 뭇 신하들의 죄입니다.'라고 하였으니, 육지의 뜻은 盧杞[1] 등을 指斥한 것이었다. 황제는 노기를 옹호하여 말하기를 '卿은 차마 과실을 짐에게 돌리지 못해 이런 말을 하는 것이리라. 하지만 자고로 흥망성쇠는 역시 천명이 있는 법이니, 지금의 액운은 아마도 사람에게 달려 있지 않는 듯하다.'라고 하였으니, 이에 육지는 물러나 이 奏文을 올렸다."라고 하였다.

本傳云 "始帝値變故, 每自剋責. 贄曰 '陛下引咎, 堯・舜意也. 然致寇者, 乃群臣罪.' 贄意指盧杞等, 帝護杞, 因曰 '卿不忍歸過朕, 有是言哉. 然自古興衰, 亦有天命, 今之厄運, 恐不在人也.' 贄退而上此奏."

2-1-1 신은 전일에 召見해주시는 은총을 입었을 적에, 폐하께서는 涇原의 반졸이 궁

---

1) 盧杞 : 字는 子良, 滑州 靈昌(지금의 河南省 滑縣) 사람이다. 建中 2년(781) 京畿觀察使를 거쳐 門下侍郎・同中書門下平章事에 임명되었는데, 賢能한 이들을 투기하고 순종하지 않는 이들을 사지로 몰아넣어 楊炎・顔眞卿・嚴郢・張鎰 등이 해를 입었으며, 同黨인 關播・於頎・趙贊 등을 중용하였다. 間架稅(집의 칸수에 따른 세금)와 除陌稅(給與와 賣買에 대한 세금)을 시행하여 상업이 침체되고 원망이 비등하였다. 朱泚에게 포위당한 德宗을 구원하고자 온 李懷光을 저지하여 결국 이회광이 이반하는 원인을 제공했다. 貞元 원년(785), 澧州別駕로 좌천되어 그곳에서 죽었다.(≪舊唐書≫ 〈盧杞傳〉)

궐을 침범한 일과 처음에 行幸한 일을 말씀하시고 스스로를 엄하게 꾸짖으면서 말뜻이 매우 심하셨기에, 신이 아뢰기를 "폐하께서 허물을 스스로에게 돌리시니, 정말로 堯임금과 舜임금의 지극한 덕에서 우러나온 뜻과 같습니다. 그러나 신의 소견으로는 오늘날의 환난을 초래한 것은 뭇 신하의 죄라고 생각됩니다."라고 하였습니다.

그러자 폐하께서는 또 말씀하시기를 "경은 군신의 예로 인해 차마 짐에게 과실을 돌리지 못하여서 이러한 말을 하는 것이다. 하지만 예로부터 국가의 흥망성쇠는 모두 천명이 있으니, 지금 이러한 액운을 만난 것이 비록 짐이 덕을 잃었기 때문이지만, 또한 응당 일이 사람에게서 유래한 것이 아니다."라고 하셨습니다.

미처 말씀에 대답하지 못하고 있는 사이에, 폐하께서는 마침내 宗祧[2]를 말씀하시면서 눈물을 줄줄 흘리셨습니다.[3] 군주가 근심하면 신하가 울분하는 것이 인간의 이치상 상도이기에, 마음속에서 감정이 격동되어 저도 모르게 오열하였습니다. 그러다 곧이어 韓游瓌[4]가 請對하였으므로, 신의 말을 다하지 못하였습니다. 지금 문득 위로 성상을 번거롭게 하여 어리석은 신의 간절한 마음을 다하고자 합니다.

臣이 前日 蒙恩召見할새 陛下가 敍說涇原叛卒의 驚犯宮闕과 及初行幸之事①하시고 因自剋責하사 辭旨過深이어시늘 臣이 奏云 陛下가 引咎在躬하시니 誠堯舜至德之意나 臣은 竊有所見하여 以爲致今日之患者가 群臣之罪也라한대 陛下가 又曰 卿以君臣之禮로 不忍歸過於朕이라 故有此言이나 然自古國家興衰가 皆有天命하니 今遇此厄運이 雖則是朕失德이나 亦應事不由人이라하시고 未及對詔之間에 陛下가 遂言及宗祧하사 涕泗交集하시니 主憂臣憤은 人理之常이라 情激於衷하여 不覺嗚咽(열)이러니 旋屬(촉)游瓌가 請對하여 臣言을 未獲畢辭하니

---

2) 宗祧 : 宗廟를 가리킨다. ≪春秋左氏傳≫ 襄公 23년 조에 "紇이 어질지 못하여 종조를 잘 지키기 못하여〔紇不佞 失守宗祧 敢告不吊 紇之罪 不及不祀〕"라고 되어 있는데, 杜預의 注에 "遠祖의 廟가 祧이다."라고 하였다.

3) 눈물을……흘리셨습니다 : ≪詩經≫ 〈陳風 澤陂〉에 "자나 깨나 아무 일도 못하고, 눈물만 줄줄 비오듯하네.〔寤寐無爲 涕泗滂沱〕"라는 표현을 변용한 것이다. 毛傳에 "눈에서 나오는 것이 涕이고 코에서 나오는 것이 泗이다."라 하였다.

4) 韓游瓌 : ?~798. 唐나라 將領로 靈州 靈武 사람이다. 天寶 14년(755) 安祿山의 난이 일어났을 때, 朔方節度使 郭子儀는 裨將 韓游瓌와 辛京杲에게 精兵을 이끌고 삭방으로 가서 반란을 평정하게 하였다. 建中 4년(783)에 鳳翔・隴右의 절도사 朱泚가 반란을 일으켰을 때에도 한유괴의 공이 으뜸이었다.

今輒上煩하여 以盡愚懇하노이다

① 及初行幸之事 : ≪新唐書≫ 〈李希烈朱泚傳〉에 "李希烈이 哥舒曜을 襄城에서 포위하자, 涇原節度使 姚令言에게 조칙을 내려 鎭의 군사 5천을 거느리고 동쪽으로 가서 가서요를 구하도록 하였다. 군사들이 궐하를 지나가다가 滻水(산수)에서 주둔하자, 京兆尹 王雄이 관리를 시켜 군사에게 음식을 공급하게 했는데, 쭉정이 밥에 채소 반찬이었으므로 군중이 노하여 먹으려 하지 않고 모여서 떠들기를 '우리들은 부모처자를 버리고 적에게 나아가 죽을 것인데 도리어 이런 것을 먹어야 하니, 어찌 능히 자신의 몸을 가지고 시퍼런 칼날을 무릅쓸 수 있겠는가. 지금 瓊林庫와 大盈庫에는 보물과 물자가 산과 같이 쌓였거늘 어디로 갔단 말인가.'라고 했다. 마침내 무기를 버리고 깃발을 거꾸로 들고는 북을 쳤다. 황제가 使者를 보내 開諭하였으나, 賊은 이미 通化門에 진을 쳤다. 조서를 내려 六軍을 소집하였으나 오는 자가 없으니, 황제가 백여 기와 더불어 奉天으로 도망갔다. 적은 마침내 含元殿에 돌입하고 宜春苑을 약탈하고, 여러 궁전에 쳐들어가, 다투어 재물과 보화를 도적질하여 밤이 다하도록 그치지 않았다. 당시 朱泚는 그 아우 朱滔의 허물에 연루되어, 鳳翔에서부터 京師로 돌아왔는데, 中人(환관)으로 하여금 그 집을 감시하게 했다. 적의 무리는 마침내 주자를 추대하여 군주로 삼았다. 주자는 참람하게 宣政殿에서 황제의 지위에 나아가서, 나라 이름을 大秦이라 하고, 마침내 스스로 군사를 이끌고 奉天을 공격하여 포위했다."라고 하였다.

逆臣朱泚傳云 "李希烈圍哥舒曜於襄城, 詔涇原節度使姚令言督鎭兵五千東救曜, 過闕下, 師次滻水, 京兆尹王(翃)〔翃〕[5]使吏供軍, 糲飯菜肴, 衆怒不肯食, 群譟曰 '吾等棄父母妻子前死敵, 而乃食此, 庸能持身蹈白刃耶. 今瓊林·大盈庫寶貨如山, 尙何往.' 乃盡甲反旗而鼓. 帝使使者開諭, 賊已陣通化門. 詔集六軍, 無至者. 帝與百餘騎出狩奉天. 賊遂突入含元殿, 掠宜春苑, 入諸宮. 爭盜貨寶, 終夜不絶. 時朱泚坐其弟滔累, 自鳳翔還京師, 使中人監其第. 賊衆遂推泚爲主. 泚僭卽皇帝位於宣政殿, 號大秦, 乃自將兵攻圍奉天."

2-1-2 신이 "오늘날의 환난을 초래한 것은 뭇 신하들의 죄입니다."라고 말씀드린 것은 감히 그저 부화한 말을 꾸며서 구차히 성상의 마음을 누그러뜨리는 것이 아닙니다. 일이 모두 연유가 있으니, 곱씹어 말해도 좋을 듯합니다.[6]

---

5) (翃)〔翃〕: 저본에는 '翃'으로 되어 있으나, ≪新唐書≫ 〈李希烈朱泚傳〉에 의거하여 '翃'으로 바로잡았다. ≪陸贄集≫(中華書局, 2006)에는 '翃'으로 되어 있다.

6) 곱씹어……듯합니다 : ≪論語≫ 〈學而〉에 '信近於義 言可復也 恭近於禮 遠恥辱也'를 변용한 것이다. 朱子의 ≪集註≫에는 '信'은 약속, '義'는 일의 마땅함, '復'은 약속한 말을 실천한다는 뜻으로

胡羯(安祿山)이 거병하여 난을 일으킨 이후로 남은 우환이 미처 다 제거되지 않았는데, 조정은 고식적인 정사를 행하여 오랫동안 〈藩鎭들을〉 관대하게 대하는 데 힘써서 〈번진들이〉 참람한 짓을 일삼음이 많고 조회하는 예를 빠뜨리고 있습니다. 神武하고 하늘을 통섭하는[7] 폐하께서 장차 천하를 통일하고자 하시어, 마침내 將帥에게 명하여 조정에 조회 오지 않는 자들을 사방으로 정벌하셨습니다. 이에 흉도의 처벌이 지연되고 逆將이 계속 난을 일으켜 병란이 이어지고 앙화가 맺힌 것이 어느덧 3년이나 지났습니다.

臣所謂致今日之患이 是群臣之罪者는 非敢徒(餙)〔飾〕[8]浮說하여 苟寬聖懷라 事皆有由하니 言庶可復이리이다 自胡羯稱亂으로 遺患未除하니 朝廷因循하여 久務容養하여 事多僭越하고 禮闕會朝하니 陛下가 神武統天하사 將壹區宇하실새 乃命將帥하여 四征不庭하시니 兇渠稽誅하고 逆將繼亂하여 兵連禍結이 行及三年이라

2-1-3 사방에서 군사를 징집하여 아무리 멀어도 미치지 않는 곳이 없으니,[9] 아버지와 자식이 결별하고 남편과 아내가 헤어져서 한 사람이 원정을 떠나면 열 집이 물자를 공급해야 합니다. 거처하는 사람은 물품을 보내주는 괴로움이 있고 원정에 나간 사람은 칼날에 해를 입을 우려가 있어, 떠난 사람이든 남은 사람이든 떠들썩하여 마음이 편안하지 못합니다.

군병을 모으는 것이 날로 많아지자 비용을 대는 것도 날로 많아져서, 평상시의 賦

보았다. 그러나 ≪論語注疏≫ 何晏의 注에는 復을 覆으로 보아서 반복하다는 뜻으로 보았다. 즉 "약속한 말이 義에 가까우면 그 말을 反復할 수 있고, 恭遜이 禮에 가까우면 恥辱을 멀리할 수 있다."로 해석한 것이다. 陸贄는 唐나라 사람이므로 ≪논어주소≫의 뜻에 따라 번역하였다.

7) 神武하고……통섭하는 : ≪周易≫ 〈繫辭傳 上〉에 "옛날에 총명하고 예지가 있으며 신무하여 죽이지 않는 자일 것이다.〔古之聰明叡知神武而不殺者夫〕"라고 한 것과 ≪周易≫ 乾卦 〈彖傳〉에 "위대하도다, 건원이여. 만물이 여기에서 비로소 나오나니, 이에 하늘의 일을 총괄하게 되었도다.〔大哉乾元 萬物資始 乃統天〕"라는 말을 변용한 것이다.

8) (餙)〔飾〕: 저본에는 '餙'로 되어 있으나, ≪翰苑集≫에 의거하여 '飾'으로 바로잡았다.

9) 사방에서……없으니 : ≪陸贄集≫(中華書局, 2006) 張佩芳의 註에 "≪資治通鑑≫에 '안으로 關中에서부터 서쪽으로 蜀과 漢中, 남쪽으로 江淮와 閩越, 북쪽으로 太原에 이르기까지 도처마다 출병하였다.' 하였다." 하였다.

稅로는 충당하지 못하였습니다. 이에 명령을 내려 부세의 기한을 단축하고, 단축한 기한이 끝나자마자 다시 명하여 징세하고, 징세한 것이 탕진된 뒤에 다시 별도의 세금을 배당하고 별도로 배당하여 거둔 것이 충분하지 않자 이에 権算[10]의 과목을 설치하고 率貸[11]의 법을 일으켰습니다. 그리하여 금지하고 방비하는 법규가 더욱 불어나고 법의 條目은 번잡해져서 관리는 명령을 감당하지 못하고 인민은 살아갈 길이 없습니다.[12] 이에 세금을 징수하느라 農桑이 폐기되고 백성의 볼기를 치느라 膏血이 마릅니다. 市井은 수심하며 고통을 겪고 室家는 원망하며 한탄하여, 백성은 슬피 호소하고 郡邑은 편안하지 못합니다.

徵師四方하여 無遠不暨하니 父子訣別하며 夫妻分離하여 一人征行에 十室資奉이라 居者는 有餽送之苦하고 行者는 有鋒刃之憂하여 去留騷然하여 而閭里不寧矣요 聚兵日衆에 供費日多라 常賦不充일새 乃令促限하고 促限纔畢에 復命加徵하고 加徵既殫에 又使別配하고 別配不足이라 於是에 権算之科가 設하고 率貸之法이 興하여 禁防滋章하고 條目纖碎하여 吏不堪命하고 人無聊生하여 農桑이 廢於徵求하고 膏血이 竭於笞箠하니 市井愁苦하며 室家怨咨하여 兆庶嗷然하고 而郡邑不寧矣요

2-1-4 邊陲의 수자리는 封疆을 보호하기 위한 것이고 禁衛의 군사는 순찰과 경비를 갖추기 위한 것이니, 이 두 가지에 혹 인원이 모자라면, 적의 침략하려는 야심[13]을

10) 権算 : 算賦를 징수하는 것을 말한다. 算賦는 漢나라 때 15세 이상에서 56세까지 백성에게 한 사람당 20文을 1算으로 하여 징수하였다. 德宗이 한나라의 예를 따라 인두세를 거둔 것이다.

11) 率貸 : 唐나라 때 雜稅의 하나이다. 富戶에게 재산의 비율로 강제로 빚을 떠안게 한 것이다. ≪新唐書≫ 〈食貨志〉에 "肅宗이 즉위하여 御史 鄭叔淸 등을 보내어 江·淮·蜀·漢의 부유한 상인과 지체 높은 집안의 자산을 조사하여 열에 둘을 거두었으니, 그것을 율대라고 한다.〔肅宗卽位 遣御史鄭叔淸等籍江淮蜀漢富商右族訾畜 十收其二 謂之率貸〕"라고 하였다.

12) 인민은……없습니다 : ≪史記≫ 〈張耳陳餘列傳〉에 "백성은 지치고 쇠약한데, 집집마다 식구 수대로 키로 재어 세금을 거둬들여 군비에 충당하고 있어서 재물은 고갈되고 힘은 다하여, 백성들이 살아갈 길이 없게 되었다.〔百姓罷敝 頭會箕斂 以供軍費 財匱力盡 民不聊生〕"라는 말을 변용한 것이다.

13) 적의……야심 : ≪春秋左氏傳≫ 莊公 28년 조에 "강역에 주인이 없으면 적국의 침략하려는 야심을 열게 된다.〔疆埸無主 則啓戎心〕"이라 하였다.

일으키게 됩니다. 나라의 큰 방비가 이보다 중한 것이 없는데, 폐하께서는 靖難을 우선 하시어 누차 군사를 파견하여 동쪽으로 정벌하시니, 변방의 대비가 텅 비고 禁軍이 적고 허약해졌습니다.

게다가 또한 사적인 가축을 수색해서 말을 징발하고, 장군의 집안을 문책하여 군병을 내게 합니다. 무릇 사적인 가축이 있는 자들은 으레 元勳과 貴戚의 가문이며, 이른바 장군의 집안이란 대개 統帥와 岳牧의 후예이니, 이는 일찍이 군왕께 親信을 받거나 충성과 공훈을 드러내어 征徭를 면제 받은 것으로 본래 常典이 있는 것입니다. 그런데 지금은 갑자기 그들의 가축을 빼앗고 그 자손에게 군역을 시키니, 그들 중에 타인에게 돈을 빌려 여비와 행장을 마련하는 자도 있고, 집안의 재산을 흩어서 군사와 전차를 마련하는 자도 있습니다. 이에 도로에서 애처로워하며 部曲에서 슬퍼하니, 존귀한 지위에 있는 자와 높은 공훈이 있는 자 중에 누구인들 마음이 떠나지 않겠습니까.

게다가 聚斂의 법이 도성에서 더욱 엄하여 邸第의 侯王이 모두 屋稅[14]를 바치고 소상인 부부가 모두 除陌錢을 내어 존귀해도 우대를 받지 못하고 임금에 가까이 있으면서도 각별한 은총을 받지 못하니, 그 분해하고 근심하는 바가 지방보다 심합니다. 강제로 징수하는 일이 점점 번다해지자 서민들이 두려워하고, 징발이 그치지 않자 민심이 동요하여, 조정과 재야가 떠들썩하고 경성과 關畿(京畿)가 편안하지 않습니다.

邊陲之戍는 用保封疆이요 禁衛之師는 以備巡警이니 二者或闕이면 則生戎心이라 國之大防이 莫重於此어늘 陛下가 急於靖難하사 累遣東征하시니 邊備空虛하고 親軍寡弱이어늘 尋又搜閱私牧하여 以取馬하고 簿責將家하여 以出兵하니 凡有私牧者는 例元勳貴戚之門이요 所謂將家者는 皆統帥岳牧之後라 是乃嘗蒙親委하며 或著忠勞하여 復除征徭가 固有常典이어늘 今忽奪其畜牧하며 事其子孫하니 有乞假以給資裝하며 有破產以營卒乘할새 道路悽憫하며 部曲感傷하니 貴位崇勳이 孰不解體리오 加以聚斂之法이 轂下尤嚴하여 邸第侯王이 咸輸屋稅하고 裨販夫婦가 畢算緡錢①하여 貴而不見優하며 近而不見異하니 其爲憤慼이 又甚諸方이라 誅求轉繁에 庶類恐懼하며 興發無已에 群情動搖하여 朝野囂然하고 而京邑關畿 不寧矣요

---

14) 屋稅 : 이는 間架稅이다. 德宗 建中 4년(783)에 趙贊이 제정한 법으로 가옥의 칸수와 등급에 따라 세금을 매긴 것이다.

① 裨販夫婦 畢算緡錢 : ≪新唐書≫ 〈食貨志〉에 "趙贊이 다시 除陌錢[15]을 징수할 것을 청했다. 그 법은, 公私의 貿易에서 1,000錢에 대해 옛날에는 20錢을 세금으로 거두었으나 50전을 부과하였으며, 물건을 서로 교역하는 자는 값에 따라 공제할 비율을 정했으므로, 백성들은 더욱 근심하고 원망했다."라고 하였다.

食貨志云 "趙贊復請算除陌. 其法, 公私貿易, 千錢舊算二十, 加爲五十, 物兩相易者, 約直(치)爲率, 而民益愁怨."

2-1-5 폐하께서는 또 온갖 제도가 무너진 것을 보시고 바로잡을 뜻을 가지시어, 공적인 의리만을 견지하여 사적인 은혜를 덮어버리고, 법에만 맡겨서 정치를 이루고자 하셨습니다. 그리하여 영명한 결단은 너무 신속한 데서 잘못되고 밝은 살핌은 너무 정밀한 데 손상을 입었습니다. 결단이 신속하면 남을 용서함이 적어 의심하는 사이에 변론을 용납하지 않고, 살핌이 정밀하면 남을 시기함이 많아서 억측하는 때에 반드시 합당하지 못합니다.

용서함이 적으면 중신들이 화를 입을까 두려워하여 불순한 잘못[16]을 저지르기 쉽고, 시기함이 많으면 아래 사람들이 혐의를 꺼려 구차하게 모면하려는 기풍이 점점 일어납니다. 그러므로 반란이 연달아 생겨나고 원망이 한꺼번에 일어나서 비상한 변고를 온 백성이 함께 염려하였습니다. 그러나 오로지 폐하께서는 조용히 깊은 궁궐에 거처하여 유독 이런 사실을 듣지 못하시어, 결국 흉포한 군졸로 하여금 북을 치며 행군하여 백주에 대궐을 범하게 하였지만, 重門에는 結草의 막음도 없었고 禁軍에는 誰何[17]를 묻는 사람조차 없었습니다. 자고로 변란이 일어난 것이 이렇게 쉬운 적이 없었으니, 어찌 우리의 간극을 틈타서 사람들의 이반한 마음을 이용한 것이 아니겠습니까. 폐하께는 股肱의 신하가 있고 耳目의 임무를 맡은 자들이 있으며 諫諍의 반열이

15) 除陌錢 : 公私의 무역 때에 1緡에 50文을 세금으로 징수한 것이다.

16) 불순한 잘못 : 원문의 '反側'을 풀이한 말이다. 反側은 '불안해함' 또는 '불순함'을 뜻하는 말로 漢나라 光武帝가 王郎의 난을 평정한 뒤에 왕랑과 내통한 자들의 문서를 불사르며, "불안해하는 자들을 안심케 함이다.〔反側自安〕"라고 한 데서 유래하였다.

17) 誰何 : ≪六韜≫ 〈金鼓〉에 "무릇 삼군은 경계하면 단단하고 게으르면 패하므로, 우리의 보루에서 캐물어 조사하는 것을 그치지 않도록 한다.〔凡三軍以戒爲固 以怠爲敗 令我壘上 誰何不絶〕"라고 한 말에서 나온 말이다.

있고 호위를 맡은 官司가 있거늘, 위기를 보고도 그 정성을 다하지 않고 난리에 임해서도 목숨을 바치지 않으니, 신이 이른바 "오늘날의 환난을 초래한 것이 여러 신하들의 죄다."라고 한 것이 어찌 빈말이겠습니까.

陛下가 又以百度弛廢로 志期肅淸하실새 持義以掩恩하며 任法以成理하사 神斷이 失於太速하며 睿察이 傷於太精하시니 斷速則寡恕於人하여 而疑似之間을 不容辯也요 察精則多猜於物 而臆度之際에 未必然也라 寡恕則重臣懼禍하여 反側之釁이 易生이요 多猜則群下防嫌하여 苟且之風이 漸扇일새 是以叛亂繼起하며 怨讟竝興하여 非常之虞를 億兆同慮어늘 惟陛下는 穆然凝邃하사 獨不得聞하여 至使兇卒鼓行하여 白晝犯闕호되 重門에 無結草之禦[①]하고 環衛에 無誰何之人하니 自古禍變之興이 未有若斯之易(이)니 豈不以乘我間隙하여 因人攜離哉아 陛下가 有股肱之臣하며 有耳目之任하며 有諫諍之列하며 有備衛之司호되 見危不能竭其誠하며 臨難不能效其死하니 所謂致今日之患이 是群臣之罪者가 豈徒言歟아

① 重門無結草之禦 : ≪春秋左氏傳≫ 宣公 15년 조에 "가을에 晉나라 魏顆가 秦나라 군대를 輔氏(보지)에서 격파시키고 杜回를 사로잡았다. 두회는 秦나라의 力士이다. 처음에 魏 武子에게 애첩이 있었는데 자식이 없었다. 위 무자가 병이 들자 아들 위과에게 '이 여인은 〈내가 죽거든〉 다른 곳으로 시집보내라.'라고 명했다가, 병이 극도로 위독해지자 '이 여인은 반드시 나와 함께 殉葬시키라.'라고 했다. 위 무자가 죽고 나서는 위과가 그 애첩을 시집보내고 말하기를 '병이 위독했을 때는 정신이 어지러우셨으니, 나는 맑은 정신으로 한 말을 따르겠다.'라 하였다. 그 뒤 輔氏의 싸움에서 위과가 어떤 노인이 풀을 매어 두회를 막는 것을 보았는데, 두회가 그 때문에 걸려 넘어졌으므로, 그를 붙잡았다. 밤에 그 노인을 꿈에 보았는데, 노인은 '나는 바로 그대가 시집보낸 여인의 아비일세. 그대가 선인의 맑은 정신이실 때 내린 명을 사용하였으므로 내가 이렇게 보답한 것이네.'라고 하였다."라 하였다.

左宣十五年 "秋, 晉魏顆敗秦師于輔氏, 獲杜回. 秦之力人也. 初, 魏武子有嬖妾, 無子, 武子疾, 命顆曰 '必嫁是.' 疾病則曰 '必以爲殉.' 及卒, 顆嫁之, 曰 '疾病則亂. 吾從其治也.' 及輔氏之役, 顆見老人結草以亢杜回, 杜回躓而顚, 故獲之. 夜夢之曰 '余而所嫁婦人之父也. 爾用先人之治命. 余是以報.'"

2-1-6 성상의 말씀에 또한 "국가의 흥망성쇠에는 모두 천명이 있으니, 오늘날 이러한 액운을 만난 것은 응당 사람에게서 유래한 것이 아니다."라고 하셨는데, 신은 성정이

용렬하고 학식이 보잘것없어서, 占算과 秘術은 그 근원과 말단을 섭렵한 적이 없습니다만, 흥망성쇠의 大端에 관해서라면 일찍이 典籍에서 들은 바가 있습니다.

≪書經≫에는 "하늘은 우리 백성의 눈을 통해 내려다보시고, 하늘은 우리 백성의 귀를 통해 들으신다."[18]라고 하였고, 또 "덕이 한결같으면 동함에 길하지 않음이 없고, 덕이 한결같지 않으면 동함에 흉하지 않음이 없을 것이다. 길흉이 사람에게 어김없이 있는 것은, 하늘이 그 덕에 따라서 재앙과 상서를 내리기 때문이다."[19]라고 하였습니다. 또 이르기를 "하늘이 믿기 어려운 것은 天命이 無常하기 때문이다. 덕을 떳떳이 하면 그 지위를 보존하고 덕이 떳떳하지 않으면 九州가 망할 것이다."[20]라고 하였습니다.

이는 하늘이 보고 듣는 것이 모두 사람에 인하므로, 하늘이 재앙이나 상서를 내리는 것은 모두 그 덕을 고찰해서 하는 것이지 인간사의 바깥에 별도로 천명이 있는 것이 아닙니다. 그러므로 祖伊[21]는 紂王의 "나의 탄생은 운명이 하늘에 달려 있지 않은가."[22]라는 말을 책망하였고, 武王은 紂王의 죄를 꾸짖어서 "'내(紂)가 천명을 소유했다.'라고 하며 자신이 〈神을〉 업신여김을 징계하지 않는구나."[23]라고 했습니다. 이것은 인간사를 버리고 천명을 추론한 것이니, 필시 불가한 이치입니다.

聖旨에 又以家國興衰가 皆有天命하니 今遇此厄運이 應不由人者라하시니 臣은 志性介劣하고 學識庸淺하여 凡是占筭秘術을 都不涉其源流요 至於興衰大端은 則嘗聞諸典籍호니 書에 曰 天視自我人視하며 天聽自我人聽이라하고 又曰 德惟一이면 動罔不吉이요 德二三이면 動罔不凶이니 惟吉凶不僭在人은 惟天降災祥在德이라하고 又曰 天難忱은 命靡常이라 常厥德이면 保厥位요 厥德靡常이면 九有以亡이라하니 此則天所視聽이 皆因於人이며 天降災祥이 皆考其

18) 하늘은……들으신다 : ≪書經≫ 〈周書 泰誓 中〉에 보인다.

19) 길흉이……때문이다 : ≪書經≫ 〈商書 伊訓〉에 보인다.

20) 덕을……것이다 : ≪書經≫ 〈商書 咸有一德〉에 보인다.

21) 祖伊 : 殷나라 紂王 때의 충신. 周나라 文王이 西伯으로 있을 때 黎國을 정벌하여 이기자, 은나라의 국운이 다되어 가고 있음을 느끼고 두려워서 주왕에게 달려가 그 사실을 고하고 정신을 차릴 것을 간하였다.

22) 나의……않은가 : ≪書經≫ 〈商書 西伯戡黎〉에 보인다.

23) 내(紂)가……않는구나 : ≪書經≫ 〈周書 泰誓 上〉에 보인다.

有命在天圖(紂王이 목숨이 하늘에 달려 있다 하다.)

德이니 非於人事之外에 別有天命也라 故祖伊責紂之辭에 曰 我生은 不有命在天가하고 武王이 數紂之罪曰 吾有命이라하여 罔懲其侮라하니 此又捨人事而推天命이 必不可之理也요

2-1-7 ≪周易≫에 이르기를 “하늘이 도와서 길하여 이롭지 않음이 없다.”[24]라고 했는데, 이에 대해 仲尼는 “祐는 돕는다는 말이다. 하늘은 순종하는 사람을 돕고, 사람은 신의가 있는 사람을 돕는다. 그런데 〈이 大有卦의 上九爻는〉 신의를 이행하고 순종하기를 생각하며 또 현인을 숭상한다. 그러므로 하늘이 도와줘 길하고 이롭지 않음이 없는 것이다.”[25]라고 하였습니다. 또 이르기를 “위태로울까 함은 그 지위를 편안히 하는 것이요, 망할까 함은 그 생존을 보존하는 것이요, 어지러울까 함은 그 다스림을 두게 하는 것이다. 이 때문에 군자는 편안해도 위태로움을 잊지 않고, 보존되어도 망함을 잊지 않고, 다스려져도 어지러움을 잊지 않는다. 이런 까닭에 몸이 안전해지고 국가가 보존될 수 있는 것이다.”[26]라고 하였습니다. 또 이르기를 “행동을 살펴보아 길흉을 상고한다.”[27]라고 하였습니다. 또 이르기를 “길흉이란 것은 得失의 象이다.”[28]라고 하였습니다.

≪易≫이란 책은 변화를 궁구하여 性命에 대해서는 정밀하게 연구했다고 할 수 있습니다. 그러나 하늘과 인간이 서로 도와주는 연유와 安危와 治亂의 연고를 변론함에 이르러서는 반드시 행동의 득실에 근본하여 길흉의 응보가 그 속에 나타나게 하였습니다. 이것은 바로 천명이 사람에게서 연유한다는 것이니, 그 의리가 분명합니다.

易에 曰 自天祐之라 吉無不利라하니 仲尼以爲祐者는 助也니 天之所助者가 順也요 人之所助者는 信也니 履信思乎順하고 又以尙賢이라 是以自天祐之吉無不利라하고 又曰 危者는 安其位者也요 亡者는 保其存者也요 亂者는 有其理者也라 故君子는 安而不忘危하며 存而不忘亡하며 理而不忘亂이라 是以身安而國家可保라하고 又曰 視履考祥이라하고 又曰 吉凶者는 得

24) 하늘이……없다 : ≪周易≫ 大有卦 上九爻辭에 보인다.
25) 祐는……것이다 : ≪周易≫ 〈繫辭傳 上〉에 보인다.
26) 위태로울까……것이다 : ≪周易≫ 〈繫辭傳 下〉에 보인다.
27) 행동을……상고한다 : ≪周易≫ 履卦 上九爻辭에 보인다.
28) 길흉이란……象이다 : ≪周易≫ 〈繫辭傳 上〉에 보인다.

失之象也라하니 夫易之爲書가 窮變知化하여 其於性命에 可謂硏精이로되 及乎論天人祐助之由하며 辨安危理亂之故에 必本於履行得失하여 而吉凶之報象焉하니 此乃天命由人이 其義明矣요

2-1-8 ≪春秋左氏傳≫에 이르기를 "화와 복은 들어오는 문이 따로 있는 것이 아니라 사람이 부르는 대로 온다."29)라고 하였고, 또 이르기를 "사람은 천지의 정기를 품부받고 태어나니, 이것이 이른바 天命이라고 하는 것이다. 그러므로 動作·威儀·禮義의 준칙이 있어, 이로써 命을 안정시키는 것이다. 능한 자는 이를 양성하여 복을 받고 그러지 못하는 자는 이를 버려서 화를 입는다."30)라고 하였습니다.

≪禮記≫에 ≪詩經≫을 인용하여 해석하기를 "〈大雅〉에서 '殷나라가 민심을 잃지 않았을 때는, 그 덕이 능히 上帝와 짝하였다. 마땅히 은나라를 거울삼으라. 큰 명을 보전하기란 쉽지 않은 것이다.'31)라고 했으니, 민심을 얻으면 나라를 얻고 민심을 잃으면 나라를 잃음을 말한 것이다."32)라고 하였습니다. 또 ≪書經≫을 인용하여 해석하기를 "〈康誥〉에 이르길 '천명은 일정하지 않다.'고 하였는데, 이는 선하면 얻고 선하지 않으면 잃음을 말한 것이다."33)라고 하였습니다.

春秋傳에 曰 禍福無門이라 唯人所召라하고 又曰 人受天地之中하여 以生하니 所謂命也라 是以有動作威儀禮義之則하여 以定命하니 能者는 養之以福하고 不能者는 敗以取禍라하고 禮記에 引詩而釋之曰 大雅에 云 殷之未喪師에 克配上帝러니 儀監于殷이어다 駿命不易(이)라하니 言得衆則得國하고 失衆則失國也라하고 又引書而釋之曰 康誥에 云 惟命은 不于常이라하니 言善則得之하고 不善則失之라하니

2-1-9 이것은 聖哲의 뜻이 六經에 會通되어 있는 것으로, 모두 禍福이 사람에게서 유

29) 화와……온다 : ≪春秋左氏傳≫ 襄公 23년 조에 보인다.
30) 사람은……입는다 : ≪春秋左氏傳≫ 成公 13년 조에 보인다.
31) 殷나라가……것이다 : ≪詩經≫ 〈大雅 文王〉에 보인다.
32) 大雅에서……것이다 : ≪禮記≫ 〈大學〉에 보인다.
33) 康誥에……것이다 : ≪禮記≫ 〈大學〉에 보인다.

래함을 말한 것이지, 성쇠에 천명이 있음을 말한 것이 아닙니다. 대개 인간사가 아래에 드러나서 천명이 위에서 강림합니다. 이 때문에 인간사에는 득실이 있고 천명에는 길흉이 있어서, 하늘과 인간의 사이가 그림자와 메아리처럼 서로 준칙을 이룹니다. ≪詩經≫과 ≪書經≫ 이후로 史傳이 서로 계승하여 치란과 흥폐를 대략 기록하게 되었으니, 인간사가 다스려지고서 천명이 난리를 내린 일은 있지 않았으며, 인간사가 어지럽고서 천명이 康福을 내려준 일은 역시 있지 않았습니다.

此則聖哲之意가 六經會通이라 皆爲禍福由人이요 不言盛衰有命하니 蓋人事가 著於下하여 而天命이 降於上이라 是以事有得失하고 而命有吉凶하여 天人之間이 影響相準하니 詩書已後에 史傳相承하여 理亂廢興을 大略可記니 人事理而天命降亂者가 未之有也요 人事亂而天命降康者가 亦未之有也라

2-1-10 六經의 가르침이 이미 이와 같고, 역대의 밝은 증험이 이와 같습니다. 그런데도 그 가운데 역시 의심할 만한 것이 있을 듯합니다. 이에 신은 다시 가까운 일로 증험해보도록 하겠습니다.

최근에 정벌이 상당히 빈번하고 형벌이 아주 엄하여 물자와 인력이 고갈되고 인심이 의혹하여, 마치 풍랑을 만난 것처럼 흉흉해서 안정되지 못했습니다. 위로는 조정에서부터 아래로는 백성에 이르기까지, 밤낮으로 친족들이 한데 모여 모의하면서 필시 변고가 있으리라 모두 우려하였는데, 얼마 안 가서 涇原의 叛卒이 과연 서민들이 우려한 바대로 일어났습니다. 京師의 사람들이 번번이 헤아려보면 억이 넘을 정도로 많지만, 정말로 모두 술수와 점서를 잘 아는 것이 아니니, 도적을 이르게 한 연유가 반드시 천명에 모두 관계되지 않은 것이 분명합니다.

삼가 생각건대 폐하께서 기왕의 깊은 잘못을 살펴보고 장래의 훌륭한 도모를 세워서 宗社의 어려움[34]을 구하고 백성의 울분과 치욕을 쇄신하시는 것이 시절의 변화를 통찰하고 사람의 의견을 두루 물으시는 데 달려 있으니, 王化를 닦으시면 하늘의 보우가 저절로 이를 것입니다. 厄運을 핑계 대고 당연한 일이라고 여기셔서 지난 잘

---

34) 어려움 : 원문의 '阽危'는 ≪漢書≫ 〈食貨志〉에 "어찌 천하가 이렇게 위험한 지경에 이르렀는데 위정자가 놀라지 않는 일이 있겠습니까.〔安有爲天下阽危者若是而上不驚者〕"라는 말에 보인다.

못을 책망하는 마음을 저버리고 나라를 새롭게 하려는 바람35)을 저해하여서는 안 됩니다.

六經之敎가 旣如彼하고 歷代明驗이 又如此호되 尙恐其中에 有可疑者일새 臣請復以近事로 證之호리이다 自頃征討頗頻하며 刑網稍密로 物力竭耗하고 人心驚疑하여 如居風濤에 洶洶靡定이라 上自朝列로 下達烝黎히 日夕族黨聚謀하여 咸憂必有變故러니 旋屬涇原叛卒이 果如衆庶所虞하니 京師之人이 動逾億計라 固非悉知筭術하며 皆曉占書니 則明致寇之由가 未必盡關天命이라 伏惟陛下는 鑑旣往之深失하며 建將來之令圖하사 拯宗社阽危하며 刷億兆憤恥가 在於審察時變하며 博詢人謀니 王化聿修면 天祐自至라 恐不宜推引厄運하여 謂爲當然하여 撓追咎之誠하며 沮惟新之望이니이다

2-1-11 신은 듣자니 "다스림이 혹 난리를 낳기도 하고 난리가 혹 다스림의 바탕이 되기도 하니, 어려움이 없기 때문에 제대로 지키지 못하는 경우가 있고 어려움이 많기 때문에 나라를 일으키는 경우36)가 있다."고 합니다.

다스림이 혹 난리를 낳는 경우는 다스림을 믿고서 정사를 닦지 않기 때문입니다. 난리가 혹 다스림의 바탕이 되기도 하는 경우는 난리를 만나서 능히 두려워할 줄 알기 때문입니다. 어려움이 없어서 제대로 지키지 못하는 것은 萬機37)의 중함을 경시하여 근심과 두려움을 잊었기 때문입니다. 어려움이 많아서 나라를 일으키는 것은 여러 어려운 일들을 겪어서 신중히 할 줄 알기 때문입니다.

---

35) 새롭게……바람 : ≪詩經≫ 〈大雅 文王〉에 "周나라가 비록 오래되긴 하였지만, 하늘의 명이 다시 새롭게 되었도다.〔周雖舊邦 其命維新〕"라는 말을 인용한 것이다.

36) 어려움이……경우 : 국가에 내분이 많으면 상하가 戒愼恐懼하여 분발하여 온 힘을 다해 국가를 부흥시킬 수 있다는 뜻이다. ≪春秋左氏傳≫ 昭公 4년 조에 "이웃 나라의 화란은 기뻐할 것이 못 됩니다. 어떤 나라에 화란이 많지만 나라의 방어를 굳건히 하기도 하고 국경을 확장하기도 하며, 어떤 나라에 화란이 없지만 그 나라를 잃기도 하고, 국경을 지키지 못하기도 하였습니다.〔隣國之難 不可虞也 或多難以固其國 啓其疆土 或無難以喪其國 失其守宇〕"라고 하였다.

37) 萬機 : 군주가 살피는 정무이다. ≪書經≫ 〈虞書 皐陶謨〉에 "안일과 욕심으로 제후들을 가르치지 마시어, 삼가고 두려워하소서. 하루 이틀 사이에도 기미가 만 가지나 됩니다.〔亡敖佚欲有國 兢兢業業 一日二日萬機〕"라 하였고, 孔安國의 傳에 "機는 微이다. 마땅히 萬事의 기미를 戒懼해야 한다는 말이다."라고 하였다.

지금 난이 일어나 제대로 지키지 못한 일은 다시 지난 일을 탓할 것이 없습니다.[38] 다스림의 바탕으로 삼아서 나라를 일으키는 일은 폐하께서 사욕을 이기고 면려하시어 삼가 정사를 닦는 일에 달려 있습니다. 지극히 위태하고 어려운 시기를 당하여, 도를 얻으면 흥하고 도를 잃으면 폐하게 될 것이니, 그 사이에는 다시 후회할 바가 있을 수 없습니다.

부디 폐하께서는 이 점에 대해 부지런히 사색하고 깊이 생각하여 자신의 견해를 버리고 뭇사람의 뜻을 따르시며, 욕심을 버리고 도를 준행하시며, 간사하고 아첨하는 자를 멀리하고 충성스럽고 정직한 이를 가까이하시며, 지극한 정성을 다하고 미리 의심하는 마음을 제거하시며, 참소하여 저상시키는 길을 막으시고 간언하여 쟁론하는 문을 여시며, 이익을 구하는 방법을 버리고 백성을 안식하게 만드는[39] 술법에 힘쓰시며, 작은 선행이나 작은 능력이 있는 자를 모두 기록하여 뭇 인재들을 망라하고, 작은 허물이나 작은 원망을 잊어서 버려지는 사람이 없도록 하십시오.

이 도리는 대단히 알기 쉬우며 대단히 행하기 쉬우니, 정신을 피로하게 하지 않고 힘을 수고롭게도 하지 않습니다. 다만 마음을 잡는 데 달려 있을 따름입니다.

臣은 聞理或生亂하며 亂或資理라 有以無難而失守하며 有因多難而興邦이라하니 理或生亂者는 恃理而不修也요 亂或資理者는 遭亂而能懼也요 無難失守者는 忽萬機之重而忘憂畏也요 多難興邦者는 涉庶事之艱而知勑愼也라 今生亂失守之事는 則旣往을 不可復追矣어니와 其資理興邦之業은 在陛下剋勵而謹修之니 當至危至難之機하여 得其道則興이요 失其道則廢니 其間에 不容復有所悔也라 惟陛下는 勤思焉 熟計焉하사 捨己以從衆焉하시며 違欲以遵道焉하시며 遠憸佞而親忠直焉하시며 推至誠而去逆詐焉하시며 杜讒沮之路하고 廣諫諍之門

38) 지난……없습니다 : ≪論語≫ 〈八佾〉에서 宰我가 哀公에게 社의 의미를 잘못 설명하였는데, 孔子가 그 말을 듣고 "이루어진 일이라 말하지 않고, 끝난 일이라 바로잡아 말하지 않으며, 이미 지난 일이라 탓하지 않는다.〔成事不說 遂事不諫 旣往不咎〕"라고 하였다.

39) 백성을……만드는 : 백성들에게 休養하여 生息하게 한다는 뜻이다. ≪後漢書≫ 〈臧宮傳〉에 "진실로 능히 천하의 태반을 들어서 큰 도적을 멸할 수 있다면 그것이 어찌 지극한 바람이 아니겠는가. 하지만 적절한 때가 아니라고 한다면 백성들을 쉬게 하는 것만 못하다.〔誠能擧天下之半以滅大寇 豈非至願 苟非其時 不如息人〕"라고 하였으니, 陸贄는 〈賜吐蕃將書〉에 "백성을 쉬게 하고 우호를 이어나가는 것이 정말로 경상의 규범이다.〔息人繼好 固是常規〕"라고 하였다.

焉하시며 掃求利之法하고 務息人之術焉하시며 錄片善片能하여 以盡群材焉하시며 忘小瑕小怨하여 俾無棄物焉하소서 斯道가 甚易知 甚易行하니 不勞神 不苦力이라 但在約之於心耳니이다

2-1-12 또한 폐하께서는 천부적으로 명철하여 반드시 이를 이르게 할 자질을 지니고 계시는데, 어찌 버려두고 행하지 않으십니까. 저녁에 이 도리를 마음속에 맹세하시면 신명을 감응시키고 천지를 감동시킬 수 있습니다. 아침에 이 도리를 일에 시행하시면 만물을 감복시킬 수 있으며 만방을 회유할 수 있습니다. 어지럽히는 사람을 우려할 것이 무어 있으며, 액운을 두려워할 것이 무어 있으며, 천하가 편안하지 못함을 무어 걱정할 것이 있습니까.

지난날 古公亶父(太王)가 狄을 피하여 나라를 일으키고,[40] 周나라 文王은 百里의 작은 땅으로도 천하에 왕 노릇을 하였습니다.[41] 이것은 바로 위태로움과 어지러움을 인하여 성대한 왕업을 크게 하고, 궁벽되고 작은 땅에 연유하여 크나큰 왕업을 밝게 드러낸 것입니다.

하물며 폐하께서는 탁월한 재능을 품부받고 皇位를 계승하시어, 사해의 이익과 권세가 자기에게서 말미암고 열성조의 덕택이 인민에게 베풀어져 있습니다. 진실로 이를 증대시키고 닦을 수 있다면 다스려지지 않을 것이 없습니다. 동북방의 흉역한 무리들이[42] 차일피일하는 사이에 주벌을 피하고 涇原에서 난리를 일으킨 병졸들이 창졸간에 궁정을 침범한 일로 말하면, 대개 하늘이 폐하를 保祐하여 폐하가 神武하고 果斷하시어 천하를 가볍게 여기는 마음이 있지 않을까 염려하여, 艱難을 알게 하여

40) 狄을……일으키고 : ≪孟子≫ 〈梁惠王 下〉에 周나라 太王은 狄人이 침입해왔을 적에 백성을 보호하기 위해 혼자서 邠 땅을 떠나 岐山 아래에 도읍을 정하였는데, 빈 땅 사람들이 "인자한 사람이니 놓쳐서는 안 된다."고 하면서 모두 그곳으로 따라와 살았다는 고사가 있다.

41) 百里의……하였습니다 : ≪孟子≫ 〈公孫丑 上〉에 "실제로는 무력을 행사하면서 형식적으로 인의를 가탁하는 자는 霸者이니, 패자는 반드시 대국을 소유해야 하겠지만, 덕을 위주로 인의를 행하는 이는 王者이니, 왕자는 대국을 소유할 필요도 없다. 옛날에 湯王은 사방 70리의 땅을 가지고 일어났고, 文王은 100리의 땅을 가지고 일어났다.〔以力假仁者霸 霸必有大國 以德行仁者王 王不待大 湯以七十里 文王以百里〕"라는 말이 나온다.

42) 동북방의……무리들이 : ≪陸贄集≫(中華書局, 2006) 張佩芳의 註에 兩河(河北, 河南)와 淮西라 하였는데, 〈論兩河及淮西利害狀〉의 장패방의 주에 "河北은 朱滔, 王武俊, 田悅, 河南은 李納, 淮西는 李希烈이다." 하였다. 이들은 唐나라에 반기를 든 반역 藩鎭들이다.

福을 영원히 누리게 하려는 것입니다.

又陛下가 天資睿哲하사 有必致之具하시니 安得捨而不爲哉리잇고 斯道를 夕誓之於心則可以感神明動天地요 朝施之於事則可以服庶類懷萬方이니 何憂乎亂人이며 何畏乎厄運이며 何患乎天下不寧이리잇고 昔에 古公이 以避狄而興하고 周文이 以百里而王하니 是乃因危難而恢盛業하며 由僻小而闡丕圖어든 況陛下가 稟英姿 承寶歷하사 四海之利權이 由己하며 列聖之德澤이 在人하니 苟能增修면 蔑有不濟라 至如東北群孽의 荏苒逋誅와 涇原亂兵의 倉卒犯禁은 蓋上玄이 保祐陛下하사 恐陛下가 神武果斷하여 有輕天下之心일새 使知艱難하여 將永福祚耳라

2-1-13 삼가 바라옵건대, 지난날의 앙화를 후회하여 하늘의 경계에 답하시고 성스러운 교화를 새롭게 하여 하늘의 休徵을 받드시고, 당시에 액운을 만났다고 여겨서 스스로 의심하지 마시고, 일이 사람에게서 유래하지 않는다고 여겨서 스스로 해명하지 마시고 自强不息하소서. 그렇게 하신다면 昇平을 이룰 수 있을 것이니, 어찌 요사한 기운을 씻어 없애서 원래의 궁궐로 돌아가시는 데 그칠 뿐이겠습니까. 어리석은 신이 간절히 나라를 근심하고 군주를 받드는 심정을 감당치 못하여, 진실로 절실하게 여기는 바가 있어서 언사가 신도 모르게 번잡해졌습니다. 부디 폐하께서는 사람 때문에 말까지 폐기하지를 마시고, 또 말 때문에 충직한 마음을 폐기하지 않으시기를 바라오니, 그렇게 하신다시면 어리석은 자의 千慮一得[43]을 혹 취할 바가 있을 것입니다. 삼가 아룁니다.

伏願悔前禍以答天戒하며 新聖化以承天休하사 勿謂時鍾厄運而自疑하시며 勿謂事不由人而自解하사 勤勵不息하시면 足致昇平이니 豈止盪滌祆氛하며 旋復宮闕而已리잇고 愚臣이 不勝區區憂國奉君之至하여 誠有所切에 辭不覺煩하니 伏惟陛下는 不以人廢言하며 不以言廢直하시면 千慮一得을 或有取焉이리이다 謹奏라

---

43) 千慮一得 : ≪史記≫ 〈淮陰侯列傳〉에 "智者도 천 가지 생각 중에 반드시 하나의 잘못이 있고, 愚者도 천 가지 생각 중에 반드시 하나의 옳음이 있다. 그러므로 狂夫의 말이라도 성인은 채택한다고 하는 것이다.〔智者千慮 必有一失 愚者千慮 必有一得 故曰狂夫之言 聖人擇焉〕"라는 말이 있다.

【評說】

德宗 즉위 후 병력을 남용하여 정벌을 일삼음으로써 사회의 모순을 격화시켰다. 涇原의 군사들이 변을 일으키자, 덕종은 奉天으로 도주하였고, 叛軍의 10만 대군은 포위 공격을 하였다. 陸贄는 唐나라 때 房玄齡・杜如晦・姚崇・宋璟의 뒤를 이은 어진 재상이다. 육지는 봉천으로 덕종을 호종하여 가서 建中 4년(783)에 翰學에 막 충원된 뒤 이 글을 올렸다.

우선 육지는 난리 중에 賦稅가 正道를 잃어, 關畿 즉 京畿의 상층부와 상인들까지 動搖하고 있다는 점을 지적하고, 상층부와 상인들의 마음을 안정시켜 지지층을 공고하게 해야 한다고 주장하였다. 正祖(朝鮮)도 ≪陸奏約選≫과 ≪陸稿手圈≫에 다음 부분을 거의 원문 그대로 초록해두었다.

즉 "〈게다가〉 聚斂의 법이 도성에서 더욱 엄하여 邸第의 侯王이 모두 屋稅를 바치고 소상인 부부가 모두 除陌錢을 내어, 존귀해도 우대를 받지 못하고 가까우면서도 각별한 은총을 받지 못하니, 그 분해하고 근심하는 바가 지방보다 더 심합니다. 강제로 징수하는 일이 점점 번다해지자 서민들이 두려워하고, 징발이 그치지 않자 민심이 동요하여, 조정과 재야가 떠들썩하고 경성과 關畿가 편안하지 않습니다.〔聚斂之法 轂下尤嚴 邸第侯王 咸輸屋稅 裨販夫婦 畢算緡錢 貴而不見優 近而不見異 其爲憤慼 又甚諸方 誅求轉繁 庶類恐懼 興發無已 群情動搖 朝野囂然 而京邑關畿不寧矣〕"라는 부분이다.

이어서 육지는 建中의 난이 일어난 원인을 분석하고, 덕종이 말한 "예로부터 국가의 흥망성쇠는 모두 천명이 있으니, 지금 이러한 액운을 만난 것이 비록 짐의 실덕이나 또한 응당 일이 사람에서 유래한 것이 아니다."라고 하는 托辭를 부정하고, 천명은 人事에서 유래한다고 지적하였다.

그리고 덕종으로 하여금 人事를 근실하게 닦아서 大業을 恢復하도록 권하였으며, 육지는 대업을 회복하기 위한 치국의 도리로 9개 조항을 들었다. ① 자신의 견해를 버리고 뭇사람의 뜻을 따를 것〔捨己以從衆焉〕, ② 욕심을 버리고 도를 준행할 것〔違欲以遵道焉〕, ③ 간사한 자와 아첨하는 자를 멀리하고 충성스럽고 정직한 이를 가까이할 것〔遠憸佞而親忠直焉〕, ④ 지극한 정성을 다하고 미리 의심하는 마음을 제거할 것〔推至誠而去逆詐焉〕, ⑤ 참소하여 저상시키는 길을 막을 것〔杜讒沮之路〕, ⑥ 간쟁하는 문을 열 것〔廣諫諍之門焉〕, ⑦ 이익을 구하는 방법을 버리고 백성을 안식하게 만드는 술법에 힘쓸 것〔掃求利之法 務息人之術焉〕, ⑧ 작은 선행이나 작은 능력이 있는 자를 모두 기록하여 뭇 인재들을 망라할 것〔錄片

善片能 以盡群材焉〕, ⑨ 작은 허물이나 작은 원망을 잊어서 버려지는 사람이 없도록 할 것〔忘小瑕小怨 俾無棄物焉〕 등이다.

육지는 글의 마지막에서 "지난날의 앙화를 후회하여 하늘의 경계에 답하시고 성스러운 교화를 새롭게 하여 하늘의 休徵을 받드시고, 당시에 액운을 만났다고 여겨서 스스로 의심하지 마시고, 일이 사람에게서 유래하지 않는다고 여겨서 스스로 해명하지 마소서."라고 하여, 현실의 재액이 時運에 의한 것이 아니라 인간에게서 유래하는 사실을 분명히 인식하라고 촉구하였다. 사실상 육지는 덕종에게 引咎自責하여 罪己詔를 반포하라고 촉구한 것이다.

이미 漢 武帝는 만년에 자신의 과오를 후회하고 〈罪己詔〉를 신하들에게 내려 자신의 죄를 인정하고 새롭게 변화시킨 일이 있다. 그런데 덕종이 朱泚의 반역을 피하여 奉天에 파천하여 있을 때, 육지는 덕종에게 과거를 뉘우치고 자기의 잘못을 고백하는 詔書인 罪己詔를 내리게 하였다. 罪己詔는 哀痛詔라고도 한다. 덕종은 이듬해 建中 5년(784) 정월에 行宮에서 朝賀를 받을 때, 백성이 도탄에 빠지고 난리가 일어난 데 대한 모든 책임이 자신에게 있음을 자책하고 '聖神文武'라는 존호가 자신에게는 맞지 않는다고 사양하며 中外의 書奏에 '聖神文武'라는 존호를 쓰지 못하게 하였다.(≪舊唐書≫ 권12 〈德宗 上〉)

2. 奉天에서 지금 절실하게 힘쓸 사안을 논하는 奏狀
奉天論奏當今所切務狀1)

德宗이 陸贄에게 당금의 절실하게 힘써야 할 바를 묻자, 육지는 지난날의 치란은 윗사람의 정과 아랫사람의 정이 서로 통하지 않은 데서 연유하였다고 하여, 윗사람이 아랫사람을 접하여 간언을 따를 것은 권고하고자 이 奏狀을 올렸다.

德宗問贊以當今切務, 贊以向日致亂, 由上下之情不通, (勤)〔勸〕2)上接下從諫, 乃上此奏.

2-2-1 隱朝가 전날에 聖旨를 받들어 알리기를 "역적이 비록 물러갔지만 아직 성을 수복하지 못했으므로 臣으로 하여금 당금에 힘써야 할 일이 어느 것이 가장 긴절한지를 심사숙고하여 조목조목 기록하여 상주하라."고 하셨습니다.

隱朝가 昨日에 奉宣聖旨호되 逆賊雖退나 猶未收城①일새 令臣으로 審思當今所務가 何者最切인고 具條錄奏來者라하시니

① 逆賊雖退 猶未收城 : 李懷光이 병사 5만을 이끌고 이르러 와서 적도들을 魯店에게 쳐부수었다. 마침내 奉天의 성 아래에서 새벽부터 저녁까지 전투를 하여 적이 궤멸되자, 이날 밤 朱泚는 퇴각했다. 하지만 京師는 아직 수복하지 못하였다.

李懷光以兵五萬至, 敗賊于魯店, 遂戰奉天城下, 自晨至昏, 賊潰. 是夜, 泚引去. 然京師尙未收復.

2-2-2 삼가 아룁니다. 처음 큰 변고를 겪으면서 海內가 震慴하여 순응하는 사람이든

---

1) 奉天論奏當今所切務狀 : 德宗은 주자의 난을 피하여 建中 4년(783) 10월부터 興元 원년(784) 2월까지 奉天에 있었다. 이 기간에 지어진 陸贄의 奏議에는 모두 '奉天'이란 지명을 제목 앞에 붙여 구별하였다.

2) (勤)〔勸〕: 저본에는 '勤'으로 되어 있으나, ≪陸贄集≫(中華書局, 2006)에 의거하여 '勸'으로 바로잡았다.

거스르는 자든, 어진 이든 어리석은 사람이든 할 것 없이 필시 모두 폐하의 거조와 말씀을 보고 듣기를 간절히 바라고 있습니다. 폐하의 한마디 말씀이 잘못되면 사방이 흩어질 것이고, 한 가지 일이 마땅하면 만백성이 심복하여, 항상 안위에 관계될 것이니, 신중히 하지 않을 수 없습니다.

신은 생각건대, 당금의 시급히 힘써야 할 일이 민심을 자세히 살피는 데 달려 있습니다. 민심에 매우 바라는 것을 폐하께서 먼저 실행하시고, 민심에 매우 혐오하는 것을 폐하께서 먼저 제거하십시오. 바람과 혐오를 천하와 함께하는데도 천하 사람들이 귀의하지 않는 일은 예부터 지금까지 있지 않았습니다.

무릇 치란의 근본은 민심에 달려 있습니다. 하물며 변고가 일어나고 동요하는 시기를 당하고 불안하고 의혹하는 민심의 향배가 결정되는 즈음에 있어서 백성이 귀의하면 만사가 확립되고 인민이 떠나가면 만사가 무너질 것입니다. 그러니 폐하께서 어찌 민심을 자세히 살펴서 그들의 바람과 혐오를 함께하여 백성으로 하여금 귀의하게 하여 나라를 안정시키지 않을 수 있겠습니까. 이는 정말로 당금의 시급히 시행하여야 할 바입니다.

伏以 初經大變에 海內震驚이라 無論順逆賢愚하고 必皆企竦[3]觀聽하리니 陛下一言이 失則四方解體하고 一事가 當則萬姓屬心하여 動關安危하리니 不可不愼이니이다 臣謂當今急務가 在於審察群情하니 若群情之所甚欲者를 陛下先行之하시고 群情之所甚惡者를 陛下先去之하사 欲惡를 與天下同호되 而天下不歸者가 自古及今에 未之有也라 夫理亂之本이 繫於人心하니 況乎當變故動搖之時하고 在危疑向背之際하여 人之所歸則植하고 人之所去則傾하나니 陛下가 安可不審察群情하여 同其欲惡하여 使億兆로 歸趣하여 以靖邦家乎리오 此誠當今之所急也어니와

2-2-3 하지만 행하기가 쉽지 않으리라 염려하는 것은 조정이 播越[4]하여 왕명이 시행

---

3) 企竦 : 발뒤꿈치를 들도 선다는 말로, 간절히 기대함을 뜻한다. 曹植의 〈求自試表〉에 "바둑에 임하여 발뒤꿈치를 들고 서고 음악을 들으면서 가만히 박자를 맞추는 자들 가운데는 혹 음을 알고 도리를 아는 것이 있습니다.〔夫臨博而企竦 聞樂而竊抃者 或有賞音而識道也〕"라고 했다. 李善 注에 "≪說文解字≫에 '企는 擧踵이고, 竦은 立과 같다.'라고 했다." 하였다.

4) 播越 : ≪春秋左氏傳≫ 昭公 26년 조에 "지금 나는 난리를 피해 荊蠻(楚)으로 도망하여 몸을 依託할 곳이 없다.〔玆不穀震蕩播越 竄在荊蠻 未有攸底〕"라고 하였다.

할 수 없기 때문에, 빈말을 베풀면 인민들이 혹 믿지 않을 것입니다. 어째서 그렇게 말하겠습니까.

지금 천하가 바라는 바는 전쟁을 종식하는 데 있고 생업을 안정하는 데 있으며, 천하가 혐오하는 바는 세금을 중하게 거두는 데 있고 법이 가혹한 데 있습니다. 폐하께서 전쟁을 종식하고자 하시지만 적도들이 여전히 존재하므로 전쟁은 정말로 종식할 수가 없습니다. 폐하께서 생업을 안정시키고자 하시지만 賦稅와 徭役을 파하지 못하므로 생업은 정말로 안정시킬 수가 없습니다. 징세를 가볍게 하고자 하시지만 군현은 군사비용이 부족할까 염려하여 명령을 필시 따르지 않을 것입니다. 가혹한 형법을 제거하고자 하시지만 행재소에서 평소의 威嚴을 거두셨으니, 말에 또 징험이 없었습니다. 이는 모두 형세상 제어하지 못하는 바가 있고 뜻에 따르지 못하는 바가 있기 때문입니다.

비록 德音을 베풀면, 임금께서 오셔서 소생시켜주길[5] 바라는 기대를 위로할 수 있겠지만 실제를 살펴보면 화를 뉘우치는 마음에 부합하지 않을 것입니다. 또 말로 백성을 움직이는 것은 그 감동이 깊지가 않으며, 행동으로 백성을 움직이는 것은 그 감응이 필시 신속합니다. 말은 일에 따라 하기 쉽고 행동은 욕심에 어긋나서 이루기가 어렵습니다. 말은 쉽게 하므로 신뢰하지 못하는 바가 있고, 행동은 이루기 어려우므로 복종하기를 생각지 않는 사람이 없습니다.[6]

지금 폐하께서 장차 화란을 평정하고 宗社의 위태로움을 구하시고 백성들을 구휼하시며 불순한 무리를 안심시키고자 하신다면, 백성을 편히 쉬게 한 실제가 없으시고, 은혜를 베푼 바탕도 부족하시니, 오로지 욕심을 버려서 자기가 어렵게 여기는 바를 행하고 정성을 펴서 인민의 병통으로 여기는 바를 제거하여야 비로소 잘못을 후회하는 뜻을 현창하고 나라를 새롭게 하려는 말에 부합할 수 있을 것입니다. 오히려 그렇게 하지 않으신다면 그것이 옳을지 모르겠습니다.

然尙恐爲之不易者는 蓋以朝廷播越하여 王命未行일새 施之空言이면 人或不信이니 何以言

---

5) 임금께서……소생시켜주길 : 《書經》 〈商書 仲虺之誥〉에 "우리 임금님 오시기를 기다렸는데, 임금님이 오셨으니 우리는 이제 살아났다.〔徯予后 后來其蘇〕"라는 말을 변용한 것이다.

6) 복종하기를……없습니다 : 《詩經》 〈大雅 文王有聲〉에 "鎬京의 태학에, 서쪽으로부터 동쪽으로부터, 남쪽으로부터 북쪽으로부터, 와서 복종하기를 생각지 않는 사람이 없으니, 皇王은 훌륭한 군주이시구나.〔鎬京辟廱 自西自東 自南自北 無思不服 皇王烝哉〕"라는 말을 인용한 것이다.

其然고 今天下之所欲者가 在息兵하며 在安業하고 天下之所惡者가 在斂重하며 在法苛하니 陛下가 欲息兵則寇孽猶存하니 兵固不可息矣요 欲安業則征徭未罷하니 業固未可安矣요 欲薄斂則郡縣이 懼乏軍用하여 令必不從矣요 欲去苛則行在가 素尚威嚴하니 言且無驗矣라 此皆勢有所未制하고 意有所未從하니 雖施於德音이면 足慰來蘇之望이나 而稽諸事實에 未符悔禍[7]之誠하리이다 且動人以言者는 其感不深하고 動人以行者는 其應必速이니 蓋以言因事而易發하고 行違欲而難成이라 易發故로 有所未孚하고 難成故로 無思不服하나니 今陛下가 將欲平禍亂하며 拯阽危하며 恤黎烝하며 安反側인댄 既未有息人之實하고 又乏於施惠之資하니 唯當違欲하여 以行己所難하고 布誠하여 以除人所病이라야 乃可以彰追咎之意하고 副惟新之言이니 若猶不然이면 未見其可로소이다

2-2-4 최근에 여론을 듣고서 자못 민심을 살펴보았는데 사방의 지방관들은 중앙과 지방의 뜻이 괴리됨을 걱정하고 백관들은 君臣의 도가 막힌 것을 걱정하고 있습니다. 郡國의 뜻은 조정에 도달하지 못하고, 조정의 뜻은 폐하께 도달하지 못합니다. 성상의 은택은 아랫사람들에게 베풀어지지 못하고 아랫사람들의 실정은 막혀서 성상께서 듣지 못하십니다. 그리하여 진실은 반드시 알지는 못하시고 아는 일은 반드시 진실이 아니었습니다. 위와 아래가 그 사이에 막혀 있고, 진실과 거짓이 그 사이에 뒤섞여 있습니다. 이리하여 원망을 사서 떠들썩하고 비방이 자자하니 의혹과 간격이 없고자 한들 될 수 있겠습니까. 여론이 이와 같으니 인심을 알 수 있습니다.

대개 널리 의견을 듣고 받아들이는 일은 성군도 어려워했던 바이고, 억울하여 미워하고 꺼리는 것은 민심이 병통으로 여기는 바라고 하였습니다. 부디 폐하께서는 마음에 막히는 일이 없게 하시고 반드시 은미한 부분까지 다 살피셔서 군중의 병통을 낫

7) 悔禍 : ≪春秋左氏傳≫ 隱公 11년 조에 "齊侯가 許國을 隱公에게 讓與하니 제후는 허국을 鄭人에게 주었다. 鄭伯이 許나라 대부 百里에게 許叔을 모시고서 허국의 東偏에 거주하게 하며 허국을 전부 占領하지 않았음을 드러냈다. '만약 寡人이 天壽를 누리고 죽어 땅에 묻힌 뒤에, 하늘이 혹시 禮로 대우하여 허국에 내린 화를 撤回한다면 어찌 이 許公으로 하여금 다시 허국의 社稷을 받들게 하지 않겠는가?'〔若寡人得沒於地 天以禮悔禍於許 無寧玆許公復奉其社稷〕"라고 하였다. 이 경우는 하늘이 재앙 내린 것을 후회하여 재앙을 철회한다는 뜻이다. 하지만 이후 스스로 災禍를 조성한 것을 후회한다는 말로 많이 쓰였다.

게 하시고 성군이 어려워했던 바를 쉽게 하시기를, 마치 칼을 담금질하고 종기를 짜내듯이 하시며 제방을 터뜨려 물을 쏟아붓듯이 하소서. 그렇게 하신다면 미덕을 높이고 어려움을 구제하실 수 있으실 것입니다. 그런데 폐하께서 무엇을 염려하여 행하지 않으시고 다만 이처럼 주저하십니까.

頃者에 竊聞輿議하여 頗究群情하니 四方은 則患於中外意乖하고 百辟은 又患於君臣道隔하여 郡國之志가 不達於朝廷하고 朝廷之誠이 不升於軒陛하여 上澤은 闕於下布하고 下情은 壅於上聞하여 實事는 不必知하고 知事는 不必實하니 上下가 否隔[8]於其際하고 眞僞가 雜糅於其間하여 聚怨囂囂하고 騰謗籍籍하니 欲無疑阻인들 其可得乎아 物論則然하니 人心可見이라 蓋謂含弘[9]聽納은 是聖主之所難이요 鬱抑猜嫌은 是衆情之所病이니 伏惟陛下가 神無滯用하시고 鑑必窮微하시니 愈其病而易其難이 如淬鋒潰疣하고 決防注水耳라 可以崇德美하며 可以濟艱難이어늘 陛下가 何慮不行而直爲此懍懍[10]也오

2-2-5 신이 생각하건대, 마땅히 문무 신하들이 入參하는 날에 폐하께서 특별히 인견하여 친히 함께 말씀을 나누어서 禍亂의 연유를 자세히 물으시고 후회하는 뜻을 분명하게 보여서 저들에게 각각 잘잘못을 극언하게 하십시오. 그리고 이어서 한 사람씩 면대하고 의견을 진술하게 하시며, 군무를 보고 난 즈음에 신하가 오면 즉시 인견하여 시간에 구애받지 마시고 성상께서 정사에 근심하며 애쓰심을 표명하소서. 周公이 握髮吐餐[11]에 부지런하자 천하가 진심으로 귀의한 것이 바로 이 의리입니다.

---

8) 否隔 : '否鬲'으로도 쓴다. 隔絶하여 통하지 않음이다. ≪漢書≫ 〈薛宣傳〉에 "무릇 人道가 통하지 않으면 陰과 陽이 결절하게 된다.〔夫人道不通 則陰陽否鬲〕"라고 하였는데, 顔師古의 注에 "否는 閉이다. 음은 皮鄙의 반절이며, 鬲은 隔과 같다."라고 하였다.

9) 含弘 : 博厚하게 包容함이다. ≪周易≫ 坤卦 〈彖傳〉에 "坤의 두터움이 만물을 실음은 乾의 끝없는 덕에 합하며, 포용하고 너그러우며 빛나고 광대하여 만물이 모두 형통한다.〔坤厚載物 德合无疆 含弘光大 品物咸亨〕"라고 하였다.

10) 懍懍 : 危懼하고 戒愼하는 모습이다. ≪書經≫ 〈周書 泰誓 中〉에 "힘쓸지어다, 將士들은 혹시라도 두려울 것이 없다고 하지 말고, 차라리 우리가 대적할 바가 아니라는 마음을 가져라. 商나라 백성들은 紂의 학정을 두려워하여 그 뿔을 무너뜨리듯이 하니, 아아 너희들은 德을 한결같이 하고 마음을 한결같이 하여 공을 세워 능히 세상에 영원토록 하라.〔勖哉夫子 罔或無畏 寧執非敵 百姓懍懍 若崩厥角 嗚呼 乃一德一心 立定厥功 惟克永世〕"라고 하였다.

또 우대하는 예를 더하고 온화한 안색으로 기쁘게 맞이하여, 간언이 절실하고 이치가 뜻에 맞는 자에 대해서는 반드시 상을 내려 인도하여 그 뜻을 다하게 하고, 지식이 부족하고 언사가 졸렬한 자에 대해서도 역시 용서하여 그 뜻을 가납하셔야 합니다. 간쟁하여 숨기지 않는 자가 있거든 부디 폐하께서는 成湯이 改過했던 아름다운 사적에 부합하여 그 정직함을 포상하고 잘못을 고치는 데 인색하지 마십시오. 쓸 만한 계책이 있는 자가 있거든 부디 폐하께서는 大禹가 善言을 듣고 절하였던 정성[12]을 본받으셔서, 그의 현능함을 장려하고 그 모책을 신속히 실행하십시오. 필부의 작은 선언이라도 빠뜨리지 말고 채록하시고, 庶士의 전언이라도 싫증내지 마시고 받아들이십시오. 이것이 바로 천하의 지혜를 모아 폐하의 총명을 돕는 방법이며, 천하의 민심에 순응하여 교령을 시행하는 방법입니다. 군주와 신하가 뜻을 같이하는데 누구인들 따르지 않겠습니까. 멀고 가까운 사람들이 진심으로 귀의하니, 누구와 더불어 난을 저지르겠습니까. 간경하게 의심하던 자들을 교화하여 의기투합하게 만들고, 원망하고 비방하는 소리를 바꾸어서 노래하게 만들 수 있을 것이니, 얼마 안 되는 사이에 크게 변화시킬 수 있을 것입니다.

폐하께서 만약 이를 행하는 데 염증 내지 않으시고 이를 쓰는 데 중도에 맞게 하시어, 의리를 따르기를 둥근 물체를 굴리듯이 쉽게 하시고 선한 인사를 등용하기를 마치 때에 미치지 못할까 염려하듯[13] 하신다면 이 도리가 확대되어 화평을 이룰 수 있을 것이니, 덕을 밝히고 잘못을 막는 일에[14] 있어서 아마도 당금의 시급한 일에 그치지 않을 것입니다.

---

11) 握髮吐餐 : 周公이 천하의 賢士들을 급히 구하려고 "머리를 한 번 감는 동안에도 세 번이나 젖은 머리를 움켜쥐고서 나갔고, 밥 한 끼를 먹는 동안에도 입 안의 음식을 세 번이나 뱉어냈다.〔一沐三握髮 一飯三吐哺〕"라는 고사를 인용한 것이니 ≪韓詩外傳≫에 나온다.

12) 大禹가……정성 : ≪書經≫ 〈虞書 皐陶謨〉에 "禹가 皐陶의 좋은 말을 듣고는 절하며 옳다고 하였다.〔禹拜昌言曰兪〕"라는 말이 있다.

13) 때에……염려하듯 : ≪孟子≫ 〈梁惠王 下〉에 "나라의 임금이 유능한 인물을 등용할 때에는 마지못해서 하는 것처럼 조심스럽게 해야 한다.〔國君進賢 如不得已〕"라고 하였다. ≪論語≫ 〈泰伯〉에서는 "학문은 미치지 못한 것 같이 하고, 오히려 잃을까 두려워한다.〔學如不及 猶恐失之〕"라고 하였다.

14) 덕을……일에 : ≪春秋左氏傳≫ 桓公 2년 조에 보면 魯나라가 宋나라에서 郜의 大鼎을 가져와 태묘에 들여놓자 臧哀伯이 간하기를 "임금은 덕을 밝히고 어긋난 것을 막아 백관에게 조림하여도 오히려 잘못할까 두려워합니다. 그러므로 아름다운 덕을 밝게 드러내어 자손에게 보이는 것입니다.〔君人者 將昭德塞違 以臨照百官 猶懼或失之 故昭令德以示子孫〕" 하였다.

禹拜昌言圖(禹가 善言을 듣고 절하다.)

臣謂宜因文武群官入參之日하여 陛下가 特加延接하사 親與敍言하사 備詢禍亂之由하고 明示咎悔之意하여 各使極言得失하고 仍令一一面陳호되 軍務之際[15]는 到卽引對하여 不拘時限하여 用表憂勤[16]하소서 周公이 勤握髮吐餐하여 而天下歸心하니 則此義也니이다 又當假之優禮하며 悅以溫顔하여 言切而理愜者는 必賞導하여 以盡其情하고 識寡而辭拙者도 亦容恕하여 以嘉其意하며 有諫諍無隱者어든 願陛下는 叶成湯改過之美하사 褒其直而勿吝其非하시고 有謀猷[17]可用者어든 願陛下는 體大禹拜言之誠하여 奬其能而亟行其策하시고 至於匹夫片善도 採錄不遺하며 庶士傳言도 聽納無倦하시면 是乃摠天下之智하여 以助聰明하며 順天下之心하여 以施敎令이니 則君臣同志니 何有不從이며 遠邇歸心이니 孰與爲亂이리오 化疑梗하여 爲(訴)〔訢〕[18]合하고 易怨謗하여 爲謳歌하리니 浹辰之間[19]에 可使丕變하리이다 陛下가 儻行之不厭하며 用之得中하사 從義如轉圜[20]하고 進善如不及하시면 推廣此道하여 足致和平하리니 其於昭德塞違에 恐不止當今所急也라

2-2-6 어리석은 생각 중에 도에 가까운 것이 있고, 중요한 일 중에도 우활한 듯한 것

15) 軍務之際 : ≪陸贄集≫(中華書局, 2006)의 校勘註에 宋本, 元本, 明本에는 '際'가 '餘'로 되어 있다 하였다.

16) 憂勤 : 제왕이나 조정이 국사를 위하여 우려하고 근로하는 것을 말한다. ≪書經≫ 〈周書 康王之誥〉에 "왕의 憂勤하는 마음을 그대로 받들어 순응한다.〔用奉恤厥若〕"라는 말이 있다.

17) 謀猷 : 計謀를 가리킨다. ≪書經≫ 〈周書 君陳〉에 보면 "너에게 좋은 꾀와 계책이 있거든 안에 들어와 너의 임금에게 고하고 너는 밖에서 이를 따라 실행하되 '이 꾀와 계책은 오직 우리 임금님 덕이다.' 하라.〔爾有嘉謀嘉猷 則入告爾后于內 爾乃順之于外 曰 斯謀斯猷 惟我后之德〕"라고 하였는데, 蔡沈의 註에 "일에 절실한 것을 謨라 하고 도에 합치되는 것을 猷라 한다."라고 하였다.

18) (訴)〔訢〕 : 저본에는 '訴'로 되어 있으나, ≪翰苑集≫에 의거하여 '訢'으로 바로잡았다.

19) 浹辰之間 : 浹辰은 子日에서 亥日까지라는 말로, 12일을 뜻한다. ≪春秋左氏傳≫ 成公 9년 조에 "庚申日에 莒軍이 潰散하자, 楚軍이 드디어 鄆에 入城하였으니, 이는 莒나라에 防備가 없었기 때문이다. 君子는 이에 대해 다음과 같이 論評하였다. '먼 邊方에 있는 작은 나라(辟陋)임을 믿고 防備하지 않는 것은 罪 중에 큰 罪이고, 意外의 事態에 對備하는 것은 善 중에 큰 善이다. 莒나라는 먼 변방에 있는 작은 나라임을 믿고 城郭을 修築하지 않아, 12일 만에 楚軍이 세 都市를 陷落하였으니, 이는 莒나라에 防備가 없었기 때문이다.'〔庚申 莒潰 楚遂入鄆 莒無備故也 君子曰 恃陋而不備 罪之大者也 備豫不虞 善之大者也 莒恃其陋 而不脩城郭 浹辰之間 而楚克其三都 無備也夫〕"라고 하였다.

20) 轉圜 : ≪漢書≫ 〈梅福列傳〉에 "漢 高祖는 선한 말을 받아들일 때는 놓치기라도 할 듯하였고, 간언을 받아들일 때는 둥근 것을 굴리듯이 하였다.〔高祖納善若不及 從諫若轉圜〕"라고 하였다.

이 있습니다. 부디 깊이 생각하시어 반복하여 살펴주시옵소서. 필시 혹 보시고 채납할 만한 것이 없다 하더라도 버려두길 멀리하지 않으시길 바랍니다. 삼가 아뢰니다.

慮有愚而近道하고 **事有要而似迂**하니 **冀垂睿思**하사 **反覆詳覽**하소서 **必或無足觀採**인댄 **捨棄非遙**니이다 **謹奏**라

【評說】

陸贄의 이 글은 올바른 정치는 上下交通에 근거한다는 주제를 선명하게 드러낸 奏議로, 후대에 많은 영향을 끼쳤다. 이를테면 南冥 曺植의 문하에서 수학하고 임진왜란 때 의병을 일으켰던 松巖 李魯(1544~1598)는 1591년 3월 通信使가 가지고 돌아온 倭書에 답하는 문제로 장문의 封事를 올리면서 육지의 이 글을 활용하였다.

이로는 1590년 10월에 증광문과 갑과에 3등으로 급제하여 直長이 되어 있었다. 그의 1591년 封事인 〈辛卯封事〉는 應對·辭命·講武·守邊의 계책을 갖추어 아뢰어 표현이 엄밀하고 의리가 정확하며 조목과 강령이 정연하여 조야의 사람들이 모두 전하며 외웠다고 한다.(≪松巖集≫ 제2권)

이로는 당시 변방 백성의 사정이 급박하므로 신속하게 명을 내려야 하겠지만 크게 두려워할 바는 民情이라고 하면서 육지의 이 글을 인용해서 논리를 펴나갔다. 그런데 육지의 원래 글에서 群情이라 했던 것을 이송은 民情으로 일단 고쳐 인용한 후 뒤에 群情이라고 원래대로 표현하였다. 즉 "당금의 급선무는 민정을 자세히 살피는 데 달려 있습니다. 군정에 매우 바라는 것을 폐하께서 먼저 실행하시고, 군중에 매우 혐오하는 것을 폐하께서 먼저 제거하십시오."라는 방식이다. 육지가 말한 군정은 민정에 한하지 않고 文武官의 생각도 포괄하는 말이었으나, 이로는 변방 백성들의 마음을 중시하여 그와 같이 고친 듯하다.

이로는 〈신묘봉사〉에서 "신 또한 이때를 기필하여 크게 베풀고 크게 更張하여 크나큰 은택을 풍성히 내린 뒤에야 백성이 화목해져 삶을 즐기고 죽음을 잊게 되며, 적의 왕에게 적개심을 품고 국토가 무너지고 와해되는 근심이 없어질 것이라 생각됩니다."라고 하고, 이어서 漢 武帝가 일생 西域을 개척하면서 국력을 탕진하다가 만년에 이르러 이를 깊이 뉘우쳐 마침내 서역의 輪臺國 땅을 포기하면서 罪己詔를 선포한 일(≪漢書≫ 〈西域傳 贊〉), 唐나라 德宗이 建中 4년(783) 10월 奉天으로 피난하여 이듬해 정월 行宮에서 朝賀를 받을 때 罪己疏를 선포한 일(≪舊唐書≫ 권12 〈德宗 上〉)을 함께 거론하여 "진실로 민심을 얻는다

면 불러 모으고 징발하여 감독하는 것을 기다리지 않아도 우레처럼 움직이고 구름처럼 합하여, 소리에 응하고 그림자처럼 따르며 바다 밖으로 몰아낼 것입니다."라고 건의하였다.

3. 奉天에서 전에 聖旨에 답한 사안이 시행되지 않음을 논하는 奏狀
奉天論前所答奏未施行狀

앞서의 奏狀(〈奉天論奏當今所切務狀〉)을 이미 상주하고 나서 열흘이 되도록 천자가 시행하는 바가 없고 또한 힐문하지도 않았으므로 陸贄가 다시 이 奏狀을 올렸다.

前狀既奏, 旬日, 上無所施行, 亦不詰問, 贄又上此.

2-3-1 신 아무개는 아뢰니다. 역적 朱泚가 주벌을 피하고서 아직도 궁궐을 소굴로 삼으니, 폐하께서는 종묘사직을 염려하고 백성들의 처지를 고통스럽게 여기시어 선조에 대한 효심과 백성에 대한 측은한 마음이 함께 일어나서 격분하시게 되자 외람되게도 시급히 힘써야 할 일을 미천한 신에게 물으셨습니다. 신은 비록 비천하고 나약하지만 仁義를 尊慕하며 폐하께서 알아주시는 은우를 입고 폐하께서 정치를 생각하시는 정성에 감동하였습니다. 이에 신의 마음속 생각을 자문을 받들어 곧바로 드러내어, 스스로의 생각이 깊은지 옅은지를 따지지 않고 성상께서 이를 기뻐하시는지 노여워하시는지를 걱정하지 않고서 말씀드렸습니다. 이는 정말로 근밀하게 자신의 우환을 막고 윗사람의 뜻을 받들어 따르는 살핌을 버린 것입니다. 그러나 이것이 또한 폐하에게 충성하려는 편벽된 자의 분수입니다.

臣某는 言 賊泚가 逋誅하여 尙穴宮禁하니 陛下가 思念宗廟하시며 痛傷黎元하사 仁孝交感하여 至於憤激하사 猥以急務로 下詢微臣하시니 臣雖鄙懦나 尊慕仁義라 荷陛下知己之遇하며 感陛下思理之誠하여 愚衷所懷를 承問輒發하여 不以淺深으로 自揆하며 不以喜怒로 上虞하고 誠缺於周防承順之規어니와 是亦忠於陛下一至[1]之分也니이다

---

1) 一至 : 忠正鯁直함을 말한다. ≪晉書≫ 〈王沈傳〉에 "만약 一至의 말을 주달하여 刺史의 잘잘못을

2-3-2 앞서 자문하시는 詔書를 받고서 바로 갖추어 진달하기를, '뭇 신하들을 인견하고 한 사람씩 면대하여 자문하는 길을 넓히시고 간쟁하는 문을 열며, 군중의 막혀 있는 마음을 통하게 하고 인재를 선발하는 도를 크게 할 것을 청하였습니다.

자문에 답한 奏狀을 올린 이래로 지금까지 열흘이 지났는데, 시행하신다는 말을 들은 일이 없고 질문에 대한 답변을 내려주시지 않으시니, 성상의 뜻은 어떠하신지 알지 못하겠습니다. 자기 才量을 헤아리는 일에 어두워 다만 충정을 다하고자 힘쓰지만, 언사의 이치가 군색하고 졸렬한 까닭에 일의 실정을 제대로 전달하지 못했을까 염려됩니다. 이에 누누이 臣의 심정을 감히 披瀝하기를 바랍니다. 자주 성상을 번독하게 하니, 어찌 부끄럽고 두렵지 않겠습니까. 그러나 犬馬가 주인의 은혜에 감격하여 정성을 바치려는 마음처럼 간절하여 그만두지 못하는 것입니다.

前奉詔問에 尋具上陳하여 請延群臣하여 稍與親接하여 廣咨訪之路하며 開諫諍之門하고 通壅鬱之情하며 弘採拔之道러니 自獻答奏로 迨玆彌旬에 不聞施行하며 不賜酬詰하니 未審宸旨가 以爲何如잇고 昧於忖量하고 但務竭盡이러니 恐由辭理蹇拙하여 不能暢達事情일새 縷縷血誠을 敢願披瀝하노니 頻煩黷冒가 豈不慙惶이리잇고 蓋犬馬感恩思效之心이 惓惓而不能自止者也니이다

2-3-3 신이 듣건대, 나라를 세우는 근본은 민중을 얻는 데 달려 있고 민중을 얻는 요체는 人情을 아는 데 달려 있다고 합니다. 그러므로 仲尼는 "人情은 聖王의 밭이다."[2] 라고 하였으니, 정치의 도가 연유하는 바를 말한 것입니다. 이것은 시절의 否・泰와 일의 損・益과 萬化의 연계되는 바가 필시 인정에 인연하는 것입니다. 인정에 통함과 막힘이 있으므로 否와 泰가 생겨납니다. 인정에 옅음과 두터움이 있으므로 損과 益이 생겨납니다. 천하의 인정에 통달한 자는 聖人보다 지혜로운 자가 없고 성인의 마음을 다하는 것은 易象보다 더 깊은 것이 없습니다.

그 卦體를 나누어서 '乾下坤上'을 '泰'라 하고 '坤下乾上'을 '否'라 하고,[3] 그 卦象의

말하여, 조정 정사의 관대함과 맹렬함에 대해 강경과 온유의 정도를 적의하게 만든 자에게는, 곡식 일천 斛을 주겠다.〔若達一至之言 說刺史得失 朝政寬猛 令剛柔得適者 給穀千斛〕"라고 하였다.

2) 人情은……밭이다 : ≪禮記≫ 〈禮運〉에 보인다.

의미를 취하여 '損上益下'를 '益'이라 하고 '損下益上'을 '損'이라 합니다.[4] 乾은 하늘이고 군주이며, 坤은 땅이며 신하입니다. 그런데 〈泰卦는〉 하늘이 아래에 있고 땅이 위에 처하니, 지위에 어긋나는데도 그것을 통한다〔泰〕 하는 것은 위와 아래가 소통하기 때문입니다. 〈否卦는〉 군주가 위에 있고 신하가 아래에 처하니, 의리에 순한데도 그것을 막혔다〔否〕고 하는 것은 위와 아래가 소통하지 않기 때문입니다. 기운이 소통하지 않으면 만물이 육성되지 않고, 인정이 소통하지 않으면 만방이 조화롭지 못합니다. 하늘의 기운은 아래로 내려가고 땅의 기운은 위로 오른 연후에 한 해의 일이 이루어집니다. 군주의 은택이 아래로 흐르고 신하의 정성이 위로 도달한 연후에 정치의 도가 성립합니다.

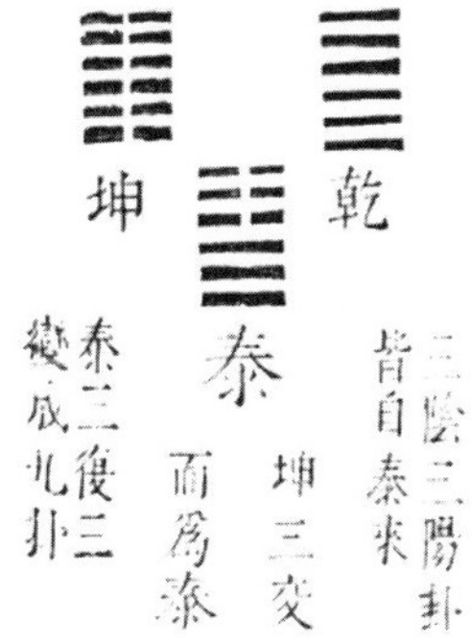

損과 益의 의리도 역시 이것에 연유합니다. 윗사람이 자신에게 검약하고 아랫사람에게 넉넉하면 아랫사람은 반드시 기뻐하여 윗사람을 받들 것이니, 어찌 그것을 益이라 하지 않겠습니까. 윗사람이 아랫사람을 멸시하고 자기 멋대로 하면 아랫사람은

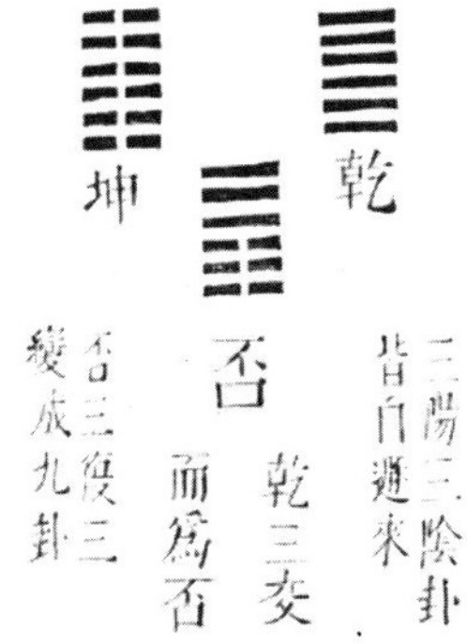

泰卦

否卦

---

3) 乾下坤上을……하고 : 泰卦는 위로 올라가려는 양의 성질을 지닌 乾卦가 아래에 있고 아래로 내려오려는 음의 성질을 가진 坤卦가 위에 있어 서로 부단히 交通하는 象이다. 否卦는 이와 정반대로 되어 있어 서로 이반하는 상이다. 陸贄의 풀이는 泰卦의 彖傳에서 "천지가 사귀어 만물이 통하며, 위와 아래가 사귀어 그 뜻이 같다.〔天地交而萬物通也 上下交而其志同也〕"고 한 것과 否卦의 彖傳에서 "천지가 사귀지 못해서 만물이 통하지 아니하며, 위와 아래가 사귀지 못해서 천하에 나라가 없다.〔天地不交而萬物不通也 上下不交而天下无邦也〕"고 한 것에 기초한 것이다.

4) 損上益下를……합니다 : 益卦는 否卦의 上卦 九四爻를 덜어내어 六四爻로 바꾸고 下卦 初六爻를 더하여 初九爻로 바꾼 상으로, 국가의 풍족한 재산을 백성들에게 나눠줌을 의미한다. 반면 損卦는 泰卦의 下卦 九三爻를 덜어내어 六三爻로 바꾸고 上卦 上六爻를 더하여 上九爻로 바꾼 상으로, 백성의 재물을 덜어내어 국가에 충당함을 의미한다. 陸贄의 풀이는 益卦의 彖傳에서 "위를 덜어 아래에 더함이니 백성의 기뻐함이 끝이 없다.〔損上益下 民說无疆〕"라고 한 것과 損卦의 彖傳에서 "아래를 덜어 위를 더하여 그 도가 위로 행함이니, 덜어내더라도 믿음이 있으면 크게 길하고 허물이 없으니 바르며 가는 바를 둠이 이롭다.〔損下益上 其道上行 損而有孚 元吉无咎 可貞 利有攸往〕"고 한 것에 기초한 것이다.

반드시 원망하여 윗사람을 배반할 것이니, 어찌 이것을 損이라 하지 않겠습니까.

그러하니 위와 아래가 소통하면 통하고 위와 아래가 소통하지 않으면 막힙니다. 스스로 덜어내는 자는 사람들이 보태주고 스스로 이익을 취하는 자는 사람들이 덜어내니, 인정의 득실이 어찌 용이하겠습니까.

臣聞立國之本은 在乎得衆하고 得衆之要는 在乎見情이라 故仲尼以謂 人情者는 聖王之田이라하시니 言理道所由生也니 是則時之否泰와 事之損益과 萬化所繫가 必因人情이니 情有通塞故로 否泰生하고 情有薄厚故로 損益生하나니 通天下之情者가 莫智於聖人이요 盡聖人之心者가 莫深於易象하니 其別卦也가 乾下坤上則曰泰라하고 坤下乾上則曰否라하며 其取象也가 損上益下則曰益이라하고 損下益上則曰損이라하니 乾爲天爲君하고 坤爲地爲臣이어늘 天在下而地處上하니 於位乖矣로되 而反謂之泰者는 上下交故也요 君在上而臣處下하니 於義順矣어늘 而反謂之否者는 上下不交故也라 氣不交則庶物不育하고 情不交則萬邦不和하나니 天氣下降하고 地氣上騰然後에 歲功成하며 君澤下流하고 臣誠上達然後에 理道立하나니 損益之義도 亦由是焉하여 上約己而裕於人하면 人必悅而奉上矣리니 豈不謂之益乎며 上蔑人而肆諸己하면 人必怨而叛上矣리니 豈不謂之損乎아 然則上下交而泰하고 不交而否하며 自損者는 人益하고 自益者는 人損하나니 情之得失이 豈容易哉아

2-3-4 그래서 군주를 비유하여 배라 하고 인민을 비유하여 물이라 하는데, 물은 배를 싣기도 하고 또한 배를 뒤엎기도 합니다.[5] 배는 군주의 도이고 물은 인민의 마음입니다. 배가 물의 도를 순종하면 물 위에 뜨고, 물의 도를 어기면 물 아래로 가라앉습니다. 군주가 인정을 얻으면 견고하고, 인정을 잃으면 위태롭습니다. 그러므로 옛 聖王은 인민의 위에 거처하면서 반드시 자신의 마음으로 천하 사람의 마음을 따랐지, 감히 천하 사람의 마음으로 자기의 욕심을 따르게 하지 않았습니다. 심지어 삼가고 두려워하여, 하루 이틀 사이에도 기미가 만 가지나 되었습니다.[6]

---

5) 그래서……합니다 : ≪荀子≫ 〈王制〉에 "군주는 배이고 서인은 물이다. 물은 배를 띄우기도 하지만 배를 전복시키기도 한다.〔君者舟也 庶人者水也 水則載舟 水則覆舟〕"라고 하였다.

6) 삼가고……되었습니다 : ≪書經≫ 〈虞書 皐陶謨〉에 보인다.

무릇 기미라는 것은 일의 조짐입니다. 성인의 덕과 천자의 존위로도 오히려 일의 조짐을 신중히 하여, 심지어 하루에도 만 가지로 사려하였으니, 어찌 위에 거처하여 아랫사람을 대하면서 아랫사람의 마음을 잃는 것을 두려워하지 않을 수 있겠습니까. ≪書經≫에 이르기를 "인심은 위태하고 도심은 미세하다."[7]라고 했습니다. 미세하니 만 가지 기미에 대한 사려를 정밀하게 하지 않을 수 없으며, 위태하니 물이 배를 뒤집을 수 있는 경계를 두려워하지 않아서는 안 됩니다.

故喩君爲舟하고 喩人爲水하니 水能載舟요 亦能覆舟니 舟卽君道요 水卽人情이라 舟가 順水之道하여 乃浮하고 違則沒하며 君이 得人之情하면 乃固하고 失則危하나니 是以古先聖王之居人上也에 必以其心으로 從天下之心하고 而不敢以天下之人으로 從其欲하여 乃至兢兢業業하여 一日二日에 萬幾하니 夫幾者는 事之微也라 以聖人之德과 天子之尊으로도 且猶愼事之微하여 乃至一日萬慮하나니 豈不以居上接下에 懼失其情歟아 書에 曰 人心惟危하고 道心惟微라하니 微則萬幾之慮를 不得不精也요 危則覆舟之戒를 不得不畏也니이다

2-3-5 뜻으로 사물을 헤아리고 말로 뜻을 선포합니다. 말에는 시비가 있으므로 행동에서 살피는 것만 못하고, 행동에는 성패가 있으므로 지난 일에서 증험하는 것만 못합니다. 예로부터 王業의 성쇠와 君道의 득실은 史書에 전부 실려 있어서, 환하게 징험할 수가 있습니다. 민중과 바람을 같이하면 흥기하지 않음이 없었고,[8] 민중의 바람을 어기고 자기 생각만을 고집하면 폐하지 않음이 없었습니다. 선을 따르고 간언을 받아들이면 견고하지 않음이 없었고, 현자를 멀리하고 과실을 부끄럽게 여기면 위태롭지 않음이 없었습니다. 그러므로 ≪詩經≫과 ≪書經≫은 堯임금과 舜임금의 덕을 칭송하여 "여러 사람에게 상고하여 자신의 의견을 버리고 남의 말을 따랐다."[9]라고

---

7) 인심은……미세하다 : ≪書經≫ 〈虞書 大禹謨〉에 "人心은 위태하고 道心은 은미하니, 오직 정밀하고 전일하여야 진실로 그 中을 잡으리라.〔人心惟危 道心惟微 惟精惟一 允執厥中〕"라고 하였다.

8) 바람을……없었고 : ≪春秋左氏傳≫ 昭公 4년 조에 楚子가 子産에게 묻기를 "그렇다면 내가 希求하는 바가 이루어지지 않음이 없겠는가?〔然則吾所求者 無不可乎〕"라고 하자, 자산이 "남에게 나를 滿足하게 해주기를 요구하면 뜻이 이루어지지 않을 것이고, 남과 欲望을 함께하면 뜻한 일이 다 이루어질 것입니다.〔求逞於人 不可逞 與人同欲 盡濟〕"라고 했다.

9) 여러……따랐다 : ≪書經≫ 〈虞書 大禹謨〉에 보인다.

稽衆求言圖(여러 사람에게 상고하여 바른말을 구하다.)

하였습니다. 순임금의 공을 헤아리기를 "사방의 눈으로 자신의 눈을 밝게 하고 사방의 귀로 자신의 귀를 통하게 하였다."10)라고 하였습니다. 이는 민중의 바람과 같이 하는 데 힘쓴 것을 말한 것입니다.

禹임금이 흥기한 연유를 서술하기를 "益이 우임금에게 조언을 하자 우임금이 훌륭한 말에 절하였다."11)라고 하였습니다. 湯임금이 천하에 왕 노릇을 한 이유를 서술하기를 "사람을 쓰는 것을 자기 일처럼 하시고 허물을 고치는 것을 아끼지 않는다."12)라고 하였습니다. 이는 능히 간언을 받아들인 사실을 두고 말한 것입니다.13)

文王이 周나라를 일으킨 것을 노래하기를 "많은 훌륭한 인재들이 있으니 문왕이 이 때문에 편안하시리라."14)라고 하였습니다. 武王이 殷나라를 이긴 것을 찬미하기를 "정치를 잘 보좌하여 다스리는 신하 열 명이 있는데, 그들과 나는 마음이 같고 덕이 같다."15)라고 하였습니다. 이는 모두 선인을 따랐음을 말한 것입니다.

堯·舜·禹·湯·文王·武王 여섯 군주들은 천하의 성대한 군왕입니다만, 어느 누구도 간언을 따라서 덕을 보완하지 않은 이가 없고, 대중에게 물어서 공을 이루지 않은 이가 없습니다. 이것은 덕이 더욱 성대한 자일수록 사려가 더욱 정미하고, 공이 더욱 높은 자일수록 뜻이 더욱 스스로를 낮추기 때문입니다.

夫揆物以意하고 宣意以言하나니 言或是非라 莫若考於有跡이요 跡或成敗라 莫若驗於已行이니 自昔王業盛衰와 君道得失이 史冊盡在하여 粲然可徵이니 與衆同欲하면 靡不興하고 違衆自用하면 靡不廢하며 從善納諫하면 靡不固하고 遠賢恥過하면 靡不危하니라 故詩書에 稱堯德則曰 稽于衆하여 捨己從人이라하고 數舜之功則曰 明四目하며 達四聰이라하니 言務同欲也요 序禹之所由興則曰 益贊于禹한대 禹拜昌言이라하고 述湯之所以王則曰 用人惟己하시고 改過不吝이라하니 言能納諫也요 歌文王作周則曰 濟濟多士가 文王以寧이라하고 美武王剋殷則曰

10) 사방의……하였다 : ≪書經≫ 〈虞書 舜典〉에 보인다.

11) 益이……절하였다 : ≪書經≫ 〈虞書 大禹謨〉에 보인다.

12) 허물을……않는다 : ≪書經≫ 〈商書 仲虺之誥〉에 보인다.

13) 능히……것입니다 : 陸贄는 德宗 建中 4년(783)에 올린 〈奉天請數對群臣兼許令論事狀〉에서도 같은 뜻을 말했다.

14) 많은……편안하시리라 : ≪詩經≫ 〈大雅 文王〉에 보인다.

15) 정치를……같다 : ≪書經≫ 〈周書 泰誓 中〉에 보인다.

亂臣十人이 同心同德이라하니 言皆從善也라 堯舜禹湯文武此六君者는 天下之盛王也로되 莫不從諫하여 以輔德하고 詢衆하여 以成功하니 是則德益盛者는 慮益微하고 功愈高者는 意愈下일새라

2-3-6 그러다가 시대가 쇠미하게 되자, 道 또한 이와는 반대로 되었습니다. 그러므로 ≪書經≫에 이르기를 "紂王은 억조의 夷人(보통 사람)이 있으나 마음이 갈렸고 덕이 갈렸다."16)라고 했습니다. 이는 군중의 마음에 위배되었음을 말한 것입니다.

≪詩經≫에 이르기를 "그대들 나라 안에서 활개 치며, 원한을 받고서도 덕으로 여긴다. 너희들은 덕을 밝히지 않아, 뒤에도 곁에도 좋은 신하가 아무도 없다. 그대들의 덕이 밝지 못하여, 올바른 경대부들이 아무도 없도다."17)라고 하였습니다. 또 이르기를 "비록 늙고 훌륭한 사람 없어도, 여전히 법도는 남아 있거늘, 이러함에도 듣지 않았기에, 천명이 이래서 기울어졌도다."18)라고 하였습니다. 이는 현자를 멀리했음을 말한 것입니다.

≪書經≫에 이르기를 "나보다 나은 사람이 없다고 여기면 망하게 되는 법이다."19)라고 하였습니다. ≪詩經≫에 이르기를 "오직 저 불순한 자는 스스로 홀로 잘한다 하며 스스로 사견을 두어 백성으로 하여금 모두 제정신이 아니게 하도다."20)라고 하였습니다. 이는 자신의 생각만을 고집함을 말한 것입니다.

지난 史書에서 桀과 紂의 악을 죄주어 이르기를 "지혜가 넘쳐 신하의 간언을 반박하였고, 말솜씨가 좋아 잘못을 꾸며댈 수 있었다."21)라고 하였습니다. 이는 과실을 부끄럽게 여겼음을 말한 것입니다.

---

16) 紂王은……갈렸다 : ≪書經≫ 〈周書 泰誓 中〉에 보인다.

17) 그대들……없도다 : ≪詩經≫ 〈大雅 蕩〉에 보인다. ≪詩集傳≫에 따라 번역하였으므로, 아래 郎曄의 註와는 다소 차이가 있다.

18) 비록……기울어졌도다 : ≪詩經≫ 〈大雅 蕩〉에 보인다.

19) 나보다……법이다 : ≪書經≫ 〈商書 仲虺之誥〉에 보인다.

20) 오직……하도다 : ≪詩經≫ 〈大雅 桑柔〉에 보인다.

21) 지혜가……있었다 : ≪史記≫ 〈殷本紀〉에 보면 "紂는 언변이 좋고 동작이 빨랐으며, 맨손으로 맹수를 때려잡았다. 지혜가 넘쳐 신하의 간언을 반박하였고, 말솜씨가 좋아 잘못을 꾸며 댈 수 있었다.〔帝紂資辯捷疾 手格猛獸 智足以拒諫 言足以飾非〕"라고 하였다.

及代之衰也하여는 則道亦反焉이라 故書에 曰 紂有億兆夷人이나 離心離德이라하니 言違衆也요 詩에 曰 汝炰烋于中國하여 斂怨以爲德하나니 不明爾德이라 時無背無側하며 爾德不明이라 以無陪無卿①이라하고 又曰 雖無老成人이나 尙有典刑이어늘 曾是莫聽하여 大命以傾②이라하니 言遠賢也요 書에 曰 謂人莫己若者는 亡이라하고 詩에 曰 惟彼不愼하여 自獨俾臧하며 自有肺腸하여 俾人則狂③이라하니 言自用也요 前史에 數桀紂之惡曰 强足以拒諫하며 辯足以飾非④라하니 言恥過也니

① 汝炰烋于中國……以無陪無卿 : ≪詩經≫ 〈大雅 蕩〉의 註에 "炰烋는 스스로 잘난 채하고 우쭐대는 모양이다. 무리 중에 불평하며 원망하는 사람을 모아놓고 덕이 있다고 여겨 임용하였다. 뒤에 신하가 없고 곁에 사람이 없다고 하였으니, 신하가 없고 사람이 없다는 것은 현자를 쓰지 않음을 이른 것이다. 장차 부관도 없고 卿士도 없게 되리라는 것이다. 烋는 火와 交의 反切이다."라고 하였다.

蕩詩注云 "炰烋, 自矜氣健之貌. 斂聚群不逞作怨之人, 謂之有德, 而任用之. 背無臣, 側無人, 〔無〕22)臣〔無人〕,23) 謂賢者不用. 且無部貳, 無卿士也. 烋, 火交切."

② 雖無老成人……大命以傾 : ≪詩經≫ 〈大雅 蕩〉의 註에 "老成人은 伊尹・伊陟 같은 무리를 이른다. 비록 이러한 신하가 없더라도 항상된 사업과 옛날의 법이 있다면 살펴서 준용할 수가 있다. 莫은 없음이다. 朝廷의 君臣들이 모두 멋대로 喜怒를 드러내어 典刑을 가지고 사안을 처리하는 것이 없어 誅滅을 당하는 데 이르렀다." 하였다.

(占)〔右〕24)注云 "老成人謂若伊尹・伊陟之屬. 雖無此臣, 猶有常事故法, 可案用也. 莫者無也. 朝廷君臣皆任喜怒, 曾無用典刑治事者, 以至誅滅."

③ 惟彼不愼……俾人卒狂 : ≪詩經≫ 〈大雅 桑柔〉의 註에 "臧은 善이다. 순한 道를 베풀지 않는 군주는 자신이 맡겨서 부리는 신하는 모두 선한 사람이라 여기고는 다시 살피지 않는다. 스스로 사견을 지녀 마음속에 바라는 바를 행하여 마침내 백성들로 하여금 미혹하게 만들어 마치 미칠 지경이 되게 한다." 하였다.

桑柔詩注云 "臧, 善也. 不施順道之君, 自謂所任使之臣皆善人也, 不復考察. 自有肺腸, 行其中心之所欲, 乃使民盡迷惑如狂."

④ 强足以拒諫 辯足以飾非 : ≪史記≫ 〈殷本紀〉에 보인다.

見史記商本紀.

---

22) 〔無〕 : 저본에는 '無'가 없으나, ≪毛詩注疏≫에 의거하여 '無'를 보충하였다.

23) 〔無人〕 : 저본에는 '無人'이 없으나, ≪毛詩注疏≫에 의거하여 '無人'을 보충하였다.

24) (占)〔右〕 : 저본에는 '占'이 없으나, ≪陸贄集≫(中華書局, 2006)에 의거하여 '右'로 바로잡았다.

2-3-7 지난 행적에서 득실을 고찰하고 이미 징험된 곳에서 성쇠를 비춰보면, 누가 道를 잃어버리고도 쇠하지 않았으며 누가 理를 얻고서도 성하지 않았습니까. 報應은 부류에 따라 이루어져 그림자와 메아리처럼 어긋나지 않으니, 어찌 준칙으로 삼아서 형상으로 삼지 않을 수 있으며 공경하여 두려워하지 않을 수 있겠습니까. 그 후로 秦·漢으로부터 北周·隋에 이르기까지 그 사이에 장차 천여 년을 거치면서 교대로 흥기한 자가 하나의 성씨가 아니었으며, 이어서 전복된 자가 하나의 군주가 아니었습니다. 비록 맞닥뜨린 것은 시절을 달리하고 행한 것은 자취가 다르지만, 하지만 민중을 잃어버리면 반드시 패하고 민중을 얻으면 반드시 성공했습니다.

堯·舜·禹·湯과 일을 똑같이 한 사람은 반드시 흥하고, 桀·紂·幽·厲와 취향을 똑같이 한 사람은 반드시 전복되었습니다. 완전히 민중의 마음을 잃으면 완전히 패하였고, 완전히 민중의 마음을 얻으면 완전히 성공했으며, 선에 함께하길 많이 하면 공이 많았고, 악에 합치된 것이 많으면 화가 많았습니다. 선과 악이 부류를 따르는 것은 옥구슬을 실로 꿴 것과 같이 분명하며, 성공과 실패가 행실을 본받는 것은 불길을 보는 것처럼 분명합니다. 이것이 역대의 元龜[25)]입니다.

考得失於已行之迹하고 鑑盛衰於已驗之符하면 孰失道而不衰하며 孰得理而不盛이리오 報應以類하여 影響不差하니 胡可不則而象之하며 敬而畏之乎리오 粤自秦漢으로 暨于周隋하여 其間에 將歷千祀하니 代興者가 非一姓이요 繼覆者가 非一君이라 雖所遇가 殊時하고 所爲가 異迹하나 然失衆이면 必敗하고 得衆이면 必成하며 與堯舜禹湯으로 同務者는 必興하고 與桀紂幽厲로 同趣者는 必覆하며 全失衆則全敗하고 全得衆則全成하며 多同於善則功多하고 甚同於惡則禍甚하니 善惡從類하여 端如貫珠하고 成敗象行하여 明若觀火하니 此가 歷代之元龜也어니와

2-3-8 그럼에도 의논하는 자는 "시절이 다르고 일도 다르다."라고 말할지 모릅니다. 신은 청컨대 다시 폐하를 위하여 근래의 효과가 아주 분명하게 드러난 것을 얼추 열거하여 변론하고자 합니다.

---

25) 元龜 : 본디 점을 칠 때 사용했던 신령한 거북을 이르지만, 이 글에서는 '귀감으로 삼을 만한 지난 일'의 뜻으로 쓰였다. 晉나라 劉琨의 〈勸進表〉에 "지난 일을 잊지 않는 것이 뒤에 일어날 일의 귀감이 된다.〔前事之不忘 後事之元龜也〕"는 표현이 보인다.

太宗文皇帝(李世民)는 천부적 재주로 천자의 지위에 있으시면서 武로써 禍亂을 평정하고 文으로써 太平을 가져와, 위엄은 번개와 벼락과도 같았고, 명찰함은 해와 달과 짝하셨습니다. 영묘한 책략은 百戰百勝에 베풀어졌고[26] 성스러운 공덕은 九歌[27]에 노래 불렸습니다. 정말로 일반 사람이 헤아려 짐작할 수 있는 바가 아니고, 常情이 깊이 살필 수 있는 바가 아닙니다.

그런데도 태종께서는 매우 두려워하고 신중하시어 人心을 잃어버리지나 않을까 염려하였습니다. 이에 매번 신하들에게 잘못을 바로잡는 말을 올릴 것을 명하여 항상 危亡을 염려하셨으며, 아침에 일찍 일어나서 정사를 행하시고 날이 늦도록 수고로움을 잊으셨습니다. 그리하여 公卿이 교대로 종종걸음으로 나와서 조정에서 서무를 상주하면 득실을 의논하여 여러 신하들과 함께 다스렸습니다. 이에 아래에는 실정이 막힌 것이 없었고 위에는 사사로운 논단이 없었습니다.

그런데도 조정에서 물러나 쉬시는 여가에 시종신을 연회에서 만나서 모책을 자문하고 과오를 물으셨습니다. 혹은 옛날의 성패를 논하기도 하고 혹은 민간의 사정을 묻기도 하셨습니다. 신하들이 매번 사리에 어두운 군주와 어지러운 조정에 대해 언급할 때면 반성하고 두려워하여 스스로를 경계하셨습니다. 현명한 군주와 잘 다스려진 시대에 대해 언급할 때면 賢君과 같아지길 간절히 바라셨습니다. 농사의 어려운 상황에 대해 언급하면, 위와 아래가 서로 바로잡고 절약을 힘써 준수하셨습니다. 여염의 괴로운 상황에 대해 언급하면, 군주와 신하가 함께 염려하고 조세와 요역을 그칠 것을 의논하셨습니다. 德을 크게 하고 과오를 바로잡아서 유추하여 확대 적용해나갔습니다.[28]

---

26) 영묘한……베풀어졌고 : ≪陸贄集≫(中華書局, 2006) 張佩芳의 註에 "≪唐鑑≫에 '太宗이 布衣로 일어나 志氣가 영명하고 과단하여 百戰百勝하여 천하를 취하였다.''라고 하였다.

27) 九歌 : 본래 禹임금 때의 樂歌를 말하는데, 후대에는 樂章을 가리킨다. ≪書經≫ 〈虞書 大禹謨〉에 우임금이 "아, 황제여 생각하소서. 덕은 정사를 선하게 하고, 정사는 백성을 기르는 데 있습니다. 수・화・금・목・토와 곡식이 잘 닦이며, 正德과 利用과 厚生이 화하여 아홉 가지 공이 펴지게 하소서. 아홉 가지 펴진 것을 노래로 읊거든, 경계하고 깨우쳐서 아름답게 여기고 독책하여 두렵게 하며 권면하되 九歌로 하시어 무너지지 않게 하소서.〔於帝念哉 德惟善政 政在養民 水火金木土穀惟修 正德利用厚生惟和 九功惟敍 九敍惟歌 戒之用休 董之用威 勸之以九歌 俾勿壞〕"라고 하였다.

28) 유추하여……적용해나갔습니다 : ≪周易≫ 〈繫辭傳 上〉에 이르기를 "이를 확대하여 유추하여

尙恐議者曰 時異事殊라할새 臣請復爲陛下하여 粗擧近效之尤章章者하여 以辨焉하리이다 太宗文皇帝가 以天縱之才로 有神器之重하사 武定禍亂하고 文致太平하여 威行如雷霆하고 明照侔日月하여 英略施於百勝하고 聖功被於九歌하시니 固非庶品之所度量하며 常情之所鑽仰[29]이로되 然猶兢兢畏愼하사 懼失人心하사 每戒臣下獻規하여 恒以危亡爲慮하시고 夙興聽理하사 日旰忘勞하시니 公卿迭趨하여 庭奏庶務어든 評議得失하사 與衆共之하시니 下無滯情하고 上無私斷호되 退朝之暇에 宴接侍臣하사 諮訪謀猷하시며 詢求過闕하사 或論往古成敗하시고 或問人間事情하사 每言及暗主亂朝 則省懼自戒하시고 言及賢君理代 則企竦思齊하시며 言及稼穡艱難 則上下相匡하여 務遵勤儉하고 言及閭閻疾苦 則君臣同慮하여 議息征徭하여 懋德懲違하여 觸類滋長호되

2-3-9 그런데도 잘못된 말과 행실은 지나고 나서는 고치기 어렵다고 염려하시어, 매번 宰相과 平章事[30]를 부르실 때에는 반드시 諫官을 시켜서 함께 들어오게 하여, 조금이라도 치우치고 잘못된 곳이 있으면 그에 따라 즉시로 箴規하게 하였습니다. 한 가지라도 선언과 선행을 얻으면 반드시 곧바로 선발하여 승진시키도록 명하셨고, 한 가지라도 간언을 들으면 반드시 밝혀서 포상하셨습니다. 그러므로 제때에 사무를 빠뜨리는 일이 없었고, 사람들은 기꺼이 성의를 다하였습니다. 또한 문학의 부류를 뽑아서 다시 內署에 숙직하게 하고, 혹 典禮를 講求하거나 혹 詩書를 諷誦하게 하여, 번번이 한밤중에 이르도록 마음에 싫증냄을 잊으셨습니다.

적용하면 천하의 가능한 일을 모두 마칠 수 있다.〔引而伸之 觸類而長之 天下之能事畢矣〕"라고 하였다.

29) 鑽仰 : 깊이 상대를 살핀다는 의미로, 상대방의 도덕을 극찬할 때 쓰는 말이다. ≪論語≫ 〈子罕〉에 보면, 顔淵이 스승인 孔子의 덕에 대해서 "우러러볼수록 더욱 높고 뚫을수록 더욱 견고하다.〔仰之彌高 鑽之彌堅〕"라고 하였다.

30) 平章事 : 唐나라의 정무를 관장하는 기관인 中書省・門下省・尙書省 三省의 장관인 中書令・侍中・尙書左右僕射와 함께 정무에 참여하였던 관직으로, 宰相의 신분임은 동등해도 품계가 낮은 경우 이를 구별하기 위해 붙인 이름이다. '平章'은 '評議하여 辨別한다'는 의미로, 처음에는 4品 이하에 주어졌으며, 尙書僕射가 재상에서 배제되고 安史의 난 이후 中書令과 侍中도 元勳과 上將들에게 남발되었으며, 심지어 節度使로서 中書令과 侍中을 겸하는 경우도 생겨나면서 '同中書門下平章事'만이 진정한 재상으로 취급되었다.

弘文開館(학문을 진흥시키고자 弘文館을 설치하다.)

무릇 태종의 미덕과 정관 연간의 평안한 다스림으로도 오히려 인심을 얻고자 힘써서 그 근면함이 이와 같았으니, 이렇다면 인심이 정치의 도리에 하루라도 접하지 않을 수 있겠습니까.

尙恐過言謬擧이 旣往難追하사 每召宰相平章할새 必遣諫官俱入하사 小有頗失하면 隨卽箴規[①]케하여 得一善이면 必遽命甄昇하시고 聽一諫이면 必明加褒錫하실새 故得時無闕事하고 人樂輸誠하며 又引文學之流하사 更直宿於內署하여 或講求典禮하고 或諷誦詩書하사 每至夜分토록 情忘厭倦[②]하시니 夫以太宗之德美와 貞觀之理安으로도 且猶務得人心하여 其勤若此하시니 是則人心之於理道에 可一日而不接乎아

① 小有頗失 隨卽箴規 : 貞觀 원년(627)에 制하기를 "지금부터 中書省과 門下省 및 三品 이상 入閣하여 논의하는 자들은 모두 諫官으로 하여금 따르도록 하며 잘못이 있을 때마다 간하도록 하라."고 하였는데, 唐制에 "天子가 便殿에 어거하고 百官이 들어가 알현하는 것을 '入閣'이라 한다."고 하였다.

貞觀元年制 "自今中書・門下及三品以上入閣議事, 皆命諫官隨之, 有失輒諫." 唐制 "天子御便殿, 百官入見, 曰入閣."

② ≪新唐書≫ 〈儒學傳〉 序에 "太宗은 몸소 활과 화살로 들고 風餐露宿하였지만 經術에 정신을 쏟아, 王府에 文學館을 개설하고 名儒 18인을 징소하여 學士로 삼고, 그들과 더불어 천하의 일을 의논했다. 즉위한 뒤에 궁전의 왼쪽에 弘文館을 두고 學士를 모두 內殿으로 불러와서 番을 두어 번갈아 밤에 숙직하게 했다. 정사를 다스리고 난 후 여가 시간에는 곧 그들과 고금의 일을 토론하고 전시대의 왕이 성공하거나 패망한 이유를 말하여, 혹 해가 기울고 밤이 깊어졌는데도 조금도 태만한 적이 없었다." 하였다.

儒學傳序 "太宗身櫜鞬, 風纚露沐, 然銳情經術, 卽王府開文學館, 召名儒十八人爲學士, 與議天下事. 旣卽位, 殿左置(洪)〔弘〕[31]文館, 悉引內學士, 番宿更夜, 聽朝之間, 則與討古今, 道前王所以成敗, 或日昃夜艾, 未嘗少怠."

2-3-10 高宗의 처음에 역시 친히 聽納하셨으므로, 당시 사람들이 모두 찬미하여 貞觀 연간의 풍모가 있다고 여겼습니다. 게다가 선대에 남긴 은택이 백성에게 있고 선대에 남긴 법에 힘입었습니다. 다행히 이를 고치지 않아서 백성들이 풍요롭고 안락하였습

31) (洪)〔弘〕: 저본에는 '洪'으로 되어 있으나, ≪新唐書≫ 〈儒學傳〉에 의거하여 '弘'으로 바로잡았다.

武后

니다. 이에 수십 년 사이에 천하에 아무 일이 없었습니다.

그러나 태평한 기업이 점점 오래되어 勤政에 게을리하는 뜻이 자못 드러나서 침전에 거처하는 일이 더욱 많아지고 신하를 인견하는 일이 더욱 적어졌습니다. 선대 賢君의 밝은 빛이 차츰 멀어지고, 中宮[32]의 권력이 은밀히 옮겨와서 마침내 〈武后가〉 황위를 이어 臨朝[33]하고 하늘을 받들어 命을 바꾸니, 국가를 경영하는 방도가 신하들에게 방책을 묻는 일을 결여하게 되고 연회를 즐기려는 마음이 친압하는 무리를 믿는 데서 점점 깊어져서 禍亂에 임박하여 거의 장차 나라를 전복시킨 것이 어찌 아니겠습니까.

비록 〈현재의〉 난리가 이로부터 일어난 것이 아니지만 그 잘못은 똑같습니다. 퇴폐한 풍속이 한 번 일어나자 남은 풍속이 마침내 유전되어 神龍[34]·景雲[35]의 연간에 이르도록 모두 嬖倖이 조정을 어지럽혀서 임금의 聰明이 사방에 도달하지 못하였습니다.

高宗始年에 亦親聽納이라 故當時翕然歸美하여 以爲有貞觀之風①이라하고 兼賴遺澤在人하며 先範垂裕하니 幸無改作하여 俗以阜康하니 數十年間에 天下無事러니 承平之業이 滋久에 倦勤之意가 頗彰하사 燕居益深하시고 接下彌簡하시니 前哲之耿光[36]이 浸遠하고 中宮之威柄이 潛

---

32) 中宮 : 則天武后(624~705)를 가리킨다. 본명이 武曌이다. 본래 高宗의 황후였으나 690년에 국호를 周로 고치고 스스로 황제가 되어 15년 동안 통치하였다. 재위는 690년에서 705년까지이다.

33) 臨朝 : 太后가 國政을 攝政하는 것을 말한다. 唐 中宗의 어머니 則天武后가 아들의 황위를 탈취한 것을 말한 것이다.

34) 神龍 : 唐나라 中宗의 연호이다. 중종은 모후 則天武后에게 유폐되었다가 21년 만인 神龍 원년(705)에 狄仁傑과 張柬之 등에 의해 복위되었다.

35) 景雲 : 唐나라 睿宗 때의 연호이다.

36) 耿光 : ≪書經≫ 〈周書 立政〉에 보면 周公이 成王에게 "文王의 밝은 빛을 보시고 武王의 큰 공렬

移하여 卒有嗣聖臨朝하고 天授革命②하니 豈不以經邦之道가 闕疇咨於大猷하고 宴樂之懷가 溺偏信於近狎하여 馴致禍變하여 幾將傾邦하니 雖亂匪自他나 然其失一也라 弊俗一靡하니 餘風遂流하여 訖神龍景雲之間토록 皆變倖亂朝③하고 聰明不達이러니

① 貞觀之風 : 高宗 永徽 원년(650)에 上이 朝集使[37]를 불러서 말하기를 "짐이 갓 즉위하였으니, 일 가운데 백성에게 불편한 것이 있으면 빠짐없이 모두 진술하라. 다 진술하지 못한 것이 있으면 다시 封書로 上奏하라."라고 하였다. 이로부터 다달이 刺史 10인을 불러 다 入閤[38]하게 하여 백성의 疾苦와 그 지역의 정치에 대해 물었다. 長孫無忌는 褚遂良과 한마음이 되어 정치를 보좌했으므로, 상도 역시 두 사람을 존중하고 예우하여 스스로를 낮추어 공손한 태도로 그들의 말을 들었다. 그러므로 永徽의 정치에 백성들이 부유해지고 편안하여 貞觀의 遺風이 있었다.

高宗永徽元年, 上召朝集使謂曰 "朕初卽位, 事有不便於百姓者, 悉宜陳. 不盡者, 更封奏." 自是月引刺史十人入閤, 問以百姓疾苦及其政治. 長孫無忌與褚遂良同心輔政, 上亦尊禮二人, 恭己以聽之, 故永徽之政, 百姓阜安, 有貞觀之遺風.

② 卒有嗣聖臨朝 天授革命 : ≪新唐書≫ 〈則天紀〉에 "高宗은 顯慶[39] 연간 이후로 풍질을 심하게 앓는 일이 많았다. 武后가 마침내 국정에 참여하였는데, 상이 제어할 수가 없었다. 고종이 붕어하자 황태자가 즉위했는데, 이가 바로 中宗이다. 光宅 원년(684) 정월 癸未日에 嗣聖으로 改元하고, 3월 戊午日에 중종을 폐위하여 廬陵王이라 하고 유폐하였다. 己未日에 豫王 李旦을 皇帝로 세웠으나 皇太后가 여전히 臨朝稱制[40]하였다. 天授 원년(690) 9월 壬午日에 국호를 周로 바꾸고, 尊號를 더하여 聖神皇帝라고 하고는, 황제를 강등하여 皇嗣로 삼고, 武氏의 성을 하사하고, 武氏七廟를 神都(洛陽)에 건립했다." 하였다.

則天紀云 "高宗自顯慶後, 多苦風疾, 后遂參豫國政, 上不能制. 高宗崩, 皇太子卽位, 是爲中宗. 光宅元年正月癸未, 改元(似)〔嗣〕[41]聖, 三月戊午, 廢中宗爲廬陵王, 幽之. 己未,

---

을 드날리소서.〔以觀文王之耿光 以揚武王之大烈〕"라고 하였다.

37) 朝集使 : 매년 각 고을의 재정을 보고하기 위해 조정에 파견되는 관리로, 漢나라 때의 上計吏에서 유래하였다.(≪舊唐書≫ 〈太宗紀 下〉)

38) 入閤 : 唐나라 때 皇帝가 朔望日에 便殿에서 신하들을 접견하는 것을 이른다. 이는 본서 167쪽 郎曄의 註 ①에 보인다.

39) 顯慶 : 唐나라 제3대 황제인 高宗의 두 번째 연호로, 656년에서 660년까지에 해당한다.

40) 臨朝稱制 : 여성인 皇后나 皇太后 등이 황제 노릇을 함을 이르는 말이다. '臨朝'는 여성에게는 금지된 장소인 外朝에 나아가 국정을 들었다는 의미이고, '稱制'는 황제의 명령인 '制'나 '詔'에 준한다는 의미로 황제의 권력을 대신했음을 가리킨다.

41) (似)〔嗣〕 : 저본에는 '似'로 되어 있으나, ≪新唐書≫ 〈則天紀〉에 의거하여 '嗣'로 바로잡았다. 아

立豫王旦爲皇帝, 皇太后仍臨朝稱制. 天授元年九月壬午, 改國號曰周, 加尊號曰聖神皇帝, 降皇帝爲皇(似)〔嗣〕, 賜姓武氏, 立武氏七廟于神都."

③ 嬖倖亂朝 : 中宗 神龍 2년(706), 景龍으로 改元하였다. 이때 韋皇后[42]·安樂公主[43]·上官昭容[44] 등이 권세를 부려, 모두 사사로이 官爵을 팔고 墨勅斜封[45]을 행하였다.

中宗神龍二年, 改元景龍. 時韋皇后·安樂公主·(牛)〔上官〕[46]昭容等用事, 皆私賣官, 行墨勅斜封.

2-3-11 玄宗께서는 몸소 큰 환난을 평정하시고, 손수 크나큰 기강을 확립하셨습니다. 마음을 열고 충언을 받아들이시고 자기의 욕심을 이기고 간언을 따르셨습니다. 옛 노성인들을 존중하여 등용하고 뭇 재능 있는 이들을 선발하였습니다. 이에 대신들은 아

래도 같다.

42) 韋皇后 : 中宗의 두 번째 皇后로, 邵王 李重潤·永泰公主·永壽公主·長寧公主·安樂公主의 생모이며, 京兆府 萬年縣(지금의 陝西省 西安市) 출신이다. 神龍 원년(705) 武三思 등과 정권을 농락하였으며 안락공주로 하여금 관직을 팔게 하였다. 사찰과 도관을 짓는데 막대한 돈을 쏟아부었으며, 景龍 4년(710) 중종이 급사하자 溫王 李重茂를 황제로 내세우고 대리청정하였다. 臨淄王 李隆基(훗날의 玄宗)의 정변에 궁중에서 살해되고 庶人으로 강등되었다.

43) 安樂公主 : 中宗의 딸로 아명은 裹兒다. '唐나라 제일의 미인'으로 일컬어졌는데, 武三思의 아들 武崇訓과 혼인하였다가 다시 武承嗣의 아들 武延秀와 재혼하였다. 賣官賣職을 일삼으며 사치스러운 생활을 하였는데, 뇌물을 받으면 墨筆로 쓴 詔勅을 비스듬히 봉함해 관직을 제수하였으므로, 당시 사람들이 이를 斜封官이라고 했다. 무삼사·上官婉兒 등과 공모하여 皇太子 李重俊을 폐위시키고 자신이 皇太女가 되려고 하였으며, 燕欽隆이 중종에게 위황후와 안락공주의 淫行과 惡行을 고하자 추궁을 두려워한 나머지 중종을 독살하였다. 또한 중종의 넷째 아들 溫王 李重茂를 황제로 옹립하였다가 황위를 양위받아 직접 황제가 되려고 하였다. 하지만 臨淄王 李隆基(훗날의 玄宗)와 측천무후의 딸 太平公主 등이 일으킨 정변에 죽었으며 悖逆庶人으로 강등되었다.

44) 上官昭容 : 上官은 複姓이며, 아명은 婉兒다. 陝州 陝縣(지금의 河南省 三門峽市) 사람으로, 祖父 上官儀가 죄를 얻어 피살된 후에 모친 鄭氏를 따라 궁정의 하녀가 되었다. 14세에 총명하고 글을 읽을 줄 알아서 무측천에게 중용됨으로써 '두건을 쓴 재상'이란 뜻으로 '巾幗宰相'이라 불렸다. 中宗 때 昭容(후궁 중 하나)으로 봉해져 권세를 떨쳤으며, 皇妃의 신분으로 內廷과 外朝의 政令을 작성했으며 書館을 넓히고 學士를 증설하여 문단을 주도했다. 臨淄王 李隆基가 일으킨 정변에 피살되었다.(≪新唐書≫ 〈后妃上〉)

45) 墨勅斜封 : 朱色의 印信을 찍지 않고 그냥 붓으로 써서 비스듬히 봉한 辭令書로 外廷의 請을 거치지 않고 임금이 곧바로 관원을 임명하는 명을 내리는 것을 말한다.(≪新唐書≫ 〈選擧志 下〉)

46) (牛)〔上官〕: 저본에는 '牛'로 되어 있으나, ≪新唐書≫ 〈后妃 上〉에 의거하여 '上官'으로 바로잡았다.

랫사람들의 실정이 올라오는 것을 감히 막지 못하였고, 사사로이 친근한 이들은 公論에 감히 간여하지 못했습니다.

唐 玄宗

조정이 맑아지고 정치가 태평해진 것이 30년에 달하자, 교화가 이미 행해졌다고 여기고 편안함을 보장할 만하다 여겨서 耳目의 즐거움이 점점 넓어지고 憂勤의 뜻이 점점 쇠퇴하였습니다. 사치스런 마음이 한 번 싹이 트자 사악한 도가 함께 나왔습니다.

권세를 탐하고 훔치는 자가 이르기를 "덕이 堯舜과 같으시거늘, 어찌 神氣를 수고롭게 할 필요가 있습니까."라고 말하고, 군주의 뜻을 헤아려 아부하는 자가 이르기를 "시절이 이미 태평한데, 어찌 즐기지 않습니까."라고 하였습니다. 그리하여 深謀遠慮한 자들에 대해서는 우활하고 허탄하여 군중을 놀라게 한다고 이르고, 直言을 하고 절실하게 간언하는 자들에 대해서는 비방을 행하여 명성을 바란다고 이릅니다. 지존께서는 깊은 궁궐에서 視聽을 거두시고, 上宰는 廊廟(조정)에서 위엄을 기르고, 議曹[47]는 아름다움을 칭송하는 것을 봉직으로 여기며, 法吏는 임금의 뜻을 헤아리는 것을 직무를 감당하는 것이라 여기며, 司府는 많이 징수하는 일을 충성을 다하는 것이라 여기며, 權門은 뇌물을 많이 받는 것을 높은 명망이라 여겼습니다. 外寵은 나라를 훔칠 위세를 지녔고, 內寵은 천심을 돌린다고[48] 불리었습니다.

그리하여 禍機가 치성하여, 활활 타오르자 온 천하 사람이 쌓아둔 장작더미 위에 있는 듯[49]하니, 사람들마다 불에 타지나 않을까 두려워하였습니다. 그러나 조정에서

47) 議曹 : 언로를 담당하는 관청을 가리킨다.

48) 천심을 돌린다고 : 원문의 '迴天'은 乾坤을 틀어 돌린다는 말로, 권세나 역량이 강대함을 형용한다. ≪北齊書≫ 〈帝紀總論〉에 "佞人과 閹宦들이 機軸의 권세를 담당하는 자리에 있고, 宮婢와 宮妾이 迴天의 힘을 멋대로 하여, 관직을 팔고 작위를 팔아서, 정치를 어지럽게 만들고 형벌을 멋대로 사용하게 만들었다.〔佞閹處當軸之權 婢妾擅迴天之力 賣官鬻爵 亂政淫刑〕"라고 하였다. 迴天倒日, 迴天挽日, 迴天運斗, 迴天轉地 등이 모두 같은 뜻이다.

49) 장작더미……듯 : 危機가 隱伏해 있는 것을 비유한다. ≪漢書≫ 〈賈誼傳〉에 "무릇 불을 끌어다

는 서로 덮어두고서 결코 이것을 살피지 않고 날마다 연회에 힘쓰면서 바야흐로 '끝없는 아름다움이 있다.'고 하였습니다. 그러다가 大盜(安祿山)가 한 번 일어나자 지금까지도 폐해를 끼치고 있습니다. 그러니 경계와 대비에 소홀히 하고 편안한 때에 안일하여, 骨鯁之臣이 군주의 마음을 거스르는 것을 꺼리고 아첨하는 자들이 군주의 욕망에 따라 영합하는 것을 달게 여겨, 차츰차츰 젖어들어 그 실책을 말하는 것을 듣지 않아서 큰 잘못에 이른 것이 어찌 아니겠습니까.

玄宗이 躬定大難①하시고 手振宏綱하사 開懷納忠하시고 剋己從諫하시며 尊用舊老하시고 採拔群才하시니 大臣이 不敢壅下情하고 私昵이 不敢干公議하여 朝淸道泰를 垂三十年하니 謂化已行하며 謂安可保라하여 耳目之娛가 漸廣하고 憂勤之志가 稍衰하사 侈心一萌에 邪道가 竝進하여 貪權竊柄者則曰 德如堯舜矣라 焉用勞神리오하며 承意趣媚者則曰 時已太平矣라 胡不爲樂이리오하여 有深謀遠慮者를 謂之迂誕驚衆이라하고 有讜言切諫者를 謂之誹謗邀名이리오하여 至尊이 收視於穆淸하시고 上宰가 養威於廊廟하며 議曹는 以頌美爲奉職하고 法吏는 以識旨爲當官하며 司府는 以厚斂爲公忠하고 權門은 以多賂爲問望[50]하니 外寵은 持竊國之勢②하고 內寵은 擅迴天之謠③하여 禍機熾然하여 燄燄滋甚하여 擧天下가 如居積薪之上하니 人人懼焚而朝廷相蒙하여 曾莫之省하고 日務遊宴하여 方謂有無疆之休라하더니 大盜一興에 至今爲梗하니 豈不以忽於戒備하고 逸於居安하여 憚忠鯁之咈心하고 甘諛詐之從欲하여 漸漬不聞其失하여 以至於大失者乎아

① 玄宗躬定大難 : ≪新唐書≫ 〈玄宗本紀〉에 이르기를 "玄宗은 睿宗의 셋째 아들로, 처음에 楚王에 봉해졌다가 뒤에 臨淄郡王이 되었다. 庶人 韋氏가 이미 中宗을 시해하고는 거짓으로 조칙을 꾸며 稱制하였다. 현종은 마침내 薛崇簡·劉幽求·鍾紹京 등과 함께 모책을 정하여 난적을 토벌하기로 하였다. 현종은 總監·羽林兵을 인솔하였는데, 마침 兩儀殿·梓宮

장작더미 아래에 두고 그 위에서 잠을 잔다면, 불이 타오르기 전에는 그걸 두고 편안하다고 하겠지만, 방금의 형세는 이것과 무엇이 다릅니까.〔夫抱火厝之積薪之下而寢其上 火未及燃 因謂之安 方今之勢 何以異此〕"라고 하였다.

50) 問望 : 名望, 聲望이라는 뜻으로, 問은 聞과 통한다. 唐나라 王維의 〈與工部李侍郎書〉에 "그러므로 오래전부터 드러난 問望은 孟嘗君과 平原君의 짝을 이룰 정도인데, 해가 저물고 시절이 위태로운 때에 이르러서 더욱 신하로서의 절개가 드러납니다.〔故夙著問望 爲孟嘗平原之儔 及乎歲晩時危 益見臣節〕"라는 표현이 있다.

의 宿衛兵들이 모두 일어나 호응하니, 마침내 위씨를 주살하였다."라고 하였다.

本紀云 "玄宗乃睿宗第三子, 始封楚王, 後爲臨淄郡王. 庶人韋氏已弑中宗, 矯詔稱制, (元)〔玄〕[51]宗乃與薛崇簡・劉幽求・鍾紹京等定策討亂. 率總監・羽林兵, 會兩儀殿・梓宮宿衛兵皆起應之, 遂誅韋氏."

② 外寵持竊國之勢 : 〈本傳〉에 보면 당시에 外寵이 나라를 훔칠 기세라는 것은 安祿山이 三道를 兼制한 따위가 이것이다. ≪春秋左氏傳≫ 桓公 18년에 "周公이 周 莊王을 배반하고 王子 克을 세우려고 했다. 辛伯이 장왕에게 고하여 마침내 왕과 함께 周公黑肩을 죽이니, 왕자 극은 燕나라로 도망하였다. 처음에 子儀가 桓王에게 총애를 입을 때 환왕은 주공에게 그를 맡겼다. 신백이 諫하여 '妾이 王后와 나란히 하고 庶子가 嫡子와 대등하고 큰 읍이 國都의 규모와 같은 것은 혼란의 근본입니다.'라고 하였다. 주공이 이 말을 듣지 않아서 이런 일에 이르게 되었다." 하였다. 子儀는 곧 子克이다.

本傳, 當時外寵竊國, 如安祿山兼制三道之類是也. 攷之(威)〔桓〕[52]公〔十〕[53]八年 "周公欲背莊王而立王子克. 辛伯告王, 遂與王殺周公黑肩. 王子克奔燕. 初, 子儀有寵於(威)〔桓〕王, (威)〔桓〕王屬諸周公. 辛伯諫曰 '竝后, 匹嫡, 兩政, (竊)〔耦〕[54]國, 亂之本也.' 周公弗從. 故及." 子儀卽子克.

③ 內寵擅迴天之謠 : 당시 內寵이 천심을 돌린 일은 高力士가 用事하여 국사를 대부분 專決하여 권세가 온 나라를 기울인 부류가 이것이다. ≪後漢書≫ 〈宦者傳〉에 보면 "桓帝가 單超(선초)・徐璜・具瑗・左悺・唐衡 등과 함께 모책을 정하여 梁冀를 주살하여, 그 다섯 명은 같은 날 봉작을 받아서 세상에서 그들을 五侯라고 하였다. 선초가 죽은 후 四侯가 돌아가면서 전횡하였으므로, 천하에서 그 일을 두고 말하기를 '좌관이 回天이요, 구완은 獨坐요, 서황은 臥虎요, 당형은 兩墮이다.'[55]라고 하였다." 하였다.

---

51) (元)〔玄〕 : 저본에는 '元'으로 되어 있다. 宋나라는 시조의 이름인 玄朗을 피휘하여 元으로 썼는데, 여기서는 '玄'으로 바로잡았다.

52) (威)〔桓〕 : 저본에는 '威'로 되어 있다. 宋나라 欽宗의 이름이 '桓'이라서 이를 피휘하여 '威'로 고친 것이다. 이에 '桓'으로 바로잡았다. 여기서 威公은 魯나라 桓公을 가리키고 威王은 周나라 桓王을 가리킨다.

53) 〔十〕 : 저본에는 '十'이 없으나, ≪春秋左氏傳≫에 의거하여 보충하였다.

54) (竊)〔耦〕 : 저본에는 '竊'로 되어 있으나, ≪春秋左氏傳≫에 의거하여 '耦'로 바로잡았다.

55) 좌관이……兩墮이다 : 朝鮮本 ≪思政殿訓義 資治通鑑綱目≫ 제11권 하 漢 桓帝 延熹 3년(160)의 訓義에 "回天은 세력이 군주의 마음을 돌릴 수 있음을 말한 것이고, 獨坐는 교만하고 귀함이 짝할 자가 없음을 말한 것이고, 臥虎는 감히 범접할 사람이 없음을 말한 것이고, 兩墮는 양쪽을 잡고서 〈어물어물함을〉 말한 것이다. 〈兩墮는〉 一本에는 兩이 雨로 되어 있다. 비가 내리는 바에 적셔주지 않음이 없으니, 그가 퍼뜨리는 해독이 천하에 두루 미침을 말한 것이다. 一說에 雨墮는 그 성질의 급함이 비가 떨어짐에 일정한 곳이 없는 것과 같음을 이른다." 하였다.

當時內寵回天, 如高力士用事, 事多專決, 權傾中外之類是也. 後漢宦者傳 "(威)〔桓〕帝與單超·徐璜·具瑗·左悺·唐衡定策誅梁冀, 同日受封, 世謂之五侯. 超死, 四侯轉橫. 天下爲之語曰 '左回天, 具獨坐. 徐臥虎, 唐兩墮.'"

2-3-12 肅宗께서는 寇賊을 불러들인 연유를 반성하시고 화란을 평정할 계책을 생각하시어 마음을 비우고 널리 간언을 받아들인 것이 太宗과 부절같이 부합하였습니다. 현자를 초빙하여 맞아들여 자문하면서 숙식을 잊고 속마음을 밝게 드러내어서 마음을 미루어 남들과 함께하였으며, 흉금을 펼치시어 자기를 잊고 타인에 부응하였습니다. 그러므로 성군께서 오셔서 소생시켜주길 바라는 희망을 진실로 충족시키고 하늘에 짝하는 사업을 발흥시키셨습니다.

肅宗이 懲致寇之由하시고 蘊撥亂之略하사 虛受廣納이 同符[56]乎太宗하사 招延詢謀하사 輟食廢寢[57]하시고 洞啓誠腑하사 推心與人하시고 豁披胸襟하사 忘己應物하시니 故得來蘇之望이 允塞[58]하고 配天之業이 勃興하시니이다

2-3-13 선황제(代宗)께서는 왕업을 계승하고 지키시기를 공손하고 근면하게 하신데다가 온화함과 은혜로움을 더하셨습니다. 은혜로우면 감동하는 자가 있고, 온화하면 친하게 여기는 자가 있으므로 비록 시절에 어려움이 계속 이어졌으나 민중은 이반하여 흩어지지 않았습니다. 정치는 관대함을 숭상하여 옛날의 좋은 제도를 그대로 따르

56) 同符 : ≪文選≫에 실린 揚雄의 〈甘泉賦〉에 "三皇과 부절이 합치하고 五帝와 공적을 나란히 기록할 만하다.〔同符三皇 錄功五帝〕"라고 했는데, 李善의 注는 文穎의 말을 끌어와 "符는 合이라." 하였다. 同符合契라고 하면 완전히 부합함을 비유하는 말이다.

57) 輟食廢寢 : 잠을 자지도 않고 식사하는 것도 잊는다는 말로 專心致志를 형용한다. 北齊 顔之推의 ≪顔氏家訓≫ 〈勉學〉에 "元帝가 江·荊 사이에 있으면서 아끼고 익히던 것을 복습하여, 학생을 징소하여 두고 친히 교수가 되어 잠을 자지도 않고 식사하는 것도 잊어서 밤으로 아침을 이었다.〔元帝在江荊間 復所愛習 召置學生 親爲敎授 廢寢忘食 以夜繼朝〕"라고 하였다.

58) 允塞 : ≪詩經≫ 〈大雅 常武〉는 召穆公이 宣王을 찬미한 시로, 선왕이 徐方을 親征하여 평정하자 서방이 와서 복종하고 조회한 것을 기린 내용이다. 그 〈常武〉 6장 중 마지막 장에서 "왕의 도가 진실로 충실하시니, 서방이 이미 와서 복종하도다. 서방이 이미 함께하니, 이는 천자의 공이로다. 사방이 이미 평정되니, 서방이 와서 조회하도다. 서방이 어기지 않거늘, 왕께서 회군하라 하시다.〔王猶允塞 徐方旣來 徐方旣同 天子之功 四方旣平 徐方來庭 徐方不回 王曰還歸〕"라고 하였다.

는 데 힘쓰시고 새로운 제도를 만드는 것을 신중히 하셨습니다. 紫宸殿(便殿)에서 朝會하실 적〔入閤〕에 세 명에게 일을 上奏하는 것을 상규로 삼았고, 또한 은혜로운 詔令을 내려 侍臣을 고과하여 독책하시되, 그 시신으로서 온 힘을 다하여 간언하는 이는 상을 주시고 묵묵히 가만히 있던 이는 꾸짖으셨습니다. 본성은 인자하고 관대하여 사무에 있어서는 넓게 포용함이 많으셔서 간언은 비록 따르지 않더라도 또한 깊이 저어하지 않으셨으며, 실정이 비록 막히는 일이 있어도 결국 위로 통할 수 있었습니다. 그러므로 군주와 신하가 서로 편안하여 백성도 또한 다소 안정되었습니다.

先皇帝가 繼守恭勤而益之以和惠하시니 惠則有感하고 和則有親일새 雖時繼艱屯이나 而衆不離析하고 理尙寬大하여 務因循而重作爲하나 然於紫宸聽朝에 常限三人奏事하고 亦宣諭德令하사 課責侍臣하사되 或賞其盡規[59]하시고 或讓以容默하시니 性本仁恕라 事多含弘하사 諫雖未從이나 且不深忤하시고 情苟有阻나 終獲上通이라 故君臣相安하여 而人亦小息하니이다

2-3-14 폐하의 영준한 자태와 빼어난 변론은 일반 사람들의 수준을 완전히 뛰어넘었고, 무략과 웅략은 사물의 바깥까지 포용하고 있습니다. 습속이 정치를 방해하는 것에 분개하여[60] 몸소 〈藩鎭을〉 평정하는 것을 담당하시어 밝은 위엄으로 살피고 엄한 법으로 결단하셨습니다.

그러나 流弊가 오래되었는데 새롭게 요구하신 것이 평소보다 너무 심하니, 멀리 있는 자는 놀라고 의심하여 죽을 운명을 피하고자 왕명을 거부하는 난리를 일으켰고, 가까이 있는 자는 두려워하고 벌벌 떨어서 죄를 받는 것을 피하고자 구차하게 영합하는 태도를 일으켰습니다. 군주와 신하의 뜻이 괴리되고 위와 아래의 실정이 막혀, 군주가 정치를 잘하려고 힘써도 신하는 주벌을 받는 것을 대비하고, 신하가 충언을 바치려 하여도 또 상께서 기만하고 허탄한 것이 아닌지를 우려하셨습니다. 그러므로 폐

---

59) 盡規 : ≪國語≫ 〈周語 上〉에 "근신은 盡規한다.〔近臣盡規〕"라 하였고, 韋昭의 注는 "盡規란 規計를 다하여 왕에게 고하는 것을 말한다."라고 했다.

60) 습속이……분개하여 : ≪資治通鑑≫ 唐 德宗 建中 4년(784)의 註에 "'理'는 다스린다는 뜻이다. 〈'憤習俗以妨理'는〉 德宗이 강성한 藩鎭의 발호가 익숙해져 습속을 이루어 치세를 이루는 데 방해가 되는 것에 격분한 것을 말한 것이다.〔理治也 言德宗憤强藩之跋扈 習以成俗 有妨爲治〕"라고 하였다.

하의 정성은 군중에게 베풀어지지 않고 군중의 실정은 총명하신 폐하께 도달하지 않았습니다.

신은 왕년에 일찍이 御史의 직임을 맡아서 朝見을 하는 것을 거의 반년 동안 바라였는데, 폐하께서는 삼엄하고 깊은 궁궐에 높이 거처하시기만 하고 한 번도 칙지를 내려 자문한 적이 없으셨습니다. 뭇 신하들은 황송하고 두려워하여 趨蹌하여 물러나서 또한 사정을 진열하여 상주하지 못하였습니다. 조정 안에서도 군신이 서로 깨우치지 못하는데, 드넓은 천하에서 실정이 어찌 절로 통할 길이 있겠습니까.

비록 다시 관례에 따라 使臣을 면대하시고 재상들을 별도로 인견하시며 말씀하시지만 〈그때의 말씀이〉 여러 신하들의 말과 다른 데다가 조정의 공론과도 다릅니다. 시행하지 않는 일에 대해서는 〈인견하시며 말씀하시지만 그때의 말씀이〉 국가 기밀에 관한 일은 논하지 말라고 경계하시고, 이미 시행한 일에 대해서는 또한 이미 끝난 일이어서 말하지 않는다[61]고 하십니다. 그리하여 점차 거리끼고 얽매이는 마음이 생겨나서 걸핏하면 시기하고 미워하십니다. 이로 말미암아 사람들은 각각 실정을 숨기면서 말하는 것을 꺼렸습니다. 그리하여 변란이 장차 일어날 적에 백성들이 근심을 같이하는 지경에 이르렀는데도, 유독 폐하께서는 태연히 모르고 계시면서, 곧 태평성대를 이룰 수 있다고 하셨습니다.

폐하께서는 오늘날 목격하신 일을 가지고 지난날 들은 말들을 징험하시면 그 진위와 득실의 여부를 따져보실 수 있을 것이니, 事情의 통함과 막힘을 상세히 깨닫게 되실 것이며, 사람의 실정과 거짓을 전부 알게 되실 것입니다.

陛下가 **英姿逸辯**이 **邁絶人倫**하시고 **武略雄圖**가 **牢籠**[62]**物表**하사 **憤習俗以妨理**하시고 **任削平而在躬**하사 **以明威照臨**하시고 **以嚴法制斷**하사 **流弊日久**어늘 **浚恒太深**①하시니 **遠者驚疑**하여 **而阻命逃死之亂**이 **作**하고 **近者畏慴**하여 **而偸容避罪之態**가 **生**하여 **君臣意乖**하고 **上下情隔**하여

---

61) 이미……않는다 : ≪論語≫ 〈八佾〉에서 宰我가 哀公에게 社의 의미를 잘못 설명하였는데, 孔子가 그 말을 듣고 "이루어진 일이라 말하지 않고, 끝난 일이라 바로잡아 말하지 않으며, 이미 지난 일이라 탓하지 않는다.〔成事不說 遂事不諫 旣往不咎〕"라고 하였다.

62) 牢籠 : 포괄, 포용한다는 뜻으로, 柳宗元의 〈愚溪詩序〉에 "만물을 깨끗이 씻고 백 가지 태도를 모두 그 안에 포괄하여 피하는 바가 없게 한다.〔漱滌萬物 牢籠百態 而無所避之〕"라고 하였다. 또한 掩蓋의 뜻으로 쓰기도 하는데, ≪周書≫ 〈王褒庾信傳論〉에 "오로지 王褒와 庾信은 기인한 재주가 특출 나서, 한 시대를 뒤덮었다.〔唯王褒庾信奇才秀出 牢籠於一代〕"라고 하였다.

君務致理하나 而下防誅夷하고 臣將納忠하나 又上慮欺誕이라 故睿誠이 不布於群物하고 物情이 不達於睿聰하니 臣於往年에 曾任御史하여 獲奉朝謁이 僅欲半年하니 陛下가 嚴邃高居하사 未嘗降旨臨問[63]하시고 群臣이 跼蹐[64]趨退하여 亦不列事奏陳하니 軒墀之間에 且未相諭어든 宇宙之廣을 何由自通이리잇고 雖復例對使臣하며 別延宰輔하나 既殊師錫[65]하고 且異公言하니 未行者는 則戒以樞密勿論하고 已行者는 又謂之遂事不諫하여 漸生拘礙하여 動涉猜嫌하니 由是로 人各隱情하여 以言爲諱하여 至於變亂將起하고 億兆同憂호되 獨陛下가 恬然不知하여 方謂太平可致라하시니 陛下가 以今日之所覩로 驗往時之所聞하시면 孰眞孰虛며 何得何失고 則事之通塞을 備詳之矣며 人之情僞를 盡知之矣②라

① 浚恒太深 : ≪周易≫ 恒卦 初六爻辭에 "평상시보다 깊게 요구한 것이 바르더라도 흉하다." 라고 했는데, 王弼의 註에 "구하기를 깊게 해서 밑바닥까지 이르러 남으로 하여금 남은 온축이 없게 만든다."[66]라고 하였으니, 남이 감당할 수 없으면 비록 바르더라도 역시 흉하다. 德宗의 猜忌가 아주 심하였으므로, 공이 이 말을 언급한 것이다.

恒卦初六云 "浚恒貞, 凶." 王弼注云 "求深窮底, 令物無餘蘊." 則物不能堪, 雖正亦凶. 德宗猜忌太甚, 故公及此.

---

63) 臨問 : 제왕이 직접 혹은 간접적으로 慰問하고 諮詢하는 것을 가리킨다. ≪漢書≫ 〈霍光傳〉에 "地節 2년(B.C. 68) 봄에 霍光의 병이 위독하게 되었는데, 천자가 車駕가 이르러 임하여 곽광의 병을 위문하면서, 상께서 그를 위해 흐느껴 우셨다.〔地節二年春病篤 車駕自臨問光病 上爲之涕泣〕"라고 하였다.

64) 跼蹐 : 매우 황공하고 두려워하는 모습을 뜻한다. ≪詩經≫ 〈小雅 正月〉에 "하늘이 높다고 하나 감히 몸을 숙이지 않을 수 없으며, 땅이 두텁다고 하나 감히 조심스레 걷지 않을 수 없노라.〔謂天蓋高 不敢不局 謂地蓋厚 不敢不蹐〕"라고 한 데서 나온 말이다.

65) 師錫 : 뭇사람이 獻言하고 같은 말로 대답함을 뜻한다. ≪書經≫ 〈虞書 堯典〉에서 堯임금이 帝位를 선양하기 위해 어진 이를 천거하라고 했을 때 온 천하가 舜을 천거하였다는 구절에서 나온 말이다. 〈요전〉에 "帝堯가 말씀하시기를 '현달한 자를 밝히며 미천한 자를 천거하라.'라고 하셨다. 신하들이 제요에게 말씀드리기를 '미천한 자 가운데 홀아비가 하나 있는데, 이름을 虞舜이라 합니다.'라고 하였다.〔曰 明明 揚側陋 師錫帝曰 有鰥在下曰虞舜〕"라 하였다. 그 아래 蔡沈의 註에서 "師는 '많다〔衆〕'라는 의미이고 錫은 '주다〔與〕'라는 뜻이다."라고 하였다.

66) 恒卦……만든다 : ≪周易正義≫ 王弼의 註에 보면 "恒卦의 처음에 처하여 卦의 가장 아래에 처하였으니, 처음에 구하기를 깊게 하는 자이다."라고 하였다. 이 다음에 郎曄의 주에서 인용한 부분이 나오고, 다음에 "점점 나아가 여기에 이르더라도 남이 오히려 감당하지 못하는데, 하물며 처음 구하기를 깊게 하는 자에 있어서랴. 이것을 항상함으로 삼으면 정도를 흉하게 하고 덕을 해치니 베푸는 곳마다 이로움이 없다." 하였다.

② 人之情僞 盡知之矣 : ≪春秋左氏傳≫ 僖公 28년에, 楚子는 "晉侯가 망명하여 국외에 19년 동안 있었으나 끝내 晉나라를 얻었으니, 세상의 험하고 어려운 일을 빠짐없이 경험하였고 백성들의 진실과 거짓을 모두 알고 있다."67)라고 하였다.

左傳僖公二十八年, 楚子曰 "晉侯在外十九年矣, 而果得晉國, 險阻艱難, 備嘗之矣, 民之情僞, 盡知之矣."

2-3-15 烈聖(太祖~代宗)의 성쇠의 증험이 저처럼 역력하고 당금의 치란의 연유가 이처럼 분명하였습니다. 그리하여 민심을 얻음에 흥기하고 민심을 잃음에 위태롭게 되며, 신하들에게 의견을 묻는 데서 실정을 잘 알게 되고 한쪽의 견해만을 믿는 데서 실정이 가려지지 않은 적이 없었습니다. 선대의 미덕을 이루는 일은 간언을 수용하는 데서 비롯하며, 성덕을 해치는 일은 스스로 현명하다고 여김에서 말미암습니다. 처음을 잘함은 염려하는 마음에 뿌리를 두고, 온전함을 잃어버리는 일은 평안하고자 하는 마음에서 싹이 틉니다.

지금 폐하께서 장차 禍를 뉘우쳐 福을 불러오시고 危難에서 떠나 安泰를 따르고자 하시는데, 만약 太宗이 창업하실 때의 법도를 따르지 않고 肅宗이 중흥을 이루었던 정치를 답습하지 않으며, 天寶 연간에 난리(安祿山의 난)를 초래한 이유를 돌아보지 않고 지금 遷幸한 이유를 懲誡하지 않는다면, 어떻게 성상의 마음을 미덥게 베풀고 아름다운 명성을 드러내어 원근의 이목을 새롭게 하고 불순한 마음을 되돌릴 수 있겠습니까.

烈聖升降之效가 歷歷如彼하고 當今理亂之由가 昭昭如此하니 未有不興於得衆하며 殆於失人하고 裕於僉諧68)하며 蔽於偏信하니 濟美69)는 因乎納諫하고 虧德은 由乎自賢하며 善始는

67) 楚子는……있다 : 楚子는 楚나라 成王이고, 晉侯는 晉나라 文公이다. 춘추시대 魯나라 僖公 28년에 楚나라가 宋나라를 공격하자, 송나라가 동맹국 진나라에 구원을 요청하였다. 이때 초나라 성왕이 子玉에게 송나라를 떠나게 하며 말하기를 "晉軍을 추격하지 말라. 진후가 망명하여 국외에 19년 동안 있었으나 끝내 진나라를 얻었으니, 세상의 험하고 어려운 일을 빠짐없이 경험하였고 백성들의 진실과 거짓을 모두 알고 있다. 하늘이 그에게 수명을 주었고 또 그의 害惡을 제거하였으니, 하늘이 세운 사람을 어찌 사람의 힘으로 폐할 수 있겠는가.〔無從晉師 晉侯在外 十九年矣 而果得晉國 險阻艱難 備嘗之矣 民之情僞 盡知之矣 天假之年 而除其害 天之所置 其可廢乎〕"라고 하였다.

68) 僉諧 : ≪書經≫ 〈虞書 舜典〉은 舜임금이 신하들의 의견을 두루 물어 신하를 임명한 일을 기록하였는데, '僉曰'·'汝諧'란 말이 많다. 뒤에 僉諧라고 하면 조정 重臣을 遴選·任命하는 일을 가

本乎憂勤하고 失全은 萌乎安泰하나니 今陛下가 將欲悔禍徼福하고 去危從安인대 若不循太宗創業之規하며 襲肅宗中興之理하며 鑑天寶致亂之所以하며 懲今者遷幸之所由면 則何以孚聖懷하며 彰令問하여 新遠邇之聽하고 歸反側之心乎아

2-3-16 앞서 詔書를 받들어 용렬한 신에게 물으셨기에 감히 이 의론에 따라 곧바로 아뢰는 말씀을 올렸습니다. 그 후로부터 반복해서 숙고하였는데, 어리석은 자와 지혜로운 자는 분수가 달라 진실로 어리석은 자가 지혜롭게 바뀔 수는 없기에, 지금껏 잊지 못하여 여전히 소견을 고집하고 있습니다. 이에 신은 어리석고 간절한 마음을 이기지 못하여, 삼가 다시 소견을 드러내어 아뢰니다. 신 아무개는 황공하옵게도 죽을 죄를 무릅쓰고 삼가 아뢰니다.

前承德音하여 訪及庸鄙일새 敢緣斯議하여 輒以獻聞러니 自爾已來로 反覆千慮호되 愚智有分하여 信非可移라 至今拳拳[70]하여 猶滯所見일새 不勝愚誠懇款하여 謹復布露以聞하노니 臣某는 惶怖死罪謹言하노이다

【評 說】

陸贄는 앞서의 奏章을 상주하고 나서 열흘이 되도록 천자가 시행하는 바도 없고 힐문하지도 않았으므로 다시 이 주장을 올렸다. 이 주장은 ≪周易≫과 ≪書經≫ 등 경전에서 上下交通과 得情을 강조한 내용을 인용하고 역대 왕조와 唐나라 선왕들의 사례를 들어서 자신의 주장을 강화한 것이 특징이다.

먼저 경전을 인용한 부분을 보면, ≪주역≫의 乾下坤上인 泰卦와 坤下乾上인 否卦, 損上益下인 益卦와 損下益上인 損卦를 각각 대비시켜 논하여, 上下交通의 중요성을 논하였다.

리킨다.

69) 濟美 : 이전의 기초 위에 미덕을 더욱 빛나고 크게 발양하게 만듦을 뜻한다. ≪春秋左氏傳≫ 文公 18년에 "대대로 그 미덕을 이루어서, 그 명성을 떨어뜨리지 않았다.〔世濟其美 不隕其名〕" 하였다. 杜預의 注에 "濟는 成이다."라고 하였고, 孔穎達의 疏에 "대대로 그 미덕을 이루어서 후세가 앞 세대의 미덕을 계승하였다.〔世濟其美 後世承前世之美〕"라고 하였다.

70) 拳拳 : ≪中庸≫ 제8장에, 孔子가 "顔回는 중용을 택하여 한 가지 선이라도 얻으면 굳게 간직하여 가슴에 새겨두고 잃지 않는다.〔回之爲人也 擇乎中庸 得一善 則拳拳服膺 而弗失之矣〕" 하였다.

이어서 ≪荀子≫ 〈王制〉의 "군주는 배이고 서인은 물이다."라고 하는 비유를 끌어와서, 배는 군주의 도이고 물은 인민의 정이라고 정의한 후, 군주가 인민의 정을 얻으면 견고하고 인민의 정을 잃으면 위태롭다는 점을 지적하고, ≪書經≫ 〈虞書 大禹謨〉에서 舜임금이 禹임금에게 선위하면서 "人心은 위태하고 道心은 은미하니, 오직 정밀하고 전일하여야 진실로 그 中을 잡으리라."라고 하였던 말을 환시시켜, 만 가지 기미에 대한 사려를 정밀하게 해나가야 한다고 권계하였다.

다음으로 역사적 사례를 들었다. 우선 秦·漢으로부터 北周·隋에 이르기까지 천여 년을 거치면서 많은 군주들이 흥기하였다가 전복되었음을 상기시키고, 唐나라로 들어와 太宗, 高宗, 玄宗, 代宗이 각각 정치를 쇄신했던 근본이나 有終의 美를 거두지 못한 원인을 분석하였다. 그리고 과거의 성패를 귀납하여 "민중을 얻음에 흥기하고 인민을 잃음에 위태롭게 되며, 신하에게 의견을 묻는 데서 실정을 잘 알게 되고 한쪽의 견해만을 믿는 데서 실정이 가려지지 않은 적이 없습니다. 선대의 미덕을 이루는 일은 간언을 수용함에서 인연하며, 성덕을 해치는 일은 스스로 현명하다고 여김에서 말미암습니다."라고 일단 매듭을 지었다.

그리고 그 결론 위에, 지금 德宗이 禍를 뉘우쳐 복을 불러오려면 "太宗이 창업할 때의 법도를 따르지 않고 肅宗이 중흥을 이루었던 정치를 답습하지 않으며, 天寶 연간에 난리를 초래한 이유를 돌아보지 않고 지금 遷幸한 이유를 懲誡하지 않는다면," 불가능하다고 경계하였다. 이어서 德宗의 정치에 대해서는 처음에 번진을 평정하고자 하였으나 流弊가 오래되었는데 새롭게 요구한 것이 평소보다 너무 심하니〔浚恒太深〕 멀리 있는 자들이 놀라고 의심하여 왕명을 거부함으로써 난리가 일어났다고 진단하였다. ≪周易≫ 恒卦 初六爻辭에 나와 있듯이, 浚恒은 아랫사람에게 평상적인 것보다 깊게 요구하다가 기대에 미치지 못하여 원망함을 이른다는 뜻이다. 그리고 덕종의 유폐를 고치려면, 저 앞서의 결론, 즉 '성덕을 해치는 일은 스스로 현명하다고 여김에서 말미암으므로, 간언을 수용하여 열성의 왕업과 같은 업적을 이루어야 한다.'로 전체 글의 매듭을 지었다. 글 전체가 경전의 이념과 역사 사실을 互見하게 하여, 논리적으로 치밀하다. 덕종의 병폐를 정확히 진단하고 지향할 바를 제시하여 설득력이 높다. 正祖는 ≪陸奏約選≫과 ≪陸稿手圈≫에서 이 글을 다음과 같이 초록하였다.

"누군가 깊고 멀리 생각하고 염려하면 허망한 소리를 하여 민중을 놀라게 한다고 하였으며, 누군가 곧은 말과 절실한 간언을 하면 비방을 해서 명성을 얻으려 한다고 하였습니다. 至尊은 심원한 궁궐에서 視聽을 거두고 재상은 廟堂에서 위세를 키웠습니다. 議曹는 찬미하는 것이 봉직하는 것이라고 여기며, 법을 담당하는 관리는 윗사람의 뜻을 알아채는 것이 마땅한 직무라 여겼습니다. 司府는 많이 거두어들이는 것을 충성을 다한다고 여기며, 권세 있는 가문은 뇌물을 많이 받는 것을 名望으로 여겼습니다.〔有深謀遠慮者 謂之迂誕驚衆 有讜言切諫者 謂之誹謗邀名 至尊收視於穆淸 上宰養威於廊廟 議曹以頌美爲奉職 法吏以識旨爲當官 司府以厚斂爲公忠 權門以多賂爲問望〕"

唐陸宣公奏議 奏草 제3권

1. 奉天에서 여러 신하를 자주 대하고 아울러 論事함을 허락해 주기를 청하는 奏狀
奉天請數對群臣兼許令論事狀

德宗이 이미 환관을 보내 陸贄에게 유시하였다. 육지는 人君이 아랫사람에게 임할 때 마땅히 誠信을 근본으로 삼아야 하니, 간하는 자들이 비록 표현과 뜻이 천박하고 졸렬하더라도 너그러이 용납하여 언로를 열어놓아야지, 만약 위엄으로 떨게 하고 언변으로 꺾는다면 신하가 어찌 감히 할 말을 다하겠는가 하여, 이에 다시 이 疏를 올렸다. 그러자 황제가 그 進言을 상당히 채납하였다.

德宗旣遣中使諭贄. 贄以人君臨下, 當以誠信爲本, 諫者雖辭情鄙拙, 亦當優容, 以開言路. 若震之以威, 折之以辯, 則臣下何敢盡言, 乃復上此疏. 帝頗采用其言.

3-1-1 隱朝가 聖旨를 받들어 알리기를 "경이 올린 表狀을 자주 보니, 짐에게 여러 신하를 자주 대면하고 아울러 일을 논하는 것까지 허락해 달라고 권하였는데, 辭理가 간절하여 충성을 다하고자 하는 마음을 깊이 드러냈다. 짐은 본래 성심으로 대하는 것을 매우 좋아하고 또한 간언을 능히 받아들이지만, 임금에게 封事를 올리거나 奏對하는 사람 중에 忠良한 자가 적어 대부분 남의 장단점을 논하는데다가 혹은 짐의 의중을 엿보기도 한다. 짐이 비록 참소하는 말을 받아들이진 않았지만 나가고 나면 시비가 멋대로 생겨나서 威福[1]을 부렸다. 짐은 지난날에 군신이 한 몸이라 하여 전혀 막지 않으려 하였는데, 誠과 信으로 대하여 의심치 않다가 간사한 자들에게 농간을

당한 일이 많았다. 지금 일어난 患害도 짐이 생각하기엔 또한 다른 까닭이 있는 것이 아니라 도리어 성심껏 대한 데에서 잘못된 것이다.

隱朝奉宣聖旨호되 頻覽卿表狀하니 勸朕하여 數對群臣하고 兼許令論事하라하여 辭理懇切하니 深表盡忠이로다 朕本心이 甚好推誠하고 亦能納諫호되 但緣上封事及奏對者가 少有忠良하여 多是論人長短하고 或探朕意旨하니 朕雖不受讒譖하나 出外하여는 卽謾生是非하여 以爲威福하나니 朕이 往日에 將謂君臣一體라하여 都不隄防호니 緣推誠信不疑하여 多被姦人賣弄호니 今所致患害도 朕이 思亦無他故라 却是失在推誠이요

3-1-2 또한 諫官들이 일을 논할 적에 신중하고 치밀하게 하는 이는 적고 으레 스스로를 과시하여 짐에게 허물을 돌리고 스스로 명예를 취하였다. 짐이 즉위한 이래로 奏對하여 論事하는 것을 본 것이 매우 많았으나 대부분이 모두 附和雷同하여 길거리에 나도는 뜬소문과 같은 말들이라서 시험 삼아 질문을 해보면 곧장 말문이 막히곤 하였다. 만일 기이한 재주와 특출난 능력이 있다면 짐의 입장에서 어찌 발탁하는 것을 아까워하겠는가. 짐이 보건대 종전부터 일이 다만 이와 같았기에 근래에 다소 관례대로 사람들을 상대하지 않은 것이지 또한 接納하는 데 게을렀던 것이 아니다. 경은 이런 뜻을 깊이 살피라."라고 하셨습니다.

又諫官論事에 少能愼密하고 例自矜衒하여 歸過於朕하여 以自取名하니 朕이 從卽位以來로 見奏對論事者가 甚多로되 大抵皆是雷同하여 道聽塗說이라 試加質問하면 卽便辭窮하나니 若有奇才異能이면 在朕에 豈惜拔擢이리오마는 朕見從前已來로 事祇如此일새 所以近來에 不多取次對人하노니 亦不是倦於接納이라 卿宜深悉此意者라하시니

3-1-3 넓고 큰 성덕이 하늘과 같이 만물을 포용하여 미치고 어리석은 신까지도 불쌍히 여겨서 장려하는 유지를 내리기까지 하셨는데, 간절하다는 점으로 신을 가상히 여

1) 威福 : 君權을 농간을 말한다. ≪書經≫ 〈周書 洪範〉에서 "오직 임금만이 복을 내리고 오직 임금만이 위엄을 부리고 오직 임금만이 玉食을 하니 신하에게는 복을 내리고 위엄을 부리고 옥식을 하는 것이 없다.〔惟辟作福 惟辟作威 惟辟玉食 臣無有作福作威玉食〕"라고 한 데서 온 말이다.

기시고 충심을 다 바치고자 한다는 점으로 신을 지목하시니, 비록 매우 용렬하고 노둔하나 실로 감격하여 분발하겠다는 뜻을 품게 되었습니다.

알게 된 이상 말하지 않음이 없는 것을 '盡'이라 하고, 임금을 섬기기를 義로 하는 것을 '忠'이라 합니다. 평소 신의 마음에 이 점을 윗사람을 받드는 도리로 삼고 이 점을 주상에게 보답하겠다는 바탕으로 삼기로 다짐한 지 오래되었습니다. 다행히도 聖明을 만나 간절한 바람을 펼칠 수 있게 되어 이미 잘못을 면하고 또 칭찬을 받으니 聖德을 받들어 주선하여 감히 실추시키지 않기를 바랐습니다. 혹여 폐하께서도 이 道를 널리 미루어서 만방에까지 베푸시어 정직한 자를 장려하고 어리석은 자를 불쌍히 여기시고, 장점은 기록하고 단점은 버려두신다면 사람들이 善을 하고자 하는 마음이 누군들 신만 못하겠습니까. 저절로 성덕이 더더욱 현창되고 群心이 다 진달될 것이니, 어리석은 신하의 간절한 충심이 실로 이에 있나이다.

聖德廣大가 如天包容하사 俯矜狂愚하여 仍賜獎諭하사되 嘉臣以懇切하시고 目臣以盡忠하시니 雖甚庸駑나 實懷感勵하노이다 夫知無不言之謂盡이요 事君以義之謂忠이니 臣之夙心이 久以自誓하여 以此로 爲奉上之道하며 以此로 爲報主之資러니 幸逢休明하여 獲展誠願하여 旣免罪戾하고 又蒙褒稱호니 庶奉周旋하여 不敢失墜호리니 儻陛下가 廣推此道하사 施及萬方하사 咸獎直以矜愚하시고 各錄長而捨短하시면 人之欲善이 誰不如臣이리잇고 自然聖德益彰하고 群心盡達하리니 愚衷懇懇이 實在於斯호이다

3-1-4 폐하께서 돌보심이 특히 깊어 누차 密旨를 내리셨는데 物理를 두루 갖추었으며 人情을 구석구석 다 드러내시니, 먼일까지 근심하고 미연에 방지하는 것은 참으로 평범한 식견을 지닌 신으로서는 미칠 수 있는 바가 아닙니다.

그러나 신은 삼가 생각건대 천자의 도는 하늘과 더불어 방도를 같이하니, 하늘은 땅에 좋지 않은 나무가 있다 하여 자라나는 것은 없애지 아니하며 천자는 때로 소인이 있다 하여 간언을 받아들이는 일을 없애지 않습니다. 제왕의 성대함이 堯임금보다 성대한 적이 없으니, 비록 四凶[2]이 조정에 있었으나 여러 사람의 의논이 그친 적이

2) 四凶 : 堯舜 때의 네 惡人인 共工, 驩兜, 鯀, 三苗를 가리킨다.

없었습니다. 그러므로 말하기를 "오직 하늘만이 위대한데, 요임금이 본받았다."[3]고 하였으니, 이는 사람 가운데에는 간사하거나 곧고 어질거나 어리석은 이들이 있지만 각각 알맞은 곳을 얻도록 조처할 따름이요, 반드시 충성스럽고 현량한 자가 적다고 해서 자문하거나 간언을 받아들이는 도를 폐해서는 안 됨을 알 수 있습니다.

옛사람 가운데에는 목이 멘다고 음식을 없애려고 한 자가 있기도 하였고 또 물에 빠지는 것을 두려워하다가 스스로 뛰어드는 자도 있었으니,[4] 그 굽은 것을 바로잡아 근심을 막으려는 생각이 어찌 지나친 것이 아니겠습니까. 원컨대 폐하께서는 이 점을 살피시어 작은 걱정거리 때문에 大道에 지장을 끼치지 마십시오.

睿眷特深하사 屢宣密旨하사되 備該物理하고 曲盡人情하니 其於慮遠防微에 固非常識所逮나 然臣이 竊謂天子之道가 與天同方하니 天不以地有惡木而廢發生하고 天子가 不以時有小人而廢聽納이니이다 帝王之盛이 莫盛於堯하니 雖四凶在朝나 而僉議靡輟이라 故曰 惟天爲大어늘 惟堯則(칙)之라하니 是知人有邪直賢愚하나 在處之各得其所而已라 必不可以忠良者少하여 而闕於詢謀獻納之道也니 昔人이 有因噎而廢食者하고 又有懼溺而自沈者하니 其爲矯枉防患之慮가 豈不過哉아 願陛下는 取鑑於玆하사 勿以小虞而妨大道也하소서

3-1-5 신이 듣건대 사람이 다른 사람을 도와주는 것은 信에 달려 있고 信이 서는 바는 誠에서 비롯된다고 합니다. 마음속에 誠을 지킨 다음에야 무리들로 하여금 의혹함이 없게 하고 자신이 信을 지녀야 사람들로 하여금 속이지 않게 할 수 있으니, 오직 信과 誠만은 보탬은 있을지언정 손해될 것은 없습니다.

한 번이라도 誠하지 못하면 마음을 지킬 수 없게 되고 한 번이라도 信하지 않으면

3) 오직……본받았다 : ≪論語≫ 〈泰伯〉에 나온다.

4) 목이……있었으니 : 작은 것에 구애를 받아 큰일을 포기하는 어리석음을 질책한 말이다. '因噎而廢食者(목이 멘다고 음식을 없애려고 한 자)'는 ≪呂氏春秋≫ 〈蕩兵〉에서 "음식을 먹다가 음식물이 목구멍에 걸려 죽은 사람이 있다고 해서 천하의 모든 음식물을 없애려고 하는 것은 어리석은 짓이다.〔有以噎死者 欲禁天下之食 悖〕"라고 한 것을 인용한 것이다. '懼溺而自沈者(물에 빠지는 것을 두려워하다가 스스로 뛰어든 자)'는 ≪淮南子≫ 〈氾論訓〉에서 "배를 탔다가 큰 바람을 만난 자가 있었는데 파도가 밀려오자 스스로 물에 빠지니, 생명을 탐하고 죽기를 두려워하지만 죽음을 무서워하는 데 현혹되어 도리어 사는 것을 잊었다.〔有乘船遇大風者 波至而自投於水 非不貪生而畏死 惑於恐死而反忘生也〕"고 한 데서 유래하였다.

말을 실천할 수 없게 됩니다. 그러므로 성인이 이를 중하게 여기시어 "양식은 버릴 수 있을지언정 信은 버릴 수 없다."[5]고 하셨고 또 "誠이라는 것은 物의 처음과 끝이니, 誠하지 못하면 物도 없다."[6]고 하셨습니다. 物이라는 것은 일이니, 말이 誠하지 못하면 이룰 수 있는 일도 없습니다. 필부가 誠하지 못하더라도 이룰 수 있는 일이 없는데 하물며 왕 노릇 하는 자는 남의 誠에 힘입어서야 스스로를 견고하게 할 수 있으니, 남에게 誠하지 않을 수 있겠습니까. 폐하께서 이른바 군신들을 誠과 信으로 대하는 실수를 저질러 患害를 불러들였다고 하신 것에 대해 신은 삼가 지나친 말씀이라고 생각합니다.

臣이 聞人之所助在乎信하고 信之所立이 由乎誠하니 守誠於中이라야 然後俾衆無惑하고 存信於己라야 可以教人不欺니 唯信與誠이 有補無失이라 一不誠則心莫之保하고 一不信則言莫之行이라 故聖人重焉하사 以爲食可去而信不可失也라하시고 又曰 誠者는 物之終始니 不誠無物이라하시니 物者事也니 言不誠則無復有事矣라 匹夫不誠이라도 無復有事온 況王者는 賴人之誠하여 以自固하니 而可不誠於人乎아 陛下所謂失於誠信하여 以致患害者를 臣은 竊以斯言爲過矣라하노이다

3-1-6 孔子께서 말씀하시기를 "더불어 말할 만한데도 더불어 말하지 않으면 사람을 잃고, 더불어 말할 만하지 않은데도 더불어 말하면 말을 잃으니, 지혜로운 자는 사람을 잃지 않으며 또한 말을 잃지 않는다."[7]라 하셨습니다.

이로 말미암아 논하자면 폐하께서는 간언한 말을 살피시되 삼가지 않아서는 안 되며, 더불어 함께 한 자를 信으로 대하시되 誠한 마음으로 하지 않아서는 안 됩니다. 바닷새는 지극히 미물이지만 오히려 실정과 거짓을 아니,[8] 신령스러움을 품은 부류

---

5) 양식은……없다 : ≪論語≫ 〈顏淵〉에 子貢이 孔子에게 정치를 물으면서 양식〔食〕, 군대〔兵〕, 신의〔信〕 중 무엇을 버려야 하냐고 묻자, 공자가 양식과 군대를 버려야 한다고 하면서 "백성은 신의가 없으면 존립할 수 없다.〔民無信不立〕"라 하였다.

6) 誠이라는……없다 : ≪中庸≫ 25章에 나온다.

7) 더불어……않는다 : ≪論語≫ 〈衛靈公〉에 나온다.

8) 바닷새는……아니 : 옛날 바닷가에 살던 한 사람이 갈매기를 아주 좋아하여 매일 바닷가로 나가서 갈매기와 놀다 보니, 찾아온 갈매기가 100마리도 넘었는데, 한번은 그의 아비가 말하기를 "내

는 진실로 반드시 속이기 어렵습니다.

그러므로 옛 기록에 백성이라는 것은 지극히 어리석지만 신령스럽다고 하는 까닭은 대개 아무것도 모르는 무리가 혹 혼미하고 혹 비루하여 어리석은 듯이 보이지만 윗사람의 잘잘못을 분별하지 못함이 없으며 윗사람의 좋아함과 싫어함을 알지 못함이 없으며 윗사람의 숨기는 바를 전하지 못함이 없으며 윗사람의 하는 바를 본받지 않음이 없어서이니, 이는 신령스러움을 지닌 부류이기 때문입니다.

孔子가 曰 可與言而不與之言이면 失人하고 不可與言而與之言이면 失言하나니 智者는 不失人하며 亦不失言이라하시니 由此論之컨대 陛下가 可審其所言而不可不愼이며 信其所與而不可不誠이니이다 海禽至微호되 猶識情僞하나니 含靈之類를 固必難誣일새 前志所謂衆庶者는 至愚而神이라하얀 蓋以蚩蚩之徒가 或昏或鄙하니 此其似於愚也나 然而上之得失을 靡不辨하며 上之好惡을 靡不知하며 上之所秘를 靡不傳하며 上之所爲를 靡不效하나니 此其類於神也일새

3-1-7 그러므로 지혜로써 부리면 아랫사람들이 속이게 되고, 의심하는 것을 보이면 아랫사람들이 구차해지고 예로써 대접하지 않으면 의를 따르는 마음이 가벼워지고 은혜로써 어루만지지 않으면 충성을 바치고자 하는 마음이 옅어집니다.

윗사람이 행하면 아랫사람이 따르고 윗사람이 베풀면 아랫사람이 보답함이 마치 메아리가 소리에 반응하고 그림자가 형상을 따르듯 하여 형상이 굽으면 그림자가 굽고 소리가 음탕하면 메아리도 삿되게 되는 법입니다. 비루함과 속임을 품고 있는데 얼굴빛에 드러나지 않기를 구하며, 안색에 드러나는데 보는 자가 분별하지 못하기를 구하며, 보는 자가 분별하였는데도 무리들이 의심하지 않기를 구하며, 뭇 사람들이 의심하는데도 반란이 일어나지 않기를 구하는 것은 예로부터 지금까지 있지 않았습니다. 그러므로 "천하의 至誠이어야 그 본성을 다할 수 있으니, 그 본성을 다할 수 있다면 사람의 본성을 다할 수 있다."[9]고 하니, 만약 자기 자신에게 다하지 못하고 다

가 듣자니 갈매기들이 모두 너를 따라 노닌다 하니, 네가 갈매기를 잡아오너라. 내가 갈매기를 완상하고 싶다.〔吾聞鷗鳥皆從汝游 汝取來 吾玩之〕" 하므로, 이튿날 다시 바닷가로 나가 보니, 갈매기들이 사람의 巧邪한 마음을 알아채고는 공중에서 빙빙 돌기만 하고 내려오지 않았다는 고사를 인용한 것이다.(≪列子≫ 〈黃帝〉)

른 사람에게 다하기를 바란다면 무리들은 반드시 속여서 따르지 않을 것이며, 앞에서 정성스럽지 않고 뒤에서 정성을 다하고 있노라고 말한다면 무리들은 반드시 의심해서 믿지 않을 것입니다.

故馭之以智則人詐하고 示之以疑則人偸하고 接不以禮則徇義之意가 輕하고 撫不以恩則效忠之情이 薄하여 上行之則下從之하고 上施之則下報之하야 若響應聲하며 若影從表하여 表枉則影曲하고 聲淫則響邪하나니 懷鄙詐而求顔色之不形하며 顔色形而求觀者之不辨하며 觀者辨而求衆庶之不惑하며 衆庶惑而求叛亂之不生은 自古及今에 未之得也라 故唯天下至誠이야 爲能盡其性이요 能盡其性則能盡人之性이니 若不盡於己而望盡於人이면 衆必紿而不從矣요 不誠於前而曰誠於後면 衆必疑而不信矣라

3-1-8 지금 方岳[10] 가운데 나라에 성심을 다하지 않는 자가 있으면 폐하께서 군사를 일으켜 정벌하시고 여러 신하 가운데 윗사람에 대해 믿음〔信〕을 무너뜨린 자가 있으면 폐하께서 영을 내려 주벌토록 하시거든, 有司가 명을 따라서 주벌하고 감히 마음대로 하지 못하니, 이는 대개 폐하께서 가진 바로 저들에게 없는 것을 질책하기 때문입니다.

만약 폐하께서 만물을 정성스럽게〔誠〕 대하지 않고 사람을 믿지〔信〕 않았다면 사람들이 장차 핑계를 댈 터이니, 어떻게 토벌할 수 있겠습니까. 誠과 信의 도는 잠시라도 몸에서 떠나게 해서는 안 됨을 알 수 있으니, 원컨대 폐하께서는 삼가 誠과 信을 지키고 행하시기에 더욱 힘쓰셔야지 후회하실 일은 아니라고 생각합니다.

今方岳이 有不誠於國者면 陛下가 則興師以伐之하시고 臣庶가 有虧信於上者면 陛下가 則出令以誅之어시든 有司가 順命誅伐而不敢縱捨者는 蓋以陛下之所有로 責彼之所無故也일새 向若陛下가 不誠於物하며 不信於人이면 人將有辭하리니 何以致討리오 是知誠信之道는 不可斯須去身이니 願陛下는 愼守而行之有加하소서 恐非所以爲悔者也로소이다

---

9) 천하의……있다 : ≪中庸≫ 제22장에 나온다. ≪唐陸宣公奏議≫ 懸吐本(奎中 2039 壬辰字本)에는 '爲能盡其性' 뒤에 '이요'로 현토하였으나, ≪中庸章句≫의 현토에 따라 '이니'로 풀이하였다.

10) 方岳 : 堯임금이 羲和의 네 아들에게 각각 四岳을 관장하게 하였다는 데서 온 말이다. 후대에는 관찰사처럼 한 지역을 총괄하는 重臣을 일컫는 말로 쓰였다.

3-1-9 신이 듣건대 ≪春秋左氏傳≫에 이르기를 "사람으로서 어느 누가 잘못이 없겠는가. 잘못을 하더라도 그것을 고칠 수 있다면 그보다 더 좋은 선은 없다."[11]라 하였고, ≪周易≫에 이르기를 "날로 새로워지는 것을 盛德이라고 한다."[12]라 하였고, ≪禮記≫에 이르기를 "덕이 날로 새로워졌으면 날마다 새로워지고 또 날마다 새로워지라."[13]라 하였고, 〈商書〉에서 仲虺가 成湯의 덕을 서술하여 말하기를 "사람을 등용할 때 자신의 일로 생각하고 허물을 고침에 인색하지 않으셨다."[14]라 하였고 周나라 詩에 尹吉甫가 宣王의 공을 찬미하며 말하기를 "袞職에 잘못이 있거든 仲山甫가 보좌하였다."[15]라 하였습니다.

무릇 ≪禮記≫, ≪周易≫, ≪春秋≫는 백대가 지나더라도 바뀌지 않을 경전들인데, 모두 허물이 없는 것을 아름다움으로 여기지 아니하고 큰 선과 성한 덕이 허물을 고치고 날로 새로워지는 데 달려 있다고 하였습니다. 成湯은 聖君이고 仲虺는 聖輔(성군을 보필하는 재상)였는데, 聖輔로써 聖君을 찬양하되 그 허물이 없음을 칭찬하지 아니하고 그 허물을 고침을 칭찬하였으며, 周나라 宣王은 중흥한 어진 군주요 尹吉甫는 文武를 겸전한 훌륭한 신하였는데,[16] 어진 신하로써 어진 군주를 노래하되 그 결함이 없음을 찬미한 것이 아니라 그 결함을 보완한 것을 찬미하였습니다. 이는 곧 성현의 뜻이 밝게 나타나 오직 허물을 고치는 것을 능사로 여겼지 허물이 없음을 귀함으

---

11) 사람으로서………없다 : ≪春秋左氏傳≫ 宣公 2년에 보인다.

12) 날로……한다 : ≪周易≫ 〈繫辭傳 上〉에 "풍부히 소유함을 大業이라 이르고, 날로 새로워짐을 盛德이라 이른다.〔富有之謂大業 日新之謂盛德〕"라고 하였다.

13) 덕이……새로워진다 : ≪禮記≫ 〈大學〉에 나오는 말로, ≪大學章句≫ 제2장에는 "苟日新 日日新 又日新"으로 되어 있다.

14) 사람을……않으셨다 : ≪書經≫ 〈商書 仲虺之誥〉에 나온다.

15) 袞職에……보좌하였다 : ≪詩經≫ 〈大雅 蒸民〉에 보이는데, 여기에서 袞職은 황제를 가리킨다. 仲山甫는 周나라 宣王 때의 賢大夫다. 魯나라 獻公의 둘째 아들로, 이름은 전해지지 않으며 중산보는 그의 자이다. 樊 땅에 봉해졌으므로 樊仲·樊仲山父·樊侯라고도 불리며, 선왕을 잘 보좌하여 주나라의 중흥을 이룬 명재상이다. 〈烝民〉은 윤길보가 중산보의 덕을 찬미하여 지은 시이다.

16) 尹吉甫는……신하였는데 : ≪詩經≫ 〈小雅 六月〉의 "문무를 겸전한 尹吉甫여, 만방이 법으로 삼도다.〔文武吉甫 萬邦爲憲〕"라 하였다. 윤길보는 周나라 宣王 때의 대신으로, 성은 '兮'이고 이름은 '甲'이며, 자는 伯吉父 또는 伯吉甫라고 한다. 尹은 관직명이다. 玁狁이 침략하자 왕명을 받고 반격하여 太原까지 쫓았으며, 후에 군사를 다시 일으켜 南淮夷의 공물을 징수하였다. 중흥의 업적을 이루는 데 큰 공을 세웠으며, 頌을 잘 지었다.

로 여기지 않았던 것입니다.

臣聞春秋傳에 曰 人誰無過리오 過而能改면 善莫大焉이라하고 易에 曰 日新之謂盛德이라하고 禮記에 曰 德日新이면 日日新하며 又日新이라하고 商書에 仲虺가 述成湯之德曰 用人惟己하시며 改過不吝이라하고 周詩에 吉甫가 美宣王之功曰 袞職有闕이어든 惟仲山甫가 補之[①]라하니 夫禮易春秋는 百代不刊之典也로되 皆不以無過爲美하고 而謂大善盛德이 在於改過日新이라하고 成湯은 聖君也요 仲虺는 聖輔也라 以聖輔而贊揚聖君호되 不稱其無過而稱其改過하며 周宣은 中興之賢主也요 吉甫는 文武之賢臣也라 以賢臣而歌誦賢主호되 不美其無闕而美其補闕하니 是則聖賢之意가 較然著明하여 唯以改過爲能하고 不以無過爲貴하니

① 袞職……補之：≪詩經≫ 〈大雅 蒸民〉에 보인다.
蒸民.

3-1-10 대개 사람의 행실에 반드시 허물이 있기 마련이니, 이는 上智와 下愚 모두가 면할 수 없는 것이지만, 지혜로운 자는 허물을 고쳐 선으로 옮겨가고 어리석은 자는 허물을 부끄러워하여 그릇됨을 이룹니다. 선으로 옮겨가면 그 덕이 날로 새로워지니 이것이 군자라 하는 것이고, 그릇됨을 이룬다면 그 악이 점점 쌓이니 이것을 소인이라 하는 것입니다. 그러므로 의를 듣고 옮겨갈 수 있는 것은 범상한 마음으로는 어려운 바요, 간언을 좇고 역정을 내지 않는 것은 성인이 숭상하는 바입니다. 군주의 덕을 찬양하고 주군의 공을 노래하고 칭술하되, 혹 허물을 고치는 데 인색하지 않았음을 말하였으며, 혹 부족한 점이 있음에 능히 보완하였음을 찬미하였습니다.

中古 시대 이후로 순후한 풍습이 점차 쇠미해져서 신하들이 이미 아첨을 숭상하고 군주 또한 스스로 성스럽다 여겨 성대한 덕을 가리고 작은 도를 행하였습니다. 그리하여 들어가서는 무릎을 맞대고 은밀하게 말하고 나와서는 거짓으로 꾸며대는 작태가 일어나게 되었습니다. 간사함이 이로 말미암아 불어나며 선함이 이로 말미암아 막히며 제왕의 뜻이 이로 말미암아 의혹되며 諫臣의 죄가 이로 말미암아 생겨나 아첨하는 도가 행해지게 되자 해가 막심해졌습니다.

蓋爲人之行己가 必有過差라 上智下愚가 俱所不免호되 智者는 改過而遷善하고 愚者는 恥

過而遂非하나니 遷善則其德日新이라 是爲君子요 遂非則其惡彌積이라 斯謂小人이니 故聞義能徙者는 常情之所難이요 從諫勿咈者는 聖人之所尙이니이다 至於贊揚君德하고 歌述主功호되 或以改過不吝爲言하며 或以有闕能補爲美러니 中古已降에 淳風浸微하여 臣旣尙諛하고 君亦自聖하여 掩盛德而行小道할새 於是에 有入則造膝하고 出則詭辭之態가 興矣라 姦由此滋하며 善由此沮하며 帝王之意가 由此惑하며 (譖)〔諫〕[17]臣之罪가 由此生하여 媚道一行에 爲害斯甚하니이다

3-1-11 太宗文皇帝(李世民)께서는 千古에 빼어나시어 청명한 기운을 몸에 간직하고 계시어 성스러운 계책을 다시 넓히셨습니다. 流弊를 한 번에 변화시킴에 마음을 비우고 간언을 받아들임을 다스림의 근본으로 삼고 直言을 나라의 영화로 여겨, 면전에서 허물을 直諫하는 자가 있으면 반드시 번개와 우레와 같은 위엄을 거두시고 분명하게 말씀하시어 장려하고 채납하셨습니다. 임금께 의견을 올리는 자가 있으면 반드시 마음속으로 하고자 하던 바를 물리치시고 손수 칙령을 내려서 포양하셨습니다. 그러므로 잘못이 있으면 반드시 아셨고, 아셨다면 반드시 고치시어 살아계실 때는 雍熙(천하가 화락하고 태평함)의 敎化를 이루셨고 돌아가시고 나서는 堯舜의 명성과 동등해지셨습니다.

太宗文皇帝가 挺秀千古하사 淸明在躬하사 再恢聖謨하시니 一變流弊하사되 以虛受爲理本하시고 以直言爲國華하사 有面折廷爭者면 必爲霽雷霆之威而明言獎納①하시고 有上封獻議者면 必爲黜心意之欲而手勅褒揚②하시니 故得有過必知하며 知而必改하여 存致雍熙之化하고 沒齊堯舜之名하시니이다

① 霽雷霆之威而明言獎納 : 魏徵이 매번 안색을 범하고 심한 간언을 할 때 태종이 번번이 위엄을 거두어들였던 것과 같은 부류이다.
   如魏(證)〔徵〕[18]每犯顔(古)〔苦〕[19]諫, 太宗輒爲霽威之類.

---

17) (譖)〔諫〕: 저본에는 '譖臣'으로 되어 있고, ≪翰苑集≫·≪歷代名臣奏議≫ 등에도 '譖臣'으로 되어 있다. 그러나 ≪文章辨體彙選≫과 ≪陸贄集≫(中華書局, 2006)에는 '諫臣'으로 되어 있고, ≪新唐書≫에는 '爭臣'으로 되어 있다. ≪文章辨體彙選≫ 등에 의거하여 '諫'으로 바로잡아 번역하였다.

② 黜心意之欲而手勅褒揚 : 李大亮이 〈佳鷹〉의 表를 올리자[20] 太宗이 손수 조칙을 내려 포양하여 찬미한 것과 같은 부류이다.

如李大亮有佳鷹之表, 太宗手詔褒美之類.

敬賢懷鷂(唐 太宗이 賢人(魏徵)을 공경하여 가지고 놀던 새매를 품속에 감추다.)

---

18) (證)〔徵〕: 저본에는 '證'으로 되어 있으나, 이는 宋 仁宗의 이름인 禎의 음을 피휘한 것이다. 이에 '徵'으로 바로잡았다.

19) (古)〔苦〕: 저본에는 '古'로 되어 있으나, ≪陸贄集≫(中華書局, 2006)에 의거하여 '苦'로 바로잡았다.

20) 李大亮이……올리자 : 이대량은 隋나라 말엽 雍州 涇陽 사람으로, 李密에게 패한 후 唐나라에 귀순하였다. 土門令으로 있을 때 가재를 털어 빈민을 구제하고 胡賊을 설득해 물리쳤다. 貞觀 원년(627) 涼州都督이 되었을 때, 太宗의 使者가 황제에게 매를 바치도록 요구하자 은밀히 表文을 올려 "폐하께서 사냥을 끊으신 지 오래인데, 사자가 매를 요구하였습니다. 만약 이것이 폐하의 뜻이라면 옛 마음을 크게 어기신 것이며, 사자가 제 마음대로 판단한 것이라면 사자로써 적합한 자가 아닙니다.〔陛下久絶畋獵 而使者求鷹 若是陛下之意 深乖昔旨 如其自擅 便是使非其人〕"라고 하였다.(≪舊唐書≫ 〈李大亮傳〉)

3-1-12 만약 태종께서 평범한 군주들의 常情을 따르며 범속한 소견에 막혀 잘못을 들을 때에 자신의 단점을 수치스럽게 여기고 諫言을 받아들일 때도 남이 알까 두려워하셨다면, 비록 다스려지기를 구하는 마음은 있었다 할지라도 반드시 시대를 구제하는 결실은 없었을 것이고, 비록 잘못을 뉘우칠 뜻은 있었다 할지라도 반드시 간언을 따랐다는 명성은 없었을 것입니다. 이는 간언을 받아들인 사실은 다르지 않고 감추고 드러내는 사정이 조금 달랐을 뿐이지만, 해롭고 유익함에 있어서는 이처럼 서로 현격하게 달라진 것입니다. 또 하물며 어중간한 재주에도 미치지 못하면서 마음을 스승으로 삼아 자신의 뜻대로만 운용해서 사람 위에서 내키는 대로 해서 잘못을 고집하고 간언을 물리친다면 누군들 위태롭지 않겠습니까.

向若太宗이 徇中主之常情하며 滯習俗之凡見하여 聞過에 則羞已之短하고 納諫에 又畏人之知하시면 雖有求理之心이라도 必無濟代之效하고 雖有悔過之意라도 必無從諫之名하리니 此則聽納之實이 不殊하고 隱見之情이 小異호되 其於損益之際에 已有若此相懸이어든 又況不及中才하고 (帥)〔師〕[21]心自用①하여 肆于人上하여 以遂非拒諫하면 孰有不危者乎리잇고

① 師心은 ≪莊子≫에서 나왔다.
師心出(□字)〔莊子〕.[22]

3-1-13 또한 太宗께서는 천지를 경영하는 문덕을 지니셨고 禍亂를 평정하는 무덕도 지니셨으며, 몸소 仁義를 실천하는 덕을 지니시고 太平을 이룬 공이 있으셨으니, 功烈이 찬란하게 빛나는 것이 진실로 지극하다 이를 수 있습니다. 그리하여 사람들이 지금에 이르기까지 칭송하고 노래하기를 '道가 前古에 으뜸이며 은택이 무궁하게 덮

21) (帥)〔師〕 : 저본에는 '帥'로 되어 있으나, ≪翰苑集≫에 근거하여 '師'로 바로잡았다.

22) 師心出(□字)〔莊子〕 : 저본에는 앞 글자는 빠졌고 뒤 글자는 '字'로 되어 있으나, ≪陸贄集≫(中華書局, 2006)에 의거하여 '莊子'로 바로잡았다. '師心'은 ≪莊子≫ 〈人間世〉에 "어찌 되겠는가. 바로잡는 방법이 많고 법도를 지키면서 치우치지 않으니 비록 진실로 죄를 얻지는 않을 것이지만 그 정도에 그칠 뿐, 어찌 상대를 감화시키는 데까지 미칠 수 있겠는가. 여전히 자신의 成心을 스승으로 삼기 때문이다.〔仲尼曰 惡 惡可 大多政 法而不諜 雖固亦無罪 雖然 止是耳矣 夫胡可以及化 猶師心者也〕" 하였다. 石川安貞(日本)의 註에는 ≪莊子≫ 〈齊物論〉의 "成心을 따라 그것을 스승으로 삼으면 누군들 유독 스승이 없겠는가.〔夫隨其成心而師之 誰獨且無師乎〕"를 출전으로 달았다.

어졌다.'고 하는 것은 간언을 따르고 과오를 고친 것이 가장 중요한 이유입니다. 간언을 들으면 따르고 잘못을 저지르면 고칠 수 있는 것이 제왕의 아름다운 덕목 가운데 이것보다 큰 것이 없음을 여기에서 알 수 있습니다.

且以太宗이 有經緯天地之文하며 有底定禍亂之武하며 有躬行仁義之德하며 有(理致)〔致理〕[23]太平之功하니 其爲休烈耿光이 可謂盛極矣로되 然而人到于今稱詠하여 以爲道冠前古하고 澤被無窮者는 則從諫改過가 爲其首焉하니 是知諫而能從하며 過而能改면 帝王之美가 莫大於斯니이다

3-1-14 폐하께서는 "간관들이 일을 논함에 신중하고 치밀하게 하는 이가 적고 으레 스스로 우쭐대며 과시하여 나에게 허물을 돌린다."고 하셨습니다. 신은 치밀하지 못하고 스스로 자랑스럽게 여기는 것은 진실로 忠厚하다고 할 수 없겠지만, 聖德에 대해서도 진실로 또한 어그러트릴 수 없다고 생각합니다. 폐하께서 만약 간언을 받아들여 어기지 않는다면 후세에 전함에 있어 더더욱 아름다움을 더할 수 있을 것이지만, 폐하께서 만약 간언을 어기고 받아들이지 않으신다면 또한 어찌 그것을 금하여 전해지지 않도록 할 수 있겠습니까. 삼가 貞觀의 故事를 본보기로 삼으시어 太宗의 빛나는 공렬로 하여금 聖代에 빛을 더하게 하시기 바랍니다. 이것을 일러 허물을 돌렸다고 하여 直言의 길을 막고 끊어서는 안 될 듯합니다.

陛下所謂諫官論事에 少能愼密하고 例自矜衒하여 歸過於朕者를 臣은 以爲不密自矜이 信非忠厚어니와 其於聖德에 固亦無虧하니 陛下가 若納諫不違則傳之에 適足增美요 陛下가 若違諫不納인댄 又安能禁之勿傳이리잇고 伏願以貞觀故事로 爲楷模하사 使太宗風烈로 重光於聖代케하소서 恐不可謂此爲歸過라하여 而阻絶直言之路也니이다

3-1-15 臣이 듣건대, 虞舜은 가까이 있는 사람의 진언을 살폈으므로[24] 성스러운 고

23) (理致)〔致理〕: 저본에는 '理致'로 되어 있으나, ≪翰苑集≫에 따라 '致理'로 바로잡았다.

24) 虞舜은……살폈으므로 : ≪中庸章句≫ 제6장에 孔子가 舜임금의 덕을 일컬어 "순임금은 묻기를 좋아하고 천근한 말을 살피기를 좋아하였다.〔舜好問而好察邇言 隱惡而揚善〕"고 하였다.

화를 이루셨고, 晉 文公은 백성들의 노랫소리를 들었기 때문에 霸者의 공을 펼쳤으며, 〈大雅〉에는 "芻蕘(나무꾼)에게 자문하였다."는 말이 있고,[25] 〈洪範〉에는 "庶人과 도모하였다."는 의가 있습니다.[26]

이것은 성현이 다스림에 힘써 여러 사람의 마음을 살펴서 감히 잔단 것도 소홀히 하지 않았고 감히 홀아비와 과부들을 업신여기지 않은 것입니다. 그리고 잘 꾸며진 말이라도 증거가 없다면 반드시 사용한 것은 아니고, 거친 말이라도 이치에 합당하면 반드시 어긴 것이 아닙니다. 또 자기의 뜻에 따르는 말이 반드시 옳다고 여긴 것도 아니고, 마음에 거스르는 말이 반드시 그르다고 여긴 것도 아니며, 남다른 주장이 반드시 옳다고 여긴 것도 아니고, 무리에 동조하는 주장이 반드시 그르다고 여긴 것도 아니며, 결과가 금세 나타난다고 졸렬하게 하는 말이 반드시 어리석다고 여긴 것은 아니고,[27] 이익이 중하다고 달콤하게 하는 말이 반드시 지혜롭다고 여긴 것도 아닙니다.[28]

이것은 모두 실제를 살피고 결과를 헤아린 것으로 그 쓰임에 다른 원칙을 둔 것이 아니라 오직 善에 따른 것입니다. 이렇게 하신다면 천하의 다스림을 다하고 천하의 마음을 볼 수 있을 것입니다.

臣이 聞虞舜이 察邇言故로 能成聖化하시고 晉文이 聽輿誦故로 能恢霸功①하며 大雅에 有詢于芻蕘之言하고 洪範에 有謀及庶人之義하니 是則聖賢爲理에 務詢衆心하여 不敢忽細微하고 不敢侮鰥寡하며 侈言無驗이면 不必用하고 質言當理면 不必違하며 遜于志者가 不必然이요 逆

---

25) 大雅에는……있고 : ≪詩經≫ 〈大雅 板〉에 나온다.

26) 洪範에는……있습니다 : ≪書經≫ 〈周書 洪範〉에 "크게 의심나는 점이 있거든, 자기 마음에 물어보고, 관원들에게 물어보고, 庶人에게 물어보고, 거북점과 시초점을 쳐서 물어보아야 한다.〔有大疑 謀及乃心 謀及卿士 謀及庶人 謀及卜筮〕"는 말과 모든 의견을 합쳐서 길한 쪽으로 따라야 한다는 내용이 나온다.

27) 결과가……아니고 : 張佩芳의 註에 鳳翔으로 파천하려는 계획에 반대한 蕭復의 일을 그 사례로 들었다. 소복은 德宗이 협소한 奉天 대신 봉상으로 옮기려고 하자 그곳의 장졸들은 원래 朱泚의 部曲이었으므로 내응하는 자들이 많을 것이라 하며 거칠게 반대했다. 이튿날 봉상에서 반란이 일어나 소복의 주장이 맞았음이 바로 증명되었다.

28) 말이……아닙니다 : ≪陸贄集≫(中華書局, 2006)의 註에 張佩芳은 趙贊과 張滂 등이 '稅間架' '除陌錢' 등의 가혹한 세법을 시행한 일을 그 사례로 들었다.

于心者가 不必否며 異於人者가 不必是요 同於衆者가 不必非며 辭拙而效速者가 不必愚요 言甘而利重者가 不必智니 是皆考之以實하며 慮之以終하여 其用無他라 唯善所在일새 則可以盡天下之理하며 見天下之心이니이다

① 聽輿誦 故能恢霸功 : ≪春秋左氏傳≫ 僖公 28년 조에 보인다.
左僖公二十八年.

3-1-16 무릇 사람의 마음은 의혹이 없는 경우가 드물어 대개 믿는 바에 가리어지고 의심한 바에 막히며 가볍게 여긴 것에 소홀해지고 욕심낸 것에 탐닉하게 됩니다. 믿음이 치우치고 나면 말을 듣고도 그 실상을 고찰하지 못하니, 이로 말미암아 실제보다 지나친 말이 있게 됩니다. 의심이 깊어지고 나면 사실에 맞더라도 그 말을 듣지 않게 되니, 이에 사실이 아닌 말에 귀 기울이게 됩니다. 그 사람을 가볍게 봄으로써 중요하게 여겨야 할 일을 놓치게 되고, 그 일에 욕심을 냄으로써 버려야 할 사람을 쓰게 됩니다.

이것은 모두 구차히 사사로운 마음에 내맡기고 皇極의 법도를 상고하지 않는 것으로, 이 때문에 천하의 이치가 어그러지고 천하의 인심을 잃게 됩니다. 그러므로 사람의 마음에 가볍게 여기는 것은 곧 성인이 중하게 여기는 바입니다. 먼일을 도모하려면 먼저 가까운 것에서 징험하고, 큰일을 힘쓰려면 반드시 세미한 데에서 신중히 하여 장차 넓게 채록하되 그 가운데에서 살펴서 쓰는 데 두어야 할 것이지, 진실로 高遠한 것을 사모하고 괴이한 것을 좋아하는 데 두어서는 안 됩니다.

夫人之常情이 罕能無惑하여 大抵蔽於所信하고 阻於所疑하며 忽於所輕하고 溺於所欲하나니 信旣偏則聽言而不考其實이라 由是로 有過當之言하고 疑旣甚則雖實而不聽其言이라 於是에 有失實之聽하고 輕其人則遺其可重之事하고 欲其事則存其可棄之人하나니 斯幷苟縱私懷하고 不稽皇極하여 于以虧天下之理하며 于以失天下之心이라 故常情之所輕은 乃聖人之所重이니 圖遠者는 先驗於近하고 務大者는 必愼於微하여 將在博採而審用其中이요 固不在慕高而好異也니이다

3-1-17 폐하께서는 "요즈음 奏對하여 論事하는 것을 보니 모두 附和雷同하여 길거리에 나도는 뜬소문과 같은 말들이다."고 하셨습니다. 臣이 가만히 생각해보니, 이렇게 많은 논의야말로 人情을 보기에 충분하여 반드시 실행할 만한 점이 있고 두려워할 만한 점이 있으니, 그저 한 가지로 뭉뚱그려 경시하고 업신여겨 아무것도 받아들이지 않아서는 안 될 것입니다.

陛下所謂比見奏對論事가 皆是雷同하여 道聽塗說者를 臣은 竊以衆多之議가 足見人情이라 必有可行하며 亦有可畏하니 恐不宜一概輕侮하여 而莫之省納也니이다

3-1-18 폐하께서 또한 이르시기를 "시험 삼아 질문을 해보면 곧장 말문이 막히곤 하였다."고 하셨습니다. 臣이 보기에 폐하께서 비록 〈신하들로 하여금〉 그 말은 궁색하게 하였지만 아직 그 이치는 다 헤아리지 못하였으며 입은 복종하게 하였지만 마음까지 복종하게는 못하신 듯합니다. 어떻게 그러한 줄 알겠습니까.

陛下가 又謂 試加質問하면 卽便辭窮者는 臣(切恐)〔竊以〕[29]陛下가 雖窮其辭而未盡其理하며 能服其口而未服其心하노이다 何以知其然고

3-1-19 신은 史書를 읽을 때마다 난세는 많고 치세는 적은 것을 보고는 탄식이 나오곤 했습니다. 일찍이 시험 삼아 생각해보건대, 아랫사람 중에 충성을 다하기를 원하지 않는 이가 없고 윗사람 중에 다스려지기를 구하지 않는 이가 없지만, 아랫사람은 늘 윗사람이 제대로 다스리지 못함을 고통스럽게 여기며 윗사람은 늘 아랫사람이 불충함을 고통스럽게 여기니, 이와 같은 것은 무슨 이유 때문이겠습니까. 양쪽의 뜻이 통하지 않는 까닭입니다.

아랫사람의 마음은 윗사람에게 닿기를 바라지 않음이 없고, 윗사람의 마음은 아랫사람에게 알려지기를 바라지 않음이 없건만, 아랫사람은 항상 윗사람에게 뜻이 전달되지 않음을 고통스럽게 여기고 윗사람은 아랫사람이 알아채기 어려움을 고통스럽게 여기니, 무슨 이유 때문이겠습니까. 아홉 가지 폐단이 사라지지 않았기 때문입니다.

29) (切恐)〔竊以〕: 저본에는 '切恐'으로 되어 있으나, ≪翰苑集≫에 의거하여 '竊以'로 바로잡았다.

臣이 每讀史書할새 見亂多理少하고 因懷感歎하여 嘗試思之하여 竊謂爲下者가 莫不願忠하고 爲上者가 莫不求理하나 然而下每苦上之不理하고 上每苦下之不忠하니 若是者何오 兩情不通故也라 下之情이 莫不願達於上하고 上之情이 莫不求知於下호되 然而下恒苦上之難達하고 上恒苦下之難知하니 若是者何오 九弊不去故也라

3-1-20 이른바 아홉 가지 폐단이라는 것은 君上에게 여섯 가지가 있고 臣下에게 세 가지가 있습니다. 남 이기기를 좋아하며, 허물 듣기를 부끄러워하며, 말재주를 과시하며, 총명을 자랑하고, 위엄을 사납게 부리고, 제멋대로 강퍅하게 구니, 이 여섯 가지가 군상의 폐단입니다. 아첨하는 것, 머뭇거리며 관망만 하는 것, 겁을 먹고 두려워하는 것, 이 세 가지가 신하의 폐단입니다.

所謂九弊者는 上有其六而下有其三하니 好勝人하며 恥聞過하며 騁辯給하며 眩[30]聰明하며 厲威嚴하며 恣彊愎하나니 此六者는 君上之弊也요 諂諛와 顧望과 畏愞 此三者는 臣下之弊也니

3-1-21 군주가 이기기를 좋아하면 반드시 아첨하는 말을 달게 여기고, 군주가 허물 듣기를 부끄러워하면 반드시 직언을 꺼리게 될 것이니, 이와 같다면 신하 중에 아첨하는 자들이 군주의 뜻에 순종하게 되어 충실한 말이 귀에 들리지 않게 될 것입니다.

군주가 말솜씨를 발휘하면 반드시 중간에 말을 끊고 人臣을 말로 꺾을 것이며, 군주가 총명을 자랑하게 되면 반드시 멋대로 짐작하여 인신을 거짓으로 속이게 되니, 이와 같다면 신하 중에 관망만 하는 자들이 자신의 편안함을 꾀하여 절차탁마하는 말을 다하지 않게 될 것입니다.

군주가 위엄을 사납게 부리면 반드시 마음을 낮추어 만물을 대하지 못하게 될 것이고, 군주가 제멋대로 강퍅하게 굴면 반드시 자기의 허물을 탓하여 규간을 받아들일 수 없을 것이니, 이와 같다면 신하 중에 겁먹고 두려워하는 자들이 법망에 걸릴까 회피하여 情理에 부합하는 말들이 펼쳐지지 못하게 될 것입니다.

上好勝이면 必甘於佞辭하고 上恥過면 必忌於直諫이니 如是則下之諂諛者가 順旨하여 而忠

30) 眩 : ≪翰苑集≫ · ≪資治通鑑≫에는 '衒'으로 되어 있는데, '眩'과 '衒'은 통용자이다.

實之語가 不聞矣요 上騁辯이면 必勦說而折人以言하고 上眩明이면 必臆度而虞人以詐니 如是則下之顧望者가 自便하여 而切磨之辭가 不盡矣요 上厲威면 必不能降情以接物하고 上恣愎이면 必不能引咎以受規니 如是則下之畏懊者가 避辜하여 而情理之說이 不申矣라

3-1-22 무릇 광대한 땅과 수많은 백성들과 깊숙한 궁궐과 신분의 존비 때문에 黎獻(백성 가운데 현명한 사람)으로부터 위로 지존의 모습을 본 자가 억조창생 가운데 하나도 없고 혹여 보게 된 가운데서도 그 言議를 접할 수 있는 자가 또한 천만 가운데 하나도 없습니다. 요행히 접하게 된 자도 오히려 九弊가 그 사이에 자리 잡고 있으니, 위아래의 정이 통하는 바가 드뭅니다.

군주의 뜻이 신하에게 통하지 않으면 사람들이 의심하게 되고 신하의 뜻이 군주에게 통하지 않으면 군주가 의심하는 법이니, 의심하면 그 정성을 받아들이지 않게 되고 의혹이 있으면 그 명령을 따르지 않게 됩니다. 정성을 다하여도 받아들여지지 아니하면 거역하는 것으로 응하고, 명령을 내려도 따르지 않으면 형벌을 더하게 되니, 신하가 거역하고 군주가 형벌을 내리면 실패하는 것 말고 무엇을 기대할 수 있겠습니까.

이 점이 난세가 많고 치세가 적었음이 예로부터 그러했던 이유입니다. 그런데 그 初心을 살펴보면 반드시 음란하고 사나워서만이 아니라 또한 위아래의 마음이 서로 막히고 점차 그 잘못에 길들여져서 곤란한 상황에 이르게 된 데에 있습니다.

夫以區域之廣大와 生靈之衆多와 宮闕之重深과 高卑之限隔으로 自黎獻而上이 獲覩至尊之光景者가 踰億兆而無一焉이요 就獲覩之中하여 得接言議者가 又千萬無一이어늘 幸而得接者가 猶有九弊居其間하니 則上下之情이 所通鮮矣라 上情不通於下則人惑하고 下情不通於上則君疑하나니 疑則不納其誠하고 惑則不從其令이라 誠而不見納則應之以悖하고 令而不見從則加之以刑하나니 下悖上刑하면 不敗何待리오 是使亂多理少가 從古以然하니 考其初心하면 不必淫暴라 亦在乎兩情相阻하여 馴致其失하여 以至于艱難者焉하니이다

3-1-23 옛날에 關龍逢이 주살당하자 夏나라가 멸망하였고,[31] 比干이 심장을 도려내

는 형벌로 죽자 殷나라가 멸망하였으며,[32] 宮之奇가 떠나자 虞나라가 패망하였고,[33] 屈原이 추방당하자 楚나라가 쇠락하였습니다. 신은 생각하건대 夏, 殷, 虞, 楚의 임금이 만약 네 사람이 충심을 다하였음을 알았더라면 반드시 그들을 버리지 않았을 것이며, 만약 네 사람의 말이 쓸 만함을 알았더라면 반드시 그들을 거부하지 않았을 것입니다. 그런데 잔인하게 해치고 내치는 데 이르렀던 것은 대개 그 進言이 행할 만하지 않고 충심이 보장할 만하지 않다고 생각했기 때문입니다. 네 사람이 사라지고 나자 네 군주도 위태로워졌으니, 그렇다면 신하가 말을 하는 것도 참으로 어렵지마는 임금이 들어주는 것도 쉽지 않은 일입니다.

昔에 龍逢이 誅而夏亡하고 比干이 剖而殷滅하고 宮奇가 去而虞敗하고 屈原이 放而楚衰①하니 臣謂夏殷虞楚之君이 若知四子之盡忠이면 必不勦棄요 若知四子之可用이면 必不拒違어늘 所以至於忍害而捨絶者는 蓋謂其言不足行하며 心不足保故也라 四子旣去에 四君亦危하니 然則言之固難이어니와 聽亦不易니이다

① 屈原 放而楚衰 : 楚 襄王이 참소하는 사람의 말을 듣고 屈原을 江南으로 내쫓자 楚나라가 더욱 쇠락하였다. 이 일은 ≪史記≫ 〈屈原列傳〉에 보인다.
楚襄王聽讒人之言, 遷屈原於江南, 楚益以衰. 事見史記本傳.

3-1-24 趙武는 말이 어눌하였으나 晉나라의 賢臣이 되었고, 絳侯는 고지식하고 말재주가 없었으나 漢나라의 丞相이 되었으며, 公孫弘은 글을 올려 政事를 논하였는데, 당

---

31) 關龍逢이……멸망하였고 : 桀王이 有施氏를 정벌하자, 유시씨가 妺喜를 바쳤다. 걸왕은 말희를 총애하여 그녀가 원하는 대로 해주었다. 이에 關龍逢이 간언하여 말하기를 "천자가 겸손하며 신의를 중시하고 근검절약하며 백성을 아끼면 천하가 안정되어 종묘사직이 견고해집니다. 지금 폐하께서 재물을 끝없이 쓰시고, 사람 죽이기를 이루 말할 수 없을 정도로 하셔서, 백성들이 폐하께서 죽은 뒤를 두려워하고 있습니다. 인심이 떠났고, 천명이 돕지 않으니 어찌 잘못을 고치지 않으십니까."라고 하였다. 그러나 걸왕은 그의 간언을 듣지 않고 죽였다.(≪十八史略≫ 〈殷記〉)

32) 比干이……멸망하였으며 : 紂王이 음란한 일을 그치지 않자 比干이 강하게 간언하였다. 그러나 주왕은 "듣자하니 성인은 심장에 7개의 구멍이 있다고 하였다."라 하며, 비간의 배를 갈라 그 심장을 도려내었다.(≪史記≫ 〈殷本紀〉)

33) 宮之奇가……패망하였고 : 춘추시대 晉나라가 虢나라를 치겠다면서 虞나라에 길을 빌려달라고 청하자, 宮之奇가 脣亡齒寒의 비유를 들면서 "진나라에게 길을 열어주면 안 되고 도적을 경시하면 안 된다.〔晉不可啓 寇不可翫〕"라고 충간한 고사가 전한다.(≪春秋左氏傳≫ 僖公 5년)

시 황제가 열 가지 조목으로 공손홍을 힐난하게 하자 공손홍이 하나도 반박하지 못했습니다만 재상이 되어서는 마침내 현능하다는 명성을 얻었으며, 周昌은 임금에게 나아가 간언할 때 말 더듬는 병을 앓고 있어 임금에게 제대로 답하지 못해 겨우 말하기를 "臣이 입으로는 비록 말할 수 없으나 마음으로는 그것이 불가함을 알고 있습니다." 라고 하였습니다.

趙武가 **呐呐而爲晉賢臣**①하고 **絳侯**가 **木訥而爲漢元輔**②하고 **公孫弘**이 **上書論事**어늘 **帝使難弘以十策**하신대 **弘**이 **不得其一**③이러니 **及爲宰相**하여는 **卒有能名**하고 **周昌**이 **進諫其君**에 **病吃不能對詔**하여 **乃曰 臣**이 **口雖不能言**이나 **心知其不可**④라하니

① 趙武 呐呐而爲晉賢臣 : ≪禮記≫ 〈檀弓〉에 이르기를 "趙文子는 그 몸이 유약하여 마치 옷의 무게조차 견디지 못할 듯하였고, 그 말은 어눌하여 마치 입에서 나올 수 없는 듯하였다." 라고 하였다. 文子가 곧 趙武다.

檀弓 "趙文子, 其中退然若不勝衣, 其言呐呐然如不出諸口." 文子卽武也.

② 絳侯 木訥而爲漢元輔 : ≪史記≫ 〈絳侯周勃列傳〉에 이르기를 "絳侯 周勃의 됨됨이는 곧고 강직하여, 高帝가 큰일을 맡길 만하다고 여겼다."라고 하였으며, 〈張釋之傳〉에 이르기를 "絳侯는 일에 대해 말할 때, 일찍이 입에서 말을 제대로 내지 못했다."[34]고 하였다.

本傳 "絳侯周勃爲人木彊, 高帝以爲可屬大事." 張釋之傳云 "絳侯言事, 曾不能出口."

③ 公孫弘……不得其一 : ≪漢書≫ 〈公孫弘傳〉에 "公孫弘이 朔方郡에 성 쌓는 것을 그만두자고 청하였다. 그러자 武帝가 朱買臣 등에게 공손홍을 힐난토록 하자 열 가지 이점을 말하였다. 공손홍은 하나도 반박하지 못하게 되자 이에 공손홍이 황제에게 사죄하였다."[35]라고 하였다.

本傳 "弘請罷築朔方. 武帝使朱買臣等難弘, 發十策, 弘不得一, 迺遜謝上."

④ 周昌……心知其不可 : ≪漢書≫ 〈張周趙任申屠傳〉에 "高帝가 태자를 폐위시키려 하자 周昌이 조정에서 간쟁하기를 강경하게 하였다. 황제가 그의 의견을 물었다. 주창은 말을 더듬는 데다 또 몹시 성이 났으므로 말하기를 '신은 잘 말씀드릴 수가 없습니다. 그러나 신은

---

34) 絳侯는……못했다 : 木强敦厚하여 문학을 좋아하지 않았던 주발은 제생들을 불러 일을 말할 때에도 "빨리 설명해다오."라고 하며 질책하였다는 고사가 있다.(≪漢書≫ 〈周勃傳〉)

35) 공손홍이……사죄하였다 : 공손홍은 朔方郡에 성을 쌓는 일에 대해, 중국을 피폐하게 하여 쓸모없는 땅을 받든다고 반대하였다. 이에 武帝가 朱買臣 등을 시켜 朔方郡을 설치하는 이점을 가지고 공손홍을 힐난하게 하였다. 주매신 등이 열 가지 이점을 제시하였으나, 공손홍은 하나도 반박하지 못했다.(≪漢書≫ 〈公孫弘傳〉)

期期[36] 불가하다는 것을 알고 있습니다. 폐하께서 태자를 폐하려고 하십니다만 신은 期期 그 명을 받들지 못하겠습니다.'라고 대답하였다."라고 하였다.

本傳 "高帝欲廢太子, 昌庭爭之强. 上問其說. 昌爲人吃, 又盛怒, 日 '臣口不能言, 然臣期期知其不可. 陛下欲廢太子, 臣期期不奉詔.'"

3-1-25 그렇다면 말 재주가 있는 사람은 일이 때로 미덥지 못하기도 하고 말이 막히는 사람은 이치가 때로 다 밝혀지지 못한 경우도 있는 법입니다. 사람을 알기 어려운 것[37]은 堯舜도 병통으로 여기셨는데,[38] 어찌 한 번 묻고 한 번 대답하는 것으로 그 재능을 다 파악했다고 말할 수 있겠습니까.

이것을 가지고 천하의 사정을 살핀다면 진실로 실상을 잃게 되는 것이 많게 되고, 이것을 가지고 천하의 선비들을 가볍게 여긴다면 반드시 인재를 버리는 일이 있게 됩니다. 신은 이 때문에 삼가 생각건대, 폐하께서는 비록 〈신하들로 하여금〉 그 말은 궁색하게 하였지만 아직 그 이치는 다 헤아리지 못하였으며 입은 복종하게 하였지만 마음까지 복종하게는 못하였다고 한 것은 참으로 까닭이 있었던 것입니다.

然則口給者가 事或非信이요 辭屈者가 理或未窮이니 人之難知는 堯舜所病이어든 胡可以一酬一詰로 而謂盡其能哉아 以此察天下之情이면 固多失實이요 以此輕天下之士면 必有遺才니 臣이 是以竊慮陛下가 雖窮其辭而未窮其理하고 能服其口而未服其心이라하여는 良有以也니이다

3-1-26 옛날에 왕 노릇 하는 사람이 사방의 눈을 밝게 하며 사방의 귀를 통하게 한 것은[39] 막힌 것을 반드시 통하게 하고자 한 것이며 자신의 잘못에 대해 듣기를 구한

---

36) 期期 : 말을 더듬을 때 내는 소리를 표현한 의성어다.

37) 사람을……어려운 것 : ≪書經≫ 〈虞書 皐陶謨〉에, 皐陶가 "사람들을 알아주는 것에 달려 있고, 사람들을 편안히 해주는 것에 달려 있다.〔在知人 在安民〕"고 하니, 禹가 "오직 堯임금께서도 이를 어려워하셨을 것이다.〔惟帝其難之〕"라고 하였는데, 본문은 이를 변용한 것이다.

38) 堯舜도……여기셨는데 : ≪論語≫ 〈雍也〉의 "堯舜도 아마 오히려 이를 병통으로 여기셨을 것이다.〔堯舜其猶病諸〕"라는 구절을 변용한 것이다.

39) 사방의……것은 : ≪書經≫ 〈虞書 舜典〉에 나온다.

것이고, 면류관 앞에 垂旒를 걸고 면류관 옆에 黈纊을 달았던 것40)은 너무 지나치게 보고 듣는 것을 싫어하여 오로지 다른 사람의 잘못을 들추어내기만 할까 염려한 것이었습니다.

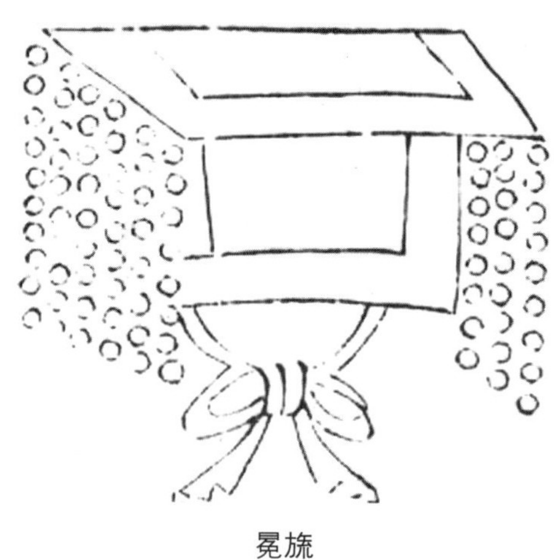

冕旒

그런데 후대에 이르러서는 이와 반대로 하여 귀 밝고 눈 밝은 것이 세상의 실정을 통하는 데 힘쓰지 않고 보고 듣는 것이 단지 과오만을 사찰하여 대중들의 바람과 어긋나고 가는 길의 방향이 틀어졌기에, 서로 말을 숭상하고 서로 지혜를 보이고 서로 거짓을 덮어주어 君臣의 義가 박해졌습니다.

폐하께서는 仁聖을 타고나셨고 태평성대를 이루는 데 뜻을 두고 계시지만 지극한 道가 아직 미덥게 베풀어지도록 하지 못하셨습니다. 신은 삼가 폐하를 위하여 전대의 현인들에게 부끄럽게 생각합니다. 옛사람들이 자신의 임금이 堯舜과 같지 않은 것을 부끄러워하였으니, 저 또한 이것을 마음으로 삼아서 그런 것입니다.

古之王者가 明四目하며 達四聰은 蓋欲幽抑之必通하며 且求聞己之過也요 垂旒於前하며 黈纊於側은 蓋惡視聽之太察하여 唯恐彰人之非也러니 降及末代하여는 則反於斯하여 聰明이 不務通物情하고 視聽이 祇以伺罪釁하여 與衆違欲하고 與道乖方할새 於是에 相尙以言하며 相示以智하며 相冒以詐하여 而君臣之義가 薄矣라 以陛下의 性含仁聖하시고 意務雍熙호되 而使至道未孚하니 臣이 竊爲陛下하여 懷愧於前哲也하노이다 古人所以有恥君不如堯舜者니 故亦以是爲心乎인저

---

40) 면류관 앞에……달았던 것 : 垂旒는 면류관 앞에 드리운 구슬을 꿴 줄이고, 黈纊은 누런색의 솜을 둥글게 뭉쳐 관의 양끝에 단 것으로, 임금이 지나치게 꼼꼼하게 살피는 것을 막고, 요긴하지 않은 말까지 지나치게 듣는 것을 막는다는 뜻을 지녔다. 참고로 唐나라 張蘊古의 〈大寶箴〉에 "면류관에 드리운 구슬 줄이 눈 앞을 가릴지라도 임금은 아직 채 드러나지 않은 조짐까지도 볼 수가 있어야 하며, 면류관에서 드리워진 노란 솜방울이 귀를 막을지라도 임금은 아직 소리가 되어 흘러나오지 않은 백성들의 목소리까지도 들을 수 있어야 한다.〔雖冕旒蔽目而視於未形 雖黈纊塞耳而聽於無聲〕"는 구절이 있다.

3-1-27 무릇 천하를 다스리고자 하더라도 인심을 얻는 데 힘쓰지 않으면 진실로 천하를 다스릴 수 없으며, 인심을 얻는 데 힘쓰더라도 아랫사람 만나기를 부지런히 하지 않으면 진실로 인심을 얻을 수 없고, 아랫사람 만나기를 부지런히 하더라도 군자와 소인을 분별하지 못한다면 진실로 아랫사람을 만날 수 없으며, 군자와 소인을 분별하는 데 힘쓰더라도 잘못에 대해 진언함을 싫어하고 자기를 따르게 함을 기뻐한다면 진실로 군자와 소인을 분별할 수 없습니다.

부화뇌동하여 비위를 맞추는 것은 사람들이 매우 이롭다고 여기는 점이 여기에 있기 때문이고 강직하게 간언하면 원망을 얻는 것은 사람들이 매우 해롭다고 여기는 점이 여기에 있기 때문입니다. 윗자리에 있는 사람이 해가 되는 것을 바꿔서 큰 이익으로 그들을 이롭게 하더라도 오히려 충고가 이르지 않을까 두려워하는데, 하물며 거리를 두어 접촉하지 않고 시기하여 피해를 주는 경우에 있어서이겠습니까.

夫欲理天下而不務於得人心이면 則天下를 固不可理矣요 務得人心而不勤於接下면 則人心을 固不可得矣요 務勤接下而不辨君子小人이면 則下를 固不可接矣요 務辨君子小人호되 而惡其言過하고 悅其順己면 則君子小人을 固不可辨矣라 趣和求媚①는 人之甚利가 存焉하고 犯顔取怨은 人之甚害가 存焉하니 居上者가 易其害而以美利利之라도 猶懼忠告之不莜어든 況有疏隔而勿接하고 又有猜忌而加損者乎아

① 趣和求媚 : ≪漢書≫ 〈鄭當時傳〉에 "항상 임금의 뜻에 복종하였다.〔常趣和承意〕"라고 하였다. 顔師古가 말하기를 "趣는 趣로 읽는다."라고 하였다. 趣는 지향한다는 말이다. 和(따르다)는 胡와 臥의 반절이다.

鄭當時傳云 "常趣和承意." 顔師古曰 "趣讀曰(無)〔趣〕."41) 趣, 向也. 和, 胡臥切.

3-1-28 하늘이 백성들을 내어 함께 나라를 만들었으니, 사람이 입이 있으면 말이 없을 수 없고 사람이 마음이 있으면 욕구가 없을 수 없습니다. 말이 위로 펼쳐지지 않으면 아래에서 원망하게 되고, 욕구가 선한 데로 돌아가지 않으면 사악한 데로 모이는 법입니다. 聖人께서는 대중들은 힘으로 제어할 수 없다는 것을 아셨습니다.

그리하여 誹謗木을 심고42) 敢諫鼓를 설치하였으며43) 爭臣의 지위를 두고44) 시를

41) (無)〔趣〕 : 저본에는 '無'로 되어 있으나, ≪漢書≫에 의거하여 '趣'로 바로잡았다.

諫鼓謗木(敢諫鼓와 誹謗木을 설치하다.)

모으는 관직을 설치하여45) 그 말을 전달하고, 禮義를 높이며 誠信을 편안히 여기며 賢能한 자에게 주는 상을 두텁게 하며 功利의 길을 넓혀 그 욕구를 이루게 하여, 윗사람으로 하여금 교만한 데 이르지 않게 하고 아랫사람으로 하여금 궁한 데 이르지 않게 하였습니다. 이와 같다면 인심이 어떻게 흩어질 수 있겠으며 분란의 조짐이 어디

---

42) 誹謗木을 심고 : 堯임금이 다리 위에 나무판자를 세워놓고서 누구든지 임금의 잘못을 기록하도록 하였다는 데서 온 말이다.(≪史記≫ 〈孝文本紀〉)

43) 敢諫鼓를 설치하였으며 : 堯임금이 直諫을 듣고자 하여 궐문 앞에 북을 달아놓고서 누구든지 간할 일이 있으면 그 북을 치도록 했다는 고사에서 온 말이다.(≪淮南子≫ 〈主術訓〉)

44) 爭臣의……두고 : 임금의 옆에서 간쟁하는 신하를 두는 것으로, 천자는 7명의 쟁신을 두고, 제후는 5명의 쟁신을 두었다는 데서 온 말이다.(≪孝經≫ 〈爭臣章〉)

45) 시를……설치하여 : 周나라는 풍속과 정치를 살펴보기 위해 각 지방의 詩歌를 채집했던 관직을 설치했다.(≪禮記≫ 〈王制〉)

에서 일어나겠습니까. 옛날에 작위함이 없는데도 다스려진 것[46]은 아마도 대략 이에서 비롯한 것이라 하겠습니다.

天生烝人하여 合以爲國하니 人之有口에 不能無言하고 人之有心에 不能無欲하니 言不宣於上則怨讟於下하고 欲不歸於善則湊集於邪하나니 聖人이 知衆之不可以力制也일새 故植謗木하며 陳諫鼓하며 列爭臣之位하며 置采詩之官하여 以宣其言하고 尊禮義하며 安誠信하며 厚賢能之賞하며 廣功利之途하여 以歸其欲하여 使上不至於亢하고 下不至於窮하나니 則人心이 安得而離하며 亂兆가 何從而起리오 古之無爲而理者가 其率用此歟인저

3-1-29 만약 다스리고자 하는 뜻은 있지만 그 방법을 알지 못하며 그 방법은 알더라도 마음으로 지키는 것이 한결같지 못하면, 득실이 서로 갈라져 천하의 治亂을 알 수 없게 될 것입니다.

또 도를 어기고 자신의 생각이 옳다고 여기고, 다른 사람의 의견을 버리고 자신의 뜻대로 하여 욕구는 채워도 된다 하고, 무리는 속여도 된다 하며, 제멋대로 농단하여도 무방하다고 하고, 자문하는 것은 이익이 없다고 하며, 아첨하는 말을 忠順하다고 하고, 임금께 착한 일을 권하고 나쁜 일은 간하는 것을 망령되고 어리석다고 하며, 유능한 사람을 추천하는 것을 무리를 짓는 것이라 하고, 악인을 미워하는 것을 혐오하여 꺼리는 것이라 하며, 많이 의심하는 것이 아랫사람을 통제하는 방법이라 하고, 지나치게 샅샅이 살피는 것이 만물을 비추는 밝음이라 여기신다면, 다스리는 도가 모두 어그러져 국가가 전복되고 위태로워지는 것을 머지않아 마주하게 될 것입니다.

苟有理之之意而不知其方하며 苟知其方而心守不壹하면 則得失相半하여 天下之理亂을 未可知也어늘 其又違道以(帥)〔師〕[47]心하고 棄人而任己하여 謂欲可逞하며 謂衆可誣하며 謂專斷無傷하며 謂詢謀無益하며 謂諛說爲忠順하며 謂獻替爲妄愚하며 謂進善爲比周하며 謂嫉惡爲嫌忌하며 謂多疑가 爲禦下之術하며 謂深察이 爲照物之明이라하면 理道全乖하여 國家之

---

46) 작위함이……것 : ≪論語≫ 〈衛靈公〉의 "작위함이 없는데도 다스려진다.〔無爲而治者〕"는 말을 변용한 것이다.

47) (帥)〔師〕 : 저본에는 '帥'로 되어 있으나, ≪翰苑集≫에 의거하여 '師'로 바로잡았다.

顚危를 可立待也라

3-1-30 治亂의 경계를 선현들이 갖추어 말하였으며, 安危의 효험을 역대 왕께서 일찍이 시험해보았습니다. 옛 법전이 모두 있으며 前代의 실패했던 사례들48)로 징험할 만하니, 어떻게 조치하고 시행할 것인가 하는 데 있어서는 명철한 식견을 갖춘 폐하께서 택하심에 달려 있을 따름입니다.

삼가 바라옵건대 아래를 대하는 도리를 넓히시고, 선을 장려하는 문호를 열어젖히시며, 간언을 들이는 아량을 넓히시고, 정성껏 대하는 아름다움에 힘쓰소서. 아래를 대함에 있어서는 예로써 대하고 온화한 마음으로 대하시어, 마음을 비워서 그 말을 다하게 하고 뜻을 단정히 하여 그 이치를 자세히 하게 하여, 말재주로 사람들을 막지 마시고 총명함을 스스로 자랑하지 마십시오. 먼저 알아차린 것을 능사로 여기지 마시고 억측하여 헤아림을 지혜로 여기지 마십시오. 좋아하고 싫어하는 것을 드러내어 아첨하는 자를 부르지 마시고 성색을 크게 하여 위엄을 보이지 마십시오. 이를테면 매달려 있는 저울이 그 무게를 재는 데 작위함이 없어도 가볍고 무거움이 저절로 분별되어 어떻게든 속일 수 없는 것과 같게 하시고, 자리에 걸린 맑은 거울이 아름답고 추한 것에 뜻을 둠이 없어도 아름답고 추함이 절로 드러나 아무도 원망할 수 없는 것과 같게 하십시오.

理亂之戒를 前哲이 備言之矣요 安危之效를 歷代가 嘗試之矣라 舊典盡在하고 殷鑑足徵하니 其於措置施爲에는 在陛下明識所擇耳라 伏願廣接下之道하시고 開獎善之門하시고 弘納諫之懷하시고 勵推誠之美하사 其接下也는 待之以禮하며 煦之以和하여 虛心以盡其言하며 端意以詳其理하여 不禦人以給하고 不自眩以明하며 不以先覺爲能하고 不以臆度爲智하며 不形好惡하여 以招諂하고 不大聲色하여 以示威하여 如權衡之懸이 不作其輕重이라 故輕重自辨하여 無從而詐也하며 如水鏡之設이 無意於姸蚩라 而姸蚩自彰하여 莫得而怨也니이다

---

48) 前代의……사례들 : 원문의 '殷鑑'을 가리킨 말이다. ≪詩經≫ 〈大雅 蕩〉에서 "殷나라의 鑑戒는 멀리 있지 않으니, 夏后의 시대에 있다.〔殷鑑不遠 在夏後之世〕"고 하였는데, 본문에서는 前代의 실패했던 사례를 경계로 삼아야 한다는 뜻으로 사용하였다.

3-1-31 안색을 무릅쓰고 바르게 말하는 자가 있거든 장려하여 가까이하시고 달콤한 말로 아첨하는 자가 있으면 멀리하여 배척하시면 자연히 만물에 막힌 정이 없을 것이고 말은 구차하게 나아감이 없어 군자의 도가 점점 자라고 소인의 행태가 날로 줄어들 것입니다. 충성스럽고 어진 신하가 적을 것을 어찌 걱정하시며, 君權을 농간하는 것을 어찌 마음 쓰실 것이 있겠으며, 是非를 망령되이 말하는 것을 어찌 근심할 게 있겠습니까. 이와 같다면 아래를 대하는 요체가 갖추어질 것입니다.

有犯顔讜直者어든 奬而親之하시고 有利口讒佞者어든 疏而斥之하시면 自然物無壅情하고 言不苟進하여 君子之道가 浸長하고 小人之態가 日消하나니 何憂乎少忠良이며 何有乎作威福이며 何患乎妄說是非리오 如此則接下之要가 備矣요

3-1-32 선을 장려함에 있어서는 구함에 마치 미치지 못할 것처럼 하고 등용하기를 두루하지 못할 것처럼 걱정하여, 목수가 재목을 씀에 曲直을 마땅히 나누는 것처럼 하고, 강물이 창해로 돌아감에 큰 물이건 작은 물이건 반드시 받아들이듯이 하여야 합니다. 작은 일에 능하면 작은 관직으로써 처하게 하고 큰 공로를 세우면 큰 이익으로써 보답해야 합니다. 이에 원망함을 기피할 것이 없고, 가까이하기를 혐의할 것이 없으며, 남의 흠을 들추어내지 않으며, 남에게 구비하기를 요구하지 않으며, 사람을 이유로 등용하기를 폐하지 않으며, 자기의 장점으로 남의 단점을 바로잡지 않아서, 재주 있다 알려졌거든 반드시 일로써 시험하시고 그 일에 능하거든 자리를 주면 자연히 쓰지 못할 인재가 없을 것이고 실정과 맞지 않는 등용도 없을 것입니다. 이와 같이 한다면 선을 장려하는 도가 얻어질 것입니다.

其奬善也가 求之를 若不及하고 用之를 懼不周하여 如梓人之任材하여 曲直當分하고 如滄海之歸水하여 洪涓必容이니 能小事則處之以小官하고 立大勞則報之以大利하여 不忌怨하며 不避親하며 不抉瑕하며 不求備하며 不以人廢擧하며 不以己格人하여 聞其才어든 必試以事하고 能其事어든 乃進以班하면 自然無不用之才하고 亦無不實之擧하리니 如此則奬善之道가 得矣요

3-1-33 간언을 채납함에 있어서는 잘못을 고치는 것을 마음으로 삼고, 허물을 찾는

것을 급무로 삼고, 잘못을 고칠 수 있는 것을 선으로 삼으며, 잘못을 들을 수 있는 것을 밝음으로 삼아야 합니다. 그러므로 간언하는 자가 많으면 이는 곧 우리 군주가 간언을 좋아한다는 것을 드러내는 것이고, 간언하는 자가 곧으면 이는 곧 우리 군주가 어질다는 것을 나타내는 것이며, 간언하는 자가 함부로 망령되이 말하는 것은 우리 군주가 용서를 잘한다는 것을 증명하는 것이고, 간언하는 자가 간언한 말을 누설하는 것은 우리 군주가 잘 따라주는 것을 증명하는 셈입니다. 이 가운데 하나라도 있으면 모두 盛德이 되니, 이는 인군과 간언하는 자가 서로 도움이 되는 길입니다.

간언하는 자에게 벼슬을 내리고 상을 주는 이로움이 있으면 군주 또한 다스려지고 안정되는 이로움이 있게 되고, 간언하는 자가 임금께 착한 일을 권하고 나쁜 일을 간한다는 명성을 얻으면 군주 또한 채납한다는 명성을 얻게 될 것입니다. 간언하는 자의 말 가운데 합당하지 않은 내용이 있다 할지라도 군주에게 있어서는 아름다움을 손상시킴이 없을 것입니다. 이에 오직 곧은 말이 절실하지 못하고 천하 사람들이 이를 듣지 못할 것만 걱정해야 하니, 이와 같다면 간언을 채납하는 덕이 빛날 것입니다.

其納諫也가 以補過爲心하며 以求過爲急하고 以能改其過爲善하며 以得聞其過爲明이라 故諫者多하면 表我之能好하고 諫者直하면 示我之能賢하고 諫者之狂誣는 明我之能恕요 諫者之漏泄은 彰我之能從이라 有一于斯라도 皆爲盛德이니 是則人君之與諫者가 交相益之道也니이다 諫者有爵賞之利면 君亦有理安之利하고 諫者得獻替之名이면 君亦得採納之名하나 然猶諫者有失中이어니와 而君無不美라 唯恐讜言之不切하며 天下之不聞이니 如此則納諫之德이 光矣요

3-1-34 그 정성껏 대함에 있어서는 믿음을 드러내는 데 달려 있고 다른 사람의 의견을 따르는 데에 달려 있으니, 믿음을 드러냄은 말을 다하게 하는 데 힘쓰는 것만이 아니라 〈신하의 말에 대해〉 자기(임금)가 한 말은 곧바로 실천하는 것이 중요하고, 다른 사람의 의견을 따름은 그 의견을 가리지 않아서는 안 되나 자기가 택한 의견은 의심하지 않는 것이 중요합니다. 자기 말이 반드시 진실한 뒤에 남에게 명을 따를 것을 요구할 수 있고, 따른 의견을 의심하지 않은 뒤에 남에게 공을 이루도록 요구할 수 있습니다.

믿음이 한 번 무너지면 온갖 일이 어긋나지 않음이 없게 되고, 의심이 한 번 일어나면 모든 신하들이 근심하지 않음이 없게 됩니다. 이 때문에 말이 마땅함에서 어긋났거든 허물을 자신의 탓으로 돌려 그 말을 고치도록 하여야지 구차하게 해서는 안 되고, 따른 의견이 마땅함에서 어긋났다면 현능한 자의 의견을 구하여 그 따른 말을 대신하도록 하여야지 의심해서는 안 됩니다. 이와 같이 한다면 정성껏 대하는 뜻이 미덥게 펼쳐질 것입니다.

其推誠也가 在彰信하며 在任人하니 彰信은 不務於盡言하여 所貴乎出言則可復이요 任人은 不可以無擇이나 所貴乎已擇則不疑니 言而必誠然後에 可以求人之聽命이요 任而勿貳然後에 可以責人之成功이니 誠信一虧면 則百事無不紕繆하고 疑貳一起면 則群下莫不憂虞하나니 是故言或乖宜어든 可引過하여 以改其言而不可苟也요 任或乖當이어든 可求賢하여 以代其任而不可疑也니 如此則推誠之義가 孚矣라

3-1-35 미천한 신이 끊임없이 폐하를 번거롭게 해드리면서도 스스로 억누르지 못하는 것은 대개 폐하께서 난세를 구원하고자 하는 뜻은 있으시지만 많은 화란이 아직 평정되지 못하였고, 다스림에 힘쓰는 정성은 있으시지만 여러 사업들이 아직 다스려지지 않았으며, 堯舜의 총명한 덕은 있으시지만 천하에 덕을 아직 비추지 못하셨고, 천지와 같은 만물을 포용하는 큰 도량을 가지고 계시지만 뭇사람들의 마음에 기꺼이 받아들여지지 못하셨기 때문입니다. 이 때문에 신은 한밤중에 고요히 생각할 때마다 탄식하며 깊이 안타까워하지 않은 적이 없었습니다.

만약 폐하께서 지위는 있지만 반드시 행하겠다는 의지가 없으시며 그 의지는 있지만 이룰 만한 자질이 없으시다면, 신은 진실로 이미 세속에 따라 부침하였을 것이니 어찌 마음 아파하며 애면글면하기를 이처럼 하겠습니까. 부디 폐하께서는 빠진 곳을 자세히 살피시며 마땅한 바를 신속히 행하시어서 천하의 마음을 얻으시며 중흥의 업을 이루소서. 이는 신의 바람이며 억조창생의 복이며 종묘사직의 무궁한 아름다움입니다. 삼가 아룁니다.

微臣所以縷縷塵瀆하여 而不能自抑者는 蓋以陛下가 有拯亂之志하사되 而多難未平하고 有務理之誠하사되 而庶績未乂하고 有堯舜聰明之德하사되 而未光宅於天下하시고 有覆載含弘之

量하사되 而未翕受於衆情이라 故臣이 每中夜靜思에 無不竊歎而深惜也하노이다 向若陛下가 有其位而無必行之志하시며 有其志而無可致之資면 則臣이 固已從俗浮沈이니 何苦而汲汲如是이리잇고 惟陛下는 詳省所闕하시며 亟行所宜하사 歸天下之心하시며 濟中興之業하소서 此는 臣之願也며 億兆之福也며 宗社無疆之休也니이다 謹奏라

【評說】

이 글은 建中 4년(783) 10월 德宗이 奉天으로 피신한 직후 지어진 奏狀 중 하나다. 陸贄는 앞서 〈奉天論奏當今所切務狀〉과 〈奉天論前所答奏未施行狀〉을 통해 신하들과 소통하고 간언을 받아들일 것을 청했지만 덕종이 여전히 群臣과 諫官들에게 책임을 돌리자 재차 '군신을 자주 대하고〔數對群臣〕' '국사를 논할 수 있도록 허락할〔許令論事〕' 것을 주장한 것이 이 글의 요지다. 덕종이 자신의 잘못을 인정하지 않고 왜곡된 주장을 장황하게 늘어놓았으므로 이 글도 자연스럽게 批旨의 내용을 좇아 논박하는 구조로 작성되었다.

덕종의 변명은 '封事를 올리거나 奏對하는 사람 중에 忠良한 자가 적고' '자신이 초래한 患害는 모두 성심껏 대한〔推誠〕 탓이며' '諫官들이 일을 논함에 신중하고 치밀하게 하는 자는 적은 반면 스스로를 과시하여 짐에게 허물을 돌리고 스스로 명예를 취하였으며' '奏對하는 자는 많으나 대부분 附和雷同하여 길거리에 나오는 뜬소문과 같은 말'로 요약할 수 있다. 육지는 이 내용이 담긴 聖旨를 狀由로 삼아 '接下', '奬善', '納諫', '推誠' 네 가지 방면에서 덕종의 생각이 잘못되었음을 역설하였다. 분량이 4,300자에 달하는 것은 논증을 위해 經史를 자주 인용한데다가 주장을 극대화하기 위해 내용이 대비되는 駢句를 빈번하게 사용하였기 때문이다.

이 글은 국가 운영의 기본에 대해 논급하고 있으므로, 조선의 문인들에게도 자주 인용되었다. 이 가운데는 納諫과 推誠의 주장을 그대로 가져온 趙德隣과 같은 경우도 있지만(≪玉川集≫ 〈辭司諫疏〉), 다른 상황에 빗대 설명하는 데 활용한 경우도 보인다. 예를 들어 任聖周는 "牛童과 馬卒이라 하더라도 언어가 모호하여 시비가 분분한 것을 보기만 하면 '蕩平'이라고 지목하며 한바탕 웃음거리로 삼곤 한다."며 "지극히 어리석어도 신령스러운 곳에 본래 영원히 바뀌지 않을 公論이 있다는 것을 바로 알 수 있다."고 '탕평'의 폐해를 꼬집었으며(≪鹿門集≫ 〈與宋兄士行〉), 尹善道는 〈三水校生等呈本郡書〉에서 군졸들을 "지극히 어리석어도 신령스러운 자들"이라고 말한 바 있는데, 이 두 글은 모두 육지가 백성들을 신

과 비슷하다〔類于神〕고 비유한 것을 변용한 것이다.

한편 육지가 이 글에서 제시한 군주와 신하의 아홉 가지 폐단〔九弊〕도 국정 진단과 운영의 방법론으로 반복적으로 거론되었다. 예컨대 大司憲 韓致亨 등이 성종에게 '時宜 17條'를 올린 바 있는데, 이 글에서 육지의 구폐를 전제하다시피 인용하였으며(≪成宗實錄≫ 成宗 2년 6월 8일), 李瀷도 국가의 운영을 醫員이 병증을 살펴 치료하는 것에 빗댄 글에서 구폐를 九瘼으로 바꿔 인용한 사례가 보인다.(≪星湖僿說≫ 제7권 〈人事門〉)

아울러 成海應은 '간언을 잘 받아들인 것으로 알려진 唐 太宗도 속으로는 魏徵을 죽이고 싶어 했다고 하며, 덕종이 비록 육지의 간언을 받아들이지는 않았지만 육지를 죽이지도 않았으니 너무 얕게 평가할 일도 아니다.'(≪研經齋全集≫ 〈讀陸宣公奏議〉)라고 평한 바 있는데, 直諫이 얼마나 어려운지를 역설적으로 드러내었다고 할 만하다.

2. 奉天에서 尊號의 加字에 대하여 논하는 奏狀

奉天論尊號加字狀

이 당시 역적 朱泚가 아직 평정되지 않았으니, 황제가 이듬해에 연호를 바꾸고자 하였다. 점술가들이 時運이 百六에 모였으니[1] 마땅히 변경해서 시대의 운세에 대응해야 한다고 다투어 말하자 여러 신하들이 尊號에 한두 글자를 더하자고 청하니, 황제가 陸贄에게 하문하였다. 육지가 이에 이 奏狀을 올렸다.

是時, 賊泚未平, 帝欲明年改元, 而術家爭言數鍾百六, 宜有變更, 以應時數, 群臣請更加尊號一二字, 帝以問贄. 贄乃上此奏.

3-2-1 冀寧이 聖旨를 받들어 알리기를 "예전에 백관이 존호를 올려 '聖神文武皇帝'라고 하기를 청했다. 이제 이 역적의 난을 겪어 여러 일들을 모두 변경해야 마땅하므로 여러 사람들의 의견이 짐의 옛 존호 가운데에 다시 한두 글자를 더하고자 하니, 경은 마땅히 사체가 온당한지 아닌지를 살피도록 하라."고 하셨습니다.

右冀寧이 奉宣聖旨호되 往年에 百官이 請上尊號曰 聖神文武皇帝러니 今緣經此寇難하여 諸事竝宜改變일새 衆議가 欲得於朕舊號之中에 更加一兩字하노니 卿宜商量事體穩便得否者라하시니

3-2-2 삼가 아룁니다. 성상의 깊은 덕과 신묘한 공은 하늘과 나란하고 땅과 짝하여 높고도 광대하여 무어라 표현할 길이 없습니다. 신하된 마음으로 힘써 아름다운 존호를 높여서 비록 보태고 쌓아 백을 채우더라도 오히려 충분히 칭술하지 못할까 두렵습

---

1) 時運이……모였으니 : 큰 액운에 직면했음을 말한다. 4,500년인 1元 중에 다섯 번의 陽厄과 네 번의 陰厄이 찾아오는데, 양액이 106년마다 있게 되므로 百六會, 또는 陽九之會라 한다.(≪漢書≫〈律歷志 上〉)

니다. 폐하께서 이미 常情을 뛰어넘으시어 지극한 이치를 굽어살피시어, 어리석은 신은 이를 깨닫지 못하기에 어찌 감히 진언하지 않을 수 있겠습니까.

삼가 생각건대 존호가 시작된 것은 본래 옛 제도가 아닙니다. 국가가 태평한 때에 행하더라도 이미 겸허함에 누가 되거늘 喪亂의 때에 인습한다면 더욱 事體를 손상시킬 것입니다.

伏以 睿德神功이 參天配地하여 巍巍蕩蕩하여 無得而名일새 臣子之心이 務崇美號하여 雖或增累盈百이라도 猶恐稱述未周어늘 陛下가 旣越常情하사 俯稽至理하시니 愚衷未諭일새 安敢不言이리잇고 竊以尊號之興이 本非古制①라 行於安泰之日이라도 已累謙沖이어든 襲乎喪亂之時하면 尤傷事體리이다

① 尊號之興 本非古制 : 尊號는 秦 始皇에게서 시작되었다.
尊號始於秦皇.

3-2-3 지금 어가가 파천해서 궁궐로 돌아가지 못하고 종묘사직이 몹시 놀라 오히려 禋祀[2]를 제대로 지내지 못하고 있습니다. 그리고 중원에 화란이 많고 원흉(朱泚)이 여전히 살아 있으니, 이는 곧 人情의 향배가 달린 시기이며 天意의 거취가 달려 있는 때입니다. 폐하께서는 진실로 깊이 스스로 징계하고 면려하여 群心을 수렴하고 통렬하게 스스로 낮추시어 신령의 꾸짖음에 답하셔야 할 것인데, 어찌 천근한 말단의 의론을 좇아 美名을 거듭 더하고자 하십니까. 스스로를 지난 잘못을 허물하는 誠心을 무너뜨리고 기어이 中興의 業에 누를 끼치게 될 것이니, 어리석고 용렬한 臣으로서는 그것이 마땅한지를 모르겠습니다. 삼가 다시 자세히 생각하시어 역적의 바라는 바가 되지 않게 하소서. 이는 신이 지극히 원하는 것입니다. 삼가 아룁니다.

今者에 鑾輿播越하여 未復宮闈하고 宗祏震驚하여 尙愆禋祀라 中區多梗하고 大憝猶存①하니 此乃人情向背之秋며 天意去就之際니 陛下가 誠宜深自懲勵하사 以收攬群心하고 痛自貶損하사 以答謝靈譴이어늘 豈可近從末議하여 重益美名이리오 旣虧追咎之誠하고 必累中興之

2) 禋祀 : 上帝에게 올리는 제사를 말한다. 鄭玄에 의하면, 禋은 연기이니, 周나라 사람은 냄새를 숭상하여 연기 냄새로 상제에게 알린 것이다.(≪周禮≫ 〈春官 大宗伯〉)

業이니 以臣庸蔽로 未見其宜로소니 乞更詳思하사 不爲兇孽所幸케하소서 此臣之至願也로소이다 謹奏라

① 大憝猶存 : 이는 朱泚를 가리킨다.
此指朱泚.

【評說】

尊號는 황제・황후 또는 선왕의 宗廟 등의 칭호를 높여 올리는 것을 말한다. 唐나라 초기의 황제들은 생전에 단지 '皇帝'라 칭하였으며 年號는 있었지만 尊號는 없었다. 죽은 뒤에야 군신이 올린 바에 따라 諡號, 廟號, 追尊號 등을 가질 수 있었으니, 이를테면 '太宗'은 죽은 뒤에 붙여진 廟號요, '文'은 諡號이며, '文武大聖大廣'은 追尊號다. 생전에 尊號를 더한 것은 武則天에게 '聖母神皇'의 존호를 올리고, 中宗에게 '應天神龍皇帝'의 존호를 올린 데서 시작되었으니, 陸贄가 "존호가 시작된 것은 본래 옛 제도가 아니다.〔尊號之興 本非古制〕"라 한 것도 이 때문이다.

德宗은 779년 즉위하였고 그 이듬해인 建中 원년(780)에 바로 '聖神文武皇帝'라는 존호를 가졌다. 그런데 建中 4년(783)에 점술사들이 "時運이 百六에 모였으니 마땅히 변경해서 시대의 운세에 대응해야 한다.〔數鍾百六 宜有變更 以應時數〕"고 건의한 것을 이유로 또다시 존호를 더하고자 하였다. 덕종은 비록 '衆議'에 가탁하였지만 '諸事竝宜改變'이라 한 점으로 볼 때, 결국 육지의 동의를 요구한 것이라고 한 것임을 알 수 있다. 하지만 육지는 '尊號之興 本非古制'라 하여 회의를 표한 후 '喪亂의 때에 인습한다면 더욱 事體를 손상시킬 것〔襲乎喪亂之時 尤傷事體〕'이라고 하여 時務에 부합하지 않음을 말하였고 나아가 '衆議'를 '천근한 말단의 의론〔近從末議〕'이라 하여 진정한 '衆議'가 아니라고 못 박은 후 '마땅한지 모르겠다〔未見其宜〕'는 한마디로 반대의 뜻을 분명히 하였다.

존호의 가자 문제는 군주의 체모와 관계된 것이므로 매우 민감한 정치적 사안이기도 했다. 때문에 우리나라에서도 이 일이 현안으로 떠오르면 육지의 주의가 종종 인용되곤 했는데, 肅宗 즉위 40년을 앞두고 趙泰耉가 올린 상소에서도 이런 정황을 확인할 수 있다. 즉, 육지가 "존호가 시작된 것은 본래 옛 제도가 아니니, 국가가 태평한 때에 행하더라도 이미 겸허함에 누가 되는 것〔尊號之興 本非古制 行於安泰之日 已累謙冲〕'라고 한 부분을 적시하고, 다시 이 글의 자매편인 〈重論尊號狀〉를 인용하여 반대하였다.(≪肅宗實錄≫ 39년 1월 6일)

한편 존호를 더하는 일에 신중했던 正祖는 英祖 탄신 백주년을 맞아 휘호를 올리자는

洪樂性의 청에 대해 “先王의 徽號는 글자 수가 너무 많아 더 올리고 싶어도 다시 훌륭한 덕을 형용할 만한 다른 글자가 없고 또 仁元王后에게 존호를 올릴 때에도 그때마다 肅宗에게 존호를 올리지 않았다.”며 “존호를 더 올리지 않는 것이 선왕의 뜻을 받드는 도리라고 생각한다.”고 물리친 일이 있는데, 이때 “眞宗을 추존할 때도 그가 大統을 이어받지 못했기 때문에 다시 더 큰 호칭을 올려야 한다고 했다면 나는 감히 따르지 않는 쪽으로 결정을 하였을 것”(≪正祖實錄≫ 17년 11월 19일)이라는 뜻을 밝힌 바 있다.

3. 尊號에 대하여 거듭 논하는 奏狀

重論尊號狀

3-3-1 冀寧이 聖旨를 받들어 알리기를 "경이 尊號를 더하는 일에 대해 商量한 것은 비록 다스리는 요체에 매우 절실하나 時運에 있어서 모름지기 다소 변화함이 있으므로, 또한 고집스럽게 불신해서는 안 될 것이니, 경은 마땅히 짐을 위하여 다시 살피고 헤아려보도록 하라. 응당 또한 문제될 것이 없다."고 하셨습니다.

右冀寧이 奉宣聖旨호되 卿所商量加尊號事가 雖則理體甚切하나 然時運이 必須小有改變일새 亦不可執滯不信이니 卿宜爲朕하여 更審思量하라 應亦無妨者라하시니

3-3-2 신이 듣건대, 덕이 하늘에 합함을 '皇'이라 하고, 덕이 땅에 합함을 '帝'라 하고, 덕이 사람에 합함을 '王'이라 하고, 하늘을 아버지로 삼고 땅을 어머니로 삼아 사람을 기르고 만물을 다스려 각각 그 마땅함을 얻도록 하는 것을 '天子'라 하였습니다. 이는 모두 지극히 존귀한 이의 다른 호칭이며 지극히 아름다운 이의 큰 이름이니, 비록 바꿔보고자 하여도 이를 넘어설 수 없습니다.

그러므로 伏羲와 神農과 黃帝와 堯舜은 인류가 있은 이래로 君德 가운데 가장 신성한 분들이었습니다. 온 천하가 존귀하게 여기고 찬미하는 것이 또한 이미 지극하지만 지목하여 호칭함에 있어서는 '皇'이라 하거나 '帝'라 하여[1] 오직 한 글자로 하였고 또한 겸하지 않았습니다. 禹와 湯이 이어서 흥기하시어 大聖이라 하지 않을 점이 없었건만, 그럼에도 오히려 스스로 변변치 않다 여겨 호칭을 낮추어 王이라 하였습니다.

---

1) 伏羲와……하여 : ≪帝王世紀≫에서는 伏羲, 神農, 黃帝를 三皇이라 하였고, ≪風俗通義≫에서는 伏羲, 女媧, 神農을 삼황이라 하였으며, ≪白虎通義≫에서는 伏羲, 神農, 祝融을 삼황이라 하였다. 五帝에 대해서도 ≪大戴禮記≫와 ≪史記≫에서는 黃帝, 顓頊, 帝嚳, 堯, 舜을 오제라 하였으며, ≪呂氏春秋≫에서는 太昊, 炎帝, 黃帝, 少昊, 顓頊을 오제라 하는 등 설이 다양하다.

嬴秦(秦 始皇)이 덕은 殷나라와 周나라보다 못한데도 伏羲와 少昊[2]에게서 이름을 훔쳐 皇과 帝를 겸하여 처음으로 묶어서 皇帝라고 일컬었는데, 그 유폐가 후대의 어리석은 임금에 미치어 급기야 聖劉와 天元[3]의 호칭이 있게 되었으니, 이는 人主의 무게가 호칭에 있지 않다는 것을 알 수 있습니다.

臣이 **聞德合天者**를 **謂之皇**이요 **德合地者**를 **謂之帝**요 **德合人者**를 **謂之王**이요 **父天母地**하여 **以養人理物**하여 **各得其宜者**를 **謂之天子**니 **是皆至尊之殊號**하며 **極美之大名**이라 **雖欲變更**이라도 **無踰於此**라 **故伏羲神農黃帝堯舜**은 **自生人已來**로 **君德之最神聖者**라 **天下**가 **尊之美之**가 **亦已至矣**로되 **而其指以爲號者**가 **或曰皇**이요 **或曰帝**라하여 **唯目一字**하고 **且猶不兼**하며 **禹湯繼興**하사 **莫匪大聖**이로되 **尙自菲薄**하여 **降號爲王**이어늘 **嬴秦**은 **德衰於殷周而名竊於羲皡**하여 **兼皇與帝**하여 **始摠稱之**①러니 **流及後代昏僻之君**하여 **乃有聖劉天元之號**②하니 **是知人主輕重**이 **不在名稱**이라

① 嬴秦……始摠稱之 : ≪史記≫ 〈秦始皇本紀〉에 "秦王이 처음 천하를 병탄하고 스스로 덕은 三王을 겸하였고, 공은 五帝를 넘어섰다고 여겨 이에 존호를 皇帝라 고쳤다."고 하였다.

史秦紀 "秦王初併天下, 自以爲德兼三王, 功過五帝, 乃更號曰皇帝."

② 流及後代昏僻之君 乃有聖劉天元之號 : ≪漢書≫ 〈李尋傳〉에 "처음 成帝 때 齊 땅 사람 甘忠可가 ≪天官曆≫과 ≪包元太平經≫ 열두 권을 거짓으로 지어 '漢나라가 마땅히 다시 하늘로부터 명을 받았다.'고 하여 이로써 夏賀良[4] 등을 가르쳤는데, 李尋 또한 그것을 좋아하였다. 그래서 哀帝에게 서둘러 改元하고 尊號를 바꿔야 한다고 설득하였다. 애제는 오랫동안 병을 앓았던 터라 보탬이 있기를 바라서 이에 조서를 내리기를 '皇天이 복을 내려주시어 漢나라가 다시 하늘의 명을 받는 증표를 얻었으니, 建平 2년(B.C. 5)을 太初 원년으로 할 것이며 존호를 陳聖劉太平皇帝라 하라.'고 하였다." 하였다.

前李尋傳 "初, 成帝時, 齊人甘忠可詐造天官曆·包元太平經, 以言漢家當更受命於天, 以教夏賀良等, 尋亦好之. 乃說哀帝宜急改元易號. 哀帝久疾, 冀其有益, 乃下詔曰 '皇天降祐,

---

2) 少昊 : 黃帝의 맏아들로 五帝의 한 명이다. 白帝, 少皡, 少皓, 少顥라고도 하며, 靑陽氏, 金天氏, 窮桑氏, 雲陽氏, 朱宣 등으로도 불린다.

3) 天元 : 北周 宣帝가 태자 闡에게 선위하며 자신에게 붙인 존호이다.

4) 夏賀良 : 西漢 重平 출신이다. 甘忠可에게서 〈天官曆〉 등을 배웠으며, 哀帝 때 待詔를 맡았는데, 한나라의 기운이 쇠하였으므로 개원하고 이름을 바꾸어 다시 천명을 받아야 한다고 주장하였다. 애제가 그 말에 따라 建平 2년(기원전 5)에 연호를 太初로 바꾸고 스스로를 '陳聖劉太平皇帝'라고 불렀다. 후에 황당무계함이 드러나 불경죄로 처형되었다.(≪漢書≫ 〈李尋傳〉)

漢國再獲受命之符, 其以建平二年爲太初元年, 號曰陳聖劉太平皇帝.'"

3-3-3 그 존호를 높이더라도 아름다운 법도에 보탬이 되는 것이 없고 그 존명을 낮추더라도 아름다운 덕에 손상될 것이 없습니다. 그러나 존명을 낮추면 겸손하고 예양하며[5] 지난 일을 살핀다는 칭찬을 얻게 되지만, 높이면 능력을 자랑하고 아첨을 받아들인다는 비판을 얻게 될 것이니, 그 득실이 비할 바 없음은 분명히 판단할 수 있습니다.

하물며 지금 시운이 꽉 막힌 때에 당하고 일이 곤란한 상황에 닥쳤으니 더욱 두렵게 생각하여 스스로 낮추셔야 할 것입니다. 구태여 점술을 굽어살펴서 반드시 변경하고자 하신다면 미칭을 더하여 인심을 잃기보다는 옛 존호[6]를 버려 하늘의 경계를 공경히 받드는 것이 더 낫습니다.

崇其號라도 無補於徽猷요 損其名이라도 不傷於德美나 然而損之면 有謙光稽古之善하고 崇之면 獲矜能納謟之譏하니 得失不侔하여 居然可辯이니이다 況今時遭屯否(비)하고 事屬(촉)艱難하니 尤宜懼思하여 以自貶抑이니 必也俯稽術數하여 須有變更인댄 與其增美稱而失人心으론 不若黜舊號以祇天戒니이다.

3-3-4 天時와 人事는 이치상 반드시 서로 돕습니다. 사람이 먼저 겸손을 좋아하면 하늘 또한 순조롭도록 도우니, 폐하께서 진실로 능히 결단하여 스스로 헤아리셔서 德音을 널리 선포하시어 허물을 자신에게 돌리고 존명을 낮추어 깊이 스스로 질책하신다면 겸손함과 순조로움 두 가지 아름다움이 한 번에 따르게 될 것입니다.

바깥으로는 여론을 수렴할 수 있고 안으로는 하늘의 운행에 응할 수 있으며, 위로는 상고의 시대만큼 덕을 높일 수 있고 아래로는 무궁하게 덕을 드리울 수 있습니다. 버려진 법도를 다시 일으키고 묵은 과실을 바로잡는 것이 지극히 명철한 것이고, 헛된 꾸밈을 덜어내며 아름답고 이로운 결과를 거두어들이는 것이 큰 지혜이니, 전대의

---

5) 겸손하고 예양하며 : 원문의 '謙光'은 ≪周易≫ 謙卦 彖辭의 '겸양할수록 더욱 빛난다.〔謙尊而光〕'라는 말에서 나온 것으로, 겸손하고 禮讓하는 풍도를 말한다.

6) 옛 존호 : 德宗이 建中 원년(780)에 받은 '聖神文武皇帝'라는 존호를 가리킨 것으로 보인다.

성군들께서 큰 이름을 영구히 보전해서 늘 으뜸으로 일컬어졌던 것은 이러한 뜻에 통달하였기 때문입니다. 폐하께서는 무엇이 아까워서 고치지 아니하시고 도리어 쓸데없는 존호를 덧붙여 실제로 환란을 받으려 하십니까.

≪玄元道德經≫[7]에 이르기를 "王侯는 스스로를 '孤', '寡', '不穀'이라 칭한다."라 하였으니, 이는 낮춤을 근본으로 삼은 것입니다. 周나라 襄王이 변란을 만나 鄭나라로 나가 머물면서 제후들에게 알려 말하기를 "不穀이 부덕하여 비루한 鄭 땅에 있게 되었다."라 하였는데, ≪春秋≫에서 이를 예에 맞다고 한 것은 이름을 낮출 줄 알았기 때문입니다. 漢나라 光武帝는 上書하는 자에게 조서를 내려 '聖'이라 언급하지 못하게 하였는데, 史書에서 그것을 칭송하였으니 이는 능히 자신을 낮출 수 있었기 때문입니다.

신은 돌아보건대 미천한 신분으로 성상의 하문을 받게 되었는데, 伊尹이 자신의 군주가 堯舜만 못한 것을 부끄러워한 것처럼 신도 부끄럽게 여겨왔습니다. 이 때문에 誠心이 마음속에서 우러나와 다시 염려하여 꺼리거나 피하지 않는 것이니, 그 어리석음을 용서하고 이치를 살피는 것은 부디 현명한 군주께서 행하소서. 삼가 아룁니다.

天時人事가 理必相扶라 人旣好謙하면 天亦助順하리니 陛下가 誠能斷自宸鑑하사 渙發德音하사 引咎降名하여 深自剋責하시면 惟謙與順이 一擧而二美가 從之하리니 外可以收物情이요 內可以應玄運이요 上可以高德於敻古요 下可以垂法於無窮이니 興廢典하며 矯舊失은 至明也요 損虛飾하며 收美利는 大智也니 前聖之所以永保鴻名하여 常爲稱首者가 達於玆義而已矣라 陛下가 何悋而不革하시고 反欲加冗號하사 以受實患哉아 玄元(之)[8]道德經에 曰 王侯가 自謂孤寡不穀①이라하나니 以賤爲本也요 周襄王이 遭亂하여 出居于鄭하여 告於諸侯曰 不穀이 不德하여 鄙在鄭地라 春秋에 (美)〔禮〕[9]之하니 以其能降名也②요 漢光武가 詔令上書者로 不得言聖③이어늘 史冊稱之하니 以其能損已也라 臣顧以賤微로 獲承訪議호니 伊尹이 恥其君不

7) 玄元道德經 : ≪老子道德經≫을 가리킨다. 唐나라는 老子를 시조로 삼아 唐 太宗 乾封 원년(666)에 노자에게 '太上玄元皇帝'로 追號하였다.

8) (之) : 저본에는 '之'가 있으나, ≪唐陸宣公奏議≫ 戊申字本에는 없다. ≪翰苑集≫과 ≪歷代名臣奏議≫에 의거하여 '之'를 삭제하였다.

9) (美)〔禮〕: 저본에는 '美'로 되어 있으나, ≪翰苑集≫에 의거하여 '禮'로 바로잡았다.

如堯舜을 臣亦恥之일새 是以誠發於中하여 不復防慮忌諱하노니 赦其愚而鑑其理는 惟明主가 行焉④하소서 謹奏라

① 王侯自謂孤寡不穀 : ≪老子≫에 "왕후가 스스로를 孤, 寡, 不穀이라 칭한다."라 하였다.[10)]
老子 "王侯自稱孤·寡·不穀."

② 周襄王……以其能降名也 : ≪春秋左氏傳≫ 僖公 24년에 "겨울에 周 襄王이 사신을 보내어 제후들에게 난을 알리기를 '不穀이 부덕하여 同母弟로 어머니가 총애하는 아들 帶에게 죄를 얻었다.'라고 하였다. 이를 기록하기를 '天王이 鄭에 나가 머물렀다.'고 하였으니, 실은 동모제가 일으킨 난을 피한 것이다. 천자가 흉복을 입고 이름을 낮추었으니, 예에 맞다."고 하였다.
左僖二十四年 "冬, 襄王使來告難曰 '不穀不德, 得罪于母弟之寵〔子帶〕.'[11)] 書曰 '天王出居于鄭.' 避母弟之難也. 天子凶服降名, 禮也."

③ 漢光武……不得言聖 : 後漢 光武帝가 조서를 내려 상소를 올리는 자들이 聖이라 언급하지 못하게 하였다.[12)]
後光武詔, 上書者不得言聖.

④ 惟明主 行焉 : 이 奏章이 올라가고 난 뒤 황제가 그 말을 받아들여 奉天에서 내린 赦文에 담긴 옛 존호를 모두 없앴다.
此奏旣上, 帝納其言, 於奉天赦文中併舊號去.

【評 說】

尊號를 가자하고자 하는 미련을 버리지 못한 德宗이 재차 批旨를 내린 데 대해 쓴 奏狀이다. 그러나 陸贄는 앞서 〈奉天論尊號加字狀〉에서 이미 존호의 加字를 반대하였고, 한걸음 더 나아가 존호 자체를 폐지하기를 원했다. 이 奏狀에 '加字' 두 글자가 없는 것은 이 때문이다. '옛 존호에 다시 한두 글자를 더한〔舊號之中 更加一兩字〕' 사례는 덕종 이전에도 있었다. 앞서 玄宗도 '開元神武'였던 존호를 '開元天地大寶聖文神武應道' 12자로 늘렸으니, 덕종 입장에서는 선례를 따르고자 한 것일 뿐 결코 과분하다고 할 수 없는 것이었다. 때문

10) 老子에……하였다 : ≪老子≫ 39章에 나온다.
11) 〔子帶〕 : 저본에는 '子帶'가 빠져 있으나, ≪春秋左氏傳≫에 의거하여 보충하였다.
12) 後漢……하였다 : 後漢의 光武帝가 建武 7년(31)에 조칙을 내려 백관에게 封事를 올리도록 하며 기휘하는 바가 있어서 안 되므로 상서에 '聖'이라 이르지 말라고 한 일이 있다.(≪漢書≫ 〈光武帝紀〉)

에 육지도 〈奉天論尊號加字狀〉에서 단지 '마땅한지 모르겠다.〔未見其宜〕'고 하며 '美名을 거듭 더함〔重益美名〕'을 반대하였을 따름이었다. 그러나 덕종이 끝내 時運의 변화를 운운하며 加字할 뜻을 굽히지 않았으므로 마침내 존호를 폐지하는 것이 마땅하다는 건의를 올렸던 것이다. 결과적으로 육지의 청을 받아들여 年號만 고치는 것으로 일단락되었는데, 이는 덕종이 육지를 전적으로 신뢰하고 있었기에 가능했던 일이다. 藩鎭의 발호로 피신한 처지에 존호를 더하고자 한 덕종의 태도는 壬辰亂 발발 후 疏章에 존호를 쓰지 말라고 유시한 宣祖와 극명하게 대비된다.(≪厚光世牒≫ 권3 〈壬辰日錄〉)

〈重論尊號狀〉는 존호에 관한 논의에 자주 환기된 글이기도 하다. 趙泰耈가 肅宗에게 존호를 올리는 일을 반대할 때 이 글을 전적으로 인용한 것도 그 가운데 한 사례이다.(≪肅宗實錄≫ 39년 1월 6일) 또 1740년 英祖와 仁元王后, 貞聖王后의 존호가 정해진 후 李濟가 '徽稱과 美名이 성덕에 무슨 이익이 있겠으며, 彌文과 盛節은 實政에 방해만 끼칠 뿐〔徽稱美名 何益聖德 彌文盛節 徒妨實政〕'이라고 상소한 것도 〈重論尊號狀〉에 근거한 것이다.(≪英祖實錄≫ 16년 윤6월 8일) 이에 대해 영조는 일이 이루어진 뒤에 朝臣들을 아첨한다고 공격하는 행태라고 불쾌감을 표했으나, 뒤를 이어 왕위에 오른 正祖의 태도는 사뭇 달랐다. 이는 ≪歷代行表≫를 편찬할 때 親撰한 序文을 통해서도 엿볼 수 있다.

여기에서 정조는 "號는 行蹟의 표상이다. 謚號니 廟號니 尊號니 陵號니 年號니 하는 것들은 다 옛 제도가 아니다. 伏羲, 神農, 堯舜의 시대에 무슨 號라는 것이 있었던가."라고 하고 "후세의 임금들이 그대로 따라서 쓰게 되면서 잠시 임금을 僭稱한 이들과 변방의 흉폭하고 오만한 추장들까지도 모두들 같이 썼기 때문에 고금을 통하여 호가 같은 이들이 수없이 많다. 그리하여 明나라 역대 황제의 연호 중에서 永樂과 天順 같은 경우도 이전의 참칭한 왕 중에 같은 호가 있다는 것을 모르고 쓴 것을 보면, 재상은 반드시 글 읽은 선비로 임용해야 한다는 말이 옳지 않은가."라고 한 후 육지가 '人主의 무게는 호칭에 있지 않다.〔人主輕重 不在名稱〕'고 한 것과 '사람이 먼저 겸손을 좋아하면 하늘도 순조롭도록 돕는다.〔人旣好謙 天亦助順〕'고 한 부분을 특별히 써서 경계하였다.

4. 奉天에서 赦書의 事條에 대하여 논하는 奏狀
奉天論赦書事條狀

興元 원년(784)에 사면령이 갖추어졌는데, 황제가 초고를 陸贄에게 맡겨 자세한 사항을 검토하게 하였다. 육지는 황제가 덕을 지키는 것이 굳건하지 못하여 곤란할 때는 다스릴 방도를 생각하지만 여유로우면 쉽게 교만해짐을 알았으므로, 격발시켜 그 의지를 강고하게 하고자 하여 이에 황제에게 이 奏狀을 올렸는데, 황제가 채납하였다.

興元赦令旣具, 帝以藁付贄, 使商討其詳. 贄知帝執德不固, 困則思治, 泰則易驕, 欲激之使彊其意, 乃上此奏, 帝納之.

3-4-1 隱朝가 聖旨를 받들어 알리고 아울러 中書省에서 지은 赦文을 신에게 보였습니다. 성지에 "신에게 명하여 가부를 자세히 살펴서 만약 마땅히 고칠 부분이 있거나 事宜에 미진한 부분이 있거든 조목조목 기록하여 上奏하라."고 하셨습니다.

右隱朝가 奉宣聖旨하고 竝以中書所撰赦文으로 示臣하여 令臣審看可否하여 如有須改張處와 及事宜不盡이어든 條錄奏來者라할새

3-4-2 신이 삼가 聖旨대로 여러 번 자세히 살폈으나, 소견이 주밀하지 못할까 염려되어 여러 학사들[1]과 함께 득실을 살폈습니다. 모두들 "강령과 조목이 대략 갖추어지고 문리도 통하였는데 상례를 따른 일이 많고 文辭도 구례를 잃지 않았으니, 평소에 적용한다면 자못 행할 만하겠지만 오늘날에 시행하면 걸맞지 못할까 염려된다."고 하니, 어째서겠습니까.

臣이 謹如詔旨하여 詳省再三하나 猶懼所見不周하여 兼與諸學士等으로 參考得失하니 僉以

1) 여러 학사들 : 修文館學士와 直學士를 가리킨다.

爲綱條粗擧하고 文理亦通호되 事多循常하고 辭不失舊하니 用於平昔이면 頗亦可行이어니와 施之當今하면 則恐未稱이라하니 何則고

3-4-3 예사롭지 않은 위험을 밟아나가야 할 자는 평범한 길에 안주해서는 안 되며, 예사롭지 않은 분란을 풀어나가야 할 자는 평범한 말로는 깨달을 수 없습니다.

폐하께서 황제의 자리를 이어받으신 때부터 중원을 평정하는 데 뜻을 두시어 군사를 다 동원하고 재화와 부세를 모두 쏟아부으셨으니, 백성들은 잠시 고생해달라는 뜻을 깨닫지 못하여 원망하고 탄식함이 더욱 심해졌고, 하늘은 禍亂을 뉘우칠 기회를 주지 않아 患難이 계속 일어났습니다. 게다가 형벌이 지나치게 준엄하고 禁防이 지나치게 삼엄하여 윗사람과 아랫사람이 가까워지지 못하고 실정과 뜻이 많이 막혔습니다. 급기야 수도에 변란이 생기고 역도들이 궁궐을 점거하여, 九廟[2]가 역도들에게 약탈당하고 六師가 郊邑(奉天)에 나가 주둔하였으니, 우환에 내몰림을 말하자니 마음이 아플 따름입니다. 예로부터 禍亂이 모인 것이 이처럼 심한 때가 드물었습니다.

履非常之危者는 不可以常道安이요 解非常之紛者는 不可以常語諭니 自陛下嗣承大寶로 志壹中區하사 窮用甲兵하고 竭取財賦하시니 甿庶가 未達於暫勞之旨하여 而怨咨已深하고 昊穹이 不假以悔禍之期하여 而患難繼起하며 復以刑譴太峻하고 禁防傷嚴하여 上下不親하고 情志多壅하여 乃至變生都輦하고 盜據宮闈하여 九廟가 鞠陷於匪人하고 六師가 出次於郊邑하여 奔逼憂厄이 言之痛心하니 自古禍亂所鍾이 罕有若此之暴라

3-4-4 이제 여러 겹의 포위망이 비록 풀어졌지만 도망간 역적(朱泚)이 아직 목숨을 보존하고 있습니다.[3] 그리하여 땅을 나누어 왕을 참칭한 자들이 네 놈이고, 세력이 하늘을 뒤덮도록 커져 황제를 참칭한 자가 두 놈입니다. 게다가 사방을 기웃거리며 눈치를 보거나 딴마음을 품고 반란을 일으켜 간악한 무리를 지원하는 부류도 실로 많

2) 九廟 : 제왕의 종묘를 말한다. 周나라에서는 太祖 및 三昭, 三穆의 七廟를 제사 지냈다가, 漢나라 때 王莽이 九廟로 늘렸다.

3) 이제……있습니다 : 涇原의 군대가 반란을 일으켜 長安을 점령한 후 朱泚를 우두머리로 삼자, 주자가 군대를 거느리고 奉天을 포위하였다. 그러나 李懷光의 군대에 패하여 장안으로 후퇴하였다.

아서 일일이 셀 수 없습니다.

어가가 돌아오지 못하고 국권이 돌아오지 못하여, 고생한 사람들이 휴식을 얻지 못하고 공을 세운 사람들이 보상을 받지 못하며, 곤궁한 사람들이 구휼받지 못하고 억눌린 사람들이 억울함을 펼 수 없으니, 많은 어려움을 해결하여 여러 사람의 마음을 수습하려면 사면령에 정성스럽게 언급하여야 할 따름입니다. 안위가 달린 일을 어찌 소홀히 할 수 있겠습니까. 말로 사람을 움직이는 데 감동할 만한 점이 이미 적거늘 그 말이 또한 절실하지 못한다면 누가 수긍할 수 있겠습니까.

今重圍雖解나 逋寇尙存하여 裂土假王者가 四兇①이요 滔天僭帝者가 二豎②어늘 又有顧瞻懷貳하고 叛援黨姦하여 其流寔繁하여 不可悉數라 皇輿未復하고 國柄未歸하여 勞者가 未獲休하고 功者가 未及賞하며 困窮者가 未暇恤하고 滯抑者가 未克申하니 將欲紓多難而收群心인댄 唯在赦令에 誠言而已라 安危所屬을 其可忽諸아 動人以言이 所感已淺이어늘 言又不切하면 人誰肯懷리오

① 裂土假王者 四兇 : 朱滔가 冀王으로 자칭하였고, 田悅은 魏王으로 자칭하였으며, 王武俊은 趙王으로 자칭하였고, 李納은 齊王으로 자칭하였다.
　朱滔自稱冀王, 田悅自稱魏王, 王武俊自稱趙王, 李納自稱齊王.

② 滔天僭帝者 二豎 : 李希烈이 참람되게 황제에 즉위하여 국호를 大楚라 하였으며, 朱泚는 참람되게 황제에 즉위하여 국호를 大秦이라 하였다.
　李希烈僭卽帝位, 國號大楚, 朱泚僭卽帝位, 國號大秦.

3-4-5 옛날에 成湯이 재난을 당하여 桑野(桑林)에서 기도를 올렸는데 스스로 머리털을 깎아 犧牲으로 삼으셨습니다. 옛사람들이 이른바 "머리털을 깎으려면 마땅히 살까지 닿도록 하여야 하고 손톱을 깎으려면 마땅히 손가락까지 베어야 한다."[4]는 것은 정성이 지극하지 못하면 만물이 감동하지 않고 버리기를 지극히 하지 않으면 이익이

---

4) 머리털을……한다 : 殷나라 湯王 때 7년의 큰 가뭄이 들었는데, 太史가 점을 쳐서 "마땅히 사람을 희생으로 하여 빌어야 한다.〔當以人禱〕"라고 말하였다. 이에 탕왕은 "내가 청하는 것은 백성을 위함이니, 만일 반드시 사람을 희생으로 하여 빌어야 한다면 내가 스스로 그것을 감당하겠다.〔吾所爲請者民也 若必以人禱 吾請自當〕"라고 하고, 드디어 재계하여 손톱을 자르고 머리카락을 잘라 희생을 삼았다는 고사가 있다.(≪史略≫) 원문의 '翦爪'는 祈雨를 뜻하는 말로도 쓰인다.

桑林禱雨(湯임금이 桑林에서 비 오기를 빌다.)

이르지 않기 때문입니다.

지금 이 德音 또한 이와 비슷하니, 잘못을 뉘우치는 뜻을 깊게 하지 않아서는 안 되고, 자신에게 허물을 돌리는 말을 다하지 않아서는 안 되며, 인재를 불러 모으기를[5] 널리 하지 않아서는 안 되고, 은혜를 베풀기를 넓게 하지 않아서는 안 되며, 답답하고 막힌 것을 펼쳐낼 때에는 마음을 활짝 열지 않아서는 안 되며, 더러움을 씻어낼 때에는 흉터까지 씻어내지 않아서는 안 됩니다. 그리하여 천하 사람들이 이를 듣고 확연히 일시에 변화하여 깊은 어둠을 헤치고 밝은 빛을 보는 것처럼[6] 사람들마다 자

5) 인재를……모으기를 : 원문의 '招延'은 ≪史記≫ 〈梁孝王世家〉에 "招延四方豪桀(사방의 호걸들을 불러들였다.)"이란 구절에 보인다.

6) 깊은……것처럼 : 徐幹의 ≪中論≫ 〈審大臣〉편에 "文王이 〈姜太公을〉 알고는 마치 구름을 헤치고 해를 보는 것 같았다.〔文王之識也 灼然若披雲而見日〕"라는 구절이 보이는데, 본문은 이를 변용한 것이다.

신들이 하고자 하는 바를 얻을 수 있게 한다면 어찌 따르지 않는 자가 있겠습니까.

昔에 成湯遇災하사 禱于桑野할새 躬自髡剔하사 以爲犧牲하시니 古人所謂割髮宜及膚요 翦爪宜侵體①는 良以誠不至者는 物不感하고 損不極者는 益不臻일새라 今玆德音는 亦類於是하여 悔過之意를 不得不深이요 引咎之辭를 不得不盡이며 招延을 不可以不廣이요 潤澤을 不可以不弘이며 宣暢鬱堙을 不可不洞開襟抱요 洗刷疵垢를 不可不盪去瘢痕하여 使天下聞之하고 廓然一變하여 若披重昏而覩朗曜하여 人人이 得其所欲이면 則何有不從者乎리오

① ≪文選≫ 應璩[7]의 〈與岑文瑜祈雨書〉에 이르기를 "옛날 夏禹는 陽盱에서 기도하였고 商湯은 桑林에서 기도하였는데,[8] 말을 하기도 전에 물이 돌아 흘렀고 말을 마치기도 전에 비가 쏟아졌다. 지금은 구름이 겹겹이 쌓여도 도로 흩어지고 빗물이 떨어질 듯하다가도 다시 거두어지니, 聖人과 賢人의 자질이 다르고 우열의 차이가 있음에야 머리를 자름에는 마땅히 살까지 닿도록 하여야 하고 손톱을 자름에는 마땅히 살갗을 벨 정도로 함이 없어서야 되겠는가."라고 하였다.

選應休璉與岑文瑜祈雨書云 "昔夏禹之〔解〕[9]陽盱, 商湯之禱桑林, 言未發而水旋流, 辭未卒而澤滂沛. 今者雲重集而復散, 雨垂落而復收, 得無聖賢殊品, 優劣異姿, 割髮宜及膚, 翦爪宜侵肌乎."

3-4-6 응당 고쳐야 할 事條를 삼가 別狀에 갖추어 함께 올립니다. 이 밖에도 오히려 염려스러운 점이 있습니다. 생각건대 잘못을 아는 것은 어렵지 않으나 잘못을 고치는 것이 어렵고 선함을 말하는 것은 어렵지 않으나 선함을 행하는 것이 어려운 법입니다. 가령 赦文이 지극히 정밀하다 할지라도 잘못을 알고 선함을 말하는 것에 그칠 수 있으니, 성상의 생각에 어려운 바를 다시 생각해주시기 바랍니다.

---

7) 應璩 : 삼국시대 魏나라 汝南 사람이다. 字는 休璉으로, 應瑒의 동생이며, 晉나라 應貞의 부친이다. 박학하여 문장으로 명성을 떨쳤는데, 書記에 뛰어났다. 魏 文帝와 明帝 때 散騎常侍를 지냈으며, 齊王 曹芳이 즉위한 뒤 侍中과 大將軍長史가 되었다. 〈百一詩〉 또는 〈新詩〉로 일컬어지는 연작시를 지어 당시 사회를 諷刺했다. 저서에 ≪應休璉集≫이 있다.

8) 夏禹는……기도하였는데 : 禹임금이 陽盱에서 자신을 제물로 삼아 治水를 기원하였으며, 가뭄이 들자 湯임금이 桑林에서 비를 기원하였다는 고사를 말한다. ≪文選≫에는 〈與廣川長岑文瑜書〉란 제목으로 실려 있다.

9) 〔解〕 : 저본에는 '解'가 빠져 있으나 ≪陸贄集≫(中華書局, 2006)에 의거하여 보충하였다.

≪周易≫에 "聖人이 인심을 감동시키면 천하가 화평해진다."10)라고 하였습니다. 감동이라는 것은 정성이 마음에서 나와 사물에 나타나는 것이지만 사람들이 혹 깨닫지 못하므로 말로써 펼치는 것입니다. 말은 반드시 마음을 살펴야 하고 마음은 반드시 일에 부응하도록 하여야 합니다. 이 세 가지가 부합하여 서로 뛰어넘지 않으면서 지극한 정성에 근본하여야 감동시킬 수 있으니, 일이 혹 시행되지 않는다면 말하지 않는 것과 같습니다.

한 번 정성이 어그러지면 끝내는 신뢰를 받을 수 없으니, 삼가 바라건대 폐하께서는 먼저 그 뜻을 결단하시고 난 후에 말씀을 베푸시어 시행할 수 있는지를 헤아리신 후에 펼치시고, 행할 수 없는 것은 버리시어 말을 구차히 하여서 후회를 거듭함이 없도록 하십시오. 말이 매우 정성스러워야 인심이 반드시 감동할 것이고 인심이 감동하여야 천하가 반드시 화평해질 것이니, 일을 어찌 상세히 살피지 않을 수 있으며 말을 어찌 힘쓰지 않을 수 있겠습니까. 신의 간절함을 남김없이 바치노니 삼가 폐하께서 재결해주시기를 청합니다. 삼가 아룁니다.

應須改革事條를 謹具別狀하여 同進하고 除此之外에 尙有所虞하노니 竊以知過非難이라 改過爲難이요 言善非難이라 行善爲難하니 假使赦文至精이라도 止於知過言善이니 猶願聖慮는 更思所難하소서 易에 曰 聖人이 感人心而天下和平이라하니 夫感者는 誠發於心而形於事하되 人或未諭라 故宣之以言하나니 言必顧心하고 心必副事하여 三者符合하여 不相越踰하여 本於至誠이라야 乃可求感이니 事或未致면 則如勿言이라 一虧其誠이면 終莫之信하리니 伏惟陛下는 先斷厥志하시고 乃施於辭하사 度其可行而宣之하시고 其不可者措之하사 無苟於言하사 以重其悔하소서 言克誠而人心必感이요 人心旣感而天下必平이니 事何可不詳이며 言何可不務리잇고 罄輸愚懇하여 伏聽聖裁하노이다 謹奏라

【評說】

建中 4년(783) 연말 奉天으로 도피한 德宗은 민심을 수습하고 사졸들을 격려할 방법을 고민했다. 이에 陸贄의 의견에 따라 존호를 加字하고자 했던 마음을 접고 연호만 興元으

---

10) 聖人이……화평해진다 : ≪周易≫ 咸卦 〈彖傳〉에 나온다.

로 바꾸기로 하였으며, 아울러 大赦免令까지 내리고자 하였다. 연호를 바꾸는 것은 비교적 간단한 일이었지만 대사면은 그 형식은 물론이요 赦文의 작성에 있어서도 고려해야 할 사항이 많았다.

舊制에 따르면 赦文은 中書省에서 草擬한 후 황제에게 進奏하는 것이 상규였다. 하지만 당시 덕종은 중서성을 신임하지 않았으므로 赦草를 육지에게 보내 검토하도록 하였다. 赦草를 修改하여야 하는가? 赦事는 구체적으로 적시되었는가? 〈奉天論赦書事條狀〉은 바로 이와 같은 덕종의 詢問에 대한 回奏다.

이 奏狀은 모두 600여 자에 불과한데, 대부분 中書省의 赦草에 대한 간략한 평과 덕종에게 올리는 忠言으로 이루어져 있다. "응당 고쳐야 할 事條를 삼가 別狀에 갖추어 함께 올린다.〔應須改革事條 謹具別狀同進〕"고 하였지만, 현재 '別狀'이 전해지지 않아 그 내용이 어떠한지는 자세히 알 수 없다. 다만 이듬해 정월 반포된 〈奉天改元大赦制〉에 이 奏狀에서 건의한 내용이 대부분 반영된 것으로 보아 赦制도 육지의 손을 거쳐 나왔을 가능성은 짐작해볼 수 있다. 중서성에서 작성되었어야 할 국가의 중요문서가 고작 30세의 신진 翰林學士에게서 나왔으니, '內相'이라 일컬어졌던 육지의 역량을 이를 통해서도 알 수 있다.

赦書는 황제의 고유권한이다. 따라서 모든 赦書는 황제의 이름으로 작성되고 일인칭시점에서 서술되며, 내용과 작법도 황제의 의중과 권위를 충분히 반영해야 한다. 赦書를 '德音'이라고도 하는 이유는 황제의 은전을 드러내고 죄인을 용서하며 백성들을 구휼하는 뜻을 담고 있기 때문인데, 그 내용과 형식에 일정한 법칙이 있으므로 결코 짓기 어려운 글은 아니다. 하지만 봉천으로 피신한 때에 지어진 赦書는 결코 그럴 수 없었다.

중서성에서 草擬한 赦書를 다시 검토하도록 지시했을 만큼 덕종의 관심이 비상한 상황이었음에도 육지는 이 赦書가 단지 덕음에 그쳐서는 안 되며 '황제 자신에게 죄를 돌리는 詔書'의 의미도 담아야 한다고 생각했다. 이는 "지금 이 덕음 또한 이와 비슷하니, 잘못을 뉘우치는 뜻을 깊게 하지 않아서는 안 되고, 자신에게 허물을 돌리는 말을 다하지 않아서는 안 된다.〔今兹德音 亦類於是 悔過之意 不得不深 引咎之辭 不得不盡〕"고 한 데서 잘 드러난다. 때문에 湯王이 스스로 머리털을 깎아 犧牲으로 삼은 일을 서술하며 "머리털을 깎으려면 마땅히 살까지 닿도록 하여야 하고 손톱을 깎으려면 마땅히 손가락까지 베어야 한다.〔剸髮宜及膚 翦爪宜侵體〕"는 말까지 덧붙였고, 또 말미에 "오히려 염려스러운 점이 있다.〔尙有所虞〕"고 한 후 "잘못을 아는 것은 어렵지 않으나 잘못을 고치는 것이 어렵고, 선함을 말하는 것은 어렵지 않으나 선함을 행하는 것이 어려운 법〔知過非難 改過爲難 言善非難 行善爲難〕"이라는 따끔한 충고를 하였던 것이다. 이 말은 金誠一의 〈請遇災修省箚〉, 李玄錫의 〈論君德時弊疏〉, 徐宗泰의 〈左議政趙公謚狀〉과 같은 상소문은 물론 崔錫鼎, 權憲, 金鍾正, 李元培 등의 詩文에도 보일 만큼 즐겨 활용되었다.

唐陸宣公奏議 奏草 제4권

1. 奉天에서 翰林學士에게 陞職을 내리려 하는 것을 논하는 奏狀 奉天論擬與翰林學士改轉狀[1)]

4-1-1 冀寧이 勅旨를 받들어 알리기를 "卿과 여러 學士들의 성명과 官銜을 抄錄하여 올리라." 하고, 기녕이 또 臣에게 말하기를 "성상의 뜻은 신 등이 奉天에 도착한 이후로 起草해야 할 詔勅이 가득 쌓여 있었다 하여 〈이를 처리하느라 수고한 이를〉 陞職하여 勤勞하는 자들을 권장하려 하십니다."라고 하였습니다. 이에 신은 명을 받고서 놀랍고 낯이 뜨거워져서 마땅히 받을 만한 조치가 아니어서 부끄러웠습니다. 이에 진퇴를 머뭇거리며 어찌할 바를 모르겠습니다.

右冀寧이 奉宣勅旨호되 卿及諸學士名銜을 宜竝抄錄進來라하고 冀寧이 又向臣하여 說云聖意以臣等이 自到奉天으로 書詔가 塡委라하여 欲與改轉하여 以獎勤勞者라하니 承命竦恧하여 顧慙非宜라 進退徬徨하여 不知所措하노이다

4-1-2 臣이 외람되이 儒學으로 선발되어 翰林[2)]의 직책을 담당하였는데, 비록 직분상

---

1) 奉天論擬與翰林學士改轉狀：≪資治通鑑≫ 德宗 建中 4년(783)에 〈奉天論擬與翰林學士改轉狀〉을 인용하였는데, 그 앞에 "翰林學士 祠部員外郎 陸贄를 考功郎中으로 삼고 金部員外郎 吳通微를 職方郎中으로 삼는다."라고 하였다. 여기의 胡三省의 註에 "祠部는 禮部에 속하여 祠祀를 관장한다. 考功은 吏部에 속하며 文武官의 功過考法을 관장한다. 관직으로 말하면 祠部를 考功와 職方에 이르게 하여 淸要職에 임명한 것이다. 郎中은 正5品 上이고 員外郎은 從6品 上이다."라고 하였다.

조정의 대사를 보익하고 은혜롭게 近侍의 반열에 참여하고 있습니다만, 폐하께서 用兵을 하시는 때를 당하여 승리를 결정하는 계책을 내는 데 부족하였고, 폐하께서 역도들을 피하여 遠遊하실 때 호종하면서 뛰어난 계책을 내지 못하였고, 危機를 보고 목숨을 바치는 節操가 없었고 危難을 알고서도 죽음을 무릅쓰고 간쟁함이 없었습니다. 이처럼 임금을 섬기는 큰 계책을 신이 모두 방치하였는데 말단의 사무를 수행한 것을 어찌 말씀드릴 것이 있겠습니까.

臣이 謬以儒學으로 選居翰林하니 雖職異訏謨[3]而恩參近侍로되 當陛下用兵之會하여 乏決勝之籌[4]하고 從陛下避狄之遊하여 靡出奇之計하고 見危에 闕授命之節하고 知難에 無伏死之爭[5]하여 事君大猷를 臣則皆曠하니 屑屑供職을 曾何足云이리잇고

4-1-3 무릇 군주에게 신하가 있는 것은 정사를 보필하기 위해서입니다. 정사가 도리를 잃지 않으면 亂이 어디에서 생겨나겠습니까. 亂이 차츰차츰 흥기하는 것은 정치가 도리에서 벗어났기 때문이니, 군주가 난국에 이르는 것은 실로 신하의 죄입니다. 때문에 군주가 근심하면 신하는 욕을 당하고, 군주가 욕을 당하면 신하는 죽음으로써 그 죄를 받아야 합니다.

지금 폐하께서 몸소 핍박을 당하여 郊畿(奉天)에 露處하시고 종묘가 震驚하니 이것은 욕을 당한다고 할 수 있으며, 역적들이 아주 가까이 위치하니 이것은 또한 근심한다고 할 수 있습니다. 臣이 생각하건대 지금 지위에 있는 자 가운데 임무가 무거운 사람은 그 죄가 크고, 직분상 가까이 모시는 사람은 그 책임이 깊습니다. 신의 직무

2) 翰林 : 內翰이라고도 한다. 唐나라 때 翰林院에 소속된 관원으로서 황제의 詔令을 기초하는 일을 맡아보았다. 唐나라 玄宗 26년에 翰林學士를 두어 內制를 담당하게 하고, 中書舍人에게 外制를 담당하게 하였다.

3) 訏謨 : ≪詩經≫ 〈大雅 抑〉에서 "계책을 크게 하고 명령을 살펴 정하며 계획을 장구하게 하고 때에 따라 고하며, 위의를 공경하고 삼가야 백성의 모범이 되리라.〔訏謨定命 遠猶辰告 敬愼威儀 維民之則〕"라고 하였다.

4) 決勝之籌 : 漢나라 高祖의 謀士인 張良이 "장막 안에서 산가지를 놓아 천 리 밖에서 결승한다.〔運籌策帷幄中 決勝千里外〕"라고 한 데서 나왔다.(≪漢書≫ 〈張良傳〉)

5) 伏死之爭 : ≪春秋左氏傳≫ 成公 2년에 "신하는 군주의 번뇌를 다스리고 군주의 의혹을 제거하는 자이다. 그렇기에 죽음을 무릅쓰고 간쟁하는 것이다.〔臣 治煩去惑者也 是以伏死而爭〕"라고 하였다.

가 성상을 가까이에서 모시는 일이니, 꾸짖음을 당해야 마땅하거늘 어찌 영광을 더해 주신단 말입니까.

夫君之有臣은 以濟理也니 理不失道하면 亂何由生이리오 亂之浸興은 由理乖也일새니 君之及難이 實臣罪也라 是以主憂則臣辱하고 主辱則臣死①하나니 今陛下가 躬罹逼脅하사 露處郊畿하시고 園廟震驚하니 斯謂辱矣며 寇讐密邇하니 亦云憂矣라 臣이 竊謂凡今在位任重者는 其罪大하고 職近者는 其責深이라하노니 臣之職司가 頗亦爲近하니 是宜當責이라 安可增榮이리오

① 主憂則臣辱 主辱則臣死 : ≪吳越春秋≫에 "越王 句踐이 나라로 돌아와, 5년 되는 해에 격문으로 돌려 뭇 신하들을 소집하고는 하늘을 우러러 탄식하면서 '군주가 근심하면 신하가 욕을 당하고, 군주가 욕을 당하면 신하는 죽어야 한다.'라고 하였다." 하였다.
吳越春秋 "越王句踐反國, 五年, 檄召群臣, 仰天而歎曰 '主憂臣辱, 主辱臣死.'"

4-1-4 또한 듣자니, 처음 奉天에 이르렀을 때 이미 詔命을 반포하여, 응당 扈從한 將吏를 똑같이 두 品階를 더해주라 하셨습니다. 그런데 지금 만약 翰林 가운데서 유독 陞職하는 은총을 입게 되면, 이것은 바로 상을 내리는 것이 공평하지 못하며 관직을 사사롭게 임명하는 것입니다. 노고가 미미한 자를 錄用함에 있어서는 신 등을 승직시키기를 지나치게 우대하며, 조정을 따라온 자를 권면함에 있어서는 호종한 관원에게 품계를 더하기를 너무 박하게 하여 선후의 차례를 잃게 되고 경중에 맞지 않으니, 그렇다면 백관들 중에 누군들 마음이 떠나지 않겠습니까.

又聞初到奉天에 已頒詔命호되 應是扈從將吏를 一例竝加兩階라하니 今若翰林之中에 獨蒙改轉하면 乃是行賞不類하며 命官以私라 錄微勞則臣等이 遷位過優하고 勸來者則從官의 加階太薄하여 先後失次하고 輕重不倫하니 凡百具寮가 誰不解體이리오

4-1-5 罰을 시행하는 일은 지위가 높고 가까운 사람을 우선하고 지위가 낮고 소원한 사람을 뒤로 하면 명령을 거역하지 않을 것이고, 賞을 시행하는 일은 지위가 낮고 소원한 사람을 우선하고 지위가 높고 가까운 사람을 뒤로 하면 공적이 빠짐이 없게 될 것입니다.

군주를 따르고 자기 집을 잊는 것6)으로 말하면, 본디 이것은 신하의 직분이니, 어

가를 호종하는 일을 어찌 표창할 일이 있겠습니까. 그러나 폐하께서 반드시 朝官 가운데서 따라 온 자와 그렇지 않은 자가 있으므로 사정상 구별하여 호종하지 않은 이를 儆戒하고자 하신다면, 바라옵건대 큰 공로가 있는 자를 먼저 錄用하시고 다음으로 백관들을 두루 살피신 뒤에 규례에 따라 두루 은택을 입게 하소서. 그렇게 하신다면 신 또한 어찌 감히 홀로 사양하겠습니까. 특별한 은혜가 외람되이 강림한 것이 실로 大體를 손상하는 일이기에, 지극히 부끄럽고 두려운 심정을 감당하지 못하여 삼가 奏狀을 올려 아뢰니다. 삼가 아뢰니다.

夫行罰을 先貴近而後卑遠이면 則令不犯하고 行賞을 先卑遠而後貴近이면 則功不遺하나니 至如徇主忘家는 固是臣子常分이니 追陪輦蹕을 曷足甄稱이리오 陛下가 必以朝官之中에 有來有否일새 事須旌別하여 以儆不從인댄 則望先錄大勞하고 次徧群品하여는 然後에 以例均被하시면 臣亦何敢獨辭리잇고마는 殊渥曲臨이 實傷大體일새 不任靦懼之至하여 謹奉狀以聞하노이다 謹奏라

【評 說】

이 글은 陸贄가 자신에게 내려진 과분한 직책에 대해 사양하는 글이다. 建中 4년(783) 朱泚의 난으로 德宗은 奉天으로 몽진하게 되자, 육지에게 翰林學士의 직무를 맡겨 대부분의 制誥와 詔諭를 起草하게 하였다. 그리고 그 공로를 인정하여 승진시키려고 하였다. 육지는 자신이 승리를 결정하는 계책을 내는 데 부족하고, 뛰어난 계책을 내지 못하고, 목숨을 바치는 계책이 없고, 죽음을 무릅쓰고 간쟁함이 없었으므로, 임금을 섬기는 큰 계책을 방치하였다고 겸손하게 말하였다.

그리고 더 나아가 육지는, 처음 봉천에 이르렀을 때 이미 詔命을 반포하여 扈從한 將吏에게 똑같이 두 品階를 더하라 하였는데 지금 만약 翰林 가운데서 유독 승직하는 은총을 주게 되면 授賞의 원칙을 어기는 것이라고 지적하였다. 그리하여 덕종에게 상벌 시행의 방식 및 순서에 대하여 유념하라고 촉구하였다. 곧 "罰을 시행하는 일은 존귀하고 가까이

6) 군주를……것 : ≪漢書≫ 권48 〈賈誼傳〉에 "다른 사람의 신하가 된 자는 임금만 생각할 뿐 자신을 잊고, 나라만 생각할 뿐 집안을 잊고, 공적인 일만 생각할 뿐 사적인 일을 잊는다.〔爲人臣者 主耳忘身 國耳忘家 公耳忘私〕"라고 하였다.

있는 사람을 우선하고 지위가 낮고 멀리 있는 사람에게 뒤로 하면 명령을 거역하지 않을 것이고, 賞을 시행하는 일은 지위가 낮고 멀리 있는 사람을 우선하고 존귀하고 가까이 있는 사람을 뒤로 하면 공적이 빠짐이 없게 될 것입니다."라고 하였다. 正祖도 ≪陸稿手圈≫에 이 부분을 발췌하여 수록해두었다.

조선 후기의 成海應은 ≪研經齋全集≫ 권12에 수록된 〈讀陸宣公奏議〉에서 육지의 여러 奏議에 대해 논평을 가하였는데, 이 글의 이 주제에 대해서 다음과 같이 논평하였다.

"이것은 상벌의 要道이다. 〈≪孟子≫ 〈梁惠王 下〉에서 말한〉 '임금이 어진 정치를 행하기만 한다면 그 백성들이 윗사람을 친근하게 여겨 어른을 위해서 자신의 목숨을 기꺼이 바치게 된다.〔親上死長〕'는 의리는 秉彝에 뿌리를 두고 있으니, 무슨 遠近을 따질 것이 있겠는가.

하지만 존귀하고 가까이 있는 사람은 평소 은택에 배불러 질릴 정도이고 榮寵을 기름칠하듯 목욕하듯 써왔으므로 危亂을 당하여 힘을 바칠 수 있는 것이 곧 직분일 따름이다. 만약 힘을 바치지 않는 자가 있다면 罰을 마땅히 곱절로 부과해야 할 것이거늘, 도리어 실행할 수 없다면, 그로써 악행을 저지르는 자를 어찌 금할 수 있겠는가.

지위가 낮고 멀리 떨어져 있는 사람이란 모두 田野에 폐기되어 격리하여 궁궐의 軒陛와는 거리가 떨어지고 심지어 막혀 있으므로, 危亂을 당하여 힘을 다 쓰지 못한다고 하여도 깊이 誅罰할 수가 없다. 만약 힘을 다 쓰는 자가 있다면 반드시 賞을 반드시 중하게 내려야 할 것이거늘, 도리어 시행할 수 없다면, 그로써 선을 행하는 자들을 어찌 권면할 수 있겠는가.

處罰을 지위가 낮고 멀리 떨어져 있는 사람에게 먼저 하고, 授賞을 존귀하고 근시에 있는 사람에게 먼저 한다면, 그것은 곧 나라를 어지럽게 만드는 정치이다. 처벌을 지위가 낮고 멀리 떨어져 있는 사람에게 뒤로 돌리고, 授賞을 존귀하고 근시에 있는 사람에게 뒤로 돌리는 것이 바로 나라를 흥기시키는 정치이다. 陸宣公의 말은 근본을 아는 것이로다."

2. 奉天에서 瓊林庫와 大盈庫를 파할 것을 청하는 奏狀
奉天請罷瓊林大盈二庫狀

德宗이 行宮의 행랑 아래에 諸道에서 바친 물건을 저장하고, 瓊林庫·大盈庫라고 榜을 달았다. 陸贄는 싸우고 지킨 공적에 대해 賞을 아직 시행하지 않았는데 갑자기 別庫를 사사롭게 조성하면 사졸들이 원망하여 다시는 싸울 의지를 갖지 않을 것이라고 여겨 이 奏狀을 올렸다. 황제가 깨닫고, 곧바로 그 榜을 철거하도록 명하였다.

德宗於行宮廡下貯諸道貢獻之物, 榜曰瓊林·大盈庫. 贄以爲戰守之功, 賞賚未行, 而遽私別庫, 則士卒怨望, 無復鬪志, 乃上此奏. 帝悟, 卽命去其榜.

4-2-1 臣이 듣건대 "가볍게 징세하는 법을 만들어도 오히려 탐욕이 생기는 폐단이 발생하는데, 탐욕스럽게 징세하는 법을 만들면 그 폐단을 장차 어찌할 것인가."라 하였으니, 사람에게 義를 보여주더라도 그 병폐가 오히려 사사로운 데로 흐를 것이 염려되는데, 사람에게 사사로움을 보여주면 병폐를 필시 막기 어려울 것입니다. 그러므로 성인은 교화를 세울 적에 재화를 가볍게 여기고 사양을 중시하였고 이익을 멀리하고 청렴을 숭상합니다. 그리하여 천자는 재화의 있고 없음을 따지지 않고 제후는 재물의 많고 적음을 말하지 않고,[1] 百乘의 집안은 聚斂하는 신하를 두지 않으니,[2] 이것이

---

1) 천자는……않고 : 陸贄의 글에는 '天子不問有無 諸侯不言多少'로 되어 있으나, ≪荀子≫ 〈大略〉에는 "天子不言多少 諸侯不言利害 大夫不言得喪 士不通貨財(천자는 다소를 말하지 않고 제후는 이해를 말하지 않고 대부는 득실을 말하지 않고 士는 재화를 유통하지 않는다.)"라 하였다.

2) 百乘의……않으니 : ≪大學≫ 傳 10장에 "魯나라의 대부 孟獻子가 말하기를 '말 4필을 기르는 집은 자신보다 더 못사는 사람을 위해서 닭이나 개를 길러서 팔지 않고, 상례와 제사에 얼음을 쓰는 집에서는 소나 양을 기르지 않고, 대부의 집에서는 세금 거두어들이는 신하를 두지 않으니, 세금 거두어들이는 신하를 두기보다는 차라리 내 재물 훔쳐가는 신하를 두는 것이 낫겠다.'라고 하였으니, 이를 일러 '나라는 이익을 이로움으로 여기지 않고 의리를 이로움으로 여긴다.'라고 하는 것이다.〔孟獻子曰 畜馬乘 不察於鷄豚 伐氷之家 不畜牛羊 百乘之家 不畜聚斂之臣 與其有聚斂之臣 寧有盜臣 此謂國不以利爲利 以義爲利也〕"라는 대목이 있다.

어찌 모두 재물을 바라는 마음을 잊어서이겠습니까. 진실로 재물이 사람의 욕심을 일으켜서 재앙의 단서를 열고 풍속과 교화를 해치고 국가를 어지럽힐까 두려워했기 때문입니다.

그러므로 재물을 모으고 거두어들이길 힘써서 內帑庫의 儲積을 넉넉히 하는 것은 필부의 富이고, 창고를 열어 재물을 나누어주는 데 힘써서 백성들의 마음을 거두어들이는 것은 천자의 부입니다. 천자가 만드는 것이 하늘과 방도를 같이하여 민생을 낳아주고 길러주면서도 그와 같이 한 것을 으스대지 않으며, 이루어주고 거두어주면서도 그 소유하기를 사사로이 하지 않습니다. 그리하여 道로써 사물에 부여하고 混然히 사사로운 마음을 잊어서, 재물을 취하기를 탐욕스럽게 하지 않고 재물을 쓰기를 낭비하지 않습니다. 본체로 말하면 광대하고 방도로 말하면 精微하니, 하필 법도를 폐기하고 사사로운 재화를 모아서 至尊의 지위를 낮추어 有司의 직무를 대신하며 萬乘天子의 존귀함을 욕되게 하여 匹夫의 부를 본받아서 간사한 짓을 인도하고 원망을 받으시겠습니까. 이런 것으로 일을 해나간다면 어찌 잘못되지 않겠습니까.

右臣이 聞作法於涼이라도 其弊猶貪이어든 作法於貪이면 弊將安救①라하니 示人以義라도 其患猶私어든 示人以私에 患必難弭니 故聖人之立教也에 賤貨而尊讓하고 遠利而尙廉하여 天子는 不問有無하고 諸侯는 不言多少②하고 百乘之室은 不畜聚斂之臣③하나니 夫豈皆能忘其欲賄之心哉리오 誠懼賄之生人心而開禍端하며 傷風教而亂邦家耳라 是以務鳩斂而厚其帑櫝之積者는 匹夫之富也요 務散發而收其兆庶之心者는 天子之富也라 天子所作이 與天同方하여 生之長之로되 而不恃其爲하며 成之收之로되 而不私其有하여 付物以道하고 混然忘情하여 取之不爲貪하고 散之不爲費일새 以言乎體則博大하고 以言乎術則精微하니 亦何必撓廢公方하고 崇聚私貨하여 降至尊하여 而代有司之守하며 辱萬乘하여 以效匹夫之藏하여 誘姦聚怨이리오 以斯制事면 豈不過哉아

① 作法於涼……弊將安救 : ≪春秋左氏傳≫ 昭公 4년에 "鄭나라 子産이 丘賦法[3]을 만드니, 渾罕이 말하기를 '가볍게 징세하는 법을 만들어도 오히려 탐욕이 생기는 폐단이 발생하는데, 탐욕스럽게 징세하는 법을 만들었으니 그 폐단을 장차 어찌할 것인가.'라고 하였다."

---

3) 丘賦法 : 丘는 16井이다. 16井에서 말 한 필, 소 세 마리를 내는 것인데, 子産은 田地에 租稅를 별도로 賦課하였다.

하였다.

左昭四年 "鄭子産作丘賦. 渾罕曰 '作法於涼, 其弊猶貪, 作法於貪, 弊將若之何.'"

② 天子不問有無 諸侯不言多少 : 이 두 마디 말은 ≪大戴禮記≫ 〈王制〉편에 나온다.[4)]

此二語出大戴王制篇云.

③ 百乘之室 不畜聚斂之臣 : 이 일은 ≪大學≫에 보인다.

事見大學.

4-2-2 오늘의 瓊林庫과 大盈庫는 예부터 이런 제도가 없었습니다. 耆老들의 말을 들으니, 모두 '開元 연간에 시작되었다.'[5)]고 합니다. 貴臣[6)]이 권력을 욕심내어서 공교로운 말을 꾸며서 군주에게 아첨을 하여, 마침내 "郡邑의 貢納과 賦稅의 용도를 어찌 따로 구분하여 賦稅는 마땅히 有司에게 맡겨서 경상비용에 공급하고 공납은 의당 천자에게 돌려서 사적인 수요를 받들지 않습니까."라고 하자, 玄宗이 기뻐하여 이 두 창고를 새로 만들었으니, 마음을 방탕하게 하고 욕심을 과도히 부리는 것이 여기에서 싹 트고 뿌리를 내려 國都를 상실하는 데 이르러 마침내 두 창고의 재화를 도적들에게 주었습니다.[7)] ≪禮記≫에 "재물이 도리에 어긋나게 들어오면 도리에 어긋나게 나가게 된다."[8)]라고 하였으니, 어찌 명확한 효험이 아니겠습니까.

今之瓊林大盈이 自古悉無其制라 傳諸耆舊之說하니 皆云 創自開元호니 貴臣貪權하여 飾巧求媚하여 乃言郡邑貢賦所用을 盍各區分하여 稅賦는 當委之有司하여 以給經用하고 貢獻은 宜歸乎天子하여 以奉私求①오라한대 玄宗悅之하사 新是二庫하시니 蕩心侈欲이 萌柢於玆러니 迨乎失邦하여 終以餌寇하니 記에 曰 貨悖而入이면 必悖而出②이라하니 豈非其明效歟인저

4) 이……나온다 : 이는 ≪大戴禮記≫에 나오지 않는다.

5) 開元……시작되었다 : ≪舊唐書≫ 권48 〈食貨志〉에 보면, 唐나라 玄宗이 瓊林庫와 大盈庫를 설치하였다. 당나라 天寶 이후에 太府卿 楊崇禮 父子가 혹독하게 民財를 거두어 들였고, 또 王鉷이 戶口色役使가 되어 해마다 수백억 緡을 받아, 租調 이외의 세금으로 천자의 府庫를 채워 그것으로 燕私의 비용에 충당하였다.

6) 貴臣 : 太府卿 楊崇禮 부자와 王鉷을 가리킨다.

7) 國都를……주었습니다 : 唐 玄宗 天寶 14년(755)에 安祿山의 난이 일어났다. 천보 15년에 안녹산의 군대가 潼關을 함락시키자 현종이 蜀으로 파천하였는데, 이때 백성들이 궁성에 난입하여 약탈하고 방화하여 左藏庫와 大盈庫가 불탔다.(≪新唐書≫ 〈崔光遠傳〉)

8) 재물이……된다 : ≪禮記≫ 〈大學〉에 나오는 말이다.

① 郡邑貢賦所用……以奉私求 : ≪新唐書≫ 〈王鉷傳〉에 "천자가 제위에 있은 지 오래되자, 妃嬪의 복식・기물・화장에 쓰는 비용이 나날이 많아져 외람되이 주고 별도로 하사하는 것이 때에 그치지 않았으므로, 國庫인 左藏庫와 右藏庫에서 많이 취하였다. 그러므로 王鉷이 천자의 뜻에 영합하여, 해마다 진상되는 鉅億萬 錢을 禁中에 저축해두어 매년 租稅 이외의 수입으로 삼아 천자의 사사로운 內帑에 바치도록 하였다. 황제는 왕홍이 富國의 술책이 있다고 여겨, 총애하여 대우하기를 더욱 후하게 하였다."라고 하였다.

王鉷傳云 "帝在位久, 妃御服玩脂澤之費日侈, 而橫與別賜不絶于時, 重取於左右藏, 故鉷迎帝旨, 歲進錢鉅億萬, 儲禁中, 以爲歲租外物, 供天子私〔帑〕,[9] 帝以鉷有富國術, 寵遇益厚."

② 貨悖而入 必悖而出 : ≪大學≫에 보인다.

大學云.

4-2-3 陛下께서 재위를 이으신 초기에 治道를 힘써 따르셔서 儉約을 돈독히 실행하시고 탐욕을 배척하여 멀리하셔서 비록 內帑庫에 예전부터 저축해온 것이 太府에 귀속되지는 않았지만[10] 각 지역에서 사사로이 바친 것을 궁중에 들이지 않으시니, 맑은 기풍이 일어나서 海內가 크게 변화하였습니다. 그러므로 의논하는 자들이 모두 말하기를 "漢나라 文帝가 말〔馬〕을 물리치고[11] 晉나라 武帝가 雉頭裘를 태운 일[12]을 당금에 다시 볼 수 있을 것이다."라고 하였습니다.

하지만 근년에 역도들이 綱常을 어지럽혀 어가가 외방으로 거둥하여, 이미 근심스럽고 위태로운 시운을 만났으니, 의당 儆戒하고 勉勵하는 정성을 더하셔야 할 것입니다.

---

9) 〔帑〕 : 저본에는 '帑'이 없으나, ≪新唐書≫ 〈王鉷傳〉에 의거하여 보충하였다.

10) 內帑庫에……않았지만 : 본래 각지에서 올라오는 재화를 左藏에 보관해두고 太府에서 절기마다 그 수량을 파악해 보고하였으나 무절제하게 남용하는 豪將들이 늘어나자 內庫로 옮겼다. 때문에 천하의 公賦가 天子의 개인 소유처럼 되었으며 내고의 환관들이 이익을 취하는 문제가 나타났다.

11) 漢나라……물리치고 : 漢 文帝 때 어떤 사람이 천리마를 바치자 문제가 "앞에는 鑾旗가 있고 뒤에는 屬車가 있으며 吉行일 경우 하루에 50리를 가고 師行일 경우 하루에 30리를 가는데, 내가 천리마를 타고 혼자 먼저 어디로 갈 것인가." 하고, 천리마를 받지 않았다고 한다.(≪漢書≫ 〈賈捐之傳〉)

12) 晉나라……일 : 雉頭裘는 꿩의 머리 깃털로 짜서 만든 갖옷을 말한다. 晉나라 武帝에게 太醫 司馬程據가 치두구를 바치자 무제가 검약을 강조하려고 궁전 앞에서 이를 불태웠다.(≪晉書≫ 권3 〈武帝本紀〉)

却千里馬(漢 文帝가 천리마를 물리치다.)

焚裘示儉(晉 武帝가 雉頭裘를 불태워 검소함을 보이다.)

陛下가 嗣位之初에 務遵理道하사 敦行約儉하고 斥遠貪饕하사 雖內庫舊藏이 未歸太府하나 而諸方曲獻이 不入禁闈①하니 淸風肅然하여 海內丕變할새 議者가 咸謂漢文却馬②와 晉武焚裘之事③를 復見於當今이라하나니 近以寇逆亂常으로 鑾輿外幸하여 旣屬(촉)憂危之運하니 宜增儆勵之誠이니이다

① 諸方曲獻 不入禁闈：德宗의 생일에 사방에 貢獻한 것을 모두 받지 않았다. 李正己와 田悅이 각각 비단 3만 필을 헌상하였는데, 모두 다 度支에 부쳐 租賦를 대신하게 하였다.
德宗生日, 四方貢獻皆不受, 李正己·田悅各獻縑三萬疋, 悉付度支, 以代租賦.
② 漢文却馬：≪漢書≫ 〈賈捐之傳〉에서 나온 것이다.
出賈捐之傳.
③ 晉武焚裘之事：咸寧 4년(278)에 太醫 司馬程據가 雉頭裘(꿩의 머리깃털로 장식한 갖옷)를 바쳤는데, 殿前에서 불태워졌다.
咸寧四年, 太醫司馬程據獻雉頭裘, 焚之于殿前.

4-2-4 신은 어제 군영으로 가는 使命을 받들고 行宮을 지나가다가 홀연히 오른쪽 행랑 아래에 瓊林庫와 大盈庫의 榜이 나란히 있는 것을 보고 매우 놀라면서도 그 이유를 알지 못하였습니다. 어째서겠습니까. 京師로 가는 길이 여전히 막혀 있고 전쟁이 한창이어서 백성들이 고통스러워하며 신음하는 소리가 그치지 않으며, 군사들이 충심으로 부지런히 싸운 공로에 대한 보상이 시행되지 않고 있는데, 여러 道에서 올라온 貢物을 재빨리 別庫에 사사로이 보관하시니, 만인이 볼 적에 누가 차마 마음속에 용인할 수 있겠습니까.

헤아리건대 군사들의 마음에 혹 실망하는 일이 있지 않을까 하여 시험 삼아 候館13)의 관리에게 물어보고 아울러 도로에 떠다니는 말을 조사하였는데, 과연 우려하는 바와 같이 쌓인 유감이 너무 심하여, 분노한 마음이 비방으로 나타나거나 혹은 노래에 드러나기도 하여, 자못 난리를 일으킬 마음을 품고 있고 충성한 것을 후회하는

13) 候館：사신이 묵는 驛館이다. ≪周禮≫ 〈地官 大司徒〉에 "國野의 길에는 10리마다 廬가 있고 여에는 음식이 있다. 30리마다 宿이 있고 숙에는 路室이 있으며, 노실에는 작은 창고[委]가 있다. 50리마다 市가 있고 시에는 候館이 있으며, 후관에는 큰 창고[積]가 있다."라는 내용이 나온다.

마음이 있습니다. 이는 백성들의 풍속이 혼암하고 비루하여 高下를 알지 못하기 때문에 至尊의 권위로 군림해서는 안 되고 정성과 의리로 감화해야 함을 알 수 있습니다.

臣昨奉使軍營하여 出遊行殿이라가 忽覩右廊之下에 牓列二庫之名하고 戄然若驚하여 不識所以하노이다 何則고 天衢尙梗하고 師旅方殷하니 瘡痛呻吟之聲이 噢咻未息하고 忠勤戰守之效가 賞賚未行이어늘 而諸道貢珍을 遽私別庫하니 萬目所視에 孰能忍懷리오 竊揣軍情이 或生觖望할까하여 試詢候館之吏하고 兼採道路之言하니 果如所虞하여 積憾已甚하여 或忿形謗讟하고 或醜肆謳謠하여 頗含思亂之情하고 亦有悔忠之意하니 是知甿俗昏鄙하여 識昧高卑일새 不可以尊極으로 臨이요 而可以誠義로 感이니이다

4-2-5 얼마 전 六師가 처음 天奉으로 내려왔을 때에 저축한 물품이 전혀 없었는데, 바깥으로는 흉악한 무리를 막고 안으로는 위태로운 성을 방어하여 밤낮으로 쉬지 못한 지 거의 50일이 되었습니다. 추위와 배고픔이 번갈아 이르고 죽고 상한 자들이 서로 베고 누울 정도였습니다. 그런데도 목숨을 걸고 온 힘을 합쳐 마침내 크나큰 어려움을 평정하였습니다.

이것은 진실로 폐하께서 옥체를 후하게 하지 않으시며 욕심을 사사롭게 하지 않으시어, 맛있는 음식을 끊어 병졸들과 함께하시고 음식을 거두어서 공로 있는 이들에게 주셨기 때문입니다.

엄히 통제하지 않는데도 사람들이 이반하지 않은 것은 은덕에 보답할 마음을 품었기 때문이요, 두터운 포상이 없었는데도 사람들이 원망하지 않은 것은 성상께서 사사로이 소유한 것이 없는 것을 알았기 때문입니다.

지금은 적의 포위가 이미 풀렸고 의복과 음식이 이미 풍족한데도 誹謗이 바야흐로 일어나고 군사들의 마음이 차츰 저상되고 있습니다. 이는 용맹한 병사들이 항시 재화를 탐하고 군공을 자랑하는 마음을 가지고 있어서, 환난을 이미 병사들과 겪고 나서 歡樂을 병사들과 함께하지 않는다면 이들이 진실로 가만히 침묵하는 사람과 다르기 때문에 능히 원망과 탄식이 없도록 할 수 있겠는가 한 것이 어찌 아니겠습니까. 이것은 항상된 이치여서 정말로 괴이하게 여길 것이 못 됩니다. ≪禮記≫에 "재물을 모으면 백성들이 흩어지고, 재물을 흩으면 백성들이 모인다."14)라고 하였으니, 어찌 그

귀감이 아니겠습니까.

뭇사람이 노여워하면 감당하기 어렵고, 원망이 쌓이면 끝내 새어나오기 마련이니, 그렇게 되면 그 환난이 어찌 인민이 흩어지는 데 그칠 뿐이겠습니까. 또한 장차 간악한 자들을 모으고 난리를 일으켜 綱常을 범하여 강탈하려는 자가 있지 않을까 우려됩니다.

頃者에 六師初降하여 百物無儲호되 外扞兇徒하고 內防危堞하여 晝夜不息하여 迨將五旬하니 凍餒交侵하고 死傷相枕호되 畢命同力하여 竟夷大艱하니 良以陛下가 不厚其身하며 不私其欲하사 絶甘以同卒伍하시고 輟食以啗功勞하실새 無猛制而人不攜는 懷所感也요 無厚賞而人不怨은 悉所無也①라 今者에 攻圍已解하고 衣食已豐이로되 而謠讟方興하고 軍情稍阻하니 豈不以勇夫恒性이 嗜貨矜功이라 其患難을 既與之同憂하고 而好樂을 不與之同利면 苟異恬默인댄 能無怨咨아 此理之常이라 固不足怪니이다 記에 日 財散則民聚하고 財聚則民散이라하니 豈其殷鑑歟인저 衆怒難任이요 蓄怨終泄니 其患이 豈徒人散而已리오 亦將慮有構姦鼓亂하여 干紀而强取者焉하노이다

① 無厚賞而人不怨 悉所無也 : 朱泚가 奉天을 공격하여 포위한 지 한 달이 지나자, 성안에는 물자와 양식이 모두 다하고 말았다. 그때 황제에게 올리는 음식이라고는 고작 마른 쌀 2斛이었다. 번번이 적이 휴식하는 틈을 엿보아 밤에 사람을 끈으로 묶어 성 밖으로 내보내서 무를 뽑아다가 바쳤다. 황제가 公卿과 將吏를 불러 말하기를 "짐이 덕이 없어서 스스로 위망한 처지에 빠진 것은 정말 마땅하다. 공들은 아무 죄가 없으니, 마땅히 빨리 항복하여 집안을 구하도록 하라."라고 하였다. 뭇 신하들이 모두 머리를 조아리고 눈물을 흘리면서 죽을힘을 다할 것을 기약하였다. 그러므로 將士들이 곤경에 빠지고 위급한 상태였지만 날카로운 기운은 쇠하지 않았다.

朱泚攻圍奉天經月, 城中資糧俱盡, 時供御纔有糲米二斛. 每伺賊休息, 夜縋人於城外, 采蕪菁根而進之. 帝召公卿將吏謂曰 "朕以不德, 自陷危亡, 固其宜也. 公輩無罪, 宜早降以救室家." 群臣皆頓首流涕, 期盡死力, 故將士雖困急而銳氣不衰.

4-2-6 나라에서 정사를 행할 적에 공공을 위해 마음을 쓰는 자는 사람들이 필시 즐겁

---

14) 재물을……모인다 : ≪禮記≫ 〈大學〉에 보인다.

게 따르고 사사로이 자기를 위해 마음을 쓰는 자는 사람들이 필시 거역하여 배반할 것입니다. 그러므로 燕 昭王이 黃金臺를 쌓자[15] 천하가 그 현명함을 칭송하였고, 殷나라 紂王이 玉杯를 만들자[16] 백대토록 그 악행을 전하였습니다. 이는 남을 위해서 하느냐 자기를 위해서 하느냐의 차이입니다.

周나라 文王의 靈囿가 사방 100리였는데, 당시 사람들이 오히려 작다고 걱정하였고,[17] 齊나라 宣王의 園囿가 사방 40리였는데, 당시 사람들이 너무 크다고 걱정하였으니,[18] 이는 이익을 같이하는가 이익을 독점하는가 하는 차이입니다.

임금이 마땅히 이 이치를 변별하여 살펴서, 그 마음을 깨끗이 하여 사사로움이 없는 하늘과 땅 그리고 日月을 받들어[19] 백성들을 하나로 만들고 그중에 혹 따르지 않

---

15) 燕……쌓자 : 전국시대 燕나라 昭王이 郭隗에게 인재를 추천하게 하자, 곽외가 "옛날에 어떤 임금이 內官에게 천금을 주어 천리마를 구해오게 하였는데, 말이 이미 죽고 없으므로 500금을 주고 말의 뼈를 사서 돌아오니 그 임금이 크게 노하였습니다. 그러자 내관이 '죽은 말의 뼈도 사왔는데 하물며 산 말이겠습니까. 머잖아 천리마가 이를 것입니다.'라고 하였는데, 1년이 되지 않아 천리마가 세 마리나 왔다고 합니다. 지금 반드시 인재를 오게 하려면 저부터 등용하십시오. 그러면 저보다 어진 사람이 어찌 천 리를 멀리 여기겠습니까."라고 하였다. 이에 연 소왕이 황금대를 세우고 곽외를 스승으로 섬기니 천하의 인재들이 다투어 연나라로 모여들었다고 한다.(≪戰國策≫ 〈燕策1〉)

16) 殷나라……만들자 : 殷나라 紂王이 상아 젓가락을 만들자, 箕子가 탄식하기를 "저 사람이 상아 젓가락을 만드니, 반드시 玉杯도 만들 것이다. 옥배를 만들면 반드시 먼 지방에서 생산하는 진귀한 물건을 구하여 사용할 것이니, 輿馬와 宮室을 사치하게 할 조짐이 이 상아 젓가락에서 시작될 것이다."라고 하였는데, 그 뒤에 瓊宮과 瑤臺를 만들어놓고 荒淫을 즐기다가 나라를 망쳤다.(≪史記≫ 권38 〈宋微子世家〉)

17) 周나라……걱정하였고 : 周나라 文王의 靈囿는 사방 70리라고 한다. 齊 宣王이 "문왕의 囿는 사방 70리나 되었다는데, 사실입니까?" 하고 묻자, 孟子가 "古書에 그런 기록이 있습니다." 하였다. 제 선왕이 "그렇게도 컸습니까?" 하니, 맹자가 "백성들은 오히려 작다고 여겼습니다." 하였다.(≪孟子≫ 〈梁惠王 下〉)

18) 齊나라……걱정하였으니 : 齊 宣王이 "과인의 囿는 사방 40리인데도 백성들이 오히려 크다고 여기는 것은 어째서입니까?" 하자, 孟子가 "文王의 囿는 사방 70리이지만, 꼴 베고 땔나무하는 사람도 그곳에 가고 꿩과 토끼를 잡는 사람도 그곳에 가서 백성들과 함께하였으니, 백성들이 작다고 여기는 것이 당연하지 않겠습니까.……신이 들으니 郊關 안에 사방 40리 크기의 囿가 있는데 이곳의 사슴을 죽이면 사람을 죽인 것과 죄가 같다고 하였습니다. 이는 나라 안에 사방 40리 되는 함정을 파놓은 것이니, 백성들이 크다고 여기는 것이 당연하지 않겠습니까." 하였다.(≪孟子≫ 〈梁惠王 下〉)

19) 사사로움이……받들어 : ≪禮記≫ 〈孔子閒居〉에 "子夏가 묻기를 '三王(禹·湯·文王·武王)의 덕

는 자가 있거든 이에 형벌을 써야 합니다. 그렇다면 백성에게 이익을 베풀고 자신의 사사로운 이익을 금하는 것은 천자가 의지하여 천하를 다스리는 도구입니다. 이것을 버려두고 힘쓰지 않고서 백성의 이익을 막고 사사로운 욕심을 채운다면, 사람들에게 탐욕이 없게 하고자 하여도 할 수 없습니다.

夫國家作事에 以公共爲心者는 人必樂而從之하고 以私奉爲心者는 人必咈而叛之하나니 故燕昭築金臺어늘 天下稱其賢①하고 殷紂作玉杯어늘 百代傳其惡②하니 蓋爲人與爲己가 殊也일새요 周文之囿가 百里로되 時患其尙小하고 齊宣之囿가 四十里로되 時病其太大하니 蓋同利與專利가 異也니이다 爲人上者가 當辨察玆理하여 洒濯其心③하여 奉三無私④하여 以壹有衆호되 人或不率이어든 於是用刑하나니 然則宣其利而禁其私는 天子所恃以理天下之具也라 捨此不務하고 而壅利行私면 欲人無貪이라도 不可得已니이다

① 天下稱其賢 : ≪韻語陽秋≫[20]에 "李白의 〈古風〉에 '燕 昭王이 郭隗를 영접하여, 마침내 黃金臺를 쌓았다.'라는 구가 있다. 내가 ≪史記≫를 고찰해보니, 황금대의 일은 실려 있지 않고 '昭王이 郭隗를 위해 궁전을 개축하고 스승으로 섬겼다.'라고 하였다." 하였다.

韻語陽秋云 "李白古風有燕昭延郭隗, 遂築黃金臺之句. 予考史記不載黃金臺, 云 '昭王爲郭隗改築宮而師事之.'"

② 殷紂作玉杯 百代傳其惡 : ≪韓非子≫에 "紂가 상아 젓가락을 만들자, 箕子가 두려워하여, 상아 젓가락은 필시 흙으로 만든 그릇에는 사용할 수 없으니, 무소뿔이나 옥으로 만든 잔을 만들 것이다." 하였다.

韓子 "紂爲象箸, 箕子懼, 以(謂)〔爲〕[21]象(著)〔箸〕[22]必不加於土鉶, 必將爲犀玉之杯.

③ 爲人上者……洒濯其心 : ≪春秋左氏傳≫ 襄公 21년에 "臧武仲[23]이 季孫에게 이르기를 '나

은 천지에 참여하였다고 하는데, 감히 여쭙습니다만 천지에 참여할 수 있다고 할 수 있습니까?' 라고 하자, 孔子는 '〈하늘은 사사로이 덮음이 없고, 땅은 사사로이 실음이 없고 해와 달은 사사로이 비침이 없는 것이니〉 이 세 가지를 받들어 천하 사람들을 위로하니 이를 「사사로움이 없는 세 가지」라고 한다.' 하였다."라고 하였다.

20) 韻語陽秋 : 南宋의 시인 葛立方(? ~1164)이 지은 詩話集으로 모두 20권으로 이루어져 있으며, 漢·魏부터 宋나라까지의 시에 대해 논평하였다.

21) (謂)〔爲〕: 저본에는 '謂'라고 되어 있으나, ≪韓非子≫ 〈喩老〉에 의거하여 '爲'로 바로잡았다.

22) (著)〔箸〕: 저본에는 '著'라고 되어 있으나, ≪韓非子≫ 〈喩老〉에 의거하여 '箸'로 바로잡았다.

23) 臧武仲 : 춘추시대 魯나라 대부 臧孫紇이다. 이때에 魯나라에는 도둑이 많았는데 노나라 실권자였던 季孫, 즉 季孫宿(季武子)이 臧武仲에게 이르기를 "자네는 왜 도둑을 잡지 않느냐?"라고 하

는 듣건대, 윗자리에 있는 사람은 마음을 깨끗이 가지고서 誠實한 마음으로 사람을 待遇하고 나서 사람을 다스릴 수 있다.'고 하였다." 하였다.

左襄二十一年 "臧武仲謂季孫曰 '紇也聞之, 在上位者, 洒濯其心, 一以待人. 而後可以治人'"

④ 奉三無私 : ≪禮記≫ 〈孔子閒居〉편에 나온다.

禮記孔子閒居篇云.

4-2-7 지금 瓊林庫와 大盈庫에 귀속된 재화를 度支에서 領受하지 않으니 이는 사사로운 이익을 채우는 것이요, 국가의 경상경비로 지급하지 않으니 백성에게 이익을 베푸는 것이 아닙니다. 그러니 민심이 이반하고 원망하는 것이 또한 마땅하지 않겠습니까.

지혜로운 자는 위험한 처지를 계기로 안정한 바탕을 건립하고, 현명한 자는 과거의 실책을 바로잡아 밝은 덕을 이룹니다. 천부적 자질과 英聖을 지니신 폐하께서 혹 선행을 보면 반드시 그리로 옮겨가려는 태도[24]를 더하신다면, 장차 원망하는 마음을 변화시켜 성은에 감복하게 만들 것이며 지난날의 잘못을 바꾸어 지극히 온당하게 만들 것입니다. 그리하여 남은 간당들을 신속하게 없애고 큰 명성을 영구히 드리우는 것이 그림쇠로 원을 그리는 것처럼 쉬울 것이고, 손가락으로 가리키고 돌아보는 사이에 이룰 수 있을 것입니다.

그러나 일은 미리 알 수 없는 법이니, 다만 폐하께서 실행을 하느냐에 달려 있을 따름입니다. 능히 실행을 하면 나라는 안정되고 그렇지 않으면 위태롭게 될 것이며, 능히 실행하면 덕을 이룰 것이고 그렇지 않으면 도를 잃어버리게 될 것입니다. 이것은 반드시 그렇게 되는 이치입니다. 바라건대 폐하께서는 신중히 하시고 애석하게 여

자, 장무중이 대답하기를 "자네가 외국 도둑을 불러들여서 큰 대우를 하는데 어찌 우리나라 도둑을 그만두게 할 수 있겠는가."라고 하면서 도둑을 잡지 않았다. 당시 邾나라 大夫 庶其가 漆閭丘에서 자신이 관할하고 있던 땅을 바치면서 노나라로 도망쳐 오자, 계무자가 그에게 魯 襄公의 고모를 아내로 삼도록 하고, 그를 따라 온 자에게도 모두 물품을 하사하였다.

24) 선행을……태도 : ≪周易≫ 益卦 〈象傳〉의 "바람과 우뢰가 益이니, 군자는 이 점괘를 보고서 선을 보면 그쪽으로 옮겨가고 허물이 있으면 고친다.〔風雷益 君子以 見善則遷 有過則改〕"라는 말에서 비롯된 것이다.

기십시오.

今玆二庫珍幣所歸를 不領度支하니 是行私也요 不給經費하니 非宜利也라 物情離怨이 不亦宜乎아 智者는 因危而建安하고 明者는 矯失而成德하나니 以陛下天姿英聖으로 儻加之見善必遷하시면 是將化蓄怨爲銜恩하고 反過差爲至當하리니 促殄遺孼하고 永垂鴻名이 易如轉規하여 指顧可致나 然事有未可知者하니 但在陛下行與否耳라 能則安하고 否則危며 能則成德하고 否則失道니 此乃必定之理也라 願陛下는 愼之惜之하소서

4-2-8 폐하께서 가깝게는 적에게 包圍되어 크게 근심하셨던 일을 생각하시고 멀게는 평소에 욕심대로 했던 것을 경계하시어, 기물을 가져다 쓰는 것을 너무 풍족하게 하지 마시고 안락한 의복과 음식을 반드시 아랫사람에 나누어주시어, 두 창고에 있는 모든 재물을 꺼내어 공적이 있는 이에게 하사하시어, 허심탄회하게 소회를 드러내어 대중과 바람을 같이 하십시오.

그리고 이후 納貢하는 물품을 반드시 有司에게 귀속시키며, 재화를 얻을 때마다 먼저 군대의 賞與品으로 지급하시어, 기이하고 고운 물건은 하나도 위로 바치지 않게 하여, 그들에게 진심을 다하여 대하시고[25] 그들 기대 밖의 특수한 은총을 내려주소서. 그렇게 하신다면 장졸들이 폐하께서 信賞必罰로 내린 상을 사모하여 사람들이 공을 세울 것을 생각할 것이며, 백성들이 폐하께서 改過遷善하는 마음을 기뻐하여 어느 누구인들 성덕에 귀부하지 않겠습니까.

이처럼 하신다면 난국은 반드시 바로잡힐 것이고 적은 반드시 평정될 것이니, 천천히 여섯 말이 끄는 수레를 타시고 다시 도읍으로 돌아가셔서 무너진 법도를 일으키고 흩어진 紀綱을 정돈하신다면, 성상께서는 옛 의전이 있게 되고 郡國에는 해마다 바치는 조세가 있을 것이니, 천자의 귀한 지위로 어찌 빈곤을 근심하실 일이 있겠습니까. 이것은 바로 작은 저축을 흩어서 큰 저축을 이루는 방법이며, 작은 보물을 덜어서 큰

25) 그들에게……대하시고 : 원문의 '推赤心於其腹中'은 진심을 다하여 상대를 대한다는 뜻이다. 後漢 光武帝가 銅馬와 싸울 때 이미 항복한 자들이 불안해하자 직접 말을 타고 부대를 순시하였더니, 항복한 자들이 서로 "왕이 적심을 미루어 남의 뱃속에 넣어주었으니 어찌 목숨을 바치지 않을 수 있겠는가."라고 하였다고 한다.(≪後漢書≫ 권1 〈光武帝紀〉)

보물을 굳히는 방법입니다. 하나의 일을 거행하여 여러 아름다움이 갖추어지는 것이니, 이 일을 실행하는 데 무엇을 의심할 것이 있겠습니까.

작은 것을 아껴서 많은 것을 잃어버리는 것은 廉賈[26]도 그렇게 하지 않고, 가까운 이익에 탐닉하여 원대한 계획에 어두운 것은 中人이 비판하는 바인데, 하물며 大聖이 機微에 대응하기를 단연코 하루가 마칠 때까지 기다리지 않습니다. 신이 간절히 좁은 생각을 말씀드리고자 하는 마음을 이기지 못하고 삼가 외람되이 아룁니다. 삼가 아룁니다.

陛下가 誠能近想重圍之殷憂하고 追戒平居之專欲하사 器用取給하여 不在過豐하고 衣食所安을 必以分下하사 凡在二庫貨賄를 盡令出賜有功하사 坦然布懷하여 與衆同欲하시고 是後納貢을 必歸有司하며 每獲珍華어든 先給軍賞하여 瓌異纖麗가 一無上供하여 推赤心於其腹中①하고 降殊恩於其望外하시면 將卒이 慕陛下必信之賞하여 人思建功하며 兆庶가 悅陛下의 改過之誠하여 孰不歸德이리잇고 如此則亂必靖하며 賊必平하리니 徐駕六龍하여 旋復都邑하여 興行墜典하고 整緝棼綱하시면 乘輿有舊儀하고 郡國이 有恒賦하니 天子之貴가 豈當憂貧이리잇고 是乃散其小儲하여 而成其大儲也며 損其小寶하여 而固其大寶也라 擧一事而衆美具하니 行之又何疑焉이리오 悋少失多는 廉賈不處하고 溺近迷遠은 中人所非어든 況乎大聖應機를 固當不俟終日일새 不勝管窺願效之至하여 謹陳冒以聞하노이다 謹奏라

① 推赤心於其腹中 : ≪後漢紀≫ 〈光武紀〉에 보인다.
見光武紀.

【評說】

德宗의 先君이었던 代宗 때에 사신이나 지방의 計士, 上書한 사람이나 실직하고 아직 서용되지 못한 사람 등을 대상으로 客省을 두어서 처리하는 度支의 경비가 상당하였다. 덕종은 즉위 초년에 이를 혁파하여 곡식 19,200곡을 절약하였다. 또 국가의 公賦가 大盈庫

26) 廉賈 : 청렴한 장사꾼을 말한다. 貪賈와 반대된다. ≪史記≫ 〈貨殖傳〉에 '貪賈三之 廉賈五之'란 말이 있고, 그 주에 "욕심 많은 장사꾼은 팔지 않아야 할 때에 팔고 사지 않아야 할 때 사는 까닭에 얻어진 이익이 적어서 10분의 3을 얻고, 청렴한 장사꾼은 비싸면 팔고 싸면 사는 까닭에 10분의 5를 얻는다." 하였다.

로 귀속되어 환관이 천자의 私藏처럼 관장하고 있었는데, 덕종 建中 원년(780) 12월에 楊炎이 건의하여 본래의 국고인 左藏으로 환속시키도록 명하였다. 하지만 덕종은 奉天으로 몽진하여 행궁에 私庫인 瓊林庫와 大盈庫를 설치하였다.

陸贄는 "사람에게 義를 보여주더라도 그 병폐가 오히려 사사로운 데로 흐를 것이 염려되는데, 사람에게 사사로움을 보여주면 병폐를 필시 막기 어려울 것입니다."라고 하여, 군주가 富를 사유화해서는 안 된다고 경계하였다.

이 글에서 보듯 육지가 "군사들이 충심으로 부지런히 싸운 것에 대한 보상이 시행되지 않고 있는데, 여러 道에서 올라온 貢物을 재빨리 別庫에 사사로이 보관하시니, 만인이 볼 적에 차마 마음속에 용인할 수 있겠습니까."라고 상소하여 극력 간하자, 덕종은 그 榜을 제거하도록 하였다.

朝鮮 宣祖 34년(신축, 1601) 가을에 連原道의 東堂初試(式年科 初試)에는 〈陸贄請去瓊林大盈榜表〉가 表題로 나왔다. 또한 顯宗 원년(경자, 1660) 11월 즉위 증광시에는 表題로 〈唐楊炎請天下財賦盡歸左藏〉을 내건 바 있다. 이보다 앞서 南冥 曺植의 문하인 德溪 吳健(1521~1574)은 1567년(明宗 22) 弘文館에 재임할 때, 內需司 노비가 전답을 소송하자 사헌부가 판결하여 원통함을 풀어주었으나 명종이 賜牌에 소속시키자, 〈請從憲府辨決啓〉를 작성하며 육지의 이 글을 인용하였다.

즉, 오건은 "내수사의 설치는 이미 태평성세의 수치입니다. 하물며 임금의 존귀함으로 일반 백성과 이익을 다투는 것이겠습니까. 唐나라 때 신하 육지가 '백성들에게 의로써 보여주어도 오히려 사람들이 자신의 이익만 챙길까 걱정이 되는데, 백성들에게 사사로움으로써 보여주면 환난은 틀림없이 그치게 하기 어려울 것입니다.'라고 하였습니다. 전하께서 사람들에게 보이는 것이 이미 사사로운 데서 나왔으면, 성대한 덕성에 결점이 되고 나라를 다스리고 백성을 교화하는 데 邪氣가 될 것이니, 어찌 중대하지 않겠습니까."라고 쟁론하였다.

뒤에 정조는 ≪陸奏約選≫과 ≪陸稿手圈≫에 다음과 같은 형태로 초록해두었다. "창고를 열어 재물을 흩기를 힘써서 많은 백성들의 마음을 거두려고 하는 것은 천자가 부를 추구하는 방도입니다. 천자가 일어남이 하늘과 방도를 같이하여, 민생을 낳아주고 길러주면서도 그 만듦을 으스대지 않으며 이루어주고 거두어주면서도 그 소유를 사사로이 하지 않아서, 사물에 각자 맡기기를 道로써 하여 混然히 사사로운 정을 잊으며, 취하기를 탐욕스럽게 하지 않고 흩기를 허비하지 않게 한다."

3. 奉天에서 蕭復의 의혹을 해명하여 논하는 奏狀
奉天論解蕭復狀

≪新唐書≫ 〈蕭復傳〉 "蕭復[1]은 字가 履初로, 蕭衡의 아들이다. 門閥이 높고 화려한데, 名節에 힘써 세속의 사람들과 가까이 사귀지 않았다. 德宗이 奉天으로 播遷할 때 扈從하여 吏部尙書 同中書門下平章事에 배수되었다. 宰相 盧杞가 上을 대할 때 아첨하여 구차스럽게 굴자 소복이 소리 높여 말하기를 '노기의 말은 올바르지 않습니다.'라고 하였다. 덕종은 좌우 사람들에게 '소복이 나에게 거만하게 군다.'라고 하고는 조칙을 내려 소복을 山南·江淮·湖南·嶺南 등 道의 宣撫安慰使로 삼았다. 소복은 재상으로 있으면서 엄격하고 방정해서 자주 황제의 뜻을 거슬렀으므로, 〈재상의〉 지위에 있다가도 금세 해직되었다."라고 하였다. 〈德宗本紀〉를 살펴보면 "興元 원년(784) 정월에 소복을 山南東西·荊湖·淮南·浙江·福建·嶺南宣慰安撫使[2]로 삼았다."고 하였다. 이에 陸贄의 상주문이 비록 올라갔지만 소복은 끝내 조정에 머물지 못하였다.

本傳云 "復字履初, 衡之子也. 望(閲)〔閥〕[3]高華, 厲名節, 不通狎流俗. 扈狩奉天, 拜吏部尙書同中書門下平章事. 宰相盧杞對上或諂諛阿匼, 復厲言 '杞詞不正.' 帝謂左右曰 '復慢我.' 因詔復充山南江淮湖南嶺南等道宣撫安慰使. 復爲相方嚴, 數咈帝意, 故居位亟解." 攷之本紀 "興元元年正月, 以蕭復爲山南東西荊湖淮南浙江福建嶺南宣慰安撫使." 是贄奏雖上, 復竟不留也.

---

1) 蕭復 : 德宗 때 戶部尙書이다. ≪御選古文淵鑑≫에 수록된 晁說之의 〈元符三年應詔封事〉에 "德宗이 겉으로는 賢士를 존중하였으나 내심으로는 시기하였으므로 암암리에 소인을 친근히 하다가 반란이 일어나자 奉天으로 피난하였다."라고 하였는데, 그 註에 "덕종이 戶部尙書 蕭復을 吏部尙書로 임명하고 翰林學士 姜公輔를 諫議大夫 同中書門下平章事로 임명하였다. 그러나 덕종이 항상 소복은 자기를 경시하고 강공보는 정직의 명성만 내려는 위인으로 의심한 나머지 간사한 盧杞·趙贊을 임용하였다가 국정을 실패하여 혼란의 지경에 이르렀다. 建中 4년(783)에 涇原節度使 姚令言이 반란을 일으키자, 덕종이 봉천으로 피난하였다."라고 하였다.

2) 山南東西……嶺南宣慰安撫使 : ≪新唐書≫ 〈德宗本紀〉에는 '山南東西·荊·湖·淮南·江西·鄂岳·浙江東西·福建·嶺南宣慰安撫使'로 되어 있다.

3) (閲)〔閥〕 : 저본에는 '閲'이라고 되어 있으나, ≪新唐書≫ 〈蕭復傳〉에 의거하여 '閥'로 바로잡았다.

4-3-1 冀寧이 聖旨를 받들어 알리기를 "國家의 賦稅가 대부분 江淮에서 나오는 것에 의지하는데 아직 京城을 수복하지 못한 터라 먼 길에 말을 전하는 것이 매우 어려울 듯하다. 이에 大臣 한 명을 파견하여 위로하게 하여 원근의 민심을 편안하게 하고자 한 것이다.

처음에는 이 사신을 간택하고자 하여 아울러 재상들과 商量하니 모두 '蕭復이 江外 지방에서 오랫동안 刺史의 직책을 맡아서 저쪽의 사정에 밝고 또 재상들 사이에서 명망이 가장 중하므로, 저쪽으로 파견하여 宣慰하게 하면 사람들이 필시 풍모를 바라고 悅服할 것입니다.' 하였다. 그때에 소복이 또한 이 의론을 보고 다른 異見이 없었지만 朕이 그래도 스스로 결단할 수가 없어서 마침내 여러 朝士들을 불러서 班列에 따라 인견하고 일일이 친견하여 宣慰하는 뜻을 말하고 그 온당한지의 여부를 물으니, 모두 매우 중요하다고 말하여 다른 말이 전혀 없었다. 짐이 때문에 다시 의혹함이 없어서 이미 출발 날을 택하는 것을 허여하였던 것이다.

그런데 그 출발할 날이 가까워지자 劉從一[4] 등이 도리어 論奏하기를 '우선 蕭復을 행재소에 머물게 해주십시오.'라 하고, 또 朝官 중에 封事를 올려서 또한 유종일과 뜻을 같이 하는 자가 누차 있었다. 이에 짐이 갑자기 일이 번복되는 것을 보고 대단히 서글프고 한스럽게 여겨 서너 날을 思量하였지만 그 연고를 알지 못하였다. 생각건대 필시 이는 소복이 計策하여 論奏하게 만든 것이니, 소복이 또 무슨 일로 한사코 머무르려고 하는 것인지 그 뜻을 매우 이해할 수가 없다. 卿이 근래에 이 사람의 성격과 행실을 잘 알고 있지 않은가. 아울러 짐에게 자세히 생각한 것을 알려 달라. 만약 선뜻 가고자 하지 않는다면 그 뜻이 어디에 있는 것인가."라고 하셨습니다.

右冀寧이 奉宣聖旨호되 緣國家賦稅가 多出江淮어늘 旣未收復京城일새 恐遠路傳說이 過甚하여 所以欲得遣一大臣하여 往彼宣慰하여 以安遠近之情하노니 初欲簡擇此使하여 竝先共宰相商量하니 皆云 蕭復이 久任江外刺史하여 諳彼事宜하고 又就宰相之中에 名望最重하니

---

4) 劉從一 : 742~785. 이름도 從一, 字도 從一이다. 유종일은 젊어서 進士에 천거되고, 大曆 연간에 宏詞科에 뽑혔다. 다른 벼슬에 있다가 宰相 盧杞의 추천으로 侍御史에 超遷되었다. 德宗이 奉天에 있을 때 刑部侍郎 同中書門下平章事에 배수되고, 梁州로 호종하였다. 명년 6월, 中書侍郎 同平章事가 되었다. 그해에 集賢殿大學士가 되었다. 얼마 후 병으로 사직하고 44세로 졸하였다. 鄭絪이 撰한 〈唐故正議大夫守戶部尚書贈太子太傅廣平劉公墓誌銘幷序〉가 전한다.

令其往彼宣慰하면 人必望風悅服이라하니 其時蕭復이 亦自見此商議하고 更無異同호되 朕이 猶不能自斷하여 遂喚諸朝士하여 般次對見하고 一一親向하여 說宣慰之意하고 問其穩便已否하니 皆云 至要라하여 竝無異辭일새 朕所以更不疑惑하여 已與擇得發日이러니 及其臨行에 從一等이 却論奏호되 欲得且留蕭復①이라하고 又頻有朝官이 上封事호되 亦與從一等意로 同하니 朕忽見此翻覆하고 非常悵恨하여 數日思量호되 不測其故하노니 意者컨대 必是蕭復計會하여 遣其論奏니 蕭復이 又有何事하여 苦欲得住오 其意를 深不可會로다 卿이 比來에 諳此人性行否아 兼與朕子細思料하라 若不肯去인댄 其意何在者오하시니

① 從一等……蕭復 : 德宗 建中 4년(783), 戶部尙書 蘇復을 吏部尙書로 삼고, 吏部郞中 劉從一을 刑部侍郎 同中書門下平章事로 삼았다.

德宗建中四年, 以戶部尙書蕭復爲吏部尙書, 吏部郞中劉從一爲刑部侍郎同中書門下平章事.

4-3-2 蕭復이 왕년에 常州刺史로 부임하였는데 臣이 당시 常州에 잠시 머물렀던 기간이 모두 3년이어서 그의 치적을 살펴보았고, 京邑에 이르러서도 많이 왕래하여 세월이 자심하니 情意를 통하게 되었으므로, 소복의 성정을 신은 자세히 알고 있습니다.

소복은 본시 貴門의 출신인데다가 또한 황가의 척족이기도 하지만, 매우 스스로를 수행하고 면려하여 청렴하고 정직하기를 바랐습니다. 그러나 잘못을 고치기를 너무 심하게 하여 때로는 혹 마땅함을 넘기도 하였습니다. 그리하여 經義를 논하면 목숨을 걸고 正道를 지켜 마음을 굳건하게 하여 바꾸지 않는 것을 근본으로 삼고, 인물을 의론하면 魏元忠[5]과 宋璟[6]을 스승으로 삼아 자기가 행동하는 바에 모두 최선을 다하고

5) 魏元忠 : ?~707. 唐나라 高宗 때 吐蕃이 침입하자 대책을 건의한 일로 발탁되어 殿中侍御史가 되었고, 則天武后 때에 李敬業의 반란을 토벌하여 司刑正에 발탁되었다가 御史中丞을 거쳐 同鳳閣鸞臺平章事에 올랐다. 中宗이 東宮으로 돌아온 뒤에는 張易之와 張昌宗의 전횡을 막을 것을 武后에게 간언하였는데, 도리어 무함을 입고 高要尉로 좌천되었다. 중종이 복위하자 中書令이 되었다.

6) 宋璟 : 663~737. 則天武后 때 누차 左台御使中丞에 임명되었는데, 강직한 관리로서 측천무후의 신임을 받았다. 睿宗 복위 후에 폐단을 혁파하고 인재를 등용하는 과정에서 太平公主의 미움을 받아 楚州刺史로 좌천되었다. 玄宗 開元 초년에 다시 刑部尙書에 임명되었다. 개원 4년(716)에

자 하였습니다. 그러므로 명성을 좋아한다는 혐의에 연루되고 또한 임기응변하는 재주가 없기에, 일에서는 비록 주밀하지 못하나 행실은 보장할 수 있습니다. 이랬다저랬다 하여 덕을 해치며 간악한 마음을 품고 번복하는 일은 소복의 됨됨이로 볼 때 필시 이렇게 하지 않을 것이니, 그가 어찌 직접 의론을 받들고 물러나 평소의 뜻을 바꾸어, 몰래 관료들을 꾀어서 명령을 어기겠습니까.

이는 아이의 놀이와 같아서 인정에 맞지 않으니, 비록 매우 미치고 어리석은 자라 하더라도 감히 그렇게 하지 않을 것이고, 만약 조금이라도 신중하다면 정말로 그렇게 하지 않을 것입니다. 하물며 名流라고 일컬어지고 淸職에 올라 股肱[7]의 직임에 있으면서 사사로이 큰 은택을 받았는데, 무슨 염치와 면목으로 차마 이런 짓을 하겠습니까. 가령 소복이 여기에 머물고 가지 않으려는 뜻이 있다 하더라도 劉從一 등이 어찌 牽强附會하겠습니까.

蕭復이 往年에 曾任常州刺史어늘 臣이 其時寄住常州를 首尾二年하여 閱其理行하고 及到京邑에 多與往來하여 歲月滋深하니 情意相得할새 復之志性을 臣則備諳하노니 本是貴門이요 又聯戚屬하나 痛自修勵하여 慕爲淸貞호되 矯枉太深하여 時或過當하여 論經義면 則以守死善道[8]하여 執心不回로 爲本하고 議人物이면 則以魏元忠宋璟으로 爲師①하여 己之所行을 皆欲盡善이라 故涉好名之累하고 亦無應變之才하니 用雖不周하나 行則可保라 至如二三爽德하여 翻覆挾姦은 復之爲人이 必不至是니 安有親承計議하고 退自變渝하여 私誘官僚하여 曲令干

姚崇을 이어 재상이 되어 요숭과 함께 개원의 賢相으로 일컬어진다. 철석과 같은 심장의 소유자로 명성이 있다. 송경이 일찍이 〈梅花賦〉를 지었는데, 뒤에 皮日休가 〈桃花賦序〉에서 송경의 〈매화부〉를 들어 "내가 일찍이 정승 宋廣平의 바르고 강직한 자질을 사모하여 생각하기를 그의 철석과 같은 심장으로는 아마도 유순하고 애교 넘치는 글을 토해낼 줄 모르리라고 여겼었는데, 그의 〈매화부〉를 읽어보니 내용이 통창하면서도 풍부하고 화려하여 南朝의 문체를 닮아서 그 사람됨과는 아주 달라 보였다."라고 한 일화가 있다.

7) 股肱 : 여기서는 시종신의 반열에 이른 신하를 말한다. ≪書經≫ 〈虞書 益稷〉에 "帝가 말하기를 '신하는 고굉과 이목이 된다.〔帝曰 臣作股肱耳目〕'고 하였다."라고 하였다. 그 疏에는 "임금은 원수가 되고 신하는 고굉과 이목이 되니 대체로 한 몸이다.〔君爲元首 臣爲股肱耳目 大體如一身也〕"라고 하였다.

8) 守死善道 : ≪論語≫ 〈泰伯〉에서 孔子가 "독실하게 믿으면서 배우기를 좋아하고, 목숨을 걸고 지키며 도를 잘 실행해야 한다.〔篤信好學 守死善道〕"라고 한 말이 보인다.

說이리오 是同兒戲하여 非近人情하니 雖甚狂愚라도 猶應不敢이요 若稍恭愼이면 固當不爲어든 況乃見稱名流하고 獲踐淸貫하여 備股肱之任하고 承渥澤之私하니 何心何顔으로 忍至於此며 假令蕭復之意로 或欲逗留인들 在於從一之徒하여 寧肯附會리오

① 魏元忠宋璟爲師：魏元忠은 처음에 則天武后 조정에서 재상을 지냈는데, 청렴하고 강직하다는 명성이 있었다. 宋璟은 강직한 절개가 늙어갈수록 더욱 돈독해졌다.
元忠初相武后, 有淸直名. 璟剛直之節, 老而彌篤.

4-3-3 臣이 행재소에 이른 뒤로 늘 禁中에 거처하여 바깥 사정을 보고 듣는 것이 모두 끊어졌는데, 갑자기 폐하의 물음을 받고 보니, 그 연유를 헤아릴 길이 없습니다. 폐하께서 반드시 이 이유를 끝까지 살피고자 하신다면 어렵지 않습니다.

처음에 蕭復을 천거하여 사신으로 충임하려던 것이 본시 劉從一 등이 상량한 바에 따른 것이었고, 뒤에 소복을 가지 않기를 청한 것도 유종일 등이 論奏한 것입니다. 각기 모순된 말에는 이치상 귀결점이 있게 마련이니, 파견하라는 말과 머물게 하라는 말에 그 뜻이 장차 어디에 있는지를 성상께서 살펴 힐문하기만 하시면 누가 감히 성상의 면전에서 속일 수 있겠습니까. 소복이 만약 연이어서 머물기를 구한다면, 유종일 등이 어찌 그 죄상을 은폐할 수 있겠습니까. 유종일 등이 스스로 의견을 바꾼 것이라면 소복이 의심을 받는 것이 마땅치 않습니다. 폐하께서 어찌 무엇을 꺼리셔서 분명하게 밝히시지 않으시고, 그저 이 때문에 한스러워하십니까.

臣이 緣自到行在로 常居禁中하여 向外事情을 視聽都絶이러니 忽承顧問하니 莫測端由하노이다 陛下必欲硏窮斯理인댄 不爲難察이니 初擧蕭復充使가 本是從一等商量이요 後請蕭復不行이 又是從一等論奏라 一矛一楯이 理必有歸니 或遣或留가 意將安在오 但垂睿詰하시면 孰敢面謾①이리잇고 蕭復이 若相屬求면 則從一等이 何容爲隱이며 從一等이 儻自迴互면 則蕭復이 不當受疑니 陛下가 奚憚而不辨明하시고 乃直爲此悵恨也시니잇고

① 面謾：≪漢書≫ 〈季布傳〉에 이르기를 "樊噲가 면전에서 기만한다."[9]라 하였다. 謾의 音은

9) 樊噲가……기만한다：≪漢書≫ 〈季布傳〉에 "樊噲가 말하기를 '신은 십만 군사를 얻어 匈奴를 휘젓고 다니겠습니다.'라고 하였다. 여러 장수들이 모두 呂太后에게 아부하여 번쾌의 말이 옳다고 하였다. 그러자 季布가 말하기를 '번쾌를 참수해야 합니다. 高帝께서 30여만 군사로 平城에서 곤

嫚이다.

季布傳云"樊噲面謾." 音嫚.

4-3-4 밝히면 의혹이 없을 것이고 변별하면 억울함이 없을 것입니다. 의혹은 속임을 의심하면서 밝히지 않는 것보다 심한 것이 없고, 억울함은 의심을 받는데도 밝혀주지 않는 것보다 애통한 것이 없습니다. 이는 참과 거짓으로 하여금 뒤섞이게 만들고 충정과 사특함을 구분하지 못하게 만듭니다. 이는 실로 윗자리에 있으면서 아랫사람들을 통어하는 요점이니, 부디 폐하께서는 유념하여 살피소서. 삼가 아룁니다.

夫明則罔惑하고 **辨則罔冤**이라 **惑莫甚於逆詐**[10]**而不與明**하고 **冤莫痛於見疑而不獲辨**이니 **是使情僞相糅**하고 **忠邪靡分**일새 **玆實居上御下之要樞**니 **惟陛下**는 **留意**[①]**幸察**하소서 **謹奏**라

① 惟陛下留意 : 陸贄의 이 상주문이 올라갔지만, 德宗은 또한 끝내 다시 분별하지 않았다.
此奏旣上, 帝亦竟不復辨也.

【評 說】

蕭復은 姜公輔와 함께 賢士로 이름이 높았다. 德宗은 소복을 吏部尙書로 임명하고 강공보를 諫議大夫 同中書門下平章事로 임명하였다. 그러나 덕종은 항상 소복이 자기를 경시하고 강공보는 정직의 명성만 세우려는 위인으로 의심하여, 盧杞・趙贊을 임용하였다가 국정이 실패하였다. 덕종은 또 노기의 참소를 믿고, 소복을 山南・江淮・湖南・嶺南 등 道의 宣撫安慰使에 충당하고, 소복이 속히 부임하지 않는다고 책망하였다. 陸贄는 이 상주문을 올려 소복을 위해 해명하고 그를 외직에 임명하는 것이 부당하다고 논하였다.

육지는 소복을 두고 "經義를 논하면 목숨을 걸고 正道를 지켜 마음을 굳건하게 하여 바꾸지 않는 것을 근본을 삼고, 인물을 의론하면 魏元忠과 宋璟을 스승으로 삼아 자기가 행

욕을 치르실 적에, 당시 번쾌도 그 속에 있었거늘, 지금 번쾌가 어떻게 십만 군사로 흉노 사이를 휘젓고 다닐 수 있겠습니까. 면전에서 기만하는 것입니다.'라고 하였다.〔樊噲曰 臣願得十萬衆橫行匈奴中 諸將皆阿呂太后以噲言爲然 布曰 樊噲可斬也 夫以高帝兵三十餘萬困於平城 噲時亦在其中 今噲柰何以十萬衆橫行匈奴中 面謾〕"

10) 逆詐 : ≪論語≫ 〈憲問〉에 "남이 자기를 속일 것이라 미리 경계하지 않고 남이 자기를 믿어주지 않을 것이라고 억측하지 않아야 하나, 먼저 깨닫는 자가 현명한 것이다.〔不逆詐 不億不信 抑亦先覺者 是賢乎〕"라고 하였다.

동하는 바에 모두 최선을 다하고자 하였습니다."라고 논평하였다.

위원충은 당나라 中宗이 東宮으로 돌아온 뒤에는 張易之와 張昌宗의 전횡을 막을 것을 武后에게 간언하였다가 도리어 무함을 입고 좌천된 인물이고, 송경은 당나라 예종 복위 후에 폐단을 혁파하고 인재를 등용하는 과정에서 太平公主의 미움을 받아 楚州刺史로 좌천되었던 인물이었다. 육지는 소복을 그 두 사람에 견주어, 박해를 받더라도 강직함을 잃지 않는 賢士로 부각시켰다.

≪資治通鑑後編≫ 권94 〈宋紀 徽宗皇帝〉에 보면, 任伯雨가 司馬光・文彦博・蘇軾・程頤 등 元祐 인사들과 章惇・呂惠卿 등 紹聖 연간의 신법당을 조화시켜야 한다는 주장에 반대하여 올린 上疏에서 당 덕종 때 군자와 소인을 아울러 등용했다가 피란 길에 올랐다고 지적하였다. 임백우는 송나라 徽宗 때 右正言이 되어 반년 사이에 疏를 총 108번이나 올린 直臣이다. 그때 曾布가 元祐 연간과 紹聖 연간의 사람들을 화해시키려고 하였다.

임백우는 "인재는 물론 당파를 가리지 않고 등용해야 합니다. 그러나 예로부터 군자와 소인이 뒤섞여 일제히 진출하여 治世를 이룩한 경우는 있지 않았습니다. 대체로 군자는 자리에서 쉽게 물러나지만 소인은 자리에서 쉽게 물러나지 않으므로 군자와 소인을 아울러 등용하면 마침내 군자는 전부 떠나버리고 소인만 남게 됩니다. 당 덕종이 이로 인해 피란의 길에 나서는 화를 초래하였습니다. 建中(唐 德宗의 연호)은 바로 그의 연호이니(덕종의 연호가 지금 徽宗의 연호와 유사함) 경계하지 않을 수 없습니다."라고 하였다.

≪宋史全文≫ 권27 上 〈宋孝宗〉의 기록을 보면, 송나라 吏部尙書 鄭丙이 육지가 奉天에서 소복을 논하여 해명한 이 상소를 읽었다고 한다. 孝宗이 정병을 돌아보면서 "덕종은 의심하였으니 밝지 못하다고 이를 수 있겠다."라고 하자, 정병은 아뢰기를 "덕종이 이치를 아는 것이 명확치 않아서 일마다 의심을 하였습니다. 환난을 당했을 때 육지의 말 중에 들을 것이 많았고, 일이 안정된 후에는 육지의 말이 간절한 것이 많았는데도, 또한 의심을 당함을 면치 못했습니다."라고 하였다. 효종은 "이는 다 배우지 못했기 때문이다."라고 하였다.

4. 奉天에서 袁高 등을 천거하는 奏狀

奉天薦袁高等狀

4-4-1 〈천거하는 사람은〉 袁高, 楊頊(양욱), 裵諝,[1] 孫成, 周皓, 裵胄, 崔造, 殷亮, 李舟, 何士幹, 姚南仲, 陸淳, 沈旣濟입니다.

袁高楊頊①裵諝②孫成③周皓④裵胄⑤崔造殷亮李舟⑥何士幹姚南仲陸淳沈旣濟⑦라

① 〔原註〕 袁高楊頊 : 이상 두 사람은 모두 御史中丞을 지냈다.[2]
以上二人, 竝曾任御史中丞.

② 〔原註〕 裵諝 : 金吾將軍을 지냈다.
曾任金吾將軍.

③ 〔原註〕 孫成 : 京兆少尹을 지냈다.
曾任京兆少尹.

④ 〔原註〕 周皓 : 丹延都團練觀察使를 지냈다.
曾任丹延都團練觀察使.

⑤ 〔原註〕 裵胄 : 宣州刺史를 지냈다.
曾任宣州刺史.

⑥ 〔原註〕 崔造……李舟 : 이상 모두 郎官에 임명되었다.
以上竝任郎官.

⑦ 〔原註〕 何士幹……沈旣濟 : 이상 補闕과 拾遺를 지냈다.
以上曾任補闕拾遺.

---

1) 裵諝 : 719~793. 字는 士明, 聞喜 출신으로 裵寬의 아들이다. 唐나라 代宗 때 虔州刺史, 饒(江西 鄱陽), 廬(安徽 合肥), 亳(安徽 亳縣) 등 3州의 刺史를 지내고 내직으로 들어와 右金吾將軍이 되었다. 德宗 卽位 초에 〈獄官箴〉을 작성하여 헌상하였다. 뒤에 閬州(四川 閬中) 司馬로 폄출되었다가 太子右庶子로 소환되고, 뒤에 兵部侍郎을 거쳐 河南尹과 東都副留守에 이르렀다.

2) 〔原註〕……지냈다 : 이는 郎曄의 註가 아니라 ≪唐陸宣公奏議≫의 原註이다. 이에 〔原註〕라고 표기하여 낭엽의 주와 구분하였다. 아래 ②에서 ⑦까지도 모두 ≪당육선공주의≫의 원주이다.

4-4-2 臣이 근래 奏對를 통하여 사람을 등용하는 문제를 언급하자, 폐하께서는 여러 차례 인재가 부족하다고 한탄하시어 망연히 걱정하는 안색을 내보이셨습니다. 臣이 물러나 생각하면서 한편으로는 기쁘고 한편으로는 부끄러웠습니다. 기뻐한 까닭은 폐하께서 현자를 구하는 데 급히 하시니 명군으로서의 至治를 이룰 자질이 있으시기 때문이며, 부끄러워한 까닭은 가까이 모시는 신하로서 선비를 제대로 천거하지 못하니 미천한 신하가 지위만을 차지한 죄가 있기 때문입니다.

右臣이 近因奏對하여 言及任人하여늘 陛下가 累歎乏才하사 憫然憂見於色하실새 臣이 退而思省하여 且喜且慙하노니 所喜者는 樂陛下急於求賢하시니 明君致理之資也요 所慙者는 恥近侍不能薦士하노니 微臣竊位之罪也라

4-4-3 매번 스스로 헤아려 선택하여 평소 아는 자들을 천거하고자 생각하였습니다. 그러나 鑑識이 분명하지 못하고 품평이 적당하지 않아서 반복하여 참조하고 비교하여 살펴보기만 하다가 끝내 아뢰지 못하였습니다. 그러다가 어제 中書省이 규례를 참작하여 관직을 옮길 奏章을 올렸는데 신에게 명하여 그 가부를 자세히 살피도록 알리는 詔書를 받았습니다. 이에 貶職된 무리 중에서 매우 부합할 만한 자가 있다는 것을 알았습니다.

신은 평소 익숙히 아는 바를 가지고 아울러 公議를 들어서, 중서성이 올린 奏章 안에서 거의 열 사람을 얻었으며, 奏章에서 포함되지 못한 자도 또 서너 명이 있습니다. 혹은 사건에 連累되어 貶職되기도 하고 혹은 讒訴를 만나 지방으로 좌천되기도 하였습니다만 모두 행실과 능력이 있고 명성과 자취가 드러났으므로, 淸職의 반열에 두시면 모두 良材라 이를 만합니다. 만약 다만 규례에 따라 참작하여 관직을 옮기고 전례에 따라 외직으로 보내게 한다면, 정말로 그것은 폐하께서 현자를 사랑하는 뜻이 아니며, 또 海內의 잘 다스려지기를 바라는 마음과도 괴리됩니다.

만약 이들이 특별한 은혜를 입어서 행재소에 달려오게 하여 성상께서 시험 삼아 인견하시면 필시 볼만한 점이 있을 것입니다. 이들을 錄用하고 작은 허물은 버려두는 것[3]은 성덕의 호칭에 부합하고, 버려졌던 현신들을 등용하고 덕망 있는 옛 신하를

---

3) 작은……것 : 더러운 것을 포용한다는 뜻으로, 잘못을 용서해주는 군주의 은혜를 가리킨다. ≪春

찾는 것 역시 치국의 큰 방도를 천명하는 것이 될 것입니다. 삼가 천거하는 명단을 기록하여 아뢰어서 성상의 採擇에 대비하고 합니다. 그 나머지 差序와 遠近에 관해서는 別狀에 자세히 갖추어 아뢰니다. 삼가 아뢰니다.

輒自揣擇하여 思擧所知호되 猶懼鑑識不明하고 品藻非當하여 反覆參校하여 未果上聞이러니 昨蒙宣示中書進擬量移官하사 令臣으로 審看可否者하시니 因悟貶降之輩가 其中에 甚有可稱일새 臣以素所諳知로 兼聞公議하여 此狀之內에 僅得十人하고 狀所不該가 又有三四하니 或因連累左黜하고 或遭讒忌外遷호되 互有行能하고 咸著名跡하니 寘之淸列하면 皆謂良材라 若但準例量移하고 及令仍舊出守하면 固非陛下愛賢之意하며 亦乖海內望理之心하니 儻蒙特恩하여 追赴行在하여 試垂訪接하시면 必有可觀하리이다 錄用棄瑕가 旣符德號하고 振淹求舊가 亦闡大猷일새 謹錄薦陳하여 庶備採擇하며 其餘差序遠近은 竝具別狀하여 以聞하노이다 謹奏라

【評 說】

德宗이 中書省에 대해서 올린 관직을 옮길 명단을 陸贄에게 보여주고 이를 살펴 인재를 추천하게 하였다. 육지가 추천한 袁高 이하의 인물들은, 裴諝를 제외하면, 생몰년이나 행적을 상세히 알 수가 없다. 다만 원고의 경우에는, 덕종은 貞元 원년(785) 朱泚의 난을 야기하였다가 실각해 있던 盧杞를 사면하고 饒州刺史로 발탁하려고 하였는데, 원고가 이를 반대하여 노기를 澧州別駕로 삼았다. 이 일에 대해 李泌은 덕종이 간언을 따른 것을 높이 평가하면서 堯舜보다 뛰어나다고 칭송하였다. 하지만 ≪資治通鑑綱目≫ 권47의 史評에서 胡寅은, 덕종이 마지못해 따라주었을 뿐이므로 요순보다 뛰어나다고 칭송하는 것은 아부하는 말이라고 지적하였다. 대개 육지가 추천한 인물들은 犯顔을 하면서까지 直諫을 하였던 강직한 인사들이었던 듯하다.

한편 육지는 작은 허물은 버려두고 생각하지 말아야 치국의 큰 방도를 천명하는 것이 될 것이라고 하였다. 적은 허물을 버리고 생각지 않고 錄用하는 것을 錄用棄瑕는 혹은 棄瑕錄用이라고도 한다. ≪春秋左氏傳≫ 宣公 15년 조의 "아름다운 옥은 티끌을 숨겨 주고

秋左氏傳≫ 宣公 15년 기사에 "내와 못은 오물을 받아들이고, 산과 숲은 독충을 끌어안으며, 훌륭한 옥도 하자를 품고 있다. 마찬가지로 나라의 임금이 더러운 것을 포용하는 것은 하늘의 도이다.〔川澤納汙 山藪藏疾 瑾瑜匿瑕 國君含垢 天之道也〕"라고 하였다.

나라의 임금은 더러운 것을 감싸 준다.〔瑾瑜匿瑕 國君含垢〕"라는 말에 뿌리를 두고 있다. 따라서 군주 등의 포용력을 含垢라고도 한다.

柳宗元은 元和 6년(811) 永州司馬로 있을 때 지은 〈上西川武元衡相公謝撫問啓〉에서 "갈비뼈가 부러지고 종지뼈가 잘린 자들과 같은 부류인 저로 하여금 스스로 떨쳐 일어나 相公의 지도 아래 나라를 위해 목숨을 바칠 것을 기대하셨습니다. 이는 실로 大君子가 모든 것을 포용하고 널리 살펴보아 하자를 도외시하고 채용하는 도리입니다.〔俾折脅臏脚之倫 得自拂飾 以期效命於鞭策之下 此誠大君子并容廣覽 棄瑕錄用之道也〕"라고 하였다. 유종원은 재상의 포용력을 구한 것이다.

한편 ≪通鑑續編≫ 권14과 ≪宋史全文≫ 권17 하 〈宋高宗〉에 보면 宋나라 高宗이 定海縣이 金나라 적들에게 불탄 것을 돌아볼 때, 呂頤浩가 "태평함이 오래면 선비들이 文學을 많이 하지만, 군대와 재정에 숙달하여 금일을 구제할 수 있는 인물은 드뭅니다."라고 하자, 王度는 "문학하는 인사가 반드시 임무에 맞게 잘 처리하는 것도 아니고, 재주가 있는 이도 간혹 시행하는 데에 결점이 있습니다. 폐하께서 棄瑕錄用한 것이 아니었다면 온 세상에 온전한 사람이 없었을 것입니다."라고 하였다. 이것은 군주의 포용력을 언급한 것이되, 그 폐해를 가만히 지적한 것이다.

閔鼎重(1628~1692)은 孝宗 초 올린 〈應旨疏〉(≪老峯集≫ 제2권)에서 兪棨(1607~1664)를 구하려고 "까마귀와 솔개의 알을 깨뜨리지 않은 후에야 봉황새가 날아오고, 비방한 죄를 벌주지 않은 후에야 아름다운 말을 해주는 자가 온다."라고 하였다. ≪漢書≫ 권51 〈路溫舒傳〉에 실린 〈尙德緩刑書〉에 보이는 표현으로, 형벌을 너그럽게 하고 군주를 비방하는 죄명을 없애 천하 사람들이 간언을 할 수 있도록 언로를 넓히라는 요지이다. 유계는 仁祖의 묘호를 정할 때 祖의 사용을 반대하고 宗을 사용할 것을 주장하다가 선왕을 욕되게 했다는 죄로 온성과 영월에 유배되었다. 민정중은 "유계를 만약 비방했다고 하여 죄를 준다면 온 나라 사람들이 모두 그의 원통함을 알 것입니다."라고 하여 "유계의 狂妄함이 만에 하나 비방에서 나왔다 하더라도 오히려 聖世에 마땅히 禁錮에 처하지 않음으로써 허물을 감싸주는 덕을 드러내야 합니다."라고 주장하였다. 이 상소는 군주의 含垢를 요청하는 주제로, 육지의 이 奏議와 趣旨가 같다.

5. 奉天에서 李晟이 관할하는 兵馬에 대해 논하는 奏狀
奉天論李晟所管兵馬狀

李晟

4-5-1 역적 朱泚가 잠시 주벌되는 것을 모면하여 장안의 宮苑에 무리를 모아 지키고 있으나, 형세가 궁하고 원조가 끊어져서, 날짜를 질질 끌며 가까스로 목숨을 부지하고 있습니다. 李懷光[1]은 朝廷의 명을 따르는 군사를 총괄하고 승세를 타서 북을 울리며 행군하여 적을 제거하면, 마른 나무를 꺾듯이 쉬울 터인데, 역적이 도망하는데도 추격하지 않고 군사가 피로하다고 쓰지 않아서, 모든 將帥들이 나아가려고 할 때마다 이회광이 번번이 그 모책을 저지하였습니다. 이러한 사정에 근거하여 보면 정말로 이해할 수가 없습니다.

폐하께서는 군대를 보전하는 데 뜻을 두시어, 자상하게 들어주어 따르시지만, 그가

1) 李懷光 : 唐나라 때 渤海의 말갈족 사람이다. 戰功으로 都虞候가 되었는데, 성품이 거칠어 親屬도 용서하지 않았으므로 郭子儀가 軍中의 기강을 맡겼다. 곧이어 寧州·慶州 등지의 절도사가 되었다. 建中 4년(783) 朱泚의 난 때 德宗이 奉天에서 포위된 적이 있었는데 포위를 풀고 덕종을 구출하여, 副元帥에 올랐다. 덕종 貞元 원년(785)에 덕종은 盧杞와 趙贊 등의 참소를 믿고 이회광을 불신하여 그가 奉天城에 들어와 알현하지 못하게 하였다. 이 일로 인해 불만을 품은 이회광은 황제의 진격 명령을 어기고 咸陽에 주둔하며 장안으로 도망친 주자와 연합하였다. 얼마 후 항복을 청하자 덕종이 이를 받아들이려 하였는데, 李泌이 오동잎을 잘라 올리면서 말하기를 "폐하와 이회광은 군신의 명분이 다시 합쳐질 수 없음이 이 잎과 같습니다."라고 하였다. 馬燧의 토벌을 받고 그의 부하인 朔方大將 牛名俊에게 살해되었다.(≪舊唐書≫ 권121 〈李懷光列傳〉) 이회광의 아들 李璀(?~785)는 建中 4년(783) 아버지 이회광의 공로로 監察御史가 되었다. 貞元 초에 아버지 이회광이 반란을 일으키려 한다는 사실을 임금에게 고한 후에 자신도 두 아우를 죽이고 자살하였다. 그 후에 이회광도 반란에 실패하여 피살되었다.

하는 짓을 보건대 역시 감사할 줄을 모르고 있습니다. 만일 별도로 계책을 강구하여 점차 그를 견제하지 않고 오로지 姑息하여 편안함을 구하면, 끝내 어떤 변고가 일어날지 헤아리기 어렵습니다. 이는 정말로 事機가 위태롭고 급박한 때이어서, 정말로 심상하고 용이한 일로 넘겨서는 안 됩니다.

右賊泚稽誅하여 保聚宮苑하나 勢窮援絶하여 引日偸生하니 懷光이 總仗順之師하고 乘制勝之氣하여 鼓行芟翦하면 易若摧枯어늘 而乃寇奔不追하며 師老不用하여 諸帥가 每欲進取에 懷光이 輒沮其謀①하니 據玆事情컨대 殊不可解어늘 陛下가 意在全護하사 委曲聽從하시나 觀其所爲컨대 亦未知感하니 若不別務規略하여 漸相制持하고 唯以姑息求安하면 終恐變故難測하노니 此誠事機危迫之秋也라 固不可以尋常容易處之니이다

① 懷光輒沮其謀 : ≪新唐書≫ 〈李懷光傳〉에 "李懷光은 朔方節度使가 되었다. 德宗이 奉天에 파천하자, 이회광은 휘하의 군사를 이끌고 왕명을 받고 달려가서, 蒲津에서 황하를 건너 朱泚의 군사를 醴泉에서 패배시켰다. 이회광이 봉천에 도착할 적에 다시 주자의 군사를 魯店에서 패배시켜, 주자가 봉천의 포위를 풀고 떠나갔으므로, 이회광에게 中書令을 더하였다. 이회광은 사람됨이 거칠고 괴팍하였다. 입버릇처럼 황제를 알현하여 재상 盧杞 등을 주살하라고 청하겠다고 하였는데, 노기는 황제를 설득하기를 '이회광에게 명하여 승기를 타서 적을 섬멸하게 하고 입조를 허가해서는 안 된다.'고 하였다. 황제가 그 말을 따라서, 이회광에게 조칙을 내려 앞으로 나아가 토벌을 하라고 명하였다. 이회광은 스스로 생각하길, 천 리를 곧장 달려 난리를 평정하러 왔거늘 간신에게 막혀서 조회를 할 수 없다고 여겨, 상당히 분해하고 서글퍼하여서, 떠나가서 咸陽에 주둔하고는, 성벽을 굳게 지켜 80일간 나가 전투하지를 않았다. 거듭 조칙을 내려 군사를 진격하도록 하였는데, 이때마다 적의 틈을 엿보고 있다고 변명하고서 몰래 주자와 연합하였다."고 하였다.

本傳云 "懷光爲朔方節度使. 帝狩奉天, 懷光率所部奔命, 自蒲津絶河, 敗朱泚軍於醴泉. 將抵奉天, 又敗之於(曾□)〔魯店〕,2) 泚解圍去, 加中書令. 懷光爲人疏而愎, 誦言欲見上, 請誅宰相盧杞等. 杞說帝 '令懷光乘勝滅賊, 未可入朝.' 帝從之, 詔懷光進討. 懷光自以徑千里赴難, 爲奸臣所隔不得朝, (頻)〔頗〕3)恚悵, 去屯咸陽, 堅壁八旬不出戰, 屢詔使進軍, 以伺釁爲解, 陰連朱泚."

---

2) (曾□)〔魯店〕: 저본에는 '曾'으로 되어 있고 그 뒤의 글자는 빠져 있으나, ≪新唐書≫ 〈李懷光傳〉에 의거하여 '魯店'으로 바로잡았다.

3) (頻)〔頗〕: 저본에는 '頻'으로 되어 있으나, ≪新唐書≫ 〈李懷光傳〉에 의거하여 '頗'으로 바로잡았다.

4-5-2 지금 李晟[4]이 자신의 군대를 〈東渭橋로〉 옮길 것을 奏請하였는데, 마침 臣이 使命을 띠고 나가서 李懷光을 宣慰하다가 우연히 이 일을 논하게 되어,[5] 신이 마침내 편의한 바를 범범히 물어본 일이 있습니다. 이회광이 이에 말하기를 "이성이 이미 별도로 출행하려고 한다면, 나도 전혀 그의 힘을 빌리지 않겠다."라고 하였습니다. 신은 그가 마음을 바꾸어 번복하지나 않을까 염려하여, 그 군사의 강성함을 찬미하였습니다. 그러자 이회광은 스스로 으스대어, 차츰 이성을 가볍게 여기는 뜻이 있었습니다.

신이 또 조용하게 묻기를 "어제 행재소를 출발하는 날에는 이런 의논이 있을 줄은 몰랐습니다. 지금 내가 여기에서 물러나 행재소로 돌아가면 혹 聖旨로 顧問하시리라 여겨지니, 일의 可否를 결정하는 것이 어떠하겠습니까?[6]"라고 하였습니다.

이회광은 함부로 가볍게 말한 뒤여서 중간에 변경할 수 없게 되자 마침내 말하기를 "恩命을 내려 이성의 군사를 〈咸陽에서〉 철수하게 하더라도 일에 문제가 되지 않는다."라고 하였습니다. 이에 재삼 약속하여 자세히 확인하였으니, 이회광이 뒤늦게 후회하더라도 정말로 꾸며대기 힘들 것입니다.

今李晟이 奏請移軍①호되 適遇臣의 銜命宣慰懷光하여 偶論此事라가 臣이 遂汎問所宜한대 懷光이 乃云 李晟이 旣欲別行하면 某亦都不要藉라하여늘 臣猶慮有翻覆하여 因美其軍盛强하니 懷光이 大自矜誇하여 轉有輕晟之意어늘 臣又從容問云 昨發行在之日에 未知有此商量러니 今者에 從此却迴하면 或恐聖旨顧問하노니 事之可否가 決定何如오 懷光이 已肆輕言하여 不可中變이라 遂云 恩命許去라도 事亦無妨이라하여늘 要約再三하여 非不詳審하니 雖欲追悔나 固難

---

4) 李晟 : 德宗 때의 장군으로, 자는 良器, 시호는 忠武이다. 朱泚가 姚令言의 亂軍과 합세하여 반란을 일으켜, 국호를 大秦이라 일컬으면서 수도를 장악하였는데, 서쪽으로 쫓겨갔던 덕종이 이성을 시켜 정벌하게 하였다. 이성은 주자의 반란을 평정하여 長安을 수복하여 奉天으로 피신하였던 덕종을 다시 돌아오게 한 공로를 인정받아 西平郡王에 봉해졌다. 이성은 수도를 수복한 뒤에 덕종에게 보고하는 글에서 "종 틀이 바뀌지 않고 종묘의 모습이 예전과 같습니다.〔鍾簴不移 廟貌如故〕"라고 하였다.(≪舊唐書≫ 권133 〈李晟傳〉)

5) 李懷光을……되어 : ≪陸贄集≫(中華書局, 2006)은 '銜命宣慰懷光, 偶論此事'로 끊지 않고 '銜命宣慰, 懷光偶論此事'으로 끊었다. 여기서는 ≪唐陸宣公奏議≫ 壬辰字本 등의 현토를 따라 번역하였다.

6) 혹 聖旨로……어떠하겠습니까 : ≪陸贄集≫(中華書局, 2006)의 표점에는 '或恐聖旨顧問事之可否, 決定何如'로 되어 있으나, 여기서는 임진자본 등 조선 활자본에 부기된 현토를 따라 번역하였다.

爲辭리니

① 李晟 奏請移軍 : ≪舊唐書≫ 〈李晟傳〉에 "李懷光이 반역하려는 행적이 점차 노골화되었다. 이에 李晟이 그에게 겸병될까 두려워하여 '마땅히 변고가 일어나기 전에 방비하여 裨將 趙光銑 등을 洋州 · 利州 · 劒州刺史로 삼아 각각 병사를 거느리고 가서 蜀과 漢中의 要路를 통하게 하여야 한다.'고 상주하였으나 시행되지 않았다. 이에 이성이 李建徽 · 楊惠元과 함께 연합하여 둔진을 쳤는데 마침 使者가 이성의 군대에 이르자, 이성이 명령을 내리기를 '詔令에 따라 둔진을 옮긴다.'고 하고 바로 군진을 결집해 東渭橋로 옮겼다."고 하였다.

本傳 "懷光反迹寖露. 晟懼爲所幷, 上言 '當先變制備, 請(假)〔以〕[7]裨佐(鎖)〔趙〕光(鋐)〔銑〕[8]等爲洋利劒三州刺史, 各勒兵以通蜀漢衿喉.' 未報. 晟與李建徽 · 楊惠元皆聯屯, 適有使者到晟軍, 晟乃令曰 '有詔徙屯.' 卽結陣移東渭橋."

4-5-3 삼가 바라건대, 즉시 李晟의 表文을 내어서 中書省에 부쳐서, 이성이 상주한 대로 칙명을 내리시고, 별도로 李懷光에게 손수 쓰신 조칙을 내려서 군사를 옮기는 사유를 제시하면서, 그 조칙의 대의를 다음과 같이 하십시오.

"어제 이성이 장안성 동쪽으로 군사를 옮겨서 적의 형세를 분산시키겠다고 주청하였는데, 짐이 이해득실을 몰라서 본시 卿에게 상량하도록 하려 하였다. 그런데 마침 陸贄가 그곳에서 宣慰하고 돌아와 상주하기를 '卿을 만나서 군대의 사정을 논하다가 말이 이에 미치자, 卿이 그대로 〈성상께서〉 이성이 떠나는 것을 허락하더라도 事體에 역시 무방하다고 말하였다.' 하기에, 마침내 本軍에 칙명을 내려 그 청하는 바를 허락하였다. 卿은 마땅히 모략을 내어서 길을 나누어 협공하여 이성과 화합하도록 힘을 쏟아 역적을 완전히 평정하라."

이와 같이 하면 표현이 완곡하면서도 직절하고 이치가 순하면서도 명백하므로, 비록 다른 의견을 마음에 두고 있다고 하더라도, 무슨 연유로 원망을 일으키겠습니까.

伏望卽以李晟表로 出付中書하사 勅下依奏하시고 別賜懷光手詔하여 示以移軍事由호되 其手詔大意에 云 昨得李晟이 奏請移軍城東하여 以分賊勢호되 朕이 緣未知利害하여 本欲委卿

---

7) (假)〔以〕: 저본에는 '假'로 되어 있으나, ≪舊唐書≫ 〈李晟傳〉에 의거하여 '以'로 바로잡았다.

8) (鋐)〔銑〕: 저본에는 '鋐'으로 되어 있으나, ≪新唐書≫ 〈李晟傳〉에 의거하여 '銑'으로 바로잡았다.

商量이러니 適會陸贄가 從彼宣慰迴하여 奏云 見卿이 論敍軍情할새 語及於此하여 仍言許去라도 事亦無妨이라할새 遂勅本軍하여 允其所請하노니 卿宜授以謀略하여 分路夾攻하여 務使叶齊하여 剋平寇孽하라 如此則詞婉而直하고 理順而明하니 雖蓄異端인들 何由起怨이리잇고

4-5-4 臣이 처음에 使命을 띠고 가서 宣諭한 것은 본시 식량과 하사품이 균평하지 않은 데서 비롯된 것이었습니다. 마침 군사를 옮기는 때를 당하여, 일이 서로 딱 맞았고, 또 다행히 李懷光이 거짓말로 대답하여 장차 거절하는 말이 없었으니, 기회와 事宜가 모두 어우러져서, 마치 신명의 그윽한 도움[9]이 있는 듯합니다. 한 번 그 유리한 시기를 놓친다면, 뒷날 후회한들 무슨 소용이 있겠습니까. 부디 바라건대 성상께서는 신속하게 재결하소서. 삼가 아룁니다.

臣初奉使諭旨는 本緣糧賜不均①이러니 偶屬(촉)移軍하여 事相諧會하고 又幸懷光이 詭對하여 且無阻絶之言하니 機宜合幷하여 若有幽贊하니 一失其便하면 後何悔追리오 伏望聖聰은 速垂裁斷하소서 謹奏라

① 臣初奉使諭旨 本緣糧賜不均 : ≪新唐書≫ 〈李晟傳〉에 "李懷光은 모략을 써서 李晟의 군대를 저상시키고 동요시키려 하여, 곧바로 상주하여 말하기를 '神策軍의 병사에게 급여하고 하사하는 물품이 方鎭의 군사에 비해 유독 후하여서, 군사들이 모두 말들을 하고 있습니다. 부디 폐하께서 재결하여 처리하여 주십시오.' 하였다. 이회광은 이성이 직접 자기의 군사들에게 주는 물품을 감삭하게 하면 군사들이 원망하여 쉽게 동요하리라 여겼다. 황제는 陸贄를 보내서 이회광에게 조칙을 내리고, 그에게 이성과 상의하게 하였다. 이회광은 말하기를 '봉록과 하사품이 같지 않거늘, 군사들이 어찌 싸우겠는가?'라고 하였다. 육지가 거듭 이성을 돌아보자, 이성은 말하기를 '공은 元帥이므로, 軍政을 총괄하시고 저는 그 한 軍을 거느리고 있으므로 오로지 공이 명하는 바를 따르겠습니다.' 하자, 이회광은 계략이 막혀 마침내 그만두었다." 하였다.

晟本傳 "懷光謀沮撓晟軍, 卽奏言 '神策兵給賜比方鎭獨厚, 衆皆以爲言. 惟陛下裁處.' 懷光欲晟自削其軍, 則(上意)〔士怨〕[10]易撓. 帝遣陸贄(往)〔臨〕[11]詔懷光, 令與晟議. 懷光曰

9) 신명의……도움 : ≪陸贄集≫(中華書局, 2006) 石川安貞(日本)의 註에 "幽贊은 神의 도움이란 뜻이다." 하였다. ≪周易≫ 〈說卦傳〉에 "옛날에 성인이 易을 만들 적에 그윽이 신명을 도와 시초를 내었다.〔昔者 聖人之作易也 幽贊於神明而生蓍〕"라고 하였다.

10) (上意)〔士怨〕 : 저본에는 '上意'로 되어 있으나, ≪新唐書≫ 〈李晟傳〉에 의거하여 '士怨'으로 바로

'稟賜不均, 軍何以戰.' 贄數顧晟, 晟曰 '公乃元帥, 軍政得專之. 晟將一軍, 唯公所命.' 懷光計塞, 乃止."

【評 說】

≪資治通鑑≫의 기록에 따라 陸贄의 상소가 있게 된 전후 배경을 살펴보면 다음과 같다. 李懷光이 山東에서 난리에 달려와 자주 사람들에게 盧杞・趙贊・白志貞의 간사하고 아첨함을 말하고 "내가 上을 뵈면 마땅히 이들을 죽일 것을 청하겠다." 하였다. 이후 이회광은 奉天의 포위가 풀리자 자신의 공을 자랑하여 上이 반드시 특별한 예로 대접할 것이라고 여겼다.

혹자가 이회광의 말을 노기에게 고하자 노기가 두려워하여 上에게 "만약 이회광으로 하여금 승세를 타고서 長安을 탈취하게 한다면 일거에 적을 섬멸할 수 있습니다. 그런데 이제 그가 들어와 조회하도록 허락한다면 반드시 잔치를 베풀어서 여러 날 동안 머물게 될 것이니, 적으로 하여금 京城에 들어가서 조용히 대비하게 한다면 도모하기 어려울 듯합니다." 하였다. 德宗은 그 말에 따라 이회광에게 군대를 이끌고 便橋에 주둔하여 李建徽・李晟과 함께 기일을 정해서 長安을 취하도록 명하였다.

이회광은 서운해하며 "내 이제 이미 간신의 배척을 당하였으니, 앞으로의 일을 알 만하다." 하고는 군대를 이끌고 떠나 魯店에 이틀을 머물다가 길을 떠났다. 이회광이 군대를 주둔하여 長安으로 전진하지 않고 여러 번 表文을 올려 노기 등의 죄악을 폭로하자 여론이 비등하였다. 덕종은 부득이하여 12월에 노기를 新州司馬로, 백지정을 恩州司馬로, 조찬을 播州司馬로 좌천시켰다. 다음 해(갑자, 784) 연호를 興元으로 바꾸었는데, 그 2월에 이회광이 조정을 협박하여 노기 등을 축출시킨 뒤에 자신의 처지에 불안을 느껴 딴마음을 품고, 또 이성이 성공할까 두려워해서 이성의 군대와 연합할 것을 조정에 奏請하니, 덕종이 조서를 내려 허락하였다.

이회광이 咸陽에 주둔하여 여러 날 머물면서 은밀히 朱泚와 서로 공모하다가 이러한 사실이 탄로가 났다. 이성은 "이회광이 변고가 있어서 군대가 그에게 합병될까 두려우므로, 군대를 동쪽 渭橋로 옮길 것을 청합니다." 하였다. 덕종은 그의 말을 따랐다.

잡았다.

11) (往)〔臨〕: 저본에는 '往'으로 되어 있으나, ≪新唐書≫ 〈李晟傳〉에 의거하여 '臨'으로 바로잡았다.

丁卯日(2월 26일)에 이회광이 그의 장수 趙昇鸞을 보내어 奉天城을 침입하였다. 渾瑊이 덕종에게 사실을 아뢰고 급히 御駕를 남쪽 梁州로 행차하게 할 것을 청하자, 덕종이 그의 말을 따랐다. 이성을 河中同絳節度使에 제수하고 平章事를 가하였다. 이성은 장수와 속관들에게 이르기를 "長安은 宗廟가 있는 곳이고 천하의 근본이니, 만약 諸將들이 모두 황제를 따라 가면 누가 적을 섬멸한단 말인가." 하고는 마침내 城과 垓子를 수리하고 갑옷과 병기를 수선하여 京城을 수복할 계책을 하였다.

이때 이회광과 주자가 병력을 연합하여 聲勢가 매우 성하였다. 이성은 안으로는 물자와 군량이 없고 밖으로는 구원하는 세력이 없었으나 단지 忠義로써 장병들을 감동시키고 격려하였다. 그러므로 그의 군대가 비록 형세가 고단하고 힘이 약하였으나 銳氣가 쇠하지 않았다. 이회광의 군세가 약화되자, 주자가 이회광에게 詔書를 내려 신하의 예로 대하고 또 그의 군대를 징발하였다. 이회광은 안으로는 휘하들이 변란을 일으킬까 걱정하고 밖으로는 이성이 습격할까 염려하여, 군영을 불태우고 동쪽 河中으로 도망하였다.

6. 奉天에서 李建徽와 楊惠元 두 節度兵馬使를 함께 옮길 것을 논하는 奏狀

奉天奏李建徽楊惠元兩節度兵馬狀

4-6-1 李懷光이 거느린 군대가 그들만으로도 충분히 역적(朱泚)을 제압할 수 있거늘, 한 군데에 머물러 진격하지 않는 것은 아마도 다른 연유가 있는 것입니다. 우려할 것은 이회광이 다른 사람의 도움이 필요하지 않을 정도로 매우 강성하다는 점입니다. 근자에 다시 李晟・李建徽・楊惠元 세 節度使의 군사를 파견하여 그 군영에 의탁하게 하였지만, 전공을 이루는 데 아무 보탬이 없고 다만 일이 발생하기에 충분하니, 이는 어째서이겠습니까.

4개의 군대가 營壘를 인접하고 있지만 장수들이 마음을 달리하니, 세력으로 논하자면 차이가 현격하고, 직함에 따르면 서로 통속되지 않습니다. 이회광은 이성 등이 군사는 미약하고 지위는 낮은 점을 경시하고 그의 통제에 따르지 않음을 분하게 생각하며, 이성 등은 이회광이 역적을 양성하고 姦計를 품고 있다고 의심하며 이회광이 일에 있어 자신들을 능멸하는 일이 많다고 원망하고 있습니다. 평소에는 상호간에 비방을 경계하다가, 전투를 하려 하면 戰功을 나누어 가질까 서로 염려하여, 틀어져서 화합하지 못하고 마침내 틈이 생겼으니, 그들을 한곳에 있게 한다면 필시 둘 다 온전하지 못하게 될 것입니다. 强者는 惡이 누적된 뒤에 망하고 弱者는 형세가 위태롭게 되면 먼저 뒤집어지는 법이니, 패망하는 화를 발꿈치를 들고 기다릴 수 있습니다.

오랜 역적(주자)을 평정하지 못하였는데 새로운 환난이 일어나려 하니, 몹시 위태한 상황을 근심하여 실로 마음이 썩을 지경입니다. 가장 좋은 방법은 간특함이 싹트기 전에 없애는 것이고, 그 다음은 처음 조짐이 있을 때 잘못을 바로잡는 것입니다. 하물며 事情이 이미 드러나고 禍難이 거의 이루어지려 하는데, 내버려두고 꾀하지 않는다면, 어찌 난국을 다스려 안녕시킬 수 있겠습니까.

이성이 機微를 보고 변고를 우려하여, 군사를 이동하여 장안성 동쪽으로 이동하겠다고 먼저 청하였으니, 이건휘와 양혜원은 형세가 더욱 외롭고 미약하게 되어, 그들이 이회광에게 병탄되는 것은 필연적 이치입니다. 훗날 비록 훌륭한 도모가 있다고 하더라도 아마도 스스로 빠져나올 수가 없을 듯하니, 그들의 위급함을 구원하는 것은 바로 이때에 달려 있습니다.

右懷光의 當管師徒가 足以獨制兇寇로되 逗留未進은 抑有他由하니 所患太强이라 不資傍助어늘 比者에 又遣李晟李建徽楊惠元三節度之衆하여 附麗其營하니 無益成功이요 祇足生事라 何則고 四軍接壘하나 群帥異心하여 論勢力則懸絶高卑하고 據職名則不相統屬하니 懷光은 輕晟等兵微位下하고 而忿其制不從心하고 晟等은 疑懷光養寇蓄姦하고 而怨其事多凌己하여 端居則互防飛謗하고 欲戰則遞恐分功하여 齟齬不和하여 嫌釁遂構하니 俾之同處면 必不兩全이라 强者는 惡積而後亡하고 弱者는 勢危而先覆이니 覆亡之禍를 翹足可期라 舊寇未平하고 新患方起일새 (憂危所切)〔憂歎危切〕[1]에 實堪疚心이니이다 太上은 消慝於未萌하고 其次는 救失於始兆하니 況乎事情已露하고 禍難垂成이어늘 委而不謀면 何以寧亂이리오 李晟이 見機慮變하여 先請移軍就東하니 建徽惠元이 勢轉孤弱이라 爲其呑噬는 理在必然하니 他日에 雖有良圖나 亦恐不能自拔이니 拯其危急이 唯在此時하니이다

4-6-2 지금 李晟이 떠나고자 청하는 것을 기회로, 곧바로 그들의 군대를 연합하여 함께 가도록 명하시고, 핑계 대기를 '李晟의 군사가 본디 수가 적어 역적 朱泚의 邀擊을 받을까 염려하여, 이 두 군사를 빌려 교대로 掎角[2]이 되게 하려고 한다.'라고 하십시오. 이어서 그들에게 먼저 諭旨를 내려, 비밀리에 행장을 꾸릴 것을 재촉하게 하여, 詔書가 군영에 이르거든 그날로 길을 나아가게 한다면, 李懷光이 마음에 비록 이를

---

1) (憂危所切)〔憂歎危切〕: 저본에는 '憂危所切'로 되어 있으나, ≪翰苑集≫과 ≪歷代名臣奏議≫에 의거하여 '憂歎危切'로 바로잡았다.

2) 掎角 : 掎는 다리를 잡아당긴다는 의미이고, 角은 뿔을 잡아당긴다는 의미로서, 병력을 나누어 견제하거나 적군을 협공하는 것을 말한다. ≪春秋左氏傳≫ 襄公 14년 조에 "이를 비유하자면 사슴을 잡는 것과 같다. 晉나라 사람은 뿔을 잡아당기고, 여러 戎人은 다리를 잡아당길 때, 진나라 사람과 더불어 사슴을 넘어뜨렸다.〔譬如捕鹿 晉人角之 諸戎掎之 與晉掊之〕"라고 하였다.

원치 않더라도 역시 달리 계책을 시행할 길이 없을 것입니다. 이는 상대편보다 먼저 기선을 제압하여 그들의 싸울 마음을 빼어버리는 것이요, 빠른 우레가 쳐서 미처 귀를 막을 겨를이 없는 것을 이릅니다.

今因李晟願行하여 便遣合軍同往하고 託言晟兵素少하니 慮爲賊泚所邀하여 藉此兩軍하여 迭爲掎角①이라하고 仍先諭旨하여 密使促裝이라가 詔書至營이어든 卽日進路하면 懷光이 意雖不欲이나 然亦計無所施하리니 是謂先人有奪人之心②이요 疾雷가 不及掩耳者也③라

① 迭爲掎角 : ≪春秋左氏傳≫ 襄公 14년에 "이를 비유하자면 사슴을 잡는 것과 같다. 晉나라 사람은 사슴의 뿔을 잡아당기고, 여러 戎人은 다리를 잡고서 진나라 사람과 더불어 사슴을 넘어뜨렸다."라고 하였다.

左襄十四年 "譬如逐鹿, 晉人角之, 諸戎掎之, 與晉踣之."

② 先人有奪人之心 : ≪春秋左氏傳≫ 文公 7년에 "여름에 秦 康公이 公子 雍을 晉나라로 보낼 적에, 趙宣子가 말하기를 '우리가 秦나라가 護送해오는 公子 雍을 받아들인다면 秦軍은 우리의 손님이지만 받아들이지 않는다면 秦軍은 우리의 寇賊이다. 이미 받아들이지 않기로 하였으면서 다시 進軍을 늦춘다면 秦나라는 반드시 다른 마음을 품을 것이다. 敵에 앞서 敵의 戰意를 빼앗는 것은 軍事에 훌륭한 戰術이다.'라고 하고서, 은밀히 밤에 군대를 일으켜 출발하여, 마침내 秦나라 군사를 패배시켰다."라고 하였다.

左文(六)〔七〕[3]年 "夏, 秦康公送公子雍于晉. 趙宣子曰 '我若受秦, 秦則賓也. 不受, 寇也. 旣不受矣, 而復緩師, 秦將生心. 先人有奪人之心, 軍之善政也.' 潛師夜起, 遂敗秦師."

③ 疾雷不及掩耳者也 : 疾雷는 미처 귀를 가릴 겨를도 없고, 迅雷는 미처 눈을 가릴 겨를도 없다.

疾雷不及掩耳, 迅雷不及瞑目.

4-6-3 군사를 통제하고 장수를 제어함에 있어서 귀하게 여겨야 할 바는 實情을 보아 분리하거나 결합하는 일, 신속히 이동하거나 천천히 움직이는 것에 각각 마땅함이 있습니다. 마땅히 분리해야 할 것을 결합하면 난리를 초래하고, 마땅히 결합해야 할 것을 분리하면 공효가 적게 되며, 마땅히 신속하게 이동해야 하는데 천천히 움직이면 기회를 잃게 되고, 마땅히 천천히 움직여야 하는데 신속하게 이동하면 계책이 새어나

3) (六)〔七〕 : 저본에는 '六'으로 되어 있으나, ≪春秋左氏傳≫에 의거하여 '七'로 바로잡았다.

가게 됩니다. 그 요점을 얻고 그 시기에 계합한 연후에야 거조에 잘못된 모책이 없게 되고 조치에 위태로운 형세가 없게 됩니다.

지금 병사를 모아놓았는데 쓰려고 하지 않고 장수들을 모아놓았는데 합심하지 못하니, 그들이 저절로 간악한 자가 되어 곧 변고가 일어날 것입니다. 그들을 머물러두어도 상대를 제압할 수가 없어서 그저 앙화를 조장할 뿐이고, 분산시키면 각각 자신의 능력을 마음껏 펼쳐 경쟁하다가 혹 공적을 세울 수도 있습니다. 일에는 반드시 상응하는 것이 있어서 결코 의심할 만한 것이 없습니다. 다툼을 풀려면 떨어뜨려놓지 않을 수 없고, 위급함을 구하려면 신속하게 하지 않을 수 없습니다. 이에 대한 이치를 다 따져보았으니, 부디 폐하께서는 이를 도모하시기 바랍니다.

夫制軍馭將에 所貴見情하여 離合疾徐가 各有宜適하니 當離者를 合之則召亂하고 當合者를 離之則寡功하며 當疾而徐則失機하고 當徐而疾則漏策하나니 得其要하고 契其時然後에야 擧無敗謀하고 措無危勢니 今者에 屯兵而不肯爲用하고 聚將而罔能叶心이라 自爲鯨鯢①하여 變在朝夕하니 留之라도 不足以相制라 徒長厲階요 析之면 各競於擅能하여 或建勳績하리니 事有必應하여 斷無可疑리이다 解鬪는 不可以不離요 救焚은 不可以不疾이라 理盡於此하니 惟陛下圖之②하소서

① 自爲鯨鯢 : ≪春秋左氏傳≫ 宣公 12년 조에 "楚子가 말하기를 '옛날에 밝은 임금이 불경한 나라를 징벌한 뒤에, 그 鯨鯢(首魁)들을 죽여 그 시신을 높이 쌓아놓고 큰 치욕을 받게 하였다. 이에 京觀을 만들어 흉악한 행동을 징계한 것이다.'라고 하였다."라고 하였다.
左宣十二年 "楚子曰 '古者明王伐不敬, 取其鯨鯢而封之, 以爲大戮. 於是乎有京觀, 以徵淫慝.'"

② 理盡於此 惟陛下圖之 : 李晟이 이미 東渭橋로 군사를 옮겨 주둔하고 난 뒤에 수일 만에 李懷光이 과연 李建徽・楊惠元의 병사를 병합하였고, 이 과정에서 양혜원이 죽었다. 陸贄가 적을 헤아리는 明察이 이와 같았다.
李晟旣徙屯東渭橋, 後數日, 懷光果幷李建徽・楊惠元兵, 惠元死之. 贄之料敵, 其明如此.

4-6-4 前件의 사정4)으로 臣이 지난밤에 行營에서 돌아와 인견하고 성상의 聖旨를 받

4) 前件의 사정 : 본서 262쪽의 〈奉天論李晟所管兵馬狀〉을 가리킨다.

았는데 이르기를 '臣의 商量한 바대로 李晟에게 군사를 옮겨 장안성 동쪽으로 가게 하는 것이 분명히 온당하다. 그러나 李懷光이 틀림없이 실망하여 이로써 트집을 잡는 말을 하여 더욱 제어하기 어렵게 되면, 이성이 가지 않게 하는 것만 못하니, 신으로 하여금 다시 세밀하게 살피고 생각하여 상주하라.' 하셨습니다. 신은 事機의 得失이 安危에 관계된 바여서, 밤새도록 숙고하였습니다. 진실로 지난 방식에 안주하여 잘못을 고치지 못하면 끝내 큰 환란이 있게 되고, 지극히 위태로운 상황에 처하여 험로를 빠져나갈 생각을 하지 않으면 필시 영구히 편안할 수가 없을 것입니다. 신의 하찮은 의견을 다 아뢰오니, 부디 살피시어 채택하시기를 바라나이다. 삼가 아룁니다.

以前件事宜로 臣이 昨晩에 自行營迴하여 面奉進止호니 以臣의 所商量許李晟移就城東이 灼然穩便호되 但慮懷光이 不免悵望하여 因此生詞하여 轉難調息이면 則不如不去일새 令臣으로 更審細思量하여 奏來者라하시니 臣以事機得失이 所繫安危라 千慮百思하여 通夕忘寐하니 誠以貪因循而不能矯失者는 終有大患하고 處卼臲[5]而不思出險者는 必無久安일새 罄陳蒭蕘하노니 惟所省擇이니이다 謹奏라

【評說】

이 奏議는 앞의 〈奉天論李晟所管兵馬狀〉에서 李晟의 군대를 장안 동쪽으로 옮기도록 건의하여 이성이 李懷光의 군대에서 떨어져 나가고 난 뒤에 그 후속조처에 관한 것이다. 이 奏議에서 陸贄는 이회광과 李建徽・楊惠元의 상황을 분석하여, 이건휘・양혜원의 군대도 이회광으로부터 분리시켜야 한다고 주장하였다.

즉, 육지는 "지금 병사를 모아놓았는데 쓰려고 하지 않고 장수들을 모아놓았는데 합심하지 못하니, 그들이 저절로 간악한 자가 되어 곧 변고가 일어날 것입니다. 그들을 머물러 두어도 상대를 제압할 수가 없어서, 그저 앙화를 조장할 뿐이고, 분산시키면 각각 자신의 능력을 마음껏 펼쳐 경쟁하다가 혹 공적을 세울 수도 있습니다."라고 판단하였다.

그리고 더 나아가, 육지는 군사를 통제하고 장수를 제어하는 방법에 대하여 논하였다.

---

5) 卼臲 : 동요하고 불안한 모양, 위태로운 모양을 뜻한다. ≪周易≫ 困卦 上六爻辭에 "칡넝쿨과 위태로운 곳에 곤함이니, 동할 때마다 뉘우침이 있을 것이라 하여 뉘우치는 마음을 두면 감에 길하다.〔困于葛藟 于卼臲 曰動悔 有悔 征吉〕"라고 하였다.

즉 "군사를 통제하고 장수를 제어함에 있어서 귀하게 여겨야 할 바는 실정을 보아 분리하거나 결합하는 일, 신속히 이동하거나 천천히 움직이는 것에 각각 마땅함이 있는 것이다." 라고 주장하였다. 군대를 신속히 이동시키거나 천천히 움직이는 것은 군사 훈련의 하나로 이미 ≪周禮≫에서도 중시한 바 있다. 즉 ≪周禮≫ 〈夏官 大司馬〉에 "坐作·進退와 疾徐·疏數의 절도를 가르쳤다.〔以教坐作進退 疾徐疏數之節〕"라고 하였다. 또한 육지는 "일에는 반드시 그러한 것이 있어서 결단코 의심할 만한 것이 없습니다. 다툼을 풀려면 떨어뜨려놓지 않을 수 없고, 위급함을 구하려면 신속하게 하지 않을 수 없습니다."라고 하는 이치를 거듭 말하였다.

그리고 이미 내린 명령이라고 하여도 사태를 보아 수정하지 안 된다는 뜻을 말하여 "진실로 지난 방식에서 안주하여 잘못을 고치지 못하면 끝내 큰 환란이 있게 되고, 지극히 위태로운 상황에 처하여 험로를 빠져나갈 생각을 하지 않으면 필시 영구히 편안할 수가 없을 것입니다."라고 하였다. 因循姑息하지 말고 矯失해야 한다고 충언을 한 것이다.

여기서 矯失이란 말은 통상 부정적으로 사용하는 '矯枉過直'과는 직접 관련이 없다. 하지만 ≪周易≫ 小過卦 卦辭에 "小過는 형통하니 정함이 이롭다.〔小過 亨 利貞〕"라고 하였고, 후대의 ≪伊川易傳≫에 "過는 보통을 넘는 것이다. 굽은 것을 바로잡음에 바름을 과하게 함과 같으니, 과하게 함은 바름에 나아가는 것이다. 일은 때의 당연함이 있어 과하게 함을 기다린 뒤에 능히 형통함이 있다. 그러므로 小過는 스스로 형통할 뜻이 있는 것이다.〔過者過其常也 若矯枉而過正 過所以就正也 事有時而當然 有待過而後能亨者 故小過自有亨義〕"라고 하였다. 이것을 보면 矯枉過正은 就正의 한 방법으로 존중될 만하다. 육지의 矯失도 就正의 방법으로 이해하여야 할 것이다.

7. 御駕가 梁州로 행차하였을 때 오이와 과일을 진상한 사람을 관직에 임명하려는 것을 논하는 奏狀

駕幸梁州論進獻瓜果人擬官狀

4-7-1 欽溆가 聖旨를 받들어 알리기를 "洋州[1])를 출발한 이래로, 沿路의 백성들이 과실과 胡瓜(오이) 등을 진상하였는데, 비록 이것이 미미하고 자잘한 것이기는 하지만 또한 이러한 충직한 마음을 가졌으므로 지금 注擬하여 각각 散試官[2])을 내리려 하니, 卿이 마땅히 가부를 商量하라."라고 하셨습니다.

右欽溆가 奉宣聖旨호되 自發洋州已來로 累路百姓이 進獻果子胡瓜等하니 雖甚微細나 且有此心일새 今擬各與散試官하노니 卿宜商量可否者라하시니

4-7-2 삼가 아뢰옵니다. 爵位라는 것은 천하의 公器이자 국가의 大柄입니다. 오로지 功勳과 才德이 마땅한 경우에 처하는 것이니, 이 두 가지가 아니라면 賞典이 있어서는 안 되기 때문에, 항상 신중히 하고 아껴서 도리상 가볍게 여겨서는 안 됩니다. 가볍게 등용하면 이는 公器를 무너뜨리고 大柄을 잃는 것이니, 公器가 무너지면 사람들이 장차 존중하지 않을 것이요, 大柄을 잃게 되면 국가의 의지할 바가 없게 될 것이니, 발단은 비록 작지만 폐단은 필시 클 것입니다.

---

1) 洋州 : 지금의 陝西省 西鄕縣 四季河 부근을 말한다. 西魏가 처음 州를 두어, 洋州・懷昌・洋中・豊寧의 4郡을 두었다. 隋 煬帝 때 郡으로 되었다가, 唐 高祖 武德 원년(618) 郡을 폐하고 다시 州를 두면서 洋州를 西鄕縣에 다시 세웠다.

2) 散試官 : 試散官이라고도 하는데, 이는 太宗 때부터 있던 散官과 則天武后 시기에 등장한 試官과는 다르다. 이는 唐 후기에 출현한 신종의 관제로 虛銜이며 그 지위가 勳官과 散官에 비해 현격히 낮다. 이는 軍功에 주는 관직으로 보인다.(李錦綉 著, ≪唐代制度史略論稿≫, 中國政法大學出版社, 1998)

沿路에서 오이와 과실을 진상한 것은 농부의 미미한 정성이므로 그런 일이 있다 해도 성상의 教化를 빛낼 수가 없고, 그런 일이 없다 해도 지극한 교화를 훼손시킬 수 없기에, 헤아려서 錢帛을 하사하더라도 行幸의 은혜를 드러낼 수 있을 것입니다. 물품을 헌상하였다고 관직으로 보답하는 것은 좋은 방법이 아닐 듯합니다. 삼가 아룁니다.

伏以爵位者는 天下之公器而國之大柄也라 唯功勳才德의 所宜處之니 非此二途면 不在賞典일새 恒宜愼惜이요 理不可輕이라 輕用之면 則是는 壞其公器而失其大柄也니 器壞則人將不重이요 柄失則國無所持니 起端雖微나 流弊必大니이다 緣路所獻瓜果는 蓋是野人微情이라 有之라도 不足光聖猷이요 無之라도 不足虧至化니 量以錢帛爲賜라도 足彰行幸之恩이라 饋獻酬官은 恐非令典이로소이다 謹奏라

【評 說】

建中 4년(783) 朱泚의 난 때 德宗이 奉天에서 포위되었는데, 주자의 군대를 격파한 것이 바로 李懷光이다. 그러나 盧杞와 趙贊 등의 참소로 덕종은 이회광이 奉天으로 들어와 알현하지 못하게 하고 장안에 있는 주자를 공격하게 하였다. 이에 불만을 품은 이회광은 주자와 연합하여 반란을 일으키자, 덕종은 다시 梁州로 파천하게 된다. 도중에 어떤 백성이 瓜果, 즉 오이와 과일을 바친 일이 있었는데, 덕종이 그들을 관직에 注擬하게 하려고 하여 陸贄에게 물으니, 육지가 관직이 가볍고 법을 베풂이 드묾을 들어 그것이 옳지 못하다고 上奏하였다.

≪正祖實錄≫에 보면, 正祖 원년(정유, 1777) 7월 23일(병술)에 召對하여 ≪史記評林≫을 講할 때, 곡식을 바치면 관직에 補任한 일에 이르러 侍讀官 李在學은 육지의 뜻을 차용하여 다음과 같이 말하였다.

"官爵은 국가에서 신중하게 여겨야 하는 바인 것인데 지금 곡식을 바치면 관직을 보임하게 했으니, 오히려 어찌 '관직을 위해서 적임자를 가린다.〔爲官擇人〕'고 논할 수 있겠습니까. 당나라 덕종이 오이와 과일을 바친 사람에 대해 관직에 注擬하도록 하자, 육지의 간언이 두세 차례에 이르렀습니다. 이는 과일을 바치는 정성도 없는 것인데, 단지 곡식을 바치게 하고서 관직을 보임했으니, 이는 바로 賣官賣職을 한 것입니다."

그러면서 이재학은 조선에서 흉년에 納粟帖을 발부하는 문제에 대하여 논하였다. "우리

나라에 있어서도 흉년을 만나게 되면 이른바 납속첩이란 것이 외방 고을에 두루 유행되므로, 약간 몇 섬〔石〕 거리의 곡식이 있는 사람이면 문득 金貫子·玉貫子의 品階를 가지게 되었습니다. 이는 비록 官爵과 차이가 있는 것이기는 하지만 이미 加資란 명칭이 있었고 보면 漢나라 때의 入粟補官과의 거리가 그다지 멀지 않습니다. 雜技의 무리들에 있어서도 한번 국가에 공로를 바치게 되면, 작게는 邊將을 제수하고 크게는 守令을 삼아, 그 사람이 합당한지 않은지는 묻지도 않고서 민생을 다스리는 관직을 주었으니, 신중하게 가려야 하는 政事에 있어서 결함이 있게 된 일입니다." 이재학은 ≪書經≫ 〈商書 仲虺之誥〉의 "덕이 많은 자에게는 관직을 성대하게 내리고, 공이 많은 자에게는 상을 성대하게 내린다.〔德懋懋官 功懋懋賞〕"라는 말을 인용하여, 공이 있는 사람에게는 상을 주어야 하고 벼슬시킬 수는 없는 것이므로 깊이 유의하기를 바란다고 건의하였다.

이에 정조는 "儒臣의 말이 옳다. 列聖朝에 더러는 御容을 그린 畫員을 邊將으로 承傳하게 되자 三司에서 논쟁하게 되었고, 더러는 患候가 平復된 때의 醫官에게 가자하는 전교를 내리자 玉堂에서 말을 하게 되었으니, 이는 진실로 융성한 시대의 故事이다."라고 하였다.

8. 오이와 과실을 진상한 사람을 관직에 임명하려는 것을 다시 논하는 주장
又論進瓜果人擬官狀

4-8-1 欽溆가 中書省에서 오이와 과실을 진상한 사람들에게 관직에 注擬하는 奏狀을 가져와 臣에게 보여주고, 이어서 聖旨를 받들어 알리기를 "朕이 이르는 곳마다 인심의 기뻐함을 얻고자 하니, 試官(散試官)은 虛名이라서 事體에 손해될 바가 없으므로, 宰臣이 이미 商量하여 관직에 注擬하여 올린 것이다. 주더라도 역시 무방할 것이다." 라고 하셨습니다.

右欽溆가 齎中書所與進瓜果人擬官狀하여 示臣하고 仍奉宣聖旨호되 朕所到處에 欲得人心喜悅하노니 試官虛名이라 無損於事일새 宰臣이 已商量進擬하니 與亦無妨者라하시니

4-8-2. 臣은 생각건대, 信賞必罰은 霸道와 王道의 바탕이요, 작위를 가볍게 여기고 형벌을 업신여기는 것은 쇠란할 조짐이니, 信賞은 공적에 보상하지 않음이 없는 데 달려 있고, 罰은 죄에 징계하지 않는 데 달려 있습니다. 공적이 아닌데도 작위를 획득하면 작위가 가벼워지고, 죄가 아닌데도 형벌을 함부로 가하면 형벌이 업신여겨질 것입니다. 爵賞과 刑罰은 국가의 큰 강령입니다. 하나의 강령이 혹 어지럽게 되면 만 가지 조목이 모두 해이하게 될 것이니, 비록 훌륭한 다스림이 있다 하더라도 어찌할 수가 없습니다.

臣愚은 以謂信賞必罰은 霸王之資요 輕爵褻刑은 衰亂之漸이니 信賞은 在功無不報하고 必罰은 在罪無不懲하니 非功而獲爵則爵輕하고 非罪而肆刑則刑褻하나니 爵賞刑罰은 國之大綱이라 一綱或紊하면 萬目皆弛하리니 雖有善理라도 末如之何니이다

4-8-3 天寶[1] 말년에 嬖倖[2]이 나라를 기울게 하여 官爵을 사사로운 情으로 수여하고 賞을 은총으로 주니, 천하가 무너져 紀綱이 비로소 문란하게 되었는데, 이때 역적 安祿山이 틈을 타서 마침내 중원을 어지럽게 하였습니다. 그리하여 군사를 파견하는 일이 해마다 증가하고, 훈공을 책봉하는 일이 날마다 넓어졌으므로, 財賦가 하사하는 물품을 충분히 공급하지 못하여 職官으로 상을 주는 것이 시작되었고, 관직의 인원수가 공훈 있는 이들을 충분히 허용하지 못하여 散試官이 시행되었습니다.

이에 푸른색과 붉은색 관복을 입은 사람이 서리들과 뒤섞이고 金魚袋와 紫衣[3]가 천역을 담당하는 자에게도 두루 베풀어지니, 薰草와 蕕草[4]를 변별하는 것이 없어지고 涇水와 渭水[5]를 나누지 않음이 지금까지 20여 년이 되었지만, 이것을 능히 정돈하지 못하였습니다.

지금의 병통은 官爵이 가벼운 점에 있으니, 가령 법으로 중시하더라도 중하게 되지 않을까 두려운데 만약에 또 스스로 포기하면 장차 어떻게 남을 권면하겠습니까. 聖旨에 말씀하시길, "試官은 虛名이라서 事體에 손해될 바가 없다."고 하셨으나, 臣은 삼가 혹 폐하께서 심사숙고하지 않으셔서 우연히 이런 말씀을 하셨던 것이 아닐까 생각합니다. 만일 정말로 그러하다고 여기신다면, 신은 삼가 그것이 잘못되었다고 여깁니다.

---

1) 天寶 : 唐나라 玄宗의 연호(742~755)이다.

2) 嬖倖 : 唐나라 楊國忠을 지칭한다. 양국충이 玄宗의 총애를 받아 右相이 된 뒤에 그의 권세가 천하를 뒤흔들자 사람들이 모두 그에게 몰려들었다. 어떤 사람이 진사 張彖에게 양국충을 찾아가 보라고 권하자, 장단이 말하기를 "당신들은 그를 태산처럼 의지할지 모르지만 나는 빙산으로 여기고 있다. 만약 밝은 해가 떠오르기만 하면 당신들의 의지처를 잃지 않을 수 있겠는가.〔君輩倚楊右相如泰山 吾以爲氷山耳 若皎日旣出 君輩得無失所恃乎〕"라고 하고는 崇山으로 들어가 숨었다는 고사가 전한다.(≪資治通鑑≫ 唐 玄宗 天寶 11년(752))

3) 金魚袋와 紫衣 : 唐나라와 宋나라 때의 官服과 佩飾인데, 貴官의 대칭으로 사용하였다. 당나라 元稹의 〈贈太保嚴公行狀〉에 "50년 동안 벼슬한 사이에 尙書 한 번과 僕射 세 번을 거치고, 여섯 번 大夫를 겸하고, 다섯 번 司空을 맡고, 두 번 司徒를 하고, 세 번 保傅를 하였는데, 품계는 높은 金紫에 이르고, 관작은 최고의 國公에 다다랐다."라고 하였다.

4) 薰草와 蕕草 : 善人과 惡人의 비유한다. ≪春秋左氏傳≫ 僖公 4년에 '一薰一蕕 十年尙猶有臭'라는 글이 있는데, 薰은 향초요 蕕는 臭草로 두 가지를 한곳에 모아두면 아무리 십 년이 가도 오히려 취기가 있다는 말로, 선은 소멸되기 쉽고 악은 제거하기 어렵다는 의미이다. ≪孔子家語≫ 〈致思〉에 "薰과 蕕는 그릇을 달리하여 저장한다.〔薰蕕不同器而藏〕"라고 하였다.

5) 涇水와 渭水 : 涇渭는 중국의 涇水와 渭水로, 경수는 항상 흐리고 위수는 항상 맑기 때문에 시비와 청탁을 가리키는 말로 사용되었다.

天寶季年에 嬖倖傾國하여 爵以情授하고 賞以寵加하니 天下蕩然하여 紀綱始紊이어늘 逆羯乘釁하여 遂亂中原하니 遣戍歲增하고 策勳日廣이라 財賦가 不足以供賜하여 而職官之賞이 興焉하고 職員이 不足以容功하여 而散試之號가 行焉하여 青朱가 雜沓於胥徒하고 金紫가 普施於輿皁①하니 薰蕕無辨하고 涇渭不分이 二紀于玆로되 莫之能整하니 當今所病은 方在爵輕이라 設法貴之라도 猶恐不重이어늘 若又自棄하면 將何勸人이리오 聖旨에 以爲試官은 虛名이라 無損於事라하시니 臣伏恐陛下가 思之未熟하사 偶有是言이라 儻或謂之信然인댄 臣竊以爲過矣라하노이다

① 青朱雜沓於胥徒 金紫普施於輿皁 : 安祿山이 반란하자, 肅宗은 바야흐로 군대를 동원하여 征討하려고 하였는데, 이때 府庫에 아무 저축이 없었으므로, 朝廷은 오로지 官爵을 가지고 戰功에 상을 주었다. 諸將이 出征하면 모두에게 이름을 비워둔 告身을 지급하여, 開府・特進・列卿・大將軍에서부터 아래로는 中郎・郎將에 이르기까지, 일에 따라 이름을 써넣는 것을 허락하였고, 그 후에 信牒으로 사람들에게 官爵을 주는 것을 윤허하여, 심지어 異姓으로 王이 된 자가 있게 되었다. 여러 군사들은 단지 職任으로 統攝하였지, 官爵의 高下는 다시 따지지 않았다. 郭子儀가 淸渠의 전투에서 패한 이후에는 다시 官爵으로 흩어진 군졸을 거두었다. 이 때문에 官爵은 가벼워지고 財貨는 무거워져서, 大將軍의 告身 한 통이 불과 한 번 술자리를 마련하는 것과 바꾸기까지 하였다. 무릇 모집에 응하여 군에 들어가는 자들은 모두 金魚袋를 띠고 紫衣를 입었으며, 심지어, 朝士 僮僕도 금어대를 띠고 자의를 입고는 大官이라 칭하면서 賤役을 맡아보는 자까지 있게 되었다. 名器(관작)의 濫用이 여기에 이르러 극심하게 되었다.

安祿山反, 肅宗方用兵征討, 是時府庫無蓄積, 朝廷專以官爵賞功. 諸將出征, 皆給空名告身, 自開府・特進・列卿・大將軍, 下至中郎・郎將, 聽臨事注名. 其後又聽以信牒授人官爵, 有至異姓王者. 諸軍但以職任相統攝, 不復計官爵高下. 及淸渠之敗, 復以官爵收散卒. 由是官輕而貨重, 大將軍告身一通纔易一醉. 凡應募入軍者, 一切衣金紫, 至有朝士僮僕衣金紫稱大官而執賤役者, 名器之濫, 至是而極焉.

4-8-4 국가를 세우는 道는 오로지 義와 權이요, 사람을 유인하는 방도는 오로지 名과 利입니다. 名은 虛에 가까우나 敎化에 중요하고 利는 實에 가까우나 德에 가볍습니다. 무릇 是非를 裁斷하여 法制를 세우는 것은 義理에 달려 있습니다. 그러나 虛實을 참작하고 輕重을 헤아려서 함께 행하여도 상하지 않게 하고 교대로 사용하여도 어긋나지

않게 하여 대중의 욕망에 따르며 시기의 적의함을 헤아려서 사라지고 불어나며 가득 차고 이지러지게 하여 사람으로 하여금 권태롭게 만들지 않는 것은 權道에 달려 있습니다.

實利로만 하고 그것을 虛로 조절하지 않으면 소모하여 물력이 충분하지 않게 되고, 虛名으로만 하고 實로써 보조하지 않으면 虛誕하여 사람들의 마음속으로 추구하지 않게 될 것입니다. 그러므로 국가가 賞典을 제정함에, 財貨를 주고 廩秩을 부여하는 것은 實로 드러내는 방법이요, 品列의 차등을 두고 服章을 달리하는 것은 虛로 장식하는 방법입니다. 윗자리에 있는 사람이 반드시 이 의리를 분명하게 하고 그 변화에 통달하여 서로 표리를 이루게 하여 사람들로 하여금 날마다 쓰면서도 모르게 한다면[6] 국가를 다스리는 權道가 획득될 것입니다.

夫立國之道가 惟義與權이요 誘人之方이 惟名與利니 名은 近虛나 而於教爲重하고 利近實이나 而於德爲輕하니 凡所以裁是非하여 立法制者는 則存乎其義어니와 至於參虛實하고 揣輕重하여 竝行而不傷하고 迭用而不悖하여 因衆之欲하며 度時之宜하여 消息盈虛[7]하여 使人不倦者는 則存乎其權하니 專實利而不濟之以虛면 則耗匱而物力不給하고 專虛名而不副之以實이면 則誕謾而人情不趨하나니 故로 國家之制賞典에 錫貨財하며 賦秩廩은 所以彰實也요 差品列하며 異服章은 所以飾虛也니 居上者가 必明其義하며 達其變하여 相須以爲表裏하여 使人으로 日用而不知면 則爲國之權이 得矣라

4-8-5 삼가 법령에 실려 있는 命秩(官爵)을 살펴보니, 職事官,[8] 散官,[9] 勳官,[10] 爵

---

6) 사람들로……한다면 : ≪周易≫ 〈繫辭傳 上〉에 "仁者는 도를 보고서 仁이라 하고, 知者는 도를 보고서 知라 하는데, 백성들은 날마다 쓰면서도 알지 못한다.〔百姓日用而不知〕"라는 말이 나온다.

7) 消息盈虛 : 時運의 변천을 말한다. ≪周易≫ 剝卦 〈彖傳〉에 "군자가 消息盈虛를 숭상함은 천도에 합치하는 것이다."라고 하였다. 이치는 消衰하고 息長하고 盈滿하고 虛損하는데 군자는 이 이치에 순종하여 하늘을 섬긴다는 뜻이다. ≪莊子≫ 〈秋水〉에도 "도는 소식영허하여 끝이 나면 시작이 있다.〔消息盈虛 終則有始〕"라고 하였다. 음양의 기운과 계절의 순서가 순환한다는 말이다.

8) 職事官 : 唐나라 때 官員의 定級昇薦 제도에 品, 爵, 勳, 階 등이 있어, 각각의 부류에 대해 級別을 두어 貴賤을 변별하고 尊卑를 구별하였다. 당나라 때 官의 칭호에는 散官과 職事官의 구별이 있었다. 散官(階官)은 班位를 정하고, 職事官은 職守를 정하였다. 職事官은 구체적인 職掌을 가졌다. 中樞三省의 官이나 九寺의 官 등은 모두 在京 職事官이다. 州縣의 官, 關津官 등은 外職事官

號가 있습니다. 비록 부류에 따라 나눈 것이 넷이지만, 그러나 업무를 관장하여 봉록을 받는 자는 오로지 職事官 하나에 매어 있어, 이로써 才能 있는 사람을 임용하고 賢德한 사람을 지위에 있게 하는 것입니다. 이것이 이른바 實利를 베풀면서 虛名에다 의탁하는 것입니다. 훈관과 산관과 작호 세 가지는 매어 있는 것이 대개 服色과 資陰[11]에 있을 따름이니, 이로써 崇貴한 자들을 제어하고 功勞 있는 이를 변별합니다. 이것이 이른바 虛名을 빌려서 그 實利를 돕는 것입니다. 虛實이 서로 양성하기 때문에 사람들은 상을 남발한다고 여기지 않고, 輕重이 서로 제어하기 때문에 국가는 權道를 폐하지 않습니다.

지금 員外[12]와 試官[13]은 자못 훈관・산관・작호와 같아서, 비록 제수를 해도 봉록

이다.

9) 散官 : 階官이라고도 한다. 文散官과 武散官의 둘로 나뉘며, 각각 상이한 品級과 名號가 있다. 한 관원마다 散官의 品級과 職事官의 官位가 있는데, 職事官과 散官의 級別이 서로 상응하는 예도 있고, 상응하지 않는 예도 있다. 散官의 계열은 資力으로 昇級하기 쉽지만 職事官은 君主가 임명하는 것이기 때문이다. 왕왕 직사관은 높으나 산관의 품급은 낮아서 상응하지 않는 예가 많다. 唐 太宗 때 散官의 官階가 높으면서 맡은 임무의 職事官의 官階가 낮을 때는 行某某官이라고 하였다. 散官의 品級이 낮으면서 맡은 임무의 職事官의 官階가 높을 때는 守某某官이라 하였으며, 양자가 서로 대등할 경우에는 兼某某官이라 하였다.

10) 勳官 : 官銜의 하나로, 勳勞를 장려하기 위한 것이었다. 勳官의 기원은 西魏와 後周의 戎秩이고, 어원은 宇文周 때 보이지만 唐나라 때 定型化되었다. 軍職으로 隋나라 이후로는 散實官이라고 하다가, 唐나라 때 勳官으로 칭호를 정하여 12轉으로 구분하였다. 12轉은 上柱國으로, 정2품에 비견된다. 11轉은 柱國으로, 종2품에 비견된다, 10轉은 上護軍으로, 정3품에 비견된다. 9轉은 護軍으로, 종3품에 비견된다. 8轉은 上輕車都尉, 정4품에 비견된다. 7轉은 輕車都尉, 종4품에 비견된다. 6轉은 上騎都尉, 정5품에 비견된다. 5轉은 騎都尉, 종5품에 비견된다. 4轉은 驍騎尉, 정6품에 비견된다. 3轉은 飛騎尉, 종6품에 비견된다. 2轉은 雲騎尉, 정7품에 비견된다. 1轉은 武騎尉, 종7품에 비견된다.

11) 資陰 : 先祖의 훈공으로 그 자손이 벼슬하는 일을 말한다.

12) 員外 : 관직 용어로 정원 이외의 첨설한 관직을 말한다. 魏晉南北朝時代에 설치되었는데, 員外散騎常侍, 員外將軍, 員外司馬督 등으로 대부분 閑職이다. 이것이 隋唐時代에 이어졌으며 唐 중기 그 숫자가 급격히 늘어났다. 唐 玄宗 때에 이들 원외관을 혁파하고 皇親 및 전쟁에 군공이 있는 자들에게 부여하였다. 이와 달리 員外郎은 隋나라 때 尙書省의 24司에 각기 원외랑을 한 명씩 두어서 각 司의 次官으로서 업무를 담당하게 하였다. 唐나라 이후 靑나라 때까지 郎中과 員外郎이 6部의 각 부서에서 장관과 차관의 직책을 맡게 하였으므로, 명칭은 員外였지만 사실상 정원 안에 포함되어 있었다.

13) 試官 : 여기서 試官은 본서 275쪽의 散試官으로 보인다.

을 허비함이 없고 제수받아도 인원수를 점유하지는 않습니다. 그러나 적의 날카로운 칼끝에 돌진하여 患難을 물리치는 자는 곧 이로써 상을 주고, 筋力을 다하여 공적을 세운 자는 또한 이로써 주니, 그 쓰임이 중하다고 할 만합니다.

하지만 지금 혹 오이를 한 그릇 받들며 과실을 한 광주리에 가져온 자에게 역시 試官을 주어서 그 헌상한 것에 보답한다면, 저 날카로운 칼끝에 돌진하고 筋力을 다한 자들이 반드시 서로 말하기를 "나는 목숨도 잊고 싸워서 관직을 획득하였으나, 저자는 오이와 과실을 진상하여 관직을 획득하였으니, 이는 곧 국가가 나의 목숨을 오이·과실과 동등하게 여기는 것이다."라고 할 것입니다. 오이나 과실은 초목인데, 사람 보기를 초목같이 본다면 누가 다시 국가를 위해 쓰이는 바가 되겠습니까.

또한 員外와 試官의 경우, 俸祿으로 받는 재물이 없고, 맡은 관직에 대한 권한이 없으며, 공경을 받는 존귀함도 없고, 徭役을 면하는 우월함도 없으며, 단지 빈 이름만을 빌려주어 세속을 籠絡하는 것이지만, 세속에서 그런 것이 있든 없든 심하게 염증을 내고 버리지 않는 것은 다만 위에서 아끼는 것이기 때문입니다.

謹按命秩之載于甲令者하니 有職事官焉하며 有散官焉하며 有勳官焉하며 有爵號焉①하니 雖以類而分하여 其流有四나 然其掌務而授俸者는 唯繫於職事之一官하여 以序才能하며 以位賢德하나니 此所謂施實利而寓之虛名者也요 其勳散爵號三者는 所繫가 大抵止於服色資陰而已라 以馭崇貴하며 以甄功勞하니 此所謂假虛名하여 以佐其實利者也니 虛實이 交相養故로 人不瀆賞하고 輕重이 互相制故로 國不廢權하나니 今之員外試官이 頗同勳散爵號하여 雖則授無費祿하고 受不占員하나 然而突銛鋒하고 排患難者를 則以是賞之하며 竭筋力하고 展勤效者를 又以是酬之하니 其爲用也가 可謂重矣어늘 今或捧瓜一器하며 挈果一盛을 亦授試官하여 以酬所獻하면 則彼突銛鋒而竭筋力者가 必相謂曰 吾以忘軀命而獲官하고 此以進瓜果而獲官하니 是乃國家以吾之軀命으로 同於瓜果矣라 瓜果는 草木也어늘 視人을 如草木하면 誰復爲用哉리오 且員外試官이 無俸祿之資하며 無攝官之柄하며 無見敬之貴하며 無免役之優하고 唯假空名하여 以籠浮俗호되 浮俗의 所以若存若亡而未甚厭棄者는 徒以上之所惜耳라

① 有職事官焉……有爵號焉 : ≪新唐書≫ 〈百官志〉에서 운운하였다.
百官志云云.

4-8-6 지금 폐하께서 만약 〈試官을〉 다시 가볍게 내리시면서 '事體에 손해될 것이 없다.'고 하신다면, 사람들이 이 취지를 깨달을 것이니 〈상을 주시는 데〉 다시 무엇을 의지할 것이며 또 뒷날 공적을 세우는 사람들을 무엇으로 상을 주겠습니까. 폐하께서 만약 그들에게 職事官으로 상을 주시려 하신다면 官員의 인원수는 한도가 있고 공적은 끝이 없으니, 진실로 그 쓰임을 감당할 수 없습니다. 폐하께서 만약 그들에게 財貨로 상을 주시려 한다면, 인력이 이미 바닥났고 內帑庫의 저축이 모두 부족하니, 정말로 그 비용을 충당할 수 없을 것입니다. 이미 實利를 가지고 돈독하게 권면할 수도 없고 또 虛名을 중하게 하지도 않아서 함부로 시행하면, 사람들은 그것에 의지함이 없게 될 것이니, 무엇으로 국가를 다스리겠습니까.

더군다나 오이를 심고 과실을 가꾸는 자들은 대부분 농부입니다. 가난한 사람들이 바탕으로 삼는 바는 오로지 입고 먹고 하는 것에 있는데, 冗官의 명호를 준다고 한들 또한 무슨 쓸모가 있겠습니까. 반드시 그들을 기쁘게 하려고 한다면 錢帛을 후하게 주는 것만 못합니다. 그렇게 하면 사람들은 실리를 잃지 않게 되고, 국가는 權道를 잃지 않아서, 각각 마땅한 바를 얻고 쌍방이 그 귀중히 여기는 바를 온전히 하게 될 것이니, 무엇이 불가하겠습니까. 〈오이와 과실을 진상한 자들에게 가볍게 試官을 내리신다면〉 정말로 大猷를 손상하게 될 것입니다. 원컨대 성상께서 유념하시어 다시 자세히 헤아려주시기 바랍니다. 삼가 아룁니다.

今陛下가 若又輕用之하사 以爲無損於事라하시면 人窺斯旨하여 復何賴焉이며 後之立功을 曷用爲賞이리오 陛下가 若欲賞之以職事면 則官員有限하고 而勳伐無窮하니 固不勝其用矣요 陛下가 若欲賞之以貨財면 則人力已殫而帑藏皆匱하니 固不充其費矣라 旣未有實利하여 以敦勸하고 又不重虛名하여 而濫施하면 人無藉焉이니 何以爲國이리오 且植瓜樹果가 多是野人이라 貧者所資가 唯在衣食하니 假以冗號인들 亦奚用焉이리오 必欲使之歡欣인댄 不如厚賞錢帛이니 人不失利하고 國不失權하여 各得所宜하고 兩全其寶니 何有不可리잇고 固傷大猷[14)]하니 願留睿思하사 更少詳度하소서 謹奏라

14) 何有不可 固傷大猷 : ≪陸贄集≫(中華書局, 2006)에서는 표점이 "何有不可, 固傷大猷!"로 되어 있다. 그러나 ≪唐陸宣公奏議≫ 壬辰字本 현토에 "何有不可리잇가 固傷大猷하니"로 되어 있다. 본서에서는 현토에 의거하여 번역하였다.

【評說】

이 글은 앞의 奏議에 이어 재차 올린 것이다. ≪書經≫〈商書 仲虺之誥〉의 "덕이 많은 자에게는 관직을 성대하게 내리고, 공이 많은 자에게는 상을 성대하게 내린다.〔德懋懋官 功懋懋賞〕"라는 뜻을 주제로 삼고 있다.

正祖 3년(기해, 1779) 8월 4일(을묘) 車駕가 雙嶺川 慶安橋를 지나 利川 西峴에 이르렀을 때 한 늙은 백성이 길가에서 수박 한 소반을 받들어 임금에게 바치려 하다가 衛卒에게 막혀서 들어오지 못한 일이 있었다. 정조는 이때 侍臣에게 이르기를 "예전에 이른바 미나리를 바쳤다는 것이 이것인가. 백성의 뜻은 알 만하나 받아들이도록 허락하면 폐단이 있을 것이다. 받아들이고 나면 어찌 은혜를 베푸는 일이 없겠는가. 예전 唐 德宗이 파천할 때에 과일을 바친 백성이 있어서 받아먹고 벼슬을 除拜하게 하였으니, 그때 陸贄가 어찌 매우 諫諍하지 않았겠는가. 가령 이들이 참으로 미나리를 바치는 정성에서 나왔더라도 요행을 바라는 단서를 열게 될 만하다."라고 경계하였다.

≪列子≫〈楊朱〉에, 시골 사람이 미나리 맛이 좋다고 윗사람에게 정성을 다해 미나리를 바친 獻芹의 고사와 삼베옷을 입은 가난한 시골 사람이 등에 닿는 따뜻한 봄날의 햇볕을 임금에게 바치려 했던 獻曝의 고사가 있다. 또 ≪詩經≫〈小雅 信南山〉에 "밭 가운데 여막이 있고, 밭두둑에 오이가 있는데, 이걸 깎아 김치를 담가, 황조에게 올리네.〔中田有廬 疆埸有瓜 是剝是菹 獻之皇祖〕"라는 구절이 있어, 오이김치를 담가 임금에게 정성을 다해 올린다는 뜻이다. 이러한 것들은 모두 작은 정성을 군주에게 바친다는 말로 쓰이지만, 덕종에게 瓜果를 올린 사람들에게 試官하게 한다는 것은 경계할 만한 일로 간주되었다.

爵賞을 公器로서 중시하는 관념에 따른 것이다. 예로부터 爵賞의 문란함이 많았다. ≪晉書≫〈趙王倫傳〉에 보면, 晉 惠帝 때 趙王 倫이 제위를 찬탈한 후 작상을 남발하여 관리가 쓰는 貂蟬이 부족하자 개꼬리까지 이어서 썼다고 하며, ≪資治通鑑≫〈唐紀〉에 보면 唐 肅宗 때 국고가 탕갈되어 出征將士에게 空名告身을 주었으므로 "대장군 고신 한 통으로 한 번 취할 수 있는 술값에 바꾼다."고 하였다.

육지는, 官爵은 천하의 公器이므로 아무리 虛名뿐인 관작이라도 가볍게 다루어서는 안 된다고 하였다. ≪書經≫〈虞書 皐陶謨〉에 "하늘이 德 있는 사람을 명하거든 五服을 다섯 가지로 나타내고, 하늘이 죄 있는 사람을 치거든 五刑을 다섯 가지로 쓰라.〔天命有德 五服五章哉 天討有罪 五刑五用哉〕"라고 하였는데, 爵賞과 刑罰은 곧 군주의 政事이므로 군주가 주장하고 신하는 사용하여 힘쓰고 또 힘써 태만히 할 수 없는 것이라는 뜻을 담고 있다. 육지의 이 奏議와 〈駕幸梁州論進獻瓜果人擬官狀〉은 그 뜻을 잘 밝힌 것이다. 官爵을 公器로 보는 관념은 이후 중국과 한국에서 정치 강령으로써 거듭 환기되었다. 조선의 경우 ≪太祖實錄≫을 보면, 太祖 3년(갑술, 1394) 12월 26일(신묘)에 大司憲 朴經 등이, 宿衛 군사들에게 添設官을 주는 것에 반대하여 상소를 올려 "관직은 公器이니 마땅히 덕망을 먼저 보아야 하고, 함부로 임명해서는 안 되는 것입니다."라고 하여, 태조의 윤허를 받았다.

唐陸宣公奏議 奏草 제5권

1. 興元[1])에서 姜公輔의 의혹을 해명하여 논하는 奏狀
興元論解姜公輔狀

≪新唐書≫ 〈姜公輔傳〉에 이르기를 "姜公輔[2])는 평소 뛰어난 자질을 지니고 있었다. 德宗이 奉天으로 거둥한 후 그를 諫議大夫 同中書門下平章事로 발탁하였다. 황제가 梁州로 행재소를 옮길 때 장녀인 唐安公主[3])가 도중에 죽었다. 공주는 성품이 仁孝하여 韋宥에게 시집보내기로 결정했지만 파천으로 인해 성사되지 못했다. 황제가 몹시 슬퍼하여 공주의 장례를 후하게 치르도록 조서를 내렸다. 강공보가 간하기를 '적을 평정하고 난 뒤에 공주의 영구를 반드시 모시고 장안으로 돌아가 장례를 지내야 할 것이니, 지금은 마땅히 검소하게 하시어 군비를 조달하는 데 보태야 할 것입니다.'라고 하였다. 황제는 강공보가 충직함을 과시하여 명예를 취하고자 한다[4])고 진노하여 그를 파직하고자 하였다. 때문에 육지

1) 興元 : 梁州의 다른 이름으로 朱泚의 난을 피해 奉天으로 달아났던 德宗이 재차 梁州로 피신하였는데, 長安으로 돌아온 784년에 楊朱興元府로 개칭하고 연호도 興元이라 고쳤다. 여기에서는 연호가 아니라 지명으로 사용되었다.

2) 姜公輔 : 字는 德文, 愛州의 속현인 日南(지금의 베트남 타잉화(Thanh Hóa), 중국 지명으로는 淸化) 출신이다. 建中 4년(783), 朱泚가 반군을 이끌고 奉天을 공격했을 때 護駕한 공으로 同中書門下平章事가 되었다. 그 뒤 德宗이 봉천에서 梁州로 피신하던 도중 가장 아끼던 唐安公主가 병사하였는데, 厚葬하라는 덕종의 지시에 반하는 간언을 올렸다가 '강직함을 팔아 명예를 취하고자 한다.〔賣直取名〕'고 지목되어 左庶子로 강등되었다가 右庶子로 옮겨졌으며, 泉州別駕로 좌천되었다. 順宗이 즉위한 뒤 吉州刺史에 배수되었으나 임소로 가는 도중에 죽었다.(≪舊唐書≫ 〈姜公輔傳〉)

3) 唐安公主 : 德宗의 딸로, 모친은 昭德皇后 王氏이고, 順宗의 여동생, 남편은 韋宥다. 어려서부터 총명하고 효성스러워 덕종의 사랑을 받았다. 朱泚이 난을 피해 梁州로 가던 중 병사하자 상심한 덕종이 후하게 장례 지내고 唐安寺를 세워 기렸다. 貞元 15년(799) 공주로서는 최초로 韓國貞穆公主에 追謚되었다.

4) 충직함을……한다 : 원문의 '賣直'을 풀이한 것으로, 陸贄의 〈又答論姜公輔狀〉에 그 용례가 처음

가 힘써 구제하여 해명하였으나 황제가 끝내 듣지 않고 마침내 太子左庶子로 좌천시켰다." 라고 하였다.

本傳云 "公輔素有高材. 德宗幸奉天, 擢爲諫議大夫同中書門下平章事. 帝徙梁, 長女唐安公主道薨. 主性仁孝, 許下嫁韋宥, 以播遷未克也. 帝悼之甚, 詔厚其葬. 公輔諫曰, 卽平賊, 主必歸葬, 今宜從儉, 以濟軍興. 帝怒其賣直, 欲罷公輔, 故贄力救解之, 帝終不聽, 遂下遷太子左庶子."

5-1-1 欽漵가 성지를 받들어 알리기를 "唐安公主가 죽었는데 이곳에 遷葬할 수는 없으므로 임시로 탑 하나를 세워서 안치하였다가 京城을 수복하게 되면 바로 공주의 영구를 데리고 돌아가 禮에 맞게 장사를 지내도록 하고자 하였다. 탑을 만드는 것은 인력과 비용이 또한 매우 적게 소요되어 도무지 재상[5]이 논란할 일에 부합하지 않는데, 姜公輔가 느닷없이 表奏를 올리니 전혀 이치에 맞지 않고 단지 짐의 잘못을 지적하여 스스로 명성을 취하고자 한 것이다. 짐이 본래 그를 발탁하여 장차 腹心으로 삼고자 하였는데, 이제 오히려 이와 같이 하고 있으니 어찌 이다지도 심하게 짐을 저버릴 수 있는가. 경은 마땅히 어떻게 조치하는 것이 온당할지 헤아리라."라고 하셨습니다.

右欽漵가 奉宣聖旨호되 緣唐安公主가 喪亡이라 不可向此間하여 遷厝일새 權令造一塔하여 安置라가 待收復京城하여 卽擬將歸하여 以禮葬送호되 所造塔 役功費用이 亦甚微小하여 都不合是宰相의 所論之事어늘 姜公輔가 忽有表奏호되 都無道理하여 但欲指朕過失하여 擬自取名하니 朕本拔擢하여 將爲腹心이러니 今却如此하니 豈不負朕至深가 卿宜商量如何穩便者이라시니

5-1-2 姜公輔는 지난날 翰林院에서 신과 더불어 오랫동안 직무를 함께하였으니, 신이 이제 이치를 들어 분별하여 직언하면 이는 사사롭게 편을 든다는 혐의에 저촉될 것이

나온다.

5) 재상 : 姜公輔가 同中書門下平章事이므로 이렇게 말한 것이다.

요, 성지를 살펴서 순종하여 받든다면 잘못된 점을 고쳐 성군이 되도록 보필하는 의리에 어긋날 것입니다.

하지만 혐의에 저촉됨은 단지 제 일신에 근심을 끼치는 것이지만 의리를 어기는 것은 실로 성군의 은혜에 오점을 남기는 것이며, 자신의 안위를 따르고 군주를 잊는 것은 신하에게 있어 치욕스러운 일이고 혐의를 분별하고 의리를 장려하는 것은 군주에게 있어 명철함을 드러내는 일입니다. 신은 이제 감히 치욕이 될 일을 무릅쓰고 행하지 못하겠으니 이는 또한 명철하고 성스러운 폐하께서 살펴주실 줄 알기 때문입니다.

公輔가 頃在翰林하여 與臣으로 久同職任하니 臣今據理辨直하면 則涉於私黨之嫌하고 希旨順承하면 則違於匡輔之義어니와 涉嫌은 止貽於身患이요 違義는 實玷於君恩이니 徇身忘君은 臣之恥也요 別嫌獎義는 主之明也일새 臣今不敢冒行所恥하노니 亦賴陛下明聖而鑑焉하노이다

5-1-3 옛말에 "뜻을 따르는 자에게는 사랑이 이로 말미암아 나오고, 뜻을 거스르는 자에게는 미움이 이로부터 이른다. 그러므로 신하된 자들이 모두 다투어 뜻을 따르기만 하고 뜻을 거스르기를 회피하니, 제 집안을 돌보지 않고 국가를 위하며 제 자신을 내던져 聖君으로 만들려는 자가 아니라면 누가 임금의 안색을 범하고 기휘하는 바를 저촉하여[6] 한마디 말이라도 올리고 한마디 설이라도 개진할 수 있겠는가."[7]라고 하였습니다.

이 때문에 명철한 君后와 나라를 일으키는 君王은 이와 같음을 알아서 諫言을 구하기를 마치 미치지 못할 것처럼 하였고, 善言을 받아들이는 것을 둥근 것을 굴리듯이 하였습니다.[8] 이에 〈간언하는 자 중에〉 어질고 바른 자를 아름답게 여기고, 들추어 내고 범하는 자를 의롭게 여기며, 어리석고 천한 자를 용서하고, 경망하고 방종한 자

---

6) 기휘하는……저촉하여 : ≪史記≫ 권102 〈馮唐列傳〉에 나오는 말이다.

7) 뜻을……있겠는가 : 衛覬가 魏 明帝에게 올린 상소문에 나오는 말이다. 원문에는 '旨'가 '指'로 되어 있으며, '忘家'와 '捐身'도 '破家'와 '殺身'으로 되어 있다.(≪三國志≫ 권21 〈魏書 衛覬傳〉)

8) 둥근……하였습니다 : ≪漢書≫ 권67 〈梅福列傳〉에 "漢 高祖는 善言을 받아들일 때는 놓치기라도 할 듯하였고 간언을 받아들일 때는 둥근 것을 굴리듯이 하였다.〔高祖納善若不及 從諫若轉圜〕"라는 내용이 보이는데, 顔師古의 註에 "轉圜은 쉽게 따른다는 뜻이다.〔轉圜 言其順易也〕"라고 하였다.

揭器求言(禹임금이 악기를 걸어 바른말을 구하다.)

를 용납하였습니다. 그러하고도 교만함이 쉽게 불어나는 반면 충실한 말이 들리지 않을까 염려하였으니, 이에 간쟁하는 북〔敢諫鼓〕을 설치하고 善言을 고하도록 깃발〔告善旌〕을 세웠으며 신중히 하도록 경계하는 소고〔戒愼鞀〕를 매달고 허물을 기록하는 관리〔司過士〕를 세웠던 것인데,[9] 그러함에도 여전히 미진할까 두려워하여 또한 官制를 설

9) 간쟁하는……것인데 : 이상의 내용은 ≪漢書≫ 권48 〈賈誼傳〉과 ≪淮南子≫ 〈主術訓〉에 나온다. 賈誼가 漢 文帝에게 간언한 내용 중에 "태자가 관례를 치루고 성인이 되어 스승의 엄한 가르침에서 벗어나게 되면 허물을 기록하는 사관과 음식을 거두어가는 관리, 善言을 구하기 위한 깃발과 비판할 때 사용할 장대와 간언할 때 쓸 북을 마련하였다.〔及太子旣冠成人 免於保傅之嚴 則有記過之史 徹膳之宰 進善之旌 誹謗之木 敢諫之鼓〕"고 하였다. 또한 ≪淮南子≫ 〈主術訓〉에는 "옛날 천자가 정치를 들을 경우에 公卿은 바르게 간하고 博士는 시를 외며 樂師는 경계하는 노래를 부르고 庶人은 大夫에게 전해 말하며 史官은 잘못을 기록하고 요리하는 관리는 음식을 치웠는데, 그러하고도 충분치 못하다고 여겼기에 堯임금은 간언할 때 쓸 북을 설치하였고, 舜임금은 비판할 때 쓸 나무를 세웠으며, 湯王은 司直의 관리를 두었고, 武王은 신중히 하도록 경계하는 소고를 설치하

치하여 언제든지 직언을 할 수 있게 하였습니다.

이로 말미암아 史官은 거동을 기록하고 樂師는 시로 풍간하고 樂工은 箴諫을 음송하며 大夫는 규간하여 가르치고 士는 대부에게 전해 말하며 庶人은 비방하였습니다. 그런데도 오히려 게을리할까 두려워하여 매해 초봄에 遒人[10]이 木鐸을 가지고 길을 돌아다니며 울려서 경계하였으니, 百官이 서로 規戒하고 모든 匠人들은 각자 하는 일로써 간하였으며, 혹시라도 이를 공경히 수행하지 않으면 국법에 따라 일정한 형벌을 두었습니다.[11]

古語有之호되 順旨者는 愛所由來요 逆意者는 惡所從至니 故人臣이 皆爭順旨하고 而避逆意하나니 非忘家爲國하고 捐身成君者면 誰能犯顔色하고 觸忌諱하여 建一言開一說哉아 是以哲后興王이 知其若此하여 求諫如不及하며 納善如轉圜하여 諒直者를 嘉之하고 訐犯者를 義之하며 愚淺者를 恕之하고 狂誕者를 容之하며 仍慮驕汰之易滋而忠實之不聞也하여 於是에 置敢諫之鼓①하고 植告善之旌하며 懸戒愼之鞀(도)하고 立司過之士②호되 猶懼其未也하여 又設官制하여 以言爲常하니 由是로 有史爲書하며 瞽爲詩하며 工誦箴諫하며 大夫規誨하며 士傳言하며 庶人謗호되 尙恐其怠也하여 每歲孟春에 遒人이 以木鐸으로 徇于路而振警之호되 官師相規하며 工執藝事하여 以諫하사 其或不恭이면 邦有常刑이라하나

① 置敢諫之鼓 : 顔師古가 말하기를 "드러내놓고 간언하고자 하는 자는 곧 그 북을 두드렸다."[12]라고 하였다. 또한 ≪淮南子≫에 "堯임금이 간쟁하는 북〔敢諫鼓〕을 설치하였다."라고 하였다.

였으니, 털끝만 한 과오도 범하지 않도록 대비하기 위해서였다.〔古者天子聽朝 公卿正諫 博士誦詩 瞽箴師誦 庶人傳語 史書其過 宰徹其膳 猶以爲未足也 故堯置敢諫之鼓 舜立誹謗之木 湯有司直之人 武王立戒愼之鞀 過若豪釐 而旣已備之也〕"고 하였다. '告善旌'은 ≪管子≫ 〈桓公問〉, '戒愼鞀'는 ≪呂氏春秋≫ 〈自知〉, '司過士'는 ≪呂氏春秋≫ 〈論〉에 각각 보인다.

10) 遒人 : 임금의 명을 백성들에게 선포하는 사람을 이른다.

11) 史官은……두었습니다 : 이 부분은 ≪春秋左氏傳≫ 襄公 14년 조의 내용과 ≪書經≫ 〈夏書 胤征〉을 이어 붙인 글이다. '史官은'부터 '경계하였는데'까지는 ≪春秋左氏傳≫ 襄公 14년 조에 나오는 내용이며 '매해 초봄에'부터 '형벌을 두었습니다'까지는 ≪書經≫ 〈夏書 胤征〉에 나온다. 따라서 '遒人이'에서 '간하였으며'까지는 ≪春秋左氏傳≫과 ≪書經≫에 공히 나오는 내용이다.

12) 드러내놓고……두드렸다 : ≪漢書≫ 권48 〈賈誼傳〉의 '瞽史誦詩 工誦箴諫'에 대한 顔師古의 註에 나오는 말로 원문에는 '其'가 없다.

古曰"欲顯諫者, 則擊其鼓." 又淮南子云"堯置敢諫之鼓."

② 司過之士 : 곧 과오를 기술하는 사관이다.

即記過之史.

5-1-4 그러나 명철한 지혜가 아니면 직언을 이르게 하지 못하고 성스러운 덕이 아니면 잘못된 행동을 바로잡게 하지 못하니, 직언을 불러내면 그 지혜가 더욱 커지고, 잘못을 찾아내면 그 덕이 더욱 빛날 것입니다. 쇠하고 어지러운 조정과 어리석고 미혹된 군주만이 반드시 잘못된 행동을 감추고 직언에 대해 성을 냅니다. 아첨하는 것을 충언을 올린다고 하고 간쟁하는 것을 악을 들추어내는 것이라 여겨, 원망과 비방이 아래로 나라에 넘쳐나는데도 귀로는 그것을 듣고자 하지 않으며 추악한 행실이 위로 하늘에 도달하였는데도 마음속으로 깨우치려 하지 않아, 국가가 전복되는 지경에 이르러도 오히려 그릇됨을 알지 못하니, 실정에 어두워 미혹됨이 곧 이러한 지경에 이르게 한 것입니다.

그러므로 명철한 자는 간언을 널리 받아들여 덕을 이루지만, 어리석은 자는 자신의 생각만 옳다고 여기다가 몸을 망칩니다. 성공과 실패의 길이 먼 옛날부터 서로 반복하여 이어져왔으니, 실패와 더불어 행적을 함께하였던 자들은 전복되지 아니함이 없고 성공과 더불어 궤도를 함께하였던 자들은 창성하지 아니함이 없었습니다.

然非明智면 不能招直言하고 非聖德이면 不能求過行이니 招直則其智彌大하고 求過則其德彌光하나니이다 唯衰亂之朝와 闇惑之主는 則必諱其過行하며 忿其直言하여 以阿諛爲納忠하고 以諫爭爲揚惡하여 怨讟이 溢於下國이로되 而耳不欲聞하며 腥德이 達于上天이로되 而心不求寤하여 迨乎顚覆하여 猶未知非하나니 情之昏迷가 乃至於是라 故明者는 廣納以成德하고 闇者는 獨用而敗身하여 成敗之途가 千古相襲하니 與敗同轍者는 罔不覆하고 與成同軌者는 罔不昌하나니

5-1-5 폐하의 日月과 같은 명철함과 江海와 같은 도량으로는 자연히 夏나라 桀王과 殷나라 紂王이 忠諫을 막고 자신의 그릇됨을 꾸며댔던 것과 같은 간특함을 바로잡고, 大禹와 成湯이 善言을 들으면 절하고 자신의 허물을 고쳤던 것과 같은 정성에 합치되

셔야 합니다. 하물며 또한 시운이 바야흐로 막히고 물정도 여전히 답답한 상황이니, 폐하께서는 인재를 구하기 위해 감던 머리를 움켜쥔 채 달려 나가고 먹던 음식도 뱉고 뛰쳐나가야[13] 할 때며, 이른 새벽부터 늦은 밤까지 정사에 전념해야 할 시기입니다.[14] 士라면 어질고 우둔함을 막론하고 모두 錄用해야 할 것이며, 諫言은 크고 작음을 가릴 것 없이 모두 불러들이는 데 힘써야 할 것이니, 진실로 다시는 군주의 마음에 거슬리지나 않을까 하는 혐의를 품거나 쓴맛을 달다 말하게 하는[15] 기휘가 있도록 해서는 안 될 것입니다.

임금된 자는 군중의 지혜를 자신의 지혜로 삼고 군중의 마음을 자신의 마음으로 삼아 항상 한 사람이라도 그 뜻을 다 펴지 못하고 하나의 일이라도 그 이치를 얻지 못할까 걱정하여 부지런히 찾아다니며 들어서 좋은 방안을 찾아야 할 것이니, 어찌 諫言을 받아들여 거스르지 않는 정도[16]에 그쳐서야 되겠습니까.

그래서 비방하는 말을 듣기를 구하고 수레꾼의 노래를 듣기까지 하여, 순무 뿌리의 맛이 나쁘다고 그 줄기까지 버려두지 않았으므로[17] 아름다운 이들이 버려지지 않게 되었으며, 꼴 베고 나무하는 자들이 천하다고 그들에게 묻지 않는 법이 없었으므로 숨어 있던 이들이 세상에 알려질 수 있게 된 것입니다.

지금 姜公輔는 諫議의 벼슬에 있고 宰衡(재상)의 임무를 맡고 있으니, 착한 일을 권

---

13) 감던……뛰쳐나가야 : 周公이 천하의 賢士들을 만나기에 급급하여 머리를 한 번 감는 동안에 세 번이나 젖은 머리를 움켜쥐고 나가고 밥 한 끼를 먹는 동안에 입 안의 음식을 세 번이나 뱉어냈다〔一沐三握髮 一飯三吐哺〕는 고사에서 온 말이다.(≪史記≫ 권33 〈魯周公世家〉)

14) 이른……시기입니다 : 하늘이 밝기 전에 옷을 입고 날이 저물어서야 저녁밥을 먹는다는 말로, 임금이 정사에 부지런함을 이르는 말이다.

15) 쓴맛을……하는 : ≪陸贄集≫(中華書局, 2006) 石川安貞(日本)의 註에서는 ≪詩經≫ 〈邶風 谷風〉의 "누가 씀바귀를 쓰다고 했나, 내게는 냉이처럼 달구나.〔誰謂荼苦 其甘如薺〕"를 근거로 '군주의 妬忌가 극심함'을 말한 것이라고 보았다. 江淹의 〈雜體詩序〉에 "세상의 여러 현인들이 각각 미혹된 데에 가로막혀 단 말만 하고 쓴 말을 꺼린다.〔世之諸賢 各滯所迷 莫不論甘而忌辛〕"고 한 것을 참고하여 '달콤한 말과 쓴소리를 가려 말함'의 뜻으로 풀이하였다.

16) 諫言을……정도 : ≪書經≫ 〈商書 伊訓〉에서 伊尹이 太甲에게 선왕인 湯王의 덕을 말하며 훈계하는 가운데 나온 말이다.

17) 순무……않았으므로 : ≪詩經≫ <邶風 谷風>에 "순무를 캐고 무를 캐는 것은 꼭 그 뿌리 때문만은 아니다.〔采葑采菲 無以下體〕"라고 한 것을 인용한 말이다. 뿌리가 좋지 않더라도 잎이 쓸모 있다면 채취할 수 있다는 뜻으로, 작은 재주라도 지니고 있다면 취해 쓸 수 있음을 말한 것이다.

하고 나쁜 일을 간하여 폐하를 도와 천하를 경륜하는 것이 곧 그의 소임입니다. 꼴 베고 나무하는 자들이나 순무에 견준다면 어찌 넉넉하고 또한 무겁지 아니하겠습니까. 이는 평범한 이치이니 어찌 괴이하겠습니까. 가령 강공보가 비유한 말이 마땅치 않더라도 오히려 수레꾼의 노래보다 낫지 않겠으며 그 고집한 말이 너무 지나치다 하더라도 비방하는 말보다는 낫지 않겠습니까. 晉 文公은 수레꾼의 노래를 받아들임으로써 霸業을 일으켰고 虞舜은 임금의 과실을 기록할 수 있도록 한 나무〔誹謗木〕를 세움으로써 제왕의 덕을 넓혔으니, 이것이 진실로 聖賢의 높은 자취인데, 폐하께서 어찌 싫어하십니까.

以陛下日月之明과 江海之量으로 自當矯夏癸殷辛[18]의 拒諫飾非之慝하고 協大禹成湯의 拜言改過之誠어늘 矧又時運方屯하고 物情猶鬱하니 乃是陛下의 握髮吐哺之日이요 宵衣旰食之辰이라 士無賢愚히 咸宜錄用이요 言無大小히 皆務招延이니 固不可復有忤逆之嫌과 甘辛之忌也니이다 夫君人者는 以衆智爲智하고 以衆心爲心하여 恒恐一夫가 不盡其情하며 一事가 不得其理하여 孜孜訪納하여 唯善是求하나니 豈但從諫弗咈而已哉리오 乃至求謗言하며 聽輿誦하여 葑菲를 不以下體而不採故로 英華靡遺하고 蒭蕘를 不以賤品而不詢故로 幽隱必達하니이다 今公輔가 官在諫議하고 任居宰衡하니 獻替彌綸이 乃其職分이라 比於蒭蕘葑菲하면 豈不優而且重哉아 此는 理之常이니 奚足怪也리오 縱使引喩非當이나 不猶愈於輿誦乎며 矯激過深이나 不猶愈於謗言乎아 晉文이 聽輿人之誦而霸業興①하고 虞舜이 設誹謗之木而帝德廣하니 斯實聖賢之高躅이라 陛下가 何疾焉하니잇고

① 晉文 聽輿人之誦而霸業興 : ≪春秋左氏傳≫ 僖公 28년 조에 운운하였다.
左僖二十八年云云.

5-1-6 聖旨에서는 또 "탑을 만드는 것은 인력과 비용이 또한 매우 적게 소요되므로 재상이 논할 일이 아니다." 하셨습니다만 어리석은 신은 삼가 그렇지 않다고 여깁니다.

이치의 시비를 따져 물어야 마땅하니, 어찌 일의 크고 작음을 논하겠습니까. 만약 탑을 세우는 일이 옳다면 인력이 비록 크게 들더라도 만드는 것이 어찌 해가 될 것이

18) 夏癸殷辛 : 夏나라 桀王과 殷나라 紂王을 말한다. 癸는 걸왕의 이름이고, 辛은 주왕의 이름이다.

며, 탑을 세우는 일이 옳지 않다면 비용이 비록 작더라도 말하는 자가 무슨 잘못이 되겠습니까.

작은 일은 큰일의 조짐이고 은미한 것은 현저한 것의 맹아입니다. 그러므로 군자는 처음을 신중히 하고 성인은 戒懼하는 마음을 지녔던 것입니다. 기미를 앎에 있어서는 멀리 가지 아니하고 돌아옴을 귀하게 여기며 나라를 다스림에 있어서는 반드시 난이 일어나기 전에 하여야 합니다.

본디 輔臣을 세워 좌우에 두어 아침저녁으로 가르침을 받는 것은 의도가 미약할 때 방지함에 있으니, 미약할 때 돕는 것이 곧 그의 직분입니다. 졸졸 흐르는 물줄기를 막지 않으면 끝내 뽕나무 밭을 바다로 바꾸고 막 타오르기 시작한 불씨를 끄지 않으면 끝내 넓은 들판을 불사르게 되니[19] 물이 흐르고 불이 타오름이 심해지고 재앙이 이루어지고 나면 비록 구제하고자 하더라도 진실로 미칠 수 없습니다.

聖旨又以造塔役費微小하여 非宰臣의 所論之事라하시니 下臣愚戇하여 竊謂不然하노이다 當問理之是非니 豈論事之大小리오 若造塔爲是면 役雖大而作之 何傷이며 若造塔爲非면 費雖小而言者가 何罪리오 夫小者는 大之漸이요 微者는 著之萌이니 故君子愼初하고 聖人存戒하며 知幾者는 所貴乎不遠而復이요 制理者는 必在於未亂之前이니 本立輔臣하여 置之左右하여 朝夕納誨는 意在防微하니 微而弼之는 乃其職也라 涓涓不遏하면 終變桑田하고 燄燄靡除하면 卒燎原野하나니 流煽已甚하고 禍災已成하면 雖欲救之라도 固無及矣라

5-1-7 ≪書經≫에 이르기를 "자그마한 행동이라도 신중히 하지 않으면 끝내 큰 덕에 누를 끼칠 것이다."[20]라 하였고, ≪周易≫에 이르기를 "소인은 조그마한 선을 무익하

---

19) 졸졸……되니 : ≪孔子家語≫ 〈觀周〉에 "졸졸 흐르는 물줄기를 막지 않으면 끝내 장강과 황하가 된다.〔涓涓不壅 終爲江河〕"고 한 것과 ≪書經≫ 〈商書 盤庚 上〉에 "불이 평원에서 타올라 그쪽으로 가까이 다가갈 수는 없다.〔若火之燎於原 不可向邇〕"고 한 것을 원용한 것이다. 한편 ≪神仙傳≫ 〈王遠〉에, 선녀 麻姑가 王方平을 만나서 "우리가 만난 이래로 동해가 세 번이나 뽕밭으로 변한 것을 이미 보았는데, 저번에 蓬萊에 가서 보니 물이 또 과거에 보았을 때에 비해서 약 반절로 줄어들었으니, 어쩌면 다시 땅으로 변하려 하는 것인지도 모르겠다.〔接待以來 已見東海三爲桑田 向到蓬萊 水又淺於往昔會時略半也 豈將復還爲陵陸乎〕"라고 하였다는 고사가 전하는데, ≪陸贄集≫(中華書局, 2006) 石川安貞(日本)의 註에는 육지의 글이 이를 변용한 것으로 보았다.

20) 자그마한……것이다 : ≪書經≫ 〈周書 旅獒〉에 나온다.

一日萬幾圖(舜임금이 하루에도 만 가지 기미를 다스리다.)

다하여 행하지 않으며 조그마한 악을 무해하다 하여 버리지 않으니, 이 때문에 악이 쌓여서 가릴 수 없게 되며 죄가 커져서 풀 수 없게 된다."[21]라고 하였습니다. 작은 것이라 하여 신중하지 않을 수 없음이 이와 같으니, 폐하께서 어찌 논하지 말라 하실 수 있겠습니까.

〈虞書〉에 咎繇(皐陶)의 말을 기록하기를 "조심하고 두려워하여 하루 이틀 사이에도 기미가 만 가지나 됩니다.〔兢兢業業 一日二日 萬幾〕"라 하였으니,[22] '兢兢'은 '삼가다'는 뜻이고 '業業'은 '위태롭다'는 뜻이며 '幾'는 '움직임이 미약하다'는 것입니다. 唐虞의 때에 임금은 성스럽고 신하는 어질어 온갖 일이 모두 환히 빛나고 만방이 이미 조화로웠음에도 오히려 上下가 서로 경계하여 삼가하고 또한 위중하게 여겨 아직 두드러지지 않은 일까지 염려하기를 하루에도 만 가지에 이르렀습니다. 그렇다면 작은 것도 신중히 하지 않을 수 없음이 이와 같으니, 폐하께서도 어찌 소홀히 하여 유념하지 아니할 수 있겠습니까.

書에 曰 不矜細行하면 終累大德이라하고 易에 曰 小人은 以小善爲無益而不爲也하며 以小惡爲無傷而不去也라 故惡積而不可掩하며 罪大而不可解라하니 然則小之不可不愼也가 如此라 陛下가 安得使之勿論乎아 虞書에 載咎繇之言曰 兢兢業業하여 一日二日에 萬幾라하니 兢兢은 愼也요 業業은 危也요 幾者는 動之微也라 唐虞之際에 主聖臣賢하여 庶績咸熙하고 萬邦已協호되 而猶上下相戒하여 旣愼且危하여 慮事之微가 日至萬數하니 然則微之不可不重也가 如此라 陛下가 又安可忽而勿念乎아

5-1-8 舜이 임금이 되어 처음으로 漆器를 만드셨는데, 여러 신하들이 결사코 간쟁하여 모두들 마땅하지 않다고 하였습니다. 칠기의 쓰임이 매우 견고하고 비용이 적음에도 오히려 서로 연이어 諷諫했던 것은 아마도 그 조짐을 막고 그 처음을 삼가고자 해서가 아니겠습니까. 이로 볼 때 임금과 신하 사이는 의리로 한 몸이 되어 있으므로 일의 크고 작은 것을 가릴 것 없이 서로 힘입어야 이룰 수 있음을 알 수 있습니다.

그러므로 舜임금이 그 신하에게 명하기를 "짐의 팔다리와 귀와 눈이 되어라."[23]고

21) 소인은……된다 : ≪周易≫ 〈繫辭傳 下〉에 나온다.

22) 虞書에……하였으니 : ≪書經≫ 〈虞書 皐陶謨〉에 나온다.

하였던 것이니, 팔다리가 머리를 받듦에 있어서는 번잡하고 작다고 해서 움직이기를 빼놓지 아니하며 눈과 귀가 心靈을 도움에 있어서는 작다고 해서 보고 듣기를 그만두지 않습니다.

이 때문에 신하와 자식은 임금과 어버이에 대함에 있어서 모든 공경을 다해 공경하며 모든 사랑을 다해 사랑합니다. 공경하면 존귀하고 영화로움을 극진히 누리기를 원하고, 사랑하면 잘못되고 나쁜 데에 빠질까 두려워하게 되는 것입니다. 온 나라의 어진 백성들이 모두 그렇지 않은 자가 없거늘 하물며 지위가 조정의 반열에 있고 소임이 보필의 역할을 맡고 있는 처지라서 임금이 욕을 당하면 함께 욕을 당하고 임금이 편안하면 함께 편안하게 되니, 이러함에도 진언하지 않는다면 누가 다시 진언할 수 있겠습니까.

舜之爲君에 始作漆器하신대 群臣固爭①하여 咸謂非宜하니 漆器之爲用也가 甚堅하고 其爲費也가 蓋寡하나 然猶相繼諷諫者는 豈不欲杜其漸而愼其初歟아 是知君臣之間이 義同一體하여 事罔大小히 相須而成이라 故舜이 命其臣曰 作朕股肱耳目하라하니 夫股肱之奉元首가 不以煩細而闕於運行하고 耳目之助心靈이 不以幺微而廢於視聽이라 是以로 臣子之於君父也에 盡其敬而敬焉하며 盡其愛而愛焉하여 敬則願極於尊榮하고 愛則懼陷於過惡하나니 萬邦黎獻이 莫不皆然이어든 而況位列朝廷하고 任當輔弼하여 主辱與辱하고 主安與安하니 此而不言이면 誰復言者리오

① 舜之爲君 始作漆器 群臣固爭 : ≪舊唐書≫ 〈褚遂良傳〉에 "上(太宗)이 褚遂良에게 묻기를 '舜임금이 漆器를 만들자 간쟁한 자들이 10여 명이었다 하니, 이것이 어찌 간할 만한 것이겠는가.'라고 하자, 대답하여 운운하였다."24) 하였다.

---

23) 짐의……되어라 : ≪書經≫ 〈虞書 益稷〉에 보인다.

24) 上(太宗)이……운운하였다 : 貞觀 17년(643) 唐나라 太宗이 諫議大夫였던 褚遂良에게 "옛날에 舜임금이 칠기를 만들고 禹임금이 俎豆에 장식을 하자 당시 간쟁한 이들이 10여 명이었다고 한다. 식기 따위가 어찌 굳이 간할 만한 것이겠는가?〔昔舜造漆器 禹雕其俎 當時諫者十有餘人 食器之間何須苦諫〕"라고 하자 褚遂良이 "雕琢은 農事를 해치고 비단을 꾸미는 것은 女工을 해칩니다. 사치와 음탕함을 앞장서서 함이 危亡의 전조입니다. 칠기 쓰기를 그치지 않으면 반드시 황금으로 하게 될 것이고, 황금 식기 쓰기를 그치지 않으면 반드시 玉으로 하게 될 것입니다. 때문에 쟁신들이 기필코 그 전조에 대해 간쟁한 것이니, 만연하게 된 다음에는 다시 간쟁할 바가 없기 때문입니다.〔雕琢害農事 纂組傷女工 首創奢淫 危亡之漸 漆器不已 必金爲之 金器不已 必玉爲之 所以諍臣必諫其

上問遂良曰 "舜造漆器, 諫者十餘人, 此何足諫." 對曰云云.

5-1-9 ≪禮記≫에 이르기를 "가까이 있으면서 간쟁하지 않으면 자리만 차지하고 봉록을 받는 것이다."라고 하였습니다. 재상과 같은 자는 가깝다고 할 만하니, 일이 혹 잘못된다면 간쟁함이 없을 수 있겠습니까. 武丁은 어진 군주요 傅說(부열)은 어진 재상이었는데, 무정은 '쇠라면 숫돌이 되거라.'는 말을 끌어와서 재상에게 명하였고 부열은 '나무가 먹줄을 따르는 것'[25]에 비유하여 그 군주를 경계하였습니다.

이는 보필하는 임무가 군주의 잘못을 바로잡아 구제하는 것을 담당하는 것이므로 크건 작은 일이건 간에 모두 바로잡아야 마땅하니, 폐하께서 언급한 대로 '인력과 비용이 경미하여 재상이 논할 일이 아니라고 하신 것'과 또 '짐의 잘못을 지적하여 스스로 명성을 취하고자 한 것'이라고 한다면 이것은 진실로 어리석은 신이 들었던 바와 다릅니다. 이 때문에 속마음을 펼쳐내어 감히 스스로 침묵하지 못하는 것입니다.

禮에 曰 近而不諫이면 則尸(列)〔利〕[26]也①라하니 若宰相者는 可謂近矣라 事或乖(悞)〔誤〕[27]면 得無諫乎아 武丁은 賢君也요 傅說은 賢相也로되 而武丁이 引金作礪하여 以命其相하고 說이 諭木從繩하여 以戒其君하니 是則輔弼之任이 匡救攸屬(촉)이라 巨細之事를 悉宜盡規니 陛下所言役費微小하여 非宰相所論之事와 又謂指朕過失하여 擬自取名이라하면 此誠異乎愚臣之所聞일새 是以願披肺腸而不敢自默者也로소이다

① 近而不諫 則尸(列)〔利〕也 : ≪禮記≫ 〈表記〉에 "가까이 있으면서 간하지 않으면 자리만 차지하고 봉록을 받는 것이다."라고 하였다.
表記 "近而不諫, 則尸利也."

5-1-10 만약 간쟁하는 것을 군주의 허물을 지적한 것으로 여긴다면 심장을 갈라냈던

漸 及其滿盈 無所複諫〕"라고 하였다.

25) 쇠라면……따르는 것 : 武丁이 傅說에게 "내가 쇠라면 너를 숫돌로 삼겠다.〔若金 用汝作礪〕"라고 한 것과 부열이 무정에게 "나무는 먹줄을 따르면 바르게 되고, 임금은 간언을 따르면 성스러워진다.〔惟木從繩則正 后從諫則聖〕"고 한 것을 각각 인용한 것이다.(≪書經≫ 〈商書 說命 上〉)

26) (列)〔利〕 : 저본에는 '列'로 되어 있으나, ≪翰苑集≫에 의거하여 '利'로 바로잡았다.

27) (悞)〔誤〕 : 저본에는 '悞'로 되어 있으나, ≪翰苑集≫에 의거하여 '誤'로 바로잡았다.

군주가 마땅히 哲王에게 죄를 받지 아니하였을 것이고,[28] 간쟁하는 것을 자신의 명성을 취하는 것이라 여긴다면 일신의 안위를 돌보지 않은 신하들이 응당 聖典에 교훈을 드리우지 못하였을 것입니다. 간언하는 신하를 관직에 나열함은 마침내 무엇을 하도록 하는 것이며 좌우에 사람을 둠은 또한 어디에 쓰고자 하는 것이겠습니까.

신이 생각건대, 군주의 허물을 지적하여 자신의 강직함을 과시함은 군주의 허물을 고쳐서 칭송을 받느니만 못하고, 간언을 올려서 명성을 취함도 진실로 간언을 받아들이는 아름다움만 못합니다. 가령 허물을 지적하여 간쟁함으로써 명성을 취하는데 뜻을 두고 있다 할지라도 단지 좋은 말만 받아들여 실천하고 간언을 받고서 거스르지 않는다면, 그 지적은 단지 폐하의 막대한 훌륭함을 드러내는 데 불과할 것이요, 취한 것은 다만 폐하의 끝없는 아름다움의 바탕이 되는 데 지나지 않을 것이니, 이를 잘 이용하신다면 얻는 바가 많을 것입니다. 혹여 허물을 지적함에 대해 성을 내어 고치지 않는다면 폐하께서는 곧은 것을 미워한다는 비판을 초래하게 될 것이며, 명성을 취하고자 하는 자를 내쳐서 용납하지 않는다면 폐하께서는 간언을 거스른다는 비방을 받으실 것이니, 이는 곧 자신의 허물을 가리려다가 허물이 더욱 드러나고 저들의 명성을 덜어내려 하지만 명성이 더욱 드러나게 될 것입니다. 결단코 그렇게 행하면 잃는 바가 클 것이니, 얻고 잃는 것을 삼가지 아니할 수 있겠습니까.

삼가 바라옵건대 聖旨를 거역하는 충성을 가상히 여기시고 귀에 거슬리는 말을 듣기를 인색하게 여기지 마시며 마음속에 쌓인 분한 기운을 평온하게 하고 속임수를 쓴다고 지레 의심하는 마음[29]을 누그러뜨리십시오. 그러한 후에 시험 삼아 어리석은 신의 말을 반복하여 곱씹어 헤아리고 따져보신다면 지극한 이치에 이르실 것이며 또한 보잘것없는 정성을 헤아리실 수 있을 것입니다. 삼가 아룁니다.

若以諫爭爲指過면 則剖心之主가 不宜見罪於哲王이요 若以諫爭爲取名이면 則匪躬之

28) 심장을……것이고 : '심장을 갈라냈던 군주'는 商나라 紂王을 가리키고 '哲王'은 周나라 武王을 가리킨다. 주왕의 숙부인 比干이 주왕의 학정에 大害를 간쟁하자, 주왕이 노하여 "내가 듣건대 성인의 심장에는 일곱 개의 구멍이 있다 하는데 사실인지 보겠다.〔吾聞聖人心有七竅〕" 하고서 비간을 죽여 그 심장을 쪼개 보았다 한다.(≪史記 殷本紀≫)

29) 속임수를……마음 : ≪論語≫ 〈憲問〉에 "속임수라고 지레 의심하지도 말고, 믿지 못할 사람이라고 억측하지도 마라. 그렇지만 또한 먼저 알아차리는 것이 현명한 것이다.〔不逆詐 不億不信 抑亦先覺者 是賢乎〕"라고 한 데서 온 것이다.

臣이 不應垂訓于聖典이니 獻替列職하여 竟使奚爲하며 左右有人하여 復將焉用고 臣이 竊謂指過以示直이 固不如改過以見稱이요 進諫以取名이 固不如納諫之爲美니 假有意將指過하여 諫以取名이라도 但能聞善而遷하며 見諫不逆이면 則所指者가 適足以彰陛下莫大之善이요 所取者가 適足以資陛下無疆之休니 因而利焉이면 所獲多矣라 儻或怒其指過而不改면 則陛下가 招惡直之譏하고 黜其取名而不容이면 則陛下가 被違諫之謗이니 是乃掩己過而過彌著하고 損彼名而名益彰이라 果而行之면 所失大矣니 一獲一失을 可不愼乎아 伏願嘉忤旨之忠하며 祛逆耳之吝하며 平積憤之氣하며 弭逆詐之情하여는 然後에 試以愚言으로 反覆參校하시면 庶臻至理하고 且亮微誠하리이다 謹奏라

【評說】

姜公輔는 中唐 때 愛州의 속현이었던 日南 출신으로, 德宗이 涇原兵變으로 奉天에 피신해 있을 당시 翰林學士로 호종한 인물이다. 강공보는 덕종이 다급히 피난길에 오를 때 朱泚를 속히 죽이든지 함께 데려가 후환을 없애야 한다고 간언했는데, 그 뒤 長安에 남은 주자가 반란을 일으키고 奉天을 공격함으로써 그의 판단이 옳았음이 드러났다. 이 일로 덕종의 신임을 받은 강공보는 파격적으로 諫議大夫에 발탁되고 蕭復·劉從一과 함께 平章事로서 국정을 책임졌다. 784년 재차 梁州로 피난하던 도중 덕종의 장녀 唐安公主가 城固란 곳에서 병사하자, 덕종은 그곳에 탑을 세워 후하게 장례 지내고자 하였다. 그러나 강공보는 山南은 안전한 곳이 못 되니 장안으로 돌아간 뒤에 장례를 치르는 것이 마땅하며, 당장은 지출을 줄여 군비에 보탤 때라고 간언하였다. 이에 분노한 덕종이 陸贄에게 자문하자 그에 대한 해명으로 작성된 글이 바로 이 奏狀이다.

이 글에서 육지는 ≪書經≫, ≪春秋左氏傳≫, ≪史記≫, ≪漢書≫, ≪三國志≫ 등의 經史書에 실린 고사를 대량으로 인용해 강공보가 결코 '賣直'하지 않았음을 강조하는 한편 덕종으로 하여금 '招直求過'하는 데 힘쓰도록 권하였다.

朝鮮의 李彦迪이 明宗에게 올린 〈進修八規〉에서 "명철한 지혜가 아니고서는 직언을 불러낼 수 없고 성스러운 덕이 아니고서는 잘못된 행동을 찾아낼 수 없으니, 직언을 불러내면 그 지혜가 점점 더 커지고, 잘못을 찾아내면 그 덕이 점점 더욱 빛날 것〔非明智 不能招直言 非聖德 不能求過行 招直則其智彌大 求過則其德彌光〕"이라고 한 구절을 "千古의 格言이니 군주가 반복하여 외우며 경계하고 성찰해야 할 점〔此眞千古格言 人主所宜三復而警省也〕"이라고 상

찬하며, 육지가 用事했던 '敢諫鼓', '告善旌', '戒愼鞀', '司過之士', '求謗言', '聽輿誦' 등을 일일이 거론한 후 "군주의 마음이 만약 조금이라도 치우치거나 사사로움에 가려져 충직한 자를 멀리하고 바른 논의를 듣기 싫어한다면 사람들이 모두 입을 굳게 다물고 아첨하며 임금의 뜻만 따르려 할 것입니다. 그렇게 되면 비록 종묘사직의 화란이 눈앞에 닥쳐오고 사슴을 말이라고 하는 간악한 행동을 임금 앞에서 한다고 하더라도 누가 감히 한마디 말을 하겠습니까. 예로부터 군주가 위에서 고립되어 귀가 막히고 눈이 닫힌 채 하늘이 노여워해도 듣지 못하고 백성들이 원망해도 알지 못하여 나라가 나날이 위태로움과 멸망으로 치달아도 깨닫지 못했던 것은 대개 이 때문이었습니다."(≪晦齋集 권8≫)라고 했던 것만 보더라도 육지의 〈興元論解姜公輔狀〉이 끼친 영향이 얼마나 컸는지 짐작할 수 있다.

2. 姜公輔에 대해 다시 답하여 논하는 奏狀
又答論姜公輔狀

德宗이 陸贄가 이전에 올린 주문에 답하기를 "姜公輔는 재능과 행실이 재상의 직책에 전혀 부합하지 못하여 오래 전에 파직하려 하였는데, 이후 강공보가 사퇴하는 바람에 일찍이 면대하여 허락하였다. 강공보는 짐이 반드시 체직하리란 것을 알았기에 구태여 탑을 세우는 일을 논함으로써 강직함을 팔아 명성을 취하였다. 이에 따라 마음을 쓰고 있으니 어찌 선량하다고 할 수 있겠는가. 경은 이제 짐이 간언을 받아들이지 못한다고 의심하니, 본래 뜻과 어긋난다."고 하였다. 그리하여 육지가 다시 이 奏文을 올렸으나 황제는 끝내 듣지 않았다.

德宗答贄前奏云"公輔才行與宰相不相當, 久欲停罷, 後因公輔辭退, 又曾面許. 公輔知必移改, 所以固論造塔事, 賣直取名, 據此用心, 豈是良善. 卿今疑朕不能納諫, 殊乖本意." 贄因復上此奏, 帝終不聽.1)

5-2-1 欽溆가 성지를 받들어 알리기를 "경이 上奏한 姜公輔의 일을 살펴보니 비록 경이 충심을 다하고자 함은 잘 알겠으나, 짐의 생각과는 맞지 않는 듯하다. 짐은 강공보의 재능과 행실이 재상의 직책에 전혀 부합하지 않는다고 생각하였으므로 奉天에 있을 때에 일찍이 파직하려 했었는데, 이후 강공보가 사퇴하였으므로 짐이 면대하여 윤허한 바 있었다. 얼마 뒤 李懷光이 배반하는 바람에 마침내 머뭇거리다가 용납하여 山南에까지 이르게 된 것이다.

강공보는 짐이 반드시 체직하려고 한다는 것을 짐작하고 있었기에 구태여 탑을 세우는 일을 논란함으로써 강직함을 팔아 명성을 취한 것이다.2) 이러한 마음 씀씀이로

---

1) 德宗答贄前奏云……帝終不聽 : 이는 郎曄의 註가 아니라 ≪陸贄集≫(中華書局, 2006) 註의 내용을 보충하여 실은 것이다.

2) 탑을……것이다 : 興元 원년(784)에 德宗이 山南의 梁州로 몽진하는 도중에 장녀 唐安公主가 요

본다면 어찌 선량하다고 할 수 있겠는가. 짐이 한탄하는 까닭은 단지 이에서 연유하였건만, 경은 이제 짐이 간언을 받아들이지 못한다고 의심하니, 본래 뜻과 어긋난다." 고 하셨습니다.

右欽溆가 奉宣聖旨호되 省卿所奏公輔事宜하니 雖甚知卿盡忠하나 然似未會朕意로다 朕意가 以公輔才行이 共宰相으로 都不相當이라하여 在奉天時에 早欲停罷러니 後因公輔辭退하여 朕已對面許訖이러니 尋屬(촉)懷光背叛①하여 遂且因循하여 容到山南하니 公輔가 知朕必擬移改하고 所以固論造塔事하여 賣直取名하니 據此用心컨대 豈是良善이리오 朕所以惆悵者는 祇緣如此어늘 卿今疑朕不能納諫하니 殊乖本意者라하시니

① 懷光背叛 : 李懷光의 일은 앞의 註에서 보인다.3)
李懷光事已見上註.

5-2-2 臣은 우매하고 고집스러워서 꾸밈없이 충언하는 데에 힘쓸 따름이며, 이치를 미루어 간언함에 있어 마음에 품은 생각이 있으면 반드시 남김없이 다하였습니다. 폐하의 뜻은 현묘하여 평범한 이들은 엿볼 수 없으니, 신과 같이 몽매한 재주로는 또한 그 뜻을 엿볼 가망이 없으므로 아뢴 바가 본지를 잃음은 당연한 일입니다. 하지만 바라건대 보잘것없는 정성을 기억하고 지극한 어리석음을 불쌍히 여겨주신다면 진실로 온 천하가 기쁘게 여길 것입니다.

옛사람이 말하기를 "영명한 군주는 이치로 설득할 수 있다."고 하였고, 또 말하기를 "군주가 성스러우면 신하는 강직하다."4)고 하였습니다. 지금 폐하께서는 하늘이 내린 재주를 타고나셨으며 밝고 성스러운 자질을 갖추셨으니, 신이 만약 올바른 이치를 품

절하였으므로 제대로 장례를 치르지 못했다. 이에 덕종이 공주의 장례를 후하게 치르고자 하자 姜公輔가 "지금은 반란을 진압하는 데 우선 집중하여야 하므로 공주의 장례는 장안으로 돌아간 뒤에 치러야 한다."고 간언하였다. 앞의 〈興元論解姜公輔狀〉에 관련 내용이 나온다.

3) 李懷光의……보인다 : 본서 263쪽 郎曄의 註에 보인다.

4) 군주가……강직하다 : 魏 文侯가 신하들에게 자신이 어떤 군주인지 말하게 하였는데, 任座가 不肖한 군주라고 답하자 文侯가 기뻐하지 않았다. 翟黃의 차례에 이르자 그가 말하기를 "임금께서는 어진 군주이십니다. 신이 듣자하니 그 군주가 어질면 그 신하가 강직하다고 하였습니다. 지금 임좌의 말이 강직하였으니, 이 때문에 임금께서 어진 줄 아는 것입니다.〔君賢君也 臣聞其主賢者 其臣之言直 今者 任座之言直 是以知君之賢也〕"라고 하였다.(≪呂氏春秋≫ 〈自知〉)

은 채 펼쳐내지 못하며 강직함을 지키기를 군건히 하지 못하여 위로 지극한 교화를 저버린다면 이보다 더 큰 죄가 없을 것입니다. 이에 곧바로 다시 直道에 의지하여 앞에 진언하였던 것을 다듬어 올리니, 부디 폐하께서는 유념하시어 살펴주소서.

臣以戇執으로 務在朴忠하여 推理而言하여 有懷必盡이러니 睿意玄妙하여 非凡所窺일새 如臣懵昧之材는 且無希伺之志라 奏報失旨는 宜其固然이어니와 所冀錄微款而矜至愚하시면 實天下幸甚이니이다 古人이 有言曰 明主者는 可以理奪①이라하고 又曰 主聖則臣直②이라하니 今陛下稟天縱之才하시며 備明聖之資하시니 臣若抱理莫伸하며 守直不固하여 上虧至化하면 罪莫大焉일새 輒復據直道而理其前言하노니 惟陛下는 留意幸察하소서

① 古人……可以理奪 : ≪三國志≫ 〈魏書〉에 이르기를 "許允이 吏部郎이 되어 郡守를 뽑았는데, 魏 明帝가 절차를 지키지 않았다고 의심하여 허윤이 입조하여 죄를 받게 되었다. 그의 아내 阮氏가 말하기를 '밝은 군주에게는 이치로 설득할 수 있지만 정으로 구하기는 어렵습니다."라고 하였다.'[5] 하였다.

魏志 "許允爲吏部郎, 選郡守. 明帝疑其非(以)〔次〕,[6] (已)〔允〕[7]入, 將加罪. 其妻阮氏曰 '明主可以理奪, 難以情求.'"

② 主聖則臣直 : ≪漢書≫ 〈薛廣德傳〉에 "張猛이 말하기를 '신이 듣자 하니 군주가 성스러우면 신하가 강직하니, 배를 타는 것은 위험하고 다리를 건너는 것이 안전합니다.'[8]라고 하였다." 하였다.

---

5) 許允이……하였다 : ≪三國志補注≫ 권2에 나오는 내용이다. 許允이 吏部郎이 되어 그 고향 사람들을 많이 등용하자, 明帝가 虎賁을 파견해 잡아오도록 했다. 그의 아내가 문을 나서며 허윤에게 경계하여 말하기를 "밝은 군주는 이치로 설득할 수 있지만 정으로 구제하기는 어렵습니다."라고 하였다. 허윤이 도착하자 황제가 물었는데, 허윤이 대답하기를 "孔子께서 말씀하시기를 '자신이 알고 있는 이를 천거하라.'고 하셨으니, 신의 고향 사람들은 신이 아는 이들입니다. 폐하께서는 신이 임명한 사람들이 마땅한지를 조사하시지 않으십니까. 만약 그들이 직분에 합당하지 않으면 신이 죄를 받겠습니다."라 하였다. 조사해보니 모두 관직을 할 만한 사람들이었기에 허윤을 석방하였다.

6) (以)〔次〕: 저본에는 '以'로 되어 있으나, ≪三國志補注≫에 의거하여 '次'로 바로잡았다.

7) (已)〔允〕: 저본에는 '已'로 되어 있으나, ≪三國志補注≫에 의거하여 '允'으로 바로잡았다.

8) 신이……안전합니다 : ≪漢書≫에는 이 문장 뒤에 "그러므로 성스러운 군주는 위험한 상황에 올라타지 않는다.〔聖主不承危〕"는 구절이 있다. 漢 元帝가 便門으로 나가 樓船을 타고자 하였다. 그러자 薛光德이 황제의 수레를 막고 다리를 따라 건너야 한다고 간하였다. 원제가 기뻐하지 않자, 張猛이 이 말을 하자 원제가 이를 따랐다.

薛廣德〔傳〕[9] "張猛曰 '臣聞主聖臣直, 乘船危, (從)〔就〕[10]橋安.'"

5-2-3 신이 삼가 생각건대, 〈임금은〉 萬幾를 두루 살펴보되 반드시 먼저 그 마음을 비워야 하고, 군중의 마음을 들여다보되 먼저 그 뜻을 정성스럽게 해야 하니, 마음을 비우지 못하면 만물의 뜻이 간혹 가로막히고, 뜻이 정성스럽지 못하면 사람들이 모두 의심할 것입니다. 만물의 뜻이 가로막는 자는 만물 역시 그를 가로막을 것이고, 남을 의심하는 자는 남들 역시 그를 의심할 것입니다. 만물이 막고 억조의 사람들이 의심하는데, 사람의 마음을 감동시켜 和平에 이르고 만물의 이치를 극진히 하여 착오가 없게 하고자 한다면, 이는 뒤로 물러나면서 앞 사람에 닿기를 구하는 것과 같으니, 더욱 소원해지지 않겠습니까.

臣이 竊以領覽萬機호되 必先虛其心하고 鑑鏡群情호되 必先誠其意니 蓋以心不虛면 則物或見阻하고 意不誠이면 則人皆可疑일새 阻於物者는 物亦阻焉하고 疑於人者는 人亦疑焉하나니 萬物阻之하고 兆人疑之어늘 將欲感人心하여 致於和平하고 盡物理하여 使無紕繆하면 是(由)〔猶〕[11]却行而求及前人也①니 無乃愈疎乎아

① 是猶卻行而求及前人也 : 劉向이 말하기를 "뒤로 물러나면서 앞 사람에게 닿기를 바라는 것과 같다."고 하였다.
劉向曰 "猶卻行而求及前人也."

5-2-4 孔子가 말하기를 "노여움을 남에게 옮기지 않는다."[12]고 하였으며, "남이 나를 믿지 않을 것이라 억측하지 않는다."[13]고 하였으니, 어찌 감정을 마음대로 드러내어 中道를 어기는 데 이르는 것을 두려워하지 않겠습니까. 보잘것없는 臣은 임금을 보필하는 데 뜻이 있으니, 이 때문에 앞에 상소를 올려서, "바라옵건대 폐하께서 마음속에

---

9) 〔傳〕: 저본에는 '傳'이 없으나, ≪陸贄集≫(中華書局, 2006)에 의거하여 보충하였다.

10) (從)〔就〕: 저본에는 '從'으로 되어 있으나, ≪漢書≫에 의거하여 '就'로 바로잡았다.

11) (由)〔猶〕: 저본에는 '由'로 되어 있으나, ≪陸贄集≫(中華書局, 2006)에 의거하여 '猶'로 바로잡았다.

12) 노여움을……않는다 : ≪論語≫ 〈雍也〉에 나온다.

13) 남이……않는다 : ≪論語≫ 〈憲問〉에 나온다.

쌓인 분한 기운을 평온하게 하고 속임수를 쓴다고 지레 의심하는 마음을 누그러뜨린 이후에 시험 삼아 신의 말을 반복하여 곱씹어 헤아리고 따져보신다면 지극한 이치에 이르실 것이며, 또한 보잘것없는 정성을 헤아리실 수 있을 것입니다."라 하였습니다.

孔子가 曰 不遷怒하며 不億不信이라하시니 豈非懼於肆情逞憾하여 以至于失中違道者哉아 臣之區區는 志欲匡輔일새 是以前者奏疏하여 願陛下平積憤之氣하고 弭逆詐之情然後에 試以愚言으로 反覆參校하시면 庶臻至理하고 且亮微誠이러니

5-2-5 지금 폐하께서 본래 姜公輔를 파직하고 싶어 하는 마음 때문에 그의 행동을 전부 선량하지 않다고 이르셨으니, 이는 노여움을 다른 일에 옮기고 마음속에 쌓인 분기가 진정되지 않은 것입니다. 또한 폐하께서는 강공보가 반드시 체직하려는 의향이 있다는 것을 알고 있었으리라 짐작하시어 그가 말한 것이 전부 명성을 취하려는 것이라고 하셨으니, 이는 믿지 않을 것이라고 억측하고 속일 것이라고 예단하는 마음이 누그러지지 않는 것입니다. 속일 것이라 예단하는 마음이 그치지 않으시고 쌓인 분기가 진정되지 않으셨다면 강공보가 성상의 의심하는 마음에서 죄를 얻고 臣이 성상의 본의에 어긋난 데서 꾸지람을 받은 것이 당연합니다. 그러나 이를 지당하다고 여기신다면 옳지 않을 듯합니다.

신하가 간언을 올리는 것은 治理를 돕는 것이며, 군주가 간쟁을 구하는 것은 잘못된 일을 바로잡는 것이니, 간언이 참으로 치리를 도울 수 있다면 어찌 굳이 사람 때문에 간언을 버릴 것이며, 간쟁한 것이 진실로 잘못됨을 바로잡을 수 있다면 어찌 굳이 의도를 책망하여 간쟁을 거부하겠습니까. 만약 그가 간언한 것이 쓸 만하지 않다면 의도가 비록 좋더라도 어디에 쓰겠으며, 간쟁이 따를 만한 것이라면 사람이 비록 허물이 있더라도 어찌 버릴 수 있겠습니까.

今陛下가 以素欲廢罷公輔之心으로 而謂其所行이 皆非良善이라하시니 則是遷怒而積憤之氣가 未平也요 陛下가 揣公輔가 知必移改之意而謂其所言이 皆欲取名이라하시니 則是億不信而逆詐之情이 未弭也라 逆詐未弭하며 積憤未平인댄 固宜公輔가 獲戾於蓄疑하고 下臣이 見尤於乖意니 謂之至當이면 則或不然이니이다 夫臣之獻言은 以助理也요 君之求諫은 以弼違也니 言苟助理인댄 何必以人而廢言이며 諫苟弼違인댄 何必責意而拒諫이리잇고 若彼가 言無

足用이면 意雖善而奚爲며 諫有可從이면 人雖咎而寧捨리오

5-2-6 옛날 聖王은 순무를 캐고 나무꾼의 말을 들었으며 비방하는 말을 전하게 하고[14] 원수를 등용하기도 하였습니다. 간언을 받아들이는 데 급급함이 이와 같은 경지에 이르렀던 까닭은 다른 뜻이 아니라 오직 義에 따르고자 한 것이었습니다.

바라건대 폐하께서는 미워하고 싫어하는 마음 때문에 한마디 좋은 말이라도 버려두지 마시고, 지나치게 꼼꼼히 살피는 데 힘쓰는 것을 매우 영명하다고 생각하지 마십시오. 충언은 행동에는 이롭지만 감정에는 거슬리게 마련입니다. 오직 헤아림을 지극히 원숙하게 하여야 거스름이 없을 것이니, 두루 굽어살피시어 마땅한 바를 다시 한번 살펴주십시오. 삼가 아룁니다.

古先聖王의 所以採葑菲하며 詢蒭蕘하며 傳謗言하며 用仇怨하여 急於聽納이 乃至於斯는 其意無他라 惟義所在니 願陛下는 不以憎嫌而遺其片善하시며 不務精察而謂之大明하소서 忠言者는 利於行①而咈於情일새 唯計慮至熟이라야 乃能無忤니 幸紆宸鑑하사 更審所宜하소서 謹奏라

① 忠言者 利於行 : ≪孔子家語≫ 〈六本〉편에 이른 것이다.
家語六本篇云.

【評 說】

陸贄가 德宗의 聖旨에 순종하지 않고 姜公輔를 변호하자 자신의 뜻을 제대로 파악하지 못하였다고 생각한 덕종은 재차 하문하였다. 덕종은 朱泚가 반란을 일으킬 것이라고 예측한 강공보를 인재라고 평가하며 단숨에 재상으로 임명하는 파격적인 조치를 단행하기도 했지만, 얼마 지나지 않아 唐安公主를 위해 탑을 세우려는 계획에 반대했다는 이유로 다시 파직하려고 했다. 관원의 任免에 신중하지 못하고 賞罰을 남용한 덕종의 경솔한 모습이 드러난 셈이다.

때문에 육지는 앞서 〈興元論解姜公輔狀〉에서 단지 '納簡'의 문제만 거론하며 신중할 것을 권했던 것인데, 두 번째 聖旨에서 "강공보의 재능과 행실이 모두 재상에 전혀 부합하지 않는다고 생각하였으므로 奉天에 있을 때부터 파직하려고 했었다."는 말을 듣고 마침내

14) 옛날……하고 : 이와 관련된 고사는 본서 293쪽에 보인다.

덕종이 강공보를 결코 용서하지 않으리라는 것을 깨닫게 되었다. 그러나 육지 또한 '戇執' 하고 '懵昧'함을 자처하면서 한 치도 물러나지 않고 "道에 의지하여 앞서 진언하였던 것을 다듬어 올렸다." 육지는 덕종을 향해 "〈군주는〉 萬幾를 두루 살펴보되 반드시 먼저 그 마음을 비워야 하고, 군중의 마음을 들여다보되 먼저 그 뜻을 정성스럽게 해야 한다."고 하였으며, 또 "노여움을 남에게 옮기고" "남이 나를 믿지 않을 것이라 억측한" 탓에 결국 강공보가 죄에 걸리게 된 것이라고 단언하였다.

육지가 이처럼 확신에 찬 표현과 반문하는 어투를 동원해 적극적으로 변호하였으므로 덕종도 결국 강공보를 파직하기만 하고 죄까지 내리지는 않았다. 또한 파직을 명하는 草擬마저도 육지에게 작성토록 하였는데, 매우 점잖은 어조로 "짐에게 순종하기를 부지런히 하여 台司에 머무르는 동안 누차 상소하여 사직을 청하였으니, 넘치기 전에 물러남을 생각하고 성취한 공을 겸손하게 지킨 것〔從我之勤 自處台司 累疏陳乞 忌滿思退 持盈守謙〕"(≪翰苑集 권7 姜公輔左庶子制≫)이라고 표현함으로써 마치 강공보 스스로가 사직을 청한 것처럼 호도하였다. 이 일로 강공보는 太子左庶子로 강등되었으며 곧이어 太子右庶子로 재차 강등되어 8년을 보내게 된다. 그 뒤 강공보가 빈한함을 이유로 다른 관직을 청하였는데, 덕종은 분수를 모른다며 吉州別駕로 폄직하였으니, 도량이 얼마나 작은 인물이었는지 짐작하고도 남음이 있다.

成海應은 육지의 기탄없는 간언을 "형적의 혐의를 초탈하여 獻替의 의리를 다하고, 忠直한 의기를 떨쳐 바로잡아 구제하고자 하는 말을 다하였으니, 참으로 人主의 藥石이라 할 만하다.〔脫形迹之嫌而盡獻替之義 奮忠直之氣而竭匡救之辭 誠人主之藥石矣〕"고 평하는 한편 강공보에 대해서도 "朱泚의 반란을 예견했던 그가 덕종의 노여움을 살 줄 모르고 간언하였을 리 없다."고 하며 "일이 더 커지기 전에 막고자 했던 것이지 결코 명예를 사고자 한 행동은 아니었을 것"이라고 하였다.(≪研經齋全集≫ 권12 〈讀陸宣公奏議〉)

3. 興元에서 曲環이 거느리고 있는 장수와 병졸들을 후하게 장려하기를 논하는 奏狀

興元論請優奬曲環所領將士狀

≪新唐書≫ 〈曲環列傳〉에 이르기를 "曲環[1]은 陝州 사람이다. 德宗 초에 吐藩이 劍南을 침범하자 곡환에게 조서를 내려 邠州와 隴州의 병력 5천을 데리고 가서 구하도록 하였다. 오랑캐들이 마침내 패퇴하여 도망치니, 곡환의 威名이 크게 떨쳐졌다. 곡환이 거느린 군대는 대부분 幽州와 隴州의 옛 군졸들로, 이때에 陳州와 許州에 있다가 때마침 적과 맞닥뜨리게 되었다." 하였다. 고립무원의 처지에 놓였으므로 陸贄가 적에게 투항할까 염려하여 마침내 이 奏狀을 올렸다.

本傳云"環, 陝州人. 德宗初, 吐藩寇劍南, 詔環以邠・隴兵五(十)〔千〕[2]馳救. 虜遂破走, 威名大振. 環所領一軍, 多幽・隴舊卒, 時方在陳・許, 正當賊衝." 孤立無援, 贄恐其爲賊所乘, 遂上此奏.

5-3-1 曲環이 거느린 일군은 실로 朱泚의 部曲입니다. 〈그들 중 일부는〉 잠시 鳳翔에서 관할하기도 했고, 혹은 본래 河朔으로부터 함께 오기도 했는데,[3] 이후에 汴州와 宋州에서 전란이 있었던 까닭에 임시로 선발되어 그곳에 보내 응원하도록 하였던 자들입니다. 때문에 行營의 장수와 사졸들이 여전히 幽州와 隴州를 거명하고 있으니,

---

1) 曲環 : 陝州 安邑(지금의 山西省 夏縣) 사람. 安史의 난을 평정하는 데 공을 세워 左金吾大將軍에 올랐다. 德宗이 즉위한 뒤 李晟과 함께 吐蕃 및 南詔의 연합군을 대파하여 명성을 떨쳤으며, 李納・李希烈 등 藩鎭의 반란을 진압하고 徐州・寧陵・陳州 등지를 지켰다. 관직은 陳許節度使에 이르고 晉昌郡王에 봉해졌으며, 司空에 冊贈되었다.(≪舊唐書≫ 〈曲環傳〉)

2) (十)〔千〕: 저본에는 '十'으로 되어 있으나, ≪新唐書≫ 〈曲環傳〉에 의거하여 '千'으로 바로잡았다.

3) 그들……했는데 : 朱泚는 盧龍節度使 朱希彩가 죽고 절도사직을 이었는데, 盧龍藩鎭을 비롯한 成德・魏博 등과 함께 河朔三鎭으로 불렸다. 또한 주자가 入朝한 뒤에 鳳翔과 隴右 節度使의 직책을 담당하였다. 주자의 부대는 노룡의 군대와 봉상 등의 군대로 구성하였다.

지금의 원흉이 곧 그 군대의 옛 장수입니다. 岐下에서는 李楚琳이 반란을 돕고, 薊門에서는 朱滔가 간인들의 패거리를 엮었는데, 오직 이 偏師[4]만이 河上을 떠돌고 있습니다. 그들의 병영은 남의 땅에 의지하고 있는데, 그들의 가족들은 비적들의 손에 떨어져 있습니다. 또한 汴州의 길은 간웅들 때문에 근심스럽고 浚城은 함락당해서 양식이 자주 끊기고 물자도 오래전에 떨어졌으니, 사졸들의 常情이 진실로 안정되기 어렵다 하겠습니다.

右曲環의 所領一軍이 悉是朱泚部曲이라 或頃在鳳翔所管이요 或本從河朔同來러니 後因汴宋用兵하여 權抽赴彼하여 應援일새 所以行營將士가 猶擧幽隴爲名하나니 今之元兇은 乃其舊帥라 岐下則楚琳助亂①하고 薊門則朱滔黨姦②호되 獨此偏師가 漂然河上하여 其營幕則寄于他土하고 其家屬則陷於匪人하며 又屬汴路(艱)〔姦〕[5]虞하고 浚城陷覆하여 糧餉屢絶하고 資裝久殫하니 士卒常情이 固難安處라

① 楚琳助亂 : 鳳翔節度使 同平章事 張鎰은 군대의 일은 익힌 적이 없었지만 황제가 奉天에 계시다는 말을 듣고는 大駕를 맞이하고자 하였다. 後營將 李楚琳은 사람됨이 사나워 군중이 그를 두려워하였는데, 일찍이 朱泚를 섬겨 주자의 두터운 신임을 받았다. 行軍司馬 齊映과 幕僚인 齊抗이 장일에게 말하기를 "이초림을 제거하지 않으면 반드시 환란의 우두머리가 될 것입니다."라 하였다. 이에 장일은 이초림에게 隴州로 나가 주둔하라고 명령하였으나 이초림은 일을 핑계 대고 때에 맞춰 움직이지 않았다. 장일은 이때 대가를 맞이하는 일로 근심하고 있어서 이초림이 이미 떠났다고 생각했는데, 이초림이 야밤에 그의 무리들과 난을 일으켰다. 장일이 성에 줄을 매달아 도망갔으나 적들이 쫓아가 그를 죽였다. 이초림은 스스로 節度使가 되어 주자에게 항복하였다. 隴州刺史 郝通은 이초림에게 달려갔다. 岐下는 곧 鳳翔이다.

鳳翔節度使同平章事張鎰, 不習軍事, 聞上在奉天, 欲迎大駕. 後營將李楚琳, 爲人剽悍, 軍中畏之, 嘗事朱泚, 爲泚所厚. 行軍司馬齊映與同幕齊抗言於鎰曰 "不去楚琳, 必爲亂首." 鎰命楚琳出屯隴州, 楚琳託事不時發. 鎰方以迎駕爲憂, 謂楚琳已去矣, 楚琳夜與其黨作亂. 鎰縋城走, 賊追及殺之. 楚琳自爲節度使, 降于朱泚. 隴州刺史郝通奔于楚琳. 岐下卽鳳翔也.

② 薊門則朱滔黨姦 : 盧龍節度使 朱滔가 魏博節度使 田悅, 鎭冀節度使 王武俊, 淄靑節度使 李

4) 偏師 : 주력군 이외에 별도로 편성된 작은 군대를 말한다.

5) (艱)〔姦〕 : 저본에는 '艱'으로 되어 있으나, ≪翰苑集≫에 따라 '姦'으로 바로잡았다.

納과 합종하여 배반하였다. 薊門은 곧 燕州와 薊州이다.

盧龍節度使朱滔與魏博田悅・鎭冀王武俊・淄靑李納合從以叛. 薊門卽燕・薊也.

5-3-2 이는 군대가 무너져 원래대로 돌아가거나 그것이 아니라면 흩어져 안락한 지방으로 떠나가야 할 상황입니다. 하지만 曲環이 그들을 위무하여 누구 하나 떠나고 배반함이 없어 외로운 군대로 스스로 지키고 있습니다. 또한 구차하게 맹종하지 않아 위험에 처해서도 안정할 수 있었으며, 난리 소식을 들을 때마다 번번이 내달려가서 경계하고 엄숙한 마음을 극진히 미루어 공훈을 드러낸 것이 여러 번이었으니, 요즘 장수 가운데 곡환과 견줄 만한 자가 드물다 할 것입니다.

그의 재주와 절조를 헤아려보면 다른 사람보다 뛰어납니다만 오랫동안 타향살이를 하였기 때문에 곤궁함이 더욱 심해져서 章奏를 연달아 올렸는데, 말이 매우 비통하였습니다. 조정에 다급함을 알리더라도 구제할 힘이 없고, 郡府에 애걸하여도 걱정해주는 사람들이 없습니다. 그의 글에 나타난 사정을 살펴보니 눈물이 흐를 만합니다. 만약 응접하기를 잘못하여 끝내 危亡하게 된다면, 훌륭한 장수와 의로운 무리들이 심히 안타까워할 것입니다. 원컨대 폐하께서는 평범한 사람으로 대하지 마시고, 심상한 일로 치부해버리지 마십시오.[6)]

是宜潰歸舊管하며 否則散適樂郊로되 而曲環撫之하여 悉無離叛하고 孤軍自守호되 亦不苟從하여 處危能安하고 聞難輒赴하여 甚推齊肅하고 累著功勳하니 近日將帥之中에 罕有如環之比라 考其才節하면 絶有過人호되 但緣羈寓多時하여 窮匱轉甚하여 繼陳章奏호되 言(極)〔及〕[7)] 酸辛하니 告急朝廷則力未能救하고 求哀郡府則人莫見憂라 覽其辭情하니 可謂流涕로소이다 若失於應接하여 則終以危亡하면 良將義徒가 實在深惜일새 願陛下는 不以常人遇之하시며 不以常事遣之하소서

5-3-3 오늘날 형세상 의지할 만한 대상은 오직 풍요로운 江左 지역입니다. 마땅히 韓

---

6) 평범한……마십시오 : 庾翼이 桓溫을 成帝의 사위로 추천하며 "보통 사람으로 대우하거나 보통의 사위로 기르지 말라.〔勿以常人遇之 常壻畜之〕"고 한 내용이 보인다.(≪通鑑要解≫ 권5 〈晉紀〉)

7) (極)〔及〕: 저본에는 '極'으로 되어 있으나, ≪翰苑集≫에 따라 '及'으로 바로잡았다.

滉에게 은밀히 조칙을 내리시어 이 군대를 넉넉히 구휼하도록 엄히 명하시되, 병기, 갑옷, 의복, 양식을 모두 충분하도록 해야 할 것입니다. 아울러 劉洽에게도 손수 조서를 내리시어 또한 각별히 보살펴주도록 부탁하십시오. 다약 스스로 보존할 수 있다면 반드시 공적을 이룰 수 있을 것입니다. 어려움이 아니면 특별한 節操를 드러낼 수가 없고 英聖이 아니라면 특별한 재주를 지킬 수 없으며, 공적이 알려진다면 사람들이 반드시 기뻐하여 권면될 것입니다. 신은 보잘것없으나마 나라를 위해 善을 장려하고 위기에서 구하고자 하는 마음을 차마 감당할 길이 없어 삼가 이 일을 밝혀 아뢥니다. 삼가 아뢥니다.

方今에 勢可相資는 唯有江左完實하니 恐須密勅韓滉하여 切令贍恤此軍①호되 器甲衣糧을 咸使周足케하고 因賜劉洽手詔하여 亦委加意保持②니 若得自存하면 必有成績하리이다 非艱難이면 無以表特操요 非英聖이면 不能全異才며 有功見知면 人必悅勸할새 臣이 不勝區區爲國奬善拯危之意하여 謹啓事以聞하노이다 謹奏라

① 恐須密勅韓滉 切令贍恤此軍 : ≪新唐書≫ 〈韓滉列傳〉에 이르기를 "韓滉은 鎭海軍節度使가 되었는데, 황제가 奉天에 계시다가 梁州로 거둥하실 때 끊임없이 공물을 바쳤다. 貞元 원년(785)에 江淮轉運使로 옮겼다."라 하였다. 이 때문에 陸贄가 한황으로 하여금 曲環을 구휼하게 하고자 한 것이다.

本傳云"滉爲鎭海軍節度使. 帝在奉天及狩梁州, 貢獻不絶. 貞元元年遷江淮轉運使." 故贄欲令滉贍恤之.

② 劉洽은 곧 玄佐이다. 이때 汴宋節度使가 되었는데, 曲環과 서로 가까이 있었으므로 陸贄가 유흡에게 조서를 내려 곡환을 보호하고자 한 것이다.

洽卽(元)〔玄〕[8]佐也. 時爲汴宋節度使, 與曲環相隣, 故贄欲詔洽保持之.

【評說】

曲環의 原籍은 陝西 安邑으로 부친 曲彬에 이르러 隴右로 이주하였다. 곡환은 安史의 난을 평정하고 토번을 물리치는 데 공을 세웠고 金吾大將軍에 이르렀다. 德宗 建中 원년

8) (元)〔玄〕: 저본에는 '元'으로 되어 있으나, ≪資治通鑑≫에 의거하여 '玄'자로 바로잡았다. 洽의 본명은 '玄佐'였으나 郎曄은 南宋 사람이므로 宋나라 시조인 玄郞을 피휘하여 '元佐'로 바꾼 것이다.

(780)에 朱泚와 李懷光을 보좌하여 劉文喜를 평정한 후 開府儀同三司에 올랐으며, 邠隴兩軍都知兵馬使에 임명되었다. 이듬해 邠寧軍을 이끌고 徐州에서 劉洽과 힘을 합쳐 李納을 격파하였으며, 寧陵에 주둔하며 汴州와 宋州를 지켜냈다. 건중 3년에 左常侍에 오르고 邠隴行營節度使에 임명되었으며, 陳州에서 李希烈을 대파했다. 이후 주자와 이희열이 반란을 일으켜 關中을 고립시키자 양식이 떨어져 위태로워진 곡환이 여러 차례 구원을 요청하는 글을 올렸다.

이 奏狀을 지을 당시 陸贄는 여전히 梁州의 행재소에 발이 묶여 있는 상황이었다. 육지는 곡환과 친분이 없었지만 곡환의 처지와 전황을 손바닥 들여다보듯 꿰뚫고 있었다. 張巡이 睢陽을 지켜냈던 것과 마찬가지로 江淮의 운명이 곡환에 달려 있음을 알고 있었던 것이다. 때문에 육지는 외롭게 버티는 노장의 하소연에 동정을 보내는 데 그치지 않고 당시 江淮의 財賦를 책임지고 있던 韓滉을 통해 군량을 공급해줄 것과 宋亳節度使인 劉洽으로 하여금 곡환을 지원하도록 하는 조칙을 내리도록 건의했다. 육지는 의심 많은 덕종이 주자의 부장이었던 곡환을 신뢰하지 않을 줄 알았기에 "평범한 사람으로 대하지 말고 심상한 일로 치부해버리지 말라"고 당부하였으며, 文臣인 한황과 유흡이 반란의 근거지가 되었던 邠隴, 鳳翔, 涇原 등을 좋지 않게 보고 있음도 알고 있었기에 반드시 직접 密勅을 내려야 한다고 했던 것이다. 육지가 "스스로 보존할 수 있다면 반드시 공적을 이룰 수 있을 것"이라고 예측했던 대로 곡환은 이해 11월 陳州城에서 이희열의 반군과 맞붙어 3만 5천 명을 죽이고 翟崇暉를 생포하는 혁혁한 공을 세웠으며(≪資治通鑑≫), 이희열의 난이 평정된 후 檢校工部尙書 兼 陳許節度使로 임명되었으니, 이러한 결과의 출발에 육지의 상소문이 있었던 셈이다.

4. 興元에서 蕭復의 의혹을 해명하여 논하는 奏狀
興元論解蕭復狀

5-4-1 欽溆가 蕭復이 지은 표문을 가져와 신에게 보이고 아울러 聖旨를 받들어 알리기를 "짐이 요즘 李懷光의 흉악함과 광포함으로 인하여 임시로 이곳에 와서 피하였다. 山南은 이미 京畿와 가까우므로 군대를 지휘하여 날마다 서울을 수복하길 바랐다. 그런데 지금 소복이 짐에게 江陵에 거둥하도록 권하였는데, 표장의 내용 가운데에 장황함이 제법 심하다. 짐이 그 뜻을 이해하지 못하여 어제 劉從一에게 물으니, 유종일도 매우 놀라고 괴이하게 여겨 일의 연유를 알지 못하였다. 또한 소복의 奏事官[1] 李充을 짐이 때마침 불러 함께 이야기해보니 또한 선량하지 않은 듯하였다. 이 사람은 李承昭 집안의 자제가 아닌가.[2] 경은 소복의 표장 속에 담긴 의도를 살펴서 잘 헤아려 상주하도록 하라."라고 하셨습니다.

右欽溆가 齎蕭復表하여 示臣하고 兼奉宣聖旨호되 朕이 比緣李懷光의 兇狂하여 權且就此迴避하노니 山南이 既與京畿로 接近일새 指麾兵馬하여 日望收城이어늘 今蕭復勸朕하여 令幸江陵호되 表狀之中에 張皇頗甚하니 朕이 不會其意하여 昨問從一①호니 從一이 亦甚驚怪하여 不知事由하고 蕭復의 奏事官李充을 朕適喚對共語하니 亦似不是純良하니 此人이 莫是李承昭家子弟否아 卿宜審看蕭復表中意趣하여 斟酌奏來者라하실새

① 從一 : 바로 재상 劉從一이다.

---

1) 奏事官 : 唐나라 때 지방에서 중앙 조정에 파견하여 사안을 보고하는 관원을 말한다.

2) 이 사람은……아닌가 : 李承昭의 祖父는 高宗의 여섯 번째 아들이자 武則天의 次子인 章懷太子 李賢(655~684)이니, 황실의 적계 후손이 된다. 이승소와 항렬이 같은 형제는 모두 60명인데, 그 가운데 한 명인 李承宏은 代宗 때 長安까지 침입한 吐蕃에 의해 왕으로 추대되었다가 대종이 복위한 뒤 華州에 放死되었다. 이 때문에 덕종은 이승굉과 단지 항렬이 같다는 이유로 이승소를 의심했던 것인데, 이뿐만 아니라 황실과 인연이 먼 이충까지 싸잡아 의심하였다.

卽宰相劉從一.

5-4-2 신이 삼가 그 표장을 살펴보고 아울러 그 정황을 헤아려보니, 대체로 멀리서 전해들은 것은 일이 실상을 잃은 것이 많고 대신이 간언을 바침은 우선 정성을 다하는 데 힘쓰기 때문입니다. 그러므로 정도에 지나친 우려와 중도를 잃은 계책이 있으나 채납하지 말아야 할 뿐이지 허물할 것까지는 없습니다. 어째서이겠습니까. 奉天으로 몽진한 것만으로도 분란이 이미 심한데, 하물며 또 머무르지 못하게 되었으니 더욱 위태로워진 상황임을 알 수 있습니다. 소복이 樞衡(재상)의 신분으로 사명을 받들어 宣撫하다가[3] 갑자기 변고를 들었으니, 어찌 놀라고 근심하는 지경에서 벗어나겠습니까.

臣伏覩其表하고 兼揣其情하니 蓋以遠路傳聞이 事多失實하고 大臣獻納이 務且竭誠일새 雖有過當之慮와 失中之策이라도 但宜勿用이요 不足爲尤니이다 何則고 駐蹕奉天도 屯[4]難已甚이어든 況又不駐하니 艱危可知①라 蕭復이 備位樞衡하여 奉使宣撫라가 忽聞變故하고 寧免驚憂리오

① 艱危可知 : 德宗이 奉天에 이미 거둥하였는데, 또 봉천에서 다시 梁州로 거둥하였다.
德宗旣狩奉天, 又自奉天復幸梁州.

5-4-3 梁州과 岷山의 사이가 외지고 협소하기가 특히 심하여 어가가 머무르는 곳에 물자를 바치기가 참으로 어렵습니다. 무릇 군주를 그리워하는 정성을 지니고 있다는 점에서 각자 우리의 임금을 기다리는 뜻을 품고 있습니다. 그러므로 張延賞이 西蜀에서 받들어 맞이하고 韓滉이 東吳에 행차하시길 바랐던 것이니, 이것이 신하된 자의 일반적 정리이고 고금에 통하는 예입니다. 소복이 청한 것도 이와 유사하니, 일이 비

---

3) 소복이……宣撫하다가 : 德宗이 奉天으로 파천하였을 때 명성이 높았던 蕭復을 吏部尙書 同中書門下平章事로 삼았다. 그러나 그가 아첨하던 盧杞를 비판하자 덕종은 그를 宣撫使로 삼아 江淮 지방으로 보내버렸다. 당시 陸贄는 〈奉天論解蕭復狀〉을 써서 소복을 옹호하였는데, 이는 본서 251쪽에 보인다.

4) 屯 : 여기의 屯은 어렵다는 의미로, ≪文章辨體彙選≫에는 '迍'으로 되어 있다. 屯과 迍은 통용자이다.

록 마땅하진 않으나 뜻은 용서할 만합니다.

李充이 잠깐 御史를 맡았을 때 신이 일찍이 그와 동료였으니, 그 사람은 故 福建觀察使 李椅의 아들입니다. 그러므로 이승소와는 이미 먼 방계이고, 재주는 제법 통달하고 민첩하며 성품도 온화하고 공손하여 종족들 가운데 훌륭한 재목이라고 일컬을 만합니다. 삼가 바라건대 널리 의견을 구하소서. 그렇게 하신다면 신의 말이 틀리지 않았다는 것을 증명할 것입니다. 삼가 아룁니다.

梁岷之間이 窮隘特甚하여 輦輓攸止에 資奉實難하니 凡在戀主之誠에 各懷徯后之志일새 是以延賞奉迎於西蜀①하고 韓滉이 望幸於東吳②하니 此乃臣子之常情이요 古今之通(理)〔禮〕[5]라 蕭復所請도 亦類於斯하니 事雖非宜나 意則可恕니이다 李充은 頃任御史에 臣嘗與之同寮호니 其人은 是故福建觀察使李椅之男이라 共承昭하여 房從已遠이요 才頗通敏하고 性亦溫恭하여 宗族之中에 足稱佳器니 伏願更廣詢訪하시면 方驗臣言不誣하리이다 謹奏라

① 延賞奉迎於西蜀 : 張延賞이 荊南, 劍南, 西川의 節度使를 연이어 배수하였다. 德宗이 奉天에 있을 때 그가 바친 공물이 계속 이어졌다. 梁州에 머물렀을 때 劍南과 蜀을 의지하여 근본으로 삼았으며, 곧 中書門下平章事에 배수하였다. 이는 ≪新唐書≫ 〈張嘉貞傳〉에 보인다.

張延賞累拜荊南·劍南·西川節度使. 德宗在奉天, 貢獻相踵于道. 及次(縛)〔梁〕,[6] (猗)〔倚〕[7]劍·蜀爲根本, 卽拜中書門下平章事, 見本傳.

② 韓滉 望幸於東吳 : ≪新唐書≫ 〈韓滉傳〉에 "韓滉이 鎭海軍節度使가 되었을 때 황제가 梁州로 거둥하니 비단 10만 필을 바쳤다. 한황은 京都가 아직 평정되지 않았다는 소식을 듣고 石頭에 다섯 성을 쌓았다. 성벽을 개수하여 建業으로부터 京峴에 이르기까지 망루와 城堞이 연달았다. 조정에 永嘉 연간 남쪽으로 달아났던 것[8]과 같은 일이 곧 있을 것이라 여겨 石頭城에 관사와 주택 수천 채를 세웠다."라고 하였다.

本傳云 "滉爲鎭海軍節度使. 帝狩梁(定)〔州〕,[9] 獻縑十萬疋. 滉聞京都未平, 乃築石頭五

---

5) (理)〔禮〕: 저본에는 '理'로 되어 있으나, ≪全唐文≫에 의거하여 '禮'로 바로잡았다.

6) (縛)〔梁〕: 저본에는 '縛'으로 되어 있으나, ≪新唐書≫ 〈張嘉貞傳〉에 의거하여 '梁'으로 바로잡았다.

7) (猗)〔倚〕: 저본에는 '猗'로 되어 있으나, ≪新唐書≫ 〈張嘉貞傳〉에 의거하여 '倚'로 바로잡았다.

8) 永嘉……달아났던 것 : 西晋 永嘉 5년(311) 흉노의 침입을 피해 南京으로 천도하여 東晉이 세워진 사건을 가리킨다. 이를 역사상 '永嘉의 난'이라 한다. 또 대량의 이주민이 발생해 강남 지역이 발전하는 계기가 되었으므로 '衣冠南渡'라고도 일컫는다.

城. 修塢壁, 起建業, 抵京峴, 樓雉相望. 以爲朝廷有永嘉南走事, 置館第數千於石頭城.

【評 說】

建中 말년 吏部尙書 同中書門下平章事에 임명된 蕭復은 궁정의 일밖에 모르는 宦官에게 監軍의 역할을 주어서는 안 된다고 간했다. 또 황제의 환심을 사기 위해 눈치만 보는 盧杞의 행동을 보고 德宗의 면전에서 그의 잘못을 꾸짖었다. 이 일로 덕종은 '소복이 자신을 무시한다.〔蕭復頗輕朕〕'고 여겨 마침내 이듬해(興元 원년(784)) 정월 江南宣撫使로 파견보냈다.(≪舊唐書≫ 권125 〈蕭復傳〉)

소복이 강남에 있을 때까지만 해도 李懷光이 반란을 일으킬 움직임이 없었으며, 덕종 역시 奉天을 떠나 梁州로 파천할 뜻도 없었다. 그 뒤 江陵을 순시할 무렵에 덕종이 山南으로 피신했다는 소식을 듣게 된 소복은 奏事官 李充을 덕종에게 보내 강릉으로 옮길 것을 청했다. 소복이 보기에 산남은 梁州와 岷山 사이에 끼어 있어 지리 조건이 좋지 않고 물자도 부족한 반면에 강릉은 교통이 편리하고 물자도 풍부했기 때문이다. 게다가 강릉은 南朝 때 蕭詧이 西梁을 세운 이래 대대로 蕭氏의 근거지였으므로 그 어느 곳보다 믿을 만한 곳이었다. 그러나 소복을 강남선무사로 내보낼 때부터 이미 그를 멀리하려고 작정했던 덕종은 오히려 강릉의 이러한 조건 때문에 더욱 소복을 의심하게 되었으며, 심지어 소복이 파견한 이충까지 의심하는 상황에 이르렀다.

이로 볼 때 덕종이 "표장 속에 담긴 의도를 살펴 잘 헤아려 상주하라."고 한 것은 상당히 의도적인 표현으로, 육지로 하여금 자신의 의중을 읽고 동의해주기를 바랐던 것이다. 하지만 육지는 덕종의 하문에 동의하지 않고 오히려 "樞衡의 신분으로 사명을 받들어 선무하다가 갑자기 변고를 들었으니, 어찌 놀라고 근심하는 지경에서 벗어날 수 있겠는가."라고 하여 소복이 재상으로서 자신이 해야 할 일을 했을 뿐이라고 변호하였으며, 이충 역시 李承昭와 무관한 인물임을 분명히 밝힘으로써 덕종의 혐의가 부당한 것임을 드러냈다.

9) (定)〔州〕: 저본에는 '定'으로 되어 있으나, ≪新唐書≫ 〈韓滉傳〉에 의거하여 '州'로 바로잡았다.

5. 蕭復에 대한 일을 다시 답하여 논하는 奏狀

又答論蕭復狀

5-5-1 欽溆가 聖旨를 받들어 알리기를 "경이 상주한 蕭復의 일은 짐이 이미 모두 살펴보았다. 가령 소복이 다시 다른 뜻이 없다고 하더라도 끝내 일의 마땅함을 모르니, 이제 여러 道를 巡行한다면 오히려 事體에 어긋남이 많아질까 두렵다. 孟皞가 연로하니 지금 소복에게 福建觀察使를 제수하여 곧바로 임지에 부임하게 하고자 하니, 그리하면 거취가 또한 적절하다 할 것이다. 경의 뜻은 어떠한가?"라고 하셨습니다.

右欽溆가 奉宣聖旨호되 卿所奏蕭復事를 朕已具悉호라 假使更無別意라도 終是不識事宜니 (更令)〔今〕[1]巡行諸道하면 轉恐事多乖失하노니 緣孟皞年老하여 今欲除蕭復하여 爲福建觀察使하여 便令赴任하면 去就가 亦應得所니 卿意가 以爲何如者오하시니

5-5-2 삼가 아룁니다. 장수와 재상의 임무는 맡겨진 바가 모두 높으니, 내직과 외직에 번갈아 머물도록 하는 것이 또한 常理입니다. 그러나 군신 간에는 예가 있으니 진퇴에 만전을 기하지 않아서는 아니 되며, 다스림의 요체에는 마땅함이 있으니 본말을 걸맞게 하지 않아서는 아니 됩니다.

지난번에 도읍에 역도들이 일어나서 御駕가 교외로 갔으니 폐하께서 세금 거두기를 많이 하심을 뉘우치셨고, 백성들의 곤궁함을 염려하시어 자애로운 성지를 크게 내리시어 안타까워하는 뜻을 깊이 보이셨습니다. 또한 특별히 대신을 보내어 널리 백성의 疾苦를 물으시니 이는 본래 돌아와 보고하면 넉넉히 감면해주실 것을 의논하려고 한 것으로, 衆情이 앙망하여[2] 날마다 위로 진달되기만 바라고 있습니다.

---

1) (更令)〔今〕: 저본에는 '更令'으로 되어 있으나, ≪翰苑集≫에 의거하여 '今'으로 바로잡았다.

2) 앙망하여 : 원문은 '顒顒'로 앙망하는 모양을 뜻한다. ≪淮南子≫〈俶眞訓〉에 "이런 까닭에 성인은

그런데 지금 만약 앞서 내린 명령이 종결되지도 않았는데 갑자기 먼 지방에 제수한다면, 이는 은택이 막 펼쳐지려다가 다시 거둬들이고, 윤음[3]이 이미 나왔다가 중도에 그만두는 셈입니다. 일이 이미 바랄 바를 잃게 되니 사람들이 어떻게 보겠습니까. 이는 진퇴의 예에 있어서 만전을 기하지 못함이요 본말의 마땅함이 걸맞지 못한 것이니, '적절하다'고 하신 것이 신은 실로 의심스럽습니다.

伏以將相之任이 所委皆崇하니 中外迭居가 亦是常理어니와 然君臣有禮하니 進退를 不可以不全이요 (事)〔理〕[4]體有宜하니 本末을 不可以不稱이니이다 頃盜興都邑하여 駕適郊畿하시니 陛下가 悔征賦之殷繁하시며 念黎元之困悴하사 誕降慈旨하사 深示憫傷하시고 特遣大臣하여 普詢疾苦하시니 本期還報어든 將議優蠲일새 衆情顒顒하여 日望上達이어늘 今若未終前命하여 遽授遠藩하면 則是膏澤이 將布而復收하고 渙汗이 已發而中廢라 事既失望하니 人何以觀이리잇고 斯乃進退之禮가 不全하고 本末之宜가 不稱하니 謂爲得所를 臣實疑之하노이다

5-5-3 만약 소복이 일을 처리하는 것이 事體에 어긋날까 염려하여 外方에 머물면서 宣撫하게 하지 않으신다면 곧 마땅히 조칙을 내려서 돌아올 길을 재촉하셔야 하고, 먼 고을까지 아직 두루 순행하지 못하였다면 단지 副使에게 나눠서 가도록 한 뒤에 복명하기를 기다려 친히 물정을 물어서 폐단을 고치고 성은을 드리워서 德音에 부합하도록 하시면 사신의 임무가 완료된 뒤에 잘잘못의 여부도 더욱 드러날 것이니, 마땅한 바를 천천히 가려내어서 진퇴를 도모하십시오. 이것이 사체에 있어서 진실로 중도를 얻을 것입니다. 삼가 아룁니다.

儻慮處事乖方하여 不欲淹留在外인댄 則當諭以詔旨하여 促其歸程하고 遠郡巡歷이 未周어든 但令副介分往하여 待其復命하여 親訪物情하사 革弊垂恩하여 用符德號하시면 使務既畢에 能

음양의 기를 호흡하니 군생이 모두 앙모하여 그 덕을 우러러 유순하게 따른다.〔是故聖人呼吸陰陽之氣 而群生莫不顒顒然 仰其德以和順〕"고 하였다.

3) 윤음 : 원문의 '渙汗'을 풀이한 말로 ≪周易≫ 渙卦 九五爻辭에 나오는 '渙汗大號'의 준말이다. 왕의 윤음은 땀과 같아서 한 번 나오면 다시 들어갈 수 없다 하여 '王言如汗'이라고 하는데, 여기에서는 왕의 명이 발표된 것을 말한다.

4) (事)〔理〕: 저본에는 '事'로 되어 있으나, ≪翰苑集≫에 의거하여 '理'로 바로잡았다.

否益彰하리니 徐擇所宜하여 以圖進退하면 庶於事體에 允得厥中이니이다 謹奏라

【評說】

陸贄가 蕭復을 변호하자 德宗도 더 이상 문제 삼기 곤란해졌다. 하지만 소복을 江南宣撫使로 보낼 때부터 이미 멀리하려고 결심했던 만큼 그를 다시 조정으로 불러들일 생각도 없었다. 그래서 孟皥의 연로함을 핑계로 福建觀察使로 임명할 생각을 해낸 것이다. 본문 '欲除蕭復'의 '除'는 시험이나 천거 등의 임명절차를 거치지 않고 직접 벼슬을 내리는 일을 말하는 것으로, 아예 재상의 지위를 박탈하고자 하는 뜻을 드러낸 것이다. 그러나 육지는 "장수와 재상의 임무는 맡겨진 바가 모두 높으니, 내직과 외직에 번갈아 머물도록 하는 것이 常理"라고 하면서도 "군신 간에는 예가 있으니 진퇴에 만전을 기하여야 하며, 다스림의 요체는 마땅함이 있으니 본말을 걸맞게 하지 않아서는 안 된다."고 하였다. 재신에게 내직과 외직을 번갈아 제수하는 것 자체는 문제될 게 없으나 소복의 경우는 다른 차원의 문제이므로 경솔하게 결정해서는 안 된다는 의견을 분명히 밝힌 것이다.

소복은 애초 宦官에게 監軍을 맡겨서는 안 된다고 간언하고, 덕종 면전에서 盧杞의 간교함을 꾸짖은 일로 인해 미움을 사서 선무사로 나가게 되었다. 그런데 떠나기 전날 劉從一을 위시한 朝臣들이 이를 만류하는 奏狀을 올리자 덕종은 오히려 소복이 조신들을 부추긴 것으로 생각했다. 또한 선무사로 나가서도 행재소를 강릉으로 옮길 것을 청하다가 의심을 샀으며, 복건으로 폄직될 위기에 처하였다가 육지의 적극적인 변호 덕분에 겨우 재상의 신분을 유지할 수 있었다.

소복이 조정으로 돌아온 것은 장안을 수복한 뒤인 興元 원년(784) 11월이다. 하지만 그 뒤로도 강직한 성품은 변함이 없어 결국 15개월의 짧은 임기를 끝으로 재상에서 물러나고 말았다. ≪舊唐書≫ 〈蕭復傳〉에는 소복이 끝내 재상에서 파직당하게 된 마지막 일화를 다음과 같이 기술하고 있다.

"소복이 나간 후 宰相 李勉·盧翰·劉從一이 함께 中書省으로 돌아가고 있었는데, 환관 馬欽緖가 유종일에게 읍한 후 귓속말을 하고 물러났다.

다른 재상들이 각자의 관서로 돌아가자 유종일이 소복에게 가서 말하기를 '마침 흠서가 詔旨를 알려왔는데, 공과 함께 내일 조회할 때 진주할 일에 대해 헤아려보되, 이면과 노한이 알도록 해선 안 된다고 하였소.'라고 하였다.

소복은 '이제 막 주대했고 성지도 들었소만 성상의 의중을 몰라 이미 면전에서 황상께

진술하였소. 황상의 뜻이 그렇다면 나는 감히 다시는 그 일에 대해 언급하지 않겠소.'라고 하고, 또 '唐·虞 때에는 「중지를 모아 의논함〔僉曰之論〕」이 있었으니, 조정에 일이 있으면 공경과 함께 논의하는 것이 합당하오. 이제 이면과 노한이 재상 자리에 있기에 불가하다면 내칠 일이지만, 이미 재상 자리에 있으니 함께 상의하여야 할 것이오. 무슨 까닭에 이들을 피한단 말이오? 또한 공과 함께 차질 없이 처리한다 할지라도 점차 본보기가 될까 두려우니, 이는 정치의 큰 폐단이오.'라고 하고는 마침내 유종일과 이야기하지 않았다.

유종일이 이 일을 아뢰자 덕종이 점차 소복을 좋아하지 않게 되었다. 소복이 누차 표문을 올려 병을 이유로 사퇴하기를 청하며 知政事에서 파직해줄 것을 청하자 이를 받아들여 守太子左庶子에 개수하였다. 貞元 3년(787) 소복의 종형제와 혼인했던 郜國公主의 일에 연루되어 檢校左庶子가 되었다가 饒州로 폄직되었다. 정원 4년에 그곳에서 죽었으니, 향년 57세다.

소복은 門望이 높았으며 志礪가 빼어나고 名節을 중시해 세속과 구차히 가깝게 지내지 않았다. 재상의 자리에 오른 후에도 일처리가 구차스럽지 않아 同列의 질시를 자주 받았으니, 이 때문에 자리에 오래 있지 못했다. 성품이 효성스럽고 우애 있으며 집안을 매우 화목하게 다스렸는데, 조카의 일에 연루되어서도 편안히 받아들여 물러났으며 단 한마디의 원망하는 말도 입에 담지 않았다."

6. 興元에서 역적 속에서 잇달아 行在所로 온 관원들에 대하여 논하는 奏狀

興元論續從賊中赴行在官等狀

德宗이 역적들 가운데에서 행재소로 온 관원들을 의심하여 간사한 계책이 있지 않을까 염려하였다. 陸贄는 '지금 역도들이 궁궐을 점거하고 있으니, 행재소로 온 자들은 마땅히 헤아려 은상을 주어야 하는데 어찌 거듭 의심하고 염려하여 구금하는가.'라고 생각하여 이 奏狀을 올렸다.

德宗疑從賊中來行在官, 恐有姦計. 贄謂今盜據宮闕, 來赴行在者, 當量加恩賞, 豈可復猜慮拘囚. 乃上此奏.

5-6-1 欽溆가 聖旨를 받들어 알리기를 "요즘 종종 하급 관리들이 山北에서 오는데, 이들은 모두 京城에서부터 몰래 길을 따라와 행재소로 도망쳐왔다고들 한다. 하지만 이 무리들은 대부분 선량한 자들이 아니며, 그 가운데 邢建이라는 자는 역적의 형세를 논하였는데 말이 매우 장황하지만 그 사정을 살펴보니 자못 염탐하는 것 같았으므로 지금 우선 한곳에 구류해두었다. 이러한 무리가 몇 명이 더 있을 것이니, 만약 찾아내지 않는다면 간계를 꾸밀까 두렵다. 경은 마땅히 어떻게 해야 온당할지 헤아리도록 하라."라고 하셨습니다.

右欽溆가 奉宣聖旨호되 近日에 往往有卑官이 從山北來하여 皆稱自京城偸路하여 奔赴行在호되 大都此輩가 多非良善이요 有一邢建이 論說賊中體勢호되 語最張皇이어늘 察其事情하니 頗是窺覘일새 今且令留在一處하여 安置하나 如此之類가 更有數人하니 若不根尋하면 恐有姦計니 卿宜商量如何穩便者라하시니

5-6-2 臣이 삼가 아뢰니다. 百揆를 총괄하는 자는 한 직책을 책임지는 자와 같지 않

고, 萬國의 富를 소유한 자는 백규를 총괄하는 자의 事體와는 또 다르니, 존귀한 이는 그 요체를 장악하고 비천한 자는 그 구체적인 것을 주관하며, 존귀한 이는 넓고도 큰 것을 숭상하고 비천한 자는 비근하고 세세한 것에 힘씁니다.

이 때문에 小事를 꼼꼼히 살피고 小惡을 규찰하는 것은 관리들이 하는 일이며, 萬機를 이끌고 통제하며 장관을 뽑아 세우며 강령을 총괄함에 온갖 조목이 모두 거행되고 가까운 것을 밝힘에 萬方이 절로 통하게 하는 것은 大臣의 임무이며, 어리석건 지혜롭건 모두 받아들이며 크건 작건 버려둠이 없어 하늘처럼 덮어주고 땅처럼 포용하여, 면류관의 술〔旒〕을 드리우고 귓가에 솜 방울〔黈纊〕을 매달아 지나치게 꼼꼼히 듣고 살피는 것을 물리치고, 허물을 눈감고 잘못을 보듬어 포용하는 데에 힘쓰며, 위세를 내세우지 않아도 사람들이 천둥처럼 경외하게 하며 밝음을 쓰지 않고도 사람들이 日月처럼 우러러 보는 것이 천자의 德입니다.

臣이 伏以任摠百揆者는 與一職之守로 不同하고 富有萬國者는 與百揆之體로 復異하니 蓋尊領其要하고 卑主其詳하여 尊尙恢弘하고 卑務近細하나니 是以練覈小事하고 糾察微姦은 此가 有司之守也요 維御萬樞하고 選建庶長하여 摠綱而衆目咸擧하고 明邇而群方自通은 此가 大臣之任也요 愚智兼納하며 洪纖靡遺하여 蓋之如天하며 容之如地하여 垂旒黈纊而黜其聽察하고 匿瑕藏疾而務於包含①하여 不示威而人畏之如雷霆하고 不用明而人仰之如日月은 此가 天子之德也니

① 匿瑕藏疾而務於包含 : ≪春秋左氏傳≫ 宣公 15년에 "川澤은 더러운 물을 받아들이고, 산과 늪은 毒蟲을 숨겨주고, 아름다운 玉도 瑕疵를 품고 있다."라고 하였다.
左宣十五年 "(用)〔川〕[1]澤納汙, 山藪藏疾, 瑾瑜匿瑕."[2]

5-6-3 비천한 자가 존귀한 자의 법도를 참람되게 쓰면 직분이 아래에서 폐해지며, 존귀한 자가 스스로를 낮추어 비천한 자의 일을 대신하면 덕이 위에서 손상되니, 직분

1) (用)〔川〕: 저본에는 '用'으로 되어 있으나, ≪春秋左氏傳≫에 의거하여 '川'으로 바로잡았다.
2) 川澤納汙……瑾瑜匿瑕 : ≪春秋左氏傳≫에서는 원래 뒤를 이어 "國君含垢 天之道也"라는 말이 있다. "川澤은 더러운 물을 받아들이고, 산과 늪은 毒蟲을 숨겨주고, 아름다운 玉도 瑕疵를 감추고 있다. 나라의 임금도 치욕을 참는 것이 하늘의 常道입니다."라는 뜻이 된다.

이 폐해지면 일이 행해지지 않고 덕이 상하면 사람들이 돌아오지 않습니다. 일이 행해지지 않음은 폐단이 비록 절실하긴 하나 근심은 가벼운 반면 사람이 돌아오지 않음은 허물이 작은 듯해도 禍가 무거우니, 이 道를 얻느냐 잃느냐 하는 것은 흥망과 관련됩니다.

聖王은 큰 우주(천하)를 단지 귀와 눈으로 궁구할 수 없음을 알았으므로 無爲의 마음을 맑게 하여 만물이 스스로 작동함을 살폈습니다. 또 억조의 백성을 智力만으로 이길 수 없음을 알았으므로 지극히 정성스러운 뜻을 한결같이 하여 사람들의 진실하지 못한 마음을 감화시켰습니다.[3] 이와 다른 자는 한 사람의 보고 듣는 것으로 우주가 변화하는 모습을 궁구하려 하며, 한 사람의 방비하고 걱정하는 것을 가지고 억조나 되는 사람들의 간사한 속임수를 이기려 하여 지혜를 씀이 정밀할수록 道를 잃는 것이 더 멀어지게 됩니다.

그러므로 孔子가 陶唐의 성대함을 찬술하여 말하기를 "오직 하늘만이 위대하거늘 堯임금께서 그것을 본받으셨다."[4]라 하셨고, ≪詩經≫에서 周 文王의 덕을 찬미하여 말하기를 "사사로운 지식을 쓰지 않으며 상제의 법을 따랐다."[5]라고 하셨으니, 이는 모두 만물을 길러 혼연히 하나가 되어, 좋아함도 없고 싫어함도 없으며 꺼리지 않고 시샘하지 않음을 이른 것입니다.

以卑而僭用尊道하면 則職廢于下하고 以尊而降代卑職하면 則德喪于上하나니 職廢則事不擧하고 德喪則人不歸라 事不擧者는 弊雖切而患輕하고 人不歸者는 釁似微而禍重이니 玆道得失이 所關興亡일새 聖王이 知宇宙之大를 不可以耳目周라 故淸其無爲之心而觀物之自爲也하며 知億兆之多를 不可以智力勝이라 故壹其至誠之意而感人之不誠也어늘 異於是者는 乃以一人之聽覽으로 而欲窮宇宙之變態하며 以一人之防慮로 而欲勝億兆之姦欺하여 役智

---

3) 지극히……감화시켰습니다 : ≪孟子≫ 〈離婁 上〉에 "지극히 참되고서 남을 감동시키지 못하는 경우는 있지 않다. 참되지 않고서 남을 감동시킬 수 있는 경우는 있지 않다.〔至誠而不動者未之有也 不誠未有能動者也〕"라고 한 데서 인용한 구절이다.

4) 오직……본받으셨다 : ≪論語≫ 〈泰伯〉편에 나온다.

5) 사사로운……따랐다 : ≪詩經≫ 〈大雅 皇矣〉에 "상제께서 문왕에게 이르시되 나는 明德의 소리와 색을 대단하게 여기지 않으며 잘난 체하고 변혁함을 훌륭하게 여기지 않고 사사로운 지식을 쓰지 않고 상제의 법을 따랐네.〔帝謂文王 予懷明德 不大聲以色 不長夏以革 不識不知 順帝之則〕"라고 한 데서 인용한 구절이다.

彌精호되 失道彌遠하니 故宣尼가 述陶唐之盛호되 曰 惟天爲大어늘 惟堯則(칙)之라하시고 周詩에 美文王之德호되 曰 不識不知하여 順帝之則(칙)이라하니 是皆覆育萬物하여 渾然大同하여 無好無惡하며 不忌不克之謂也라

漢 高祖

5-6-4 項羽는 秦나라의 항복한 병졸 20만을 받아들였다가 그들이 거짓된 마음을 품어 다시 반란할까 걱정하여 한꺼번에 모두 구덩이에 파묻어버렸으니, 우환을 방비함이 너무 심하였습니다.6) 漢 高祖는 활달하고 도량이 커서 천하의 선비들 중에 그에게 이른 자를 받아들임에 의심이 없었으니, 걱정에 대비하기를 소홀히 했다 할 수 있습니다. 그러나 項氏는 이로써 멸망하였고, 劉氏는 이로써 창성하였으니, 의심을 쌓아두는 것과 성심을 미루어 하는 것은 그 결과가 진실로 같지 않은 법입니다.

秦 始皇은 호위하기를 삼엄하게 하고 의심하기를 철저히 하였건만 荊軻가 은밀한 계책을 떨쳐 행하였고,7) 光武帝는 너그럽고 넓고 도탑게 하였는데 馬援이 충심을 그

6) 項羽는……심하였습니다 : 項羽가 秦나라를 공격하였을 때에, 이미 秦나라의 형세가 기울어져 章邯·司馬欣 등이 항우에게 투항하였고, 이후 楚軍과 투항한 秦軍이 함께 咸陽으로 진격하였다. 新安에 이르렀을 때에 楚나라 병사들이 秦나라 병사들을 노예처럼 부려 학대하고 모욕을 주었다. 秦나라 병사들이 몰래 말하기를 "장한 장군 등이 우리를 속여서 楚나라에 항복했다. 오늘 우리가 秦나라를 격파하고 關中으로 들어갈 수 있다면 다행스러운 일이겠지만, 그렇지 못하고 싸움에서 이기지 못한다면, 楚나라는 우리들을 그들의 노예로 삼아 동쪽으로 데려갈 것이다. 그리되면 우리들의 부모처자는 秦나라에게 모두 죽임을 당하고 말 것이다."라 하였다. 楚軍이 이를 듣고 항우에게 보고하자, 항우가 밤에 秦軍 20만 명을 新安城 남쪽에 파묻어버리도록 하였다.(≪史記≫ 〈項羽本紀〉)

7) 秦 始皇은……행하였고 : 秦王이 九賓의 잔치를 진설하여 燕나라가 보낸 사자를 咸陽宮에서 만났다. 荊軻가 樊於期(번오기)에 머리가 담긴 함을 받들고, 秦舞陽은 지도가 담긴 합을 받들고 차례대로 나아갔다. 계단 아래에 미치자 진무양이 낯빛이 변하며 벌벌 떠니 군신이 괴이하게 여겼다. 형가가 진무양을 돌아보고 웃으며 앞에 나아가 사례하며 말하기를 "북방 오랑캐의 비루한 자가

에게로 옮겼으니,[8] 마음을 비우고 사람들을 대하면 사람들도 따르려고 생각하고 술수에 맡겨 만물을 부리면 만물이 끝내 가까워지지 않는 것이 아니겠습니까. 그 마음이 따를 것을 생각한다면 감격하고 기뻐하여 비록 원수라 할지라도 변화하여 자신의 심장과 등뼈와 같은 사람이 될 것입니다. 하지만 그 마음이 가깝게 여기지 않는다면 두려워하며 저지하여 비록 자신의 뼈와 살과 같은 사람이라도 결탁하여 원수가 될 것입니다. 신은 그러므로 "이 道를 얻고 잃음은 흥망과 관련된다."고 말한 것입니다.

項籍이 納秦降卒二十萬이라가 慮其懷詐復叛하여 一擧而盡坑之①하니 其於防虞에 亦已甚矣요 漢高는 豁達大度라 天下之士가 至者를 納用不疑하니 其於備慮에 可謂疏矣로되 然而項氏以滅하고 劉氏以昌하니 蓄疑之與推誠이 其效固不同也니이다 秦皇이 嚴衛雄猜호되 而荊軻가 奮其陰計②하고 光武가 寬容博厚호되 而馬援이 輸其款誠③하니 豈不以虛懷待人이면

천자를 여태껏 본 적이 없기에 떨고 있는 것입니다. 원컨대 대왕께서 다소 관대하게 봐주셔서 어전에서 사자의 역할을 다할 수 있도록 해주십시오." 그러자 진왕이 형가에게 말하였다. "진무양이 가져온 지도를 가져오라." 형가가 지도를 가져다 바쳤다. 진왕이 지도를 펴보니 지도가 끝나는 곳에서 匕首가 나타났다. 형가가 왼손으로 진왕의 소매를 붙잡고, 오른손으로 비수를 쥔 채 찔렀다. 몸에 닿기 전에 진왕이 놀라서 스스로 몸을 끌어 일어섰다. 형가가 진왕을 쫓자 진왕이 기둥을 돌면서 달아났다. 군신들도 놀랐으나 갑자기 일어난 일이라 어떻게 해야 할지 방법을 놓쳤다. 진나라 법에는 군신이 전상에서 황제를 모시고 있을 때에는 척촌의 병기도 휴대할 수 없었다. 무기를 가지고 있던 郎中들은 모두 전 아래에 있었기 때문에 명령이 없이는 올라가지 못하였다. 급해서 병사들을 부르지 못하였으므로, 형가가 이에 진왕을 뒤쫓아가자 당황해서 형가를 공격할 수 없게 되자 손으로 붙잡았다. 이때 時醫였던 夏無且(하무저)가 약 주머니를 형가에게 던졌다. 이후 진왕이 긴 칼을 등에 지고 뽑아 형가의 다리를 베었다.(≪史記≫ 〈刺客傳〉)

8) 光武帝는……옮겼으니 : 隗囂가 馬援을 시켜서 조서를 받들어 咸陽으로 가게 했다. 마원이 함양에 이르러 宣德殿에서 만났다. 世祖(光武帝)가 마원에게 웃으며 말하기를 "경이 두 황제의 사이(光武帝와 公孫述)에서 분주히 오가니, 내가 지금 경을 만남에 〈덕이 부족한데 황제를 칭하는 것이〉 매우 부끄럽다."라 하자 마원이 고개를 조아리고 사례해서 말하였다. "오늘날 시대에 단지 임금만 신하를 택하는 것이 아니라 신하도 또한 임금을 택합니다. 신은 공손술과 한 고을에서 살아서 어려서 서로 친했습니다. 신이 전에 蜀에 갔을 적에 공손술은 섬돌 사이에 창을 호위병을 진열한 뒤에 신을 나오게 하였습니다. 신은 이제 멀리서 왔는데도 폐하께서 어찌 제가 자객이나 간인이 아닐 줄 어찌 알고 이처럼 경솔하게 대하십니까?" 그러자 황제가 웃으면서 말하였다. "경은 자객이 아니라 단지 세객일 뿐이오." 마원이 말하기를 "천하가 뒤집어져서 제왕의 이름을 도둑질한 가진 자를 이루 다 헤아릴 수 없습니다. 그런데 지금 폐하를 보니 넓고 큰 도량이 高祖와 부합하시니, 이에 비로소 제왕이 본래 진정한 제왕이 있음을 알겠습니다."라 하였다.(≪後漢書≫ 〈馬援傳〉)

人亦思附하고 任數御物이면 物終不親하나니 情思附則感而悅之하여 雖寇讐라도 化爲心膂가 有矣요 意不親則懼而阻之하여 雖骨肉이라도 結爲仇慝이 有矣니 臣이 故曰 玆道得失이 所關興亡이라하노이다

① 項籍……一擧而盡坑之:≪史記≫〈項羽本紀〉에서 이른 말이다.

項羽傳云.

② 秦皇……奮其陰計:荊軻가 燕나라 太子 丹을 위해 秦王을 죽이고자 하여 연나라 지도를 가져다 〈진왕에게〉 바쳤다. 〈말려 있던〉 지도가 다 펼쳐지고 비수가 드러나자 진왕의 옷소매를 붙잡고 찔렀으나 진왕이 옷소매를 끊고 달아났다.

軻欲爲燕太子丹刺秦王, 取燕地圖奏之. 圖窮而匕首見, 因把秦衣袖而揕之, 秦王絶袖而走.

③ 光武……輸其款誠:≪漢書≫〈馬援傳〉에, "隗囂가 馬援을 시켜서 조서를 받들어 낙양으로 가게 하였다. 마원이 〈光武帝에게〉 말하기를, '천하가 뒤집어져서 〈제왕의〉 이름을 도둑질하는 자가 이루 다 헤아릴 수 없을 지경입니다. 그런데 지금 폐하를 보건대 넓고 큰 도량이 高祖와 부합하시니, 이에 비로소 진정한 제왕이 있음을 알겠습니다.'라고 하였다." 하였다.

本傳云 "隗囂使援奉書雒陽. 援曰 '天下反覆, 盜名字者, 不可勝數. 今見陛下, 恢廓大度, 同符高祖, 乃知帝王自有眞也.'"

5-6-5 삼가 생각건대 폐하께서는 명철하시고 文思[9]가 뛰어나 그 공덕이 사방을 뒤덮으시고 孝友하고 勤儉하여 역대 왕들 가운데 모범이 되십니다. 그러나 교화가 大同[10]

---

9) 文思:제왕의 功業과 道德을 가리킨다. ≪書經≫〈虞書 堯典〉의 "欽明文思安安(공경하고 밝고 문채가 빛나고 사려 깊은 것이 편안하고 편안하다.)"에서 온 말인데, 陸德明은 ≪經典釋文≫에서 "천지를 경영하는 것을 文이라 하고 도덕이 순수하게 구비된 것을 思라 한다.〔經天緯地謂之文 道德純備謂之思〕"고 하였다.

10) 大同:'小康'과 상대되는 말로, 戰國 말에서 漢나라 초기에 儒家에서 제시한 이상 사회를 이른다. ≪禮記≫〈禮運〉에 "大道가 행해진 시대에는 천하를 공공의 것으로 보아서 덕이 있는 사람과 재능이 있는 사람을 뽑았으며, 신의를 논하고 화목을 강구하였다. 그러므로 사람들은 자신의 어버이만을 어버이로 여기지 않았고, 자신의 자식만을 자식으로 여기지 않았다.……이 때문에 간사한 꾀가 일어나지 않고, 도적과 난적이 나오지 않았으며, 집집이 대문을 밖으로 열고 잠그지 않았으니, 이를 일러 '대동'이라 한다.〔大道之行也 天下爲公 選賢與能 講信修睦 故人不獨親其親 不獨子其子……是故謀閉而不興 盜竊亂賊而不作 故外戶而不閉 是謂大同〕"라는 내용이 보인다.

의 수준에 아직 미치지 못하였고 풍속이 지극히 다스려짐에 아직 미치지 못함은 진실로 지혜가 만물 가운데 빼어나시지만 신하를 가볍게 대하는 마음이 있으시고, 생각은 萬機에 두루 미치시지만 홀로 온 천하를 부리려고 하시며, 계책은 衆人이 꾀를 압도할 만하지만 방비함에 지나치게 신중하시고, 밝음은 여러 實情을 비춰서 들여다보지만 일이 벌어지기도 전부터 살피시며, 백관을 엄히 단속하느라 형벌에 맡겨 다스림을 이루려는 법도를 두셨으며, 사방을 위엄으로 제압하여 무력으로 잔악한 이를 이기려는 뜻을 두셨기 때문입니다.

이런 연유로 재능이 있는 자는 임무를 맡기지 않는 것을 원망하고, 충심을 바치는 자는 의심받는 것을 걱정하며, 공훈을 세운 자는 용납되지 못할 것을 두려워하고, 불순한 마음을 가진 자는 討伐을 받는 데 내몰린 것입니다. 이리하여 점차 이반하여 재앙을 이루어서 바깥에서 전쟁이 잇따르고 안에서 변란이 일어나 한해가 채 절반도 지나기 전에 어가가 두 번이나 옮기게 되었습니다. 국가의 어려움이 예로부터 이러한 경우는 없었습니다. 지극히 성스러운 덕을 타고나신 폐하께서 이처럼 몹시 근심스러운 때를 당하셨으니, 어쩌면 하늘이 폐하의 마음을 크게 열어 작은 실수로 일깨워서 큰 업적을 이루게 하고자 하신 것입니다.

伏惟陛下가 睿哲文思하사 光被四表하시고 孝友勤儉하사 行高百王하시나 然猶化未大同하고 俗未至理者는 良以智出庶物하실새 有輕待人臣之心하시고 思周萬機하실새 有獨馭區宇之意하시고 謀呑衆略하사되 有過愼之防하시고 明照群情하사되 有先事之察하시며 嚴束百辟하사 有任刑致理之規하시고 威制四方하사 有以力勝殘之志하시니 由是로 才能者가 怨於不任하고 忠藎者가 憂於見疑하며 著勳業者가 懼於不容하고 懷反側者가 迫於及討하여 馴致離叛하여 構成禍災하여 兵連于外하고 變起于內하여 歲律未半에 乘輿再遷하사 國家艱屯이 古未嘗有니 以陛下至聖之德으로 而遘茲殷憂之期하시니 天其或者欲大啓睿心하여 儆小失而崇丕業耳라

5-6-6 신은 생각건대 폐하께서는 하늘의 뜻을 순순히 받들어11) 이미 일어난 일에 대

11) 하늘의……받들어 : 원문의 '奉若天意'를 풀이한 말로, '奉若天意'는 '奉若天命'과 같은 말이다. ≪書經≫ 〈商書 仲虺之誥〉에 "萬邦의 모범이 되어 천하를 바로잡고 禹王이 옛날 행하셨던 것을 잇게 하시니, 그 올바른 법도를 따라 天命을 순순히 받들어 행하셔야 할 것입니다.〔表正萬邦 纘禹

한 허물을 스스로에게 돌리시고 역도를 불러들이게 되었던 모든 원인을 상세히 파악하여 과거의 폐단을 고쳐서 이로써 여러 의심을 해소하셔야 합니다. 그러나 지금 성상의 덕음을 받들었는데 여전히 잘못된 방법을 답습하고 계시니, 만약 화를 뉘우치지 않는다면 어떻게 재앙을 누그러뜨릴 수 있겠습니까. 신이 이미 지나친 지우를 입고서 또 하문을 받으니, 만약 聖旨에 순종하는 데에 힘쓴다면 이는 하늘을 속이는 것입니다. 그러므로 감히 지적해 진달하여 잘못된 부분을 고치고자 합니다.

臣謂陛下가 當奉若天意하사 追咎已然하사 凡所致寇之由를 悉已詳知其故하사 將革前弊하사 以消群疑러니 今承德音호니 尙襲流誤라 若未悔禍면 何由弭災리오 臣이 獲蒙過知하고 又辱下問하니 若務順旨면 是爲欺天일새 庸敢指陳하여 庶裨闕漏하노이다

5-6-7 지난해에 처음 군대를 떨쳐 일으켜 무도한 도리들을 사방으로 정벌하였으니, 의기가 장렬한 무리들이 스스로 목숨을 바칠 것을 생각하였습니다. 그리하여 반역하고자 하는 마음을 버리고 성심으로 돌아간 자들이 대궐 앞에 연달아 다다르며, 계책을 진언하고 잘못을 간쟁하는 자들이 禁門에 다투어 이르렀습니다.

폐하께서 능히 이때에 한창 드세진 軍勢를 타고 충심을 다하고자 하는 인심을 바탕으로 삼으시어, 감던 머리를 움켜쥔 채 먹던 음식도 뱉고 나갈 정도로 인재를 구함에 힘쓰시고, 마음을 비우고 생각을 터놓아 바다가 온갖 강물을 받아들이듯 바람이 어느 곳이나 불 듯이 하시어 의심하지 마시고 막힘이 없게 하셔서, 공을 세운 자에게 보답하고 의로운 자를 표창하며 정직한 자를 장려하고 재주 있는 자를 임용하시고, 혹 뜻은 있지만 時務에 보탬이 없고, 과감히 말하지만 이치에 타당치 않더라도 또한 반드시 그 함부로 행동함을 용서하시며, 그 선한 마음을 기록하여 모두를 넉넉히 포용하여 예에 맞게 나아가거나 물러나게 하셨다면, 海內가 바람에 휩쓸리듯 하여 한마음으로 귀의하여 어진 자이건 어리석은 자이건 모두 〈편안히 할 방도를〉 생각하고 재주가 적은 자이건 많은 자이건 모든 힘을 쏟았을 것입니다. 한 줌밖에 안 되는 흉측한 무리 따위야 어찌 평정할 만한 것이 되었겠습니까. 신은 진실로 오래전에 이미 잘 다스려지고 안정되어 반드시 奉天으로 거둥하는 일이 없었으리라고 생각합니다.

舊服 茲率厥典 奉若天命]"라고 하였다.

往歲에 初奮師旅하여 四征不庭하니 義烈之徒가 人思自效하여 捨逆歸款者가 繼獻于闕下하고 陳謀諫失者가 爭詣于禁門하니 陛下가 能於此時에 乘軍氣之方雄하며 因人心之願盡하여 輟沐吐哺하고 虛襟坦懷하사 海納風行하여 不疑不滯하사 功者報之하고 義者旌之하고 直者獎之하고 才者任之하시며 其或有志而無補於時하고 敢言而不當其理라도 亦必恕其妄作하며 錄其善心하여 率皆優容하여 以禮進退하시면 如此則海內風靡하여 翕然歸心하여 賢愚咸懷하고 小大畢力하리니 蕞爾凶醜를 曾何足平이리오 臣이 固知久已理安하여 必無奉天之幸矣라

5-6-8 그러나 그 재앙을 잉태하여 의로운 기운을 막음은 폐하의 생각대로만 독단하고 폐하의 명철함에만 내맡겼기 때문입니다. 항복하여 복속한 자는 기회를 엿본다고 생각하고, 성심을 다하는 자는 遊說(유세)한다고 생각하며, 官軍의 실패에 대해 논하는 자는 간사함을 품고 군의 사기를 훼손하고 저상시킨다고 의심하고, 흉악한 무리의 강하고 교활함에 대해 진언하는 자는 역적을 위하여 장황히 말한다고 의심하며, 계책을 올리는 자는 말을 누설할까 방비하며, 간언을 드리는 자는 대놓고 비방한다고 꺼리십니다.

무릇 이러한 부류를 모두 성상에게 근심을 끼친다고 여기시어 모두 다 구류하도록 하고 이를 안치했다고 하시며, 누구는 힐책하여 客省12)에 두고 누구는 위로하여 궁정에 끌어들이니, 비록 꾸짖음과 장려함은 자못 그 말은 다르지만 우리에 가두어둔다는 점에서는 똑같습니다. 이미 출입을 막은 이상 그 형세가 감옥과 매한가지이니, 풀어줄 기약이 없고 죽고 사는 것을 헤아릴 수 없으며 지키는 것 또한 준엄하여 사사로운 일을 할 수 없습니다. 일단 붙잡히게 되면 해를 넘기게 되니, 생각건대 그 통분을 어찌 이루 다 말할 수 있겠습니까. 이로 말미암아 귀화하는 자가 점점 드물어지고 封事를 올림도 거의 끊어진 것입니다.

其所以孕禍胎而索義氣者가 在乎獨斷宸慮하고 專任睿明하사 降附者를 意其窺覦하고 輸誠者를 謂其遊說하며 論官軍撓敗者를 猜其挾姦毀沮하고 陳兇黨强狡者를 疑其爲賊張皇하며 獻計者를 防其漏言하고 進諫者를 憚其宣謗하여 凡此之類를 悉貽聖憂하사 咸使拘留하여 謂之

12) 客省 : 銀臺門 근처에 둔 관서 이름으로, 지방관이나 외국의 사신 등이 머무르는 곳이다.

安置하여 或詰責而寘於客省하고 或勞慰而延於紫庭하니 雖呵奬이 頗異其辭나 然於圈閑에 一也라 旣杜出入일새 勢同狴牢하여 解釋無期하고 死生莫測하며 守護且峻하여 家私不通이라 一遭縶維하면 動歷年歲하니 想其痛憤을 何可勝言이리오 由是로 歸化漸稀하고 而上封殆絶矣라

5-6-9 의에 죽고자 하는 마음이 이미 막히고 위협에 못 이겨 복종한 무리는 더욱 견고해지거늘, 側近에 있는 權貴들과 왕래하는 使臣들은 폐하의 뜻만 바라보아 속이는 말로 환심을 사고 오직 듣기 좋아할 말만 골라낼 뿐 사실에 부합하지 않는지는 근심하지 아니하여 하나같이 임금의 계책이 깊고 크시며 책략은 神과 같으시니 작은 도적들은 외롭고 위태로워 얼마 못 가 멸망할 것이라고 말합니다. 폐하께서는 악한 자를 주벌하시는 데 조급하시어 그 일을 모두 사실로 여겨 병력을 다하고 재물을 고갈하여 앉은 채로 평정되기만을 기다리시니, 사람의 마음이 더욱 무너지고 역적의 난이 더욱 불어나 마침내 轂下[13]에서 전란이 일어나 궁궐이 지켜지지 못함에 이르렀습니다.

혹여 폐하께서 이러한 시기에 급히 호령을 내어 만방에 잘못을 밝히시어 忠良으로 인해 시기를 받은 원통한 자들을 서용하되 그 가운데에서도 더욱 강직하고 성실한 자를 등용하여 지위를 높여주시고, 아첨하고 진실하지 못한 죄를 규명하되 그 가운데에서도 몹시 간사하고 망령된 자를 헤아려 극형에 처하시면, 賞罰이 분명해지고 충성과 간사함이 모두 분별될 것입니다. 이로써 아랫사람들에게 임하신다면 누가 감히 성실하지 않겠으며 이로써 사람들을 회유한다면 어느 사람이 복종하지 않겠습니까. 잘못하더라도 능히 고친다면 난리 또한 빠르게 안정될 것이니, 신은 진실로 머지않아 京師를 수복하여 결단코 梁州와 岷山을 떠도는 일이 없을 줄 압니다.

徇義之心이 旣阻하고 脅從之黨이 彌堅이어늘 而貴近之臣과 往來之使가 希望風旨하여 詭辭取容하여 唯揣樂聞하고 不憂失實하여 咸言聖謀深遠하사 策略如神하시니 小寇孤危하여 滅亡無日이라하니 陛下가 急於誅惡하사 皆謂其事信然이라하여 窮兵竭財하여 坐待平一하시니 人心轉潰하고 寇亂愈滋하여 遂至轂下生戎하여 宮闈不守하니 儻陛下가 能於此際에 遽敷大號하사 謝

13) 轂下 : '천자가 타는 수레 아래'라는 뜻으로, 천자가 머무는 수도를 가리킨다. 여기에서는 朱泚의 난으로 長安을 떠나게 된 상황을 가리킨다.

過萬方하사 敍忠良見忌之冤하되 而擧其尤鯁亮者하여 加之厚秩하시고 糾阿諛不實之罪하되 而數其極姦妄者하여 處之大刑하시면 賞罰旣明하고 忠邪畢辨하리니 以此臨下면 誰敢不誠이며 以此懷人이면 何有不服이리잇고 過而能改면 亂亦遄安이니 臣固知尋復京師하여 必無梁岷之遊矣라

5-6-10 폐하께서 이미 처음에 신중함을 빠뜨리셨고 또 중간에선 도모함을 잃으셨으니, 西隅에서 수습함[14)]은 오직 지금에 달려 있습니다. 어찌 다시 한 가지 일로 어긋나게 하며 한마디 말로 그르치게 하십니까. 지금 역적 朱泚가 아직 평정되지 않았고 李懷光이 이어 모반하여 도성과 궁궐에 猰貐(알유)[15)]와 같은 것들이 번갈아 살고 關輔와 關內道에 승냥이와 이리들이 섞여 살며, 조정은 먼 지역에 치우쳐 있고 도로는 첩첩산중에 이어져 있으니, 지팡이를 짚고 임금을 따르는 자가 능히 몇이나 되겠습니까.

陛下가 旣闕愼于始하시고 又失圖于中하시니 收之西隅는 唯在玆日[①]이어늘 豈可復使一事紕繆하며 一言過差哉아 今賊泚未平하고 懷光繼叛하여 都邑城闕에 猰貐迭居[②]하고 關輔郊畿[16)]에 豺狼雜處하고 朝廷이 僻介於遠郡하고 道路가 緣歷於連山하니 杖策從君이 其能有幾리오

① 收之西隅 唯在玆日 : ≪後漢書≫ 〈馮異傳〉에 이르기를 "해가 뜨는 새벽에 잃었다가 해가 지는 저녁에 거두었다고 할 만하다." 하였다.
　馮異傳云 "可謂失之東隅, 收之桑榆."

---

14) 西隅에서 수습함 : 뒤늦게나마 만회함을 이른다. ≪後漢書≫ 〈馮異傳〉에 따르면, 後漢 때의 장수인 馮異가 赤眉의 난을 토벌하기 위해 나섰다가 처음 싸움에서 대패하고, 얼마 뒤에 다시 군사를 정비하여 적미의 군대를 격파하였는데, 황제가 친히 글을 내려 위로하기를 "처음에는 비록 回谿에서 날개를 드리웠지만 마침내 黽池에서 날개를 떨칠 수 있었으니, 東隅에서는 잃었지만 桑榆에서 거두었다 이를 만하다.〔始雖垂翅回谿 終能奮翼黽池 可謂失之東隅 收之桑榆〕"라고 하였는데, 육지는 '東隅'라는 말을 '西隅'로 변용한 것이다.

15) 猰貐(알유) : 고대의 짐승 이름으로, 모양은 龍의 머리 같기도 하고 너구리 같다고도 하는데 매우 빠르며 사람을 잡아먹는다고 한다. ≪淮南子≫에 보인다.

16) 關輔郊畿 : 關輔는 關中과 三輔의 병칭으로, 近畿 지역을 말한다. 관중은 지금의 섬서성 중부이고, 삼보는 지금의 서안 근교이다. 郊畿도 京城 밖의 지역으로 바로 근기 지역을 말한다. 唐나라는 이 지역에 關內道를 두었다.

② 猰貐迭居 : 猰은 公과 八의 반절, 烏와 八의 반절이다. ≪山海經≫에 이르기를 "남해의 바깥에는 알유가 있는데 형상은 이리 같고 용의 머리를 하고 있으며 사람을 잡아먹는다."라고 하였다. 德宗이 奉天으로 거둥하자 朱泚가 前殿에 들어가 살았고, 참칭하여 宣政殿에서 황제의 지위에 올랐다. 그 뒤 李懷光이 반란을 일으켰으며 또한 咸陽에 주둔했다.

猰, 公八・烏八二切. 山海經曰 "南海之外有猰貐, 狀如貙, 龍首, 食人." 德宗幸奉天, 朱泚入居前殿, 僭卽皇帝位于宣政殿. 後李懷光反, 又屯兵咸陽.

5-6-11 성심을 미루어 자기를 낮추어 대우하더라도 오히려 충분치 못할까 두려운데 조금도 예우하지 않는다면 진실로 오지 않을 것입니다. 만약 더욱 의심하여 따지거나 또한 잡아가두어 〈역적에게〉 도망간 자들에게는 구실을 얻게 하고 오는 자들에게는 두려움을 품게 한다면 천하의 뜻 있는 선비들이 어찌 감히 다시 忠義를 진언하겠습니까.

알과 탯줄이 다치지 않아야 기린과 봉황이 이르게 되고 물고기와 자라가 마땅함을 얻어야 거북과 용이 노니는 법이니,[17] 가까운 자를 기쁘게 함은 멀리 있는 자들을 오게 하는 밑천이고, 작은 재주를 품는 것은 큰 재주를 이르게 하는 방법입니다.

推心降接이라도 猶恐未多어늘 稍不禮焉하면 固不來矣라 若又就加猜(刻)〔劾〕[18]하고 且復囚拘하여 使反者得辭하고 來者懷懼하면 則天下有心之士가 安敢復言忠義哉리잇고 卵胎不傷이라야 麟鳳方至하고 魚鱉咸若이라야 龜龍乃遊하나니 蓋悅近者는 來遠之資요 懷小者는 致大之術也니이다

5-6-12 삼가 헤아려보건대 邢建 등의 무리는 결단코 역모를 도운 무리가 아닙니다. 만약 말한 것이 지나치게 장황하여 의심할 만한 혐의가 있더라도 우직함을 불쌍히 여기시고 事體를 안타깝게 여기시며 법을 굽혀서라도 너그럽게 처분해주십시오. 기량과 능력을 아울러 헤아려 일에 따라 너그럽게 살피시어 武藝가 있는 자는 군대에 두고 文才가 있는 자는 宰司에 맡기시어, 우수한 자에게는 관직을 주고 그 다음은 우선적

---

17) 물고기와……법이니 : ≪書經≫ 〈商書 伊訓〉의 "산천과 귀신도 편안하지 않음이 없고, 조수와 어별도 그 마땅함을 얻었다.〔山川鬼神亦莫不寧 暨鳥獸魚鱉咸若〕"라고 한 말을 변용한 것이다.

18) (刻)〔劾〕 : 저본에는 刻으로 되어 있으나, ≪翰苑集≫에 의거하여 '劾'으로 바로잡았다.

으로 선발될 수 있도록 하여 주십시오. 반드시 행재를 꼭 떠나야 하거나 親軍에 머물기 어려운 자가 있거든 諸道의 관직 하나를 제수하거나 諸使에 맡겨 녹용되도록 하여 그 마땅한 분수에 따라 각기 조금이나마 성은을 내리소서.

竊料邢建等輩가 必非助逆之徒니 假如過有張皇하여 跡涉疑似라도 亦望矜愚惜體하며 屈法裕人하사 竝量器能하여 隨事甄貸하여 武者는 措之於戎伍하고 文者는 付之於宰司하여 大則授以職員하고 次但優其選序호되 必有須離行在하고 難處親軍이어든 則或除諸道一官하고 或委諸使錄用하여 就其常分하여 各稍加恩하소서

5-6-13 옛사람의 말에 이르기를 "나를 감싸주면 왕이고 나를 학대한다면 원수다."19) 라 하였습니다. 은택이 미치는 곳에 칭송하는 노래가 모일 것이니, 소문이 사방에 퍼지면 누가 기뻐하며 추대하지 않겠습니까. 옛날에 趙簡子가 竇鳴犢을 죽이자 성인이 가던 길을 멈추셨으며, 燕나라가 郭隗를 높이자 어진 선비가 잇달아 왔습니다. 하물며 천자께서 하시는 바는 온 천하가 우러러 본받으니, 만물을 가로막은 한마디 말이 있으면 천하가 절로 의심하지 않음이 없고, 사람을 긍휼히 여기는 한 가지 일이 있다면 천하가 함께 기뻐하지 않음이 없습니다.

진실로 작은 잘못이라도 해될 것이 없다고 여겨서 후회하지 않아서는 안 되고, 또한 작은 선이라도 이익이 없다고 여겨서 행하지 않아서는 안 될 것이니, 작은 것도 삼가야 하는데 하물며 또 작지 않은 것에 있어서겠습니까. 원컨대 폐하께서는 일에 있어서 크고 작음을 막론하고 모두 前轍을 경계로 삼으소서. 그렇게 하신다면 실로 종묘사직의 무궁한 아름다움일 것입니다. 삼가 아룁니다.

古人有言호되 撫我則后요 虐我則讐라하니 惠澤所及에 謳歌乃歸하리니 流聞四方하면 孰不欣戴리오 昔에 趙殺鳴犢이어늘 聖人輟行①하시고 燕尊郭隗어늘 賢士繼往②하니 況乎天子所作을 天下式瞻이라 一言阻物하면 則天下가 莫不自疑하고 一事恤人하면 則天下가 莫不同悅하나니 固不可以小失爲無損而不悔요 亦不可以小善爲無益而不行이니 小猶愼之어든 矧又非小온여 願陛下는 惟事無大小히 皆以覆車之轍爲戒하시면 實宗社無疆之休니이다 謹奏라

---

19) 나를……원수다 : ≪書經≫ 〈周書 泰誓 下〉에 보인다.

臨河返駕(孔子가 黃河 가에 이르러 수레를 되돌리다.)

① 趙殺鳴犢 聖人輟行 : ≪史記≫ 〈孔子世家〉에 이르기를 "孔子가 衛나라에서 등용되지 않은 뒤에 서쪽으로 가서 趙簡子를 만나보려고 하였다. 황하에 이르러 竇鳴犢과 舜華가 조간자에게 죽임을 당했다는 소식을 듣고 황하 가에 이르러 탄식하고는 陬鄕으로 돌아가 〈陬操〉를 지어 그들을 애도하였다."라고 하였다.

史孔子世家 "孔子既不得用於衛, 將西見趙簡子. 至於河而聞竇鳴犢・舜華之死也, 臨河而嘆, 乃還息乎陬鄕, 作爲陬操以哀之."

② 賢士 繼往 : 燕나라 昭王이 자신을 낮추고 폐백을 두텁게 하여서 현자를 불렀다. 郭隗가 말하기를 "왕께서 반드시 士를 이르게 하고자 하신다면 저로부터 시작하십시오. 하물며 저보다 나은 자들이라면 어찌 천 리를 멀다고 하겠습니까."[20] 하였다. 이에 소왕이 곽외를 위해 궁을 개축하고 스승으로 삼았다. 그러자 樂毅가 魏나라로부터 오고 鄒衍은 齊나라로부터 왔으며 劇辛이 趙나라로부터 왔다.

燕昭王卑身厚幣以招賢者, 郭隗曰 王必欲致士, 先從隗始. 況賢於隗者, 豈遠千里哉. 於是昭王爲隗改築宮而師事之. 樂毅自魏往, 鄒衍自齊往, 劇辛自趙往.

【評說】

德宗이 梁州로 도피한 뒤 長安을 탈출한 관리들이 연달아 行在所에 이르렀다. 덕종은 이 관리들이 역적의 진영에서 왔다는 이유로 '良善'하지 않다고 단정하고 엄밀히 조사해야 한다고 생각했다. 邢建도 이런 취급을 받은 관리 중 한 사람으로, 반란군의 형세에 대해 말했다가 염탐하려는 술책으로 의심받아 구금당하는 데 이르렀다. 이 奏狀은 덕종이 이들을 어떻게 처리하는 것이 좋을지를 물은 데 대한 회답으로, 한편으로는 역사적 사실을 통해 증명하고 다른 한편으로는 經典을 인용해 덕종의 杞憂를 해소하고자 하였으며, 오직 '성심을 미루어〔推誠〕' 처신하도록 권하는 한편 형건과 같은 관리들은 逆徒가 아니므로 재능에 맞는 관직을 줌으로써 '悅近來遠'하도록 해야 한다고 역설하였다.

이 글은 조선의 문신들에게도 즐겨 인용되었다. 이를테면 宋希奎(1494~1558)가 隋나라 煬帝에 관해 말하기를 "한 사람의 보고 듣는 것으로 우주가 변화하는 모습을 궁구하였고, 계책은 衆人이 꾀를 압도할 만하였지만 신하를 가볍게 대하는 마음이 있었으며, 생각은 萬機에 두루 미쳤지만 홀로 온 천하를 부리려는 생각이 있었다."(≪倻溪集≫ 권1 〈政策〉)고 한 것은 순서만 조금 다를 뿐 육지의 말을 전적으로 차용한 사례라 하겠다.

---

20) 왕께서……하겠습니까 : ≪史記≫ 〈燕昭公世家〉에 보인다.

또한 肅宗 때의 문신인 李聃命(1646~1701)은 "옛날의 명철한 군주는 감던 머리를 움켜쥔 채 먹던 음식도 뱉고 나갈 정도로 인재를 구함에 힘쓰고 마음을 비우고 생각을 터놓지 않음이 없어 기탄없이 말할 수 있는 문호를 열고 과감히 진언하는 기운을 진작하였으며, 간언을 따름에 거스르지 않았고 잘못을 고침에 주저함이 없었으니, 도가 그 몸에 쌓이고 다스림을 온전히 이룰 수 있었던 것은 참으로 여기에 있었던 것입니다."(≪靜齋集≫ 권3 〈玉堂箚〉)라 한 바 있는데, 이는 육지가 〈興元論續從賊中赴行在官等狀〉에서 활용한 구절인 '輟沐吐哺 虛襟坦懷'와 〈興元論解姜公輔狀〉에서 활용한 구절인 '從諫不咈'을 적절히 취사한 사례라고 하겠다.

唐陸宣公奏議 奏草 제6권

1. 興元에서 吐蕃 尙結贊이 군대를 거느리고 돌아간 것을 경하하는 奏狀
興元賀吐蕃尙結贊抽軍迴歸狀

渾瑊[1]이 상주하기를 "尙結贊이 함께 長安을 취하자고 거듭 약속하고는 이윽고 오지 않았습니다. 듣건대 그의 군사들이 크게 전염병에 걸려 이미 군사를 이끌고 돌아갔다고 합니다."라고 하였다. 上이 李晟과 渾瑊의 병사가 적다고 여겨서 상결찬에 의지하여 京城을 수복하려고 하였는데, 그가 떠나갔다는 소실을 듣고 대단히 근심하여 陸贄에게 이 문제를 물었다. 육지는 吐蕃은 탐욕스럽고 교활하여 해만 있지 이익이 없으므로 그가 군사를 거느리고 물러난 것은 실로 기뻐하고 경하할 일이라고 하고서 마침내 이 奏狀을 올렸다.

渾瑊奏 "尙結贊屢約共取長安, 旣而不至, 聞其衆大疫, 已引兵去." 上以李晟與瑊兵少, 欲倚之以復京城, 聞其去, 甚憂之, 以問贄. 贄以爲吐蕃貪狡, 有害無益, 得其引去, 實可欣賀. 乃上此奏.

6-1-1 欽漵가 聖旨를 받들어 알리기를 "마침 渾瑊이 아뢴 글을 보니, 최근에 尙結贊[2]

---

1) 渾瑊 : 본명은 日進이다. 鐵勒族(鐵勒은 튀르크의 音譯)의 하나인 渾部의 皐蘭州(지금의 寧夏 靑銅峽) 출신으로, 朔方節度留后 渾釋之의 아들이다. 安史의 난이 발발한 뒤 李光弼・郭子儀・仆固懷恩의 부장이 되어 많은 공을 세웠다. 이후 10만의 吐蕃軍을 2백 명의 騎兵으로 막아냈으며, 涇原兵變에는 奉天에서 반군을 격파하고 咸陽을 수복, 奉天行營兵馬副元帥에 오르고 咸寧郡王에 봉해졌다. 馬燧와 함께 李懷光의 반란을 토벌하고 檢校司空에 올랐는데, 貞元 3년(787) 토번과의 회맹에서 방비를 소홀히 하다가 습격을 당해 달아났다. 貞元 12년(796) 檢校司徒兼中書令에 올랐다. 사후 太師에 추증되었으며 諡號는 忠武다.(≪舊唐書≫ 〈渾瑊傳〉)

이 자주 사람을 보내어 꾀하기를, 직접 병마를 인솔하여 기일을 정하여 함께 京城을 수복하려고 하였다. 그런데 봄에 들어 吐蕃의 군사 중에 역질에 걸린 자들이 많다고 하는 것으로 인해 최근에 탐지한 보고를 받으니 상결찬 등이 군사를 거느리고 돌아가서 어디쯤 있는지를 모른다고 한다. 짐은 마음속으로 토번의 병마가 강성한데다가, 또 和好의 뜻에서 군사를 이끌고 와서 우리나라를 도와 역적을 토벌하겠다고 자청하였기 때문에 조만간 성공을 기대하고 있었다. 그런데 지금 홀연 군사를 거느리고 돌아갔으니, 기대를 매우 저버리고 말았다. 渾瑊과 李晟 등 諸軍의 兵馬는 전혀 많다고 할 수 없으니, 만약 토번의 군사가 응원하지 않는다면 적의 공격을 받을까 매우 우려된다. 卿은 한번 상황이 어떠한지를 헤아려보도록 하라." 하셨습니다.

右欽溆가 奉宣聖旨호되 適得渾瑊奏하니 比日에 尙結贊이 頻使人으로 計會하여 擬自領兵馬하여 剋期同收京城이러니 緣春來에 蕃軍이 多有疾疫하여 近得探報하니 尙結贊等이 竝抽兵退歸하여 不知遠近이라하니 朕意가 緣吐蕃士馬가 强盛하고 又以和好之義로 自請將兵하여 助

---

2) 尙結贊 : 尙結贊은 那囊・尙・傑嶺拉囊(?~796) 또는 尙・傑擦拉囊으로도 쓴다. 吐蕃 사람으로 大貢論의 직을 맡았다. ≪新唐書≫에서는 尙結贊으로 일컬었는데, 藏語 Shang Gyaltsen의 音譯이다. 那囊氏 출신인데, 나낭씨는 赤松德贊 모친의 친족으로, 적송덕찬의 재위 기간 중에 政務大臣을 맡았던 아홉 사람 가운데 하나이다. 처음에 琛・尙・傑斯秀亭(尙結息)과 恩蘭・達扎路恭(馬重英)은 唐나라와의 전쟁을 주장했는데, 尙傑嶺拉囊은 당나라와 講和를 주장해서 赤松德贊의 讚賞을 받아 대공론이 되었다. 782년 상결령랍낭이 吐蕃의 관원을 인솔하여 唐나라 隴右節度使 張鎰 등과 함께 회맹하고 淸水縣을 주었다. 이것을 '淸水之盟'이라고 한다. 다음 해 朱泚가 반란을 하여 長安을 점거하자 상결찬이 당나라 조정을 도와 장안을 수복해주겠다고 제안해서 당나라 德宗의 윤허를 받았다. 崔漢衡이 반란을 진압한 후 伊西와 北庭 등의 땅을 토번에게 할양하겠다고 약속하자, 상결찬은 論莽羅依에게 군사 2만을 인솔하여 渾瑊을 돕도록 해서 武亭川에서 반군을 격파했다. 하지만 승리 후 토번군은 대대적으로 약탈하였고, 주자가 田希鑑을 통해 뇌물을 주었으므로, 토번은 군사를 물렸다.

얼마 후 주자가 피살되고 반란이 평정되자 토번이 사람을 파견해서 이서와 북정의 두 鎭을 요구했다. 덕종은 처음에는 그 땅을 토번에 할양하려 했으나, 신하들이 전략적 요지라고 했으므로 결국 할양하지 않았다. 상결찬은 당나라 조정이 배신했다고 보아, 785년에 기병하여 대대적으로 침입해서 涇州・隴州・邠州・寧州 등지를 공격하고 鹽州・夏州・銀州・麟州 등지를 깨뜨렸으며 장안을 위협하였다. 상결찬은 사신을 보내어 염주와 하주 등을 반환하고 당나라로 하여금 혼감을 보내어 會盟하라고 요구하였다. 787년, 당나라 조정은 正使 혼감, 副使 최한형을 파견하여 회맹하였다. 상결찬은 盟壇 서쪽에 군사 1만을 숨겨두었다가 당나라 관원을 사살하고 포로로 삼았으며, 혼감은 말을 빼어 타고 돌아왔다. 역사에서는 이를 '平涼劫盟'이라 한다. 상결찬은 당나라의 포로 관원을 석방하고 간계를 써서 혼감 등 장수의 병권을 내놓게 만들었다.

國討賊할새 朝夕에 望其成功이러니 今忽抽軍退歸하니 甚失準擬라 渾瑊李晟等諸軍兵馬가 竝不至絶多하니 若無蕃軍應援하면 深慮被賊衝突하노니 卿試料量事勢如何者라하시니

6-1-2 臣은 본바탕이 나약하고 우매하여 병략을 잘 알지는 못합니다. 그러나 인정으로 헤아려보면 이때에 우연히 얻은 바가 있기 때문에 이 칙지를 받들고서 매우 기뻤습니다. 가만히 보건대 吐蕃의 군사가 물러난 것은 社稷의 큰 福이라 생각되니, 어제 이미 欽漵를 통해 구두로 아뢰었습니다. 그런데 삼가 신의 마음을 다 표현하지 못해서 오히려 성상을 근심하시게 하지 않을까 염려하였습니다. 이에 삼가 다시 다 아뢰어서 맺히신 의문을 풀어드리고자 합니다.

臣이 質性孱昧하여 不習兵機호되 但以人情揆之면 時亦偶有所得일새 自承此旨로 欣賀實深하노니 竊謂蕃戎退歸는 乃是社稷遐福이라하여 昨日에 已附欽漵口奏訖호되 伏恐未盡愚款하여 尙勞聖憂라 謹復披陳하여 庶解疑結하노이다

6-1-3 저 吐蕃은 개나 양과 같은 부류입니다. 여우와 쥐의 마음을 지녀,[3] 탐욕스러우면서도 방비하는 것이 많고 교활하면서도 부끄럼이 없으므로, 위엄을 보여도 바로 잡지 않고 보듬어주어도 고마워하지 않으니, 혹 시기상 성쇠의 차이가 있기는 하지만, 무릇 늘 변방의 우환이 되어왔습니다. 음흉하여 제어하기 어려운 것이 다른 이민족들보다 훨씬 심합니다. 폐하께서 다만 建中 이래의 가까운 일[4]로 헤아려보면 戎狄

3) 여우와……지녀 : 이는 '城狐社鼠'에서 온 말로, 城에서 굴을 파고 사는 여우와 社稷에 사는 쥐를 가리킨 말이다. 이 여우와 쥐를 잡고 싶으나 성을 무너뜨리거나 사당을 훼손할까 염려되는 것으로 간악한 소인배를 가리킨다.(≪晏子春秋≫ 〈問上九〉)

4) 建中……일 : 建中 2년(781) 成德節度使 李寶臣이 죽은 후 부친의 지위를 세습해줄 것을 요구한 李惟岳의 요청을 거절하자 李惟岳이 魏博節度使 田悅, 淄靑節度使 李正己, 山南東道節度使 梁崇義 등과 연합하여 반란을 일으켰다. 建中 2년(781)부터 建中 3년(782)까지 河北 藩鎭의 田悅・李納・朱滔・王武俊, 淮西 藩鎭의 李希烈이 차례로 반란하자 唐나라 조정은 정벌군을 파견하였으므로 關中이 비고 말았다. 建中 4년(783), 淮西節度使 이희열이 襄城을 공격하자 德宗은 哥舒曜를 보내 토벌케 하였으나 오히려 위기에 빠졌으므로 涇原의 군대를 파견하여 구원하도록 하였다. 그해 涇原의 군졸들이 淮西로 반란군을 토벌하러 가다가 長安을 경유할 때 소요를 일으켰다. 장안에는 아우 朱滔의 모략으로 太尉 朱泚가 감금되어 있었는데, 반군들은 주자를 옹립하였다. 덕

의 마음을 알기 어려움이 진실로 분명합니다.

彼吐蕃者는 犬羊同類라 狐鼠爲心하여 貪而多防하고 狡而無恥하여 威之不格하고 撫之不懷하니 雖或時有盛衰하나 大抵常爲邊患하여 陰詐難御가 特甚諸夷하니 陛下는 但擧建中已來近事하여 準之하시면 則戎心難知를 固可明矣라

6-1-4 최근에 中夏(中原)의 난을 다스리느라 바깥 변방의 근심을 대처할 겨를이 없었는데, 토번이 맹약을 요청한 것에 따라 마침내 우호를 맺기로 허락하고 은혜를 더하고 예법을 낮추어 시행하여 그들이 원하는 것이 있으면 어기지 않았습니다. 그러자 요구가 점점 많아지고 翻覆하여 일정함이 없어서, 사소한 일을 핑계 대어 큰소리 내며 여러 말하면서 보낸 시간이 도합 4년이 지났습니다. 그러나 맹약이 끝내 확고히 결정되지 못하여, 경계석을 세우는 일이 끝나자마자 다시 옮겨달라고 청하니, 의심 많고 교만하기 짝이 없음을 여기에서 징험할 수 있습니다.

頃者에 方靖中夏할새 未遑外虞하여 因其乞盟하여 遂許結好하고 加恩降禮하여 有欲無違어늘 而乃邀求寖多고 翻覆靡定하여 託因細事하여 嘖有煩言하여 首尾凡歷四年호되 要約이 竟未堅決하여 立碑纔畢에 復請改移①하니 猜矯多端을 於斯可驗이라

① ≪新唐書≫ 〈吐蕃傳〉에 "德宗이 즉위한 이래로 吐蕃과 여러 차례 사신을 통하였다. 朱泚가 반란을 일으키자 토번이 원조하여 적을 토벌하겠다고 청하였다. 渾瑊은 論莽羅의 군사를 이용하여 주자의 장수 韓旻을 武亭川에서 격파하였다. 처음에 오랑캐와 약속하길, 長安을 얻으면 涇州와 靈州 등 4개 州를 주겠다고 했다. 마침 큰 전염병이 돌아서 오랑캐가 곧바로 떠나갔다. 주자가 평정되자 오랑캐는 먼저의 약속을 들먹이며 땅을 요구했으나 황제는 단지 비단 1만 필만을 보상해주었다. 오랑캐는 그것 때문에 원한을 품고 마침내 자주 침입하였다. 황제가 조칙을 내려 책망하자 〈尙結贊이〉 대답하기를 '본래 武亭에서의 공적을 아직 보상받지 못했으므로 온 것이다. 또한 경계비가 쓰러져 강역이 명확하지 않다. 그래서 변경에 이른 것이다.'라고 하였다. 反覆하기를 이와 같이 하였다." 하였다.
吐蕃傳 "德宗卽位, 累與吐蕃通使. 朱泚之亂, 吐蕃請助討賊. 渾瑊用論莽羅兵破泚將韓旻

종이 奉天(지금의 陝西省 乾縣)으로 피신하였다. 이것을 '涇原兵變'이라고 한다. 그리고 당시 주도·왕무준·전열·이납 네 사람이 왕을 참칭하고 주자와 이희열이 각각 秦帝와 楚帝를 참칭하였는데, 이를 '二帝四王之亂'이라고 일컫는다.

于武亭川. 初與虜約, 得長安, 以涇靈四州畀之. 會大疫, 虜輒引去. 及泚平, 責先約求地, 帝止償帛萬匹. 虜以爲怨, 乃數入寇. 帝詔責之, 對曰 '本以武亭功未償乃來, 又堠碑仆, 疆場不明, 故行境上.' 其反覆如此."

6-1-5 그러다가 역도(朱泚)가 도읍을 놀라게 하고 御駕가 郊畿로 행차하는 지경에 이르자 尙結贊이 변방에서 군대를 통솔하고 있다가 군사를 이끌고 위난을 구제하러 달려오기를 청하였으므로, 폐하께서는 정성을 미루어 윤허하시고 많은 재화를 주어 불러 위로하셨습니다. 하지만 그대로 머물러 있으면서 의심을 품고는 끝내 제때에 진격하지 않아, 적을 토벌하는 쓰임을 이루지 못하고 단지 將帥들의 마음만 이간하였으니, 李懷光이 갑작스레 猖狂함에 이른 것도 어느 정도는 이로 말미암아 앙화를 재촉한 것입니다.

그러다가 皇輿에 다시 멍에를 매어 漢中으로 파천하자, 폐하께서는 오히려 토번의 군사들이 내부의 난국을 안정시켜 줄 것이라 기대하시어, 친히 여기고 의탁한 정이 더욱 두터워지고 예법을 굽히고 그들에게 나아가는 일이 더욱 많아졌습니다.

하지만 豺狼의 야심이 결코 감동할 줄을 몰라서 도리어 주자의 사신을 받아들여, 변고의 추이를 관망하는 데 마음을 두고 있습니다. 그리하여 자주 여러 관군들과 회동할 시기를 약속하고도 그때가 되면 모두 회동하러 오지를 않아서, 여러 장수들로 하여금 나아가고 물러나는 데 근심하게 만들었습니다. 장수들이 토번의 군사를 버리고서 홀로 전진하자니 그들이 원망을 품고 기회를 틈타 뒤를 습격할 것을 걱정하고, 그들을 기다려서 세력을 합치자니 그들이 약속된 날을 어겨서 지연시키는 것을 괴롭게 여깁니다. 간사한데다가 교만하니, 어찌 공적을 이루기를 바라겠습니까. 태도를 바꾸는 것을 헤아리기 어려울 뿐만 아니라 방해하고 소요함이 실로 심하니, 토번이 돌아가기 전까지는 역도들이 끝내 소멸되지 않을 것입니다.

逮至盜驚都邑하고 駕幸郊畿하여 結贊이 總戎在邊이라가 因請將兵赴難하니 陛下는 推誠允納하사 厚賂招徠하시나 逗留持疑하여 竟不時進하여 無濟討除之用이요 但攜將帥之心이라 懷光遽至猖狂도 頗亦由玆促禍러니 及皇輿再駕하사 移蹕漢中에 陛下가 猶望蕃兵하여 以寧內難하사 親倚之情이 彌厚하시고 屈就之事가 亦多호되 豺狼野心이 曾不知感하여 翻受朱泚信使하여 意

在觀變推移라 頻與諸軍으로 剋期라가 至時하여는 皆不赴會하여 致令群帥로 進退憂虞하여 欲捨之獨前則慮其懷怨乘躡하고 欲待之合勢則苦其失信稽延하니 旣姦且驕라 曷望成績이리오 非唯變態難測이라 且又妨擾實深하니 戎若未歸에 寇終不滅하리니

6-1-6 臣이 다시 폐하를 위해 그 내용을 근본부터 말씀드리겠으니, 人情과 物理를 거기에서 분명하게 살피실 수 있을 것입니다. 저번에 吐蕃의 군사를 불러들이기를 꾀한 것은 본시 使臣의 실책입니다. 그런데 폐하께서는 난리를 평정하는 일에 급하셔서 그들이 정성을 바치는 것만을 어여삐 여기시어 시기에 늦지 않을까 염려하셨을 뿐, 상세히 의론할 겨를이 없었습니다. 이에 은혜로운 조칙을 갑자기 내리셔서 군사를 출동할 것을 재촉하시니, 가까이 있는 사람들이나 멀리 있는 사람들이나 그 말을 듣고 위험스럽고 해괴하게 여기지 않는 사람이 없었습니다.

그리하여 將帥들은 폐하께서 신임하지 않으신다고 생각하고 또 토번의 군사가 자신들의 공을 탈취하지 않을까 우려했습니다. 사졸들은 폐하께서 지난날의 노고를 돌아보지 않으신다고 염려하며 토번의 군사가 이익을 독점하지 않을까 두려워했습니다. 賊黨은 토번의 군사가 승리하게 되면 자신들이 죽지 않으면 모두 포로가 될 것이라고 무서워하였습니다. 백성은 토번의 군사가 오면 가지고 있던 재물이 모두 약탈당할 것이라고 염려하였습니다.

그러므로 천자의 교화에 순응하는 자는 그 마음을 태만해하지 않을 수 없고, 역적의 점령지에 빠져 있는 자는 그 형세상 〈그 마음을〉 확고히 하지 않을 수 없으니, 우리의 군사를 태만히 만들고 역적의 무리들을 굳게 만듭니다. 그리고 토번의 변덕스럽고 교활한 마음을 다시 헤아릴 수 없으니, 이것으로써 군사를 더한다면 다만 그 손해를 초래할 따름이며, 이것으로써 나라를 안정시키고자 한다면 마침내 그 난리를 일으키는 바탕이 될 따름입니다.

臣請復爲陛下하여 根本其說호리니 則人情物理를 昭然皆可得而察焉이니이다 向者에 謀誘蕃兵은 本是使臣의 失策이어늘 陛下가 急於戡亂하사 嘉彼效誠하여 唯恐後時요 不暇詳議하사 遽降優詔하사 促令進軍하시니 遠近聞之하고 莫不危駭하여 將帥는 意陛下不見信任하고 且患蕃戎之奪其功하며 士卒은 恐陛下不恤舊勞하고 而畏蕃戎之專其利하며 賊黨은 懼蕃戎之勝에

不死則悉遺之擒하고 百姓은 畏蕃戎之來에 有財必盡爲所掠하여 是以順於王化者가 其心이 不得不怠하고 陷於寇境者는 其勢가 不得不堅하니 怠我之師하고 堅寇之衆하며 戎心變詐가 復未可量하니 以此益兵에 但招其損耳며 以此靖國에 適資其亂耳라

6-1-7 그런데 지난번 吐蕃의 군대가 아직 물러나지 않았을 때에 臣은 또한 지나치게 우려한 바가 있었습니다. 떠도는 소문에는 尙結贊이 모략을 꾀하기를 좋아한다고 하므로 몰래 간악한 계책을 품어서 혹시라도 조정이 播越할 때를 다행으로 여기고 역적 朱泚가 위축될 때를 틈타서 빈 성읍을 오르듯이 近郊를 함부로 침범하여서, 군세를 드러내고 말을 방목하면서 물러나지도 않고 나아가지도 않아서, 겉으로는 국가를 받들면서 안으로는 흉악한 역적들과 통하여, 기만하고 협박하는 형세를 양쪽으로 견지하고 보내주는 재물을 모두 받으면서, 전쟁을 방관하다가 쇠퇴해지는 틈을 탈 것을 염려하였습니다.

이와 같이 하면 우리 군대는 반군을 정벌할 수 없게 되고 백성들은 편안히 거처할 수가 없게 되어서, 역적이 필시 세력이 소진되겠지만 우리도 역시 곤궁하여 京畿에 소유한 바가 형세상 하나도 남는 것이 없게 될 것이니, 천 리의 丘墟를 장차 무에 쓸 수 있겠습니까. 이는 바로 토번에게는 萬全의 이익이 있고 우리에게는 예측할 수 없는 위험이 있는 것입니다. 臣이 마음을 애통해하며 밤낮으로 놀라고 두려워하는 바는 그들의 생각이 여기에 미칠까 염려하기 때문입니다.

抑昨蕃戎未退에 臣又竊有過憂호니 流聞結贊好謀①일새 恐其潛蓄姦計하여 儻或幸朝廷播越之際하고 乘賊泚窮蹙之時하여 輕犯近郊를 若升虛邑하여 耀兵牧馬하여 不却不前하여 外奉國家하고 內通兇逆하여 兩持誘脅之勢하고 倶納贈遺之資하여 旁觀戰爭하고 坐乘衰弊에 如此則王師는 不得伐叛하고 烝黎는 不得寧居하여 賊必耗亡이나 我亦困竭하여 京甸所有가 勢無孑遺하리니 千里丘墟를 得將安用이리오 是乃戎有萬全之利하고 我有不測之危일새 臣所以痛心傷神하여 晝驚夕惕者는 慮其意及於此也러니

① ≪新唐書≫ 〈吐蕃傳〉에 "次相 尙結贊에게는 지모가 있었으므로 大相 贊普가 마침내 상결찬을 大相으로 삼았다."고 하였다. 平涼의 회맹 때 唐나라 대장 渾瑊·馬燧·李晟을 모략에 빠진 것이 과연 陸贄가 헤아린 바와 같았으니, 그에게 지모가 있음을 알 수 있다.

吐蕃傳云"次相尙結贊有謀, 大相贊普卒用結贊爲大相." 平凉之盟, 謀陷唐大將渾瑊·馬燧·李晟, 果如所料, 其有謀可知.

6-1-8 하늘이 吐蕃의 혼백을 빼앗고 신이 토번에게 재앙을 내린 것에 힘입어서 토번이 기미를 보아도 캄캄한 듯하고 병에 걸려 스스로 도망한 것입니다.5) 이는 실로 하늘이 우리가 화를 받은 것을 뉘우친 것에 감응한 것이고 列聖께서 보우하시길 기약하신 것입니다. 요사스런 기운이 깨끗해졌으니, 경복이 필시 멀지 않을 것입니다. 어떻게 그러함을 알겠습니까.

본래 역적 朱泚의 난리는 사나운 군대에서 시작되었으니, 징발과 부역이 번다한 것과 禁衛의 대비가 부족한 것을 틈타서, 간악한 무리들을 유인하고 선동하여 마침내 대단히 간악한 자(주자)를 꾀어서, 하늘을 거스르고 임금에게 참람하게 행동하여 몸소 방자하게 어가를 공격하고 핍박하였습니다.6)

이에 혈기가 있는 이들이 전부 분해하고 탄식할 줄을 아는데, 하물며 저 충량한 이들 중에 누군들 통분해하지 않겠습니까. 외로운 악인은 편들어주는 자가 없는데 어찌 능히 오래 버틸 수 있겠습니까. 게다가 聖德이 나날이 새로워지시고 지난 과실을 고치기를 인색하지 않으시어, 폐단을 혁파하겠다는 조서를 내리시고 백성을 불쌍히 여기는 마음을 넓히셨습니다. 그러자 천하의 백성들이 일제히 善으로 옮겨가서 마음을 바꾸고 외관을 고치고, 난리에 염증을 느끼고 안정을 생각하여, 온화한 바람이 일어나서 혼암한 기운이 저절로 걷혀서, 저 어리석고 광패한 무리가 오래전에 응당 섬멸되어야 했습니다.

그런데 지난번에 李懷光이 혼미하여 군사를 늦추고 역적(주자)을 양성하며, 토번이

---

5) 병에……것입니다 : 토번의 군중에 역병이 유행하여 군대를 물린 것을 말한다. 본서 339쪽에 보인다.

6) 본래……핍박하였습니다 : 建中 4년(783), 淮西節度使 李希烈이 襄城을 공격하자 德宗이 哥舒曜를 보내 토벌케 하였으나 오히려 위기에 빠지자 재차 涇原의 군대를 파견하여 구원하도록 하였다. 그러나 오랜 전쟁과 푸대접에 지친 경원의 병사들이 명령에 따르지 않고 長安을 약탈하였으며, 반군들은 아우 朱滔의 모략으로 京城에 연금되어 있던 朱泚를 떠받들어 우두머리로 삼았다. 이에 덕종이 奉天으로 피신하게 되자, 주자가 군대를 이끌고 봉천을 공격하였다. 陸贄의 말은 바로 이 상황을 이야기한 것이다.

끼어들고 어지럽혀 사단을 일으키고 사람을 의혹하게 하는 때를 만났기 때문에 義士로 하여금 시행할 바가 없게 만들고 재앙의 실마리로 하여금 오히려 이루어지게 하였습니다.

所賴天奪其魄하고 神降之災하여 覿機若瞑하고 遘厲[7]自遁하니 實昊穹悔禍之應이요 列聖垂祐之期라 廓淸妖氛이 慶必非遠이리니 何以知其然也오 自賊泚之亂이 始於暴兵하니 因徵役之繁興하며 乘衛禁之闕備하여 誘扇群慝하여 遂謀大姦하여 逆天僭君하여 躬肆攻逼하니 凡有血氣는 皆知惋嗟어든 矧伊忠良이 孰不痛憤이리오 獨惡無與라 何能久存이며 加以聖德日新하사 改過不吝하사 布革弊之詔하시고 弘恤隱之懷하시니 天下黎元이 翕然遷善하여 易心改觀하고 厭亂思安하여 和風旣揚에 昏祲自斂이라 蠢玆狂悖가 久合殲夷호니 頃屬懷光昏迷하여 緩師養寇하고 吐蕃干撓하여 生事惑人일새 故使義士로 無施하고 厲階[8]로 猶梗이러니

6-1-9 그런데 지금 이회광이 별도로 蒲州와 絳州를 보존하고 토번의 군대가 변경에서 멀리 벗어나서, 형세상 이미 분산되어 앞뒤로 우환이 없어졌으니, 李晟과 渾瑊 등 여러 장수들이 재주와 능력을 펼 수 있습니다. 또 〈이성 등은〉 각각 군사들과 군마들이 많지 않고 물자와 식량이 고갈되어 가는데, 그들이 적에게 항복하지 않는 경우에 즉시 공을 세워야 합니다. 이들은 은총과 신임이 이미 높고 신분과 지위가 이미 극에 달하였으니, 공적을 세우면 은총이 증대하고 지위가 견고해질 것이며, 적에게 항복하면 명예가 모욕당하고 몸이 위태롭게 될 것입니다. 하물며 역적은 흉악하고 우둔하여 멸망을 기필할 수 있으며, 고립되고 약해진 역적을 베어 없애는 것이 어렵지 않습니다. 누가 견고함을 버리고 위태함에 나아가고 은총을 져버리고 모욕을 따라, 거의 이루어진 공업을 버리고 장차 멸망할 역적의 신하가 되고자 하겠습니까. 이미 利害의 실정에 끌려서 이치상 악인과 함께할 수 없고, 게다가 고립되고 궁핍한 처지에 내몰

---

7) 遘厲 : 周나라 武王이 큰 병에 걸리자 아우 周公이 선왕께 기원하며 “당신의 원손 모가 사나운 병에 걸렸습니다. 당신 세 왕은 원자를 보호할 책임을 하늘에서 맡았으니 제가 대신 앓게 해주십시오.〔惟爾元孫某 遘厲虐疾 若爾三王 有是丕子之責于天 以旦代某之身〕”라고 한 데서 온 말이다.(≪書經≫ 〈周書 金縢〉)

8) 厲階 : ≪詩經≫ 〈大雅 桑柔〉에서 “누가 화의 계제를 만들어 지금에 이르도록 병들게 하였는가.〔誰生厲階 至今爲梗〕”라고 한 것에서 나왔다.

려서 형세상 오래 머물 수가 없습니다. 형세상 이치상 서로 내몰리는데, 어찌 싸우지 않을 수 있겠습니까.

渾瑊은 戴休顔[9]과 韓遊瓌[10]를 통솔하여 그 서북 방면을 틈타고 李晟은 駱元光[11]과 尙可孤[12]를 인솔하여 그 동남 방면을 공격하게 하면 같은 병이 있는 사람끼리 의지하듯이 스스로 힘을 합하게 될 것입니다. 다만 원컨대 폐하께서는 慰撫와 接待를 신중하게 하셔서 忠勇의 마음을 奮起하게 하고 격려하는 데 힘쓰시어 遠近의 기대에 부응하소서. 그렇게 하면 중흥의 대업은 가까운 날에 기약할 수 있을 것입니다. 여전히 犬羊의 무리(토번)를 잊지 못하여 장수와 군사의 마음을 잃어서는 안 됩니다.

今懷光이 別保蒲絳①하고 吐蕃이 遠避封疆하여 形勢既分에 腹背無患하니 瑊晟諸帥가 才力

---

9) 戴休顔 : 夏州(지금의 陝西省 橫山) 사람으로, 郭子儀의 부장으로 黨項羌族을 평정하였다. 涇原兵變 때에는 군을 이끌고 勤王하였으며, 반란을 일으킨 朔方節度使 李懷光의 유혹을 거절하였다. 이후 檢校工部尙書 奉天行營節度使에 올랐으며, 渾瑊과 연합하여 朱泚의 반군을 공격했다. 貞元 원년(785) 병사 후 揚州大都督에 추증되었다.(≪舊唐書≫ 〈戴休顔傳〉)

10) 韓遊瓌 : 靈州 靈武(지금의 寧夏自治區 靈武) 사람이다. 원래 朔方節度使 郭子儀의 部將이었으며, 朱泚의 난을 평정하는 데 큰 공을 세워 邠寧節度使 檢校尙書左僕射에 올랐으며, 許昌郡王에 봉해졌다. 貞元 4년(788), 入朝하여 右龍武統軍이 되었으며, 죽은 뒤 靈州大都督에 추증되었다.(≪舊唐書≫ 〈韓遊瓌傳〉)

11) 駱元光 : 李元諒의 예전 이름이다. 조상은 이란인으로, 본성은 安이었는데, 宦官 駱奉先에게 양육된 까닭에 駱으로 고치고 元光이란 이름을 가지게 되었다. 어려서부터 從軍하여 鎭國軍副使에 올랐으며, 涇原兵變 때 華州를 수복하고 병사를 모아 여러 차례 반군을 격퇴했다. 興元 원년(784) 長安을 수복하는 데 공헌하여 檢校尙書右僕射에 올랐으며, 토번과의 협상 도중 습격을 당한 渾瑊을 구원한 공으로 李氏姓을 하사받았으며 元諒으로 개명했다. 貞元 4년(788) 隴右節度使를 겸임했으며, 사후 司空에 추증되었다. 諡號는 莊威이다.(≪舊唐書≫ 〈李元諒傳〉)

12) 尙可孤 : 鮮卑族으로, 天寶 말년(741)에 唐나라에 귀순하여 范陽節度使 安祿山과 平盧節度使 史思明의 휘하에 예속되었다. 처음에는 安史의 난에 가담하였다가 배반하고 조정에 귀순하여 右威衛大將軍・神策大將 등을 역임했다. 宦官 魚朝恩이 禁軍을 지휘할 때 신임을 얻어 양자가 되었으며 魚智德으로 개명하였다. 神策軍을 이끌고 扶風・武功을 10여 년간 지키는 동안 기율을 엄격하고 분명히 적용하여 민심을 얻었다. 魚朝恩 사후에 朝廷에서 李嘉勳이라 賜名하였으나 李希烈이 반란을 일으켰을 때 原名을 회복하고 荊襄應援淮西使에 임명되어 이희열을 토벌하였다. 建中 4년(783) 朱泚의 난이 일어나자 여러 차례 반군을 격파하고 藍田을 수복하였으며, 興元 원년(784) 李晟・駱元光 등과 長安을 수복, 이 공으로 檢校尙書右僕射에 오르고 馮翊郡王에 봉해졌다. 얼마 뒤 李懷光의 반란을 진압하러 가던 길에 병사하였으며, 司徒에 추증되었다.(≪舊唐書≫ 〈尙可孤傳〉)

得伸하고 又各士馬非多하며 資糧向竭하니 若不降賊에 卽須建功이라 此輩寵任已崇하고 貴位已極하니 建功則寵增而位固하고 降賊則名辱而身危하며 況賊之兇愚가 滅亡可必이요 賊之孤劣이 翦撲非難이니 孰肯捨固而就危하며 違寵而從辱하여 棄垂成之業하고 臣將滅之虜哉리오 旣牽於利害之情하여 理不同惡이요 又迫於單乏之急하여 勢難久居니 勢理相驅어늘 安能無戰이리오 渾瑊은 統戴休顔・韓遊瓌[13]하여 乘其西北하고 李晟은 率駱元光・尙可孤하여 攻其東南하면 同病相資하여 自當合力이니 但願陛下는 愼於撫接하사 以奮起忠勇之心하시고 勤於砥礪하사 以昭蘇遠近之望하시면 中興大業을 旬月可期니 不宜尙眷眷於犬羊之群하여 以失將士之情也니이다

① 今懷光 別保蒲絳 : ≪新唐書≫〈李懷光傳〉에 "李懷光이 朱泚와 점점 틈이 벌어져 더욱 스스로 편안하지 못하자 마침내 군병을 이끌고 河中으로 갔다. 그곳에 이른 뒤에는 同州와 絳州 두 고을을 취한 후에 군병을 주둔시키고 사태를 관망하였다."고 하였다.

本傳云 "懷光與朱泚稍稍攜貳, 益不自安, 乃引兵如河中. 旣至, 復取同・絳二州, 按兵觀望."

6-1-10 어리석은 신하는 지극히 간절한 마음을 이기지 못하고, 곧바로 사사로운 마음에서 헤아려서 삼가 우매함을 무릅쓰고 아뢰니다. 삼가 아뢰니다.

臣愚는 不任懇悃之至하여 輒以私懷忖度하여 謹冒昧以聞하노이다 謹奏라

【評說】

처음에 吐蕃의 재상 尙結贊은 李晟・馬燧・渾瑊을 제거하면 唐나라를 도모할 수 있다고 여겼다. 상결찬은 唐나라 조정과 이성의 사이를 이간질하고 마수를 이용하여 당나라에 화친을 요구하였으며, 혼감을 사로잡아 마수를 속여서 그들로 하여금 모두 죄를 얻게 하고는 군대를 풀어 곧바로 長安을 침범하고자 계획하였다. 하지만 혼감을 놓치고는 이 계획을 중지한 바 있다.

상결찬은 혼감과 함께 長安을 취하자고 거듭 약속하고는 기일이 되어도 오지 않았다.

13) 瓌 : 環으로도 쓴다. ≪翰苑集≫・≪舊唐書≫・≪新唐書≫・≪資治通鑑≫ 등에는 韓遊瓌라 하였으며, ≪大唐詔令集≫에는 韓遊環이라 하였다.

그리고 군사들이 전염병에 걸렸다고 하면서 군사를 이끌고 돌아갔다. 덕종은 이성과 혼감의 병사가 적으므로 토번에 의지하여 경성을 수복하려고 하였던 것이었으므로 대단히 근심하여 육지에게 이 문제를 물었다.

육지는 상결찬이 몰래 간악한 계책을 비축하여 조정이 播越을 하게 되고 朱泚가 위축될 때에 近郊를 범하고 만약 도읍이 빈 틈새를 타서 武威를 과시하여 겉으로는 국가를 받들면서 안으로는 흉역의 무리와 통하여 전쟁을 방관하다가 관군의 세력이 약하게 되는 틈을 노린다면, 결국 관군이 반군을 정벌하려다가 군세가 고갈하여 畿甸을 빼앗기게 될지 모른다고 지적하였다. 그리고 이러한 가상을 근거로, 상결찬은 탐욕스럽고 교활하여 해만 있지 이익이 없으므로 그가 인퇴하여 떠난 것은 실로 '社稷의 遐福'이라고까지 말하였다. 그리고 다음 계책으로는, 李晟과 渾瑊이 戴休顔과 韓遊瓌를 거느리고 서북 방면의 틈을 타고, 李晟은 駱元光과 尙可孤를 인솔하여 그 동남 방면을 공격하여, 같은 병이 있는 사람끼리 서로 도움을 주듯이 힘을 합하여야 한다고 하였다. 육지는 외부 이민족의 힘을 빌릴 것이 아니라. 관군을 慰撫하고 接待하여 忠勇의 마음을 奮起시키고 면려시켜야 한다고 강조하였다.

이 글에 대해 種惺은 다음과 같이 논평했다. "춘추시대 晉나라가 일찍이 白狄과 더불어 秦나라를 정벌하자 秦나라도 역시 백적과 더불어 晉나라를 쳤으므로 ≪春秋≫는 그들을 기롱하여, '豺狼을 끌어들여 봄 동산에 집어넣었다.'라고 하였다. 안녹산과 사사명이 난리를 시작하여 河朔이 淪亡하자 바깥으로 回紇을 불러다가 함께 大難을 제거하였다. 하지만 그 물릴 줄 모르는 요구와 패려궂은 성격은 사람의 뼈를 양식으로 삼고 사람의 피를 漿으로 삼아, 일반 백성들이 그들에게 씹어 먹히는 것이 참혹하였다. 少陵 杜甫는 '花門(回紇)이 반드시 남아야 한다면 들판은 도리어 쓸쓸하리라.〔花門旣須留 原野轉蕭瑟〕"라고 읊었다.

2. 興元에서 渾瑊과 李晟 등 諸軍兵馬가 스스로 기회를 취할 수 있도록 請許하는 奏狀
興元奏請許渾瑊李晟等諸軍兵馬自取機便狀

德宗이 다시 사신을 파견하여 陸贄에게 말하기를 "卿이 吐蕃에 대해 말한 것이 매우 훌륭하다. 하지만 渾瑊과 李晟 등 여러 군사를 마땅히 계획을 의논한 다음에 전진하도록 해야 할 것이다. 경은 상세히 살펴서 조목조목 글로 적어 주달하도록 하라."라고 하였다. 이에 육지는 "어진 군주가 장수를 선발하면 임무를 맡겨 공을 이루게 한다. 그러므로 능히 공적을 이룰 수 있다. 〈계획을 세우는 것은〉 편의대로 하도록 허가하고 특별한 상으로 대우하는 것만 못하니, 그렇게 하면 장수가 감동하고 기뻐하여 지혜와 용기가 펼칠 수 있다."라고 생각하여, 마침내 이 奏狀을 올렸다.

德宗復遣使謂贄曰 "卿言吐蕃甚善, 然瑊·晟諸軍當議規畫, 令其進取. 卿宜審細條疏以聞." 贄以爲 "賢君選將, 委任責成, 故能有功. 不若假以便宜, 待以殊賞, 則將帥感悅, 智勇得伸." 乃上此奏.

6-2-1 欽溆가 聖旨를 받들어 알리기를 "卿이 吐蕃의 군사가 물러난 것과 관중의 형세에 대해 주달한 것을 살펴보니, 이치가 모두 절실하고 온당했으므로 심히 짐의 마음을 위로해주었다. 하지만 渾瑊과 李晟 등 여러 군대를 헤아리고 계획하여 나아가게 하고자 한다. 짐은 지금 사신을 보내어 宣慰하려고 하니, 卿은 마땅히 자세하게 살펴서 조목을 갖추어서 속히 주달하도록 하라."라고 하였습니다.

右欽溆가 奉宣聖旨호되 省卿所奏蕃軍退歸와 及關中體勢하니 理皆切當하여 甚慰朕懷나 然渾瑊李晟等諸軍을 須有商量規畫하여 令其進取니 朕이 見欲遣使宣慰하노니 卿宜審細條疏하여 速奏來者라하시니

6-2-2 臣은 듣건대, 장수는 전권을 받아 계책을 세움을 귀하게 여기고 전쟁은 奇兵으로 승리한다고 합니다.[1] 軍機를 멀리서 통제하면 응변의 시기를 놓치고 장수가 군주에게 명을 받으면 위엄이 없습니다. 그러므로 옛날의 어진 군주가 장수를 선발하여 임무를 맡겨 閫內와 閫外의 권한을 나누는 것은[2] 간섭하지 않는다고 맹세하는 것이요, 斧鉞을 주는 것은 전적으로 판단하게 한 것입니다.

무릇 그렇기 때문에 군사가 패하면 군중을 위하여 죽고[3] 전투에서 이기면 공을 策勳[4]하는 것입니다. 형벌을 사용하지 않았는데 군사의 규율이 바르고, 마음을 수고롭게 하지 않았는데도 武功이 이루어지니, 그 임무를 맡기는 사체에 있어서는 어찌 광대하지 않겠으며, 그 공을 이루는 유익함에 있어서는 어찌 정밀하지 않겠습니까. 옛날에 제왕이 큰 간난을 평정하여 위대한 업적을 이룬 것이 이 도리에서 말미암은 것입니다.

臣이 聞將貴專謀요 兵以奇勝일새 軍機遙制면 則失變하고 戎帥稟命이면 則不威하노니 是以古之賢君이 選將而任하여 分之於閫은 誓莫干也요 授之以鉞은 俾專斷也라 夫然故軍敗則死衆하고 戰勝則策勳이라 不用刑호되 而師律貞하고 不勞慮[5]호되 而武功立이니 其於委任之體에

---

1) 장수는……합니다 : '전권을 받아 계책을 세움〔專謀〕'은 임금에게 품부하지 않고 독단하여 판단함을 이르니, ≪春秋左氏傳≫ 閔公 2년에 "군대는 명령 체계를 세우는 데 달렸을 뿐인데, 모든 일을 임금께 여쭈어 행하면 위엄이 없게 된다.〔師在制命而已 稟命則不威〕"고 하였다. '奇兵으로 승리함〔奇勝〕'은 ≪孫子兵法≫ 〈兵勢篇〉에 나오는 말로, "무릇 전쟁은 正兵으로 교전하고 奇兵으로 승리를 취한다.〔凡戰者 以正合 以奇勝〕"고 하였다.

2) 閫內와……것은 : 옛날 출정하는 장수를 전송할 때 임금이 수레바퀴를 손수 밀어주면서 "閫內는 과인이 처리할 테니 閫外는 장군이 알아서 하라."라고 하였다.(≪史記≫ 권102 〈張釋之馮唐列傳〉) 이는 임금으로부터 정벌의 명을 받고 전권을 행사는 일을 말한다. 閫은 도성의 문으로, 곤내는 도성 안의 정사를, 곤외는 지방의 군사를 말한 것이다.

3) 군중을……죽고 : ≪禮記≫ 〈曲禮 下〉에 "國君은 社稷을 위해서 죽고 大夫는 무리를 위하여 죽고 士는 명령에 죽는다.〔國君死社稷 大夫死衆 士死制〕"라고 하였다.

4) 策勳 : ≪春秋左氏傳≫ 桓公 2년 조에 "출전할 때에 종묘에 고하고, 개선해서 종묘에 고하고는 술을 마신 다음, 술잔을 놓고 공을 책훈하는 것이 예이다.〔凡公行 告于宗廟 反行 飮至 舍爵 策勳焉 禮也〕"라고 하였다.

5) 勞慮 : ≪後漢書≫ 〈李固傳〉에 "지금 帝를 세움에 천하가 名器를 중하게 여기니, 태후께서 마음을 쏟으시고 장군이 勞慮하여, 그 온당한 사람을 자상하게 선택하여 聖明을 보존하고자 힘쓰시는 것을 잘 알겠습니다.〔今當立帝 天下重器 誠知太后垂心 將軍勞慮 詳擇其人 務存聖明〕"라고 하였다.

豈不博大哉며 其於責成之利에 豈不精覈哉아 自昔帝王之所以夷大艱成大業者가 由此道也라

6-2-3 혹시라도 장수에게 임무를 맡기는 것을 의심하여 나에게서 말미암아 결정하는 것을 大權으로 여기고, 공을 이루게 하는 데 어두워서 자기의 뜻에 따라 군대를 지휘하는 자를 良將으로 여겨, 칼날과 화살이 들판에서 교착하는데도 구중궁궐에서 모책을 결정하고, 機會가 순식간에 변하는데도 천 리 바깥에서 계획을 정하면, 명령을 어기자니 순리를 잃게 되고, 명령을 따르자니 마땅함을 잃는 것이 됩니다. 순리를 잃으면 임금의 위엄을 좌절하게 하고, 마땅함을 잃으면 임금의 군대를 패하게 합니다.

버리느냐 쓰느냐 하는 것이 서로 방해되고, 선한 것이나 악한 것이나 모두 흉해져, 위로는 군주가 간섭한다는 비난이 있게 되고 아래로는 장수가 싸우다가 죽겠다는 의지가 없게 됩니다. 그렇다면 閫內와 閫外를 분담하는 방도에 있어서는 어찌 둘 다 손상을 입지 않을 수 있겠으며, 또 국가를 經綸하는 방도에 있어서는 어찌 전부 잘못되지 않겠습니까. 옛날에 제왕이 난리를 조장하고 형벌을 번다하게 하여 군사를 잃고 나라의 영토를 잃은 것은 이러한 도리에서 나온 것입니다. 이 도리의 득실은 兵家의 樞機이니, 지금의 事宜에 매어 있는 것이 더욱 절실합니다.

其或疑於委任하여 以制斷由己爲大權하고 昧於責成하여 以指麾順旨爲良將하여 鋒鏑이 交於原野로되 而決策於九重之中하고 機會가 變於斯須로되 而定計於千里之外하면 違令則失順이요 從令則失宜라 失順則挫君之嚴하고 失宜則敗君之衆이니 用捨相礙하고 否臧皆凶하여 上有掣肘[6)]之譏하고 下無死綏[7)]之志하리니 其於分畫之道에 豈不兩傷哉며 其於經綸之術에

6) 掣肘 : 공연히 다른 사람의 일에 간섭하여 뜻한 바를 이룰 수 없게 만드는 것을 뜻하는 말로, 魯나라 宓子賤의 고사에서 나왔다. 복자천이 亶父의 수령으로 임명되어 떠나갈 적에 글씨를 잘 쓰는 임금의 측근 관리 두 사람을 청하여 함께 데리고 갔다. 고을의 아전들이 모두 모였을 때 측근의 관리들에게 글씨를 쓰게 하였는데, 글씨를 쓰려고 하면 옆에서 팔꿈치를 잡아당겨, 그 때문에 글씨를 잘못 쓰면 또 화를 내었다. 측근의 관리들이 두려워 사직하고 돌아가 임금에게 자초지종을 고하니, 임금이 자신을 경계하려고 한다는 것을 알아채고는 간섭하지 않았다고 한다.(≪呂氏春秋≫ 〈具備〉)

7) 死綏 : 군사가 패하면 장수는 마땅히 죽어야 함을 뜻하는 말이다. ≪春秋左氏傳≫ 文公 12년 조에 "≪司馬法≫에 장군은 '수레에 오르는 끈을 잡고 죽는다.〔死綏〕' 하였다."라고 하였다.

豈不都謬哉아 自昔帝王之所以長亂繁刑 喪師蹙國者가 由此道也라 玆道得失은 兵家大樞라 當今事宜는 所繫尤切하니

6-2-4 역적이 많아지고 乘輿가 播遷하여 人心은 변고를 보고 흔들림이 있고 王室은 스스로 견고하게 유지하는 진중함이 없습니다. 秦州와 梁州는 빙 둘러 있어서 천 리 아득히 떨어져 있으니, 〈關中에 있는 장수들은〉 위엄으로 다스리고자 하면 힘과 형세로 볼 때 제압할 수가 없고, 그들에게 모책을 내리고자 하면 길이 막히고 멀어서 정밀히 할 수 없습니다.

최근에 갑자기 詔書를 내리셔서 여러 장수들을 教諭하시어 일이 크든 작든 모두 다 규제하고 계십니다. 그러나 장수들이 章表를 올려 정성을 진달하여 使臣이 復命함에 미쳐서 進退가 늦거나 빠른 것이 대부분 聖謀와 어긋났으니, 그들이 어찌 성상의 뜻에 거스르는 것을 즐겨하여 그러겠습니까. 또한 전해 듣는 것이 실제와 같지 않고, 계획하는 것이 일을 다스리는 것과 다름이 있기 때문입니다.

설령 그들 가운데 혹 마음대로 명령을 어긴 자가 있다면 폐하께서 능히 이러한 때에 그 조칙을 어긴 죄를 처벌하실 수 있겠습니까. 臣은 그렇게 하실 수 없으리라 염려됩니다. 다시 폐하께서 능히 군대를 빼앗고 그 장수를 바꾸실 수 있겠습니까. 신은 또한 그렇게 하실 수 없으리라 염려됩니다. 이것은 명을 어긴 자에 대해 이미 벌을 실행하지 못할 뿐만 아니라 명을 따른 자가 반드시 합당하다고도 할 수 없기 때문입니다. 그저 空言만을 허비하시고 단지 睿慮만을 수고롭게 하시는 것이어서, 아무 이익이 없을 뿐만 아니라 그 손해가 실제로 많으니, 어째서겠습니까.

蓋以寇盜充斥하고 乘輿播遷하여 人心이 有觀變之搖하고 王室이 無自固之重하니 秦梁迴繚하여 千里迢遙라 臨之以威則力勢不制하고 授之以策則阻遠不精이어늘 頃者에 驟降詔書하사 敎諭群帥하사 事無大小히 悉爲規裁러시니 及乎章表陳誠하여 使臣復命에 進退遲速이 率乖聖謀하니 豈皆樂於違忤哉리오 亦由傳聞이 與指實로 不同하며 懸算이 與臨事로 有異故也라 設使其中에 或有肆情干命者는 陛下가 能於此時에 戮其違詔之罪乎아 臣竊恐未能也며 陛下復能奪其兵而易其將帥乎아 臣亦恐未能也하노니 是則違命者既不果行罰하고 從命者又未必合宜라 徒費空言하고 祇勞睿慮실새 匪唯無益이라 其損實多하니 何則고

6-2-5 시절이 바야흐로 어려워서, 아랫사람이 윗사람을 능멸하고 윗사람은 해이한데,[8] 干戈를 손에 들고 社稷을 보위하는 자가 모두 勳業이 나에게서 말미암고 義烈이 내 마음에서 나왔다고 스스로 여겨서, 전담하여 행하는 데 편안히 여기고 통제받는 것을 병으로 여깁니다. 폐하께서는 마땅히 굽어살펴서 이 뜻을 따르소서. 그대로 그들에게 맡겨서 그들이 편안히 여기는 바를 이루어주시고 그들이 병으로 여기는 바를 감싸주시며, 위임하는 의리를 돈독하게 하시고 親信하는 은혜를 굳게 하시며, 便宜에 따라 행할 권한을 주시고 특별한 상으로 대우하십시오. 그 나머지 자잘한 사항들은 전혀 관여하여 말하지 마시고, 내리는 조서는 간요함을 따르도록 힘쓰셔야 합니다.

말씀을 신중히 하여 진중함을 취하시고, 맡김을 깊이 하여 정성을 보이셔서, 말씀이 진중하게 되면 군주의 도가 존귀하게 되고 맡김을 정성으로 하면 사람들의 마음이 감동하게 됩니다. 존귀하게 되면 엄하게 하지 않아도 대중이 복종하고, 감동하게 되면 명령을 내리지 않아도 일이 이루어집니다. 그 형세가 마땅히 지혜로운 자로 하여금 모책을 신속하게 내게 하고 용기 있는 자로 하여금 힘을 떨치게 합니다. 지위가 높은 사람과 낮은 사람이 모두 그 분수를 극도로 하고, 어진 이와 어리석은 이가 각각 그 생각을 알맞게 하여, 장수는 스스로 충성을 바치고 병사는 스스로 기꺼이 싸울 것입니다. 그러면 내몰리고 통제받는 데 급박하여 어쩔 수 없어서 따르는 자와 비교한다면, 志氣가 어찌 백 곱절 정도에 그치겠습니까.

時方艱屯하여 下陵上替하니 凡在執干戈而衛社稷者가 皆自謂勳業由己요 義烈發心이라하여 安於專行하고 病於羈制하니 陛下가 宜俯徇斯意하사 因而委之하사 遂其所安하시고 護其所病하시며 敦以付授之義하시고 固以親信之恩하시며 假以便宜之權하시고 待以殊常之賞하사 其餘細故를 悉勿關言하사 所賜詔書를 務從簡要니 愼其言하여 以取重하시고 深其託하여 以示誠하시면 言見重則君道尊하고 託以誠則人心感이라 尊則不嚴而衆服하고 感則不令而事成이니 其勢當令智者로 騁謀하고 勇者로 奮力하여 小大가 咸極其分하고 賢愚가 各適其懷하여 將自效忠하고 兵自樂戰하리니 與夫迫於驅制하여 不得已而從之者로 志氣가 何啻百倍哉리오

---

8) 아랫사람이……해이한데 : ≪春秋左氏傳≫ 昭公 18년 조에 "이에 아랫사람은 위를 능멸하고 윗사람은 해이하게 되니, 난리가 없을 수 있겠는가.〔于是乎下陵上替 能無亂乎〕"라고 하였다.

6-2-6 무릇 君上의 권한이 특별히 신하와 다른 것은, 다만 스스로 옳다고 여기는 데 있는 것만이 아니라 사람들을 잘 쓰는 데 있습니다. 그 요체는 物情에 순응하는 데 달려 있고, 그 契合은 시기의 변화에 통하는 데 달려 있습니다. 지금의 요체와 계합이 여기에 자세히 갖추었으니, 만약 성상께서 이를 살펴주신다면 혹 취할 만한 것이 있으실 것입니다. 삼가 아룁니다.

夫君上之權이 特異臣下者는 唯不自用이라 乃能用人이니 其要가 在順於物情하고 其契가 在通於時變일새 今之要契가 頗具於玆하니 儻蒙究思하시면 或有可取리오 謹奏라

【評 說】

앞서 吐蕃의 尙結贊이 渾瑊과 함께 長安을 취하자고 거듭 약속하고는 군사들이 전염병에 걸렸다는 이유로 돌아가고 말았다. 덕종은 李晟과 渾瑊의 병사가 적으므로 토번에 의지하여 경성을 수복하려고 하였으므로 대단히 근심하여 육지에게 이 문제를 물었다. 육지는 〈興元賀吐蕃尙結贊抽軍迴歸狀〉에서 상결찬은 모략이 많아 믿을 수 없으므로 그가 회군한 것은 사직의 복이라고 말하였다. 덕종은 육지가 토번에 대해 논한 것은 훌륭하지만, 혼감과 이성 등 여러 군사는 마땅히 계획을 의론한 다음에 전진하도록 해야 할 것이라고 여겨 조목조목 글로 적어 보고하라고 하였다. 육지는 군주가 장수를 선발하면 임무를 맡겨 성공을 책임지게 하여야 공적을 이룰 수 있다. 편의대로 하도록 허가하여 심상한 경우와는 다르게 대우하여야 장수가 감동하고 기뻐하여 지혜와 용기가 뻗어나갈 수 있다고 여겨, 이 奏文을 올렸다.

육지는 전투에 임한 장수가 모책을 전담하고 奇兵으로 승리하게 하려면 멀리서 통제하고 일일이 군주의 명을 따르게 해서는 안 된다고 보았다. 장수를 선발하면 군주의 권한을 나누어주어 간섭하지 말고 독자적인 판단으로 전술을 펴나가야 한다고 주장하였다. 육지의 판단은 이성의 戰勝에서 입증되었다고 할 수 있다. ≪舊唐書≫ 권133 〈李晟傳〉은 李晟의 경성 수복 전투를 자세하게 서술했다. 아래에 소개하기로 한다.

"이성은 東渭橋에서부터 군사를 光泰門 밖 米倉村으로 옮겨 경성을 육박했다. 이성은 높은 곳에 임하여 지휘하여, 壕柵을 설치하여 적군을 망보게 하였다. 얼마 있다가 적의 무리가 대거 이르러 와서, 적의 驍將 張庭芝와 李希倩이 柵에 다가와 전투를 도발했다. 이성은 여러 장수들에게, '나는 적이 나오지 않을까 걱정했는데, 지금 죽음을 무릅쓰고 오다니,

하늘이 나를 돕는 것이다.'라고 하였다. 吳詵・康英俊・史萬頃・孟涉 등에게 명하여 군사를 놓아 추격하게 하였다. 당시 華州營이 북쪽에 있었는데, 군병이 작았으므로 적이 온힘을 모아 공격하자, 이성은 李演・孟華를 보내어 정예병으로 구하게 하였다. 中軍이 鼓譟하자, 이성의 장수 李演이 힘써 싸워 적을 대파하고, 승승하여 광태문으로 들어갔다. 다시 싸워, 또 패배시키자, 죽은 시체가 땅을 덮었고, 나머지 군중은 달아나 白華로 들어갔으며, 밤에는 통곡하는 소리가 들렸다.

다음 날, 장차 다시 군사를 내려고 하자, 여러 장수들이 西軍이 오기를 기다려 좌우에서 협공하자고 하였다. 이성은 말하기를 '적이 이미 상하고 패하였으니 승기를 타고 박멸하여야 한다. 만약 그들이 대비하기를 기다린다면 어찌 王師로서 이롭다고 하겠는가. 만일 서군이 오기를 기다린다면 機便을 잃을까 염려된다.'라고 하였다.

28일, 이성은 여러 장수들을 크게 모으고……號令하고 군사들에게 맹서하여, 광태문 밖에 군사들을 모두 진열하게 하였다. 마침내 王佖・李演 등으로 하여금 騎軍을 인솔하게 하고 史萬頃으로 하여금 보졸을 거느리게 하여, 곧바로 苑墻의 神麕村으로 돌진하게 하였다. 이성은 이보다 앞서, 밤에 사람을 시켜 苑墻의 2백여 보를 열어두게 했는데, 이때에 이르러 적은 나무를 세워 柵으로 삼아, 柵에 의지하여 항거하였다.

이성은 군사에게 꾸짖기를 '어찌 적을 이와 같이 풀어놓는단 말인가. 마땅히 공들을 먼저 참수하겠다.' 하였다. 사만경이 두려워하면서 먼저 적진으로 뛰어들어, 柵을 뽑고 들어갔다. 王佖의 騎軍이 이어서 나아가자, 적은 곧바로 도망가서 궤멸하였으므로, 적장 段誠諫을 붙잡았고, 大軍이 길을 나누어 나란히 들어가며 鼓譟가 雷動하였다.……驅蹙하여 白華에 이르렀다. 홀연 賊騎 1천여가 관군의 뒤에서 나왔으며, 이성은 휘하 1백여 기와 함께 돌입하였다. 좌우 사람들이 외치기를 '相公이 오셨다!'라고 하였다. 적이 듣고는 놀라서 무너졌고, 관군은 추격하여 참수한 것이 이루 셀 수 없을 정도였다. 朱泚・姚令言・張庭芝에게는 군사 만 명이 여전히 있었는데, 서로 이끌며 도망하므로, 이성은 田子奇로 하여금 추격하게 하였다. 그 나머지 兇黨은 서로 이끌고 와서 투항하였다.

이날 이성의 군사가 경성에 들어가, 병사로 하여금 含元殿 앞에 주둔하게 하고, 이성은 右金吾仗에 묵었다. 그리고 여러 군사들에게 호령하기를 '……장안의 士庶들이 오래도록 적의 거짓 조정에, 함몰되어 있었으나, 만약 조금이라도 놀라 흠칫하게 된다면 죄인을 벌하고 인민을 조문하는 의리가 아니다.'라고 하였다.……마침내 京兆尹 李齊運, 攝長安令 陳元衆, 攝萬年令 韋上伋을 파견하여 백성들에게 告喩하여 거주민을 안도하게 하고, 추호도 범하지 말게 하였다. 尙可孤의 군인 가운데 함부로 적의 말을 취한 자가 있었고, 이성의 大將 高明曜는 적의 女妓 한 사람을 포로로 하였으며, 司馬伷는 적 두 필을 취하였는데, 이성이 모두 당장에 참수하자, 아무도 감히 거슬러 보지를 못했다. 士庶들이 감동하여 기뻐하지 않는 이가 없어서, 모두 탄식하며 눈물을 흘렸다. 먼 坊에 거처하는 사람들 가운데는 하루가 지나서야 알게 된 자들도 있었다."

3. 興元에서 李楚琳을 다독일 것을 청하는 奏狀
興元請撫循李楚琳狀

처음에 李楚琳[1)]이 난을 일으켜서 鳳翔節度使 張鎰을 죽이고 마침내 반란을 일으켜 朱泚에게 귀부하였다. 그러다가 奉天의 포위가 풀리자 이초림은 사신을 보내어 入貢하였는데, 황상은 부득이 봉상절도사를 제수했으나 마음으로 미워하였다. 의론하는 자들이 말하길, 이초림은 만약 방비하지 않으면 틈을 엿보는 짓을 일으킬지 모른다고 하였다. 이로 말미암아 이초림의 使者 몇 사람이 이르렀는데, 상이 모두 인견하지 않고 억류하여 돌려보내지 않았다. 육지가 마침내 이 奏文을 올리자, 상이 분명하게 깨우쳐서 이초림의 사자를 잘 대우하고 우대하는 조칙을 내려 위로하였다.

初, 楚琳作亂, 殺鳳翔節度使張鎰, 乃叛附朱泚. 及奉天圍旣解, 楚琳遣使入貢, 上不得已, 除鳳翔節度而心惡之. 議者言楚琳若不隄防, 恐生窺伺. 由是, 楚琳使者數輩至, 上皆不引見, 留之不遣. 贄遂上此奏. 上釋然開寤, 善待楚琳使者, 優詔存慰之.

---

1) 李楚琳 : 朱泚가 鳳翔에 5년간 주둔할 때 신뢰하는 자가 적지 않았는데, 그 가운데 牙將 이초림이 특히 그의 마음을 샀다. 주자의 반란에 이초림이 군사를 발동시켜 節度使 張鎰을 죽이고 자칭 留后라고 하였다. 이초림은 대단히 교활하여, 스스로 鳳翔節度留后라 칭하고 주자에게 친히 하면서도 군사를 내어 돕지는 않고 형세를 관망했다. 〈興元請撫循李楚琳狀〉을 올릴 당시에는 이초림이 황제에게 사신을 보내서 조정의 정세를 살피는 중이었다. ≪資治通鑑≫을 보면 興元 원년(784) 3월 기사에서 이 奏狀의 내용이 나온다. 이때의 여론은 이초림을 배격해야 한다고 하였지만 陸贄는 이초림을 회유해야 한다고 주장한 것이다. 이후 동년 6월 李晟이 주자를 격파하고 장안을 수복하는데, 주자의 무리였던 源休나 李子平 등이 봉상으로 도망했다가 모두 이초림에게 살해되었다. 이초림은 그들의 머리를 行在로 보내어 공훈을 인정받으려고 했다. 그러나 德宗은 이초림을 천시하여 이초림의 사자를 대우하지 않았고, 渾瑊으로 이초림을 대신하여 鳳翔節度使로 삼으려고 하였다. 그러나 육지는 큰 난이 가까스로 평정되었으므로 鳳翔을 안정시키려면 반드시 이초림을 安撫해야 한다고 건의하였다. 덕종은 이 말에 따라 이초림의 사신을 대접하고 은혜로운 조칙으로 그 마음을 위로했다. 동년 8월, 조정은 이초림을 입조하게 해서 金吾衛大將軍을 삼고, 司徒로서 中書令을 겸하게 했으며, 이성에게 鳳翔尹 鳳翔隴右節度使를 겸하게 하였다. 이초림은 입조 이후 金吾衛大將軍, 尙書僕射, 衛尉卿을 역임하였다. 그러나 少府監 李忠誠과 함께 太子少師 韋倫의 탄핵을 받았다.

6-3-1 件官[2)]은 근래 성품과 행실이 좋지 않아 여론에 혐오를 받는 것이 많습니다. 그리하여 성상께서 자주 그를 論奏하는 封章을 받으셨습니다. 그 奏章에 "그 마음이 兩端을 잡고 살피고 있으니, 만약에 방비하지 않는다면 혹 함부로 넘보는 짓을 일으킬지 모릅니다. 생각건대 마땅히 배척하고 끊어버려 간특하고 사악한 짓을 막아야 합니다."고 하였습니다. 근자에 鳳翔에서 사신이 왔으나 거절하여 召見하는 은택도 입지 못하고, 체류시킨 몇 사람들도 모두 돌려보내지 않고 있습니다. 삼가 폐하께서 혹 분노하시는 마음을 참지 못하시고 자못 여론을 따를까 염려됩니다. 臣의 어리석은 생각으로 이를 옳지 않다고 여깁니다.

右件官이 比緣性行無良하여 多爲時議所惡라 頻被封章論奏하여 言其心挾兩端하니 若不隄防이면 恐妄生窺伺니 謂宜斥絶하여 用杜姦邪라할새 近者鳳翔使來에 絶不蒙恩召見하고 滯留數輩도 竝未放還하니 伏恐陛下가 不忍忿心하사 頗從輿議일새 以臣惷戇으로 竊謂非宜하노이다

6-3-2 李楚琳이 시기가 어렵고 위태로운 것을 틈타서 岐下를 어지럽혀서 역적(이초림)이 戎帥(鳳翔節度使 張鎰)를 살해하고 원흉(朱泚)과 결탁하여 奉天을 포위하는 데 자못 도움을 주었습니다. 그가 반란한 것에 대해서는 海內 사람들이 분명히 들어 알고 있는데, 의논하는 자들이 지금에야 비로소 분분하니, 어찌 알아보는 것이 이다지도 늦단 말입니까. 그러나 乘輿가 아직 장안으로 돌아가지 못하고 원흉(주자)이 여전히 생존해 있으므로, 勤王의 군사들이 모두 畿內에 있습니다. 급히 명령을 내리고 속히 보고하는 것이 촌각을 다투는데, 商嶺[3)]은 도로가 우회하고 또 멀며, 雒谷은 다시 도적에게 장악되어, 가까스로 왕명이 통하는 것은 오로지 褒斜容에 달려 있습니다. 이 길이 만약 막히고 위험하게 된다면, 남과 북은 마침내 아주 멀어지게 될 것입니다. 위태롭고 의심스러운 형세에 놓인 여러 鎭을 두 역적이 회유하고 협박하는 가운데에 놓아둔다면, 흉흉한 민심의 향배가 각기 달리하여 적이 승리하면 그들에게로 가

---

2) 件官 : 안건에 해당하는 관리라는 뜻으로, 이 글에서는 李楚琳을 가리킨다.

3) 商嶺 : 商嶺은 商山으로 商顔山의 준말이다. 秦漢의 교체기에, 商山四皓, 즉 東園公·夏黃公·甪里先生·綺里季가 이 산에 은거하여 避世의 뜻을 담은 〈紫芝歌〉를 부르면서 세상에 나오지 않았다 하는 전설이 있다.

고 우리가 승리하면 우리에게 올 터이니, 그 사이에 事機는 조금이라도 차질이 생기는 것을 허용하지 않습니다.

그런데 만일 이초림이 서운함을 드러내어 공공연하게 창광한 짓을 저질러서 남쪽으로 요충지를 막고 동쪽으로 원흉(주자)과 연결한다면, 우리의 咽喉가 막히고 심장과 등뼈가 분리될 것이니, 그 형세를 어찌 심히 병통으로 여기지 않겠습니까.

李楚琳이 乘時艱危하여 俶擾[4)]岐下하여 賊殺戎帥하고 款結兇渠하여 奉天之圍가 頗亦有助하니 其於叛亂에 海內彰聞이어늘 論者가 今始紛紜하니 一何知見之晩耶아 但以乘輿未復하고 大憝[5)]猶存이라 勤王之師가 悉在畿內하니 急宣速告가 晷刻是爭이어늘 商嶺則道迂且遙하고 駱谷이 復爲盜所扼하니 僅通王命이 唯在褒斜[①]하거늘 此路가 若又阻艱하면 南北이 遂將夐絶하리니 以諸鎭危疑之勢로 居二逆誘脅之中하면 洶洶群情이 各懷向背하여 賊勝則往하고 我勝則來라 其間事機가 不容差跌이어늘 儻或楚琳發憾하여 公肆猖狂하여 南塞要衝하고 東延巨猾하면 則我咽喉梗하고 而心膂分矣리니 其勢가 豈不甚病哉아

① 斜는 余와 遮의 反切이다. 〈褒斜는〉 漢中의 골짜기 이름으로, 南谷을 褒라 하고, 北谷을 斜라 하였으니, 길이가 700里이다.
斜, 余遮切. 漢中谷名, 南谷名褒, 北谷名斜, 首尾七百里.

6-3-3 더구나 李楚琳은 본래 간악한 짓만을 힘쓸 것을 생각하였는데, 지금 양 끝을 돌아보며 관망하고 있으니, 이는 바로 하늘이 〈조정에 귀순하도록〉 그 마음을 유인한 것이므로 京師로 돌아갈 길을 열어서 장차 大業을 이루게 하려고 한 것입니다. 폐하께서 진실로 마땅히 깊이 이것을 염두에 두고 위무하기를 더 두텁게 하셔서 그의 의심하고 머뭇거리는 태도를 취한다면 곧바로 일을 이루기에 충분할 것이며, 만약에 그의 마음을 善으로 옮길 수 있다면 역시 근왕의 군사들을 지원할 수 있을 것입니다.

---

4) 俶擾 : 어지럽힌다는 뜻으로, ≪書經≫ 〈夏書 胤征〉에 "羲和가 덕을 전복하고 술에 빠져 어지러워져 관직을 어지럽히고 처한 바의 위차를 버렸다. 이때에 와서 비로소 천기를 어지럽혀 맡은 일을 멀리 버려서 季秋의 月朔에 별이 房宿에 조화롭지 않았다.〔惟時羲和 顚覆厥德 沈亂于酒 畔官離次 俶擾天紀 遐棄厥司 乃季秋月朔 辰弗集于房〕"고 한 데에서 온 말이다.

5) 大憝 : 크게 미워한다는 말로, 큰 악당을 가리킨다. ≪書經≫ 〈周書 康誥〉에 "큰 죄악은 크게 미워한다.〔元惡 大憝〕"라는 말이 있는데, 크게 미워한다는 것은 미워하지 않는 이가 없다는 뜻이다.

지금 만약 褊狹한 여론을 따라서 의심하고 저지하는 자취를 드러낸다면 두려워하는 자가 아주 많을 것이니, 어찌 단지 이초림 한 사람뿐이겠습니까.

且楚琳本懷는 惟惡是務어늘 今能兩端顧望하니 乃是天誘其衷하여 故通歸塗하여 將濟大業이니 陛下가 誠宜深以爲念하사 厚加撫循하사 得其持疑하면 便足集事[6]요 儻能遷善면 亦可濟師어늘 今若徇褊狹之談하고 露猜阻之跡하면 懼者甚衆하리니 豈惟一夫리오

6-3-4 옛날부터 기이한 공적을 세우고 혹 위태롭고 재액에 빠진 사람들을 구원하는 사람들은 반드시 絜矩[7]의 인사이거나 溫良[8]한 무리만이 아니었습니다. 말을 몰고 길들이는 것은 오로지 말을 부리는 것에 달려 있으니, 아침에는 兇悖하다고 일컫다가 저녁에는 忠純하다고 평하며, 처음에는 원수이다가 종당에는 卿相이 되는 것입니다.

陳平이 행실 없음을 알고도 버리지 않고, 韓信이 스스로 왕이 된 것을 미워하면서도 끝내 왕에 봉해주었으며, 蒯通은 사리를 따진 것으로 생명을 온전히 할 수 있었고, 雍齒는 예전의 원한으로 가장 먼저 상을 받았습니다. 이것이 漢 高祖가 帝業을 이룬 이유입니다. 자신의 혁대 갈고리를 쏘아 맞힌 적을 용서하여 그 재능에 맞게 임용하고 소매를 베었던 원망을 풀어서 난리에서 위기를 면할 수 있었습니다. 이것이 齊 桓公과 晉 文公이 霸業을 이룬 이유입니다.

自昔能建奇功하며 或拯危厄이 未必皆是絜矩之士와 溫良之徒라 驅駕擾馴이 唯在所馭일새 朝稱兇悖라가 夕謂忠純하고 始爲寇讐라가 終作卿相하니 知陳平無行而不棄①하고 忿韓信自王而遂封②하며 蒯通以析理獲全③하고 雍齒以積恨先賞④하니 此漢祖所以恢帝業也요 置射鉤之賊하여 而任其才⑤하고 釋斬袪之怨하여 以免於難⑥하니 此가 桓文所以弘霸功也라

---

6) 集事 : 成事, 成功과 같은 말이다. ≪春秋左氏傳≫ 成公 2년 조에 "이 수레는 한 사람이 뒤에서 밀면 일을 이룰 수 있다.〔此車一人殿之 可以集事〕"라 했고, 杜預의 注에 "集은 이룬다는 뜻이다.〔集成也〕"라 하였다.

7) 絜矩 : 絜은 헤아린다는 뜻이고 矩는 曲尺을 의미한다. 윗사람이 입장을 바꿔 생각해서 아랫사람을 배려하는 儒家의 도덕규범을 말한다. ≪大學≫ 傳 10章에 絜矩之道에 대한 언급이 나온다.

8) 溫良 : 儒家에서 내세우는 대표적인 덕행이다. 子貢이 孔子를 찬양하면서 "온화하고 선량하고 공손하고 검약하고 겸양하였다.〔溫良恭儉讓〕"라고 다섯 가지 덕행을 거론한 내용이 ≪論語≫ 〈學而〉에 나온다.

① 知陳平無行而不棄 : ≪史記≫ 〈陳丞相世家〉에 "혹자가 陳平이 여러 장수들의 돈을 받았다고 참소하자 漢王(劉邦)은 〈그를 추천했던〉 魏無知를 책망하였다. 위무지가 대답하기를 '臣이 말한 바는 능력이고, 폐하가 물으시는 바는 행실입니다. 지금 尾生과 孝己의 행실[9]이 있어도 승부수에는 아무 보탬이 없습니다.'라고 하였다. 진평이 또 스스로 변설하자, 한왕이 진평으로 하여금 여러 장수들을 모두 감독하게 하니, 여러 장수들이 마침내 다시는 아무 말도 하지 못하였다."고 하였다.

史陳丞相世家 "或讒平受諸將金, 漢王責魏無知. 對曰 '臣所言者, 能也. 陛下所問者, 行也. 今有尾生・孝己之行, 無益於勝負之數.' 平又自辨說, 漢王使平盡護諸將, 諸將乃不敢復言."

② 忿韓信自王而遂封 : ≪史記≫ 〈淮陰侯列傳〉에 "韓信이 齊나라를 평정한 뒤 假王(임시 왕)이 되고자 하니, 漢王(劉邦)이 크게 노하였다. 그러나 陳平과 張良의 계책을 써서 장량을 보내서 한신을 齊王으로 세웠다."고 하였다.

史淮陰侯 "信旣平齊, 欲爲假王, 漢王大怒, 用陳平・張良計, 乃遣良立信爲齊王."

③ 蒯通以析理獲全 : 韓信이 죽을 때 "蒯通[10]의 계책을 쓰지 못한 것이 한스럽다"고 하자, 上이 노하여 괴통을 체포하여 烹刑에 처하려고 하였다. 괴통이 말하기를 "盜跖의 개가 堯임금을 향해 짖는 것은 요임금이 仁하지 못해서가 아니라 개란 본디 제 주인이 아니면 짖는 것일 뿐입니다. 또한 천하에 폐하께서 하신 일을 하기를 원하는 자가 매우 많으나 진실로 자기의 힘이 부족하다고 생각하여 하지 못하는 것일 뿐이니, 또 그들을 다 삶아 죽일 수 있겠습니까."라고 하니, 高祖가 이에 괴통을 풀어주었다.

韓信臨死曰 "恨不用蒯通計." 上怒捕通欲烹之. 蒯曰 "跖狗吠堯, 堯非不仁, 狗固吠非其主耳. 且天下欲爲陛下所爲者甚衆, 固力不能, 又可盡烹之邪." 高帝乃釋通云云.

④ 雍齒以積恨 先賞 : ≪史記≫ 〈留侯世家〉에 "상(劉邦)이 제장이 둘씩 모여 말하는 것을 보고는 留侯(張良)에게 묻자, 대답하기를 '이는 모반하려는 것입니다.'라고 하였다. 상이 묻기를 '어떻게 해야 하겠는가.' 하자 유후는 말하기를 '상이 평소 미워하는 사람들 가운데 누가 가장 심합니까?'라고 하자, '옹치이다.'라고 하였다. 유후는 '지금 급히 먼저 옹치를 봉

---

9) 尾生과……행실 : 尾生이 여자와 다리 아래서 만나기로 약속했으나 여자가 오지 않고 물이 부는데도 떠나지 않고 다리의 기둥을 껴안고 있다고 죽었다. 孝己는 殷나라 高宗의 아들인데 孝行으로 유명한 사람이다.

10) 蒯通 : 본명은 蒯徹이었으나 漢 武帝의 이름이 劉徹이라서 후대에 괴통으로 불렀다. 燕나라 출신이나 주로 齊나라에서 활동하였다. 괴통이 齊王 韓信에게 漢나라를 배반하고 독립할 것을 권유하였으나 한신이 받아들이지 않다가 나중에 呂太后에게 죽임을 당하면서 그의 말을 듣지 않은 것을 후회하였다. 漢 高祖가 괴통을 잡아들여 죄를 묻자 "당시에 신은 제왕 한신만 알았지 폐하는 알지 못했습니다."라고 하여 풀려났다.(≪漢書≫ 권45 〈蒯通傳〉)

한다면 여러 사람들의 마음이 절로 안정될 것입니다.'라고 하였다. 마침내 옹치를 什方侯에 봉하자, 뭇 신하들이 모두 기뻐하며 '옹치도 제후가 되었으니 우리들은 걱정이 없다.'라고 하였다." 하였다.

史留侯世家 "上見諸將偶語, 以問留侯. 對曰 '此謀反耳.' 上曰 '爲之奈何.' 留侯曰 '上平生所憎, 誰最甚者.' 曰 '雍齒.' 留侯曰 '今急先封雍齒, 則人人自堅.' 乃封爲什方侯. 群臣皆喜曰 '雍齒尙爲侯, 吾屬無患矣.'"

⑤ 置射鉤之賊 而任其才 : ≪管子≫ 〈內言〉에 "桓公이 莒에서부터 齊나라로 돌아와서 鮑叔牙로 하여금 재상이 되게 하였다. 鮑叔은 사양하면서 '臣은 군주의 범용한 신하입니다. 만약 국가를 잘 다스리려 한다면 오로지 管夷吾(管仲)가 있을 뿐입니다.'라고 하였다. 환공이 말하기를 '저자는 몸소 과인을 활로 쏘아 혁대의 갈고리를 맞춰 거의 죽을 뻔하였는데, 지금 그를 등용하는 것이 옳겠는가?'라고 하였다. 포숙은 말하기를 '저 사람은 자기 군주를 위하여 움직인 것입니다. 군주께서 만약 용서하여 그를 〈齊나라로〉 귀국시킨다면, 그가 군주를 위하는 것이 또한 이와 같을 것입니다.'라고 하였다. 공이 이 말을 따르고, 이에 속히 魯나라에 관이오를 줄 것을 청하고 〈관이오가 제나라에 오자〉 國政을 맡겼다."고 하였다.

管子內言云 "(威)〔桓〕[11]公自莒反于齊, 使鮑叔牙爲宰. 鮑叔辭曰 '臣君之庸臣也, 若必治國家, 其惟管夷吾乎.' 公曰 '彼親射寡人中鉤, 殆於死, 今乃用之可乎.' 曰 '彼其爲君重[12]也, 君若宥而返之, 其爲君猶是也.' 公從之, 迺亟請夷吾於魯, 授以國政."

⑥ 釋斬袪之怨 以免於難 : ≪春秋左氏傳≫ 僖公 24년 조에 "〈晉 惠公의 舊臣이었던〉 呂甥·郤芮가 晉 文公의 偪迫을 두려워하여 公宮에 불을 질러 晉侯를 弑害하려 하였다. 寺人 披가 뵙기를 청하자 문공이 접견을 거절하며 말하기를 '예전에 너는 혜공을 위해 와서 나를 죽이려 하였는데 그때 혜공은 너에게 사흘 밤을 묵고 가라고 명하였는데, 너는 이틀 만에 달려왔다. 무엇 때문에 그리도 속히 왔느냐? 그때 너에게 소매가 잘린 옷을 아직도 보관하고 있으니 너는 떠나거라.'라고 하였다. 披가 대답하였다. '臣은 임금님께서 들어와 임금이 되셨으니 당연히 임금의 道理를 아실 것으로 생각하였는데 아직도 임금의 도리를 모르시는 것 같으니, 또 장차 患難에 미치게 될 것입니다.' 公이 그를 接見하니 〈여생과 극예가 公宮에 불을 지르려고 한〉 變難을 告하였다. 晉侯가 은밀히 秦伯과 王城에서 會合하여 마침내 난을 면하였다." 하였다. 袂(소매)는 披가 자른 晉侯의 옷소매이다.

左僖二十四年 "呂·郤畏偪, 將焚公宮而弑晉侯. 寺人披請見, 公辭焉. 曰 '女爲惠公來求

---

11) (威)〔桓〕: 저본에는 '威'로 되어 있는데, 宋나라 欽宗의 이름인 桓을 피휘한 것이다. 이에 '桓'으로 바로잡았다.

12) 重 : 저본에는 '重'으로 되어 있는데, 이는 '動'과 통용한다. ≪管子≫에는 '動'으로 되어 있다.

殺予, 命女三宿, 女中宿至, 何其速也. 夫袪猶在, 女其行乎.' 對曰 '臣謂君之入也, 其知之矣. 若猶未也, 又將及難.' 公見之, 以難告. 晉侯潛會秦伯于王城, 遂免於難." 袪謂披所斷晉侯之衣袂也.

6-3-5 그렇다면 일의 요점에 합당하게 할 경우에는 비록 죄악을 지은 사람이라도 용납하지 않을 수 없으며, 時宜에 마땅하게 할 경우에는 비록 원수라고 하여도 등용하지 않을 수 없습니다. 폐하께서 반드시 평소의 행실을 샅샅이 살펴보고 지난날의 하자를 들어내고자 하신다면 과실을 고치더라도 허물을 보상할 수 없고, 스스로 새로워지더라도 속죄할 수 없습니다.

무릇 지금 장수와 관리 중에 어찌 아무런 하자가 없을 수가 있겠습니까. 사람들마다 스스로 돌이켜 생각한다면 누군들 의구심을 면할 수 있겠습니까. 또 하물며 군명에 항거했던 무리와 위협에 따랐던 부류가 성상의 은혜를 저버렸던 사실을 스스로 알면서도 어찌 감히 귀화하겠습니까. 이러한 문제가 작지 않으니, 마땅히 속히 도모해야 할 것입니다.

然則當事之要는 雖罪惡이라도 不得不容하고 適時之宜는 雖仇讐라도 不得不用이니 陛下가 必欲精求素行하며 追抉宿疵하면 則是改過가 不足以補愆하며 自新이 不足以贖罪라 凡今將吏가 豈得盡無疵瑕리오 人皆省思하면 孰免疑畏며 又況阻命之輩와 脅從之流가 自知負恩하고 安敢歸化리오 斯釁非小니 所宜速圖니이다

6-3-6 孔子는 말하기를 "仁하지 못한 사람을 너무 심히 미워하는 것도 난을 일으킨다."[13]라고 하였으며, 또 말하기를 "작은 것을 참지 못하면 큰 계책을 어지럽힌다."[14]라고 하였습니다. 〈君陳〉에서는 "완악함에 분해하거나 미워하지 말라."[15]라고 하였으며, 또 말하기를 "반드시 참음이 있어야 이에 이룸이 있다."[16]라고 하였습니

13) 仁하지……일으킨다 : ≪論語≫ 〈泰伯〉에 보인다.
14) 작은……어지럽힌다 : ≪論語≫ 〈衛靈公〉에 보인다.
15) 완악함에……말라 : ≪書經≫ 〈周書 君陳〉에 보인다.
16) 반드시……있다 : ≪書經≫ 〈周書 君陳〉에 보인다.

다. 삼가 바라건대 폐하께서는 반드시 英主의 큰 지략과 성인의 격언을 元龜(귀감)로 삼으소서. 정말로 변변치 못한 유자의 작은 충정을 받아들이셔서 興復의 사업을 망가뜨려서는 안 될 것입니다. 신이 나라를 근심하는 지극한 생각을 이기지 못하여 삼가 啓事로써 아룁니다. 삼가 아룁니다.

孔子가 日 人而不仁을 疾之已甚이 亂也라하시니 又日 小不忍則亂大謀라하시고 君陳에 日 無忿疾于頑이라하며 又日 必有忍이라야 其乃有濟라하니 伏願陛下는 必以英主大略과 聖人格言으로 爲元龜하소서 固不可納豎儒小忠하여 以虧撓興復之業也니이다 臣不勝憂國至計하여 謹啓事以聞하노이다 謹奏라

【評 說】

陸贄는, 朱泚의 난이 거의 평정되어가므로 鳳翔을 안정시키려면 반드시 李楚琳을 安撫해야 한다고 건의하였다. 이때 육지는 德宗에게 황제로서 臣民의 작은 공적이라도 포상하는 정책을 세울 것을 권하였다. 곧 "옛날부터 기이한 공적을 세우고 혹 위태롭고 재액에 빠진 사람들을 구원하는 사람들은 반드시 絜矩의 인사이거나 溫良한 무리만이 아닙니다. 말을 몰고 길들이는 것은 오로지 말을 부리는 것에 달려 있습니다."라고 말한 것이 이 글의 골자라고 할 수 있다.

淸나라 蔡九霞도 이렇게 논평하였다. "이초림은 당일 비록 국가에 쓰임이 될 만하지는 않았으나, 잠깐 재갈을 채우듯 단속을 하여야 다시 국가의 한 큰 해악을 더하는 사태에 이르지 않았을 것이다. 시세와 이해를 따지지 않고 반란의 무리는 다시 姑息하게 해서는 안 된다고 주장하는 것은 의론이 비록 정대하기는 하지만, 나라를 그르치는 것이 작지 않다. 종래 건의하는 자들은 단지 좋은 제목만을 취할 따름이었지, 이해를 계산하지 않아서 왕왕 모두가 그러했으니, 누가 공만큼 큰 식견을 지닌 자가 있었던가."

다만 조선 후기 成海應은 ≪研經齋全集≫의 〈讀陸宣公奏議〉에서 이 奏議에 대해, 반란군의 적장을 처리하는 방식에 편파성이 있다고 불만을 표시하였다.

"이초림을 다독일 것을 청한 奏狀은 정말로 난리를 해결하는 한 가지 기책이다. 그런데 이초림은 그 장수를 죽이고 역적과 통하여, 奉天의 난에 힘이 되었고, 그 공적을 말하자면 불과 梁洋(梁州)의 길을 통하게 한 것에 불과하다. 陸宣公이 德宗에게 이초림을 다독일 것을 권하고, 덕종이 장안에 돌아오고 나서는 鳳翔節度使를 바꾸는 것을 저지하였으니, 그

관대한 덕으로 말하면 정말로 아름답다고 하겠지만 이초림의 죄는 징계할 길이 없었다. 李晟이 鳳翔으로 나가 주둔하게 되자, 이초림을 꽉 붙잡아 가서 참수하겠다고 청하였으나 덕종이 허락하지 않았으니, 이것은 육선공의 뜻을 따른 것이었다. 육선공은 신뢰를 돈독히 하고 誠意를 펴고자 하였던 것이지만, 田希鑑의 살육(朱泚가 彭原城에서 敗死하자 李晟은 그의 무리였던 전희감을 유인하여 주살하였다.)은 어찌하여 중지시키기 않았단 말인가. 관군의 장수를 죽인 것도 같고 역적과 통한 것도 같으며, 당나라 조정에 복귀하지 않은 것도 같거늘, 유독 전희감만 주살된 것은 역시 편파적이지 않은가. 나는 그렇기 때문에 '李晟이 계책이 적적하지 않은 것은 아니다.'라고 생각한다."

4. 興元에서 中官 및 朝官에게 定難功臣의 名號를 하사하는 일에 대하여 논하는 奏狀
興元論中官及朝官賜名定難功臣狀

6-4-1 欽漵가 聖旨를 받들어 알리기를 "최근 奉天에 있던 將士에게 모두 定難功臣의 명호를 하사하려고 하는데, 이제 宰臣들이 商量하길, 扈從한 中官도 고생이 아주 심하므로 역시 규례에 의거하여 이 명호를 아울러 하사하여야 마땅하다고 한다. 짐의 南衙[1]의 朝士 가운데 奉天에서 적에게 겹겹이 포위된 고난을 겪은 이도 있고, 또 경과 같은 사람들은 지난날 행재로 달려오는 도중에 위험한 곳을 지나면서 역시 극도로 어려움을 겪었다. 지금 中官이든 朝官이든 따지지 말고 다만 적에게 겹겹이 포위된 고난을 겪거나 또 山南에 이른 자들에게는 아울러 정난공신의 명호를 하사하려고 하니, 경은 무엇이 온당하지 않은지를 헤아리라."라고 하였습니다.

右欽漵가 奉宣聖旨호되 比在奉天將士를 竝賜名定難功臣호니 今宰臣等이 商量扈從中官이 辛苦至甚하니 亦合依例하여 竝賜此名이라할새 朕이 以南衙朝士之中에 有經奉天重圍하고 又似卿等이 昨者奔赴行在하여 涉歷危險하여 亦極艱難하니 今不問中官朝官하고 但經重圍하며 又到山南者를 竝擬賜名定難功臣하노니 卿宜商量하라 豈不穩便者라하시니

6-4-2 폐하의 은혜가 近侍를 적시고 인덕이 百官에게 내려서 난리에 수행하던 자들의 고난을 생각하시고 순행에 호종하던 자들의 노고를 불쌍하게 여기시어, 총애로운 영광을 더해주도록 의논하여 장차 아름다운 명호를 내려주려고 하시니, 일은 비록 아직 행해지지 않았지만 뜻은 이미 이루어졌다고 할 것입니다.

---

1) 南衙 : 南衙는 南司로, 재상부를 말한다. 唐나라 때 재상을 南司로, 宦寺를 北司로 나누었기 때문에, 남사를 南衙로 부르고 북사를 북문으로 불렀다.(≪通鑑節要≫ 권39 唐紀 中宗 釋義)

무릇 貴近의 지위에 있는 사람들이 본시 성상의 하문을 받은 것을 알겠지만 성상의 뜻이 더욱 자상하여 다시 용렬한 신에게 자문하시니, 오로지 정밀히 하고 오로지 신중하게 하심이 진실로 일의 조짐이 은미할 때 방비한다고 이를 만합니다. 신이 살펴보건대 무엇을 알겠습니까마는 때마침 하문하시니, 臣이 만약 마음속으로 영화로운 명호를 탐하고 겉으로 원망과 비방을 두려워하여 그저 그대로 따라서 순순히 이룰 뿐 살핀 바를 끝까지 진술하지 않는다면, 마음으로 장차 성은을 저버린 줄 아는데 하늘이 내려봄을 어떻게 하겠습니까. 그러므로 말에 깊이를 헤아리지 않고 한 몸의 이해를 따지지 않고서 다만 속마음을 그대로 아뢰니, 부디 성상께서 재결하소서.

陛下가 惠霑暬御하시며 仁洽庶寮하사 念隨難之憂危하며 恤從巡之勞苦하사 議增寵飾하사 將錫嘉名하시니 事雖未行하나 意則已就라 凡在貴近이 固知銜恩이어늘 睿旨淹詳하사 復詢庸賤하시니 惟精惟愼이 允謂防微라 顧省何知리오마는 屬當下問호니 臣若自貪榮號하고 傍懼怨憎하여 因循順成하고 不極所見하면 心且知負어든 如天鑑何요 是以不揆言之淺深하며 不計身之利害하고 但輸狂直하노니 唯聖所裁니이다

6-4-3 臣은 듣건대, '賞'은 공로를 격려하고 '名'은 행실을 현창한다고 합니다. '賞'이 그 공로와 어그러지면 忠實의 효과가 폐해지고, '名'이 행실보다 지나치면 번독한 폐단이 일어납니다. 하나는 국권을 흔들 수 있고, 하나는 풍속을 어지럽힐 수 있으니, '賞'과 '名'을 주고받을 때에 어찌 간단히 할 수 있겠습니까.

지난번 奉天으로 몽진하시어 환난에 몰렸다가, 끝내 역적을 물리친 것이 실로 武人에게 힘입었다고 하여, 드디어 定難의 훈공을 旌表하고 특별히 공신의 명목을 하사하셨으니, 名은 자못 실질과 부합하고 일도 역시 시기에 맞았다 할 것입니다. 은혜를 받은 자들이 비록 많았지만 누군들 윤허할 일이 아니라 하겠습니까.

그런데 궁궐의 近侍와 班列의 具臣[2]의 경우에는 비록 궁중에서 분주히 움직이거나 조정에 공경히 거하면서 직무를 처리하여 각각 그 직분을 따랐지만, 적을 몰아내거나 제거하는 것은 진실로 소임이 아닙니다. 또 어가가 재차 파천하고 하늘이 내린 재앙

---

2) 具臣 : 겨우 신하의 수효나 채울 뿐 큰 역량을 발휘하지 못하는 신하를 가리킨다. ≪論語≫ 〈先進〉에 "仲由와 冉求는 具臣이라고 할 수 있을 뿐이다.〔由與求也 可謂具臣而已〕"라는 말이 있다.

에 아직 잘못을 뉘우치지 않은 때를 당하여 위기를 보고도 보필함이 없으니 어찌 '功臣'이라고 하겠으며, 적이 깊이 침입하였으니 무엇을 '定難(난을 평정하다)'이라 하겠습니까. 비록 적에게 포위되어 핍박받는 일을 당하고 험준한 곳을 넘었지만,[3] '難'은 당했다 할 수 있어도 '定'은 장차 무엇을 근거한 것이며, '勞(수고로움)'는 혹 있었다 할 수 있어도 '功'은 무엇을 말하는 것입니까.

무릇 생명 있는 무리는 각각 그 부류를 친하게 여기지 않는 것이 없습니다. 저쪽을 천하게 여기고 우리를 귀하게 여기는 것은 또한 常情이며, 다른 것을 내쫓고 같은 것을 장려하는 것은 또한 常性입니다.

臣이 聞賞以懋庸하고 名以彰行하나니 賞乖其庸則忠實之效가 廢하고 名浮於行則瀆冒之弊가 興이라 一足以撓國權이요 一足以亂風俗이니 授受之際가 豈容易哉리오 頃以駐蹕奉天하사 迫於患難이라가 竟攘兇逆이 實賴武人이라하여 遂旌定難之勳하사 特賜功臣之目하시니 名頗符實하고 事亦會時라 所需雖多나 誰曰非允이리오 至如宮闈近侍와 班列具臣은 雖奔走恪居하여 各循厥職하나 而驅除翦伐이 諒匪所任이요 又屬皇輿再遷하고 天禍未悔하여 見危無補하니 曷謂功臣이며 致寇方深하니 孰云定難이리오 縱使遭罹圍逼하여 跋履崎嶇하나 難則當之어니와 定將安據하며 勞或有矣어니와 功其謂何오 大凡有生之倫이 莫不各親其類일새 賤彼貴我는 抑惟常情이요 黜異獎同은 亦是常性이니

6-4-4 臣은 외람되이 搢紳의 반열에 끼어 있고 또한 마땅히 공신의 명호를 하사받는 대상에 해당합니다. 하지만 스스로 헤아려보건대 오히려 불가하다는 것을 알고 있는데, 하물며 公議에 있어서며, 갑주를 두른 병사들에 있어서겠습니까.

사람들의 말이 많아서 이르지 않는 바가 없으니, 필시 폐하께서 近習을 총애하시므

---

3) 험준한……넘었지만 : 원문의 '跋履崎嶇'를 풀이한 말이다. 跋履는 여행길이 힘들고 어려움을 뜻하는 말로, ≪春秋左氏傳≫ 成公 13년 조에, 晉 厲公이 秦 桓公에게 晉나라와 秦나라 사이에 있었던 우호의 역사를 이야기하는데, 晉 文公이 秦 穆公을 도우러 가는 장면을 설명하면서 "문공은 몸에 甲冑를 두르고 산을 넘고 물을 건너 어렵고 험한 곳을 지나 동방의 제후를 정벌하여 虞・夏・商・周의 후손들을 秦나라에 조회하게 하였다.〔文公躬擐甲冑 跋履山川 踰越險阻 征東之諸侯 虞夏商周之胤 而朝諸秦〕"라고 한 구절이 있다.

로 그들이 구차하게 얻고자 하는 정을 따르신다고 할 것입니다. 이 때문에 모든 해당 관사에서도 친한 이들에게 사사로이 한다는 비방이 분분할 것입니다. 원한은 큰 것에 있지 않고 잘못은 모두 미세한 것에서 일어납니다. 반드시 장차 戰士들이 격분하여 힘쓰고자 하는 마음을 沮喪시키고 공훈이 있는 신하들이 분개하고 한스러워하는 기운을 맺게 하여, 기뻐하는 자는 적고 성내는 이는 많으며, 준 것은 虛名이지만 잃어버린 것은 事實입니다. 기뻐하는 것은 신하의 우쭐대는 마음이고 병드는 것은 국가의 큰 모책입니다. 이익과 해악의 차이가 분명하니 변별하기가 어렵지 않습니다.

臣忝搢紳之列하고 又當受賜之科호되 竊自校量에 猶知不可어든 而況於公議乎며 況於介胄之士乎아 人之多言이 靡所不至하여 必謂陛下가 溺愛近習하사 故徇其苟得之情일새 汎該群司하여 以分其私昵之謗이라하리니 怨不在大요 釁皆自微라 必將沮戰士激勵之心하고 結勳臣憤恨之氣하여 所悅者 寡요 所慍者 多며 所與者 虛名이요 所失者 實事며 所悅者 臣下之夸志요 所病者 國家之大猷니 利害皎然하여 不爲難辨이니이다

6-4-5 더구나 '名'은 대중들이 평하는 바이니, 이것이 公器이고 또한 다툼의 단서가 됩니다. 살피기를 지극히 정밀하게 하여도 오히려 서로 다름이 있을까 두려운데, 처분하기를 혹 마땅함에서 어긋난다면 어찌 분수를 넘지 않을 수 있겠습니까.

漢나라 高祖가 영웅호걸을 복종시키고 唐나라 太宗이 천하를 평정하여, 천하가 안정되고 나서 마침내 공훈을 논할 때에 蕭何와 曹參의 특별한 공적이 있었고[4] 房玄齡과 杜如晦의 큰 계책이 있어서,[5] 전쟁과 經略에 있어 다른 사람들에 비해 탁월하였는

4) 蕭何와……있었고 : 蕭何와 曹參은 漢나라의 개국공신으로, 楚나라와의 전쟁 때에 소하는 關中과 蜀을 경영하여 전쟁의 물자를 공급하는 데 공적을 세웠으며, 조참은 전쟁터에서 많은 공적을 세웠다. 한나라가 천하를 통일한 후 소하와 조참이 차례로 승상이 되었는데, 소하가 문물제도를 만들고 조참이 이것을 좇아 지킨 것으로 유명하다.

5) 房玄齡과……있어서 : 房玄齡과 杜如晦는 唐나라의 개국공신으로, 방현령은 모책을 잘 세웠고 두여회는 결단을 잘 내렸으므로 房謀杜斷이란 말이 있다. 이들은 李世民의 玄武門의 변에서 큰 공을 세웠으며, 이후 재상이 되었는데, ≪新唐書≫ 〈杜如晦傳〉에 "당시 천하에서 처음으로 臺閣의 制度와 憲物의 容典을 정할 때 모두 두 사람의 토론과 재결을 따랐다. 황제가 있는 곳에서 매번 일을 의론할 때마다 방현령은 반드시 '두여회가 없으면 계책을 세울 수가 없다.'라고 하였고, 그러다가 두여회가 오면 모두 방현령의 계책을 사용하였다. 대개 두여회는 결단에 뛰어났고 방현령

데도 '豐沛故人(豐沛 지역의 친구)'이라든가 '刀筆吏'라고 하여[6] 여러 장수들이 불복하여 자못 사사로운 일을 들춰내고, 심지어는 팔을 걷어붙이고 하늘에 손가락질하고 검을 뽑아서 기둥을 치고,[7] 짝지어 모여 이야기하면서 반란을 모의하고, 시끄럽게 떠들면서 원통함을 호소하였습니다.

하물며 지금 국가의 운명이 오히려 어려움을 겪고 있고 왕의 교화가 흡족하지 않아서 바야흐로 무력을 바탕 삼아 역적(朱泚)을 殄滅하였으니, 이는 은총을 다툴 때가 아니요 文士들이 공을 다툴 때가 아닙니다. 공적에 맞게 포상하더라도 오히려 믿지 않을까 염려되는데, 또 공적이 없는 이를 포상한다면 정말로 비난을 받을 것입니다. 혹여 절조를 바친 것이 특별히 드러나서 사리에 맞게 褒彰한다면 賞典을 내릴 사람이 매우 많을 것인데 하필 여기에 있겠습니까. 그 외 특별히 공적이 없거나 으레 해당 사무에 분주하던 이들은 우선 적이 평정되기를 기다렸다가 선별하여 녹용하더라도 늦지 않을 것입니다. 삼가 아룁니다.

且名者는 衆之所評也라 是曰公器요 亦爲爭端이니 覈之至精이라도 猶患相軋이어든 處或乖當하면 安能勿踰리오 以漢高之制服雄豪와 太宗之削平區寓로 天下旣定에 乃論功勳하여 有蕭曹之殊庸하며 有房杜之碩畫하여 戰守經略이 倬乎殊倫호되 猶謂豐沛故人과 刀筆文吏라하여 諸將不服하여 頗相訐揚①하여 乃至攘袂指天②하고 拔劍擊柱③하며 偶語謀反④하고 諠譁訟冤이어든 矧今國步猶艱하고 王化未洽하니 方資武力하여 以殄寇讐하나니 蓋非恩倖競進之時며 文儒角逐之日이라 當功而獎이라도 尙恐未孚어든 獎又非功이면 固宜見誚니이다 儻有節

은 모책을 잘하였는데, 두 사람이 서로를 깊이 알았으므로 마음을 같이 하여 모책을 잘 수립해서 황제를 보좌할 수 있었다. 당시에 어진 재상을 거론할 때면 반드시 '房杜'라고 일컬었다."라고 하였다.

6) 豐沛故人……하여 : 蕭何와 曹參은 모두 豐沛 사람으로 바로 漢 高祖 劉邦과 同鄕이다. 모두 그 지역에서 아전으로 있었으며, 유방과 친분이 있었다. 그렇기 때문에 '豐沛故人'이라 한 것이다. ≪史記≫ 〈蕭相國世家〉에서 "相國 蕭何는 豐沛 사람인데 文無害로 沛의 掾吏가 되었다." 하였다. 또한 ≪漢書≫ 〈蕭何曹參傳〉 贊에 "소하와 조참은 모두 秦나라의 刀筆吏 출신으로, 당시에는 녹록하기만 하여 특별히 기특한 행실이 없었다. 한나라가 일어나자 해와 달의 후광을 의지하면서, 소하는 성실하게 근거지를 지켰고 조참은 한신과 함께 정벌에 나섰다."라고 하였다.

7) 검을……치고 : 신하들이 功을 다투느라 무례하게 굶을 말한다. 漢 高祖 劉邦이 項羽를 물리치고 황제에 오른 뒤 군신간의 예절이 바로 서지 않아 대신들이 조정에서 자주 난동을 부리고 술 취해 싸우거나 심지어 검을 뽑아 궁전의 기둥을 치기까지 하였다고 한다.(≪漢書≫ 〈叔孫通傳〉)

效尤著하여 理當褒崇인댄 賞典甚多하니 何必在此리오 其餘別無績用하고 例徇驅馳는 且俟賊平하여 甄錄非晩이니이다 謹奏라

① 諸將不服 頗相訐揚 : ≪史記≫ 〈蕭丞相世家〉에 "高帝가 蕭何를 봉하여 酇侯로 삼자 공신들이 모두 힘껏 다투면서, 소하에게는 말이 땀을 흘릴 정도로 戰場을 누빈 공로가 없다고 하였다."고 하였으며, ≪新唐書≫ 〈房玄齡傳〉에 "太宗이 공신을 가려 상을 줄 적에 房玄齡과 杜如晦를 1등으로 삼으니, 淮安王 神通이 '지금 방현령 등은 도필리로서 으뜸을 차지했으니 공신들이 이해하지 못합니다.'라고 하였다."고 하였다.

史記蕭丞相世家"高祖封何爲酇侯, 功臣皆力爭, 謂何未嘗有汗馬之勞." 房元齡傳"太宗第功班賞, 以(元)〔玄〕[8]齡・杜如晦爲第一. 淮安王神通曰 '今(元)〔玄〕齡等以刀筆吏居首, 功臣所未喩.'"

② 乃至攘袂指天 : 장군 丘師利 등이 모두 강함을 믿고 소매를 걷어붙이고 따졌으며, 어떤 자는 손가락질하며 스스로 진술하기도 하였다. 이는 ≪新唐書≫ 〈淮安王神通傳〉에 보인다.

將軍丘師利等皆怙跋攘袂, 或指畫自陳說. 見淮安王神通傳.

③ 拔劍擊柱 : ≪漢書≫ 〈叔孫通傳〉에 보인다.

見叔孫通傳.

④ 偶語謀反 : ≪史記≫ 〈張良傳〉에 보인다.

見張良傳.

【評 說】

德宗은 皇甫鏄과 韋皐의 무리를 등용해 국정이 어지러워진 상태에서 藩鎭들을 정리하려고 하였다. 그러자 涇原節度使 姚令言이 반란을 일으켜 太尉 朱泚를 맹주로 삼았는데, 주자는 황제를 자칭하고 국호를 大秦이라 하였다. 이 난리로 인해 덕종은 奉天으로 파천하여, 興元 원년(784)에 陸贄의 권유에 따라 〈罪己詔〉를 반포하였다. 주자는 군사를 거느리고 봉천을 포위하였으나, 李晟에게 패하고 부하에게 살해되었다. 덕종은 기뻐하여 "하늘이 이성을 낳은 것은 사직을 위해서지 朕을 위한 것이 아니다."라고 하고, 그를 西平郡王에 봉하였다. 이어서 덕종은 봉천에 호종했던 將士에게 모두 定難功臣의 명호를 하사하려고 하여 宰臣들에게 商量하게 하였다. 뿐만 아니라 호종했던 中官도 辛苦가 아주 심하므로

---

8) (元)〔玄〕: 저본에는 '元'으로 되어 있다. 宋나라는 시조의 이름인 玄朗을 피휘하여 元으로 썼는데, 여기서는 '玄'으로 바로잡았다.

역시 규례에 의거하여 이 명호를 아울러 하사하려고 하였다.

덕종은 육지에게 조칙을 내려 "지금 中官이든 朝官이든 따지지 말고 다만 적에게 겹겹이 포위된 고난을 겪거나 또 山南에 이른 자들에게는 아울러 定難功臣의 명호를 하사하려고 하니, 경은 무엇이 온당하지 않은지를 헤아리라."라고 하였다. 이 조칙에 대해 육지는 "賞은 공로를 격려하고 名은 행실을 현창한다."라고 하는 원칙을 내세워, 奉天에 어가가 머무를 때 兇逆을 물리칠 수 있었던 것은 武人에게 의뢰하였으므로 그들에게 定難의 훈공을 旌表하고 특별히 공신의 명목을 하사한 것은 옳다고 하였다. 하지만 궁궐의 近侍와 班列의 具臣은 각각 그 직분을 다한 것에 불과하여 적을 몰아내 제거하는 소임을 맡지 않았으므로 공적을 세운 공신이라고 할 수 없다고 평단하였다.

육지는 "名이란 것은 대중들이 평하는 바이니, 이것이 公器이고 또한 다툼의 단서가 됩니다."라고 하면서 공적에 대해서는 살피기를 정밀하게 하여도 다툼이 있게 되거늘 처분이 마땅함에서 괴리한다면 분수를 넘을 우려가 있다고 지적하였다. 名과 관직을 公器로 보는 관점은 전통적인 관념이었다. 이미 ≪莊子≫ 〈天運〉에 "명예는 公器이니, 많이 취할 수 없는 것이다.〔名 公器也 不可多取〕" 하였다. ≪舊唐書≫ 〈張九齡列傳〉에서는 "관작은 천하의 공기이다.〔官爵者 天下之公器〕"라고 하였다. 덕종이 주자의 난리로 봉천으로 파천할 때 길에서 백성이 과일을 바치자 덕종은 그를 試官하려고 하면서 육지에게 물은 적이 있었다. 그때 육지는 관작은 천하의 公器이므로 虛名뿐인 관작이라 하여도 가볍게 다루어서는 안 된다고 상주한 바 있다. 육지의 이 奏狀도 그러한 관념을 관철시킨 것이다.

朝鮮 太祖 3년(갑술, 1394) 12월 26일(신묘)에 添設職을 제수하는 방안에 대해 大司憲 朴經 등이 반대하는 상소를 올려 "관직은 公器이니 마땅히 덕망을 먼저 보아야 하고, 함부로 임명해서는 안 되는 것입니다. 국가에서 고려의 옛 제도에 의하여 循資의 법을 쓰고 있는데, 진실로 재질과 덕망이 출중하지 않으면 계급을 뛰어 올릴 이치가 없는 것입니다."라고 하였다. 조선의 조정에서나 사대부들은 관직을 公器라는 관념을 굳게 지켰다.

5. 興元에서 渾瑊에게 詔書를 내려 난리 통에 잃어버린 나인 등을 찾는 일을 논하는 奏狀

興元論賜渾瑊詔書爲取散失內人等議狀

6-5-1 德亮이 勅旨를 받들고서 아울러 앞서 잃어버린 나인1)의 이름을 기록한 명단을 주고 알리기를 "臣에게 詔書를 지어 渾瑊에게 내려서 奉天에 파견하여 이들을 찾게 하되 반드시 찾는 것을 목표로 삼고, 이어서 찾은 나인에게 物資와 行裝을 마련해주어 속히 행재소로 보내라."고 하셨습니다.

右德亮이 承旨하고 幷錄先所散失內人名字하여 令臣으로 撰詔書하여 以賜渾瑊하여 遣於奉天에 尋訪호되 以得爲限하고 仍量與資裝하여 速送赴行在者라하시니

6-5-2 최근에 정치의 도리가 잘못된 것으로 인해 禍亂이 거듭 모여들자 폐하께서는 잘못을 반성하고 재앙을 두려워하여, 남을 관대하게 대하고 자신에게 죄를 돌리어 거듭 큰 詔令을 내려서 장차 갱신할 것을 맹세하셨습니다.

천하의 사람들은 눈물을 흘리면서 서로 경하하여 분노를 참고 원망을 풀고 어진 이를 보살피고 밝은 이를 추대하여 마음과 힘을 같이하여 함께 많은 난관을 평정하였습니다. 그리하여 벼랑에서 흙이 무너지는 것을 그치게 하고 횡류에서 휩쓸려가는 판자를 건져내어서, 역적을 殄滅하고 도읍을 맑게 하여 옛 제도를 잃지 않은 것은, 실로 폐하의 지극한 정성이 천지를 감동시키고 깊은 후회가 神人을 감응시켰기 때문입니다. 그러므로 온 신령이 康寧을 내리고 백성들이 모두 聖德에 귀의했습니다.

---

1) 나인 : ≪資治通鑑≫ 唐 德宗 興元 원년(784) 6월에 '裹頭內人'으로 되어 있다. 胡三省의 註에 보면 裹頭內人은 궁중에 심부름하는 자〔給使令〕인데 內人으로 심부름하는 자는 모두 冠巾을 착용하기 때문에 裹頭內人이라 하였다. 內人은 궁녀로 바로 나인이다.

진실로 이와 같지 않다면, 예부터 일찍이 궁궐을 버리고 종묘를 지키지 못하여 난리에 구원하러 가는 군사에게서 반역이 잇달고 몽진하는 동안 다시 파천하였다가 반년도 채 지나지 않아 대업을 부흥할 수 있었겠습니까.

頃以理道乖錯으로 禍亂荐鍾이어늘 陛下가 思咎懼災하시며 裕人罪己하사 屢降大號하사 誓將更新하시니 天下之人이 垂涕相賀하여 懲忿釋怨하고 煦仁戴明하여 畢力同心하여 共平多難하여 止土崩於絶岸하며 收板蕩[2]於橫流하여 殄寇淸都하여 不失舊物하니 實由陛下至誠이 動於天地하시며 深悔가 感於神人이실새 故得百靈降康하고 兆庶歸德하니 苟不如此면 自古로 嘗有擲棄宮闕하고 失守宗祧하여 繼逆於赴難之師①하고 再遷於蒙塵之日②이라가 不踰半歲而復興大業者乎아

① 繼逆於赴難之師 : 李懷光의 군사는 본디 난을 구원하려고 왔으나, 도리어 朱泚와 연대할 것을 모의하여 河中을 거점으로 삼아 반란을 일으켰다.
　李懷光之師, 本爲赴難而來, 反與朱泚連謀, 據河中以叛.

② 再遷於蒙塵之日 : ≪春秋左氏傳≫ 僖公 24년 조에 "겨울에 天王이 鄭나라에 나가 머물렀는데, 臧文仲이 말하기를 '天子가 바깥으로 몽진하였다.'고 하였다." 하였다. 당시 德宗이 奉天에서 다시 梁州로 행차하였으므로 다시 파천했다고 말한 것이다.
　左僖二十四年 "冬, 天王出居于鄭. 臧文仲曰 '天子蒙塵於外.'" 時德宗自奉天復幸梁州, 故有再遷之說.

6-5-3 지금 저 괴수(朱泚)가 비로소 평정되고 法駕가 장차 되돌아가게 되니, 가까이 郊畿에서부터 멀리 온 천하에 이르기까지 온갖 부역으로 피로하고 지친 백성들과 중상을 입고 잔폐한 군졸들이 모두 죽음을 참고 병든 몸을 추스르며 귀를 기울이고 어깨를 곧추세워서 덕음을 들을 것을 생각하고 성군의 은택을 몹시도 바라고 있습니다.

폐하께서는 진실로 재앙에 후회한 것을 상천이 알고 돌본 것에 감응하고 烈祖가 보우하는 복을 내린 아름다움에 감사하며, 장수와 사졸이 날카로운 칼날에 저촉한 재앙을 생각하고, 백성들이 塗炭에 빠져 있는 혹독한 상태를 불쌍히 여기시어, 역적을 불

---

2) 板蕩 : 혼란함을 뜻한다. 板과 蕩은 ≪詩經≫ 〈大雅〉에 나오는 시편의 이름으로, 두 시 모두 무도한 정치로 나라를 패망하게 한 周나라 厲王을 비판하는 내용을 담고 있다.

러온 것을 경계하고 윗자리에 계신 것을 위태롭게 여기고 정사에 힘쓰시는 방도를 근심으로 여기고 말을 실천하기를 급하게 여기십시오.

줄이고 또 줄여도 오히려 사치함이 쉽게 증식할까 두려워하고, 다스림을 어렵게 여기고 또 어렵게 여겨도 오히려 경계하고 신중히 함이 오래가지 못할까 걱정하셔야 하니, 처음을 도모한 것이 모두 선하더라도 잘 마치는 것[3])이 아주 드문데 처음에 선하기를 도모하지 않으면 잘 마치는 것이 어디에 있겠습니까.

今渠魁始平하고 法駕將返하니 近自郊甸으로 遠周寰瀛히 百役疲瘵之甿과 重傷殘廢之卒이 皆忍死扶病하고 傾耳竦肩하여 想聞德聲하고 翹望聖澤하나니 陛下가 固當感上天悔禍之眷하시며 荷烈祖垂裕之休하시며 念將士鋒刃之殃하시며 愍黎元塗炭之酷하사 以致寇爲戒하시고 以居上爲危하시며 以務理爲憂하시고 以復言爲急이니 損之又損이라도 尙懼汰侈之易滋요 艱之惟艱이라도 猶患戒愼之難久니 謀始盡善이라도 克終已稀어든 始而不謀면 終則何有리오

6-5-4 무릇 나인의 호칭은 대개 中宮의 말단입니다. 천자의 존엄함으로 富는 宮掖을 소유하고 있으니, 이러한 무리로 말하면 정말로 번다하게 많습니다. 다만 많음에서 잘못되지 않을까 염려하여야 하는데, 어찌 부리는 데 부족할까 우려하십니까. 元惡(朱泚)을 제거한 것이 아직 열흘 정도도 되지 않아서, 사신들이 축하하러 분주히 왕래해서 도로에 이어지는데, 하필 스스로 군주의 덕을 훼손시켜 먼저 부인을 찾고 또 〈찾은 부인에게〉 물자와 행장을 주어 속히 행재로 달려가게 한단 말입니까. 온 사람들이 바라보고 뭇 사람들이 입으로 전한다면 이는 경사에 은택을 받을 것이라는 마음[4])에 답하는 것이 아닐 것이요, 정치가 새롭게 되리라는 기대에 부응하는 것이 아닐 것입니다.

夫以內人爲號는 蓋是中壼末流라 天子之尊이 富有宮掖하니 如此等輩는 固繁有徒라 但恐

3) 처음을……것 : ≪詩經≫ 〈大雅 蕩〉에 "하늘이 뭇 백성을 내시니 그 命이 믿을 수 없음은 처음에는 선하지 않은 이가 없으나, 선으로 마치는 이가 적기 때문이다.〔天生烝民 其命匪諶 靡不有初 鮮克有終〕"라고 하였다.

4) 경사에……마음 : 원문의 '慶賴'를 풀이한 말로, ≪書經≫ 〈周書 呂刑〉의 "위로 임금 한 사람이 선정을 베풀어 경사가 있게 되면, 아래로 만백성이 그 은택을 받게 되어, 그 편안함이 영원히 지속될 것이다.〔一人有慶 兆民賴之 其寧惟永〕"라고 한 말에서 나왔다.

傷多언정 豈憂乏使리오 翦除元惡이 曾未浹辰하여 奔賀往來가 道路如織하니 何必自虧君德하여 首訪婦人하고 又令資裝하여 速赴行在리잇고 萬目闚覘하며 衆口流傳하면 恐非所以答慶賴之心하며 副維新之望也로소이다

6-5-5 일에는 선후가 있고 의리에는 경중이 있습니다. 중한 것은 마땅히 앞서서 힘써야 하고 가벼운 것은 마땅히 뒤에 조치를 해야 합니다. 그러므로 武王은 殷나라를 이길 적에 수레에서 내리기 전에 행한 것이 있었고 수레에서 내린 다음에 행한 것이 있었으니, 대개 그 선후의 마땅함을 잃어버리지 않은 것을 찬미한 것입니다. 어가가 파천한 이후로 만백성이 의지할 곳이 없고 종묘가 진동하여 봄, 여름, 가을 세 때의 제사를 결여하게 되었습니다. 지금에 힘써야 할 것은 이보다 큰 것이 없습니다.

진실로 속히 大臣을 파견하여 파발마로 먼저 보내어서 神主를 영접하여 복귀시키고, 교외의 제단을 수리하고 정비하여 禋享의 의식을 펼치고 告謝(사과를 고하는 것)의 뜻을 펴소서. 그런 후에 의리를 위해 죽은 이들을 조문하고 유족을 구휼하고 공 있는 이들을 위로하고 호궤하며, 온 백성들을 안무하고 원로들을 위문하십시오. 불순한 마음이 있는 자들을 안정시키고 협박에 의해 역적을 따른 자들을 너그럽게 용서하며, 억울한 자의 마음을 시원하게 해주고 충직한 자들을 포상하십시오. 직책을 잃은 선비에게 관직을 주고, 생업이 폐기된 사람을 회복시켜 주십시오. 이것은 모두 마땅히 우선해야 할 것으로, 뒤로 미루어서는 안 됩니다.

복색과 기물을 대단히 꾸미고 殿閣과 樓臺를 수리하여 이목의 즐거움을 갖추고 수건과 빗을 들고 모시는 일[5]과 같은 것은 마땅히 미루어야 할 일로 먼저 해서는 안 됩니다.

마땅히 뒤로 미루어야 할 일을 먼저 행한다면 군주의 도리가 상실되며, 먼저 해야 할 일을 뒤로 미룬다면 治國의 의리가 틀려지니, 옛날의 흥기한 군왕들은 반드시 이 점을 신중히 하였습니다. 폐하께서는 장차 興復을 힘쓰시려고 하신다면 또 어찌 신중

5) 수건과……일 : 巾櫛之侍는 侍執巾櫛의 일을 말한다. 춘추시대 秦나라에 인질로 잡힌 晉나라 태자 圉의 부인이 남편에게 "저의 부친인 이 나라 임금님이 저를 당신의 아내로 삼아서 수건과 빗을 들고 모시게 한 것은, 당신을 여기에 묶어놓기 위해서였습니다.〔寡君之使婢子侍執巾櫛 以固子也〕"라고 하였다.(≪春秋左氏傳≫ 僖公 22년)

히 하지 않을 수 있겠습니까.

夫事有先後하고 義有重輕하니 重者는 宜務之於先이요 輕者는 宜措之於後라 故武王克殷에 有未及下車而爲之者하며 有下車而爲之者니 蓋美其不失先後之宜也라 自翠華播越로 萬姓靡依하고 淸廟震驚하여 三時乏祀하니 當今所務는 莫大於斯라 誠宜速遣大臣하여 馳傳先往하여 迎復神主하고 修整郊壇하여 展禋享之儀하며 申告謝之意然後에 弔恤死義하고 慰犒有功하며 綏輯烝黎하고 優問耆耋하며 安定反側하고 寬宥脅從하며 宣暢鬱堙하고 褒奬忠直하며 官失職之士하고 復廢業之人이니 是皆宜先이요 不可後也며 至如崇飾服器하고 繕緝殿臺하여 備耳目之娛하고 選巾櫛之侍는 是皆宜後요 不可先也니이다 宜後而先이면 則爲君之道가 喪이요 宜先而後면 則理國之義가 差하나니 古之興王이 必愼於此라 陛下가 將務興復인댄 又安可不愼乎리잇가

6-5-6 더구나 잃어버린 나인은 이미 여러 달이 지나서, 난리가 벌어진 사이에 필시 장졸이 사사로이 취하였을 것입니다. 그 사람이 만일 조금이라도 지각이 있다면 나인을 찾지 않더라도 마땅히 스스로 바쳤을 것입니다. 그 사람이 만약 매우 지각이 없다면 나인을 찾음에 결국 그를 우려하고 근심하게 만들 것입니다.

본시 역적의 변란으로 인해 손상되고 없어진 것이 이보다도 더 큰 것이 많을 것인데, 이를 수색한다는 말을 한 번 들으면 두려움을 품는 자가 필시 많을 것입니다. 역적의 잔당이 여전히 많고 인심이 한결같지 않으니, 이에 따라 잘 위무하여도 오히려 위태로워하고 의심할까 우려되는데, 만약 또 그들을 두렵게 한다면 무슨 일인들 벌어지지 않겠습니까.

옛사람이 갓끈 끊은 이를 엄호하고 말 훔친 이에게 술을 마시게 한 일과 같은 것은 어찌 반드시 그것을 아끼는 마음을 잊은 것이겠습니까. 이는 임금된 事體로 그러함을 알기 때문입니다. 작은 일로 큰일을 방해하는 일은 현명한 사람이라면 하지 않을 것입니다. 천하에는 참으로 미인이 많으니, 하필 유독 여기에만 있겠습니까.

且散失內人이 已經累月이라 旣當離亂之際하니 必爲將卒所私리니 其人이 若稍有知면 不求라도 當自陳獻이요 其人이 若甚無識이면 求之에 適使憂虞라 自因寇亂하여 喪亡이 頗有大於

此者하니 一聞搜索하면 懷懼必多하리니 餘孼尙繁하고 群情未一하니 因而善撫라도 猶恐危疑어든 若又懼之면 于何不有리오 昔人所以掩絶纓而歓盜馬者①가 豈必忘其情愛리오마는 蓋知爲君之體然也라 以小妨大는 明者不爲니 天下에 固多美人하니 何必獨在於此②리오

① 昔人所以掩絶纓而歓盜馬者 : 劉向의 ≪說苑≫에 "楚나라 莊王이 뭇 신하들에게 술을 하사하였는데, 날이 저물어 촛불이 꺼졌다. 이에 어떤 사람이 美人의 옷을 잡아당기자, 미인이 그 갓끈을 잡아당겨 끊어놓고는 왕에게 고하여 빨리 횃불을 가져다가 갓끈이 끊긴 자를 살펴보도록 하라고 하였다. 왕은 '사람에게 술을 주어 취하게 만들어서 예법을 지키지 못하게 하였는데, 어찌 부인의 절조를 현창하기 위하여 인사를 욕보이게 할 있겠는가.'라고 하고는, 모두에게 명하여 그 갓끈을 끊어버리게 하였다."고 하였다. ≪呂氏春秋≫에서는 "秦 繆公의 수레가 망가져서 왼쪽 驂馬를 잃어버리자, 스스로 가서 찾아보았다. 野人이 말을 죽여 막 먹으려고 하는 것을 보고 무공은 웃으면서 말하기를 '駿馬의 고기를 먹으면서 술을 마시지 않는다면 本性을 상하지 않을까 나는 걱정이 되네.'라고 하고는 두루 술을 마시게 하고는 떠나갔다."고 하였다. ≪史記≫ 〈秦本紀〉에도 보인다.

劉向說苑 "楚莊王賜群臣酒, 日暮燭滅. 乃有人引美人之衣者, 美人援絶其冠纓, 告王趣火來視絶纓者. 王曰 '賜人酒, 使醉失禮, 奈何欲顯婦人之節而辱士乎.' 乃命皆絶去其冠纓." 呂氏春秋曰 "秦繆公車敗, 失左驂, 自往求焉. 見野人殺將食之, 繆公笑曰 '食駿馬肉而不飮酒, 余恐其傷性也.' 遍飮之而去." 亦見史記秦紀.

② 天下……於此 : ≪春秋左氏傳≫ 成公 2년에 "楚나라가 陳나라의 夏氏를 토벌할 적에 莊王이 夏姬를 아내로 맞아들이고자 하였다. 申公 巫臣이 '불가하다.'고 하자 장왕이 그만두었다. 그러자 子反이 취하고자 하였다. 무신이 말하기를 '이는 상서롭지 못한 사람이다. 천하에 아름다운 부인이 많은데, 어찌 굳이 이 사람이란 말인가.'라고 하니, 자반이 이에 그만두었다."

左(威)〔成〕6)公二年 "楚之討陳夏氏也, 莊王欲納夏姬. 申公巫臣曰 '不可.' 王乃止. 子反欲取之. 巫臣曰 '是不祥人也. 天下多美婦人, 何必是.' 子反乃止."

6-5-7 ≪周易≫에 이르기를 "위태로울까 함은 그 지위를 편안히 하는 것이요, 어지러울까 함은 그 다스림을 두게 하는 것이다. 그러므로 군자는 편안해도 위태로움을 잊지 않고 다스려져도 어지러움을 잊지 않으니, 이 때문에 몸이 편안하고 국가를 보전할 수 있는 것이다."7)라고 하였습니다. ≪春秋左氏傳≫에 이르기를 "혹은 곤란한 일

---

6) (威)〔成〕: 저본에는 '威'로 되어 있으나, ≪春秋左氏傳≫에 의거하여 '成'으로 바로잡았다.

이 많아서 그 나라를 굳게 만들고, 혹은 곤란한 일이 없어서 나라를 잃게 됩니다."라고 하였습니다.

진실로 위험한 경우에 처하면 편안함을 생각하는 뜻이 절실하고, 난리를 만나면 다스려지기를 바라는 뜻이 깊어지니, 편안함을 생각함을 절실히 하고 다스려지기 바람을 깊이 한다면, 나라가 견고해지는 것이 역시 마땅하지 않겠습니까.

편안함에 거처하여 교만해지고 잘 다스려짐을 믿고서 게을러져서, 교만하면 그 사치스러운 욕심을 멋대로 부리게 되고 게으르면 충언을 싫어하고 미워하게 되니, 사치스러운 욕심이 나날이 행해지고 충직한 간언이 나날이 막히게 된다면, 나라가 상실되는 것이 역시 마땅하지 않겠습니까.

易에 曰 危者는 安其位者也요 亂者는 有其理者也라 故君子가 安不忘危하며 理不忘亂하나니 是以身安而國家可保也라하고 春秋傳에 曰 或多難하여 以固其國하고 或無難하여 以喪其邦[①]이라하니 誠以處危則思安之情이 切하고 遭亂則求理之志가 深하나니 切於思安하며 深於求理하면 國之固也가 不亦宜乎아 及夫居安而驕하고 恃理而怠하여 驕則縱肆其奢欲하고 怠則厭惡於忠言이니 奢欲日行하고 忠言日梗이면 國之喪也가 不亦宜乎아

① 或多難……以喪其邦 : ≪春秋左氏傳≫ 昭公 4년에 "司馬侯가 晉侯에게 말하기를 '혹은 變難이 많아서 그 나라를 견고하게 만들고 그 강토를 개척하기도 합니다. 혹은 변란이 없어서 그 나라를 잃어버리고 그 지키는 강역을 잃기도 합니다.'라고 하였다." 하였다.
左昭公四年 "司馬侯謂晉侯曰 '或多難以固其國, 啓其疆土. 或無難以喪其國, 失其守宇.'"

6-5-8 옛날에 衛 獻公이 出奔하여 오랜 뒤에 귀국할 적에 대부로서 국경에서 영접하는 자는 그의 손을 잡고 함께 말하였으나, 성문에서 영접하는 자는 고개만 끄덕였을 따름입니다. 이것은 驕怠가 생겨나기 쉬움을 말하는 것입니다. 齊 桓公이 장차 霸業을 도모하려고 할 적에 管仲이 그를 경계하기를 莒 땅에 있었을 때를 잊지 말라고 하

7) 위태로울까……것이다 : ≪周易≫ 〈繫辭傳 下〉에 "위태로울까 함은 그 지위를 편안히 하는 것이요, 망할까 함은 그 생존을 보존하는 것이요, 어지러울까 함은 그 다스림을 두게 하는 것이다. 이 때문에 군자는 편안해도 위태로움을 잊지 않고, 보존되어도 망함을 잊지 않고, 다스려져도 어지러움을 잊지 않는다.〔危者 安其位者也 亡者 保其存者也 亂者 有其治者也 是故 君子安而不忘危 存而不忘亡 治而不忘亂〕"라는 내용이 보인다.

였습니다. 이것은 뜻이 변하기 쉬울까 두려워했기 때문입니다.

지금 臣도 원컨대, 폐하께서 위태로웠던 때를 생각하여 국가를 굳건히 하기를 마치 미치지 못하듯이 도모하시고, 난리를 잊어서 국가를 잃는 것을 뜨거운 물이 손에 닿듯이 징계하셔서, 莒 땅에 있을 때를 잊지 말라는 말을 허리띠에 쓰는 規戒로 삼고 衛나라가 쇠망하게 되었던 일을 전복된 수레의 바퀴 자국을 따르는 鑑戒로 삼으소서. 그렇게 하신다면 德은 제왕의 규범이 되고 정치는 태평성세를 이루게 될 것이니, 안일과 욕심을 탐하여 禍機를 초래하게 되는 것과는 그 利害가 역시 현격하다고 하겠습니다. 渾瑊에게 詔書를 제술하라고 명하신 뜻을 감히 받들지 못하겠습니다. 삼가 성상의 재결을 바랍니다. 삼가 아룁니다.

昔衛獻出奔이라가 久而復國할새 大夫가 迎於境者는 執其手而與之言하고 迎於門者는 頷之而已①하니 言其驕怠之易生也요 齊桓이 將圖霸功할새 管仲이 戒之以無忘在莒②하니 懼其情志之易變也니 今臣이 亦願陛下는 企思危固國을 如不及하시고 懲忘亂喪國을 如探湯하사 以在莒爲書紳之規하시고 以衰衛爲覆車之鑑하시면 則德爲帝範하시고 理致時雍[8]하시리니 與夫貪逸欲而踐禍機로 其利害亦云遠矣라 所令撰賜渾瑊詔를 未敢承旨하고 伏惟聖裁③하노이다 謹奏라

① 衛獻出奔……頷之而已 : ≪春秋左氏傳≫ 襄公 26년에 "衛侯 衎이 귀국하자 大夫로서 국경에서 영접하는 사람은 그의 손을 잡고 말을 하였고, 길에서 맞이하는 자는 수레에서 읍례를 하였으며, 성문에서 맞이하는 자는 고개를 끄덕였을 따름이다."라고 하였다.

左襄公(五)〔二十六〕[9]年 "衛侯衎入, 大夫逆於境者, 執其手而與之言, 道逆者, 自車揖之, 迎於門者, 頷之而已."

② 齊桓……無忘在莒 : ≪管子≫ 〈短語〉에 "桓公·管仲·鮑叔牙·甯戚 네 사람이 술을 마셨다. 술이 얼근하게 되자, 환공이 포숙아에게 말하기를 '어찌하여 일어나서 과인을 위해 祝壽하지를 않는가?'라고 하였다. 포숙아는 술잔을 받들고 일어나서 말하기를 '公으로 하여금 出奔하여 莒로 가던 때를 잊지 않게 하소서. 管子로 하여금 魯나라에서 束縛되었던 일

---

8) 時雍 : ≪書經≫ 〈堯典〉에 "만방을 화합해서 융화하게 하시니, 백성들이 아, 변하여 이에 화목해졌다.〔協和萬邦 黎民於變時雍〕"라고 하였다.

9) (五)〔二十六〕 : 저본에는 '五'로 되어 있으나, ≪春秋左氏傳≫에 의거하여 '二十六'으로 바로잡았다.

을 잊지 않도록 하소서. 영척으로 하여금 소가 끄는 수레 아래에서 밥을 먹었던 일을 잊지 않게 하소서.'라고 하였다. 환공은 자리를 고쳐 앉고 두 번 절하고 말하기를 '과인과 두 대부가 능히 夫子의 말을 잊지 않는다면 나라의 사직은 필시 위태롭지 않을 것이오.'라고 하였다." 하였다.

管子短語 "(威)〔桓〕[10]公・管仲・鮑叔牙・甯戚四人飮. 飮酣, (威)〔桓〕公謂鮑叔牙曰 '闔不起爲寡人壽乎.' 鮑叔牙奉杯而起曰 '使公無忘出如莒時也, 使管子無忘束縛在魯也, 使甯戚無忘飯牛車下也.' (威)〔桓〕公辟席再拜曰 '寡人與二大夫無忘夫子之言, 則國之社稷必不危矣.'"

③ 伏惟聖裁 : 이 奏狀이 德宗에게 올라간 뒤에 비록 詔書가 내려오지는 않았으나, 결국 사신을 파견하여 수색하였다.

此奏既上德宗, 雖不降詔, 竟遣使搜訪焉.

【評 說】

德宗은 奉天의 포위가 풀리고 京師를 평정한 뒤에 渾瑊에게 조서를 내려 예전에 데리고 있던 궁녀들을 불러들이려고 하여 "잃어버린 나인의 이름을 기록한 명단을 주고 알리기를 '臣에게 詔書를 지어 渾瑊에게 내려고 奉天에 파견하여 이들을 찾는 것을 목표로 삼고, 이어서 찾은 나인에게 物資와 행장을 마련해주어 속히 행재소로 보내라.'라고 하셨습니다." 하였다. 이에 陸贄가 그렇게 하는 것은 마땅치 않다고 간언하니, 덕종은 다시 조서를 내리지 않았다. 육지는 이 奏狀에서 나인은 中宮의 말단이거늘 부리는 데 부족할까 부인을 찾게 하고 또 물자와 행장을 주어 속히 행재로 달려가게 해서는 안 된다고 하였다. '일에 선후가 있고 의리에 경중이 있다.'라는 전제에서 나인을 찾는 일은 결코 급선무도 아니고 중히 해야 할 일이 아니라고 諫한 것이다. 그러나 덕종은 이후에 다시 中使를 보내어 궁녀들을 찾게 했다.

조선시대 東溟 鄭斗卿(1597~1673)은 仁祖 말년 벼슬에서 물러나 은거하며 저술에 몰두할 때 ≪詩經≫의 시편을 해설하면서 국정에 대해 논한 ≪詩諷≫을 엮어두었다가 인조가 승하한 뒤 왕위에 오른 孝宗에게 바쳤다. 그 가운데 〈懲篇〉 제5에서 唐나라 德宗이 장안 수복 이후에 中使를 시켜 흩어진 궁녀들을 찾게 한 失政을 예로 들어, 아래와 같이 여색을 경계하였다.

---

10) (威)〔桓〕 : 저본에는 '威'로 되어 있다. 宋나라 欽宗의 이름인 '桓'을 피휘하여 '威'로 고친 것이다. 이에 '桓'으로 바로잡았다. 아래도 같다.

"덕종은 큰 역적이 비로소 평정된 날에 상처를 입은 戰士들을 어루만져주지는 않으면서 오직 궁녀만을 구하였습니다. 이미 육지의 말을 옳게 여겼으면 구하지 않았어야 합니다. 그런데도 이에 다시 中使에게 명하여 구하게 하였습니다. 중사에게 명한 것이 渾瑊에게 명하는 것과 무슨 차이가 있습니까. 이것은 漢나라 武帝가 董偃을 宣室이 아닌 北宮에서 만나본 것과 서로 비슷합니다. 아, 예로부터 어진 사람을 좋아하면 반드시 다스려졌고, 여색을 좋아하면 반드시 망하였습니다. 덕종이 좋아하는 바는 여색에 있었으니, 이 때문에 봉천의 난리가 일어났던 것입니다. 혹시라도 덕종이 여색을 좋아하는 마음으로 어진 이를 좋아하였더라면 태평시대를 이룰 수 있었을 것이니, 어찌 단지 봉천의 난리가 없을 뿐이었겠습니까. 용렬한 임금도 다스림은 어진 이를 좋아하는 데 달려 있고, 어지러움은 여색을 좋아하는 데 달려 있다는 것을 잘 알고 있습니다. 그런데 좋아하는 바에 이르러서는, 제아무리 현명한 임금이라도 멀리하지를 못합니다. 치세가 적고 난세가 많았던 것은 바로 이 때문입니다."

또한 정두경은 사람의 마음은 아주 빼어난 것을 귀하게 여기지 않는 경우가 없다고 하여, 吳나라 夫差가 西施에게 빠졌던 일, 秦나라에서 15개의 城을 和氏璧과 바꾸려고 하였던 일, 漢나라에서 수만 명의 군사를 죽이면서까지 汗血馬를 구하였던 일, 遼나라에서 女眞의 海東青을 구하였던 일들을 예로 들었다. 그러나 임금은 여색이나 재물이나 새매나 말을 구할 것이 아니라 인재를 구하여야 한다고 하면서, ≪詩經≫ 〈小雅 白駒〉의 "싱싱한 풀 한 줌을 주노니, 그 사람 마치 옥과 같이 아름답도다.〔生芻一束 其人如玉〕"라고 한 구절을 인증하였다.

이에 비하여 육지는 덕종이 난리 후에 사신을 보내 궁녀를 찾게 하는 일은 편안함에 거처하여 교만하고 잘 다스려짐을 믿고서 게으르게 되는 조짐이라고 하여 경계하였다. 육지는 ≪周易≫ 〈繫辭傳 下〉의 "위태로울까 함은 그 지위를 편안히 하는 것이요, 어지러울까 함은 그 다스림을 두게 하는 것이다."라고 한 말을 끌어와서, 교만하면 그 사치의 욕망을 멋대로 하게 되고, 게으르면 충성의 간언을 싫어하고 미워하게 되니, 사치의 욕망이 나날이 행하고 충성의 간언이 나날이 막히게 된다면, 나라를 상실하게 되리라고 경고하였다.

6. 御駕가 궁궐로 돌아가게 되어 출발할 날짜를 논하는 奏狀
鑾駕將還宮闕論發日狀

6-6-1 이에 앞서 칙지를 반포하셔서 이미 출발할 기일을 정하였고, 일을 맡은 부서가 물자를 마련하는 것도 역시 듣자니 얼추 갖추어졌다고 합니다. 다만 장맛비가 한창 심하여 도로가 막히고 험합니다. 이 때문에 뭇 사람들의 마음도 함께 근심하고 있으나 감히 논하여 주달하지를 못하고 있습니다. 지금 출발하는 날이 점차 다가오는데 음산한 구름은 여전히 잔뜩 끼어 있으니, 小官이나 大官이나 시끄럽게 떠들면서 수심과 두려움이 더 심해지고 있습니다.

右先頒勅旨하여 已定行期하고 所司供承도 亦聞粗備로되 但以霖潦方甚하여 道路阻艱일새 衆情同憂호되 莫敢論奏러니 今發日漸逼호되 陰雲尚繁하니 小大嗷嗷하여 愁懼轉甚하니

6-6-2 臣은 비록 어리석고 우둔하지만 또한 헤아려보건대, 元惡이 이제 막 평정되었으나 남은 재앙은 아직 다 소멸되지 않았으니, 이는 바로 逆順이 장차 나뉘는 시점이요 길흉이 크게 변하는 시기여서 모름지기 이를 빨리 진정시키기 위하여 이치상 마땅히 어가를 출발하도록 재촉해야 함을 어찌 모르겠습니까.

설령 장마의 해가 사람의 공력으로 감당할 만하여 그 대비가 신하들의 智能에서 말미암고 그 노동력과 비용이 많이 허비하는 데 그치며, 그 우환이 性命에 미치지 않고 그 근심이 단지 人臣에게 있다면, 마땅히 공적으로든 사적으로든 재물을 다 쏟아붓고 윗사람이나 아랫사람이나 힘을 다하여서 대업을 안녕하게 할 것에 힘써야 하지, 어찌 잠깐의 수고를 걱정하겠습니까. 각자 응당 聖上의 명령을 함께 받들어야 하지, 어찌 감히 정해진 명령을 다시 거스르겠습니까.

臣雖闇鈍이나 亦竊揣量호니 豈不知元惡初平에 餘氛未殄하니 乃是逆順將分之際며 吉凶

多變之時라 須速鎭安하여 理宜促駕리오 向使霖潦爲害가 人功可施하여 其備禦가 由於智能하고 其役用이 止於煩費하며 其所患이 不及於性命하고 其可憂가 但在於人臣하면 則當公私罄財하고 上下竭力하여 務寧大業이니 奚恤暫勞리오 各應叶奉聖規라 安敢復忤成命리오마는

6-6-3 그러나 진실로 褒斜谷은 험준하여 평소 무서운 길이라고 불립니다. 비탈길은 산꼭대기에 이어져 있으며, 아스라한 잔도를 벼랑에 이어놓았습니다. 혹은 백 리의 안에 천 곳 이상의 험준한 곳을 거쳐야 하고, 혹은 하루 일정 중에 강물을 서너 번 이상 건너야 합니다.

만약 장맛비가 쏟아부어서 뭇 봉우리에서 물이 쏟아지며 큰 바위가 무너져 내려 우르릉 큰 소리가 이어지는 경우를 만나게 되면 깊은 골짜기에 물이 가득 차서 왕래할 수 없게 될 것이니, 도무지 인간의 공력이 지탱하고 어떤 계책으로 막을 수 있는 것이 아닙니다. 그리하여 잠깐 사이와 반보를 움직이는 동안에 창졸간에 일어날 재앙을 모두 헤아릴 수 없습니다. 匹夫의 單騎라 하여도 오히려 지나가는 데 방해를 받을 터인데, 하물며 萬乘天子가 때맞추어 행차하고 온 관리들이 그림자처럼 따르고자 하면서 장담할 수 없는 위험한 곳을 지나고 대비할 수 없는 재앙을 무릅쓴단 말입니까.

良以褒斜峻阻가 素號畏途라 緣側逕於巓巖하고 綴危棧於絶壁하여 或百里之內에 歷險且千이요 或一程之中에 涉水數四하니 若遇積雨滯浸하여 群峯澍流하고 巨石崩奔하여 訇殷相繼하면 深谷瀰漫하여 往來不通하리니 悉非功力之所支며 籌略之所遏이라 斯須之頃과 跬步之間에 倉皇遘殃을 皆不可測일새 匹夫單騎도 尙且過防이어든 況萬乘時行하시고 千官景從하니 而可以蹈不存之險하며 冒無禦之災乎아

6-6-4 혹여 비탈길과 閣道가 물살에 무너져서, 천자를 보위하는 의장대가 잠깐이라도 결락되고 뒤따르는 수레의 말이 조금이라도 놀란다면, 설령 억만의 무리가 있다고 해도 무슨 소용이 있겠습니까. 폐하께서 놀라고 우려하지 않으시려고 한다 한들 그럴 수 있겠습니까. 또한 혹시라도 장맛비가 다시 심하게 쏟아져서 계곡의 시내가 모두 범람하면 오솔길조차 모두 끊어져 물자를 전달할 길이 없게 되고 첩첩산중이라서 나아가는 것도 물러나는 것도 불가능하게 될 것이니, 하루라도 먹을 것이 부족하다면

장차 어찌 하겠습니까. 폐하께서 우려하지 않으시려고 해도 그렇게 하기 어려울 것입니다.

如或磴路濋崩하고 閣道淹圮하여 環衛之儀가 少缺하고 屬車之馬가 微驚하면 縱有億徒인들 何所爲用이리오 陛下가 欲無駭慮이시나 其可得乎아 又或霪滯更深하여 谿澗皆溢하면 遝路旣絶에 傳送無由하고 連山萬重에 進退不可하리니 一日乏食이면 將如之何리오 陛下가 欲無軫憂하사도 固亦難矣라

6-6-5 人主의 擧措는 의당 萬全을 도모해야 합니다. 반드시 일에 앞서서 위험을 방비해야 하지, 위험이 닥쳐서 요행을 구해서는 안 됩니다. 요행히 난관을 잘 헤쳐나간다고 해도 부끄러움을 끼친 것이 이미 심할 것이고, 불행히도 재앙에 걸리게 되면 뒤늦게 후회해도 어쩔 수 없습니다.

孔子는 "급히 하려다 보면 목적을 달성하지 못한다."[1]라고 하였으니, 이 말이 진실됩니다. 臣은 지금 감히 폐하께서 서두르고자 하는 뜻을 저지하려는 것이 아닙니다. 다만 달성하지 못할 것을 매우 우려하고 있을 따름입니다. 만약 聖旨를 되돌려서 비가 그치고 개기를 조금 기다리신다면 출발의 기일이 늦추어질지라도 가시는 길은 아무 막힘이 없을 것입니다. 빨리 서두르지 않아도 신속하게 되어 진실로 天道에 맞을 것이고[2] 기미를 살핀 것이 귀신과 같아 '天鑑'이라 일컬을 것입니다.

뭇 신하들의 의론을 듣고 곧바로 위로 진달합니다. 간절한 심정을 굽어살펴서 가납해주시기를 바랍니다. 삼가 아룁니다.

人主擧措가 宜圖萬全일새 必先事以防危하고 不臨危而求幸하나니 幸而獲濟라도 貽媿已深이요 不幸罹災면 追悔何及이리오 孔子曰 欲速則不達이라하시니 誠哉라 是言이여 臣今非敢阻

1) 급히……못한다 : ≪論語≫ 〈子路〉에 "급히 하려고 하지 말고, 조그마한 이익을 보려 하지 마라. 급히 하려다 보면 목적을 달성하지 못하고, 조그마한 이익을 돌아보면 큰일을 이루지 못한다.〔無欲速 無見小利 欲速則不達 見利則大事不成〕"라고 하였다.

2) 진실로……것이고 : 원문의 '允叶乾行'을 풀이한 말이다. ≪周易≫ 同人卦 〈彖傳〉에 "사람이 함께 하되 들에서 하면 형통하리니 大川을 건넘이 이로움은 乾의 행실이다.〔同人于野 亨 利涉大川 乾行也〕"라는 하였는데, 乾의 행실이란 바로 乾道로 天道를 말한다.

陛下欲速之情이라 但頗以不達爲慮耳라 儻迴睿旨하사 少俟開晴하시면 則發期雖延하나 涉路無滯하리니 不疾而速하여 允叶乾行이요 知幾其神3)이 是謂天鑑이니이다 竊聞群議하고 輒以上陳하노니 縷縷懇誠을 實冀昭納하노이다 謹奏라

【評說】

德宗은 독단적으로 국정을 운영하다가 寵臣 姚令言과 朱泚가 반란을 일으키자 長安을 버리고 奉天으로 파천하였다. 이듬해 李晟의 지휘로 도성을 수복하자 서둘러 궁궐로 돌아가려고 칙지를 내려 출발하는 날짜를 정하였다. 당시 장맛비가 심하여 도로가 막혀 뭇 사람들이 마음속으로 근심하였으나 감히 의론하여 주달하지를 못하고 있었다. 이에 육지는 이 奏狀을 올려, 陝西省 終南山의 골짜기로 교통의 요로이기도 한 褒斜谷은 험준하고 장애가 많은데다가 장맛비가 쏟아져 봉우리에서 물이 쏟아지며 큰 바위가 무너져 내리면 창졸간에 재앙을 만나게 될지 모른다고 우려하였다.

육지는 "人主의 擧措는 의당 萬全을 도모해야 합니다. 반드시 일에 앞서서 위험을 방비해야 하지, 위험이 닥쳐서 요행을 구해서는 안 됩니다. 요행히 난관을 잘 헤쳐나간다고 해도 부끄러움을 끼치는 것이 너무 심하고 불행히도 재앙에 걸리게 되면 뒤늦게 후회에도 어쩔 수가 없습니다."라고 하고, ≪論語≫ 〈子路〉에서 "급히 하려고 하지 말고, 조그마한 이익을 보려 하지 마라. 급히 하려다 보면 목적을 달성하지 못하고, 조그마한 이익을 돌아보면 큰일을 이루지 못한다.〔無欲速 無見小利 欲速則不達 見利則大事不成〕"라고 했던 말을 인증하였다.

그리고 비가 그치고 개기를 조금 기다려서 출발할 것을 권하면서, 그것이 乾行에 맞을 것이라 하였다. 乾行은 天道의 뜻으로 ≪周易≫ 天火同人卦 〈彖傳〉에 "사람이 함께하되 들에서 하면 형통하리니 大川을 건넘이 이로움은 乾의 행함이다.〔同人于野 亨 利涉大川 乾行也〕"라고 한 말에 나온다. 程頤의 ≪伊川易傳≫에서 乾의 운행을 至誠無邪라고 하였다. 육지는 우기가 끝나기를 기다려 출발하기를 바라는 군중의 뜻을 덕종이 받아들이는 것이야말로 사람들과 뜻을 같이하여 화동하여서 國政을 隆盛으로 이끄는 길이 될 것이라고 강조한 것이다.

---

3) 知幾其神 : ≪周易≫ 〈繫辭傳 下〉에 보인다.

7. 趙貴先의 죄를 용서해줄 것을 청하는 奏狀

請釋趙貴先罪狀

趙貴先은 본디 齊映[1]의 部將이었는데, 역적 朱泚가 法駕를 영접한다고 속였다. 마침내 주자의 겁박을 받아 거짓 관직에 제수되었다. 역적 주자가 이미 평정된 후, 여러 장수들이 그가 역적을 따랐다는 이유로 그를 주살할 것을 청하였다. 육지는 조귀선의 죄가 남의 꾐에 빠진 것에서 나온 것이므로 용서하도록 청하여야 한다고 여겼으므로, 마침내 이 奏狀을 올렸다.

貴先本齊映部將, 賊泚紿以迎駕, 遂遭劫制, 授以僞官. 賊泚旣平, 諸將以其從逆, 請誅之. 贄謂貴先之罪, 出於誘陷, 乞加原貸, 乃上此奏.

6-7-1 欽溆가 聖旨를 받들어 알리기를 "저번에 卿과 더불어 헤아려보고 趙貴先의 죄를 용서하려고 했다. 朕이 아침에 여러 장수들에게 다시 물어보니, 모두 말하기를 '조귀선은 朱泚를 순순하게 따랐으니, 이는 逆人입니다. 의당 정상의 형벌에 따라야지 용허해주어서는 안 됩니다.'라고 하였다. 뭇사람들의 뜻이 이미 이와 같다면 응당 석방하기 어렵다. 卿은 상세히 알아보아라."라고 하였습니다.

右欽溆가 奉宣聖旨호되 前者에 共卿商量하여 趙貴先을 欲恕其罪러니 朕이 朝來에 更問諸將하니 皆云 貴先이 順從朱泚하니 則是逆人이라 合依常刑이요 不可寬捨라하니 衆人이 意旣如此인댄 應難釋放이니 卿宜知悉者라하시니

---

1) 齊映 : 747~795. 瀛州 高陽(지금의 河北 高陽) 사람으로, 唐나라 때 재상이다. 大曆 4년(769) 己酉科에 狀元을 했다. 처음에 河南府參軍을 제수받고, 후에 令狐彰, 馬燧, 張鎰의 幕府屬官을 거쳐 中書舍人에 올랐다. 貞元 2년(786) 中書侍郎 同平章事를 맡아 宰相이 되었다. 하지만 1년 만에 張延賞과 알력이 있어서 夔州刺史로 쫓겨났다. 뒤에 衡州刺史, 桂管觀察使, 江西觀察使를 역임했다. 貞元 11년(795), 병으로 서거했으니, 향년 48세였다. 禮部尙書에 추증되고 시호는 忠이라고 했다. 혹 恭懿라고도 한다.

6-7-2 어리석은 臣이 생각건대, 趙貴先이 역적을 따른 죄는 법으로 볼 때 마땅히 용서할 수 없으나 조귀선이 법을 어긴 연고는 그 정상으로 볼 때 용서할 만합니다. 폐하께서 긍휼히 여겨 용서할 것을 의논한 것은 그 정상을 참작하신 것이고, 여러 장수들이 誅戮해야 한다고 청한 것은 법에 의거한 것입니다. 법에 의거하여 군주의 해악을 제거하는 일은 人臣들의 평상적인 뜻이고, 정상을 참작하여 민중의 위태로운 상황을 안정시키는 것은 人主의 큰 권한입니다. 신하와 군주의 도가 이미 다르고, 융통하여 용서하느냐 고집하여 법대로 하느냐 하는 방도도 역시 다릅니다. 말에 각각 마땅함이 있고, 事體에도 각각 적의함이 있으니, 일이 혹 서로 모순되어도 해가 되지 않는다는 것은 이를 두고 하는 말입니다.

臣愚는 以爲貴先從逆之罪는 法當不容이나 貴先陷身之由는 情則可恕니 陛下所議矜宥는 原其情也요 諸將所請誅戮은 據於法也라 據法而除君之惡者는 人臣之常志요 原情而安衆之危者는 人主之大權이라 臣主之道가 既殊하고 通執之方이 亦異하여 言各有當하고 體各有宜하니 事或相駮而無傷이 此之謂也니이다

6-7-3 지난날 襄城에서 급변이 보고되자 隴右의 군사를 출동시키라고 詔命을 내리셨습니다.[2] 齊映이 군사를 이끌고 동쪽으로 행군할 때에 趙貴先은 바로 그 부장이었습니다. 당시 군사들이 昭應에 이르렀을 때에 마침 어가가 奉天으로 파천하는 상황을 만나 제영은 말을 몰아 鳳翔으로 돌아가고 조귀선이 혼자 營幕을 주관했습니다. 나아가려고 해도 總帥가 없고 물러나려 하면 반란군에 가로막혀 마침내 역적 朱泚가 함께 어가를 영접하자고 속인 데 따라 불려갔습니다. 그 당시 주자가 반란한 실상이 아직 폭로되지 않았으니, 조귀선이 어찌 따르지 않을 수 있었겠습니까.

이미 붙잡히고 마침내 겁박을 당해서 자신은 거짓된 관직에 매이고 군사들은 兇徒에게 예속되었으니, 비록 적중에 거처하기는 하였지만 역시 신임을 받지 못했습니다.

---

2) 지난날……내리셨습니다 : 지난날 襄城에서 급변이 보고되자 隴右에 조칙을 내려 군사를 출동시키라고 명하셨는데〔往以襄城告急 詔命隴右發兵〕: 建中 4년(783) 李希烈이 襄城을 공격하였는데, 哥舒曜를 보내 토벌케 하였다가 오히려 위기에 빠지게 되자 涇原의 군대를 파견하여 구원하도록 한 일을 가리킨다.

일의 자초지종은 聖心에 간별된 바 있습니다. 臣도 몸소 德音을 받들었으니, 전해진 말을 들은 것뿐만이 아닙니다. 그의 정상으로 말하면 매우 긍휼히 여길 바가 있으니, 책망을 받아야 할 죄는 오로지 절개를 지켜 죽지 못했다는 것뿐입니다. 조귀선이 혹여 수절을 할 수 있었다면 이는 忠烈의 무리이므로 정말로 표창해야 할 것이니, 어찌 용서해줄 것이 있겠습니까.

往以襄城告急으로 詔命隴右發兵하시니 齊映이 率衆東行할새 貴先은 卽其部將이라 于時에 軍至昭應하여 適遇駕幸奉天하니 齊映이 馳歸鳳翔하고 貴先이 獨主營幕하여 進無總帥하고 退閡亂兵하여 遂爲賊泚所招하여 紿以同迎鑾駕하니 泚旣反狀未露라 貴先이 安得不從이리오 已受邀留에 遂遭劫制하여 身縻僞職하고 兵隷兇徒하니 雖居賊中이나 亦不見任하여 首末事跡이 簡在天心하니 臣亦親承德音이요 非獨聞於傳說일새 其於情狀에 頗有足矜하니 所可受責之辜가 唯在不能守節而死耳라 貴先이 儻能守節이면 卽是忠烈之徒라 固獲褒旌이니 豈資寬捨리오

6-7-4 무릇 죄상을 심의하는 것은 대개 의문이 있는 獄事에서 연유하니, '죄가 의심스러우면 가볍게 처벌한다.'3)라는 것이 실로 令典에 수록되어 있고, '위협에 따른 자들은 다스리지 않는다.'4)라는 것도 또한 聖謨에 실려 있습니다. 하물며 아직 李懷光이 섬멸되지 않았고 李希烈도 여전히 기승을 부리고 있어서, 남의 꾐에 빠진 부류가 실로 많습니다. 지금 京邑이 막 평정되어 황제의 교화가 새롭게 시작되니, 이는 바로 나쁜 풍속에 물든 사람들이 성덕을 보고 교화되는 날이요, 성스러운 군주가 덕을 베푸는 때입니다. 형벌을 사용하는 것을 더욱 신중히 살펴야 하니, 한번 가볍게 하느냐 한번 무겁게 하느냐에 따라 다스려짐과 어지러워짐이 발생합니다.

은혜로써 사면하면 스스로 새로워지려는 자들이 모두 歸順할 것을 생각할 것이요,

---

3) 죄가……처벌한다 : ≪書經≫ 〈虞書 大禹謨〉에, 皐陶가 舜의 덕을 칭송하면서 "죄가 의심스러운 것은 가볍게 형벌하시고 공이 의심스러운 것은 중하게 상 주시며, 무고한 사람을 죽이기보다는 차라리 떳떳한 법대로 하지 않은 실수를 범하겠다 하시어, 살려주기를 좋아하는 덕이 민심에 부합합니다.〔罪疑惟輕 功疑惟重 與其殺不辜 寧失不經 好生之德洽于民心〕"라고 하였다.

4) 위협에……않는다 : ≪書經≫ 〈夏書 胤征〉에 "天吏로서 지나친 덕은 맹렬한 불보다 더하니, 큰 수괴만 죽이고 위협에 따랐던 자들은 다스리지 않아서, 옛날에 물든 나쁜 풍습을 모두 함께 새롭게 하겠다.〔天吏逸德 烈于猛火 殲厥渠魁 脅從罔治 舊染汙俗 咸與惟新〕"라고 하였다.

법으로써 단죄하면 두려움을 품은 자들이 우선 구차스레 살 것을 힘쓸 것입니다. 대중의 마음이 이미 구차해지면 적의 세력은 더욱 견고하게 될 것입니다. 하루아침의 분노를 참지 못하여[5] 몇 해에 걸치는 우환을 끼치고, 필부의 담론을 구차히 따라서 억만 대중을 사역시키는 일이 일어날 것입니다. 계책이 이와 같다면 무슨 이익이 있겠습니까.

凡所議讞는 蓋緣獄疑니 罪疑惟輕이 實編令典하고 脅從罔理도 亦載聖謨하며 況復懷光未殲하고 希烈猶熾하여 遭罹誘陷이 其類寔繁이라 今京邑初平하고 皇猷更始하니 乃是汚俗觀化之日이며 聖王布德之時라 所用刑章을 尤宜審愼이니 一輕一重이 理亂攸生이라 宥之以恩則自新者가 咸思歸命하고 斷之以法則懷懼者가 姑務偸生하리니 衆心旣偸하면 賊勢愈固라 不忍一朝之忿하여 而貽累歲之憂하고 苟循匹夫之談하여 以興億衆之役이니 爲計若此면 夫何利之有焉이리오

6-7-5 지난날 安祿山이 중화를 어지럽혀서 壯士와 官吏를 오염시켰는데, 肅宗께서 興復하시어 거듭 赦免의 칙서를 내리시어, 죄는 괴수에만 그치고 나머지는 죄를 묻지 않으셨습니다. 河朔에 남은 잔당들은 이미 황제의 은택이 온 세상에 덮였다는 소식을 듣고, 또 위협을 따른 자들이 용서를 받은 것을 다행으로 여겨, 사람마다 스스로를 원망하고 허물하여 각각 나라에 귀의함이 늦은 것을 후회했습니다. 그러다가 三司가 罪를 심리하고 이어서 엄한 형벌을 사용하자, 아직 항복하지 않은 부류들이 다시 자신의 뜻을 이룬 것을 기뻐하여, 安慶緖의 무리는 소멸되다가 다시 결집하였고 史思明의 무리는 이미 귀부했다가 다시 이반하고 말았습니다. 차츰 재앙의 단초가 이루어져 지금까지도 재앙이 되었습니다.[6] 이는 어찌 法吏에 맡겨 權道를 망가뜨리고 작은 것을 참지 못하여 큰 모책을 어지럽힌 것이 아니겠습니까.

---

5) 하루아침의……못하여 : ≪論語≫ 〈顔淵〉에 孔子가 "자기의 악을 다스리고 남의 악을 다스리지 않는다면 간특함을 닦는 것이 아니겠는가. 하루아침의 분노로 자신을 잊어서 화가 부모에게까지 미치게 한다면 의혹됨이 아니겠는가.〔攻其惡 無攻人之惡 非修慝與 一朝之忿 忘其身 以及其親 非惑與〕"라고 하였다.

6) 재앙의……되었습니다 : ≪詩經≫ 〈大雅 桑柔〉에 "누가 화의 계제를 만들어 지금에 이르도록 병들게 하였는가.〔誰生厲階 至今爲梗〕"라고 하였다.

曩者에 羯胡亂華하여 染汚士吏어늘 肅宗興復하사 累降赦書하사 罪止渠魁하고 餘所不問하니 河朔遺孽이 旣聞德澤之弘被하고 且幸脅汚之見原하여 人人이 皆自怨尤하여 各悔歸國之晩이러니 及乎三司按罪하여 繼用嚴科하니 未降之流가 復喜得計하여 慶緖가 將消而再結하고 思明이 已附而重攜하여 浸長厲階하여 至今爲梗①하니 豈不以任法吏而虧權道하며 小不忍而亂大謀者乎아

① ≪新唐書≫ 〈酷吏傳〉에 "崔器는 深州 사람이다. 肅宗이 鳳翔에 이르렀을 때[7] 최기는 禮儀使를 겸하였다. 西京(長安)과 東京(洛陽)이 평정되자 三司使가 되었다. 최기는 원래 잔인한데다가 황제의 뜻에 영합하여, 법조문을 각박하게 적용하여 아랫사람들을 옥죄려고 하여, 마침내 조정의 관리로서 적의 꾐에 빠졌던 陳希烈과 達奚珣 등 수백 명을 모두 사형에 처할 것을 건의했다. 이에 李峴이 奏文을 올려 반대하여 마침내 여섯 등급으로 정죄하니, 면죄 받은 자가 많았다. 뒤에 蕭華가 적의 소굴에서 돌아와 진언하기를 '조정의 관리들이 거듭 安慶緖에게 위협을 받고 내몰리게 되었는데, 相州에 이르러 廣平王[8]이 진희열 등을 석방한다는 조서를 내렸다는 소식을 듣고는 모두들 서로 돌아보며 부끄러워하고 후회하였습니다. 그 뒤 崔器가 議刑한다는 소식을 듣고 무리들이 다시 동요하였습니다.'라고 하였다. 황제가 말하기를 '짐이 하마터면 崔器 때문에 그르칠 뻔했다.' 하였다."고 하였다.

唐酷吏傳 "崔器, 深州人. 肅宗至鳳翔, 器兼禮儀使. 二京平, 爲三司使. 器旣殘忍, 希帝旨, 欲深文繩下, 乃建議王官陷賊者,[9] 陳希烈・達奚珣等數百人, 皆抵死. 李峴執奏, 遂以六等定罪, 多所原貸. 後蕭華自賊中來, 因言 '王官重爲安慶緖驅脅, 至相州, 聞廣平王宣詔釋希烈等, 皆相顧愧悔. 及聞崔器議刑, 衆心復搖.' 帝曰 '朕幾爲器所誤.'"

6-7-6 지난날 漢나라 高帝(劉邦)가 사방을 평정하고 나서 여러 장수들이 왕왕 둘이 모여 쑥덕거리고 반란을 모의하는 것을 보고 張良에게 묻기를 "어떻게 하면 좋겠는가?"라고 하니, 장량이 "폐하께서 가장 한스럽게 생각하는 사람은 누구입니까?"라고

---

7) 肅宗이……때 : 天寶 15년(756), 肅宗이 郭子儀・李光弼 그리고 回紇의 지원을 받아 安祿山의 반군을 공격한 일을 말한다. 숙종은 靈武로 가서 스스로 皇位에 오르고 같은 해 가을 군을 규합하여 반군을 공격하였다.

8) 廣平王 : 皇子 시절 代宗의 봉호이다. 본명은 李俶으로, 安史의 난 때 天下兵馬元帥로서 長安과 洛陽을 수복하였으며, 乾元 원년(758) 皇太子에 봉해진 후 李豫로 개명하였다.

9) 王官陷賊者 : ≪新唐書≫에는 '王官陷賊者'의 다섯 글자가 없다.

하였습니다. 고제는 "雍齒가 나와 가장 묵은 원한이 있어서 여러 번 나를 곤궁하게 만들었다."라고 하자, 장량은 말하기를 "지금 급히 옹치를 봉하면 사람들마다 스스로 안정될 것입니다."라고 하였습니다. 고제가 장량의 계책을 썼더니 여러 장수들이 과연 안정되어, 모두 말하기를 "옹치도 제후가 되었으니, 우리들이야 무슨 걱정을 하랴."라고 하였습니다. 대개 霸王을 도모하는 경우에는 평상의 제도에 구속되지 말고, 불순한 마음이 있는 사람들을 안정시킬 경우에는 묵은 허물을 생각할 것이 없습니다.

張良

昔에 漢高帝가 旣定四方하여 見諸將의 往往偶語謀反하고 乃問張良曰 爲之奈何오 良이 曰 陛下의 所最恨者爲誰오 帝曰 雍齒與我有舊怨하여 〔而〕10) 數窘我라한대 良이 曰 今急封雍齒則人人自堅矣라 帝用良計한대 諸將果安하여 皆云 雍齒且侯하니 吾屬何患①이리오하니 蓋以圖霸王者는 不牽於常制하고 安反側者는 罔念於宿瑕일새

① 이 일은 위의 註에 보인다.11)
事見上注.

6-7-7 지금 폐하에게는 漢 高帝의 영명함이 있으시고 趙貴先에게는 雍齒와 같은 잘못이 없으니, 誅戮을 가한다고 해도 흉포한 역적들에게 위엄을 보일 수가 없지만 긍휼히 여겨서 온전히 한다면 의구심을 가진 자들을 안정시킬 수 있습니다. 容恕의 방도를 밝혀서 행한다면 성대한 덕이 이에 있게 될 것인데, 무엇을 우려하여 여전히 수고롭게 머뭇거리십니까.

미천한 臣이 간절히 말씀을 올리는 것은 대개 장래의 張本이 되기 때문입니다. 무

10) 〔而〕: 저본에는 '而'가 없으나, ≪翰苑集≫에 의거하여 보충하였다.
11) 이……보인다 : 본서 363쪽 郎曄의 註 ④ 참조.

릇 원흉이 아닌 경우에는 원컨대 모두 관대한 쪽으로 조처하여, 죄를 짊어진 무리들로 하여금 풍교를 듣고서 교화되지 않는 자들이 없게 하여, 간흉들이 이들을 유혹하는 흉계를 소멸시키고 반란자들이 투항하는 문을 여소서. 이는 그 큰 기틀이므로 실기하여서는 안 됩니다. 폐하께서 앞서 생각하신 뜻이 정말로 훌륭합니다. 삼가 근거 없는 논의에 뜻이 바뀌지 않으시기를 바랍니다. 삼가 아룁니다.

今陛下가 有漢高之英하고 貴先이 無雍齒之釁하니 加戮이라도 不足威暴逆이요 矜全이면 可以定危疑하리이다 明恕而行①이면 盛德斯在니 何所爲慮하여 尙勞依違니잇고 微臣의 區區上言은 蓋爲將來張本하노니 凡非首惡은 皆願從寬하여 庶使負累之徒로 莫不聞風而化하여 消姦兇誘惑之計하고 開叛亂降附之門이 此其大機라 不可失也니이다 陛下前意가 固爲善矣니 伏惟不爲浮議所移하소서 謹奏라

① 明恕而行 : 이 말은 ≪春秋左氏傳≫ 隱公 3년 조에 보인다.
此語見左隱公三年.

【評 說】

襄城에서 급변이 보고되자 德宗은 隴右에 조칙을 내려 군사를 출동시키라고 명하였다. 齊映이 군사를 이끌고 동쪽으로 행진했는데, 趙貴先은 그의 부장이었다. 그런데 제영은 말을 내몰아 鳳翔으로 돌아가고, 조귀선이 혼자 營幕을 주장하여, 나아가려고 해도 總帥가 없고 물러나려 하면 반란군에게 막혀 있었다. 이때 朱泚가 그를 초빙하면서 함께 鑾駕를 영접하자고 속였다. 마침내 주자의 겁박과 통제를 당하여 주자의 거짓 관직을 받는 지경에 이르렀다. 주자가 이미 평정된 후에 덕종은 자초지종의 사적을 간별하여 사면령을 내렸다. 하지만 여러 장수들은 그가 역적을 따랐다는 이유로 그를 주살할 것을 청하였다.

陸贄는 조귀선의 죄가 유혹과 함정에서 나온 것이므로 정상을 참작하여 용서하도록 청하여야 한다고 주장하여 奏狀을 올렸다. 육지는 '조귀선이 역적을 따른 죄'는 법으로는 마땅히 용서할 수 없으나 '조귀선이 역적의 무리에 몸을 빠뜨린 연고'는 그 정황으로 볼 때 용서할 수 있다고 보았다. 또한 일반적인 人臣들은 법에 의거하여 군주에 대한 악인을 제거하여야 한다고 논하지만, 大權을 지닌 人主는 정황을 따져서 민중의 위태로운 상황을 안정시켜야 한다고 주장하였다.

육지는 罪情을 의론하는 것은 대개 의심스런 옥사에서 연유하며, '죄가 의심스러우면 가

볍게 처벌한다.'라는 말과 '위협에 다른 자들은 다스리지 않는다.'라는 말로 이 점을 밝혔다. 또한 아직 李懷光이 섬멸되지 않았고 李希烈도 여전히 기승을 부리고 있으므로, 은혜로 사면한다면 반군들 가운데서 군주의 명령으로 귀의할 자가 나올 것이지만, 법으로 단죄한다면 두려움을 품은 자들이 잠시 구차스레 살 것을 힘쓸 것이라고 우려하였다. 육지는 과거에 肅宗이 안녹산의 난 이후 거듭 赦免의 칙서를 내려 죄는 渠魁에만 그치고 나머지는 따지지 않았으나, 三司가 罪를 심리하고 이어서 嚴한 형벌을 사용하자 安慶緖의 무리가 다시 결합하고 史思明의 무리가 거듭 이반하고 말았던 사실을 환기시켰다. 그리고 漢나라 高帝가 사방을 평정한 이후에 여러 장수들이 왕왕 반란을 모의하는 것을 보고 張良의 말을 들어 자신을 자주 군색하게 만들었던 雍齒를 급히 봉하여 여러 장수들이 안정되었던 사실로 이를 인증하였다. 그러면서 霸道와 王道를 도모하는 분이라면 평상의 제도에 구속되지 말고 反側의 사람들을 안정시켜 묵은 하자를 생각할 것이 없다고 단정하였다.

조선시대 崔晛(1563~1640) ≪訒齋集≫ 권4에 보면 계해년에 올린 〈辭應教疏〉가 있다. 1623년 仁祖反正이 일어난 후 修撰이 되었다가 8월에 應教가 되자 사직하면서 올린 글이다. 최현은 이듬해 禮部從任官을 거쳐 刑曹參議·副提學·江原道觀察使에 이르렀다. 1627년 횡성 사람 李仁居의 모반에 관련되었다는 혐의를 받고 투옥되었으나 왕의 특명으로 곧 석방되었다. 〈사응교소〉에서 최현은 반정 후 誅竄의 법전을 적용하는 문제와 仁城君 李珙을 처리하는 문제에 대해 자신의 견해를 제시했는데, 이때 육지의 이 글을 대부분 사용하였다. 이공은 宣祖의 일곱째 아들로, 어머니는 靜嬪 閔氏이다. 李适의 난에 가담한 혐의를 받아 강원도 杆城에 안치되었고, 1628년(仁祖 6) 柳孝立 등이 모반을 기도하였을 때는 왕으로 추대되었다 하여 다시 珍島에 유배되었다가 죽었다.

8. 李楚琳을 교체하는 일을 논하는 奏狀

論替換李楚琳狀

德宗은 漢中에 막 이르자 즉시 渾瑊으로 李楚琳을 대신하여 鳳翔에 鎭守하게 하려고 하였으나, 陸贄는 上奏하여 불가하다 하였다.

德宗甫至漢中, 卽欲以渾瑊代楚琳鎭鳳翔, 贄上奏以爲不可.

6-8-1 欽溆가 聖旨를 받들어 알리기를 "李楚琳이 鳳翔에 오래 있어서는 안 되니, 짐이 도착하는 날을 기다렸다가 한 사람을 간택하여 이초림 대신에 節度使에 충당하고, 이초림에게는 별도로 관직 하나를 주어 곧 짐을 따라 귀경하게 하려고 한다. 이미 어가를 영접하는 여러 군사들이 있어서 위세가 아주 성대하므로 이참에 교체하는 것이 역시 權宜라 하겠다. 卿은 마땅히 온당한지 여부를 상량하도록 하라."라고 하셨습니다.

右欽溆가 奉宣聖旨호되 李楚琳이 不可久在鳳翔이니 欲候朕到日하여 簡擇一人하여 替楚琳充節度使하고 楚琳은 別與一官하여 便隨朕歸京케하리니 旣有迎駕諸軍하여 威勢甚盛하니 因此替換이 亦是權宜라 卿宜商量穩便否者라하시니

6-8-2 臣은 듣건대, 王者가 흥기할 적에 먼저 영구한 계책을 생각하여야,1) 모책이 반드시 전해질 수 있고 일이 반드시 계승될 수 있다고 합니다. 이익 때문에 구차하게 얻지 않고, 편의를 타서 요행히 이루지 않으므로 윗사람과 아랫사람이 서로 편안하여 다스림이 장구하게 됩니다.

저 이초림은 본래 난리를 일으킨 사람입니다. 나라의 어려움을 틈타고 자신의 간교

1) 영구한……생각하여야 : ≪書經≫ 〈商書 太甲〉에 "검약한 덕을 삼가셔서 영원한 계책을 생각하소서.〔愼乃儉德 惟懷永圖〕"라고 한 구절을 인용한 것이다.

함을 멋대로 부리고, 邦君(節度使 張鎰)을 해치고 그 자리를 빼앗아 차지하였습니다. 典法을 가지고 살펴보건대 이는 마땅히 그 집을 헐어버리고 그 자리에 못을 파야 합니다. 그러나 이미 많은 우환을 당하여 토벌하여도 겨를이 없어서, 그에게 장수의 白旄와 黃鉞을 주고 이어서 은총과 영광까지 주었습니다.

이에 남쪽으로 파천하였을 적에 이초림이 자못 겉으로 순종하는 것을 온전히 할 수 있어서 왕래하는 길이 막히지 않은 것이 역시 여기에 의뢰한 바가 있었습니다. 비록 詔令을 누차 그에게 내린 것이 부득이한 것이었지만 詔令이 한 번 나오면 바꿀 수가 없는 것이니, 비록 군신간의 은혜가 없다고는 하나 오히려 등용하고 물리기를 예로써 해야 합니다.

지금 만약에 行幸의 威勢로 이용하고, 영접하여 호종하는 甲兵을 빌려서 그 지위를 다른 이로 교체하고 그를 데리고 귀경한다면 이는 포로로 사로잡는 것과 같습니다. 난리를 제거하는 것으로 말하면 威武가 없고 다스림에 힘쓰는 것으로 말하면 진실한 것이 못 됩니다. 禍變이 많이 일어난 것이 날이 오래되었으니, 잘못을 저지르고 지위에 있는 자가 어찌 이 한 사람뿐이겠습니까. 이렇게 순행하신다면 이후에 어떻게 장안에 들어가실 수 있을 것이며, 이렇게 위무하고 다스리신다면 누가 감동하겠습니까.

臣이 聞王者有作에 先懷永圖하여 謀必可傳이며 事必可繼라 不因利以苟得하며 不乘便而幸成하나니 故能上下相安하여 而理可長久也니이다 彼楚琳者는 固是亂人이라 乘國難而肆逞其姦하고 賊邦君而簒居其位①하니 按以典法에 是宜汚瀦②로되 旣屬多虞일새 不遑致討하여 乃分之以旄鉞하고 又繼之以寵榮이러니 逮至南巡에 頗全外順하여 道途無壅이 亦有賴焉하니 雖朝命累加가 蓋非獲已나 然王言一出에 則不可渝니 縱闕君臣之恩이나 猶須進退以禮니 今若因行幸之威勢하며 假迎扈之甲兵하여 易置以歸하면 是同虜執이라 以言乎除亂則不武요 以言乎務理則不誠하니 禍變繁興이 爲日久矣라 負釁居位가 豈唯一人이리오 以此時巡이면 後將安入이며 以此撫御면 誰其感懷리오

① 賊邦君而簒居其位 : 李楚琳은 朱泚의 亂을 기회로 삼아 마침내 張鎰을 죽이고 스스로 留侯라고 칭하였다. 상세한 내용은 앞의 注에 보인다.[2]

2) 앞의……보인다 : 본서 359쪽에 보인다.

楚琳乘朱泚之亂, 遂殺張鎰, 自稱留侯. 詳見上注.

② 按以典法 是宜汚瀦 : ≪禮記≫ 〈檀弓〉에 "그 사람을 죽이고 그의 집을 허물고 그의 집터에 웅덩이를 파서 못을 만든다."고 하였다.

檀弓云 "殺其人, 壞其室, 洿其宮而豬焉."

6-8-3 지난날 漢 高帝가 거짓으로 유람하여 韓信이 체포되니 功臣들이 줄이어 반란하여 천하가 거의 위태롭게 되었으며, 정벌이 분분하게 되어 심지어 代가 끊기게 되었습니다. 요행을 바라서는 안 되는 것이 이와 같습니다. 폐하께서는 지극한 경계로 삼지 않으실 수 있겠습니까.

昔漢高僞遊하여 **韓信見獲**하니 **功臣繼叛**하여 **天下幾危**하고 **征伐紛紜**하여 **以至沒代**①하니 **其儌倖之不可也**가 **如此**라 **陛下**가 **得不爲至戒哉**아

① 昔漢高……以至沒代 : ≪史記≫ 〈陳丞相世家〉에 "어떤 사람이 楚王 韓信이 반역을 한다는 것을 알리자, 陳平은 高帝로 하여금 거짓으로 雲夢을 유람한다고 하고 이를 이용하여 한신을 사로잡게 하였다. 고제가 마침내 남쪽으로 운몽에 나가자, 한신이 과연 도중에 교외에 나와서 영접하였다. 고제는 한신을 보자마자 즉시 무사를 시켜 붙잡아서 포박하게 하였다. 이로부터 제후들 가운데 반란을 일으키는 자들이 아홉이나 되었다. 고제는 그 때문에 陳豨를 토벌하였고, 마침내 질병 때문에 崩御하였다." 하였다.

史陳丞相世家 "人有告楚王韓信反者, 平敎高帝僞遊雲夢, 因就擒信. 乃南出雲夢, 信果郊迎道中. 高帝見信, 卽令武士執縛. 自是諸侯反者九起. 高帝因討陳(稀)〔豨〕,[3] 竟以疾崩."

6-8-4 의논하는 사람들은 그것을 權宜라고 말합니다만, 臣은 또 그 이치를 알지 못하겠습니다. 權이란 뜻은 權衡에서 그 뜻을 취한 것이니, 衡이란 것은 저울대이고, 權이란 것은 저울추입니다. 그러므로 추를 저울대에 매달면 물건의 양을 잴 수 있고, 權道를 일에 베풀면 의리의 경중이 어긋나지 않습니다. 이치에 맞게 할 때는 반드시 무거운 것을 취하고 가벼운 것을 버리며, 앙화를 멀리할 때는 가벼운 것을 택하고 무거운 것을 피하니, 진실로 明哲이 아니면 精微함을 다하기 어렵습니다.

그러므로 聖人이 이를 귀하게 여겨 "함께 도에 나아갈 수는 있어도 함께 설 수는 없

---

3) (稀)〔豨〕: 저본에는 '稀'로 되어 있으나, ≪史記≫에 의거하여 '豨'로 바로잡았다.

으며, 함께 설 수는 있어도 함께 權道를 행할 수는 없다."[4]라고 하였으니, 機微를 아는 것의 어려움을 말한 것입니다.

지금 커다란 난리를 가까스로 평정하고 장차 京師로 돌아가는 때에 大輦이 지나가는 곳에서 제일 먼저 협박하고 탈취하는 것을 행하면, 한 장수를 교체하여 萬乘天子의 의리를 어그러뜨리고 한 지방을 얻어서 사해의 의심을 맺게 할 것입니다. 이는 바로 그 가벼이 여길 것을 중히 여기고 그 중히 여겨야 할 것을 가벼이 여기는 것인데, 그것을 두고 權宜라고 한다면 역시 도리에 반하는 것이 아니겠습니까. 도리에 반하는 것을 權宜라 하고 술수에 맡기는 것을 지혜라 한다면 군주가 이것을 행함에 반드시 군중을 잃을 것이고, 신하가 이것을 사용함에 반드시 화를 당하게 될 것입니다. 역대로 喪亂이 많이 발생하고 姦邪함을 키운 것은 이러한 잘못에서 연유한 것입니다.

議者가 謂之權宜라하니 臣又未諭其理하노이다 夫權之爲義는 取類權衡하니 衡者는 稱也요 權者는 錘也라 故權在於懸則物之多少를 可準이요 權施於事則義之輕重이 不差일새 其趣理也는 必取重而捨輕하고 其遠禍也는 必擇輕而避重하나니 苟非明哲이면 難盡精微라 故聖人貴之하사 乃曰 可與適道나 未可與立이며 可與立이어도 未可與權이라하시니 言知機之難也라 今者에 甫平大亂하고 將復天衢할새 輦路所經에 首行脅奪하면 易一帥而虧萬乘之義하고 得一方而結四海之疑하리니 乃是重其所輕而輕其所重이라 謂之權也가 不亦反乎아 以反道爲權하며 以任數爲智하면 君上行之에 必失衆하고 臣下用之에 必陷身이니 歷代之所以多喪亂而長姦邪는 由此誤也니이다

6-8-5 韓信의 재주와 책략이 당시에 짝할 만한 이가 없고 혐의를 받아서 고발을 당하였으니, 놓아주면 疆域을 어지럽힐 것이고, 제거하면 국가를 안정시킬 수 있었습니다. 그런데 요행히 포로로 잡았지만 그래도 실책이라고 하여 당시에 전쟁의 피해를 입었고 百代가 지나도록 속임수를 썼다는 비난이 이어졌습니다. 하물며 李楚琳은 卒伍의 凡材요, 군중에서 나무하거나 밥 짓는 賤品입니다. 때의 혼란함으로 인하여

---

4) 함께……없다 : ≪論語≫ 〈子罕〉에 "더불어 함께 배울 수는 있어도 함께 도에 나아갈 수는 없으며, 함께 도에 나아갈 수는 있어도 함께 설 수는 없으며, 함께 설 수는 있어도 함께 권도를 행할 수는 없다.〔可與共學 未可與適道 可與適道 未可與立 可與立 未可與權〕"라고 한 데서 온 말이다.

猖狂한 짓을 멋대로 해왔으나, 견고한 성을 함락시키고 적을 죽이는 영웅의 자질도 없고 기책을 내어 승리를 거두는 지략도 없어서, 마치 여우나 쥐가 한밤을 틈타서 눈을 부릅뜨고 있지만 새벽빛이 이미 올라오고 나면 형세상 절로 움츠러드는 것과 같습니다.

지금 郊畿가 이미 평정되고 武衛도 바야흐로 엄중하므로, 汧山과 隴山은 鳳翔의 서쪽을 누르고 邠水와 涇水는 봉상의 북쪽을 제압하고 있으니, 오히려 岐下가 마치 수중에 있는 것과 같습니다. 李楚琳의 자잘하고 열등한 자질로 수중에 쥐고 있는 땅에 거처하고 있으므로, 비록 날뛰려고 하여도 무슨 악행을 저지를 수 있겠습니까.

夫以韓信才略으로 當時莫儔요 且負嫌猜하여 已遭告訐하니 縱之면 足以亂區寓요 除之면 可以安國家로되 幸而成擒이어늘 猶謂失策하여 當時에 被攻戰之害하고 百代에 流詭詐之譏하니 況楚琳은 卒伍凡材요 厮養賤品이라 因時擾攘하여 得肆猖狂하나 非有陷堅殪敵之雄과 出奇制勝之略하여 頗同狐鼠의 乘夜睢盱하나 晨光旣升하면 勢自跧縮하리이다 今郊畿已乂하고 武衛方嚴하여 汧隴은 鎭壓於其西하고 邠涇은 扼制於其北하니 顧是岐下가 若居掌中이라 以楚琳瑣劣之資로 處掌中控握之地하니 縱令蹢躅[5]인들 何惡能爲리오

6-8-6 바라건대 폐하께서는 우선 관대함에 힘쓰시어 불순한 뜻이 있는 자들을 널리 안정시키고, 어가를 재촉하여 빨리 돌아가셔서 공적이 있는 자를 녹용하고 수고한 자를 위로하며, 사면의 은택을 베푸시고 정치를 쇄신하는 詔令을 내리소서. 그런 연후에 韋皐[6]와 李楚琳을 불러서 문관과 무관의 직책에 나누어 들이고 큰 공이 있는 자와 오랜 명망이 있는 자를 택하여 나가서 岐・隴의 군사를 총괄하게 하신다면, 저자들은

---

5) 蹢躅 : 날뛴다는 뜻이다. ≪周易≫ 姤卦 初六爻辭에 "어린 돼지가 날뛰고 싶은 마음이 진실하다.〔羸豕孚蹢躅〕"에 보인다.

6) 韋皐 : ?~805. 唐나라 德宗 때의 신하로, 萬年 사람이다. 처음에 덕종은 皇甫鎛과 韋皐를 등용해서 국정이 어지러워진 상태에서 藩鎭들을 정리하려고 하였다. 이에 반발한 번진이 반란을 일으키자, 덕종은 봉천으로 피난해 있다가 朱泚의 叛軍에게 포위당하여 굶주림에 시달리면서 지냈다. 殿中侍御史로서 隴州 行營을 맡았는데, 이때 반역을 도모하는 주자의 명을 여러 차례 거역하고 그의 使者를 목 베었다. 뒤에는 南西天節度使가 되어 滇南을 21년간 경영하였고, 吐蕃의 48만 군사를 격파하여 그 공으로 南康郡王에 봉해졌다. 자가 成武이므로 韋成武라고 일컬었다. 시호는 忠武이다.

조칙을 받들고 기뻐하고 영광으로 여겨 급히 달려오느라 겨를이 없게 될 것이니, 어찌 감히 불만을 품고서 다시 주벌을 받는 것을 근심하시겠습니까. 措置가 마땅하면 만에 하나도 잘못될 일이 없으니, 어찌 갑작스레 지나치게 움직여서 훗날을 위해 도모를 하지 않으십니까. 우러러 성상께서 다시 자세히 살펴주시기 바랍니다. 삼가 아룁니다.

願陛下는 姑務含弘하사 普安反側하시고 促駕遄止하사 錄功犒勤하시고 敷肆眚[7]之恩하시며 布惟新之令하신 然後徵韋皐楚琳하여 俾入分文武之職하고 擇元勳宿望하여 命出總岐隴之師하시면 則彼承詔欣榮하여 奔走不暇하리니 安敢蔕介[8]하여 復勞誅鉏하리잇고 措置得宜하면 萬無一跌이니 何遽過動하여 不爲後圖리오 仰希睿聽은 試更詳慮하노이다 謹奏라

【評 說】

德宗은 漢中에 이르자마자, 즉시 渾瑊으로 李楚琳을 대신하게 하여 鳳翔에 鎭守하게 하려고 하였으나, 陸贄는 이 奏狀을 올려 불가하다고 주장하였다. 이초림은 나라가 어려운 틈을 타서 자신의 간교를 멋대로 부리고 군주를 적으로 돌리고 자리를 찬탈하여 그 지위에 있었던 자이지만, 일단 덕종은 그에게 장수의 白旄와 黃鉞을 수여하고 은총과 영광까지 주었으며 남쪽으로 파천함에 이르러서는 힘입은 바가 있었다. 육지가 보기에 行幸의 威勢로 인하여 그의 직을 바꾸어버린다면 이는 그를 포로로 붙잡는 것이나 같다고 환기시켰다. 그리고 지난날 漢 高帝가 거짓으로 외유하자 韓信이 체포되고 功臣들이 줄이어 반란하여 천하가 거의 위태롭게 되어 분분하게 정벌을 해야 했고 심지어 代가 끊기기까지 했

---

7) 肆眚 : 무의식적으로 범한 실수나 상황이 불운해서 지은 죄는 용서하여 풀어주는 것을 말한다. ≪書經≫ 〈虞書 舜典〉에 “국가의 정식 형벌인 五刑을 백성들에게 포고하였으나, 가급적 오형을 경감하여 流刑으로 대체하곤 하였다. 官府에서는 채찍의 형벌을 행하고, 학교에서는 회초리의 형벌을 행하며, 형벌은 돈을 내고 용서받을 수 있게 하였다. 무의식적인 실수나 불운해서 지은 죄는 용서하여 풀어주었지만, 믿는 데가 있어서 끝끝내 범하는 죄인은 사형에 처하였다. 임금은 항상 스스로 ‘공경하고 또 공경하는 마음으로 불쌍히 여기며 신중하게 형벌을 행해야지.’라고 다짐하였다.〔象以典刑 流宥五刑 鞭作官刑 扑作敎刑 金作贖刑 眚災肆赦 怙終賊刑 欽哉欽哉 惟刑之恤哉〕”라는 말이 나온다.

8) 蔕介 : 毫芥와 같다. ≪文選≫에 수록된 張衡 〈西京賦〉에 “눈 흘기고 마음에 켕겨하자, 시신이 길구석에 뻗어 있다.〔睚眥蔕芥 屍僵路隅〕”라고 하였다.

던 사실도 귀감으로 삼아야 한다고 하였다. 논자들은 이초림을 혼감으로 대체하는 것을 權宜라고 하였지만, 육지는 덕종에게 含弘을 힘써서 널리 反側의 자들을 안주시키고, 무의식적으로 범한 죄와 실수로 지은 죄를 용서하시는 은혜를 펴시고, 국가를 쇄신하는 명령을 선포하라고 청하였다.

1725년(英祖 원년) 11월 7일(신축) 영조는 進修堂에서 召對하는 자리에 參贊官 趙榮世 등이 입시하여 ≪資治通鑑綱目≫의 〈唐 德宗本紀〉를 진강하여, 이초림의 문제를 논하였다. 참찬관 조영세 이외에, 侍讀官 李秉泰, 檢討官 權𥛚, 假注書 尹得和, 記事官 趙明澤·朴弼賢이 입시한 자리였다.

영조가 "육지가 이초림에 대해 논하였는데 유신들의 생각은 어떠한가?" 하니, 이병태는 다음과 같이 아뢰었다.

"逆이나 順의 논리로 따져 말한다면 이초림은 분명 역이므로 덕종이 마음으로 그를 미워하는 것도 실로 괴이할 것은 없습니다. 육지의 논의는 權道에 가까우므로 일절 도리에 응한 것이 아닌 듯하지만 당시 藩鎭에 대한 대우는 夷狄을 다스리는 방책과 같았습니다. 羈縻의 정책을 쓸 것이냐 말 것이냐 하는 문제는 요컨대 일을 성공하는 것이 주가 되어야 하니, 이것이 곧 時義입니다. 하물며 關中의 적은 여전히 남아 있고, 이초림은 西蜀의 목구멍에 해당하는 지역에 자리하고 있는데 거기다 더욱 배척하고 물리쳐 환란을 생각하는 마음을 돋운다면, 안팎으로 적을 맞아들이는 셈이 되어 나라가 장차 위험해질 것이니 어찌 그럴 수 있겠습니까. 육지의 방책은 실로 때의 기미를 살피고 反側하는 무리를 안심시키기 위한 데서 나온 것으로 변란에 대처하는 도리는 마땅히 이와 같아야 합니다."

영조는 "내가 육지의 말이 姑息之計에 가까운 것이 아닌지 의심하여 물은 것인데 유신의 말이 옳다."라고 하였다.

이병태가 "신이 말씀드렸듯이, 육지의 말은 권도에서 나온 것인데, 이초림을 임시로 빌려 변란이 일어나지 않도록 하려 한 것으로 그 당시의 시세가 실로 일절 도리가 행해질 수 없었기 때문입니다. 따라서 이와 같이 처리하는 것도 經道에 어긋나는 것은 아닙니다." 하자, 영조가 이르기를 "육지가 이처럼 일에 대해 염려하는 것이 실로 깊으니 다른 사람이 따라갈 수 있는 바가 아니다."라고 하였다.

9. 河中을 회복한 후 군사를 파할 것을 청하는 奏狀 收河中後請罷兵狀

6-9-1 어제 欽漵가 聖旨를 받들어 알리면서 臣에게 馬燧와 渾瑊 등이 올린 〈平懷光收河東狀(李懷光을 평정하였으니 河東을 수복할 것을 청하는 奏狀)〉을 보여주고, 아울러 臣으로 하여금 모름지기 어떻게 처치하여야 좋을지 商量하여 흠서로 하여금 奏達하라고 하셨습니다.

昨日에 欽漵가 奉宣聖旨하여 示臣馬燧渾瑊等의 奏平懷光收河東狀①하고 兼令臣으로 商量須作何處置하여 令欽漵로 奏來者라하시니

① 馬燧渾瑊等 奏平懷光收河東狀：≪新唐書≫ 〈馬燧傳〉에 "당시 천하에 한발과 메뚜기 피해가 심하여 군중에 식량이 극심하게 부족하였으므로, 李懷光을 용서하자고 청하는 자들이 많았다. 馬燧가 마침내 조정에 들어가 천자에게 스스로 진언하기를 '30일의 양식을 얻는다면 河中을 평정하여 보이겠습니다.'라고 하니, 황제가 허락하였다. 마수가 마침내 渾瑊 등과 연합하여 적장 徐廷光 등을 달래어 투항시키자, 나머지 군사들은 풍모만 보고도 도망하였다. 마수는 하중을 구제하고 군사 8만을 성 아래에 주둔하였다. 이날, 적장 牛名俊이 이회광을 참수하고 투항하였다. 마침내 마수는 그의 黨與를 주살하였으며, 그밖에 협박을 받아 종속되었던 자들은 모두 사면하였다. 한 달이 되지 않아서 하중이 평정되었다."라고 하였다.

馬燧傳 "時天下旱蝗, 軍中艱食, 多請宥懷光者. 燧乃入朝, 爲天子自言之, 云 '得三十日糧, 請平河中.' 帝許之. 燧乃與渾瑊等合, 因說降賊將徐廷光等, 餘戍望風遁去. 燧濟河, 兵八萬陣城下. 是日, 賊將牛名俊斬懷光降. 乃誅其黨, 其他脅附悉赦之. 不閱月, 河中平."

6-9-2 흉악한 자들(朱泚와 李懷光)이 전부 섬멸되고 關畿(關中) 지역이 평정된 것은 실로 성상의 모책이 광대하게 행해진 공적이요 또한 宗社의 한없는 福입니다. 응당 처치해야 할 대략의 내용은 이미 欽漵를 통해서 구두로 진술하였습니다만, 말을 전하는

과정에서 혹 본래의 뜻을 다 드러내지 못할까 우려되므로, 삼가 다시 고루한 臣의 견해를 올리오니, 원컨대 폐하께서는 잠시 유념하여 살펴주시기 바랍니다.

兇梗殲盪하고 關畿廓淸하니 實聖謀廣運之功이며 亦宗社無疆之祚라 應須處置大略을 已附欽溆口陳하나 展轉傳言이 恐未盡意라 謹復薦其固陋하노니 願陛下는 少留察焉하소서

6-9-3 臣은 듣건대, 禍는 혹 福을 낳고 福은 또한 禍를 낳는다고 하니, 상실함은 획득하는 이치이고 획득함은 상실하는 단서입니다. 그러므로 晉나라가 鄢陵에서 승리하자 范燮[1]은 죽게 해달라고 기도하였으며, 吳나라가 강한 越나라를 이긴 것이 夫差에게는 재앙을 연 것이었습니다. 이는 福을 오래도록 요행으로 바랄 수 없으며, 획득함을 항상 분수에 지나치게 바랄 수 없다는 것을 알 수 있습니다. 福에 거하면서 앙화를 염려하면 그 福은 보전할 수가 있지만, 획득함을 보고 상실할 것을 잊어버린다면 그 상실함이 반드시 이를 것입니다.

臣은, 아첨하고 영합하는 무리와 경박하고 성급하게 일 만드는 무리들이 흉수들이 나라를 覆亡시키는 때를 요행으로 여기고 英主께서 역적을 평정하려는 마음을 헤아려서, 반드시 장차 甘言을 다투어 올리고 利欲을 계도하면서 '王師가 향하는 곳마다 대적할 자가 없다.'고 하고 '남은 역적들은 잠깐이면 평정할 수 있다.'고 하여 蒲坂[2]으로 향한 창끝을 돌려서 다시 淮水와 沂水에서 전쟁을 일으킬 것을 청할까 걱정됩니다. 의론이 한번 계달되면 반드시 난리의 계제가 있을 것이므로 미천한 臣은 우선 앙화를 낳을 것을 우려하여 감히 〈李懷光을 평정하여〉 복을 얻은 것을 경하할 수가 없습니다.

臣이 聞禍或生福하고 福亦生禍라 喪者 得之理요 得者 喪之端이니 故晉勝鄢陵에 范燮祈死①하고 吳克勁越에 夫差啓殃②하니 是知福不可以久徼幸이며 得不可以常覬覦라 居福而慮禍면 則其福可保요 見得而忘喪이면 則其喪必臻하리니 臣은 竊懼諂諛希旨之徒와 險躁生事

---

1) 范燮 : 范文子는 춘추시대 晉나라의 장군이다. 원래 이름은 士燮인데, 封地의 이름이 '范'이므로 范燮으로 칭한 것이다. 또 시호가 '文'이므로 '范文子'라고도 칭한다.

2) 蒲坂 : 蒲坂은 지금의 산서성 永濟縣이다. 이는 唐나라 때 蒲州로 開元 8년(720)에 포주를 고쳐 河中府라 하였다. 이 당시 이 지역을 李懷光이 차지하였는데 馬燧 등이 평정하였다.

之輩가 **幸兇醜覆亡之會**하고 **揣英主削平之心**하여 **必將競效甘言**하여 **誘開利欲**하여 **謂王師**가 **所向莫敵**이라하며 **謂餘孽**을 **指顧可平**이라하여 **請迴蒲坂之戈**하여 **復起淮沂之役**③하리니 **斯議一啓**면 **必有亂階**일새 **故微臣**은 **姑以生禍爲憂**하고 **而未敢以獲福爲賀也**하노이다

① 晉勝鄢陵 范燮祈死 : ≪春秋左氏傳≫ 成公 16년에 "晉나라와 楚나라가 鄢陵에서 合戰을 하게 되었으나, 范文子는 전투를 하려 하지 않았다. 郤至는 범문자의 뜻을 따르지 않았는데, 楚나라 군사가 패배하였다. 범문자는 祝宗에게 자기가 죽도록 기도하여 달라고 하면서 이렇게 말하였다. '군주가 교만하고 사치스러운데 적을 이겼으니, 이것은 하늘이 그 질병을 더욱 보태주는 것이오. 나를 사랑하는 사람이라면 부디 나를 위해 축원하여 나로 하여금 속히 죽도록 만들어, 난에 미치지 않도록 해주시오. 그것이 범씨의 복이오.' 성공 17년 6월, 范燮이 卒하였다." 하였다. 한 해가 못 되어 三郤[3])이 주살되고, 厲公이 시해되었으며,[4]) 胥童이 죽었으니, 과연 범문자의 말과 같이 되었다.

左成十六年"晉・楚遇於鄢陵, 范文子不欲戰, 郤至不從, 楚師敗績. 文子使其祝宗祈死,[5]) 曰 '君驕侈而克敵, 是天益其疾也. 愛我者唯祝我速死, 無及於難, 范氏之福也.' 〔十〕[6])七年六月, 士燮卒." 不及一年, 三郤誅, 厲公弒, 胥童死, 果如文子之言.

② 吳克勁越 夫差啓殃 : ≪史記≫ 〈吳世家〉에 "吳王 夫差는 越나라를 격파한 후, 북쪽으로 黃池에서 제후들을 회합하게 하였다. 6월에 越王 句踐이 吳나라를 정벌하여 오나라 태자 友를 포로로 잡았다. 그 후 오나라는 거듭하여 월나라에게 패배하여, 부차는 마침내 스스로 목을 찔러 죽었다.

史吳世家"吳王夫差旣破越, 北會諸侯於黃池. 六月, 越王句踐伐吳, 虜吳太子友. 其後累爲越所敗, 夫差遂自剄死.

③ 請迴蒲坂之戈 復起淮沂之役 : 李懷光을 평정한 군사를 가지고 즉시 李希烈을 토벌할 계책으로 삼으려 함을 이른 것이다.

謂欲以平李懷光之師, 卽爲討李希烈之計.

---

3) 三郤 : 三郤은 大夫 郤錡・郤犨・郤至이다. 이들은 晉나라의 巨族으로, 公室을 핍박하였다. 厲公 때 嬖人 胥童에게 제거당했다.

4) 厲公이 시해되었으며 : 晉 厲公이 鄢陵의 전투에서 승리한 뒤로 교만해져서 포악하고 무도한 짓을 자행하다가 欒書와 中行偃에게 사로잡혀 구금되었는데, 제후와 백성들이 슬퍼하지도 구해주지도 않아 석 달 만에 죽고 말았다고 하였다.

5) 文子使其祝宗祈死 : ≪春秋左氏傳≫에 따르면, 范文子가 鄢陵에서 돌아와 祝宗에게 자기가 죽도록 기도해달라고 청한 것은 成公 17년의 일이다.

6) 〔十〕: 저본에는 '十'이 없으나, ≪春秋左氏傳≫에 의거하여 보충하였다.

6-9-4 이는 어째서겠습니까. 建中의 난리에서 그 일을 징험할 수 있습니다. 처음에는 유감이 쌓여 너그럽게 포용하지 못하였고, 혹은 이기는 데 조급하여 전쟁하는 것을 가볍게 여겼습니다. 그러므로 劉文喜를 토벌함에 涇原의 將士들의 불만이 안정되지 못하였고 梁崇義를 정벌함에 漢水 남쪽 지역에 대한 토벌이 계속 이어졌습니다.[7] 천자의 명을 거역한 將帥(유문희와 양숭의)를 주살하지 않은 것이 아니며, 반란군을 정벌한 군사가 승리하지 않은 것이 아니며, 결연한 판단이 확고하지 않았던 것도 아니며, 혁연하게[8] 폐하의 노여움이 풀리지 않았던 것도 아닙니다.

그러나 사람들은 구휼을 받지 못하고 오로지 살육의 소리만 들렸으므로 죄가 있든 죄가 없든 스스로 보전하지 못하였습니다. 이 때문에 죄가 있는 불순한 자들은 鈇鉞이 차례로 가해질 것을 두려워하고, 화가 내릴까 두려워하여 불안해하는 자들은 시기와 참소가 미칠 것을 염려하여, 마침내 결집하여 토벌에 저항하고 이리가 돌아보듯이 두려워하며 은혜를 저버렸습니다. 그리하여 역적이 河南과 河北에 넘쳐나고 淮夷(淮河)에 뻗쳤습니다. 그리고 역적이 三輔를 분탕질하고 京邑을 도적질할 적에 어가가

---

7) 涇原의……이어졌습니다 : 德宗 建中 원년(780)에 原州에 성을 쌓고자 하여 李懷光에게 이를 감독하게 하였다. 이에 원주의 將士들이 성을 쌓는 데 불만을 품고 또 장수들은 이회광이 여러 장수들을 무고하게 죽인 것을 두려워하였는데, 劉文喜가 원주를 점거하였다. 이에 조정에서 朱泚와 이회광을 보내 평정하게 하였는데, 유문희가 항전하여 오랫동안 함락하지 못하였다. 유문희의 사신으로 온 劉海賓에게 덕종 이를 용서하지 않을 뜻을 보이자 유해빈이 돌아가 유문희를 죽였다. 그러나 덕종은 원주에 성을 쌓지 못하였다. 이러한 원주의 將士들의 불만은 783년 涇原의 변란으로 이어졌다.

梁崇義는 襄州를 거점으로 하던 藩鎭으로 비록 李正己 등의 藩鎭들과 연대하였지만 병사가 적고 세력이 약하여 조정에 예를 차렸다. 그러나 德宗의 入朝하라는 명령은 거절하였다. 이에 建中 2년(781)에 淮寧節度使 李希烈이 양숭의를 자신이 토벌할 수 있게 해달라고 청하였다. 덕종이 이를 허락하였는데, 당시 대신이었던 楊炎이 양숭의가 없으면 이희열을 통제할 수 없다고 하여 이를 반대하였으나 덕종이 이를 강행하였다. 이희열이 양숭의를 토벌하고 양주를 크게 약탈한 뒤 돌아갔다. 이후 이희열이 양주를 계속 공격하자 덕종은 哥舒曜를 파견하여 가서요가 양주에 진주하였다. 이희열이 양주를 포위하게 되었고, 덕종이 가서요를 구원하기 위해 경원의 군대를 동원하였다가 변란을 당하게 된다. 이후 이희열은 양주를 함락시켰으며 이 지역의 전쟁이 계속 이어졌다.

8) 혁연하게 : 원문의 '赫斯'를 풀이한 말이다. 赫斯는 王赫斯怒의 준말로, ≪孟子≫ 〈梁惠王 下〉에 "왕이 혁연하게 노하여 군대를 정비했다.〔王赫斯怒 爰整其旅〕"라는 ≪詩經≫ 〈皇矣〉의 말을 인용하면서, 周나라의 文王과 武王이 "한 번 노하여 천하의 백성들을 안정시켰다.〔一怒而安天下之民〕"라고 찬양한 말이 있다.

두 번이나 이 때문에 파천하였고 행궁(奉天)은 포위되는 지경에 이르렀습니다.

이때에 海內가 크게 동요하고 민심이 거의 떠나가서 天命은 촌음의 시각도 보장하지 못했고, 왕의 위엄이 한 城 밖으로 나가지를 못했습니다. 邦國의 위태로움[9]과 어려움이 면면히 이어져서 마치 包桑[10]이나 綴旒[11]와 같아서, 요행히 죽지 않은 것이 여러 번이었으니, 형세의 위태로움과 군색함이 실로 寒心할 만하였습니다.

何則고 建中之難을 其事可徵이니 始以蓄憾而隘於含容하고 或以亟勝而輕於戰伐이라 故文喜之討에 涇上之瘡痛이 未平①하고 崇義之征에 漢南之芟夷가 繼甚②하니 阻命之帥를 非不誅也며 伐叛之師가 非不克也며 介焉之斷이 非不堅也며 赫斯之怒가 非不逞也언마는 然以人不見恤하고 惟戮是聞일새 有辜無辜를 不敢自保하여 是以抱釁反側者는 懼鈇鉞之次加하고 畏禍危疑者는 慮猜譖之旋及하여 遂乃좌結以拒討하고 狼顧以背恩하여 彌兩河而亘淮夷하고 盪三輔而盜京邑할새 鑾輅가 爲之再駕하고 行宮이 至於合圍하니 于時에 海內大搖하고 物情幾去하여 天命이 莫保于寸晷하고 王威가 不出於一城하니 邦國之杌陧艱屯이 綿綿聯聯하여 若包桑綴旒하여 幸而不殊者가 屢矣니 勢之危窘이 實足寒心이라

① 文喜之討……未平 : ≪新唐書≫ 〈朱泚傳〉에 "建中 초에 李懷光으로 段秀實을 대신하여 涇原節度使를 겸하게 하였다. 涇原의 군사들은 이회광이 난폭하다는 소문을 듣고 서로 두려워하자, 留後 劉文喜가 이를 틈타 군중을 겁박하여 반란을 일으켰다. 德宗은 이회광에게 조칙을 내려 朱泚와 함께 토벌하게 하였다. 그 裨將 劉海賓이 그 무리와 함께 유문희를 살해하였다." 하였다.

---

9) 위태로움 : 원문의 '杌陧'을 풀이한 말이다. ≪書經≫ 〈周書 秦誓〉에 "나라의 위태로움도 한 사람으로 말미암으며, 나라의 영광도 거의 한 사람의 경사이다.〔邦之杌陧 曰由一人 邦之榮懷 亦尙一人之慶〕"라고 하였다.

10) 包桑 : '우북하게 자란 뽕나무 뿌리'라는 뜻으로, '苞桑'으로도 쓴다. ≪周易≫ 否卦 九五爻辭에 "혹시 망하지 않을까 늘 우려하여야 국가가 우북한 뽕나무에 매인 듯 편안하다.〔其亡其亡 繫于苞桑〕"라고 한 데서 유래하여, '국가가 안전함'을 의미하는 것이 일반적이나, 위 육지의 글에서는 단단해보이지만 언제 뽑힐지 모를 '위태로움'을 비유하고 있다. 明나라 楊愼도 ≪丹鉛總錄≫ 〈花木包桑〉에서 "뽕나무 뿌리가 어떻게 단단한 물건일 수 있는가. 대개 옛사람들의 '썩은 줄의 六馬', '범 꼬리와 봄날의 살얼음'과 같은 類라 할 것이다.〔包桑豈固結之物乎 蓋古人朽索六馬虎尾春冰之類也〕"라고 한 바 있다.

11) 綴旒 : 晉나라 劉琨의 〈勸進表〉에 "나라의 위태로움이 旒를 매단 듯하다.〔國家之危 有若綴旒〕" 하였다. 旒는 구슬을 꿰어 관에 매다는 줄로, 旒가 관에 매달려 흔들리듯이 위태롭다는 뜻이다.

朱泚傳云“建中初, 以李懷光代段秀實兼節度涇原. 涇士聞懷光暴, 更相恟懼, 留後劉文喜因劫衆以叛. 詔懷光與朱泚討之. 其裨將劉海賓與其徒殺文喜.”

② 崇義之征……繼甚 : ≪新唐書≫ 〈叛臣傳〉에 “梁崇義는 羽林射生으로, 襄陽에서 來瑱을 섬겼다. 내진이 주살당하자 마침내 그 군사를 총괄하였다. 代宗은 이에 현지에서 그를 절도사에 임명하였다. 양숭의는 일곱 州의 병사 2만으로 거병하여, 田承嗣・李正己 등과 서로 결집하여 마침내 조칙을 거부하고 입조하지 않았다. 德宗이 李希烈에게 명령하여 그를 토벌하게 하자, 양숭의의 군사가 크게 패배하니, 양숭의는 마침내 우물에 투신하여 죽었고, 이희열은 그의 머리를 京師에 보냈다.” 하였다.

叛臣傳 “梁崇義爲羽林射生, 事來瑱於襄陽. 瑱誅, 遂揔其軍. 代宗因就拜節度使. 擧七州兵二萬, 與田承嗣・李正己等相(槃)〔盘〕[12]結, 遂拒詔不朝. 德宗命李希烈討之, 崇義兵大敗, 乃赴井死, 傳首京師.”

6-9-5 지난날 곰처럼 용맹하고 민첩한 군사와 우레와 벼락같이 분발하는 기세, 武庫에 갈무리되어 있는 劍戟의 날카로움과 국고에 보관된 財賦의 풍성함이 없었으니, 명령을 시행하여 군중을 인솔하며 위엄을 갖추어 난리를 평정함이 建中의 초기에 견주어, 어찌 매우 볼품없고 降殺하다 하지 않겠습니까.

하지만 폐하께서 지난 과실을 깊이 후회하는 정성이 있으시고 심상하지 않은 詔令을 내리시어, 무력을 남용한 것이 난리를 조장한 줄 아시며, 세금을 거두는 것을 급하게 하고 무겁게 한 것이 재물을 탕진하게 한 이유임을 아시며, 남에게 잔혹하고 멋대로 행하는 것이 위험을 초래한 것임을 아시며, 민심에 위배하고 자기 마음만을 따름이 간사함을 무르익게 함을 아시며, 백성들이 극심히 고통을 받게 한 것이 원망을 일으키게 함을 아시며, 윗사람과 아랫사람이 소통하지 못함이 실정을 잃게 함을 아시어, 德音을 밝게 펼쳐 그들과 더불어 새롭게 시작하셨습니다.

도처에 덕음을 내릴 즈음에 듣는 이들 중에 눈물을 쏟지 않는 이가 없어, 혹 흉악하고 못된 사람이라 하여도 역시 필시 그 때문에 탄식하였으니, 정성이 대중을 감동시키는 것이 마침내 이러한 이러함(복)에 이르게 한 것입니다. 올빼미같이 사악한 자를 좋은 소리(덕음)로 회유하고 요사한 기운을 소멸시켜 화평한 기운으로 만드셨습니니

12) (槃)〔盘〕: 저본에는 ‘槃’으로 되어 있으나, ≪新唐書≫ 〈梁崇義傳〉에 의거하여 ‘盘’으로 바로잡았다.

다. 이로 말미암아 간사한 자들이 생각을 바꾸고 어진 자들이 귀의하여, 거짓 왕호를 가지고 叛徒들을 후원했던 자도 거짓된 호칭를 삭제하고 죄를 청하고, 머리를 내민 쥐처럼 관망하던 장수도 순수한 정성을 한결같게 하여 勤勞를 바치며, 유랑하며 헐벗고 굶주린 자들은 가정에서 목숨을 보존하길 희망하고, 전쟁에 종군하던 자들은 목숨을 보전하길 바라고 있습니다. 그리하여 德澤이 장차 고갈하려고 할 때 다시 물씬 내리고, 군주와 신하의 사이가 끊어졌다가 다시 교류하게 되어, 천하 사람들의 정이 모두 일변하였습니다.

지난날에는 토벌할수록 더욱 배반하였는데, 지금은 풀어줄수록 모두 돌아오고 있으며, 지난날에는 백만의 군사를 동원하여도 힘이 다하였으나 지금은 지척만 한 조칙으로 교화가 이루어졌습니다. 이것은 바로 聖王께서 治道를 펴고 난폭한 자를 굴복시키는 것이 덕에 달려 있지 무력에 달려 있지 않다는 분명한 증거입니다. 뭇 장수들이 신하된 예법을 거역하고 하늘의 주벌에 저항하는 것은, 살 길을 도모한 것이지 망하기를 도모하지 않는다는 또 하나의 분명한 증거입니다.

非有曩時에 熊羆貔貅之師와 雷霆奮發之勢와 武庫劍戟之利와 帑藏財賦之殷하니 其所以施令率人하고 取威定亂이 比於建中之始하여 豈不至微至殺哉언마는 然而陛下가 懷悔過之深誠하시며 降非常之大號하사 知黷武窮兵之長亂하시며 知急征重斂之勦財하시며 知殘人肆欲之取危하시며 知違衆率心之稔慝하시며 知烝庶困極之興怨하시며 知上下鬱堙之失情하사 德音渙然하사 與之更始하시니 所在宣敭之際에 聞者가 莫不涕流하여 雖或兇獷匪人이라도 亦必爲之歔欷[①]하니 誠之動物이 乃至于斯라 懷梟鴟以好音[②]하고 消祲沴爲和氣하고 由是姦回易慮하고 黎獻歸心하여 假王叛援之夫가 削僞號以請罪[③]하고 觀釁首鼠之將이 壹純誠以效勤하며 流亡凍餒者는 希保於室家하고 屯戍戰爭者는 冀全其性命하여 德澤이 將竭而重霈하고 君臣이 已絶而更交하여 天下之情이 翕然一變하니 曩討之而愈叛이러니 今釋之而畢來하고 曩以百萬之師而力殫이러니 今以咫尺之詔而化洽하니 是則聖王之敷理道하고 服暴人이 任德而不任兵이 明矣며 群帥之悖臣禮하고 拒天誅가 圖活而不圖亡이 又明矣라

① 所在宣敭……亦必爲之歔欷 : ≪新唐書≫ 〈陸贄傳〉에 "육지가 일찍이 황제에게 말하기를 '지금 도적이 천하에 가득하므로, 마땅히 통렬하게 스스로를 허물하시고 후회하셔서, 인심을 감동시켜야 합니다.'라고 하자, 황제가 그 말을 따랐다. 그러므로 奉天에서 내린 制書

에 대해서는, 武人이나 사나운 군졸들이라도 감동하여 눈물을 흘리지 않는 사람이 없었다. 뒤에 李抱眞이 入朝하여 황제에게 말하기를 '폐하께서 奉天과 山南에 계실 때 赦令이 山東에 이르러오면 士卒들 가운데 듣는 이들이 모두 감동하여 눈물을 흘리고 떨쳐 일어날 것을 생각하였으므로, 臣은 이때에 적을 평정하려고 할 필요도 없음을 알았습니다.'라고 하였다." 하였다.

本傳云 "贄嘗爲帝言 '今盜徧天下, 宜痛自咎悔, 以感人心.' 帝從之, 故奉天所下制書, 雖武人悍卒, 無不感動流涕. 後李抱眞入朝, 爲帝言 '陛下在奉天・山南時, 赦令至山東, 士卒聞者皆感泣思奮, 臣是時知賊不足平.'"

② 懷梟鴟以好音 : ≪詩經≫ 〈魯頌 泮水〉 시에 "이리저리 나는 저 올빼미, 저 반궁의 나무숲에 모였도다. 우리 뽕나무 오디를 먹고 좋은 소리로 날 회유하누나."라고 하였다.

泮水詩云 "翩彼飛鴞, 集于泮林. 食我桑黮, 懷我好音."

③ 假王叛援之夫 削僞號以請罪 : ≪新唐書≫ 〈藩鎭傳〉의 興元 원년(784)에 천하에 사면령을 내리자 王武俊이 그 군사를 크게 모아 僞號를 버렸다는 것과 같은 부류이다.

如藩鎭傳, 興元元年赦天下, 王武俊大集其軍, 黜去僞號之類.

6-9-6 아직 폐하께서 臣의 말이 소략하다고 여겨서 이해하시지 못할까 염려됩니다. 다시 그 근본을 따라서 자세히 아뢰기를 청합니다. 지난날 河朔과 靑齊[13]의 악한 무리를 선동하여, 군대를 거느리고 땅을 점거하여 대를 거듭하여도 조정에 조회하지 않았기에, 폐하께서는 천자의 교화가 고르지 않은 것을 부끄럽게 여기시고 간특한 자들이 잘못을 바로잡지 않은 것에 분노하셔서, 이에 六軍・神策軍・河陽軍・河東軍・澤潞軍・朔方軍의 騎士를 출동하여 북쪽으로 가서 정벌하게 하셨고, 永平・汴宋・幽隴・江淮・閩嶺의 將卒에게 명하여 남쪽으로 가서 정벌하게 하셨습니다.

이때에 국가의 국고를 탕진하여 군수를 넉넉히 지급하셨고 공적이든 사적이든 마구간의 말과 방목하는 말을 모두 징발하여 무위를 펼치게 하였습니다. 算稅(인두세)는 만백성에게 두루 부과되고, 徭役은 팔방의 먼 지역에 두루 부과되어 수고로움이 심하였지만 위세 또한 대단하였습니다. 이윽고 여러 날이 지나고 해가 이어져 군사는 피로하고 재물은 허비하였지만 兩河의 역적들에 대한 근심이 더하면 더하였지 나아짐이

13) 河朔과 靑齊 : ≪陸贄集≫(中華書局, 2006) 張佩芳의 註에 河朔은 王武俊, 田緖, 劉怦이고 靑齊는 李納이라 하였다. 靑齊는 九州의 하나인 靑州이고 齊는 춘추전국시대의 국명이니 바로 산동 지역을 가리킨다.

없어서, 국가의 근본은 이미 뒤집어지기 시작하였습니다. 그러다가 涇原의 군졸들이 난리를 일으키고 朱泚의 반군이 재앙을 이룸에 이쳐 豺狼 같은 자들이 궁궐을 차지하고 짐승 같은 자들이 馳道에서 사람을 죽이니, 河朔을 정벌하러 갔던 군중은 여러 갈래길로 흩어져 돌아갔고, 宋州의 교외에서 조정의 명에 따라 〈역적을 토벌하는〉 군사들은 보루를 지킬 겨를도 없었습니다.

이러한 난리에 海內가 비등하여 만약 鼎의 무게를 묻는 야심을[14] 가진 자와 하늘을 덮는 위세를 떨치는 교활한 자가 있어, 재앙을 요행으로 삼아 틈을 탄다면 무엇인들 못했겠습니까.

그러나 얼마 후 田悅과 李納의 무리들이 모두 스스로 움츠러들어서 안으로는 〈자신들을 용서할 것이라는〉 분에 넘치는 희망을 의론함도 없었고 밖으로는 경계를 범하는 침입도 없었습니다. 그러다가 성상의 은택이 자신들의 죄를 씻어주고 制書를 내려 자신들의 작위를 회복시켜준다는 말을 듣고서는 마음에 조금도 불만이 없고 풍모를 멀리서 바라보고는 진심으로 항복하여, 다투어 表章을 신속하게 바쳐서 혹시라도 뒤질세라 염려하였으니, 그 평소의 뜻을 추적해보면 여기에서 알 수가 있습니다. 이는 모두 군대에 의지하여 군주의 원망에 목숨을 구하려는 부류요, 군주를 사모하여 구차히 안녕을 도모하는 무리입니다.

尙恐陛下가 以臣言之略而未喩也인댄 請復循其本而申備之호리이다 往以河朔靑齊가 同惡相扇하여 擁戎據土하여 易代不庭일새 陛下가 恥王化之未同하시며 忿姦慝之靡格하사 於是에 發六軍神策河陽河東澤潞朔方之騎士하여 以徂征于北①하시고 命永平汴宋幽隴江淮閩嶺之將卒하여 以奮伐于南②하실새 罄國家廩帑하여 以贍軍하고 悉公私廐牧하여 以張武하니 算斂이 周於萬類하고 徵徭가 被於八荒하여 勞已甚矣하며 威亦盛矣러니 旣而曠日綿歲하여 老師費財호되 兩河之寇患이 有加無瘳하여 而邦本이 已始覆矣라 洎涇卒倡亂하고 泚戎構災③하여 豺狼이 整居於禁闈하고 猰貐가 擇肉於馳道하니 河朔問罪之衆은 布路而歸하고 宋郊仗順之師는 守壘不暇하여 于斯之亂이 海內沸騰하니 儻有問鼎之雄圖와 滔天之巨猾이 幸災乘間하면

14) 鼎의……야심을 : 춘추시대 楚子가 周나라 鼎의 경중을 물은 것으로 이후 천하를 빼앗으려는 마음이 있는 것을 뜻하는 말로 쓰였다. 정은 禹임금이 九州의 金(銅)을 바치게 하여 만들었다는 九鼎으로, 夏・殷・周가 전하여 나라를 전하는 보물로 삼았다 한다.(≪春秋左氏傳≫ 宣公 3년)

何所不爲리오 旣而悅納之儔④가 咸自斂縮하여 內無非望之議하고 外無軼境之侵이러니 及聞天澤滌瑕하며 制書復爵⑤하여는 曾不蔕芥하고 望風款降하여 爭馳表章하여 唯恐居後⑥하니 迹其素志하면 於此可知라 是皆假兵救怨之流요 戀(土)〔主〕[15]偸安之輩니

① 以徂征于北 : 田悅 등을 토벌하는 것을 말한다.
謂討田悅等.

② 以奮伐于南 : 李希烈 등을 토벌하는 것을 말한다.
謂討希烈等.

③ 洎涇卒倡亂 泚戎構災 : 위의 주에 아울러 보인다.[16]
竝見上注.

④ 悅納之儔 : 田悅과 李納을 일컫는다.
謂田悅·李納.

⑤ 制書復爵 : 奉天에서 改元하고 〈사면하는〉 制誥[17]에 "李希烈·田悅·王武俊·李納과 관할의 將士와 官吏는 모두 죄를 씻어주고, 각각 본래의 爵位를 회복하게 하라."고 하였다.
奉天(改元)〔所下〕制云 "其李希烈·田悅·王武俊·李納及所管將士官吏, 竝與洗滌, 各復爵位."

⑥ 唯恐居後 : 조칙을 내려 田悅을 右僕射에 拜授하고, 濟陽郡王에 封하자, 전열의 군사들이 흔연히 황제의 명을 들었다. 王武俊에게 司空에 拜授하자, 왕무준은 즉각 僞號를 버렸다. 李納은 황제가 罪己詔를 내렸다는 말을 듣고, 마침내 다시 귀순하여, 그를 隴西郡王에 封하였다. 그 일은 각 本傳에 보인다.
詔拜田悅爲右僕射, 封濟陽郡王, 悅衆欣然聽命. 拜王武俊爲司空, 武俊卽黜去僞號. 李納聞帝下詔罪己, 遂復歸命, 封隴西郡王. 各見本傳.

6-9-7 살기를 생각하고 죽기를 두려워하는 것은 미물의 일반적인 정서요, 위험을 염려하고 안정을 구하는 것은 品物의 일반적인 본성입니다. 그러므로 천하를 차지하고 백성들을 자식처럼 여기는 이는 천하의 바람으로 자신의 바람을 삼고 백성의 마음으로 자신의 마음을 삼습니다. 정말로 그들이 품은 바를 이루어주고 그들이 두려워하는 바를 제거하며, 그들이 원하는 것을 주어서 집집마다 저절로 편안케 하고 사람마다

---

15) (土)〔主〕: 저본에는 '土'로 되어 있으나, ≪翰苑集≫에 근거하여 '主'로 바로잡았다.

16) 위의……보인다 : 본서 127쪽 郎曄의 註 ①에 보인다.

17) 奉天에서……制誥 : 이는 陸贄의 〈奉天改元大赦制〉에 보인다.

스스로 이루게 하니, 집안이 진실로 안녕하면 나라 역시 견고해지고 사람들이 진실로 이루어지면 군주 또한 편안합니다. 이것은, 살리는 것을 좋아하는 마음으로 남에게 미치는 것이 바로 자신을 살리는 방도이며, 편안함을 베푸는 것으로 남에게 미치는 것이 바로 자신을 편안하게 하는 방도입니다.

타인을 죽을 곳으로 밀치고서 자기는 오래 살기를 구한 경우는 옛날부터 지금까지 없었으며, 타인을 위험한 곳에 두고서 자기는 오래 편안하기를 구한 경우는 옛날부터 지금까지 없었습니다. 그러므로 옛날 聖王 중에 살리는 방법을 아는 자는 남이 좋아하는 것으로 자기가 또한 즐거워했습니다. 그러므로 남들과 삶을 함께하면 윗사람과 아랫사람이 그 즐거움을 아울러 얻을 수 있었습니다. 성왕 중에 편안하게 하는 방도를 아는 자는 남이 이롭게 여기는 것으로 자기가 또한 이롭게 여겼습니다. 그러므로 남들과 편안함을 함께하면 공적이든 사적이든 이익을 둘 다 온전히 할 수 있었습니다.

혹여 일반적인 이치를 뒤집고 혼미하여 공손치 못한 자가 있으면, 당연히 밖으로는 그자가 고집을 부리며 뻣뻣하게 구는 연유를 살피고 안으로는 위무하여 다스리는 데 잘못된 점을 반성하여 가까운 지역을 잘 닦아서 먼 곳의 사람들을 오게 하고, 자신의 몸을 단속하여 사람들을 인솔하였습니다.

그러므로 ≪尙書≫에는 "干戈를 쓸 일이 있거든 자신의 몸을 살피라."[18]라 하였고, 또 말하기를 "방패와 새 깃을 들고 두 섬돌 사이에서 춤을 추니, 70일 만에 有苗가 귀순하였다."[19]라고 하였으며, 孔子가 말하기를 "먼 곳의 사람들이 복종하지 않으면 문덕을 닦아서 그들을 오게 하고, 이미 오게 했으면 편안하게 해주어야 한다."[20]라고 하였으니, 이것이 그 증거입니다.

懷生畏死는 蠢動之大情이요 慮危求安은 品物之常性일새 有天下而子百姓者가 以天下之欲爲欲하고 以百姓之心爲心이라 固當遂其所懷하고 去其所畏하며 給其所求하여 使家家自寧하고 人人自遂니 家苟寧矣면 國亦固焉이요 人苟遂矣면 君亦泰焉이니 是則好生以及物者가

18) 干戈를……살피라 : ≪書經≫ 〈商書 說命〉에 보인다.
19) 방패와……귀순하였다 : ≪書經≫ 〈虞書 大禹謨〉에 보인다.
20) 먼 곳의……한다 : ≪論語≫ 〈季氏〉에 보인다.

乃自生之方이요 施安以及物者가 乃自安之術이라 擠彼於死地而求此之久生也면 從古及今에 未之有焉하며 措彼於危地而求此之久安也면 從古及今에 亦未之有焉이니 是以昔之聖王知生者는 人之所樂而己亦樂之故로 與人同其生하면 則上下之樂을 兼得矣요 〔聖王〕[21] 知安者는 人之所利而己亦利之故로 與人共其安하면 則公私之利가 兩全矣라 其有反易常理하고 昏迷不恭이어든 則當外察其倔強之由하며 內省於撫馭之失하여 修近以來遠하고 檢身而率人하나니 故書에 曰 惟干戈를 省厥躬이라하고 又曰 舞干羽于兩階하시니 七旬에 有苗가 格이라하고 孔子曰 遠人不服하면 則修文德以來之하고 既來之하면 則安之라하시니 此其證也라

6-9-8 혹시라도 懷柔하는 데 어둡고 공격하여 취함에 힘써서 교화가 지극하지 않음을 징계하지 않고 정성으로 감화시킴이 미덥지 못함을 허물로 여기지 않고서, 오로지 준엄한 위엄으로 군림하고 오로지 분노한 마음을 한껏 부려서, 사람을 보기를 금수처럼 여겨 들판에 시체를 드러나게 하고 사람을 초개와 같이 하찮게 여겨 날카로운 칼끝에 죽게 만듭니다. 그리하여 반란한 자가 조회하지 않으면 토벌을 명하고, 토벌군이 이기지 못하면 형벌을 의론하게 합니다. 그렇게 하면 이는 죄를 지은 자로 하여금 반드시 죽임을 당하는 주벌을 받는 것을 두려워하게 하고, 辭命을 받든 자로 하여금 아무 공적이 없다는 책망을 받는 것을 걱정하게 하며, 백성은 부역에 시달려 변란을 일으킬 것을 생각하고, 사졸은 목숨을 잃는 것을 꺼려서 돌아갈 것을 생각하게 만들 것입니다. 오만 가지 마음이 서로 공박한다면 난리를 어찌 평정하겠습니까.

한 지아비가 따르지 않으면 온 경내가 재앙에 걸리고, 한 경내가 안녕하지 못하면 온 천하가 어지러워지며, 병란이 이어지고 앙화가 연결되면 변고가 백방으로 발생할 것입니다. 그러므로 孔子는 말하기를 "먼 곳 사람들이 복종치 않는데도 오게 하지 못하고, 나라가 사분오열하는데도 능히 지키지 못하면서도, 나라 안에서 전쟁을 일으키고자 하니 나는 季孫의 근심이 顓臾에게 있지 않고 蕭牆(가림벽) 안에 있을까 두렵다."[22]라고 하였습니다. 이것은 대개 반드시 그러한 이치이며 지극히 마땅한 격언이니, 百世의 왕들을 거쳐도 바뀌지 않을 明鑑과 元龜로 삼기에 충분한 것입니다. 그

21) 〔聖王〕: 저본에는 '聖王' 두 자가 없으나, ≪翰苑集≫에 근거하여 보충하였다.

22) 먼 곳……두렵다. : ≪論語≫ 〈季氏〉에 보인다.

런데도 일이 마침내 反覆되고 있으니 두려워하지 않을 수 있겠습니까.

이치상 반드시 그러한 점이 있으면 길이 달라도 같은 길로 돌아가게 되고, 말에 지당한 점이 있으면 시대가 달라도 응하기를 부절이 합하듯 합니다. 최근에 東北의 역도가 職貢을 폐하여, 폐하께서 그들이 명을 어긴 것에 분노하여 크게 甲兵을 일으키시어, 역적 朱泚로 하여금 간악한 자를 유인하여 틈을 보아 준동하게 하는 지경에 이르렀으니, 대비를 갖춘 역적들은 오히려 멀리 河水와 山岳에 막혀 있었지만 예측할 수 없는 兵事가 이미 천자의 수도에서 몰래 발생하였으니, 蕭牆의 경계가 믿지 않을 수 있겠습니까.

如或昧於懷柔하고 務在攻取하여 不徵敎化之未至하며 不疵誠感之未孚하고 惟峻威是臨하며 惟忿心是肆하여 視人如禽獸하여 而曝之原野하고 輕人如草芥하여 而勦之銛鋒하여 叛者不賓則命致討하고 討者不克則將議刑이면 是使負釁者로 懼必死之誅하고 奉辭者로 慮無功之責하며 編甿은 以困於杼軸[23]而思變하고 士卒은 以憚於死喪而念歸하리니 萬情相攻하면 亂豈有定이리오 一夫不率하면 闔境罹殃하고 一境不寧하면 普天致擾하여 兵連禍結하면 變起百端하나니 故孔子曰 遠人不服호되 而不能來也하며 邦分崩離析호되 而不能守也하고 而謀動干戈於邦內하니 吾恐季孫之憂가 不在顓臾而在蕭牆之內矣라하시니 此蓋必然之常理며 至當之格言이니 足以爲明鑑元龜하여 貫百王而不易者也어늘 事乃反覆하니 得無懼乎아 夫理有必然則殊途가 歸於同轍하고 言有至當則異代가 應如合符하나니 頃以東北孼徒가 職貢廢闕이라하여 陛下가 忿其違命하사 大擧甲兵하사 至令逆泚誘姦하여 乘釁而動하니 所備之寇는 猶遠介於河山이어니와 不虞之戎은 已竊發於都輦하고 蕭牆之戒가 不其信歟아

6-9-9 과거의 典範에 드리운 훈계가 저와 같고 근래 일에 밝게 징험된 것이 이와 같습니다. 이 때문에 德音에 애통한 감정을 펴고 정벌의 일을 후회하여 여러 잘못을 끌어다 자기를 허물하고 밝은 약속을 선포하여 사람들에게 제시하셨습니다. 그리하여

23) 困於杼軸 : ≪詩經≫ 〈小雅 大東〉에 "大東이나 小東이나 북과 도투마리 다 비었네.〔大東小東 杼軸其空〕"라고 하여, 동쪽에 있는 크고 작은 제후국들이 周나라 왕실을 위한 부역에 시달리는 상황을 풍자한 데서 유래한 말이다.

이미 지나간 잘못을 모두 뉘우치시고 막대한 죄들로 모두 용서하여, 賦稅를 줄일 것을 약속하고 군사를 쉬게 할 것을 맹세하였던 것입니다. 이 때문에 億兆의 더럽혀진 사람들과 서너 명의 반란 괴수들이 폐하의 스스로 새로워지겠다는 칙지에 감동하고 폐하의 성대한 덕을 드러낸 말씀을 기뻐하여, 낯빛을 바꾸고 언사를 고쳐서 신하로서의 예법을 모두 닦고 있습니다.

그러나 깊은 담론과 비밀스런 논의에 대해서는 정말로 다 드러내지 않고 있기 때문에 저들이 마땅히 黨을 모아 모의를 하고 귀를 기울여 들을 것입니다. 그리하여 폐하가 행하시는 일을 살피고 폐하가 맹세하시는 말씀을 살펴서, 만약 말씀이 일에 부합하면 善으로 옮아가려는 마음이 차츰 견고하게 될 것이고, 만약 일이 말씀에 위배되면 앙화를 걱정하는 태도가 다시 일어날 것입니다.

京邑이 안정되어 어가가 되돌아오고 나서 李懷光이 계속 난을 일으키는 때를 당하여 天討를 다시 행하게 되었으니, 군사 행동을 그치겠다는 말을 우리가 실천하지 못했지만 山東의 뭇 장수들이 감히 군말을 내지 못한 것은 대개 河中의 땅이 王城에 아주 가까우므로 곧 닥칠 환난에 급박하여 제거하지 않을 수 없었기 때문입니다.

그런데 〈이회광의 난이 평정된〉 지금 만약 수레의 방향을 바꾸고 군대의 깃발을 옮겨서 다시 淮西를 향한다면 淮西의 원흉들이 필시 장차 악한 무리들을 속이고 위협하고, 새로 조정에 귀부한 장수들을 이간하여 말하기를 "奉天에서 군사를 그치겠다고 한 칙지는 군색하고 다급하여 말한 것이고, 조정이 조금 안정되면 필시 다시 주살하고 정벌할 것이다. 이 때문에 朱泚가 멸망하자 李懷光이 屠戮되었고, 이회광이 도륙되자 李希烈이 정벌당한 것이니, 이희열이 가령 평정되면 앙화는 장차 우리에게 차례로 미칠 것이다." 할 것입니다. 그렇게 되면 평소에 의심을 품고 묵은 죄를 생각하고 있는 자들이 능히 그 때문에 마음을 움직이지 않을 수 있겠습니까. 마음이 움직이고 나면, 제 몸을 잃고 족속이 覆滅되리라는 우려가 가득 할 것이고, 우려가 가득 하면 脣亡齒寒의 병통을 근심할 것입니다.

무릇 병이 같은 자들은 비록 胡와 越처럼 멀리 떨어져 있다 해도 서로 불쌍히 여기고, 근심이 같은 자들은 맞이하여 사귀지 않아도 저절로 친하게 됩니다. 이 때문에 河朔과 青齊는 당연히 호응할 것이고, 建中의 앙화가 형세상 필시 다시 일어날 것입니다.

國家가 再造하는 초기로써 역도들이 어깨를 쉬게 된 뒤를 당하여 그들이 번갈아 쳐들어와서 소동을 부리며 혹은 멋대로 맹렬히 공격하면, 그들을 토벌하자니 우리의 힘이 아직 그럴 겨를이 없고, 그들을 내버려두면 마침내 침범하는 환난이 이에 심하게 될 것입니다. 어리석은 臣은 생각건대 이 재앙은 작지 않을 것이라고 봅니다. 폐하께서는 어떤 방도로 그 상황을 대처하실지 모르겠습니다. 만약 그런 방도가 있다면 그들을 업신여겨도 좋습니다. 그러나 만약 그런 방도가 없다면 원컨대 폐하께서는 가벼이 여기지 마소서.

前典垂訓이 既如彼하고 近事明驗이 又如此할새 所以德音이 敍哀痛之情하시며 悔征伐之事하사 引衆慝以咎己하시고 布明信以示人하사 既往之失을 畢懲하시고 莫大之辜를 咸宥하사 約之以省賦하시며 誓之以息兵하시니 由是로 億兆汚人과 四三叛帥가 感陛下自新之旨하며 悅陛下盛德之言하여 革面易辭하여 具修臣禮하나 其於深言密議에 固亦未盡坦然일새 必當聚黨而謀하며 傾耳而聽하여 觀陛下所行之事하며 考陛下所誓之言하여 若言與事符則遷善之心이 漸固하고 儻事與言背則慮禍之態가 復興하리이다 自京邑底寧으로 乘輿旋返이러니 屬懷光繼亂하여 天討又行하니 息兵之言을 我則未復호되 山東群帥가 所以未敢生辭者는 蓋爲河中之地가 密近王城하니 迫於朝夕之虞하여 不得不翦除之爾어니와 今若改轅移旆하여 復指淮西하면 則淮西元兇이 必將誑脅其同惡之徒하고 間說於新附之帥하여 謂之曰 奉天息兵之旨는 乃因窘急而言이라 朝廷稍安이면 必復誅伐이니 是以朱泚滅而懷光戮하고 懷光戮而希烈征하니 希烈儻平하면 禍將次及이라하리니 則彼之蓄素疑而懷宿負者가 能不爲之動心哉아 心既動則盈其喪身覆族之憂하고 憂既盈則慮以脣亡齒寒之病하리니 夫病同者는 雖胡越而相愍하고 憂同者는 不邀結而自親일새 河朔青齊가 固當響應이라 建中之禍가 勢必重興하리니 以國家再造之初로 當群孼息肩之後하여 迭來鳴吠하고 或肆奔衝하면 討之則我力未遑하고 縱之면 乃寇患斯甚하리니 臣愚는 竊以爲禍非細라하노니 未審陛下가 何方以待之오 若有其方인댄 侮之可也어니와 如其未有인댄 願陛下는 勿輕易焉하소서

6-9-10 무릇 장차 일을 잘 마치기를 도모한다면 반드시 처음을 신중히 하는 데[24] 달려 있습니다. 앙화의 기틀이 한 번 발동하면 다시 뒤따라 바로잡을 수가 없습니다.

그러므로 臣은 청컨대 바로 지금 마땅히 다스려야 할 것을 대략 진술하려고 하오니, 성군께서 만에 하나라로 살펴서 택해주시기 바랍니다.

임금의 큰 권한은 은혜와 위엄에 달려 있습니다. 그 둘을 아울러 행해야지, 하나라도 폐기해서는 안 됩니다. 은혜롭기만 하고 위엄이 없으면 백성들이 두려워하지 않고, 위엄만 있고 은혜로움이 없으면 군주의 은덕을 마음에 생각하지 않습니다.

만일 은혜를 베푸는 것으로 백성들에게 이를 생각하게만 할 줄 알고 위엄을 취할 방도를 폐기한다면 베푸는 은혜는 바로 연약함을 보여주게 될 따름이니, 백성들이 어찌 임금의 은혜를 생각하겠습니까. 만일 위엄을 부려 백성들에게 이를 두려워하게만 할 줄 알고 은덕을 베푸는 것을 버려둔다면, 위엄을 행하는 것이 바로 적을 불러들이게 될 따름이니, 백성들이 어찌 임금의 위엄을 두려워하겠습니까. 그러므로 나라를 잘 다스리는 사람은 은혜를 베풀면서 위엄을 기르고 위엄을 기르면서도 은혜를 존숭합니다. 위엄이 잘 배양되면 꺾이지 않고, 은혜가 존숭을 받으면 사람의 마음에 은혜가 있게 됩니다. 그러므로 은혜가 위엄과 함께 서로 길러지고, 위엄이 은혜와 함께 서로 실행됩니다. 人主가 먼 데 있는 사람을 회유하고 강포한 자를 복종시키고자 할 적에 이 방법의 요점에 밝지 않으면 이를 이룰 수가 없습니다.

凡將圖終인댄 必在愼始니 禍機一發하면 難可復追일새 臣請粗陳當今維馭之所宜호리니 唯聖主는 省擇萬一하소서 夫君之大柄이 在惠與威하여 二者兼行이요 廢一不可니 惠而罔威則不畏하고 威而罔惠則不懷하나니 苟知夫惠之可懷하고 而廢其取威之具하면 則所敷之惠가 適足以示弱也니 其何懷之有焉이며 苟知夫威之可畏하고 而遺其施惠之德하면 則所作之威가 適足以召敵也니 其何畏之有焉이리오 故善爲國者는 宣惠以養威하고 蓄威以尊惠하나니 威而能養則不挫하고 惠而見尊則有恩이라 是以惠與威가 交相畜也하며 威與惠가 互相行也니 人主之欲柔遠人而服强暴에 不明斯術之要면 莫之得焉이니이다

6-9-11 지금 皇運이 中興하고 하늘이 내린 재앙을 후회하셨기 때문에 역적 朱泚가 上

24) 처음을……데 : ≪大戴禮記≫ 〈保傅〉에 "≪周易≫에서 '그 근본을 바르게 하면 모든 일이 다스려지고, 터럭만큼이라도 어긋나면 천 리 멀리 차이가 난다.' 했다. 그러므로 군자는 처음을 신중히 한다.〔易曰 正其本 萬物理 失之毫釐 差之千里 故君子愼始也〕"라고 하였다.

國(長安)을 차지하고 李懷光이 中畿(王都, 즉 河中)를 절취하였어도 한 해가 지나기 전에 차례로 효수되었으니, 실로 뭇 악인들이 마음을 섬뜩하게 하는 날이요 백성들이 눈 씻고 다시 보는 때입니다.

위엄은 이미 행하였으나 은혜는 아직 흡족하지 않으니, 진실로 위로는 하늘의 돌봄에 부응하고 아래로는 민심을 거두어서, 백성을 긍휼히 여기는 은혜를 베풀어서 위엄을 이루시고 역적을 멸한 위엄을 이용해서 은혜를 행하셔야 합니다. 河中의 오염되었던 黨與를 용서하여 모두 아무 죄를 묻지 않으시고, 淮右의 참람히 반역한 죄를 사면하여 정치를 새롭게 하는 것을 모두와 함께하셔야 합니다. 피로한 백성들의 조세를 면제하시고 병사들을 해산하여 쉬게 하시어, 지난날 전쟁을 그치겠다고 하신 명령에 부합하여 신뢰를 드러내고, 위대한 임금의 잘못을 용서하는 은덕을 크게 떨쳐 仁政을 펴서, 만백성들로 하여금 모두 "왕의 말씀이 위대하도다."라고 말하게 하고, "왕의 마음이 한결같도다."[25]라고 말하게 하여야 합니다.

이와 같이 한다면, 위엄을 쓰지 않아도 백성들은 神明을 대하듯 외경하고, 은혜를 쓰지 않아도 부모를 대하듯 생각할 것입니다. 의구심을 품고 토벌을 걱정하던 자들의 경우에는 반드시 장차 말하기를 "淮右의 참람히 반역한 죄도 사면했는데, 우리들이 무엇을 걱정하랴."라고 할 것이며, 위협에 못 이겨 따라서 악을 함께 저질렀던 자들의 경우에는 반드시 장차 말하기를 "河中의 오염되었던 당여도 용서받았는데, 우리들이 무엇을 근심하랴."라고 할 것이며, 피로하고 고통을 겪어 편안하길 생각하는 자들의 경우에는 반드시 장차 말하기를 "우리 군주에게는 전쟁에서 이긴 군사가 있으나 억눌러두고 내달리게 하지 않으니, 정말로 정벌을 그만두셨도다."라고 할 것이며, 쇠잔하여 잘 다스려지기를 기대하는 자들의 경우에는 반드시 장차 말하기를 "우리 군주에게는 난리를 미워하는 분노가 있으시지만 인내하여 터뜨리지 않으시니, 정말로 고통받는 이들을 불쌍히 여기시는구나."라고 할 것입니다. 천하 사람들의 마음이 이와 같고도 화란이 그치지 않고 정치의 도리가 행하지 않은 경우는 없습니다.

今皇運中興하고 天禍將悔일새 以逆泚之偸居上國과 以懷光之竊保中畿로도 歲未再周에 相次梟殄하니 實衆慝驚心之日이요 群生改觀之時라 威則已行호되 惠猶未洽하니 誠宜上副天

---

25) 왕의 말씀이……한결같도다 : 이 두 구절이 모두 ≪書經≫ 〈商書 咸有一德〉에 보인다.

眷하고 下收物情하여 布恤人之惠하여 以濟威하고 乘滅賊之威하여 以行惠하며 宥河中染汚之黨하여 悉無所問하고 赦淮右僭逆之罪하여 咸與惟新하며 蠲貸疲甿하고 休罷戰士하여 符往歲息兵之令하여 以彰信하고 丕大君含垢之德하여 以布仁하여 俾萬姓으로 皆曰 大哉王言이라케하시며 又曰 一哉王心이라케하소서 如是則威不用而畏如神明하고 惠不費而懷如父母하리니 凡在危疑懼討者가 必將曰 淮右僭逆之罪도 且赦矣어든 吾屬이 何患焉이리오 凡在脅從同惡者가 必將曰 河中染汚之黨도 且宥矣어든 吾屬이 何病焉이리오하며 凡在倦苦思安者가 必將曰 吾君有戰勝之師호되 抑而不騁하니 信乎其罷征矣라하며 凡在凋殘望理者가 必將曰 吾君有嫉亂之憤호되 忍而不攄하니 信乎其恤隱矣라하리니 天下之心이 若此로되 而禍亂不息하고 理道不行者가 無之니이다

6-9-12 臣이 반드시 복종하리라 감히 보증할 수 없는 자는 오로지 李希烈 한 사람일 따름입니다. 그러나 그의 사사로운 마음을 헤아려보면 복종하길 바라지 않는 것이 아니요, 그의 속마음을 상상해보면 지난 일을 후회하지 않는 것이 아닙니다. 다만 猖狂하여 잘못 계책을 써서 이미 大名을 훔쳤으므로, 비록 폐하께서 온전히 용서해주시는 은혜를 입었지만, 하늘과 땅 사이에서 스스로 뻔뻔하게 얼굴을 들 수가[26] 없을 따름입니다.

비록 왕명을 순종하지 않는다고 하여도 이는 獨夫[27]이니, 안으로는 군사를 일으킬 명분이 없고 밖으로는 도움을 구할 부류가 없으므로, 그 계책은 자신의 部曲을 도탑게 위무하여 구차히 한 시기에 용납되기를 바라는 정도에 불과할 따름입니다. 마음으로는 비록 제멋대로 날뛰고 싶어하지만 형세로 보면 필시 감히 어쩌지 못합니다.

폐하께서는 단지 여러 藩鎭에 칙명을 내려 각각 封疆을 지키게 하신다면, 저자는 그 기운이 빼앗기고 계산이 궁할 것이니, 이는 감옥에 갇힌 포로일 따름입니다. 人禍

26) 뻔뻔하게……수가 : 원문의 '自靦'을 풀이한 말이다. 自靦은 뻔뻔스레 얼굴을 든다는 뜻이다. ≪詩經≫ 〈小雅 何人斯〉에 "귀신이나 물여우는, 볼 수나 없거니와, 너는 뻔뻔스레 얼굴을 들어, 끝없이 사람을 보는구나.〔爲鬼爲蜮 則不可得 有靦面目 視人罔極〕"라고 한 데서 나왔다.

27) 獨夫 : 한 사내라는 뜻으로, ≪書經≫ 〈周書 泰誓〉에 "옛사람의 말에 '나를 어루만져주면 임금이고, 나를 학대하면 원수이다.'라고 하였는데, 獨夫인 受가 크게 위엄을 부리고 있으니, 그가 바로 너희들 대대의 원수이니라.〔古人有言曰 撫我則后 虐我則讐 獨夫受 洪惟作威 乃汝世讐〕"라고 하였다.

가 없으면 귀신의 誅罰을 받을 것입니다. 조정이 덕을 높이기에 힘써서 그를 대한다면, 臣은 그가 필시 헤아린 것에서 벗어나지 못하리란 것을 정말로 알고 있습니다. 옛날에 이른바 "전쟁을 하지 않고도 남의 군대를 굴복시킨다."[28]라고 하였으니, 이것을 두고 말하는 것입니다.

臣所未敢保其必從은 惟希烈一人而已라 揆其私心컨대 非不願從也며 想其潛慮컨대 非不追悔也로되 但以猖狂失計하여 已竊大名하니 雖荷陛下의 全宥之恩하나 然不能不自靦於天地之間耳라 縱未順命하나 斯爲獨夫니 內則無辭以起兵하고 外則無類以求助하리니 其計不過厚撫部曲하여 偸容歲時라 心雖陸梁[29]이나 勢必不敢이니 陛下가 但勅諸鎭하사 各守封疆하면 彼旣氣奪算窮하니 是乃狴牢之虜라 不有人禍면 則當鬼誅니 朝廷이 務崇德以待之하시면 臣固知其必不逃於所揣矣리니 古所謂不戰而屈人之兵者가 斯之謂歟인저

6-9-13 지금 만약 機宜를 돌아보지 않고 전쟁을 다시 일으켜서, 위엄을 더럽히고 은혜를 내버리고 쉬움을 버리고 어려움에 나아간다면, 이것은 분명한 신의를 포기하고 분노하는 마음을 쏟아내려 힘쓰는 것이요, 적에게 구실을 주어 적에게 원조를 보태주는 것입니다. 궁한 이는 구휼할 겨를이 없고, 수고로운 자는 편안히 거처할 수가 없게 되니, 나라의 안위는 혹 보장할 수 없게 될지도 모릅니다. 이것은 바로 성패와 치란이 매여 있는 바입니다.

바라건대 폐하께서는 군사를 일으키는 것을 어렵게 여기시고 신중히 하소서. 區區하게 위로 폐하의 명을 범하는 것은 우려하고 애석히 여기는 바가 여기에 있기 때문입니다. 어리석고 망령된 臣의 말을 혹시라도 과분하게 받아들이셔서 행하실 바를 의심하지 않으신다면, 삼가 마땅히 招諭하는 글을 얼추 갖추고, 방비하는 계획을 상세히 진술하겠습니다. 삼가 윤허해주시길 기다리며 감히 아뢰니다. 삼가 아룁니다.

---

28) 전쟁을……굴복시킨다 : ≪孫子兵法≫에 "백전백승은 좋은 것 가운데서도 좋은 것이 아니다. 전쟁을 하지 않고도 남의 병사를 굴복시키는 것이 좋은 것 가운데서도 좋은 것이다.〔百戰百勝 非善之善 不戰而屈人之兵者 善之善者〕"라고 하였다.

29) 陸梁 : 날뛴다는 뜻이다. 張衡의 〈西京賦〉에 "怪獸陸梁"이란 구절이 있는데, 그 주석에 陸梁은 동서로 行走하는 모양을 말한다고 하였다.

今若不顧機宜하고 復興戎役하여 瀆威而蔑惠하고 捨易而卽難하면 是棄明信而務忿心하고 假敵辭而資寇援이라 窮者가 不暇恤하고 勞者가 不得居하여 國之安危를 或未可保하리니 此乃成敗理亂之所繫이라 願陛下는 難之愼之하소서 區區上干은 憂惜在此하니 儻蒙過納狂瞽하사 不疑所行하시면 謹當草具招諭之辭하고 詳陳備禦之畫하리이다 伏俟宣許하여서 方敢以聞이니이다 謹奏라

【評說】

〈收河中後請罷兵狀〉은 陸贄의 奏狀 가운데서도 장편에 속한다. 德宗은 육지에게 馬燧와 渾瑊 등이 李懷光을 평정하였으니 河東을 수복하자고 주달한 奏狀을 보여주면서 어떻게 처지를 하여야 하는지 商量하여 奏達하라고 하였는데, 육지의 이 주장은 바로 그 명에 응한 것이었다.

육지는 이 奏狀에서, 지금 만약 군대를 淮西로 발진할 것 같으면 淮西의 원흉들이 필시 장차 그 악을 함께하던 무리들을 속이고 위협하고, 새로 귀부한 장수들에게 이간의 말을 떠들어서, '奉天에서 군사를 그치겠다고 한 칙지는 군색하고 다급하여 말한 것이고, 조정이 조금 안정되면 필시 다시 주살하고 정벌할 것이다.'라고 선동할 것이라고 우려하였다. 육지는 다음과 같이 덕종에게 권하였다. "지금 만약 機宜를 돌아보지 않고 戎役을 다시 일으켜서, 武威를 더럽히고 자혜를 멸시하여 다스려짐을 버리고 難에 나아간다면, 이것은 분명한 신의를 포기하고 분노하는 마음을 쏟아내려 힘쓰는 것이요, 적의 언사를 빌려다가 外寇의 원조를 보태주는 것입니다. 궁한 이는 구휼할 겨를이 없고, 수고로운 자는 편안히 거처할 수가 없게 되니, 나라의 안위는 혹 보장할 수 없게 될지도 모릅니다. 이것은 바로 성패와 치란이 매여 있는 바입니다."

조선 후기 成海應(1760~1839)의 〈讀陸宣公奏議〉에 육지의 주장을 부분 긍정하여 다음과 같이 논하였다.

"河中을 수복한 후 군사를 파할 것을 청한 奏狀은 계책이 정말로 기특하다. 하지만 李希烈이 황제를 칭한 것은 사면령을 발한 이후에 있었다. 이회광을 주살하고 군사를 돌려 그를 토벌하였더라면, 정말로 河朔의 藩鎭에 할 말이 있었을 것이다. 그런데 이때에 군사는 피폐하고 軍餉은 부족하므로, 그를 토벌한다고 하여도 반드시 뜻을 얻을 수는 없었다. 더구나 이희열의 무리를 토벌하려고 계책을 쓰게 되면 필시 그를 위해 도모하는 자가 있었

을 것이다. 대해 河朔은 이미 王臣이 되었고, 朱泚·李懷光의 亂은 이미 모두 掃蕩되었고, 홀로 三州의 땅에서 僭位하고 있었으니, 장차 어찌 스스로를 보존할 수 있었겠는가? 이것이 陸宣公이 이미 계책을 세웠던 것이어서, 그러므로 군사를 쉬게 하고 앙화를 그치자고 청하였던 것이다. 그렇지 않다면 어찌 황제의 지위를 훔친 자로 하여금 하루라도 中土에서 假息하게 할 수가 있겠는가."

〔附 錄〕

1. 陸贄 年譜[1)]

年度	在位年	年齡	주요 사건(○ : 陸贄 主要履歷)
754	玄宗 天寶 13	1	○5월, 陸贄가 蘇州 嘉興縣에서 父 陸侃의 9남으로 出生함.
755	玄宗 天寶 14	2	• 11월, 安祿山이 范陽에서 叛亂을 일으킴.(安史의 亂) • 12월, 安祿山이 東京(洛陽)을 함락시킴.
756	肅宗 至德 1	3	• 1월, 安祿山이 稱帝함. • 6월, 玄宗이 蜀으로 避亂함. • 7월, 肅宗이 卽位함.
757	肅宗 至德 2	4	• 1월, 安慶緖가 安祿山을 살해하고 卽位함. • 12월, 玄宗이 還都함.
758	肅宗 乾元 1	5	• 郭子儀·李光弼 등이 安慶緖·史思明을 攻擊함.
759	肅宗 乾元 2	6	• 3월, 史思明이 安慶緖를 죽임. • 4월, 史思明이 稱帝함.
760	肅宗 上元 1	7	• 윤4월, 史思明이 東京(洛陽)에 入城함.
761	肅宗 上元 2	8	• 3월, 史思明이 被殺되고 아들 史朝義가 卽位함.
762	代宗 寶應 1	9	• 4월, 玄宗과 肅宗이 崩御함. • 肅宗의 太子 代宗이 卽位함.
763	代宗 廣德 1	10	• 1월, 史朝義가 自殺하고, 安史의 亂이 平定됨. 항복한 田承嗣, 李懷仙, 薛嵩 등을 河北의 節度使로 삼음. • 10월, 吐蕃이 長安을 占據함. • 12월, 陝州로 피했던 代宗이 12월에 還都함.
764	代宗 廣德 2	11	
765	代宗 永泰 1	12	• 10월, 郭子儀가 回紇과 함께 吐蕃을 擊破함.
766	代宗 大曆 1	13	○陸贄가 父親喪을 당함.
767	代宗 大曆 2	14	○陸贄가 江南에 居住함.
768	代宗 大曆 3	15	• 幽州節度使 李懷仙이 朱希彩에게 주살당하고, 주희채가 절도사가 됨.

1) 본 年譜는 ≪陸贄評傳≫(王素 著, 中國思想家評傳叢書, 南京大學出版社, 2001)을 참조하여 本書의 이해에 도움이 되도록 수정 편집함.

年度	在位年	年齡	주요 사건(○ : 陸贄 主要履歷)
769	代宗 大曆 4	16	
770	代宗 大曆 5	17	○陸贄가 江南에 있다가 가을에 長安으로 와서 科擧 應試함. • 宦官 魚朝恩을 誅殺하여 환관의 세력이 다소 약화됨.
771	代宗 大曆 6	18	○陸贄가 進士試에 합격하고, 고향으로 돌아가 어머니를 모심. • 錢起가 陸贄에게 贈詩함.
772	代宗 大曆 7	19	○陸贄가 博學宏辭科에 及第하고, 華州 鄭縣尉에 除授됨. • 朱希彩가 부하들에게 살해되자 副使인 朱泚가 留后가 됨. 조정에서 그를 盧龍節度使로 삼음.
773	代宗 大曆 8	20	• 魏博節度使 田承嗣가 재상이 되기를 구하자, 同平章事를 더해줌. • 渾瑊이 邠涇에서 吐蕃을 크게 격파함.
774	代宗 大曆 9	21	• 汴宋節度使 田神功이 죽고, 그 동생 田神玉이 留后를 맡음.
775	代宗 大曆 10	22	• 朱泚가 入朝하여 長安에 남고, 동생 朱滔를 留后에 任命함. • 田承嗣가 朝命을 거부하자 8道의 군사에 명하여 토벌함.
776	代宗 大曆 11	23	• 田神玉이 죽고 都虞侯 李靈曜가 난을 일으켰으나 誅殺됨. • 張鎰이 李靈曜를 막은 공로로 壽州刺史로 승진함. ○陸贄의 鄭縣尉 임기가 끝나고 어머니를 모시고자 고향으로 돌아가는데, 도중에 壽州에서 張鎰을 만나 常州로 향함.
777	代宗 大曆 12	24	○陸贄가 常州에서 어머니를 모시며 생활하였는데, 蕭復이 常州刺史가 되자 소복과 교류함. • 李抱玉이 죽고 동생 李抱眞이 澤潞留后가 됨. • 재상 元載가 횡포를 부리자 代宗이 주살함.
778	代宗 大曆 13	25	○陸贄가 長安으로 가서 吏部試에 응시하여 書判拔萃科에 합격하고 渭南縣 主簿에 除授됨. • 郭子儀의 朔方軍이 吐蕃과 回紇을 격파함.
779	代宗 大曆 14	26	○陸贄가 渭南縣 主簿에 부임함. • 田承嗣가 죽고 조카 田悅이 留后가 됨. • 李希烈이 李忠臣을 축출하고 淮西節度使가 됨. • 5월, 代宗이 죽고 德宗이 卽位하자, 郭子儀를 尙父로 높이고 그의 병권을 분산시킴.
780	德宗 建中 1	27	○陸贄가 大曆十才子의 한 명인 盧綸과 교분을 맺음. 盧綸이 陸贄에게 贈詩함. • 재상 楊炎이 兩稅法을 만듦. • 2월, 黜陟使에게 명하여 각 도를 순행하여 新法을 시행하게 함. 涇原軍의 장군 劉文喜가 명을 거부하자 李懷光과 朱泚가 토벌하여 평정함. • 楊炎이 신법의 반대파인 劉晏을 참소하자, 유안이 忠州刺史로 좌

年度	在位年	年齡	주요 사건(○ : 陸贄 主要履歷)
			천되었다가 賜死됨. • 回紇의 登里可汗이 被殺되고, 合骨咄祿可汗이 즉위함.
781	德宗 建中 2	28	○陸贄가 監察御史에 除授됨. 겨울에 德宗을 알현하고 〈冊蜀王妃文〉을 지음. • 成德節度使 李寶臣이 죽자 아들 李惟岳이 留后가 됨. • 淄青節度使 李正己가 죽자 아들 李納이 조정에 치청절도사를 계승할 것을 청하였는데, 허락을 받지 못함. • 李惟岳·李納·魏博節度使 田悅이 叛亂을 일으킴. • 山南東道節度使 梁崇義가 항명하자, 李希烈이 토벌하여 평정함. • 7월, 張鎰이 京師에 들어와 재상에 임명됨. • 10월, 盧杞가 楊炎을 참소하자 德宗이 양염을 죽임.
782	德宗 建中 3	29	○陸贄가 監察御史의 직에 있으면서 翰林에 들어가 德宗의 총애를 받음. • 李惟岳이 部將 王武俊에게 죽임을 당함. 조정에서 成德藩鎭을 분할하자 왕무준과 朱滔가 항명함. 河北의 절도사들인 왕무준·주도·李納·田悅이 모두 王을 칭함. 淮西節度使 李希烈이 반란을 일으킴. 조정에서 李懷光, 馬燧, 李抱眞, 李芃, 李晟 등에게 하북의 반란군을 토벌하게 하고 李勉, 哥舒曜 등에게 河南의 반란군을 토벌하게 함.
783	德宗 建中 4	30	• 1월, 隴右節度使 張鎰이 清水에서 吐蕃과 맹약을 맺음. ○3월, 陸贄가 祠部員外郎 翰林學士에 除授됨. • 봄에서 여름 동안 李希烈이 李勉, 哥舒曜와 汴·洛·汝 경계에서 전투를 벌임. • 8월, 李希烈이 哥舒曜가 주둔한 襄城을 포위함. • 10월, 조정에서 哥舒曜에게 원군을 보내기 위해 涇原의 군대를 동원하자 경원에서 變亂이 일어나 德宗이 奉天으로 播遷함.(涇原兵變) ○陸贄가 德宗을 따라 奉天으로 避亂함. • 朱泚가 長安을 占據하고서 稱帝하고 국호를 秦이라 함. 주자가 段秀實을 죽임. • 朱泚의 黨與인 李楚琳이 조정에 叛亂하여 隴右節度使 張鎰을 죽임. • 朱泚가 奉天을 포위함. • 11월, 각 도의 군대가 朱泚를 토벌하고자 長安에 이르렀으며, 李懷光의 활약으로 奉天의 포위가 풀림. 德宗이 여론의 압박을 받아 盧杞 등의 총신을 폄직시킴. • 12월, 朱泚가 長安을 점거하고 朱滔와 호응함. 李希烈은 汴州를

年度	在位年	年齡	주요 사건(○ : 陸贄 主要履歷)
			함락시킴. 河北의 반란 藩鎭들은 상황을 관망함. ○陸贄가 奉天에서 文翰으로 활약하자 德宗이 그를 考功郎中 翰林學士로 승진시킴.
784	德宗 興元 1	31	• 1월, 德宗이 〈罪己詔〉를 반포하여 朱泚의 당여를 제외하고 전국에 赦免令을 내림. 〈罪己詔〉는 바로 육지가 기초한 〈奉天改元大赦制〉임. • 德宗이 吐蕃과 맹약을 맺음. • 王武俊·李納·田悅이 王號를 버리고 請罪함. • 朱滔가 回紇과 연합하여 田悅을 공격함. • 李希烈이 稱帝, 국호를 大楚로 함. • 朱泚가 국호를 大漢으로 바꿈. ○2월, 陸贄가 聖旨를 받들어 李懷光을 宣慰하고, 이회광의 반란을 대비하여 李晟 등의 군대를 이회광에게서 분리시킬 것을 주청함.(〈奉天論李晟所管兵馬狀〉) • 李懷光이 朱泚와 연합하여 叛亂을 일으키자 德宗이 梁州(후에 興元府로 고침)로 避亂함. 陸贄도 덕종을 따라 梁州로 避亂함. 이회광이 河中으로 돌아가서 주둔함. ○4월, 吐蕃 尙結贊이 朱泚를 武停川에서 격파하고 군대를 철수하여 돌아감. 육지가 〈興元賀吐蕃尙結贊抽軍迴歸狀〉을 지음. • 5월, 李晟 등이 長安을 수복함. 朱泚가 도망가다 부하에게 죽임을 당함. ○6월, 陸贄가 諫議大夫 翰林學士로 轉任됨. ○7월, 德宗이 興元에서 長安으로 還都함. 陸贄도 덕종을 수행하여 장안으로 옴. 덕종이 渾瑊과 馬燧를 보내 李懷光을 토벌하게 함. • 11월, 劉洽 등이 卞州를 수복하자, 李希烈이 蔡州로 逃亡함. ○12월, 陸贄가 中書舍人 翰林學士에 除授됨.
785	德宗 貞元 1	32	○德宗이 使臣을 보내 陸贄의 母親 韋氏를 京師로 데려옴. • 6월, 朱滔가 죽자, 劉怦을 盧龍節度使로 삼음. ○8월, 渾瑊·李晟이 함께 河中을 공격하자, 李懷光이 自殺하여 하중이 평정됨. 이때 陸贄가 〈收河中後請罷兵狀〉을 지음.
786	德宗 貞元 2	33	• 4월, 李希烈이 部將 陳仙奇에게 毒殺당함. 조정에서 진선기를 淮西節度使로 임명함. • 7월, 淮西의 장수 吳少誠이 陳仙奇를 죽이고 留后를 칭함. • 8월, 吐蕃이 涇, 隴, 邠, 寧 등을 크게 약탈함. • 10월, 李晟 등이 吐蕃을 擊破함. • 12월, 吐蕃이 鹽, 夏, 銀 등의 諸州를 함락시킴.

年度	在位年	年齡	주요 사건(○ : 陸贄 主要履歷)
787	德宗 貞元 3	34	• 3월, 吐蕃이 和親을 要請함. • 5월, 渾瑊을 吐蕃에 사자로 보냈으나, 吐蕃의 위협에 도망쳐 돌아옴. • 6월, 李泌이 재상이 되자 回紇・南詔와 和議를 맺어 吐蕃에 대항할 계책을 건의함. 이에 咸陽公主를 회흘의 可汗에게 시집보냄. ○ 겨울, 陸贄가 母親喪을 당하여 영구를 모시고 洛陽으로 가서 삼년상을 치름.
788	德宗 貞元 4	35	○ 德宗이 使者를 보내 陸贄의 父親의 묘를 洛陽으로 이장하여 그의 母親의 묘와 合葬하게 함. • 4월, 南詔王이 사자를 보내 입조함. • 10월, 回紇이 回鶻로 칭할 것을 청하고 吐蕃과 국교를 끊음. • 11월, 西川節度使 韋皐가 吐蕃을 거듭 격파함.
789	德宗 貞元 5	36	• 2월, 董晉, 竇參이 함께 同平章事에 除授됨. • 3월, 재상 李泌이 死亡함. 당시 翰林院에 吳通微, 吳通玄, 顧少連 등이 學士로 있었음.
790	德宗 貞元 6	37	○ 1월, 陸贄가 脫喪하여 洛陽에서 長安으로 돌아옴. ○ 2월, 陸贄가 權知兵部侍郎 知制誥 翰林學士에 除授됨. 육지가 宰相 竇參 및 吳通微・吳通玄 兄弟와 不和를 겪음. • 5월, 北庭이 吐蕃에게 함락, 安西 4鎭의 연락이 두절됨.
791	德宗 貞元 7	38	○ 8월에 陸贄가 竇參, 吳通微, 吳通玄 등에게 참소를 받아 兵部侍郎 知貢擧에 제수되고 翰林學士의 자리에서 물러남. • 回鶻이 남쪽으로 이동함. 吐蕃이 靈州를 공격하자 회골이 토번을 격파함.
792	德宗 貞元 8	39	• 3월, 汴宋節度使 劉玄佐(劉洽)가 죽자 그의 아들 劉士寧이 節度使가 됨. ○ 陸贄가 韓愈 등 23명을 進士로 選拔함. 당시 사람들이 '龍虎榜'으로 일컬음. ○ 4월, 陸贄를 誣告한 일로 인하여 吳通玄이 泉州司馬로 좌천되었다가 賜死되고 竇參도 이에 연루되어 柳州別駕로 좌천됨. 이에 육지가 中書侍郎 同中書門下平章事가 됨. • 7월, 裴延齡을 判度支事에 除授함. • 11월, 姜公輔를 吉州別駕로 좌천시킴.
793	德宗 貞元 9	40	• 1월, 처음으로 茶에 세금을 부과함. • 3월, 德宗이 竇參을 賜死함. • 5월, 南詔가 表를 올려 唐나라에 귀순함. 趙憬이 中書侍郎에서 門下侍郎이 되자 陸贄에게 원한을 품음. 賈耽과 盧邁가 同中書門

年度	在位年	年齡	주요 사건(○ : 陸贄 主要履歷)
			下平章事가 되자 董晉이 재상 자리에서 물러남. • 7월, 左補闕 權德輿가 裴延齡의 죄상을 아룀. • 11월, 宣武都知兵馬使 李萬榮이 汴宋節度使 劉士寧을 축출함.
794	德宗 貞元 10	41	• 南詔가 韋皐와 맹약을 맺고 함께 吐蕃을 크게 격파하자 吐蕃이 쇠약해짐. ○ 11월, 陸贄가 〈論裴延齡姦蠹書〉를 올림. ○ 12월, 陸贄가 德宗에게 裴延齡의 잘못을 논함. 德宗이 노하여 육지를 太子賓客으로 좌천시킴.
795	德宗 貞元 11	42	○ 4월, 陸贄가 裴延齡의 讒言으로 인해 忠州別駕로 좌천되고, 배연령의 誣告로 京兆尹 李充, 衛尉卿 張滂, 李銛 등도 육지의 붕당이라 하여 좌천됨. 諫議大夫 陽城이 陸贄를 변호하자 德宗이 양성을 벌하려 했으나 太子(훗날 順宗)가 양성을 구원함.
796	德宗 貞元 12	43	• 8월, 趙憬 사망. • 9월, 裴延齡 사망.
797	德宗 貞元 13	44	○ 李吉甫가 明州長史에서 忠州刺史로 除授되어 陸贄가 이길보와 만남.
798	德宗 貞元 14	45	○ 陸贄가 ≪陸氏集驗方≫을 지음. • 9월, 陽城이 道州刺史로 좌천됨.
799	德宗 貞元 15	46	• 淮西의 申蔡節度使 吳少誠을 토벌하였으나, 그 이듬해 사면함.
800	德宗 貞元 16	47	• 9월, 재상 鄭餘慶을 郴州司馬로 좌천시키고 齊抗을 재상에 임명함.
801	德宗 貞元 17	48	
802	德宗 貞元 18	49	• 李吉甫가 병으로 물러나고, 薛延이 忠州刺史에 임명되자 德宗이 설연에게 陸贄를 慰問하게 함. • 이해 權德輿가 처음으로 知貢擧가 되어 陸贄의 通榜을 따라 인재를 선발함.
803	德宗 貞元 19	50	• 權德輿가 禮部侍郎으로 다시 知貢擧가 되어 通榜을 시행함.
804	德宗 貞元 20	51	• 이해 貢擧를 정지함.
805	順宗 永貞 1	52	• 1월, 德宗이 病死하고 順宗이 卽位함. ○ 陸贄가 忠州에서 死亡함. ○ 3월, 順宗이 조칙을 내려 陸贄와 鄭餘慶, 陽城에게 朝廷으로 돌아오게 하였으나 육지와 양성은 죽었고, 정여경만이 돌아와 재상이 됨. 육지를 兵部尙書에 追贈하고, 시호는 '宣'으로 하고, 忠州에 안장함. • 權德輿가 陸贄의 制誥와 奏議를 모아 元和 연간에 ≪翰苑集≫을 편찬함.(〈唐陸宣公翰苑集序〉)

2. 唐陸宣公奏議 1 地圖[1)]

1) 唐 德宗 建中 초기의 河北 藩鎭 割據圖

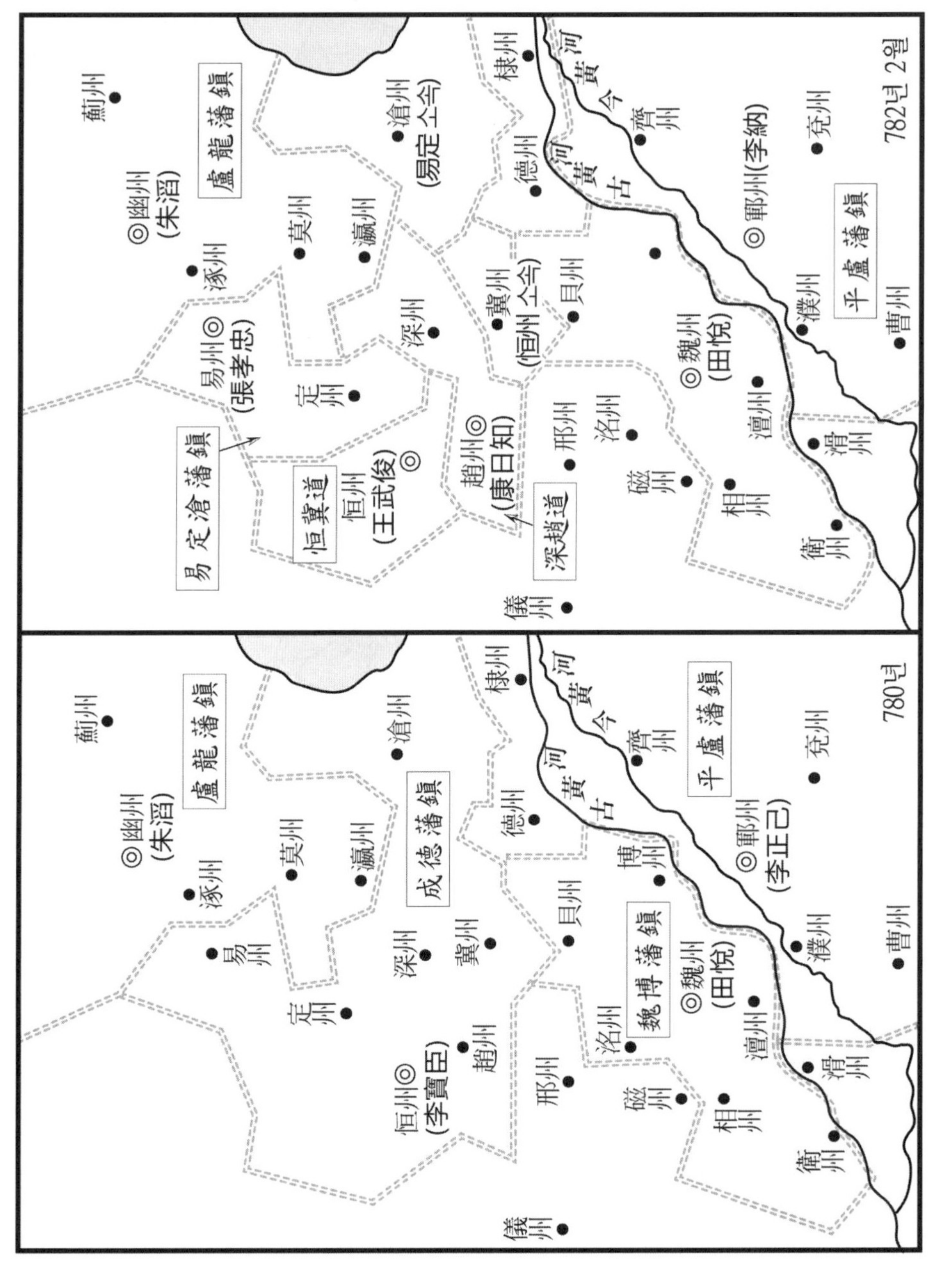

1) 이 지도는 ≪柏楊白話版 資治通鑑≫(北岳文藝出版社, 2006)을 참조하여 本書의 이해에 도움이 되도록 수정 편집함.

2) 唐 德宗 建中 4년(783) 全國 藩鎭 割據圖

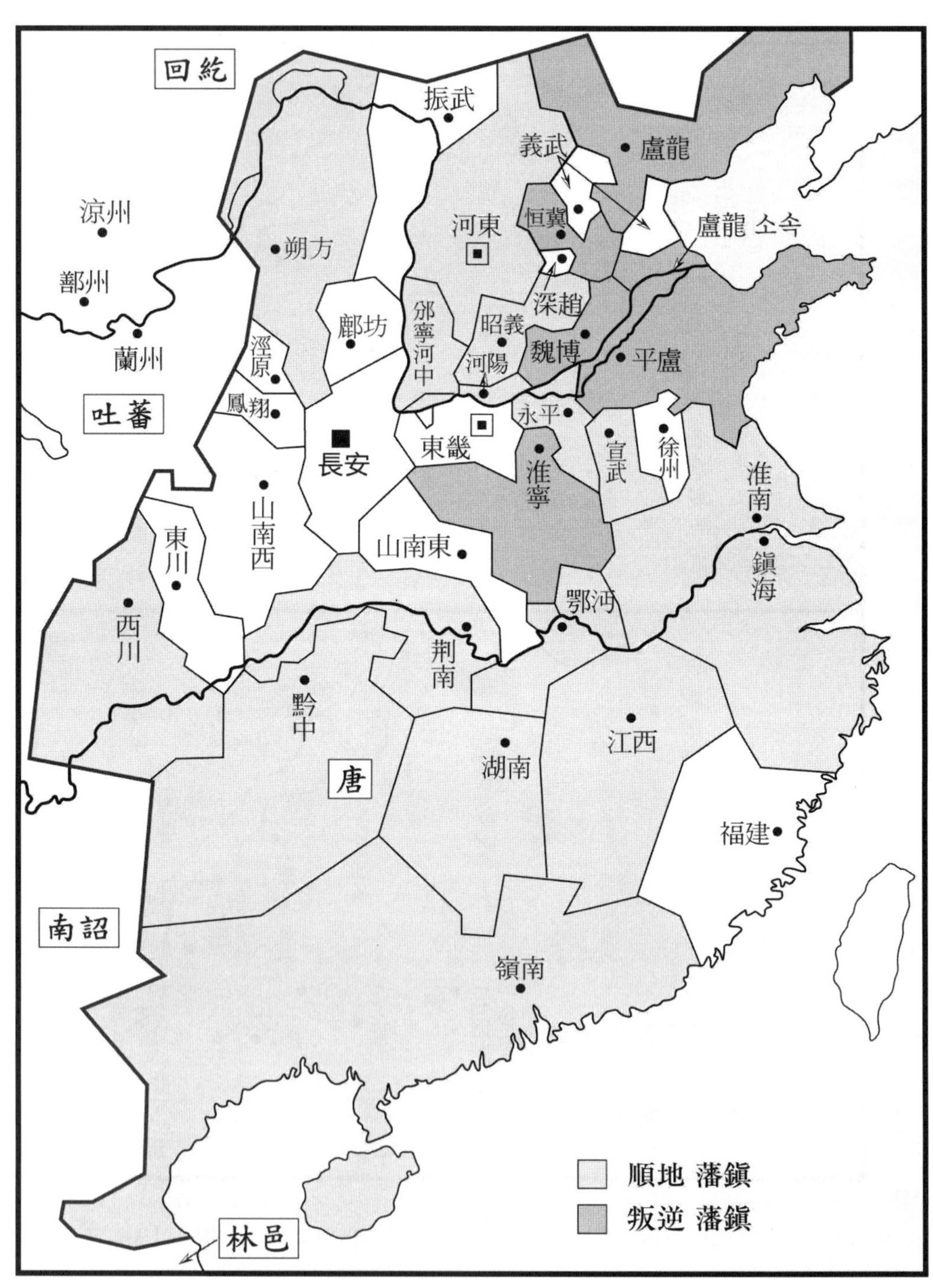

3) 唐 德宗 建中 4년(783) 10월 涇原兵亂圖

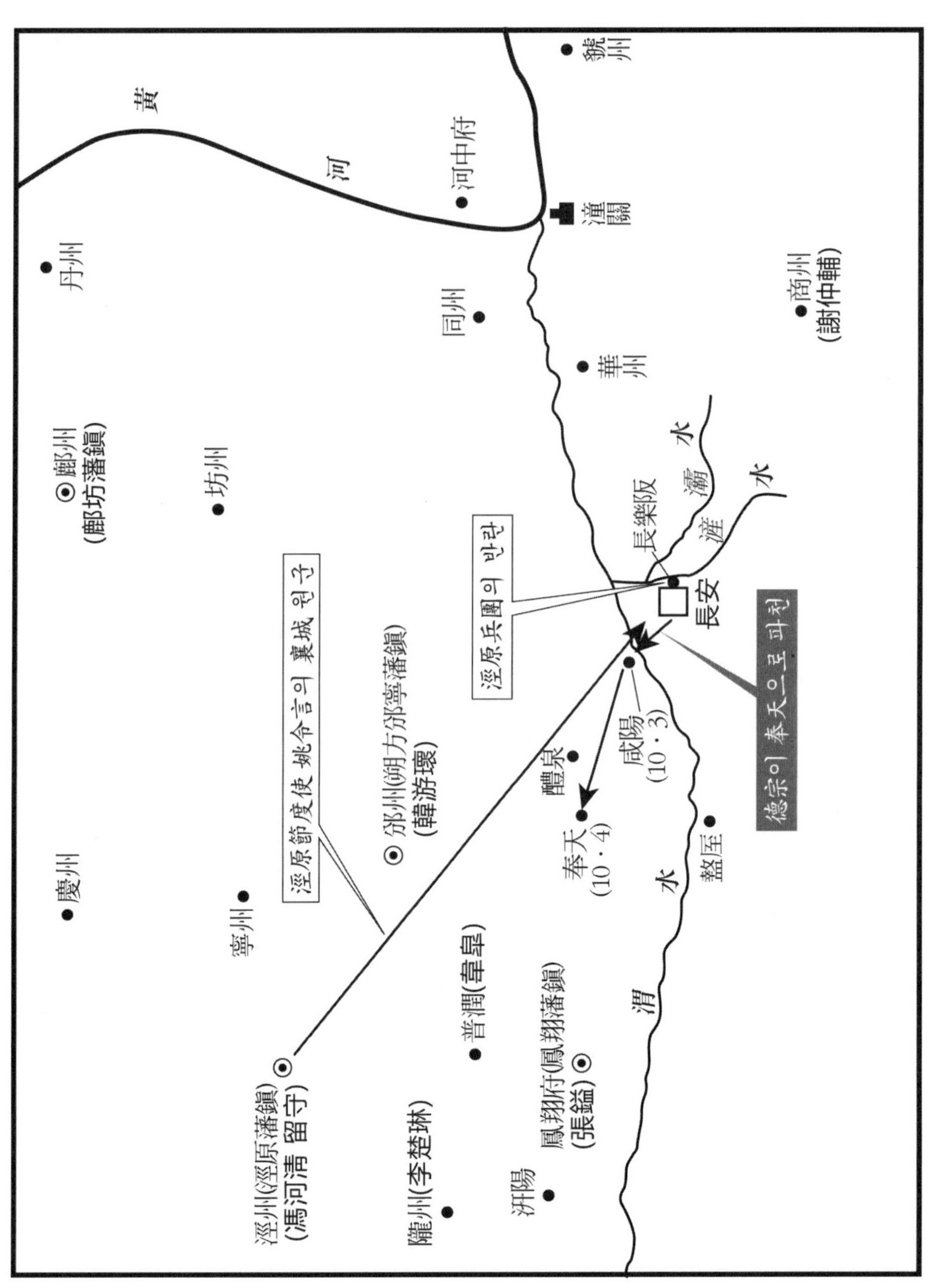

4) 唐 德宗 興元 원년(784) 2월 李懷光의 叛亂圖

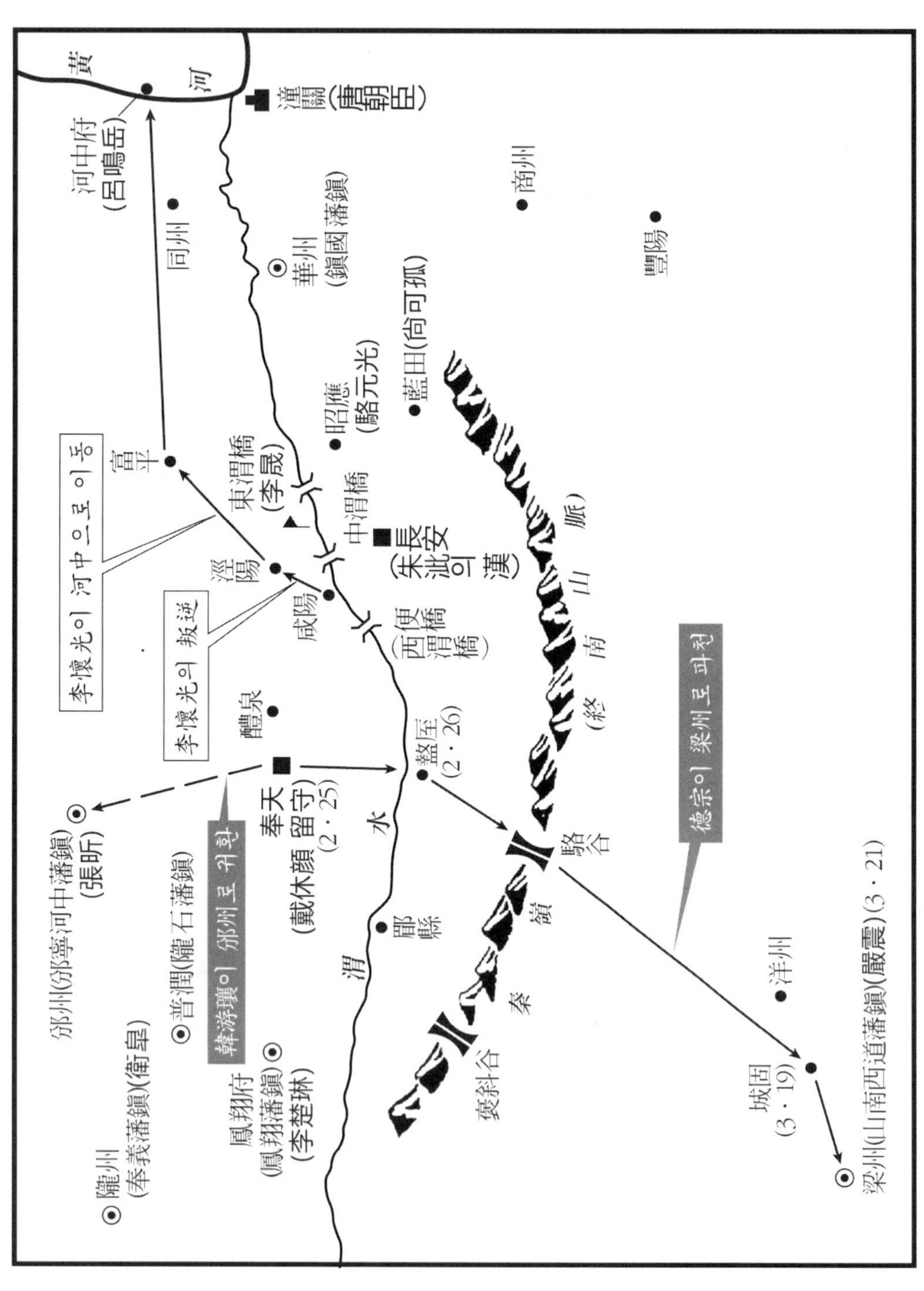

5) 唐 德宗 興元 원년(784) 渾瑊의 奉天 進軍圖, 李晟의 長安 奪還圖

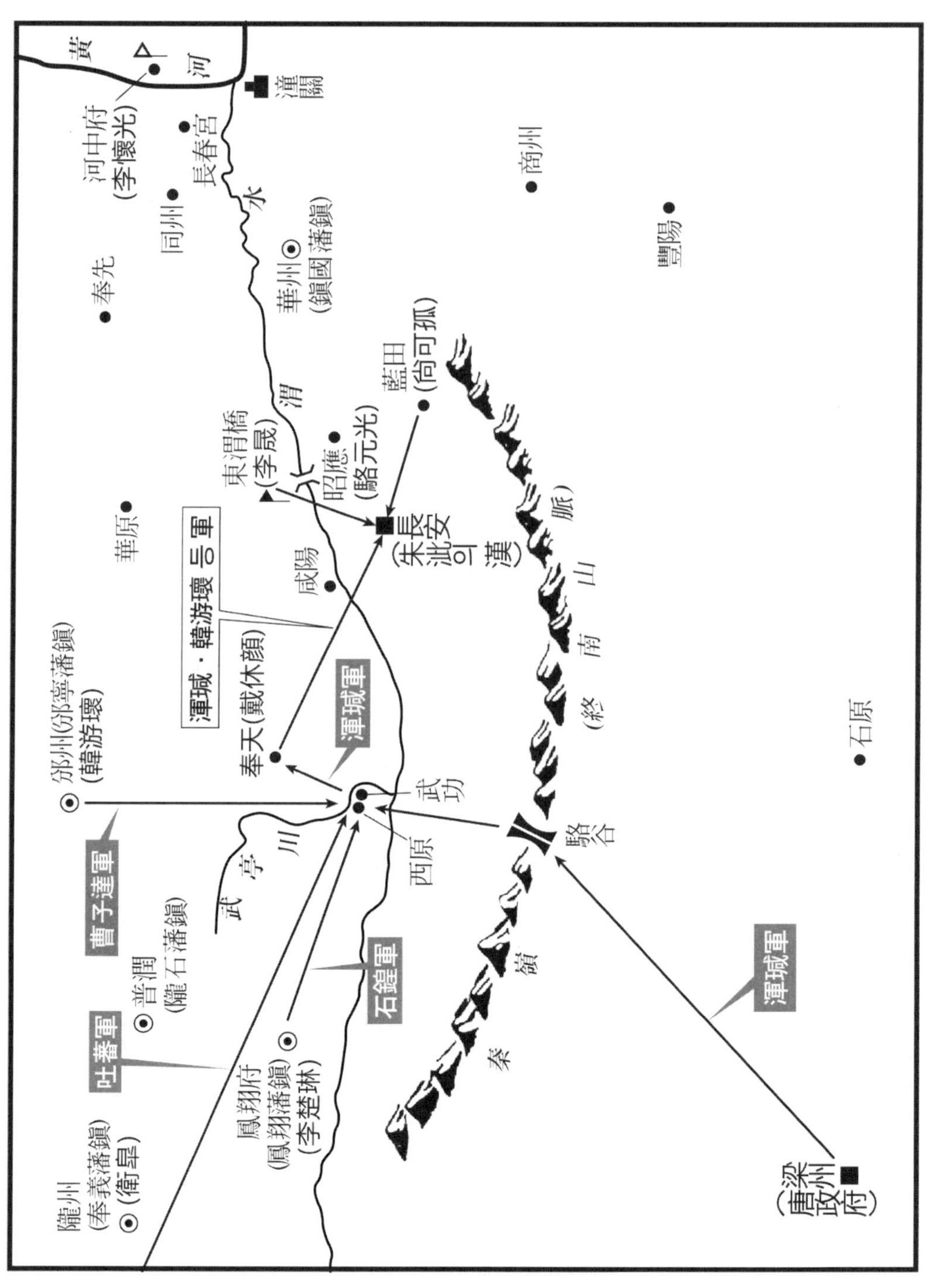

6) 唐 德宗 貞元 원년(785) 馬燧의 河中 平定圖

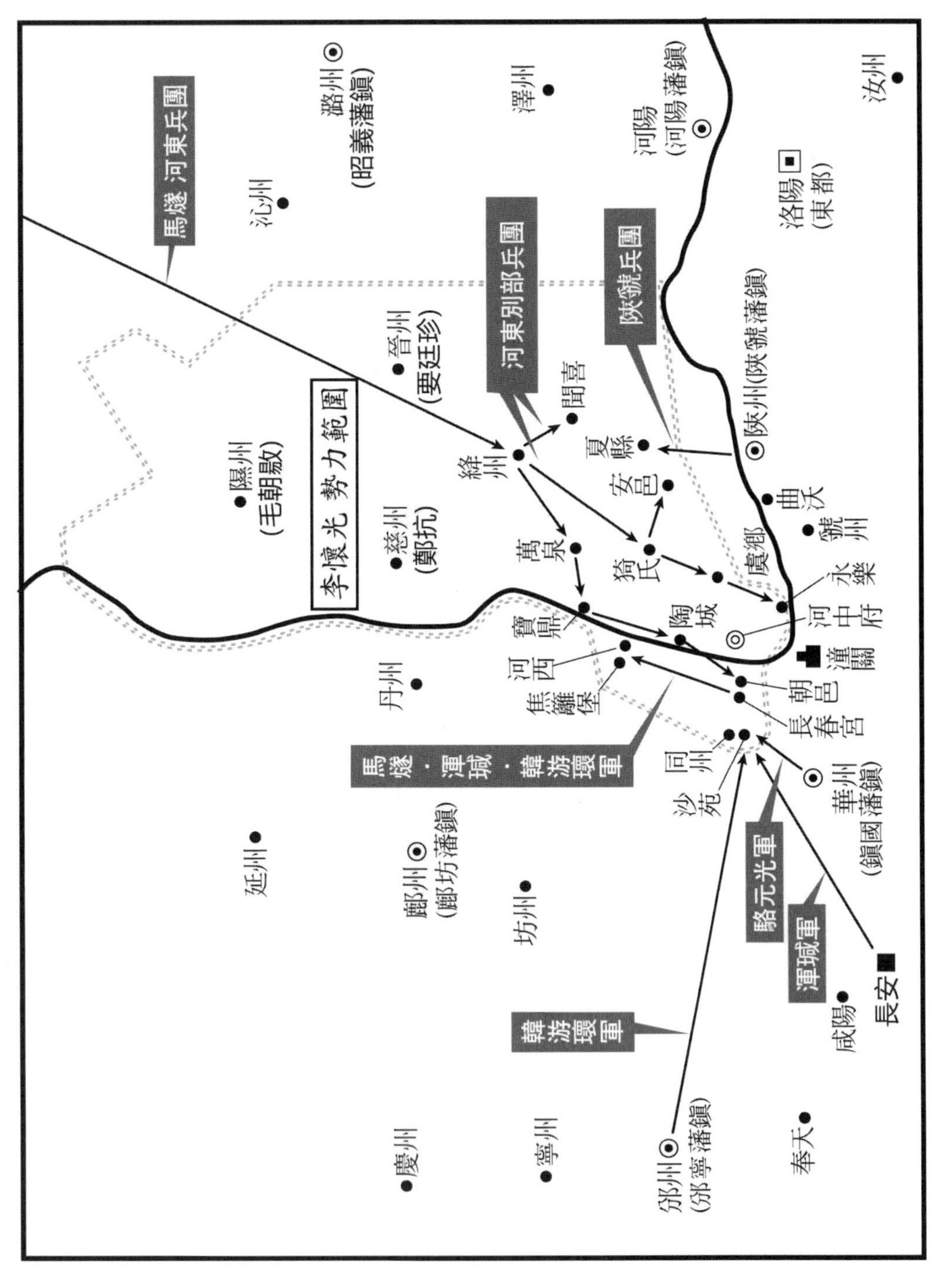

3. 唐皇室 世系表

○ 帝位 순서

- ①高祖 李淵 — ②太宗 李世民 — ③高宗 李治 — ⑥武則天 武曌
  - ④⑦中宗 李顯 — ⑧殤帝 李重茂
  - ⑤⑨睿宗 李旦 — ⑩玄宗 李隆基
    - ⑪肅宗 李亨 — ⑫代宗 李豫 — ⑬德宗 李适 — ⑭順宗 李誦
      - ⑮憲宗 李純
        - ⑯穆宗 李恒
          - ⑰敬宗 李湛
          - ⑱文宗 李昂
          - ⑲武宗 李炎
        - ⑳宣宗 李忱 — ㉑懿宗 李漼
          - ㉒僖宗 李儇
          - ㉓昭宗 李曄
            - ㉔哀帝 李柷

4. 唐陸宣公奏議 1 圖版目錄

5. 唐陸宣公奏議 總目次

唐陸宣公奏議 제1책

唐陸宣公奏議 제2책

奏議 제7권

奏議 제8권

奏議 제9권

奏議 제10권

奏議 제11권

奏議 제12권

責任譯者

沈慶昊

本鄕 忠北 無極, 出生地 慶北 慶山
서울大學校 人文大學 國語國文學科 學士 卒業
서울大學校 人文大學院 國語國文學專攻 碩士
日本 京都大學 文學硏究科 中國語學中國文學專攻 文學博士
高麗大學校 文科大學 漢文學科 敎授(現)
高麗大學校 漢字漢文硏究所 所長(現)
槿域漢文學會 會長(現)

著書 ≪江華學派의 文學과 思想≫, ≪朝鮮時代 漢文學과 詩經論≫, ≪國文學硏究와 文獻學≫, ≪茶山과 春川≫, ≪漢文散文美學≫, ≪韓國漢詩의 理解≫, ≪漢詩의 世界≫, ≪金時習評傳≫, ≪漢學入門≫, ≪簡札≫, ≪旅行과 韓中日古典文學』, ≪漢詩紀行≫, ≪散文紀行≫, ≪韓國漢文基礎學史≫, ≪漢詩의 星座≫, ≪김삿갓 한시≫, ≪安平≫ 등.

譯書 ≪周易哲學史≫, ≪佛敎와 儒敎≫, ≪金鰲新話≫, ≪日本漢文學史≫, ≪漢字學≫, ≪한자 백가지 이야기≫, ≪日本書紀의 秘密≫, ≪西浦漫筆≫, ≪三峯集≫, ≪심경호 교수의 동양고전강의 : 論語≫, ≪譯註 杞溪文獻≫, ≪漢字≫, ≪동아시아 한문학 연구의 방법과 실천≫ 등
共譯 ≪日本漢文學史≫, ≪增補譯註 遲川先生集≫, ≪譯註 袁中郞集≫ 등

共同譯者

金愚政

서울 出生
檀國大學校 漢文敎育科 卒業
檀國大學校 大學院 漢文學科 碩士, 博士
泰東古典硏究所 漢學硏修過程 修了
檀國大學校 漢文敎育科 敎授(現)
槿域漢文學會 副會長(現)
韓國漢字漢文學會 副會長(現)

論著 ≪崔岦 散文의 藝術 境界≫, ≪月汀 尹根壽 硏究≫(共著), 〈王世貞壽序管見〉, 〈宣祖 연간 文壇의 推移와 崔岦의 詩文〉, 〈한국 한문학 연구와 민족주의〉, 〈經山 鄭元容의 남성성(masculinity)〉, 〈祝壽의 문학적 전통과 노년 인식〉, 〈16~17세기 近畿 지역 서인계 문인의 교류와 古文辭〉 등

譯書 ≪簡易散文選≫
共譯 ≪國譯 治平要覽≫, ≪京畿道史資料集 : 高麗篇≫ 등

東洋古典譯註叢書 111

譯註 唐陸宣公奏議 1　　　　정가 35,000원

2018년 12월 30일 초판 발행
2019년 04월 20일 초판 2쇄

撰　　者　陸贄(唐)
責任飜譯　沈慶昊
共同飜譯　金愚政
諮問委員　吳圭根
潤文校訂　朴勝珠 南賢熙 李孝宰
編　　輯　東洋古典飜譯編輯委員會
發 行 人　李啓晃
發 行 處　社團法人 傳統文化硏究會

서울시 종로구 삼일대로 428 낙원빌딩 411호
전화 : (02)762-8401　전송 : (02)747-0083
전자우편 : juntong@juntong.or.kr
홈페이지 : juntong.or.kr
사이버書堂 : cyberseodang.or.kr
온라인서점 : book.cyberseodang.or.kr
등록 : 1989. 7. 3. 제1-936호

인쇄처 : 한국법령정보주식회사(02-462-3860)
총　판 : 한국출판협동조합(070-7119-1750)

ISBN 979-11-5794-189-6 94910
978-89-85395-71-7(세트)

※ 이 책은 2018년도 교육부 고전문헌 국역지원사업 지원비에 의해 초판(비매품) 간행.

전통문화연구회 도서목록

基礎漢文教材 - 懸吐完譯　成百曉 譯

四字小學 / 習字教本　7,000원/4,000원
推句·啓蒙篇 / 習字教本　7,000원/4,000원
明心寶鑑　8,000원
童蒙先習·擊蒙要訣　14,000원
註解千字文　13,000원
原文故事成語　15,000원

漢文讀解捷徑시리즈

漢文독해기본패턴　고전교육연구실 著 15,000원

東洋古典國譯叢書

大學·中庸集註 - 개정증보판　成百曉 譯註　10,000원
論語集註 - 개정증보판　成百曉 譯註　25,000원
孟子集註 - 개정증보판　成百曉 譯註　28,000원
詩經集傳 上·下　成百曉 譯註　28,000원
書經集傳 上·下　成百曉 譯註　33,000원
周易傳義 上·下　成百曉 譯註　38,000원
小學集註　成百曉 譯註　28,000원
古文眞寶 後集　成百曉 譯註　28,000원

五書五經讀本

大學·中庸集註　李光虎·田炳秀 譯註　15,000원
論語集註 上·下　鄭太鉉 譯註　22,000원

東洋古典譯註叢書

〈經部〉

十三經注疏
周易正義1~3　成百曉·申相厚 譯註 30,000원~35,000원
尙書正義1~5　金東柱 譯註　25,000원~35,000원
毛詩正義1~2　朴小東 譯註　32,000원/35,000원
禮記正義 中庸·大學　李光虎·田炳秀 譯註　20,000원
論語注疏1~3　鄭太鉉·李聖敏 譯註　25,000원/30,000원
孝經注疏　鄭太鉉·姜珉廷 譯註　35,000원
春秋左氏傳1~8　鄭太鉉 譯註　18,000원~35,000원
禮記集說大全1　辛承云 譯註　25,000원
東萊博議1~3　鄭太鉉·金炳愛 譯註　25,000원/35,000원

〈史部〉

思政殿訓義 資治通鑑綱目1~12, 17　辛承云 外 譯註　18,000원~35,000원
通唐陸宣公奏議1　沈慶昊·金愚政 譯註　35,000원
通鑑節要1~9　成百曉 譯註　18,000원~30,000원
貞觀政要集論1~4　李忠九 外 譯註　25,000원~32,000원

〈子部〉

近思錄集解1~3　成百曉 譯註　25,000원/35,000원
孔子家語1　許敬震 外 譯註　35,000원
老子道德經注　金是天 譯註　30,000원
大學衍義1~5　辛承云 外 譯註　26,000원~30,000원
墨子閒詁1~2　李相夏 外 譯註　32,000/36,000원
說苑1~2　許鎬九 譯註　25,000원
荀子集解1~6　宋基采 譯註　25,000원~30,000원
心經附註　成百曉 譯註　35,000원
顔氏家訓1~2　鄭在書·盧暻熙 譯註　22,000원/25,000원
揚子法言1　朴勝珠 譯註　24,000원
莊子1~4　安炳周·田好根 共譯　25,000원~29,000원
政經·牧民心鑑　洪起殷·全百燦 譯註　27,000원
韓非子集解1~3　許鎬九 外 譯註　32,000~38,000원
武經七書直解
孫武子直解·吳子直解　成百曉·李蘭洙 譯註　35,000원
六韜直解·三略直解　成百曉·李鍾德 譯註　26,000원
尉繚子直解·李衛公問對直解　成百曉·李蘭洙 譯註　26,000원
司馬法直解　成百曉·李蘭洙 譯註　26,000원

〈集部〉

古文眞寶 前集　成百曉 譯註　30,000원
唐詩三百首1~3　宋載卲 外 譯註　25,000원~30,000원
唐宋八大家文鈔 韓愈1~3　鄭太鉉 譯註　22,000원/28,000원
〃　歐陽脩1~5　李相夏 譯註　25,000원~35,000원
〃　王安石1~2　申用浩·許鎬九 共譯　20,000/25,000원
〃　蘇洵　李章佑 外 譯註　25,000원
〃　蘇軾1~5　成百曉 譯註　22,000원
〃　蘇轍1~3　金東柱 譯註　20,000원/22,000원
〃　曾鞏　宋基采 譯註　25,000원
〃　柳宗元1~2　宋基采 譯註　22,000원

東洋古典新譯

당시선　송재소·최경렬·김영죽 편역　22,000원
손자병법　성백효 역주　14,000원
장자　안병주·전호근·김형석 역주　13,000원

동양문화총서

동양사상 해설과 원전　정규훈 外 저　22,000원
화합의 길 - ≪중용≫ 읽기　금장태 저　20,000원

문화문고

경전으로 본 세계종교 그리스도교　이정배 편저　10,000원
〃　도교　이강수 편역　10,000원
〃　천도교　윤석산·홍성엽 편저　10,000원
〃　힌두교　길희성 편역　10,000원
〃　유교　이기동 편저　10,000원
〃　불교　김용표 편저　10,000원
〃　이슬람　김영경 편역　10,000원
논어·대학·중용/맹자　조수익·박승주 공역　10,000원
소학　박승주·조수익 공역　10,000원
십구사략1~2　정광호 저　12,000원
목민심서　이계황 엮음　10,000원
무경칠서 손자병법·오자병법　성백효 역　10,000원
〃　육도·삼략　성백효 역　10,000원
〃　사마법·울료자·이위공문대　성백효 역　10,000원
당시선　송재소·최경렬·김영죽 편역　10,000원
한문문법　이상진 저　10,000원
한자한문전통교재　조수익·이성민 공역　10,000원
士小節 선비 집안의 작은 예절　이동희 편역　12,000원
儒學이란 무엇인가　이동희 저　10,000원
동아시아의 유교와 전통문화　이동희 저　13,000원
현대인, 동양고전에서 길을 찾다　이동희 저　10,000원
100자에 담긴 한자문화 이야기　김경수 저　12,000원
대한민국 국무총리　이재원 저　10,000원
우리 설화1~2　김동주 편역　10,000원